한국의 변혁운동과 사상논쟁

마르크시즘·주체사상·NL·PD 그리고 뉴라이트까지

방인혁 지음

소나무

한국의 변혁운동과 사상논쟁

초판발행일 2009년 4월 25일

펴낸이 유재현
글쓴이 방인혁
편집교정 김석기·이혜영
마케팅 장만·안혜련
디자인 조완철
인쇄제본 영신사
필름출력 ING
종이 한서지업사

펴낸곳 소나무
등록 1987년 12월 12일 제2-403호
주소 121-830 서울시 마포구 상암동 11-9, 201호
전화 02-375-5784
팩스 02-375-5789
전자우편 sonamoopub@empal.com
전자집 www.sonamoobook.co.kr

책값 25,000원

ISBN 978-89-7139-555-4 93150

소나무 머리 맞대어 책을 만들고, 가슴 맞대고 고향을 일굽니다

한국의 변혁운동과 사상논쟁

인간다운 삶을 향한 고투

이 책은 뒤늦게 공부를 재개한 필자의 박사학위논문을 토대로 한 것이다. 엄밀히 말하자면 원래 학위논문으로 작성했던 초고 가운데 삭제했던 부분을 다시 첨부한 것이다. 특히 이 책의 앞부분에 해당하는 마르크스주의와 주체사상 부분을 박사학위논문보다 대폭 증보했다.

원래 필자가 학위논문으로 구상했던 것은 한국에서의 주체사상 수용부분을 제외하고 마르크스주의와 주체사상의 관계를 중심으로 주체사상의 형성과정을 추적하는 것이었다. 그러나 필자의 장래 밥벌이를 염려하신 지도교수 손호철 선생님의 강권(?)에 못이겨 한국에서의 주체사상의 수용에 관한 부분의 비중이 오히려 압도하게 되었다. 그 결과 학위논문은 물론이고 이 책도 1980년대 중반 이후 한국 진보사상의 지적 흐름도가 되었다.

나름대로 이런 우여곡절을 거친 이 책을 필자가 구상한 것은 사실 상당히 오래 전의 일이었다. 이 책의 구상과 출판의 과정은 필자의 뒤늦게 재개한 학업의 변명이자 과거의 운동에 대한 나름대로의 자기반성이기도 하다.

유신이 막바지 기승을 부리던 1978년 대학에 들어온 필자는 당시의 많은 대학생들이 그러했듯이 반유신 민주화운동을 하나의 의무로 생각했었다. 고등학교까지 유신체제가 지극히 정상적인 것이고 반공을 국시로 배워왔던 세대로서 대학생활과 동시에 시작한 학생운동은 익숙한 상식과 결별하는 과정에 다름 아니었다.

상식과의 결별이란 한편으로는 새로움을 접하는 환희와 함께, 까닭모를 불안과 혼란 그리고 초조함에서 벗어나기 힘든 과정이었다. 착종된 이 두 감정의 골을 메워 주었던 것은 무절제한 음주와 서툰 영어와 일본어를 통해 접할 수 있었던 마르크스주의였다. 1980년 5월과 함께 시작되었던 약 2년간의 감옥생활은 필자로 하여금 강제적 단주와 함께 지극히 제한된 범위에서 차입되었던 마르크스주의 서적들에 대한 거의 난독으로 이끌었다. 종속이론, 프랑크푸르트학파, 루카치, 헤겔을 비롯해 일본에서 출판된 마르크스주의 경제학사전과 철학사전은 당시에 필자에게는 요긴한 사상적 무기였다.

굳이 말하자면 당시 필자에게 거의 충격으로 작용한 것은 일본의 이와나미 출판사 발행의 『경제학사전』을 통해 알게 된 마르크스의 지대론과 트로츠키주의자인 에르네스트 만델의 저작 *Late Capitalism*이었다. 지대론이 자연과 현상에 대한 결정론이 아닌 사회적 사상과 이론으로 마르크스주의를 이해하게 했다면, 만델의 저작은 마르크스가 추상화시켰던 자본주의의 전개과정에서 마르크스주의 경제이론의 적용 방식과 범위를 알게 해 주었다. 이와 함께 이제는 출처도 기억나지 않는 동유럽 인민민주주의 혁명을 알게 되면서 한국의 변혁의 진로를 마르크스주의에서 얻을 수밖에 없다는 치기어린 결론에 스스로 도취했었다.

1982년 8월 출소한 세상은 2년 전에 비하면 상전벽해라는 표현이 어울릴 정도로 변해 있었다. 이 책에서 언급했듯이 당시 수면 아래서나마 이미 민주화를 넘어서는 한국사회의 발본적 변혁에 대한 구상이 제출되고 있었고, 변혁운동의 주체와 성격을 둘러싼 격렬한 논쟁도 시작되고 있었다. 그러나 시급한 실천의 요구에 대답하기 위한 이론적 모색은 가장 손쉬운 방법, 아니 어쩌면 당시의 이론적 수준으로는 불가피한 것이었지만 마르크스 - 레닌주의의 수용으로 나타났다.

  이론주의와 과학주의를 명분으로 하는 마르크스 - 레닌주의의 교조적 수용과 이에 근거한 노동자·농민 중심의 변혁 구상은 구체적인 실천이 아닌 선험적 가치판단의 문제였다. 1980년대 중반을 거치면서 일본어 중역본을 중심으로 한 마르크스주의의 소개는 이런 현상을 더욱 부채질했다. 당시 도서출판 한울의 편집부장으로 일하기도 한 필자 자신도 이런 책임으로부터 자유로운 것은 아니다. 그러나 당시 필자의 입장에서는 마르크스 - 레닌주의의 교조적 수용과 노동계급 중심주의적 경향을 도저히 수용할 수 없었다. 필자의 마르크스주의 학습이 폐쇄된 감옥에서 제한된 자료에 근거한 것임으로 인해 형편없이 낮았던 것도 이유였겠지만, 한편으로는 그런 조건이 오히려 현실에 대한 천착과 독자적 사유를 불가피하게 했던 점도 원인이었을 것이다.

  필자가 민족통일민중운동연합(민통련)과 민주헌법쟁취 국민운동본부 등 재야 사회운동에 참여한 것은 이런 이유들에 따른 것이었다. 즉 당시 필자의 눈에는 미래를 예비하는 변혁운동을 위해서는 당면의 민주화투쟁의 성과를 극대화해야 한다고 보았고, 당시 가장 투쟁력이 강했던 학생운동이 여전히 선도체로 역할을 해야 한다고 보았기 때문이다. 이런 과정에서 1986년 필자는 국가보안법 위반으로 6개월의 짧은 감옥신세를 져야 했다. 출옥 이후 민주화운동은 이제 전두환 정권의 생명줄을 위협해가고 있었고, 변혁이론의 측면에서는 마르크스 - 레닌주의와 주체사상이 대립축을 형성해가고 있었다.

  당시 필자의 입장에서 주체사상을 알고 느낀 감정은 기계적이고 교조적으로 수용된 마르크스 - 레닌주의에 대한 비판이자 치료약이 될 수 있겠다는 것이었다. 특히 이런 생각은 마르크스의 초기 저작들에 대한 공부를 통해 거의 굳어져갔다. 그러나 필자의 이런 생각은 1987년 12월의 대통령선거를 거치면서 느낀 절망감에 압도되었고 곧이은 동유럽 사회주의의 위기와 붕괴와 함께 변질되어가기 시작했다. 먼저 냉정한 거리감을 갖고 마르크스주의와 주체사상의 이론적 관계를 검토하기 전에, 패배감과 절망감을 민족편향적 입장에서 이해하려고 했다. 주체사상의 이론적 의의와 한계 대신 반미자주화의 전략적 방침의 의의만을 극대화했다.

필자는 1989년 문익환 목사님의 방북 의의에 관해 모 대학신문에 기고한 글 등이 문제가 되어 1990년대 초반까지 약 4년에 걸친 수배생활을 했다. 즉 사회주의 진영의 붕괴와 한국에서 운동권의 쇠락을 현장이 아닌 도피처에서 바라봐야 했다. 거의 막내로 일했던 민통련의 선배들이 제도정치권에서 화려하게 부활하는 것도, 필자가 선도체로 위상을 굳게 신뢰했던 학생운동 지도부의 대량 제도정치 진입과 민주노총 등 노동자계급의 조직화도 방관자나 관찰자로 바라보아야 했다. 한국에서 자본주의 모순의 고도화와 함께 성장하는 노동계급을 비롯한 세계사의 보편적 발전의 관철에 무디었던 필자의 게으름과 특수성에의 매몰에 대한 질타에 다름 아니었다.

이 시기 필자는 사상의 교조적 수용에 대한 저항감을 현실에 대한 생동하는 경험이나 이론화가 아니라 대응적 사상의 수용을 통해서 해결할 수 있다는 아류의 이론주의에서 벗어나지 못했었다. 또한 1990년대 중후반을 거의 무기력하게 지내면서, 사상과 이론에 대한 극단적 회의감을 떨쳐 버리지 못했고 과연 자연과학 이외의 과학이 가능하기나 한지라는 허무주의에서 헤어나오기 힘들었다.

러시아의 변혁을 묻던 레닌의 "무엇을 할 것인가"는 당시 필자의 형편에서는 나의 실존의 이유에나 합당한 표제였다. 2001년 9월 학사과정을 위한 뒤늦은 재입학은 당시로는 이런 실존의 확인을 위한 것 이상 아무 것도 아니었다. 이미 예상했듯이 학교에서도 마르크스주의나 주체사상은 이방인의 처지였고, 남은 학부 3학기의 과정은 시간을 끌 수 있는 필자의 인저리 타임으로 생각되었다. 그러나 고맙게도 학교생활은 필자를 괴롭혀 오던 이론과 과학에 대한 허무주의를 치유하는 더없이 소중한 계기가 되었다.

사상과 거대담론이 비운 자리를 치열한 실증적 방법이 메우고 진보성이라는 선험적 가치기준을 현실성에 입각한 설명과 예측이 대신하려는 노력들이 충만했다. 역설적이지만 이런 학교의 분위기는 필자가 오래 전에 구상했던 마르크스주의와 주체사상의 관계, 마르크스 - 레닌주의와 주체사상 수용과정에 대한 반성적 회고에 대한 자신감을 키워주었다. 인생에 주어진 인저리 타임이니 세상과 다른 나만의 공부를 하면서 지낼 수 있겠다는 공연한 오기까지 생겨났다.

필자가 박사학위논문을 작성할 시기 미국발 금융위기에서 시작된 세계경제의 대위기가 폭발했다. 그리고 이 책을 마무리하는 현재 지난 30여 년 자본주의 세계경제를 지배했던 신자유주의에 대한 근본적 비판의 목소리가 높아져 가고 있다. 또한 한편으로는 예민한 감수성으로 현재의 위기를 근대성의 위기로 파악하는 포스트주의적 담론들이 힘을 얻어가고 있다. 문제의 근원은 계급과 민족의 거대담론이 노정한 한계와 근대적 이성에 대한 신뢰에 있다는 주장이다. 마르크스주의가 계급중심적 입장을 견지함으로써 보다 복잡해진 현세계의 다양한 모순들을 총체적으로 파악하는 데 한계를 보인다는 비판이 핵심이다.

그러나 냉정하게 생각하면, 현재 세계를 강타하고 있는 위기는 다름아닌 자본주의 모순의 누적과 폭발이다. 그렇다면 현재의 다양한 모순과 인간적 삶의 파편화도 자본주의 모순으로부터 파생된 것임을 알 수 있다. 물론 인종, 성, 세대, 종교 등 다양한 차별과 억압들은 자본주의 이전에도 존재했던 것들이지만, 자본주의 아래서 이런 것들은 자본주의적 내용의 차별과 억압으로 현상한다. 인종적, 종교적, 민족적, 성적 편견과 배제는 자본주의 모순의 심화와 함께 교묘히 계급적 성격을 은폐한 채 자체의 역사성과 자율성을 가진 것으로 드러나고 있다.

그러나 이라크와 아프가니스탄에서 전쟁의 공포를 담은 어린아이들의 눈망울, 아프리카의 굶주린 사람들의 행렬, 북한의 상상을 초월한 기아와 어려움이 전지구적 자본주의적 모순과 무관한 것인가? 이른바 선진국으로 불리는 나라들에서 줄어든 일자리로 인해 외국인 혐오가 일상화되는 것이 과연 자본주의와 무관한 것인가? 보다 실감나게 느껴지는 청년 실업의 무리와 비정규직 노동자들의 절규가 자본주의적 계급관계와 과연 무관한 것인가? 착취당하고 싶어도 착취당할 기회마저 박탈당한 인간의 무리들을 양산한 것이 자본주의의 탐욕의 결과가 아닌 무엇인가?

자본주의 이전에도 그리고 어설픈 현실사회주의 실험을 통해 확인했듯이 자본주의를 넘어서도 존재하는 인간에 대한 억압과 차별, 배제에 대한 예민한 감수성은 더없이 소중하다. 또한 냉혹한 세계자본주의의 운동 속에서 최소한의 생존 조건마저 위협받는 상황에서 사회적 연대의 방안을 강구하는 것도 현실적 대응으로 그 긴급성을 인정해야 한다. 그러나 이런 의식과 대응이 아무리 소중하다고 하더라도 자본주의의 모순에 대한 냉철한 과학적 분석을 우회해서는 안 된다.

마르크스는 근본적이라는 것(the radical)은 사물과 현상을 뿌리까지 파고드는 것이고 인간에게 뿌리는 바로 인간이라고 했다. 이런 입장을 가진 마르크스가 자본주의의 해부학으로 정치경제학 연구를 시작한 것은 자본주의라는 조건에서 인간에 대한 가장 큰 위협은 바로 자본주의의 모순이었기 때문이었다. 현재의 인간의 삶에 대한 위기가 자본주의로 인한 것이라면 마르크스의 접근법이 여전히 유효한 까닭은 여기에 있다.

1980년대 중반에서 말에 이르는 짧은 시기 한국에서 관심의 초점으로 되었던 한국사회성격 논쟁은 이런 측면에서 여전히 중요한 문제의식을 제공한다. 물론 그 시기의 교조적이고 정파적 이론 분위기를 결코 용인해서는 안 되지만, 그렇다고 해서 당시 제기되었던 문제의식을 전부 내버려서도 안 된다. 한국사회 변혁의 총체적 방향성을 모색하기 위한 종속성 문제와 계급모순의 배열 등에 대한 관심은 지금도 여전히 발전시켜나가야 할 이론적 문제제기이기 때문이다. 결국 이 문제는 한국사회를 둘러싼 보편과 특수의 결합방식을 이해하는 것이며 모순들의 위계적 구성을 파악하는 것이다.

한국사회의 구체적 현실을 출발점으로 삼는 이런 연구에서 마르크스주의는 유용한 분석틀로 역할을 할 수 있다. 마르크스주의는 일국 자본주의의 운동법칙은 물론 자본의 세계화에 대한 전망을 제시하고 있기 때문이다. 특히 공황론에서는 공황이 자본주의의 주기적 경기순환의 과정에서 자본주의 내적 모순의 폭력적 해결에 다름아님을 증명하고 있다. 현재의 세계적 경제위기는 모순의 주기적인 폭력적 해결을 은폐하고 지연시킨 자연스런 결과임을 알게 한다. 자본주의적 지구화의 필연적 결과인 현재의 대량 실업과 노동시장의 극단적 유연화로 인한 비정규직의 양산도 자본주의적 계급관계의 변형태일 뿐이다.

사태의 본질이 이러하다면 현재의 세계에서 나타나고 있는 다양한 인종적, 종교적, 세대적 및 성적 갈등과 억압 및 배제도 자본주의의 기본적 모순을 직접적으로 반영한 것임을 알 수 있다. 이로 인해 계급과 국가 등은 폐기되어야 할 야만적 근대의 산물이 아니라 오늘 이 순간 재사고되고 재정의되어야 할 문제임을 알 수 있다. 또한 세계자본주의에서 한국이 차지하는 위치 등으로 한국사회의 특수성이 발현된다는 점에서 한국사회의 모순은 보편과 특수의 변증법적 관계 속에서 온전히 파악할 수 있다.

현재의 청년실업과 대량의 비정규직, 사회운동과 노동운동의 관료화, 진보적 정치운동의 정파적 분열 그리고 항상적이고 주기적으로 증폭되는 한반도의 안보불안 등 한국사회가 안고 있는 총체적 문제 해결의 실마리를 찾는 작업이 바로 필자가 향후 자임하려는 과제이다. 전지구적인 자본의 운동이 현재 우리의 현안들과 어떻게 연결되어 있으며, 이런 문제들이 우리사회에 타자에 대한 차별과 배제 및 억압을 초래하고 있는 것은 아닌지를 되묻고자 한다. 이를 위해서는 한국자본주의의 종속성과 압축적 근대화로 인한 민주주의의 지체와 천민적 독점의 강화, 분단의 지속과 주기적 안보위험의 증폭 등을 새로운 한국사회성격 규정을 위한 주요한 연구대상으로 설정해야 한다. 한국사회의 기본모순을 중심으로 한국사회의 특수성이 이를 어떤 현상태로 발현시키고 있는지를 탐구해야 하기 때문이다.

물론 이 책이 이런 중대한 문제를 전망하기에 턱없이 부족한 것임을 필자는 잘 알고 있다. 그러나 필자도 그 과정 속에 있었던 1980년대 이후 한국 진보이론의 논쟁을 반성적으로 고찰한 이 책이 현재 우리에게 주어진 이론적 과제를 반추하는 기회가 될 수 있다면 더 이상 바랄 것이 없다. 필자 스스로도 좌절과 절망 및 극단적인 이론 회의주의를 거쳐오면서 일종의 자기비판인 이 주제를 되돌아봄으로써 향후 연구의 주제를 다시 설정할 수 있는 기회가 되었다. 이 책을 그동안의 필자의 행적에 대한 자기비판임과 동시에 새로운 연구를 위한 출발점으로 삼고자 한다.

보잘 것 없는 이 책이 나오기까지 필자는 또한 세상에 큰 빚을 졌다. 무엇보다 거의 절망감에 사로잡힌 필자에게 회의주의의 동굴에서 빠져나올 수 있게 해주신 서강대학교 정치외교학과 교수님들의 가르침이 있었다. 이 정도의 졸고와 졸저로 감사의 말씀을 전해드려야 한다는 것이 죄송할 뿐이다. 김영수 선생님을 주심으로 하는 다섯 분의 심사자 선생님들께는 난삽하고 결코 적지 않은 분량의 원고로 폐를 끼친 점까지 사죄를 드려야 한다.

특히나 분명히 다른 이론적 및 정치적 입장임에도 또한 본문 가운데 선생님의 입장을 직접 문제삼는 필자에게 논리적 정합성만 유지되면 상관없다고 격려해 주신 지도교수 손호철 선생님의 배려를 잊을 수 없다. 뿐만 아니라 필자의 밥벌이 걱정에 거의 두 편의 논문을 하나로 묶도록 하신 강권(?)은 평생 잊지 않고 밥벌이로 보답드리겠다고 약속할 수밖에 없을 듯하다.

뒤늦은 공부길에 함께 한 서강대학교 정치외교학과의 많은 벗들을 일일이 거명할 수 없음을 미안하게 생각한다. 너무도 많은 벗들의 너무나 많은 도움이 있어 제한된 지면에 옮길 수 없을 뿐이라는 점 이해해 주시길 바란다.

1978년 대학에 들어오면서부터 항상 힘이 되어 주셨던 박석률, 강종헌, 이봉조, 장정수, 손영란, 한승동, 이우재, 편무균 선배들에 대한 고마움을 잊을 수 없다. 또한 악연인지 뭔지 모르겠으나 거의 반평생을 함께한 이지호, 김호경, 이윤삼, 이훈희 등의 많은 친구들에게도 항상 신세를 졌다.

논문이 완성되기도 전에 출판을 약속하시면서 격려해 주시고 졸저를 아름답게 꾸며주신 소나무출판사 유재현 선배님의 믿음이 없었다면 이 책은 세상에 나올 수 없었을 것이다. 형제의 정으로 소나무를 가꾸어 가시는 출판사의 식구분 모두에게도 감사의 인사를 드린다.

또한 이 책은 나의 태만과 고집으로 항상 모든 어려움을 감당해야 했던 나의 가족의 희생이 밑거름이 되었다. 가장의 짐을 혼자 짊어져야 했던 아내 최귀열과 성장기에 아버지의 짧지 않은 부재에도 예쁘고 착하게 자라준 딸 지은이 없었다면 둔한 재주로 이 길까지 오지 못했을 것이다. 이 책이 조금의 성과라도 있다면 그것은 모두 그들의 몫임을 잘 알고 있다.

이미 4년에 가까운 세월을 병실의 침대 위에서 보내시는 어머니는 일찍 여의신 아버지를 대신해야 할 장남의 무책임으로 평생 불안과 울화병 속에서 사셨다. 이제 되돌릴 수 없는 옛날로 인해 부끄럽지 않게 살겠다는 약속밖에 드릴 수 없는 불효가 죄송스러울 뿐이다. 그리고 못난 형으로 인해 어머니의 병수발을 거의 혼자 도맡다시피한 동생 수혁의 노고에도 머리 숙여 미안함을 전할 뿐이다.

보잘 것 없는 졸저를 출판하면서 이 세상에 함께 살아 있지 못한 많은 분들을 생각하지 않을 수 없다. 민주주의와 통일을 위해 힘껏 노력하시다가 먼저 세상을 떠나신 문익환 목사님을 비롯한 모든 분들에게 반성의 마음으로 졸저를 바친다. 아울러 지금 이 땅에서 인간다운 삶을 위해 노력하는 모든 분들에게 졸저를 시작으로 그들의 고투에 보답하는 공부로 감사드리겠다고 약속한다.

2009년 4월 서강대학교 다산관에서

방인혁 드림

차 례

자기비판과 감사의 글 ··· 5

제1장 : 마르크스주의와 주체사상은 죽었는가? ························· 19

제2장 : 마르크스·엥겔스 이론의 내적 긴장과 마르크스주의들 ····························· 35
  제1절 마르크스·엥겔스 이론의 내적 긴장 • 37
  제2절 마르크스주의들의 분류 기준 • 56
  제3절 구조중심적 마르크스주의 • 64
  제4절 주체중심적 마르크스주의들 • 87
  제5절 역사적 유물론의 재구성 혹은 마르크스주의의 재구조화론 • 130
  제6절 과학/비판, 이론/실천, 필연/자유, 구조/주체 • 144

제3장 : 주체사상의 형성 ··· 151
  제1절 마르크스주의들Marxisms과 북한의 주체사상 • 151
    1-1 어떤 마르크스주의와 주체사상의 관계인가? • 151
    1-2 마르크스 - 레닌주의에 대한 주체사상의 계승성과 독창성 주장 • 167
    1-3 주체사상의 독창성 주장의 기본 내용 • 183
    1-4 주체사상의 계승성과 독창성 주장에 대한 비판적 평가 • 195
  제2절 주체사상 형성과 북한식 사회주의 건설과 혁명 • 212
    2-1 주체사상의 주체시대 규정의 이론적 및 실천적 함의 • 212

2-1-1 주체사상의 시대규정 • 214

2-1-2 마르크스 - 레닌주의의 시대규정 • 217

2-1-3 마르크스 - 레닌주의와 주체사상 시대규정의 유사점과 차이점 • 228

2-2 주체사상 형성의 실천적 맥락과 배경 • 237

2-2-1 북한의 대내외적 상황과 주체사상 제기 및 이론적 체계화 과정 • 238

2-2-2 현대수정주의 비판과 주체사상의 형성 • 262

2-2-3 북한의 혁명적 군중노선과 주체사상의 형성 • 269

2-2-4 유일사상·지도체계 및 권력승계 과정과 주체사상의 체계화 • 277

제3절 탈냉전 시기 주체사상의 현황과 전망 • 283

제4절 계승성과 독창성 • 290

제4장 : 1980년대 이후 한국의 주체사상 수용 297

제1절 1980년대 중반 이후 진보이론 수용의 특징과 문제점 • 302

1-1 1980년대 중반 이전의 광의의 마르크스주의적 경향 수용 경험 • 306

1-2 진보이론의 교조적·정파적 수용 태도 • 307

1-3 주체사상 수용세력들의 실용주의적 경향과 소극적 논쟁 태도 • 314

제2절 한국의 주체사상 수용과정 : 선험적 비판과 교조적 수용 • 322

2-1 일반 사상·이론 체계로서 주체사상의 수용과 비판 • 323

2-1-1 주체사상의 계승성과 독창성 문제 • 324

2-1-2 주체시대 규정 문제 • 353

　　2-1-3 주체의 사회역사적 원리 문제 • 362

　2-2 혁명이론으로서 주체사상의 수용과 배제 비판 • 397

　　2-2-1 한국 사회구성체 혹은 사회성격 논쟁의 단계 구분 • 398

　　2-2-2 혁명이론으로서 주체사상 수용 연구의 2가지 전제적 논의 • 402

　　　(1) 혁명이론으로서 주체사상 수용세력 형성의 이론적·실천적 배경 • 403

　　　(2) 사회구성체론과 사회성격론의 관계 문제 • 412

　　2-2-3 식민지 반봉건사회론의 내용과 비판적 고찰 • 421

　　2-2-4 민족해방 민중민주주의 혁명론(NLPDR)의 내용과 비판적 평가 • 444

　2-3 영도 방법으로서 주체사상의 수용과 비판 • 463

제5장 : 탈냉전 이후 한국의 주체사상 연구 ························ 485
　제1절 탈냉전 이후 한국 진보이론 논의 지형의 변화 • 489

　　1-1 페레스트로이카 평가와 포스트주의 담론의 수용과 비판 • 489

　　1-2 사회민주주의적 대안의 제기와 비판 • 513

　　1-3 시민사회론과 급진민주주의론의 제기와 비판 • 517

　　1-4 마르크스주의의 전화 또는 재구성론의 제기와 비판 • 534

　제2절 1990년대 초·중반 한국의 주체사상 연구동향 • 547

　　2-1 기존 제도 학계의 주체사상 연구경향 • 556

　　2-2 주체사상의 철학적 내용에 관한 연구경향 • 573

　　2-3 북한의 권력정치적 요인과 주체사상의 상관성 연구경향 • 577

　　2-4 주체사상의 변용 가능성과 스탈린주의적 요소에 관한 연구경향 • 588

　　2-5 주체사상과 한국 전통사상 및 모택동사상 등과의 비교연구 경향 • 595

　제3절 1997년 황장엽 망명 이후 한국의 주체사상 연구현황 • 604

　　3-1 주체사상 형성에서 황장엽의 역할과 비중 및 망명 동기 연구 • 605

　　3-2 황장엽의 '인간중심철학'과 망명 이후 황장엽의 역할 문제 • 615

　제4절 일부 주체사상파의 뉴라이트 운동 전향에 관한 비판적 고찰 • 628

　　4-1 '강철서신' 김영환의 사상적 전향과 황장엽의 '인간중심철학' • 628

　　4-2 '전향 주사파'와 뉴라이트 운동 • 638

제6장 : 사상과 현실의 주체적 만남은 불가능한가 ·· 651

참고문헌 ··· 669

찾아보기 ··· 685

제1장
마르크스주의와 주체사상은 죽었는가?

주체사상의 형성과 한국의 수용과정을 연구하면서, 먼저 검토해야 할 것은 이 시점에서 왜 다시 마르크스주의와 주체사상을 논해야 하는가이다. 1980년대 말 현실사회주의 붕괴 이후 사상·운동·체제로서 마르크스주의의 총체적 위기, 심지어는 종언까지 공공연히 주장되고 있기 때문이다. 과연 마르크스주의와 그에 대한 계승성과 독창성을 주장하는 주체사상은 이미 역사 현실 속에서 적실성을 상실한 죽은 사상인가? 이에 대한 대답은 구체적인 현실 속에서 찾아야 할 것이다. 탈냉전기 세계의 현실은 다음과 같은 몇 가지 점에서 마르크스 사상의 유효성과 주체사상에 대한 관심이 여전히 필요하다는 사실을 증명한다.

첫째, 마르크스와 엥겔스는 1848년 『공산당선언』에서 부르주아지는 일단 형성되면 "한마디로 세계를 그 자신의 이미지에 따라 창출한다"(*MECW* 6 : 488)고 했다. 즉 생산의 혁명화와 세계시장의 창출을 통해서만 생존할 수 있는 부르주아지는 이전의 모든 지역적 및 민족적 차이를 분쇄하고 세계를 단일한 자본주의적 형태로 만들어간다는 것이다.

냉전 시기 현실사회주의가 실제로 자본주의적 세계시장의 형성을 얼마나 제약했는가는 논쟁의 여지가 있지만, 탈냉전 시기 우리가 목도하는 세계는 신자유주의적 세계화로 인한 전지구적 통합이다. 이윤의 극대화를 위한 자본의 전지구적 이동과 생산의 세계적 재배치 및 과잉축적된 금융자본의 투기 행렬 등은 신자유주의적 세계화의 추동력이다. 일국 내 사회적 양극화의 심화, 국가간 격차의 확대와 이로 인한 반목과 갈등은 그 필연적 결과일 뿐이다. 이런 신자유주의적 세계화 시대는 자본주의의 전일적 지배로 인한 내재적 모순과 필연적 이행에 관한 마르크스의 사상을 그 어느 시기보다 적실성을 갖게 한다.

둘째, 마르크스는 1873년『자본론』제2판 후기에서 거의 30년 전 자신이 헤겔 변증법의 신비화된 측면들을 비판했지만,『자본론』집필 시기 독일에서 헤겔을 '죽은 개' 취급하는 경향들에 맞서 자신이 헤겔의 제자임을 주장하고 나섰다(Capital I : 29). 즉 마르크스는 헤겔의 변증법 대신 실증주의적이고 형이상 학적인 경향이 지배하던 당시의 시대상황을 비판했던 것이다. 마르크스는 헤겔 변증법의 신비화된 형태만 독일에서 유행하고, 현존하는 것을 인정하면서 도 동시에 부정하는 합리적 핵심은 회피되었다고 비판한 것이다.

이처럼 마르크스의 사상은 현존하는 모든 것을 생성·발전·소멸하는 과정에 있는 역사적인 것으로 파악한다. 현재 신자유주의 세계화를 주장하는 세력들은 현재의 전지구적 자본주의가 피할 수 없는 유일한 대안이라고 주장한다. 신자유 주의의 여전사 전 영국 총리 대처는 TINA(There Is No Alternative)를 명분으로 내세웠다. 그러나 우드가 잘 지적했듯이, 자본의 지속적인 자기팽창욕은 세계화 의 원인이 아니라 결과일 뿐이다(Wood E. M, 2003 : 15). 즉 신자유주의적 세계화는 불가피하고 유일한 현실이 아니라, 이윤의 극대화를 위한 자본 활동의 결과일 뿐이기 때문에 항상 비판적 극복이 가능한 과도적 사회의 모습일 뿐이다.

현존하는 것만을 인정하는 실증주의적이고 형이상학적 사고에 대한 비판인 마르크스의 통찰력이 더욱 요청되는 것은 바로 이 때문이다.

셋째, 마르크스 사상은 인간 의지와 독립된 사회구성체의 필연적인 발전 법칙에 관한 이론이자, 자연과 사회의 구속에서 해방을 목표로 하는 인간의 실천에 관한 철학이다. 전자가 객관적인 과학의 영역에 속한다면, 후자는 인간의 해방을 향한 지향과 실천의 지침으로서 사상의 영역에 속한다. 물론 양자가 엄격하게 구분되는 것은 아니다. 사회에 대한 과학적 인식의 심화는 해방을 위한 실천의 전제이고, 객관적 사회는 인간의 실천을 통해서만 역사적 이행이 가능하다는 점에서 상호규정적이기 때문이다. 이런 측면에서 마르크스 는 1859년 "정치경제학 비판 서문"에서 "인류는 그가 해결할 수 있는 과제만을 제기한다"(MECW 29 : 263)고 했다.

그러나 마르크스 사상을 구성하는 이 두 측면은 이후의 마르크스주의 전통 내부에서 대립되는 두 경향으로 나타나게 되었다. 후술하겠지만 마르크스 사상의 과학성을 중시하는 구조중심적 입장과 실천을 중시하는 주체중심적 입장의 대립이었다. 따라서 마르크스주의는 사실은 마르크스주의들Marxisms 이라는 표현이 더욱 적절하다. 마르크스주의에 대해 계승성과 독창성을 주장하 는 주체사상도 마르크스주의 전통에 위치시킬 수 있는 것은 바로 이 때문이다.

넷째, 주체사상이 마르크스주의에 대한 계승성과 독창성을 주장하지만, 엄밀하게는 스탈린주의적인 마르크스 - 레닌주의에 대한 그것이다. 마르크스 - 레닌주의는 당시 현실사회주의의 공식적 지도이념으로서 유일한 정통으로 인정되고 있었다. 이런 측면에서 주체사상이 대상으로 한 마르크스주의가 마르크스 - 레닌주의였다는 점은 당연한 일이었다고 볼 수 있다. 후술하겠지만, 스탈린주의적 마르크스 - 레닌주의는 구조중심적인 생산력주의였다. 따라서 주체사상이 마르크스 - 레닌주의를 계승했다는 주장은 결국 구조중심적 입장을 인정한다는 의미이고, 그 독창성이란 시대적 제한성으로 마르크스 - 레닌주의가 보지 못했던 주체성을 강조한다는 의미로 해석된다.

그러나 주체사상이 대상으로 했던 마르크스 - 레닌주의가 유일한 마르크스주의가 아님은 역사적으로 확인될 수 있다. 따라서 마르크스주의 전통 내부에서 주체사상의 위치를 확인하고 주체사상이 갖는 의의와 한계를 살펴보기 위해서는 마르크스 - 레닌주의가 아닌 마르크스 사상의 원류로 돌아가 평가해야 한다. 이런 측면에서 마르크스주의의 유효성이 인정되는 한, 주체사상에 대한 비판적 평가도 마르크스 사상과의 대비 속에서 반드시 필요하다고 할 것이다.

다섯째, 1980년대 중반 이후 한국 진보이론 수용의 특징을 "전통주의 열병과 성급한 탈맑스주의화"로 특징짓는 김동춘은 그 중요한 원인의 하나를 "권위있는 자유주의 이론의 빈곤"(김동춘, 1997 : 193)에서 찾고 있다.[1] 권위있는 자유주의 이론의 부재가 마르크스 - 레닌주의나 주체사상을 성찰없이 교조적으로 수용하게 한 원인이라는 지적이다.

김동춘의 주장은 한편으로는 사실이고 다른 측면에서는 오류이다. 마르크스주의가 여러 나라에서 수용되는 과정에 특히 서구에서 권위있는 자유주의 이론이나 정교한 부르주아 철학들과의 이론적 경쟁을 통해 세련될 수 있었다는 점에서 김동춘의 주장은 타당하다. 그러나 이미 마르크스주의 전통 내부의

---

1) 김동춘은 1980년대 중반 이후 한국에서 마르크스주의 이론의 수용과 그 흐름을 이와 같이 규정했다. 즉 그는 이전 한국사회를 지배한 분단냉전체제와 일체의 사상적 통제, 취약한 노동운동과 학생운동의 활성화, 권위있는 자유주의 이론의 부재 등이 1980년대 가장 교조적인 형태의 마르크스-레닌주의라는 정통에 집착하게 만들었고, 1980년대 말 이후의 세계적인 변화에 직면해서는 동전의 양면처럼 실용적인 탈마르크스주의로 급선회하게 된 원인으로 본다. 김동춘, 1997 : 288-309 참조.

다양한 입장은 여러 철학사상적 조류와 대면을 거친 것이었고, 한국에서도 1980년대 중반 이전 네오마르크스주의나 종속이론 및 헤겔 철학에 이르기까지 다양한 마르크스주의 견해가 소개된 바 있다. 따라서 이론적 측면에만 한정한다면, 1980년대 중반 이후 한국에서 이런 다양한 마르크스주의에 대한 진지하고 포괄적 검토의 기회는 있었던 셈이었다. 따라서 다양한 마르크스주의 입장에 대한 이론적 검토의 부재야말로 한국에서 진보사상의 교조적 수용에 머물게 했던 중요한 원인으로 보아야 한다는 점에서 김동춘의 주장은 오류이다. 이런 측면에서도 현재 한국에서 현실성 있는 진보이론의 생산을 위해 다양한 마르크스주의들에 대한 비판적 성찰은 절실히 요구된다고 하겠다.

생산력 발전을 역사적 임무로 하는 자본주의의 특정 시기를 살아가는 사회과학자들은 한결같이 자신의 시대를 역동적인 변화와 위기의 시기로 인식하는 것이 통례이다. 이것은 사회가 항상 완급과 정도의 차이는 있을지라도 변화하고 있음을 의미하는 동시에, 보다 본질적으로는 사회과학 본래의 중요한 임무가 변화 속에 있는 현실을 정확히 포착하여 보다 가치있는 삶을 모색하는 것에 있기 때문일 것이다.

따라서 최근 20여 년의 한국 정치사회를 논의하면서, 우리가 목도했던 급격한 변화를 운위한다는 것은 진부한 것일지도 모른다. 그럼에도 불구하고 우리들이 경험해왔고 현재도 여전히 진행중인 근본적인 변화를 전제하며 논의를 시작할 수밖에 없다. 그것은 한편으로는 우리들이 경험한 최근 20여 년의 변화가 가진 성격 때문이다. 사회주의 진영의 붕괴와 탈냉전은 사회과학적으로 기존에 익숙했던 진보와 보수의 기준이 근본적으로 전도되는 변화였다. 그러나 다른 한편으로 더욱 중요한 이유는 이런 변화에 대해 한국의 진보적 사회과학이 경험한 학문 내적 변화의 속도가 어느 시기보다 급속한 것이었기 때문이다.

이 시기 한국 진보진영의 이론적 수용에 대해 김동춘은 적확하게도 "정통주의 열병과 성급한 탈맑스주의화"로 특징지었다. 즉 변화의 한국적 특수성에 대한 이론적 모색 이전에 외래의 진보적 사회과학 이론의 맹목적 수입과 이에 기초한 정파적 논쟁으로 현실의 변화에 더해 더욱 어지럽고 무분별한 학문 내적 혼란이 야기되었기 때문이다.

이처럼 한국사회에서 1980년대는 분단과 한국전쟁 이후 소멸된 것으로 보였던 진보적 사회운동과 사상이론의 부활로 특징지워진다. 지속적으로 진행된 민주화운동과 특히 1980년 5월 광주민주화운동의 실패를 밑거름으로 하여 한국사회는 바야흐로 정상적인 진보적 사회발전의 궤도에 진입하는 초입에 들어선 것으로 보였다. 한국 사회와 국가의 성격 규정 및 이에 기초한 한국 변혁운동의 성격을 둘러싼 이론적 논의와 함께, 민주화를 위한 실천적 노력은 결국 1987년 6월 민주대항쟁과 7~9월 노동자대투쟁으로 귀결되었다.

그러나 한국 사회가 이룩한 이런 성과는 세계적인 변화의 흐름과 일치되지 않는 것으로 나타났다. 이미 서구에서는 1970년대 말 마르크스주의 위기론이 대두되었고[2] 신보수주의가 득세했으며, 1980년대 중반 이후에는 소련·동유럽 등 사회주의 국가들이 개혁과 변화에 돌입했다. 이른바 전통적인 진보의 위기와 변화의 반대편에 자본주의의 경제적 신자유주의와 정치적 신보수주의 이론과 정책이 힘을 얻어가고 있었던 것이다. 이런 한국사적 시간과 세계사적 시간의 불일치는 다시 소생한 한국의 진보 이론과 운동에 보다 무거운 과제를 부과할

2) 마르크스주의 혹은 사회주의 위기론은 1970년대부터 널리 대두되었다. 특히 1980년대 말 소련과 동유럽 등 현실사회주의의 몰락은 이를 확증하는 사건으로 보이기도 했다. 그러나 많은 마르크스주의자는 이런 상황을 낡은 소비에트 마르크스주의의 몰락이자, 진정 새롭고 비판적인 마르크스주의 학파의 출현으로 해석한다. 서만은 이를 비판적 마르크스주의로 명명하고, 비판적 마르크스주의는 하나의 단일한 새로운 학파가 아니라, 다양한 현대적 비소비에트 마르크스주의 학파를 총칭하는 것이라고 주장한다(Sherman, 1995 : 3). 분석적 마르크스주의자인 라이트 등도 공저에서 마르크스주의는 자연사한 것이 아니라, 최근 수년간 상당한 이론적 혁신과 진보를 보이며, '재구조화된 마르크스주의'로 나타나고 있다고 주장한다(Wright, Levine & Sober, 1992 : 2).

수밖에 없었다. 이미 근본적으로 의문시되고 있던 외래의 진보적 이론들을 수입하여 이를 한국적 상황에 적용하려는 안이한 시도는 더 이상 불가능하였고, 한국사회의 총체적인 변화와 외견상 정반대로 나타나고 있던 세계적 흐름을 포착하여 이를 우리의 현실과 접합시켜야 하는 과제까지 떠맡게 된 것이다.

이런 난해하고 복잡한 과제에 직면한 한국의 진보이론 진영은 어떻게 대처했는가? 전세계적인 신자유주의의 석권 속에서 신생 노동, 농민, 빈민 등 계급운동에 어떤 기여를 했고, 장래 어떤 역할을 할 수 있을 것인가? 10여 년의 실험 이후 현재 분열된 진보정당의 새로운 방향정립에 어떤 역할을 할 수 있을 것인가?

이런 중요한 문제들에 대한 대답은 1980년대 이후 한국의 진보적 사회과학의 학문적 성과와 한계 및 특성을 해명하는 것에서부터 시작되어야 한다. 특히 1980년대 이후 한국의 진보적 사회과학 거의 대부분은 그동안 철저히 금기시되어 온 마르크스주의에 근거했다. 따라서 당시 한국에서 논의되었던 마르크스주의 전통에 속하는 이론들을 검토하고 다양한 이론 사이의 논쟁을 고찰하는 것에서 출발할 수밖에 없다.

이를 위해서는 한국사회 진보이론 진영의 외래의 마르크스주의적 이론들에 대한 이해와 그런 대립적 이론들이 마르크스주의 전통 내부에서 발생한 원인 및 이런 이론들을 한국의 상황에 적용하는 방식과 태도 등 다면적인 검토가 필요하다. 이런 연구과제에 더하여 더욱이 어려운 점은 이 시기 한국 진보이론 진영의 중요한 대립축이 마르크스 - 레닌주의와 주체사상으로 굳어진 것이었다.3) 마르크스주의 특히 이 시기 한국에서 거의 정통의 입장으로 수용되었던

---

3) 윤형식은 이 시기 주체사상의 수용으로 당시 한국 마르크스주의 철학계에서 진지한 이론적 연구를 중단시키는 결과가 되었다고 주장한다. 주체사상이 진지한 철학적 혹은 이론적 관심의 대상이 될 수 없는, 사상 - 수령 - 당국가의 체계 유지를 위한 이데올로기적 성격이 압도적이기 때문이라는 주장이다(김수행 외, 1995 : 34-5 참조). 그러나 마르크스주의 전통 내부에 다양한 이론적 조류가 존재하고, 주체사상이 스스로 마르크스주의에 대한 독창성과 함께 계승성을

마르크스 - 레닌주의와 주체사상의 관계는 어떤 것이며, 양쪽의 대립적 입장이 각각 자신과 상대의 이론에 대해 얼마나 올바로 이해하고 있었는가도 검토되어야 한다.

특히나 가장 중요한 문제는 많은 논자들의 주장처럼 '정통주의 열병'이 '성급한 탈마르크스주의'를 초래한 것이 사실인가? 아니면 정통 이론들을 구체적 현실에 창조적으로 적용시키지 못한 이론 및 실천의 오류가 초래한 결과인가? 필자의 문제의식은 다름아닌 바로 이 문제이다. 정통 이론의 수용이 문제가 아니라, 이것을 교조로 삼아 정파적이고 당파적인 수단으로 전락시켜 버린 것이 문제였다는 것이다. 특정 사상이론의 창조적 적용을 가능케 하는 생산적 논쟁과 비판 및 자기비판의 과정은 생략된 채, 특정 분파의 패권의 도구로 전락할 때 정통이 아닌 어떤 진보이론도 동일한 운명을 벗어나기 어려웠을 것이다.

요컨대 탈냉전과 동시에 발생한 탈마르크스주의화는 1980년대 중반 한국 진보이론 진영이 정통주의에 집착했기 때문이 아니라, 수용된 외래 이론들을 주체적이고 생산적으로 적용하는 데 실패한 결과라는 것이다. 따라서 당시 수용된 정통 이론들, 즉 마르크스 - 레닌주의와 주체사상의 진정한 내용은 어떤 것이었으며, 당시의 실천적 조건이 갖는 의의와 한계는 어떠한 것인지를 객관적으로 재검토해야 한다. 이것은 마르크스 - 레닌주의나 주체사상의 현재적 의의를 검토하는 데 기초가 될 뿐만 아니라, 현재의 한국 진보이론 진영의 현황 평가와 발전 전망을 도출하기 위한 필수적 전제가 되기 때문이다.

이상과 같은 과제들은 사실상 1980년대 이후 한국 진보이론 진영 전반의

주장한다는 측면에서 이에 대한 검토없이 일방적으로 논의 대상에서 배제하는 것은 정파적 입장에 기초한 잘못이다. 또한 당시 한국 진보이론 진영의 중요한 대립축의 하나가 주체사상이 었고, 이런 경향은 오늘까지 한국의 진보적 이론과 실천 진영 내부에서 중요하게 잔존되고 있다는 측면에서도 그의 주장은 수용되기 어렵다.

지적 지도를 그리는 방대한 작업이 될 것이다. 또한 이런 작업은 어느 연구자한 사람이나 하나의 학문 분야로는 도저히 감당할 수 없는 복잡하고 난해하며 방대한 문제를 망라하는 것이다. 왜냐하면 먼저 사상이론적 측면에서는 가장 정확하고 올바른 마르크스주의란 어떤 것이고, 당시 한국에 수용되었던 마르크스주의는 어떤 것이었던가를 파악해야 하기 때문이다. 뿐만 아니라 사회과학적으로 당시 한국사회가 처한 정확한 상황은 어떠했으며, 어떤 변혁이 요구되었던가를 실증적이고 구체적으로 파악해야만 하기 때문이다. 나아가서는 실천적으로 당시의 한국사회에서 진보적 운동의 발전 상황 및 운동과 진보이론들의 결합 상태는 어떠했는가도 고찰해야 하기 때문이다. 이상과 같은 과제의 규모를 고려하여 이 책에서는 이런 작업의 시작을 위한 필수적인 전제 작업들 가운데 일부만이라도 감당하고자 한다.

이런 문제의식과 과제에 대응하여, 이 책에서는 80년대 중후반 한국 진보이론 진영의 한 축을 이루었던 주체사상의 형성과 한국적 수용에 관해 고찰하고자 한다. 이를 위해 먼저 마르크스주의 역사에서 어떤 이유로 또한 무슨 쟁점들을 중심으로 다양한 이론들이 대립하게 되었던가를 검토할 것이다. 특히 1980년대 중반 이후 한국 진보이론 진영의 기본적 대립축이 마르크스 - 레닌주의와 주체사상을 각각의 이론적 전거로 삼았던 점에서 마르크스주의 전통에서 마르크스 - 레닌주의와 주체사상이 차지하는 위치를 추적할 것이다.

또한 당시 한국의 진보이론 진영에서 주체사상을 보는 다양한 시각들을 비판적 관점에서 검토할 것이다. 결국 이 과정은 마르크스주의 전통 속의 마르크스 - 레닌주의와 주체사상의 위치에 관한 인식과 이의 한국적 수용의 문제점 및 그것이 현재 한국사회에 남긴 결과는 무엇인지를 주요한 과제로 삼을 수밖에 없다.

이상의 연구 목적들을 달성하기 위해, 역사적 접근법과 비교문헌적 접근법을 사용할 것이다. 정치사상은 현재의 정치상황에 대한 실증적 이해를 바탕으로 단기적 전망에 치중하는 정치학 이론들과 일정한 거리를 둘 수밖에 없다. 이것은 정치사상이 정치의 본질과 목적을 해명함으로써, 다양한 정치현상을 과학적 연구 대상으로 하는 정치학에 필요한 정치에 관한 기본 관점과 입장을 제공해야 하기 때문이다.

현실에서 모든 정치사상은 특정한 철학적 세계관에 기초하기 마련이고, 이에 따라 서로 대립되는 정치사상들이 제기되게 된다. 뿐만 아니라 하나의 정치사상은 인간의 지적 발전단계의 특정한 성과들을 기초로 하여 당대의 정치적 문제점들의 원인에 대한 이해와 해결 방도를 모색한다는 점에서 규범성과 함께 현실성을 가질 수밖에 없다. 정치사상의 이런 특성들을 고려한다면 역사적 접근법의 중요성은 더욱 명료해진다.

특히 실천을 강조하는 마르크스 사상 연구에 있어 역사적 접근법은 사활적 중요성을 갖는다.4) 실천은 구체적인 역사적 조건 속에서 일어나는 것인 바, 실천을 핵심으로 하는 마르크스주의는 구체적인 역사적 조건에 대한 해석과 대응 방식의 차이에서 다양한 대립되는 해석이 나타날 수밖에 없다. 특히나 라라인이 올바로 지적했듯이 마르크스주의 내부의 대립되는 해석들은 마르크스와 엥겔스의 이론 자체에 내재하는 난제들로 인한 것이기도 하다(Larrain, 1986 : 10). 즉 마르크스와 엥겔스가 자신들의 이론을 구체적인 역사적 조건들

---

4) 마르크스 사상에서 실천이 갖는 중요성은 역사적 유물론의 기초로 평가되는 1845년 "포이에르바하에 관한 테제"에서 명료하게 드러난다. 마르크스는 테제 1에서 포이에르바하를 포함한 기존의 모든 유물론의 주요 약점을 사물, 현실, 감각을 객관적으로만 파악할 뿐 "인간의 감각적 활동, 실천, 즉 주체적으로 파악하지 못한" 점이라고 비판했다. 또한 테제 11에서는 "철학자들이 세계를 다양한 방식으로 해석해왔을 뿐인데, 요점은 세계를 변화시키는 것이다"라고 하여 실천을 자신의 사상의 핵심적 위치에 둔다(MECW 5 : 6-8 참조). 또한 사르트르는 소련공산당에 의해 마르크스주의의 이론과 실천이 분리됨으로써, "실천은 원칙이 없는 경험주의로, 이론은 순수하고 고정된 지식으로 변형"(Sartre, 1976 : 22)되어 버렸다고 비판하여, 마르크스주의의 핵심을 이론과 실천의 결합에서 찾고 있다.

속에서 당대의 필요에 따라 강조점을 달리함으로써 이후 마르크스주의자들
사이에 다른 해석의 여지를 남겼기 때문이다. 따라서 마르크스와 엥겔스 이론의
정확한 의미와 이후의 다양한 해석에 대한 올바른 평가를 위해서는 역사적
맥락에 대한 고찰이 이론적 검토와 필수적으로 결합되어야 한다.

톰슨은 "세련된 역사적 증명 담론은 개념과 증거 사이의 대화, 한편으로
연속적인 가설들과 다른 한편에서 경험적 조사 사이에 행해진 대화로 구성된
다"(Thompson, 1978 : 39)고 지적했다. 역사적 접근법이란 바로 이처럼 문제로
된 사상이론들을 그 역사적 맥락 속에서 파악하고자 하는 것이다. 그러나
이런 접근법은 상대주의적 역사주의나 구조기능주의적인 현상의 사후적 정당
화와는 무관하다. 왜냐하면 역사적 접근법이란 특정 사상이론의 내용과 발생배
경을 역사적 상황 속에서 파악함으로써, 그 한계와 장점을 동시에 파악하고자
하는 것으로 정태적 분석을 거부하고 역사적 상황과 사상 사이의 인과적
연관을 추적하는 것이기 때문이다.

이런 측면에서 마르크스주의 전통에 속하는 다양한 입장들과 마르크스주의
와 주체사상의 관계 및 1980년대 중반 한국에서 이의 수용을 대상으로 하는
본서에서는 역사적 접근법이 철저히 견지되어야 한다고 본다.

역사적 접근법과 함께 또 하나의 연구방법으로 채택한 비교문헌 분석방법은
논의의 편의를 위한 것이다. 정치사상에 대한 역사적 접근법을 가장 완벽한
수준에서 보장하는 것은 실증적이고 경험적인 연구일 것이다. 그러나 여기서
다루고자 하는 연구 범위가 마르크스의 생존 시기인 19세기 중반부터 최근에
이르는 점을 감안하면 이런 방법의 적용은 거의 불가능하다. 따라서 비교문헌
분석방법을 통해, 각 사상이론들의 핵심쟁점들을 먼저 추출한 후, 해당 역사적
상황 속에서 그 내용과 장점 및 한계를 평가하는 방식을 취하고자 한다.
상호 갈등하는 입장에 기초한 문헌들은 저자들의 세계관은 물론이고 당시의

역사적 상황들에 대한 이해를 담고 있다. 따라서 문헌비교를 통해서 간접적이나마 경험적이고 실증적 연구의 효과를 기대할 수 있다고 보기 때문이다.

이상의 문제의식과 방법론에 입각하는 이 책의 구성은 다음과 같다.

다음의 제2장에서는 주체사상의 형성과정을 마르크스주의 내부의 흐름 속에서 고찰하기 위한 예비적 연구로 마르크스주의 전통 내에서 다양한 입장의 공존 원인을 마르크스·엥겔스 이론 자체에 내재하는 긴장들에서 추적한다. 즉 실천의 이론이자 당시의 다양한 사상적 입장들과의 대결의 결과인 마르크스와 엥겔스의 이론들에는 구조와 주체의 중심성에 강조점을 달리하는 서술들이 혼재되어 있다. 이런 마르크스·엥겔스 이론 자체의 혼란함은 이후 마르크스주의자들을 다양한 입장으로 대립시키는 원인으로 작용했다.

여기서는 다양한 마르크스주의 입장들을 개괄하면서, 결국 그 대립선이 구조와 주체의 중심성을 둘러싼 것임을 확인할 것이다. 특히 1917년 10월 혁명 이후 국제공산주의 운동과 이론에서 소련이 차지한 위치로 마르크스주의 전통에서 마르크스 - 레닌주의는 독보적인 위치를 차지했다. 이로 인해 마르크스와 엥겔스 이론에 내재하는 구조와 주체 중심성 사이의 긴장을 마르크스 - 레닌주의는 어떻게 이해 혹은 해결했으며, 이에 대한 다른 마르크스주의적 학설들의 견해는 어떠했는지를 검토하는 것이 필요하다.

제3장에서는 주체사상 형성의 이론적 및 실천적 배경을 탐구할 것이다. 먼저 주체사상의 이론적 특징을 파악하기 위해 주체사상이 마르크스주의 내에서 차지하는 위치를 추적할 것이다. 여기서는 특히 주체사상과 과거 집권 공산당들의 공식 이념이었던 마르크스 - 레닌주의와의 관계를 중심으로, 마르크스주의 전통에 속하는 여타의 마르크스주의적 입장들과 주체사상을 비교할 것이다. 이를 위해 주체사상 형성의 이론적 배경을 추적함으로써, 구조와 주체 중심성을 둘러싼 마르크스주의 전통의 분열과 주체사상이 갖는 관계를

해명할 것이다. 여기서는 다양한 마르크스주의적 입장들과 마르크스 - 레닌주의 사이의 관계를 기초로 주체사상과 마르크스 - 레닌주의의 관계는 물론, 주체사상과 여타 다양한 마르크스주의적 입장들과의 관계도 검토할 것이다.

그 결과 주체사상이 주장하는 선행 노동계급 사상과의 독창성과 계승성은 마르크스 - 레닌주의와의 관계를 의미하는 것일 뿐, 마르크스와 엥겔스의 이론 Marx-ism이나 다양한 마르크스주의들Marxims과의 관계를 의미하는 것일 수 없다는 것을 해명할 것이다. 즉 주체사상은 당시 집권 공산당들의 정통 Orthodox 마르크스 - 레닌주의에 대한 비판적 접근이지 마르크스주의 전통 전반의 다양한 이론적 입장들에 대한 세밀한 이론적 검토를 결여한 것임을 밝힐 것이다. 또한 주체사상의 독창성 주장의 기본 내용인 새로운 철학의 근본문제와 철학적 원리에 대해 검토하고, 주체사상의 계승성과 독창성 주장을 비판적으로 평가할 것이다. 특히 여기서는 주체사상이 마르크스주의에 대한 계승성을 주장하는 근거는 마르크스주의의 구조중심적 입장에 대한 이론적 승인이고, 독창성 주장은 마르크스주의의 주체중심성과 밀접한 상관성을 갖는 것으로 평가할 것이다.

다음으로는 주체사상 형성의 실천적 맥락을 이해하기 위해 북한에서 주체사상의 형성과 북한식의 사회주의 혁명과 건설의 관계를 검토할 것이다. 여기서는 먼저 주체사상의 창시를 정당화하는 주체시대의 개념에 대해 검토할 것이다. 주체시대 규정은 주체사상 총서 1권인 『주체사상의 철학적 원리』에서 주체사상 창시의 근거로 제시된다(총서 01 : 30). 즉 주체시대는 주체사상의 정당성을 철학적으로 뒷받침하는 이론적 근거이다. 그러나 여기서는 주체시대 규정이 사회주의 실천운동의 발전단계를 반영하는 개념으로, 마르크스 - 레닌주의의 '자본주의의 전반적 위기론'과 비교될 수 있다는 점에서 이론적 개념으로 보다는 실천적 맥락에 위치지워 검토하는 것이 타당하다고 본다. 따라서 주체시대 규정과 자본주의 전반적 위기론을 비교 검토하여, 주체시대는 전략적 실천단계 규정으로 매우 경직성이 높은 반면, 마르크스 - 레닌주의의 '자본주의 전반적 위기론'은 전술적 단계 규정으로 보다 유연성을 갖는 규정임을 해명할 것이다.

탈냉전 이후 주체사상의 경직성은 바로 추상수준의 차이에서 오는 주체시대 규정의 경직성의 결과로 파악해야 한다고 본다. 이와 함께 주체사상 형성의 실천적 맥락으로서 현대수정주의 비판과 북한의 혁명적 군중노선, 그리고 유일사상·유일지도체제 및 후계체제 구축과 주체사상의 형성 및 이론적 체계화 과정이 갖는 관계를 검토할 것이다. 여기서는 위의 세 요인이 중요도에서 동등한 것이 아니라 위계적임을 해명할 것이다. 즉 현대수정주의 비판과 권력체제라는 요인은 마르크스 - 레닌주의에 대한 독창성을 주장하지 않고 그것의 창조적 적용이라는 논거로도 정당화할 수 있지만, 혁명적 군중노선의 경험과 나름대로의 성과는 결국 마르크스 - 레닌주의에 대한 독창성을 주장할 수 있는 북한식의 세계관 형성을 가능하게 했다고 평가할 것이다.

제4장에서는 1980년대 중반 이후 한국에서 진보사상, 특히 마르크스 - 레닌주의와 주체사상 수용의 특징과 문제점들을 비판적으로 검토할 것이다. 아울러 현실사회주의 진영의 붕괴와 신자유주의·신보수주의의 득세라는 세계사적 변화 속에서 현재 한국 진보이론 진영의 현황을 1980년대 중반 이후의 주체사상 수용과정과의 연계 속에서 파악할 것이다. 이를 위해 1980년대 중반 이후 한국 사회구성체 또는 사회성격 논쟁을 중심으로 각각 마르크스 - 레닌주의와 주체사상의 수용을 주장하는 논자들 사이의 논쟁을 개괄할 것이다.

특히 1980년대 중반 이후 한국에서 주체사상 수용에서 나타난 문제점을 마르크스 - 레닌주의와 주체사상에 대한 교조적 이해로 규정할 것이다. 즉 마르크스주의 전반에 대한 폭넓은 검토가 생략된 채, 실천상의 실용적 필요만을 배타적으로 강조한 사상의 교조적 수용의 결과, 운동의 분파성을 심화시키고 변화된 조건에 제대로 대응하지 못하게 된 과정을 분석할 것이다. 그 결과 교조적 이론들은 상황의 변화에 맞게 쉽게 다른 이론들에 자리를 물려주고 사라진 것이 바로 '성급한 탈마르크스주의화'임을 확인할 것이다.

이와 더불어 왜 지금의 시점에서 마르크스주의와 주체사상에 대해 창조적으로 재검토할 필요가 있는지를 고찰하고 이를 위한 올바른 이론적 방향성을 모색하고자 한다. 특히 이 과정에서 주체사상의 한국적 수용이 갖는 의의와 문제점을 남북한에서 주체사상의 기능적 차이를 중심으로 하여 고찰할 것이다.

제5장에서는 탈냉전 이후 한국 진보이론 진영의 주요 논쟁들을 비판적으로 검토하고, 포스트 마르크스주의나 시민사회론 등이 또하나의 서구 유행의 진보이론의 교조적 수용에 지나지 않는다는 사실을 해명할 것이다. 마지막으로 1980년대 중·후반 주체사상을 한국에 수용하는 데 가장 열심이었던 일부 세력들이 1990년대 말 이후 사상적 전향과 뉴라이트 운동의 주요 세력의 하나로 전환된 과정을 사상의 교조적 수용의 문제점이라는 측면에서 비판적으로 검토하고, 특히 1997년 망명 이후 황장엽이 주장하는 '사람중심철학'과의 연관성도 해명해보고자 한다.

제6장 결론에서는 현재의 전지구적 자본주의가 갖는 모순들 속에서 마르크스주의와 주체사상의 재검토가 갖는 의의에 관해 재론할 것이다. 나아가 마르크스 - 레닌주의에 대한 계승성과 독창성을 주장하는 주체사상이 온전한 마르크스 사상의 전통 속에서 차지하는 위치와 의의와 함께 그것이 갖는 한계에 대해서도 검토할 것이다. 또한 1980년대 중반 이후 한국에서 주체사상에 대한 교조적 수용과 선험적 비판이 진지한 철학사상적 검토를 불가능하게 했던 점을 비판할 것이다. 이는 현단계에서 주체사상에 대한 철학사상적 검토의 필요성을 환기시키기 위함이다.

제2장
마르크스·엥겔스 이론의 내적 긴장과 마르크스주의들

메팜과 루벤이 올바로 지적했듯이, 마르크스주의 철학은 애초부터 실증주의와 흔히 인간주의적 변종인 관념론 사이의 진퇴유곡에 처한 것으로 보였다. 플레하노프, 엥겔스, 디츠겐Dietzgen, 레닌, 보그다노프와 제2인터내셔널 시기의 많은 이론가들이 전자의 경우라면, 루카치, 데보린, 프랑크푸르트학파, 코르쉬, 사르트르 및 다양한 인간주의적 마르크스주의자들은 후자에 속한다는 것이다. 또한 이처럼 대립되는 입장들이 혼재된 마르크스주의 이론적 문화에서 비판되어야 할 하나의 특징은 대립되는 상대 입장들을 폄하시키기 위해, 관념론적, 실증주의적, 경험주의적, 기계적 유물론적 혹은 칸트주의적 등으로 낙인을 찍어버린다는 점이다(Mepham and Ruben eds., 1979[I] : x-xii).

이로 인해 마르크스주의 전통 내부의 대립은 건설적 효과가 아닌 상호 비방과 대결의 양상을 노정하게 되었다. 즉 마르크스주의 철학과 이론들은 하나의 동질적인 체계성을 갖춘 것이 아니라, 다양한 입장들이 상호 격렬하게

대립하고 있다는 점에서 항상적 위기에 직면한 하나의 패러다임 혹은 연구

프로그램의 성격과 유사한 것으로 볼 수 있을 것이다. 그러나 기본적인 존재론적

전제에서 마르크스주의를 쿤의 패러다임이나 라카토슈의 과학적 연구 프로그

램과 동일한 것으로 볼 수 없다. 왜냐하면 쿤의 패러다임이나 라카토슈의

과학적 연구 프로그램은 존재론에서 실재론Realism을 거부하는 반면,1) 마르크

스주의의 가장 기본적인 자격 증명서Credential라 할 수 있는 것은, 다름아닌

자연·사회 및 인간 등 연구대상이 인간의 의지에서 독립적으로 존재한다는

실재론적 존재론에 기반하기 때문이다.2)

따라서 우선 설명되어야 할 과제는, 공통의 존재론적 가정에도 불구하고

---

1) 쿤Thomas Kuhn은 정상과학Normal Science을 "과거의 하나 이상의 과학적 성취에 확고히 기반을
둔 연구활동을 뜻하는데, 그 성취는 몇몇 특정 과학자 사회가 일정 기간 동안 과학의 한걸음
나아간 활동을 위한 기초를 제공하는 것으로 인정하는 것"(쿤, 1992 : 31)으로 본다. 또한 그는
정상과학을 안정된 모형Model 또는 유형Pattern을 의미하는 패러다임Paradigm이라는 용어를
전용하여 사용한다. 이에 대해 라카토슈Imre Lakatos는 쿤의 정상과학이란 사실상 독점상태에
도달한 연구 프로그램에 지나지 않는다고 비판한다(임레 라카토슈, 2002 : 122). 즉 라카토슈는
모든 과학적 연구 프로그램은 견고한 핵과 이를 위한 보호대로 구성된다고 본다(라카토슈, 2002
: 86-94). 이처럼 쿤과 라카토슈는 실증적 진리의 존재를 회의하는 점에서 공통적이다. 이들의
입장은 인식론상 협약주의에 해당한다. 달리 말하면 정상과학이나 과학적 연구 프로그램은
과학자 집단의 합의의 산물에 지나지 않는 것이 된다. 현재 마르크스주의가 자본주의의 필연적
이행에 관한 합의(라카토슈의 견고한 핵) 이외의 어떤 공통적 요소를 발견하기 어려운 구조와
주체에 대한 관점의 차이가 존재한다는 점에서 이런 인식론적 협약주의와 상당 부분 닮아 있다
는 의미이다. 이와 관련하여 손호철은 진보이론의 현재의 이론적 정세를 "한마디로 상대주의로
의 전환"(손호철, 2002 : 43)으로 규정한다. 존재론에서 실재론에 대한 회의와 인식론상 협약주의
경향이 지배하는 현상을 지적한 것이다. 즉 마르크스주의의 '견고한 핵'에 대한 회의가 지배하고
있다는 것이다.
2) 커리는 자신의 논문 "마르크스주의/포스트 마르크스주의 구분을 넘어"(Beyond the Marxism/
post-Marxism)에서 포스트 마르크스주의자인 라클라우의 저작들을 검토하면서, 라클라우마저
도 외적 세계가 그에 대한 우리들의 설명과 독립적으로 존재한다는 사실을 부인하지 않는다고
결론짓는다. 즉 라클라우는 대상이 담론을 통해서만 의미를 갖는 것이지 대상의 실제적 존재
자체를 부인하는 것은 아니라는 것이다. 즉 라클라우는 대상이 되기(being of Objects)와 대상의
실체(entity of Objects)를 구분하는 데 불과하다고 본다. 이처럼 마르크스주의의 실재론적 존재론
은 포스트 마르크스주의자들의 존재론에도 반영되고 있다. 즉 반anti마르크스주의가 아닌 마르
크스주의의 지양 혹은 극복을 주장하는 포스트 마르크스주의도 실재론적 존재론을 공유할 정도
로 이것은 마르크스주의의 기본징표임을 알 수 있다. 커리Neil Curry의 주장에 대해서는, Brown,
Fleetwood and Roberts eds., 2002 : 124-5 참조.

마르크스주의 전통 내에서 과학 대 비판, 구조와 주체, 필연성 대 실천성, 결정론과 자원론 등으로 강조점을 달리하는 대립되는 입장들이 출현한 원인이 무엇인가이다.

마르크스주의는 마르크스와 엥겔스의 철학적 세계관과 사회과학적 이론들을 기초로 궁극적 인간해방을 지향하는 실천의 철학이다. 따라서 마르크스주의 전통 내부에 다양한 대립적 입장이 존재하는 것은 바로 마르크스와 엥겔스 이론 내부에 일정한 내적 긴장과 이에 따른 이후 마르크스주의자들 사이의 해석의 차이에 일차적 원인이 있다.

이 장에서는 우선 마르크스와 엥겔스 이론의 내적 긴장의 내용과 그것들이 발생한 원인을 검토함으로써, 과연 이론적 및 방법론적 일관성을 갖는 마르크스주의는 존재할 수 있는지 여부와 만일 그것이 가능하다면 그 구체적 내용은 어떠한가를 고찰할 것이다. 이어서 이를 준거로 하여 현재 다양한 마르크스주의들을 평가하고 마르크스주의 내부의 핵심적 논쟁점들은 무엇인지를 해명할 것이다. 이런 작업은 마르크스주의가 갖는 현재적 의의를 재고할 수 있도록 할 뿐만 아니라, 현재의 구체적인 조건에서 그것의 창조적 수용을 가능하게 하기 때문이기도 하다.

제1절 마르크스·엥겔스 이론의 내적 긴장

마르크스의 사상과 이론에 긴장이 존재한다는 사실은 이미 많은 마르크스주의자들에 의해 지적되었다.

알튀세르는 마르크스의 지적 발전과정에 '인식론적 단절'이 존재한다고 주장했다. 1845년 "포이에르바하에 관한 테제"와 『도이치 이데올로기』를 단절기 저작으로, 이전인 1840~44년 시기의 저작들을 "청년마르크스기 저작,"
이후의 1845~47년의 그것을 "성숙기 저작," 그리고 1857~83년 시기의 저작들
을 "완숙기 저작"으로 구분한다. 즉 알튀세르는 1845년을 기점으로 이전의
'이데올로기' 시기와 이후의 '과학적' 시기로 마르크스의 인식틀이 변화되었다
고 주장한다(알튀세르, 1997 : 29 - 38). 이처럼 알튀세르는 마르크스의 지적 발전
과정을 초기의 미숙한 이데올로기적 단계에서 후기의 과학적 단계로 발전했다
고 평가한다. 알튀세르의 주장은 후술하겠지만 루카치 이후의 헤겔주의적
마르크스주의의 인간주의적Humanistic이고 주의주의적Voluntaistic 경향을
비판하려는 의도였는데, 이로 인해 마르크스의 초기 철학적 세계관 형성과정과
실천적 입장 자체를 경시하는 결과가 되었다.

　요컨대 알튀세르의 입장에 따르면 마르크스 사상과 이론에 존재하는 내적
긴장은 삭제되어야 할 초기의 미숙한 이데올로기적 주장과 보존되어야 할
후기의 과학적 이론 사이에 발생하는 것이 된다.

　굴드너는 알튀세르와 달리 마르크스 이론에 내재하는 모순을 실천의 철학임
과 동시에 과학이기도 한 성격에서 기인한다고 주장한다(Gouldner, 1980 : 32 -
34). 굴드너에 따르면, 마르크스의 이론은 자본주의의 필연적이고 비인격적인
법칙의 작동으로 사회주의를 위한 객관적 조건의 도래를 해명함과 동시에
이를 위한 폭력혁명의 교의이기도 하다고 본다. 굴드너는 마르크스의 "포이에
르바하에 관한 테제"의 제11테제[3]를 다음과 같이 적극적으로 해석한다.

　　확실히 제11테제는 사회를 지배하는 비인격적 법칙들에 관해 이야기하는 것
　　으로 이해될 수 없다. 오히려 그것은 인간의 의도적 행위들이 인간의 운명을

---

3) 마르크스의 "포이에르바하에 관한 테제"의 제11테제는 "철학자들은 세계를 다양한 방식으로
　해석해 왔을 뿐이지만, 요체는 그것을 변화시키는 것이다"라는 내용이다. Marx, "Theses on
　Feuerbach," *MECW* 5 : 5.

형성할 수 있음을 마르크스는 강조하는 것이다. 이것은 인간의 노력과 목적 그리고 그것들을 형성한 사상들이 인간의 행위의 결과에 영향을 미친다는 것을 의미한다. 그런데 관념론에 대한 마르크스의 거부와 세계를 변화시키려는 그의 호소 사이에 긴장이 존재하고, 이것이 거의 처음부터 존재했던 마르크스에 있어서의 모순이다. 마르크스는, 그가 진정 하나의 관념을 추구하고 있는 것이 아니고 이미 역사의 태내에서 준비되어졌던 것을 출생시키는 (소크라테스와 같은) 산파라고 선언하며 다른 사람들도 그렇게 행동할 것을 요구하면서, 자신의 관념론을 억제했던 역설적으로 관념론적 유물론자였다(Gouldner, 1980 : 33).

굴드너는 마르크스의 이론 속에는 역사와 사회의 필연적 법칙과 함께 그와 모순되는 인간의 의도적 행위와 목적에 대한 강조가 혼재되어 있다고 주장하는 것이다. 또한 굴드너는 마르크스의 실천Praxis 개념에도 이런 애매모호함이 존재한다고 주장했다. 즉 자본주의 임노동을 의미하는 생산적 실천(노동)과 특히 정치적 투쟁으로 나타나는 자유로운 선택에 기초하는 정치사회적 실천 사이에서도 마르크스 이론의 특징인 과학과 비판, 과학과 정치 혹은 이론과 실천 사이의 긴장이 존재한다는 것이다. 알튀세르의 주장과 달리 굴드너의 입장은 마르크스 이론에서 내적 긴장이 실천의 철학임과 동시에 자본주의 운동법칙에 관한 정치경제학 등 과학이기도 한 성격에서 유래된 것으로 본다.
이런 굴드너의 입장은 마르크스의 사상 형성과정에서 초기 시기의 성과들을 이데올로기적 주장으로 격하시키는 알튀세르와 달리, 마르크스 사상과 이론의 전모를 파악할 수 있게 한다. 나아가 굴드너는 이런 마르크스 이론 내부의 모순들이 각각 과학적 마르크스주의와 비판적 마르크스주의로 대립되는 경로를 밝힘으로써, 마르크스주의 전통의 형성과정을 총체적으로 파악하는 데 도움을 준다. 요컨대 굴드너는 마르크스가 기본적으로 결정론적 입장을 견지하면서도 헤겔과 다윈의 패러다임을 자신의 이론 내부에 존치시킴으로써, 비판적 마르크스주의와 과학적 마르크스주의의 대립이라는 불씨를 남겨 놓게 되었다고 주장한다(Gouldner, 1980 : 71 - 73).

마르크스 이론 내부의 이런 모순에 대해 굴드너는 다음과 같이 어느 정도 불가피성을 주장하기도 한다. "세계를 이해하고 변화시키려는 마르크스의 양 날의 기획에 철학은 세계를 이해하는 데 불충분하고 과학은 그것을 비판하는 데 불충분하다. 따라서 마르크스는 과학 없는 비판도 비판 없는 과학도 받아들일 수 없었다."(Gouldner, 1980 : 79) 그러나 굴드너는 마르크스를 관념론적 유물론자로 호칭한 데서도 알 수 있듯이, 마르크스의 실천 개념을 객관적 조건과의 변증법적 연관 속에서 파악하지 않음으로써, 마르크스 이론에 존재하는 내적 긴장의 근거만을 해명할 뿐, 마르크스 사상과 이론의 전모를 파악 혹은 재구성하지는 못하고 있다.

마르크스 사상과 이론에 긴장을 지적하고 역사적 유물론의 재구성을 시도한 또 한 사람은 라라인이었다. 그는 마르크스주의의 일면적이고 교조적인 해석들은 마르크스가 스스로 감당했던 매우 복잡한 과제에 내재하는 난제들로 인한 것이었다고 전제한다. 라라인은 다음의 세 가지 문제들을 지적한다.

첫째, 사회와 역사를 적절하게 이해하는 데 필요한 실질적 전제들에 대한 정확한 이해를 제공하려는 마르크스의 목표가 갖는 광범위성이다. 이로 인해 특정한 생산양식들에 대한 분석을 그것들의 역사적 연속에 관한 보다 일반적인 원리들과 접합시킬 수 있는지와 개별 역사적 사례들의 가변성을 역사적 총체성에 관한 통일된 전망과 양립시킬 수 있는지의 문제가 제기되었다.

둘째, 서로 다른 이론적 전통들과 학문 분과들에서 추출한 요소들을 통합하여 보다 우수한 이론들로 만들려는 과정에서 생기는 문제점이다.

셋째, 사회와 역사를 이해하려는 마르크스의 목표는 인간해방의 가능성을 탐색하는 견해와 결부되어 있다는 점이다. 즉 마르크스는 자연과학적 정확성을 갖는 이론일 뿐 아니라, 본질에서 비판적이고 혁명적인 이론을 추구했다는 점이다. 라라인에 따르면, 이런 이유들로 인해 동일한 문제들에 서로 다른 대안적인 접근법들이 존재하는 등 마르크스 사상에 긴장이 발생했다는 것이다 (Larrain, 1986 : 9 - 10). 나아가서 라라인은 이런 마르크스 사상의 긴장들을 마르크스의 저작들에 대한 분석을 통해, 변증법의 개념, 의식의 분석, 사회변화 메커니즘 및 역사 개념의 네 가지로 분류하여 설명한다(Larrain, 1986 : 12 - 28).

총괄하여 보면, 사회와 역사에 대한 정확한 이해를 위한 과학적 이론과 인간해방의 실현을 위한 인간의 주체적 실천을 강조하는 실천철학의 두 요소가 변증법적 긴장을 구성하고 있다는 것이다.

라라인은 마르크스의 지적 발전의 초기 단계를 미숙한 이데올로기로 규정하여 경시 혹은 폐기하려는 알튀세르의 입장과 달리 세계의 정확한 이해와 변화를 동시에 추구한 마르크스 사상에 과학과 실천철학의 요소가 혼재할 수밖에 없다고 보는 것이다. 또한 마르크스 사상에 과학과 비판이 해소되기 어려울 정도로 모순적으로 병존하는 것으로 보는 굴드너의 입장과 달리 라라인은 마르크스 사상의 긴장들은 변증법적으로 해결될 수 있는 것으로 보고, 역사적 유물론에 대한 적극적 재구성을 시도하고 있다.

이처럼 원인과 해결 전망 등에서는 차이가 있지만, 여러 논자의 주장을 통해 마르크스와 엥겔스 사상과 이론 내부에 모호함과 불일치 등 긴장들이 존재한다는 점을 알 수 있다. 또한 이상의 논자들의 주장을 종합한다면, 대체로 그 긴장은 마르크스 이론의 과학적 성격과 비판철학적 성격, 이론과 실천, 구조와 주체 사이의 우선성과 강조점의 차이로 나타난다는 사실을 엿볼 수 있다. 또한 비판과 실천을 강조하는 경향은 초기의 저작들에서 그리고 과학적 성격은 1850년대 이후 특히 『자본론』의 저술 시기에 보다 강조되는 특징을 보이고 있다.

 그러나 이런 특징은 비중의 문제일 뿐, 각 시기 마르크스와 엥겔스의 문헌들을 자세히 고찰하면 유지되기 어려운 주장이다. 따라서 알튀세르가 주장하는 마르크스의 지적 발전과정의 인식론적 단절 주장은 과도한 일반화임을 알 수 있다.

 실천과 인간의 의지의 중요성에 대한 마르크스의 강조는 1844년의 『경제학 철학 초고』와 1845~6년에 집필된 마르크스의 "포이에르바하에 관한 테제" 및 엥겔스와의 공저인 『도이치 이데올로기』 등에서 가장 잘 드러나는 것은 사실이다. 마르크스는 1844년 집필한 『경제학 철학 초고』에서 '소외된 노동'을 설명하면서 다음과 같이 인간활동의 능동성을 강조한다.

> 이처럼 인간은 다름아닌 대상적 세계의 가공 속에서 비로소 현실적으로 자신을 유적 존재로서 증명한다. 이 생산은 그의 활동의 유적 생활이다. 이 생산에 의하여 자연은 인간의 작품으로 그리고 인간의 현실로 나타난다. 따라서 노동의 대상은 인간의 유적 생활의 대상화이다. 그 까닭은 인간이 의식에서처럼 지적으로 뿐만 아니라, 현실에서 활동적으로도 자신을 이중화하고, 따라서 자신에 의해 창조된 세계 속에서 자신을 바라보기 때문이다. 따라서 소외된 노동은 인간에게서 그의 생산의 대상을 박탈함으로써 그의 유적 생활, 즉 그의 현실적인 유적 대상성을 빼앗고, 동물에 대한 그의 장점을 단점으로 변화시켜 그의 비유기적 몸, 즉 자연이 그에게서 멀어져 나가게 된다(*MECW* 3 : 277).

 마르크스는 인간의 노동, 즉 실천이 갖는 능동적 성격에 기초하여, 자연의 인간화와 인간의 자연화를 강조하고 있다. 즉 인간은 "자신에 의해 창조된 세계" 속에 놓여 있게 된다고 함으로써 사회와 역사를 창조하는 인간의 주체성을 인정하고 있다. 또한 마르크스는 이 글에서 그 자체도 인간의 노동의 산물인 소외된 노동이 지배하는 사회, 즉 계급사회에서만 인간은 자신이 창조한 사회의 필연성에 지배받고 자연에서 멀어져 가는 것으로 본다.

나아가 마르크스는 인간의 능동성의 원천을 자연 속에서 대상적·감각적 존재인 인간이 겪어야 했던 시달림Leiden에서 찾는데, 이로 인해 인간이 갖게 된 "정열, 즉 열정은 자신의 대상을 정력적으로 추구하는 인간의 본질적인 힘이다"(MECW 3 : 337)라고 본다. 이처럼 이 글에서 마르크스는 인간과 인간실천의 주체성 및 능동성을 유물론적으로 해명하고 있다. 또한 마르크스는 이 글에서 '임금'을 설명하면서, 아담 스미스의 통상임금인 최저의 통상적 인간존재, 즉 가축과 같은 수준의 생존에 부합하는 노동자의 생계비가 최저의 유일하게 불가피한 임금액이지만, "임금은 자본가와 노동자 사이의 적대적 투쟁을 통해 결정된다"(MECW 3 : 235)고 주장한다. 즉 마르크스는 최소한의 생계비와 노동자 가족의 부양 및 노동자 종족의 멸종을 피할 수 있는 명목 수준이 아니라 계급투쟁에 의한 임금 결정을 주장함으로써, 사회적 계급 사이의 능동성과 실천성을 강조하는 것이다.

물론 마르크스의 『경제학 철학 초고』는 소외, 지양, 유적 존재 등 헤겔 철학적 용어들이 빈번히 등장하는 등 대단히 난해하고 역사철학적 성격이 강한 글임에 틀림없다. 그러나 마르크스는 서문에서 집필 의도를 밝히고 있는데, 알튀세르의 주장과 달리 이 글이 이데올로기가 아닌 유물론적 이론화를 위한 노력의 일환임을 보여준다. 마르크스는 국민경제학에 대한 자신의 비판적 연구가 경험적 분석에 기초한 것임을 강조하고, 프랑스와 영국의 사회주의자들은 물론 바이틀링, 헤쓰, 엥겔스 등 독일의 사회주의 저작들을 이용했음을 전제하고 다음과 같이 주장한다.

실증적, 인간주의적, 자연주의적 비판주의는 바로 포이에르바하에서 시작되었다. 포이에르바하의 저작들의 영향력은 소란이 일지 않을수록(the less noise they make) 더욱 확실하고, 심오하며 지속적이다. 헤겔의 『정신현상학』과 『논리학』 이후 진정한 이론적 혁명을 함유하고 있는 유일한 저작들이다.

우리 시대의 비판적 신학자들과 달리, 나는 이 책의 결론부—헤겔 변증법과
철학 일반에 대한 비판적 논의—는 절대적으로 필요하다고 생각해왔다. 이런
과제는 아직 수행되지 않았다. 비판적 신학자도 여전히 신학자인 까닭에 이런
철저함의 부재는 결코 우연이 아니다(*MECW* 3 : 232).

마르크스는 이 글이 헤겔은 물론 헤겔 좌파의 관념론 전반을 비판하기
위해 집필된 것임을 분명히 한다. 이를 위해 마르크스는 포이에르바하의 유물론
이 갖는 의의와 정치경제학에 대한 경험적 연구의 중요성을 강조하고 있는
바, 따라서 이 저술은 바로 역사적 유물론과 변증법적 유물론을 정초하는
기초로 평가될 수 있을 것으로 보인다. 요컨대『경제학 철학 초고』에서는
인간과 인간실천의 능동성 해명과 함께 정치경제학에 대한 엄밀한 과학적
비판이 결합되어 있다. 따라서 양자간의 변증법적 결합이나 역사발전의 법칙적
인식에 대한 해명은 불충분하지만 이후 마르크스 사상과 이론의 기본적 내용을
구비하고 있다. 이를 통해 우리가 알 수 있는 것은 알튀세르의 인식론적
단절 개념은 정당화되기 어려우며, 마르크스 사상 이해에서 핵심적인 것은
과학과 비판, 구조와 주체, 필연과 자유의 문제를 올바른 변증법적 관계 속에서
파악해야 한다는 과제를 일깨워 준다.

뿐만 아니라 마르크스는 당시의 주류 시대정신이라 할 수 있던 헤겔과
헤겔 좌파의 관념론에 반대하기 위해 인간적 유물론을 주장하는 포이에르바하
의 업적을 높게 평가하고 이를 자신의 사상과 이론 구축에 적극 수용하고
있음을 알 수 있다. 즉 마르크스 저작들 전반에서 대립되는 요소들 중 특정
부분에 대한 강조점이 달라지는 것은 이처럼 비판의 대상에 따른 것임을
알 수 있게 한다. 1845년 집필된 마르크스의 "포이에르바하에 관한 테제"[4]는

----

4) 1845년 봄에 집필된 것으로 추정되는 "포이에르바하에 관한 테제"는 1888년 엥겔스의 『포이에르

이런 사실을 극명하게 보여준다. 제1테제에서 마르크스는 다음과 같이 포이에
르바하의 유물론을 포함한 모든 기계적이고 정태적인 유물론을 비판하고
있다.

> (포이에르바하의 그것을 포함한) 이전의 모든 유물론의 주요 결점은 사물,
> 현실, 감각적인 것을 감각적인 인간의 활동, 실천으로서 주체적으로가 아니라
> 대상 혹은 사변의 형태로만 생각했다는 점이다. 따라서 유물론에서와 달리, 활동
> 적 측면은—물론 실재하는 감각적 활동 자체를 알지 못하는— 관념론에 의해
> 추상적으로 설명된다. 포이에르바하는 개념적 대상들과 실제로 구분되는 감각적
> 대상을 추구했지만, 그러나 그는 인간의 활동 자체를 대상적 활동으로 생각치
> 않았다. 그 결과 『기독교의 본질』에서 그는 실천을 비루한 유대인적 형태로만
> 생각하고 규정한 반면, 이론적 태도를 유일하게 진정한 인간적 태도로 간주했다.
> 따라서 그는 "혁명적이고" "실천적–비판적인" 활동의 의미를 파악하지 못했다
> (*MECW* 5 : 3).

마르크스는 포이에르바하를 포함한 기계론적 유물론 일반을 비판하고, 대상
자체를 인간의 실천이라는 관점에서, 즉 주체적으로 파악할 것을 주장한다.
여기서 마르크스는 이미 『경제학 철학 초고』에서 비판한 헤겔로 대표되는
관념론이 비록 추상적인 형태로지만 사물과 대상을 능동적이고 발전이라는
관점에서 파악한 점을 평가하고 있다. 사물과 현상을 인간의 실천과 유리된
존재 자체로 파악할 경우 역동적 변화의 과정을 파악하지 못하는 사변적인
유물론에 불과하다고 보는 것이다.

제9테제에서 "사변적 유물론, 즉 감각적인 것을 실천적 활동으로 이해하지
않는 유물론이 도달할 수 있는 최고점은 단일한 개인들과 시민사회에 대한

바하와 독일 고전철학의 종말』에 부록의 형태로 처음 출간되었다.

사변이다'(*MECW* 5 : 5)고 한 의미는 바로 여기에 있다. 즉 낡은 사변적인
유물론은 현상의 정태적 존재만 인식함으로써 인간의 사회와 역사를 역동적
변화 속에서 볼 수 없어 결국 현상유지를 주장하는 세계관으로 귀착된다는
것이다. 유물론 자체의 발전과 인간의 역사에 대한 유물론적 이해로의 발전에
대해 엥겔스는 1886년『루드비히 포이에르바하와 독일 고전철학의 종말』에서
다음과 같이 인간 지식의 발전과정 속에서 파악하고 있다.

> 심지어 자연과학 분야에서 획기적인 발전이 있을 때마다 유물론도 그 형태를
> 불가피하게 변경시키지 않을 수 없었던 것이다. 그리고 역사도 유물론적으로
> 설명하게 된 이후부터는 이 영역에서도 역시 유물론의 발전에 새 길이 열렸다
> (*MECW* 26 : 369-70).

즉 엥겔스는 자연과학의 발전에 따른 유물론의 발전의 결과 역사에 대한
마르크스와 자신의 역사적 유물론이 정초되었음을 강조한다. 이처럼 마르크스
의 초기 사상에는 당시 주류적 사상들이었던 독일의 관념적 고전철학과 영국과
프랑스의 실증주의적이고 경험론적인 기계적 유물론 양자를 비판하면서 자신
의 변증법적 유물론적 세계관5)을 구축해가는 과정이 잘 드러난다.

이를 위해 마르크스는 헤겔과 헤겔 좌파의 관념론 비판을 위해서는 실증적
과학 연구의 기초를 개척한 포이에르바하의 유물론을 적극 옹호하고, 반면
과거의 유물론의 정태적이고 기계론적 한계의 비판을 위해서는 헤겔의 능동적
이고 비판적인 변증법적 방법을 높이 평가하고 있다. 마르크스의 이런 입장은

---

5) 마르크스와 엥겔스는 자신들의 철학적 세계관을 "역사에 관한 유물론적 이해" "자연주의" "인간
주의" 등으로 불렀고, 변증법적 유물론이나 역사적 유물론이라는 용어를 사용하지 않았다. 이
두 용어는 1894년 발표된 플레하노프의 논문 "일원론적 역사관의 발전"에서 처음 사용되었는데,
플레하노프는 엘베시우스나 홀바하의 '형이상학적 유물론'과 헤겔의 '변증법적 관념론' 양자
모두를 비판한 마르크스의 철학적 입장을 정확히 기술할 목적으로 이런 용어를 사용했다고
평가된다. 호른 외, 1990 : 12 ; Larrain, 1986 : 32-3 참조.

1873년 1월 24일『자본론』제2판의 후기의 다음과 같은 주장 속에서 확연히 드러난다.

나는 약 30년 전에 (헤겔 변증법이 아직 유행하고 있던 시기에) 헤겔 변증법의 신비로운 측면을 비판하였다. 그러나 내가『자본론』제1권을 저술하고 있던 때에는, 독일의 지식인들 사이에서 활개치는 불평많고 거만하고 또 형편없는 아류들이 헤겔을 (일찌기 레싱 시대에 용감한 모제스 멘델스존이 스피노자를 대하듯이) "죽은 개"로 취급하는 것을 기쁨으로 삼기 시작하였다. 그러므로 나는 나 자신을 이 위대한 사상가의 제자라고 공언하고 가치론에 관한 장에서는 군데군데 헤겔의 특유한 표현방식을 흉내내기까지 하였다. 변증법이 헤겔의 수중에서 신비화되기는 하였지만, 변증법의 일반적 운동형태를 처음으로 포괄적으로 또 의식적으로 서술한 사람은 헤겔이다. 헤겔에 있어서는 변증법이 거꾸로 서 있다. 신비한 껍질 속에 들어 있는 합리적인 알맹이를 찾아내기 위해서는 그것을 바로 세워야 한다(*Capital* I : 29).

즉 마르크스는『경제학 철학 초고』마지막 장에서 헤겔의 변증법과 철학 일반을 비판한 사실을 상기하면서, 헤겔의 신비화된 변증법이 결국 현존하는 것을 승인하기 때문에 그런 비판은 불가피하다고 주장한다. 그러나 현존하는 것을 인정하는 것과 동시에 그것의 부정을 인정하는 것이 합리적 변증법이며, 그것으로 인해 마르크스는 기계론적 유물론이 갖는 정태성의 극복이 가능하다고 보았다. 즉 헤겔 변증법의 신비한 껍질인 이념의 자립적 주체화를 타파하고 그 합리적 알맹이인 변증법의 "비판적·혁명적" 성격을 살릴 것을 주장하는 것이다.

이처럼 일견 모순되고 혼란한 것으로 보이는 마르크스의 주장은 굴드너의 주장처럼 마르크스 이론들에서 모순이나 혼란이 아니라 마르크스의 변증법적 유물론과 역사적 유물론에 불가결한 구성요소들로 보아야 한다. 헤겔과 헤겔 좌파의 관념론과 포이에르바하의 인간적 및 사변적 유물론의 한계를 동시에 비판하면서 역사에 관한 포괄적인 유물론적 이해를 집대성한 것은 마르크스와 엥겔스의 공저인 『도이치 이데올로기』였다. 마르크스와 엥겔스는 모든 인간 역사의 첫 번째 전제는 살아 있는 인간 개개인의 존재가 되어야 한다는 점을 강조하면서, 그 인간을 감각적이고 대상적 존재이자 활동적인 사회적 존재로 파악한다.

그 전제란 인간, 즉 그 어떤 환상 속에 고립되고 고정된 인간이 아니라, 일정한 조건 아래에서 현실적인, 경험적으로 지각될 수 있는 발전과정에 있는 인간이다. 이러한 활동적인 생활과정이 밝혀지는 순간, 역사는 더 이상 경험론자들(그들 역시 추상적이다)에게 나타나는 것 같이 단순히 죽어 있는 사실들의 집합이 아니 게 되며, 또한 관념론자들에게서 나타나는 것과 같이, 상상된 주체들의 상상적인 행위가 아니게 된다.

사변이 끝나는 곳, 실제 생활이 시작되는 곳, 그곳에서 현실적이고 실증적인 과학이, 인간의 실제 활동 및 실제 발전과정에 대한 서술이 시작된다. 의식에 관한 공허한 논의는 사라지고 현실적인 지식이 그 자리를 차지하지 않으면 안 된다(MECW 5 : 37).

경험론, 즉 기계적 유물론과 관념론을 동시에 비판한 마르크스와 엥겔스는 자본주의적 산업화가 진전된 영국과 프랑스에서는 현실과 상당히 근접되는 정치적 환상을 고수하는 반면, 후진적인 독일에서는 종교적 환상을 역사의 추진력으로 인식하게 된다고 본다(MECW 5 : 55). 즉 그들은 활동적인 사회적 존재인 인간의 의식을 규정하는 요인이 그 사회의 물질적 생산력의 발전 정도와 그에 상응하는 사회상태라고 보는 것이다.

따라서 그들은 유물론적 역사 개념에 따라 다음과 같은 결론을 도출한다. 첫째, 생산력의 발전 속에 기존의 생산관계 하에서 생산력과 교류수단에 해악을 초래할 뿐인, 즉 더 이상 생산적이 아닌 파괴적이 되는 단계가 초래된다. 둘째, 특정 생산력이 적용될 수 있는 조건은 사회의 특정한 계급의 통치의 조건이다. 셋째, 이전의 모든 혁명들에서는 동일한 활동양식, 즉 노동을 다른 사람들에게 분배할 뿐이지만, 공산주의는 노동을 없애고, 계급과 함께 계급들의 통치를 폐지한다(*MECW* 5 : 52). 그러나 그들은 혁명의 완성을 위한 물질적 요인들을 생산력의 발전과 혁명적 대중의 존재로 규정함으로써(*MECW* 5 : 54) 생산력 발전을 기초로 하는 객관적 사회경제적 상황과 함께, 혁명적 대중이라는 주체적 요인의 필요성을 균형있게 사고하고 있다.

이미 마르크스는 1844년 초에 집필한 "헤겔 법철학 비판 서문"에서 이론과 인민의 요구 사이의 관계를 강조하면서 물질적 토대를 혁명의 수동적 요소로 규정한 바 있다. 이를 고려하면 마르크스와 엥겔스는 인간 역사의 발전을 위한 혁명을 구성하는 요인을 물질적 토대와 함께 사회적 존재로서 인간의 적극적 실천으로 보고 있음을 알 수 있다(*MECW* 3 : 183). 이처럼 마르크스와 엥겔스의 초기 이론들에서도 경제 혹은 구조 결정론이나 행위 혹은 주체 결정론은 배제되고 있다. 그러나 마르크스는 1859년 집필한 "정치경제학 비판 서문"에서 다음과 같이 언급함으로써 이후 마르크스주의 전통에서 경제 혹은 구조 결정론적 입장들이 득세하게 되는 계기를 제공하고 있다.

나에게 분명해지고, 일단 획득되자 내 연구의 길잡이로 이용되었던 일반적 결론은 다음과 같이 간략하게 표현될 수 있다. 즉 인간은 그들 생활의 사회적 생산에서 그들의 물적 생산제력의 일정한 발전수준에 조응하는 일정한, 필연적인, 그들의 의사와는 독립된 제관계, 생산관계를 맺는다. 이 생산 제관계 전체가 사회의 경제적 구조, 현실적 토대를 이루며, 이 위에 법적이고 정치적인 상부구

조가 세워지고 일정한 사회적 의식형태들이 그 토대에 조응한다. 물적 생활의
생산양식이 사회적, 정치적, 정신적 생활과정 일체를 조건지운다. 인간의 의식이
그들의 존재를 규정하는 것이 아니라, 반대로 그들의 사회적 존재가 그들의 의식
을 규정하는 것이다(*MECW* 29 : 262-3).

이 글에서는 경제적 토대가 존재론적 우선성을 갖고 정치적·사회적 및
정신적 상부구조가 인과적 연관을 이루고 있다. 이로 인해 마르크스주의 전통에
토대 - 상부구조라는 건축학적 메타포Metaphor가 발생하여, 상당히 오랜 시간
영향력을 행사하게 되었다. 후술하겠지만 마르크스에 대한 이런 경제 결정론적
이해방식은 제2인터내셔널 시기와 레닌 이후 소련 등 집권 공산당들의 공식
이념 마르크스 - 레닌주의에 의해 정통으로 인정되면서 그 영향력은 거의
교조화되기도 했다.

그러나 동일한 글에서 마르크스가 그의 경제학 연구의 과정을 술회하는
부분을 적극적으로 해석한다면 마르크스의 이 부분을 경제 혹은 구조 결정론으
로 이해할 수 없는 이유를 적극 도출할 수 있다고 본다. 즉 마르크스는 엥겔스와
공저한 『도이치 이데올로기』의 출판 무산에 대해 언급하면서 "우리는 자기이해
라는 우리의 주목적을 달성한 이상 기꺼이 이 수고를 쥐들이 갉아 먹도록
내버려 두었다"(*MECW* 29 : 264)라고 함으로써, 거기서 개진된 입장을 여전히
고수하고 있음을 알 수 있다. 이미 위에서 살펴보았듯이 마르크스와 엥겔스는
『도이치 이데올로기』에서 유물론적 역사 이론을 전개하면서, 생산력의 발전
등 사회경제적 조건과 혁명적 대중의 형성을 사회혁명의 구성요소로 봄으로써,
결정론적 입장을 비판하고 있음을 확인할 수 있었다.

또한 이 글에서 마르크스는 "인류는 그가 해결할 수 있는 과업만을 제기한다.
자세히 관찰해 보면 과업 자체가 그 해결의 물적 제조건이 이미 주어져 있거나
또는 적어도 생성과정에 처해 있는 곳에서만 출현하기 때문이다"(*MECW* 29 :

263)라고 주장한다. 이것이 의미하는 바는 인간이 경제적 토대의 단순한 담지자에 머문다는 주장이라기보다는, 인간은 자신이 처해 있는 물질적 조건 내에서 그것의 해결을 모색할 수 있다는 것이다.

이미 마르크스와 엥겔스가 1846년 『도이치 이데올로기』에서 공산주의를 조성되어야 할 상태나 이상이 아니라 "현재의 상태를 폐기해 나가는 현실의 운동"(MECW 5 : 49)으로 보는 것도 이와 같은 입장이다. 즉 인간은 자신들이 가진 물질적 자원이나 사회적 조건과 동떨어진 어떤 이상을 추구하는 것이 아니라 현실의 제약 속에서 그것을 극복하기 위해 노력하는 존재라는 의미로, 인간의 능동성과 주체성을 인정치 않는 경제 결정론적 해석과 동일시될 수 없다. 다만 마르크스는 변화되어야 할 사회를 보다 과학적으로 이해하기 위한 정치경제학 연구에서 인간의 주관적 의도를 배제하고 실증적이고 경험적인 과학 연구의 필요성을 강조하는 것으로 보아야 한다. 요컨대 마르크스는 이 글의 다른 곳에서 1842~43년 「라인신문」 시절 "선의가 사실에 대한 정통한 지식을 때로 압도했던 당시의 프랑스 사회주의 및 공산주의"(MECW 29 : 262)에 반대했음을 상기시키고 있다. 바로 여기서 알 수 있는 것은 마르크스의 정치경제학 연구가 주관적인 사회변혁의 열망에 기초한 이론이 아니라 사회의 경제적 기초에 대한 객관적이고 실증적 방법에 의거하는 이론의 구축을 지향한다는 점이다.

인간의 주체적이고 능동적인 실천에 대한 강조는 사회와 역사발전의 구체적 과정에서는 정치적인 것으로 나타나지만, 사회의 생산력 발전과 이에 따른 새로운 생산양식의 출현에서는 경제적인 것과 관련될 수 있을 것이다. 따라서 "정치경제학 비판 서문"의 경제적 토대의 우선성은 인간 사회의 상부구조를 경향적으로 규정한다는 의미이지, 인간의 실천적 역할에 대한 경시나 부정이 될 수 없다는 점은 분명해진다.

1852년 집필한 "루이 보나파르트의 브뤼메르 18일"에서 마르크스는 역사 속에서 인간의 역할에 대해 다음과 같이 분명하게 기술하고 있다. 즉 "인간은 자신의 역사를 만들어 가지만, 그들이 바라는 꼭 그대로 만드는 것은 아니다. 인간은 스스로 선택한 환경 속에서가 아니라 이미 존재하는, 주어진, 물려받은 환경 속에서 역사를 만들어 가는 것이다."(MECW 11 : 103) 마르크스는 유물론적 입장에서 인간의 창조적이고 능동적인 실천에 의해 역사는 발전하는 것으로 보지만, 그 어떤 인간의 주관적 열망이나 선의가 아니라 그가 직면한 구체적인 사회역사적 조건 속에서 실천하는 것임을 분명히 한 것이다.

마르크스 이후 마르크스주의 전통에서 경제 결정론적 입장을 지지하는 세력들에 의해 이런 구절들이 절대적인 인과적 선차성 문제로 해석되어 왔다. 그러나 마르크스와 엥겔스가 말하는 의미를 있는 그대로 해석한다면, 이는 인과적 선차성의 문제라기보다는 역사 속에서 인간의 주체성 발휘의 조건을 유물론적으로 규정하는 것으로 파악되어야 할 것이다. 마르크스 사후인 1890년 9월 21일 엥겔스가 요제프 블로흐에게 보낸 편지에서는 이런 해석을 강력히 뒷받침하는 다음과 같은 내용이 포함되어 있다.

> 유물론적 역사 파악에 따르면, 역사에서 종국적인 결정적인 계기는 현실적 생활의 생산과 재생산입니다. 맑스도 나도 결코 그 이상의 것을 주장한 적이 없습니다. 그런데 이 명제를 경제적인 계기가 유일한 결정적 계기라고 왜곡하는 사람이 있다면, 그는 이 명제를 아무것도 말하지 않는, 추상적이고 허무맹랑한 공문구로 바꾸어 버리는 것입니다(최인호 외, 1993 : 508).

엥겔스는 이 편지의 뒷부분에서 인간은 일정한 전제와 조건들 하에서 역사를 만들어나가며 역사적 사건들은 "서로 교차하는 무수한 힘들, 무한한 힘의 평행 사변형들의 집합이 존재하며 여기서 결과"(최인호 외, 1993 : 509)로 생겨나는 것임을 강조하고 있다. 나아가 그는 경제적 측면에 과도한 무게를 부여하는 경향들에 자신과 마르크스가 일정한 책임이 있음을 인정하면서, 경제 결정론적 입장을 취하는 당시의 "몇몇 맑스주의자들"에 비난을 퍼붓지 않을 수 없다고 했다.

이처럼 마르크스와 엥겔스는 결코 결정론적 입장을 지지하지 않았을 뿐만 아니라, 이런 경향들을 명시적으로 비판하고 있음을 확인할 수 있다. 그럼에도 마르크스와 엥겔스의 전반적 사상과 이론들은 물론이고, 심지어는 동일한 저작들 속에서도 서로 강조점을 달리하는 부분이 발견되는 것도 사실이다. 또한 이런 마르크스와 엥겔스 이론의 내적 긴장들은 그들 이후 마르크스주의 전통에서 경제 및 구조 결정론적 경향과 인간주의적 및 자원주의적Voluntaristic 경향으로 대립되는 근거로 되기도 했다.

따라서 이 글에서 검토했듯이 마르크스와 엥겔스의 입장이 결정론과 무관함에도 이런 긴장과 함께 마르크스주의 내부의 다양한 대립적 입장들이 출현한 원인이 무엇인지 해명되어야 한다. 이 장의 서두에서 언급했듯이, 마르크스주의의 교조적이고 일면적 해석을 낳은 세 가지 원인에 관한 라라인의 주장이 상당한 타당성을 갖는다. 즉 역사의 일반원리와 역사적 사례들의 가변성을 통일시킨 역사적 총체성 파악이라는 과제의 방대함과 서로 다른 이론 및 학문적 기원을 가진 요소들을 보다 우수한 이론으로의 통합 시도 및 사회와 역사의 객관적 파악과 인간해방 가능성 탐구라는 두 가지 목표 추구의 결과라는 주장이다. 라라인의 주장의 상당한 타당성을 전제하면서 다른 각도에서 마르크스와 엥겔스 사상과 이론에 내재하는 긴장의 원인을 다음의 몇 가지로 요약할 수 있을 것이다.

첫째, 마르크스 이론이 갖는 실천적 성격이다. 마르크스는 "포이에르바하에 관한 테제" 전반에서 인간의 주체적 실천을 강조하면서, 마지막 제11테제에서는 "철학자들은 다양한 방식으로 세계를 해석해 왔을 뿐이지만, 요점은 그것을 변화시키는 것이다"(*MECW* 5 : 5)라고 선언했다. 즉 마르크스에 있어서 가장 중요한 문제는 세계의 변혁, 즉 인간의 궁극적 해방을 자신의 이론적 활동의 목표로 삼았음을 알 수 있다.

따라서 마르크스는 세계의 변혁을 위한 객관적 구조의 성격과 운동에 관한 과학적 파악과 변혁 주체의 형성을 동시에 사고할 수밖에 없었다. 1844년 "헤겔 법철학 비판 서문" 등에서 혁명의 수동적 요소인 물질적 토대와 능동적 요소인 혁명적 대중을 사회혁명의 구성요소로 보는 것도 이런 관점에 따른 것이다. 이로 인해 마르크스와 엥겔스의 사상과 이론들에서 그들이 대상으로 하는 연구 주제에 따라 과학성과 비판성, 객관성과 실천성 및 구조와 주체에 대한 강조가 달라질 수 있다.

오히려 문제는 이런 강조점의 차이에도 불구하고 마르크스와 엥겔스의 이론들이 유물론적 전제에 확고히 기반하고 있는지와 구조와 주체라는 두 요소가 올바른 변증법적 관계를 구성하고 있는지 여부일 것이다. 여기서는 위의 간략한 검토를 통해 마르크스와 엥겔스 이론들에서는 이런 전제들이 충분히 충족되고 있음을 확인하였다.

둘째, 마르크스와 엥겔스의 이론적 및 실천적 활동들은 어떤 진공상태에서 이루어진 것이 아니라는 점이다. 그들이 이론적 활동을 시작했던 시기는 철학적 으로는 관념론적 독일 고전철학과 영국과 프랑스의 실증주의 및 경험론적 속류 유물론이 지배하고 있었다. 또한 영국과 프랑스를 선두로 한 자본주의의 발전은 고전파 정치경제학의 발전을 가져 왔고 사회에 관한 실증적 과학의 가능성에 관한 신뢰가 높아지고 있었다. 뿐만 아니라 실천적으로도 영국과 프랑스 등지에서 자본주의의 발전은 그 모순을 격화시켜 계급갈등이 심화되면 서, 최초의 프롤레타리아 투쟁이 임박한 시기였다.

　이런 이론 및 실천적 조건은 마르크스와 엥겔스 이론에 필연적으로 영향을 미치지 않을 수 없었다. 마르크스가 역사의 유물론적 이해를 구축하는 과정에서 헤겔과 포이에르바하 철학의 장점과 한계를 비판적으로 수용함으로써 저작에 따라 유물론에 대한 강조와 변증법적 과정에 대한 강조의 차이가 드러나게 되었다. 또한 1843년 망명한 프랑스의 발전된 자본주의 사회에서 프롤레타리아의 존재를 목도하고, "헤겔 법철학 비판 서문"에서 혁명에서 이론과 대중의 관계를 심도있게 전개할 수 있었다. 이로 인해 초기 저작들에서는 상대적으로 사회경제적 구조보다는 사회와 역사적 운동의 주체와 실천 과정에 많은 관심을 보여주게 된 것이다.

　셋째, 마르크스와 엥겔스의 이론적 관심의 초점과 이론 구축 과정의 특성과 함께, 마르크스와 엥겔스 사상과 이론의 내적 긴장을 더욱 강하게 인상지운 것은 이후 마르크스주의자들의 실천적 환경과 관심의 차이 때문이기도 하다. 마르크스와 엥겔스의 입장과 마찬가지로 이후의 마르크스주의자들의 주된 관심사는 자본주의 사회의 변혁과 궁극적 인간해방을 지향하는 것이었다. 즉 마르크스주의는 기본적으로 실천과 해방의 철학적 세계관에 기반한다. 이로 인해 마르크스주의자들은 자신들이 처한 시공간적 상황의 차이에 따라, 마르크스와 엥겔스 이론들 가운데서 실천에 더욱 필요한 이론적 자원들을 배타적으로 강조할 수밖에 없었다. 마르크스주의Marxism가 아닌 마르크스주의들Marxisms을 논의해야만 하는 이유는 바로 여기에 있다고 볼 수 있을 것이다.

　다음 절에서는 마르크스주의 역사 속에서 나타난 다양한 입장들을 검토하면서, 특히 마르크스와 엥겔스 이론들의 과학성과 비판성, 객관성과 실천성, 필연과 자유, 구조와 주체의 측면들이 어떤 형식으로 그들의 주장 속에서 배타적으로 수용 혹은 배제되고 있는지를 살펴볼 것이다. 이 책에서는 라라인이 주장하는 마르크스 저작들에 내재하는 네 가지 긴장, 즉 변증법 개념, 의식에 관한 분석, 사회변동 메커니즘 및 역사의 개념들이 다양한 마르크스주의 견해의 일면적 해석의 결과라고 볼 것이다. 즉 역사적 유물론의 재구성을 통한 마르크스주의의 내적 이론적 긴장을 해소하려는 라라인의 주장을 부분적으로 승인하지만, 그 기준은 결정론을 배제하는 마르크스와 엥겔스의 원래의 입장에 근본적으로 입각해야 한다고 본다.

제2절 마르크스주의들의 분류 기준

마르크스주의 전통에 속하는 입장들의 분류는 여러 학자들에 의해 다양한 방식으로 제기되었다. 굴드너는 마르크스의 이론에 존재하는 모순된 입장들을 근거로 비판적 마르크시즘과 과학적 마르크시즘으로 양분한다. 그는 마르크스의 이중의 목적, 즉 세계를 해석함과 동시에 변화시키려는 노력에서, "철학은 세계를 파악하는 데 불충분하고, 과학은 그것을 비판하는 데 불충분하다. 따라서 마르크스는 과학이 없는 비판과 비판이 없는 과학을 받아들일 수 없었다"(Gouldner, 1980 : 79)라고 주장한다. 이렇게 마르크스에 불가결한 비판과 과학의 두 요소가 이후 시간의 선후를 두고 과학적 마르크스주의와 비판적 마르크스주의로 정립되어 가는 과정을 굴드너는 사상의 발전과 경제적 조건의 변화의 두 측면에서 추적한다.

그는 19세기 초반 서유럽에서 낡은 과학의 패러다임에 대한 점증하는 내부 비판이 낭만주의Romanticism를 발생시켰고, 정치적 모호성을 지닌 이런 낭만주의가 한편으로는 파시즘의 비합리주의를 그리고 다른 한편으로는 루카치의 '혁명적 메시아주의'를 매개로 비판적 마르크스주의를 낳았다고 본다(Gouldner,

1980 : 129).

또한 경제적으로는 제2 인터내셔널의 진화론적 사회주의와 베른슈타인의 수정주의의 기초로 되었던 1873년에서 1896년에 걸친 장기불황이 식민주의의 팽창과 함께 종언되고, 자본주의가 새로운 생명을 획득한 것으로 보인 점도 비판적 마르크스주의 출현의 원인으로 본다(Gouldner, 1980 : 135 - 7). 자본주의의 안정화와 발전은 마르크스주의 내부에 분열을 초래하여, 여전히 과학적 마르크스주의적 입장에서 자본주의의 필연적 붕괴론Theory of Capitalist Inevitable Collapse을 옹호하는 룩셈부르크의 입장을 한 축으로 하고, 반대편에는 베른슈타인의 수정주의와 과학적 마르크스주의에 전위정당을 결합시킨 레닌의 대립되는 두 종류의 자원주의Voluntarism로 나타나게 되었다고 본다(Gouldner, 1980 : 138).

굴드너는 과학적 마르크스주의에서 비판적 마르크스주의로의 이행을 자본주의의 안정화와 발전에 따른 서유럽 부르주아지의 헤게모니 강화에 대한 서구 마르크스주의의 비관론과 레닌의 자원주의로의 전향과 결부시킨다(Gouldner, 1980 : 142). 과학적 마르크스주의의 예상과 달리, 후진적인 러시아에서 사회주의 혁명이 성공하고, 뒤이은 중부유럽에서 혁명의 실패는 과학적 마르크스주의의 딜레마가 되어 비판적 마르크스주의가 출현하게 된 것으로 보는 것이다. 비판적 마르크스주의의 성격과 기능에 대해 굴드너는 다음과 같이 요약하고 있다.

과학적 마르크스주의에서 비판적 마르크스주의로 이행함에 따라, 현대사회에 대한 사회주의자들의 비판은 자본주의의 경제적 착취에 대한 규탄에서 소외, 물상화 등 사회학적 비인간화에 대한 비난으로 옮겨갔다. 선진 산업사회 서유럽에서 기본적으로 발견된 소외와 물상화에 대한 강조의 부활은 자본주의의 경기순환에 대한 증가하는 통제와 가난한 사람들에 대한 복지체제의 증가 그리고 노동계급의 생활수준의 향상 등에 기반했다. 1960년대와 70년대 비판적 마르크스주의로의 이행은 후기자본주의 하의 경험과 부합되도록 하려는 부분적으로 마르크스주의를 재구성하려는 노력을 낳았다(Gouldner, 1980 : 144).

굴드너에 따르면, 과학적 마르크스주의는 자본주의의 장기불황에서 사회주의로의 필연적 이행을 낙관했다면, 비판적 마르크스주의는 자본주의의 예상보다 강력한 내구성으로 인해 비판적인 성격을 갖는 것으로 본다. 따라서 1920년대 출현한 서구 마르크스주의 대부분이 비판적 마르크스주의를 구성하는 것으로 보고 있다.

이와 유사하게 레온하르트도 마르크스주의는 레닌주의와 스탈린주의로 시차를 둔 두 차례의 변형이 있었다고 주장하며, 현재의 세 가지 주류 마르크스주의로 스탈린 이후 소련의 정치적 교의 및 마오주의 그리고 인간주의적 Humanistic 마르크스주의로 분류한다(Leonhard, 1974). 즉 레온하르트는 정치적 입장에 따라 소련 마르크스주의와 마오주의 이외의 모든 비교조적 마르크스주의를 인간주의적 마르크스주의로 통칭하는 것이다. 이런 레온하르트의 분류는 현대 마르크스주의를 특히 정치적 입장에 따라 분류한 것으로 이해되지만, 모든 비교조적 및 비마르크스 - 레닌주의를 인간주의적 마르크스주의로 보는 것은 문제가 있다. 왜냐하면 현실에서 서구 마르크스주의나 비마르크스 - 레닌주의적 마르크스주의들은 구조와 행위자, 필연과 자유 및 과학과 비판에 대해 강조점을 달리하는 다양한 입장들로 공존하고 있기 때문이다.

이런 점을 고려하면, 마르크스주의를 진화론Evolutionism과 자원주의 Voluntarism 및 구조주의Structuralism적 경향들로 구분하는 톰슨의 분류가 보다 현상에 부합되는 것으로 보인다. 톰슨은 20세기 초반 진화론과 자원주의적 경향들이 득세했다면, 20세기 중·후반에 들어 구조주의적 경향이 출현한 것으로 본다(Thompson, 1978 : 71). 톰슨은 제1차 세계대전 발발 이전 수십 년 동안 득세했던 진화론적 경향의 기능에 대해 어려운 시기와 역경에 처한 투사들로 하여금 역사는 우리 편이라는 신념을 견지할 수 있게 한 것으로 평가한다 (Thompson, 1978 : 71). 그러나 파시즘의 발흥과 제2차 세계대전은 진화론과 정반대의 신념을 고취시킨 자원주의적 경향을 득세케 했다고 본다. 즉 경제와 기술 결정론적인 진화론을 자원주의가 대체하는 과정에 대해 톰슨은 다음과 같이 묘사하고 있다.

제1차 세계대전은 이런 진화론에 좌절을 심어준 반면에, 10월 혁명은 그것에 새롭고 보다 유토피아적 모습을 부여했다. (마르크스주의에서 통상 모독적 표현인) 유토피아주의는 마르크스주의 자체 내에서, 소련의 치장되고 완전히 허구적인 투영이라는 형태로, 놀랄 만큼 풍부한 재현을 보여주었다 : 국외자에게 이런 유토피아는 그들 자신의 미래 역사의, 그들 자신들의 영광스럽고 필연적인 미래의 표상으로 주어졌다.

이런 진화론(그리고 그 용어)은 물론 지속되었고, 특히 다시 한 번 진화가 투사들의 신념으로 보이는 이전 식민지 국가들에서 특히 그러하다 : 나는 이 용어를(비록 격렬히 논쟁되고 있기는 하지만) 오늘날 인도에서 마르크스주의자들 사이에서 여전히 영향력을 발휘하고 있는 사실을 발견한다. 그러나 나는 1936~46년 진화론이 급격한 쇠퇴를 맞게 되었다고 생각한다. 파시스트 폭동의 출현과 제2차 세계대전이라는 명백한 비상시기는 자원주의의 강세를 두드러지게 했다. 이 용어는 1917년 이후 러시아에서 그러했듯이 주체, 선택, 개인적 주도권, 저항, 영웅주의 그리고 희생 등 보다 적극적인 용어들을 의미했다(Thompson, 1978 : 72).

자원주의에 대한 톰슨의 정의는 자원주의를 러시아의 후진성에 따른 과학적 마르크스주의 예견의 실패에 대한 대안으로 인식하고, 이런 의미에서 보다 비관적인 측면을 강조하는 굴드너의 주장과 정반대의 입장이다. 즉 톰슨은 자원주의의 등장을 역사발전의 필연성에 대한 신념이 상실된 조건에서 투사들의 투쟁의지와 실천적 활동을 강화하려는 의도에서 나온 것으로 해석하는 것이다.

이런 톰슨의 입장은 결국 자신이 자원주의적 경향에 속한다는 것을 인정하면서, "이는 슬픈 고백이지만, 나는 오늘날에도 구조주의의 과학적 용어들보다 이 용어를 더욱 선호한다"(Thompson, 1978 : 72)고 선언한다. 톰슨은 구조주의의 출현을 냉전이 초래한 정체 상태의 결과라고 주장한다. 톰슨은 진화론과 자원주의 그리고 구조주의적 경향들은 각각의 시대적 배경에 조응하는 것으로 보고 다음과 같이 요약한다.

> 이런 이데올로기적 경향이라는 바로 그 사실은 그 자체로 문제가 된 사상들이 각각의 역사적 순간에 부분적으로 일치된다는 일종의 보증이 된다 : 제1차 세계대전 이전에는 노동운동의 '진전'이 있었고, 1936년에서 1946년 사이에는 의지의 활동들과 영웅적인 주도성이 존재했으며 오늘날에는 각 측면에서 우리를 둘러싼 깊은 사회학적 보수주의가 존재한다는 것이다(Thompson, 1978 : 74).

알튀세르의 구조주의적 경향이 경험적 절차나 경험적 통제를 경험주의로 혼동함으로써 잘못된 이성의 절차를 통해 비합리주의로 귀착된다고 비판하는(Thompson, 1978 : 32) 톰슨의 입장에서는 구조주의를 냉전이 낳은 정체의 산물로 보는 것은 당연하다고 할 것이다. 그러나 한편으로 알튀세르의 구조주의적 마르크스주의가 제2차 세계대전 이후 사르트르 등의 실존주의적 마르크스주의가 초래한 서구 마르크스주의 일파의 주관주의적 편향에 대한 마르크스의 과학성 복원을 위한 것이었다는 점을 고려한다면, 톰슨의 주장을 수용하기 위해서는 보다 신중하고 정밀한 비판적 탐구와 평가가 선행되어야 할 것이다.6)

---

6) 벤튼은 알튀세르의 이론적 작업은 제2차 세계대전 이후 프랑스에서 독립적인 마르크스주의

마르크스주의들에 대한 두 종류의 통사적 연구서는 1976년 초판이 발행된 폴란드 출신의 망명 마르크스주의 연구가 코와코프스키Leszek Kolakowski의 『마르크스주의의 주요 흐름』과 1978년 간행된 영국의 마르크스주의 전문가 맥렐런David McLellan의 『마르크스 이후의 마르크스주의』이다. 코와코프스키는 현대 공산주의에 대한 철저한 비판적 입장에서 마르크스주의의 출발점을 철학적 인간학에서 찾아야 한다고 주장하면서, 다음과 같이 자신의 저술의 목적에 대해 언급한다.

여기서 현재 시도하려는 마르크스주의 역사에 대한 개요는 마르크스의 독자적 사유방식에서 항상 중심을 차지해온 듯한 문제에 초점을 맞추려고 한다. 즉 유토피아적 이념과 역사적 숙명론의 딜레마를 어떻게 모면할 수 있는가? 달리 말하면, 상상적 이상에 대한 임의적 선언도 아니고 모든 사람이 참여는 하지만 누구도 통제할 수 없는 익명의 역사적 과정에 인간의 사건들은 종속되어 있다는 전제를 무조건 받아들이지도 않는 관점을 어떻게 주장하고 방어할 수 있는가?(Kolakowski, 1978[1] : 6)

이런 전제 아래 코와코프스키는 3권으로 이루어진 방대한 저서에서 마르크스와 엥겔스 이후 마르크스주의의 역사를 개괄한다. 『제1권 창시자들』에서는 주로 마르크스의 초기 사상 형성과정을 헤겔 좌파나 19세기 중엽의 사회주의 이념들과의 관계의 고찰에서 시작하여, 마르크스의 『자본론』과 엥겔스의 『자연 변증법』까지 서술하고 있다. 『제2부 황금시대』에서는 제2인터내셔널 시기의 마르크스주의에서 레닌주의의 등장에 이르는 시기를 망라하고 있다. 또한

이론적 활동을 구축하는 데 결정적 기여를 한 사르트르와 메를로-퐁티를 비판하는 것이었다고 주장한다. 즉 벤튼은 "알튀세르의 비판적 용어와 많은 측면에서 대안적 개념들을 구축하려는 그의 적극적 시도들은 이 두 사상가들에 의해 규정된 전통에서 마르크스주의 유산을 떼어내기 위한 노력으로 이루어진 것이었다"(Benton, 1984 : 5)고 평가한다.

『제3권 붕괴』에서는 소비에트 마르크스주의부터 시작하여 그람시, 루카치, 코르쉬, 골드만, 프랑크푸르트학파 등 이른바 서구 마르크스주의자들을 검토한 후, 스탈린 사후의 마르크스주의 발전을 검토한다. 결국 코와코프스키는 자신의 저술의 목적에 맞게, 마르크스주의들을 역사의 필연성과 익명성 대 유토피아적 이념과 인간의 능동성을 기준으로 분류하여 설명하고 있다.

마르크스주의의 출발점을 철학적 인간학에 두는 자신의 실존주의적이고 반공주의적 경향성으로 인해 평가에는 상당한 주관주의적 편향이 있지만, 마르크스주의 전통의 다양한 입장들을 개괄하기에는 상당히 유용하다. 또한 코와코프스키 자신의 이념적 편향성을 배제하고 보면, 그 역시 마르크스주의들을 필연과 자유, 과학과 비판 및 구조와 주체에 대한 강조점의 차이를 기준으로 분류하고 있음을 알 수 있다.

맥렐런은 마르크스 사상의 애매한 부분들이 마르크스주의자들을 다양한 입장으로 분리시켰다고 보면서, 다음의 네 가지 이유를 들고 있다. 첫째 마르크스 생전의 미간행 저작들의 발견, 둘째 헤겔과 마찬가지로 마르크스가 변증법적 사상가라는 점에서 오는 사상의 개방성, 셋째 마르크스 사상이 세계의 해석이 아닌 변혁을 목표로 한다는 점, 넷째 마르크스 사후 세계의 변화 등으로 요약한다(McLellan, 1979 : 1 - 3).

특히 맥렐런은 마르크스 생애 후기 저작들에 나타나는 실증주의적 경향과 엥겔스의 과학적 태도의 체계화 및 그에 기반해 정통 공산주의 교리에서 선전되어온 변증법적 유물론 철학과 이에 대한 루카치의 헤겔적이고 반과학적 입장의 대립과 프랑크푸르트학파와 구조주의적 마르크스주의자들과의 대립을 주요한 경향으로 간주한다(McLellan, 1979 : 4). 요컨대 맥렐런 역시 과학성과 비판성의 대립을 마르크스주의들의 분류의 기준으로 보고 있음을 확인할 수 있다.

이처럼 마르크스주의 역사에 대한 여러 연구들은 한결같이 다양한 마르크스
주의들을 분류하는 기준으로 과학과 비판, 필연과 자유, 구조와 주체 사이의
강조점의 차이를 들고 있다.7) 또한 마르크스주의들 내부의 이런 분열된 입장은
마르크스와 엥겔스 사상과 이론에 내재하는 긴장에서 연원하는 것으로 보는
것에 대부분 동의하고 있기도 하다.

따라서 마르크스주의에 대한 정당한 평가를 위해서는 우선 이런 주요 대립선
에 따라 제반 이론들을 분류한 후, 다양한 입장의 마르크스주의적 이론들의
출현과정을 역사적 맥락 속에서 파악하는 것이 필요할 것으로 본다. 이를
위해서는 코와코프스키나 맥렐런의 경우처럼 통사적인 서술방식보다는 각
범주별 이론들을 검토하여 비교하는 방식이 더욱 유용할 것으로 본다. 왜냐하면
마르크스 - 레닌주의나 서구 마르크스주의 등 동일한 분류에 속하는 입장들도
논자에 따라 정반대의 입장들이 있을 수 있기 때문이다.8)

이런 점을 고려하여 다음 절들에서는 마르크스주의 이론들을 구조중심적인
것과 주체중심적인 것으로 분류하여 검토한 후 그런 입장들이 갖는 의의와
한계들을 평가할 것이다.9) 나아가 최근 마르크스주의의 창조적 수용을 위한

---

7) 김창호도 마르크스주의 역사를 주관주의와 객관주의의 대립이었다고 보면서, 이것은 "언제나
   역사 과정에서 '주체'의 문제, 그리고 이와 관련하여 마르크스 역사적 유물론의 성격에 관한
   문제"(김창호, 1991 : 38)와 관련되는 것으로 보았다. 이를 통해 알 수 있듯이, 한국에서도 이미
   1990년대 초 마르크스주의 전통에 속하는 다양한 이론적 대립의 존재와 그 원인에 대한 명확한
   인식에 도달했음을 알 수 있다.
8) 예를 들면 구소련의 마르크스주의, 즉 마르크스-레닌주의를 현지 방문하여 연구했던 미국의
   스캔런(James P. Scanlan은 소련의 정신문화는 흔히 생각하는 것보다는 훨씬 풍부하고 활성화된
   경향을 보이고 있다고 지적했다. 그는 그 이유를 30년이 넘는 소련 철학계의 변화에서 찾고
   있다. 특히 다음 세 가지에서 찾고 있다. 첫째 1950년 언어학 문제에 대한 스탈린의 논문 "마르크
   스주의와 언어학"이 촉발한 마르크스-레닌주의 이론의 변화, 둘째 브레즈네프 등에 의한 '발전
   된 사회주의론'과 '전인민의 국가론' 등 새로운 사회 및 정치이론의 출현, 셋째 스탈린 사후
   해빙기에 시작된 논리학·윤리학·미학·역사철학 등의 존재 인정에 따른 것이라는 주장이다. 스
   캔런, 1989 : 11-14 참조.
   이런 스캔런의 지적을 감안한다면, 소련의 마르크스-레닌주의 내부에서도 과학과 비판, 구조와
   주체, 필연과 자유를 둘러싼 대립되는 이론들이 존재함을 알 수 있다.
9) 마르크스주의들의 대립점이 과학과 비판, 객관성과 실천, 구조와 주체, 필연과 자유 등으로

이론적 작업으로 제기되고 있는 다양한 마르크스주의 혹은 역사적 유물론의 재구성을 둘러싼 논의들을 살펴봄으로써, 마르크스주의의 창조적 수용을 위한 올바른 방향을 모색하고자 한다.

제3절 구조중심적 마르크스주의

마르크스주의를 구조중심적인 것과 주체중심적인 것으로 양분한다면, 이론적으로나 연대기적으로도 전자가 선행한다. 그것은 위에서 맥렐런이 언급한 것처럼 마르크스의 사후 20세기에 들어 인간과 실천 문제를 강조하는 그의 초기 저작들이 다수 출간된 점과 함께, 혁명적 실천이론인 마르크스주의는 애초에 자본주의 사회에 대한 과학적 분석에 기초하여 사회주의의 필연적 도래를 예견하는 것이었기 때문이다.

제2인터내셔널 시기(1889~1914년) 대부분의 지도적 정통 마르크스주의자들은 진화론과 경제 결정론적 입장을 견지했다. 카우츠키는 베른슈타인의 수정주의 비판으로 1899년 출간한 『베른슈타인과 사회민주주의 강령』에서 다음과 같이 경제 결정론적 입장을 전개하고 있다.

물론 정치투쟁의 강도와 순수한 경제적 활동에 대한 관계에서 그것이 갖는 상대적 중요성은 자본주의가 팽창 혹은 공황의 시기를 보내고 있는가에만 달려 있는 것은 아니다. 다른 요인들도 억지 혹은 촉진 효과를 갖는다. 그러나 어떤

설정될 수 있지만, 이 글에서 구조중심성과 주체중심성으로 양분하는 이유는 다음과 같다. 즉 과학, 객관성, 필연 등은 다름아닌 마르크스 이론의 과학성을 강조하는 것으로 사회와 역사의 구조에 대한 과학적 이해와 사회 및 역사 발전의 필연성을 중시하는 입장이다. 반면에 비판과 실천 및 자유를 강조하는 입장은 행위 주체들의 주체성을 보다 강조하는 입장으로 실천철학적이고 역사적 경향성에 우위를 두는 입장으로 볼 수 있기 때문이다.

경우든 경제순환이 정치와 경제 사이의 관계에 큰 영향을 미친다.

1848년 혁명은 경제공황 시기에 발발했다. 한번 패배한 혁명의 재현을 생각할 수 없는 이유들 가운데 하나는—6월의 전장에서 그렇듯 용감하게 싸웠던 프롤레타리아트에 대한 부르주아의 두려움을 별문제로 한다면— 1850년의 산업성장이 있었다(Goode, 1983 : 26-7).

카우츠키는 1847년의 산업공황을 1848년 혁명의 원인으로 보고, 1850년의 경기회복으로 혁명의 가능성은 사라졌다고 본다. 즉 카우츠키는 경제적 조건과 정치적 혁명의 상관관계를 강조함으로써, 기본적으로 경제 결정론적 입장을 취하는 것이다.

한편으로 그는 1899년의 상황이 정치적 반동과 산업성장이라는 측면에서 1850년대와 유사하지만, 반세기에 걸친 자본주의 발전과 프롤레타리아의 계급투쟁 및 자유로운 단체교섭권을 누려온 세대들이 존재한다는 점에서 차이가 있다고 주장한다. 따라서 그는 1850년 상황이 유럽 대륙의 노동자 운동의 중단을 초래했다면, 1899년의 그것으로 인해서는 경제투쟁이 우세해지고, 노동자들이 정치활동보다는 노동조합이나 협회의 조직을 통해 더 많은 것을 얻을 수 있는 것으로 생각을 바꾸게 했다고 본다.

그러나 그는 베른슈타인이 이런 상황을 사회의 정상적인 조건으로 생각하고 개량을 주장하는 데 반대하면서, 마르크스와 엥겔스처럼 자본주의의 전체 역사를 통해 얻은 결과들을 소홀히 하지 않아야 한다고 주장한다.[10](Goode,

10) 카우츠키는 당시의 경제성장으로 노동계급의 계급이익이나 투쟁이 약화된 것이 아니라, 투쟁의 형태에 일정한 변화가 생긴 것으로 보았다. 즉 그는 1850년 자본주의 경제성장이 노동자의 운동을 와해시켰다면, 이미 진전된 자본주의 모순과 노동계급의 투쟁은 1899년 경제적 번영의 시기에는 투쟁의 방향과 강도에 영향을 미칠지언정 이미 그것을 와해시킬 수 없는 상황이 되었다고 인식했다. 달리 말하면, 카우츠키는 자본주의의 진화 결과 베른슈타인의 주장처럼 계급적대감이 약화되고 혁명이 아닌 사회개량의 조건이 창출된 것이 아니라, 현재의 번영은 더 악화된 자본주의 공황을 초래하고, 현재 변형된 형태로 존재하는 노동계급의 운동은 계급적 대감의 강화와 함께 더욱 강력해질 것으로 보는 것이다. 이런 카우츠키의 입장은 한편으로는

1983 : 27 - 8) 즉 카우츠키는 구체적인 역사적 상황에 영향을 미치는 요소들이 다수 존재하는 것을 인정하기는 하지만, 자본주의의 경제적 순환과 공황이 정치에 미치는 결정적 영향을 주장하는 것이다. 그러나 카우츠키의 경제 결정론적 경향은 다른 요인들의 영향을 고려한다는 점에서 보다 약한 결정론으로 볼 수 있을 것이다. 카우츠키의 이런 결정론적 경향은, "그는 다윈과 허버트 스펜서, 물리학과 화학 발전에 감명받고 성장한 과학시대의 전형적 아동이었다"(Kolakowski, 1978[II] : 35 - 6)는 코와코프스키의 지적대로 철학적 소양의 부족과 근대과학에 대한 동시대인과 공유했던 신념의 결과였다.

독일 사민당의 혁명적 좌파의 상징적 인물인 룩셈부르크는 카우츠키보다 더욱 강력하게 경제 결정론적 입장을 지지했다. 그녀는 베른슈타인의 수정주의를 반대하여 1908년 출간한 저작 『사회개혁인가 혁명인가』에서 베른슈타인이 과학적 사회주의의 초석인 자본주의 붕괴론을 포기함으로써 사회민주주의의 수정에 나서, 결국 그로 인해 사회주의의 입장들을 차례로 내버리게 되었다고 지적했다(Hudis & Anderson eds., 2004 : 160).

이처럼 그녀는 자본주의의 축적모순과 이로 인한 주기적 공황의 악화로 자본주의는 붕괴될 수밖에 없다는 경제 결정론적 필연성을 지지했다. 그녀는 자본주의의 과소소비 경향과 자본주의 존속에 불가결한 비자본제적 자연경제의 제한성에 근거하여 자본주의 붕괴론을 지지한다. 1913년 출간된 『자본축적론』에서 룩셈부르크는 마르크스의 『자본론』의 재생산도식을 분석하면서 자본주의적 분배조건 하에서 생산력의 무제한적 팽창능력과 사회적 소비의 제한적

진화론적 입장에 따른 것으로 보인다. 또한 한편으로는 굳이 1850년과 1899년을 비교한 것은 1848년을 사회주의 혁명의 성숙기로 본 마르크스와 자신의 과거 입장을 비판적으로 평가한 엥겔스의 1895년 3월 마르크스의 『프랑스의 계급투쟁』 재판 서문(*MECW* 27 : 506-24)을 의식한 것으로 보인다. 즉 카우츠키는 1848년의 시기규정에 대한 엥겔스의 반성을 의식하여, 이미 1899년은 1848년과 달리 혁명의 조건이 성숙된 시기로 보는 낙관적인 정세 전망을 강조하는 것으로 볼 수 있다.

인 팽창능력 사이의 모순으로 과소소비 경향이 불가피하게 초래된다고 주장한
다(Hudis & Anderson eds., 2004 : 44). 즉 그녀는 자본주의 생산에서 발생되는
잉여가치가 자본화됨으로써 더욱 많은 생산이 가능해지지만, 이런 생산물을
흡수할 수 있는 노동자의 몫인 가변자본은 제한되어 유효수요가 증가하는
데 한계가 있다고 본다.

그 결과 그녀는 자본주의는 내부의 필연적 모순인 과소소비 경향을 극복하기
위해서는 비자본제적 자연경제를 잠식해 들어갈 수밖에 없다고 본다. 룩셈부르
크는 이런 자본주의 존속과 발전의 전제인 자연경제로의 침투를 자신의 제국주
의론의 근거로 삼을 뿐만 아니라, 이런 비자본제적 자연경제와 계층의 물리적
제한성에서 자본주의 붕괴론을 정당화하고 있다.

제2인터내셔널 내부 이론가들의 경제 결정론적 경향의 전모를 파악하는
데 자본주의 붕괴론 논쟁은 상당한 유용한 시사점을 제공한다.11) 자본주의
붕괴론을 검토하기에 앞서, 스위지는『공산당선언』,『자본론』제III권의 이윤율
경향적 저하론 등에 대한 검토를 통해 마르크스가 자본주의 재생산과정에서
공황의 주기적 발생과 누적적 심화를 이야기했을 뿐 붕괴에 관해 말하지
않았다고 전제한다(Sweezy, 1962 : 190 - 2). 콜레티Lucio Colletti도 카우츠키의
1899년 출간 저서『베른슈타인과 사회민주당 강령』을 인용하며, 붕괴론이라는
용어 자체가 마르크스에는 없는 베른슈타인이 고안한 용어라고 지적한다(까갈
리츠키 외, 1991 : 69).

스위지에 따르면, 마르크스가 자본주의 붕괴론을 주장했다는 베른슈타인에
대한 정통 마르크스주의자들의 반격은 두 종류가 있었다고 한다. 첫째는 당시
독일 사민당의 이론 책임자 쿠노우Heinrich Cunow의 주장으로, 마르크스와
엥겔스가 붕괴론을 지지했다는 주장을 수용하면서, 이런 붕괴론을 베른슈타인

11) 자본주의 붕괴론의 개략적 검토는, Sweezy, 1962 : 190-213 참조.

의 자본주의 경제조건의 장래에 관한 낙관적 예측을 반박하는 수단으로 사용한 것이다. 둘째는 카우츠키의 입장으로, 마르크스와 엥겔스는 베른슈타인이 사용하는 용어의 의미인 붕괴론을 주장한 적이 없고, 자본주의 하에서 경제적 조건 악화의 불가피성을 믿었지만, 그들 이론의 본질적이고 독창적인 요소는 사회주의로의 이행을 가능하게 하는 결정적 요인을 프롤레타리아트의 증대하는 힘과 성숙에서 찾았다는 점을 강조했다(Sweezy, 1962 : 194 - 5).

이어서 스위지는 1902년 카우츠키의 저서 『영국 상업공황의 이론과 역사』에서 제시한 붕괴라는 용어를 대신하는 '만성적 불황'이라는 개념을 분석하면서 카우츠키의 의도를 다음과 같이 결론짓는다. 즉 "프롤레타리아트가 추구해야 할 유일한 길은, 확고한 이론이 제공해 줄 수 있는 지식을 이용하고, 수정주의자의 점진주의적 환상과 확고히 결별하는 계급투쟁의 길뿐이다"(Sweezy, 1962 : 200). 요컨대 카우츠키는 경제의 결정적 역할을 인정하는 경제 결정론과 진화론에 입각해 있었지만, 베른슈타인의 수정주의를 반대하는 과정에서 알 수 있듯이, 계급투쟁의 역할을 강조한다는 점에서 보다 약한 경제 결정론적 입장을 취했음을 알 수 있다.

이에 반해 스위지는 룩셈부르크가 보다 강력한 경제 결정론에 입각했다고 본다. 스위지는 룩셈부르크가 폐쇄된 자본주의 체제에서 자본축적이 지속될 수 없다고 보았다고 평가한다. 즉 그녀는 자본축적 문제의 핵심에 위치하는 잉여가치의 실현문제가 결국 과소소비 경향을 야기하고, 이의 해소를 위해서는 비자본제적 소비자가 필요하다고 보았다. 즉 그녀는 비자본제적 자연경제나 비자본제적 계층의 소멸과 함께 자본주의 붕괴의 필연성을 인정한다는 점에서 근본적으로 강력한 경제 결정론적 입장을 취하는 것이다(Sweezy, 1962 : 202 - 3). 스위지는 룩셈부르크가 확대재생산을 논의하면서 단순재생산에 적용되는 가정을 유지하는 이론적 오류를 범했다고 올바로 지적했다(Sweezy, 1962 : 204).

즉 자본주의의 확대재생산에서는 가변자본도 늘어나 결국 소비도 증가되는 점을 고려치 않는 점을 비판한다. 그러나 스위지는 이런 이론적 약점에도 불구하고 룩셈부르크가 혁명적 입장을 견지하고 경제이론가가 아닌 역사적 유물론자로서 진정한 유물론자라고 평가한다. "마르크스와 달리, '자본축적의 무제한성'을 거부한, 로자 룩셈부르크는 기계적 붕괴 개념을 확립했다. 그러나 이것은 역사적 과정 자체의 성격에 관한 그들의 근본적 일치를 고려하면, 견해차는 상대적으로 미미한 것이다."(Sweezy, 1962 : 207) 경제 결정론적 시각은 오류일지라도, 역사의 운동방향을 올바로 인식하고 실천하는 자세를 견지한 룩셈부르크에 대한 호의적 평가로 이해할 수 있다.

제2인터내셔널의 이른바 정통 마르크스주의자들은 대체로 자본주의의 모순 격화에 따른 사회주의 이행의 필연성에 대한 마르크스의 이론을 굳건히 신뢰했다. 그리고 19세기 마지막 4반세기 동안 부침을 거듭하는 가운데서도 더욱 악화되는 공황은 이런 신념을 더욱 강하게 하는 요인으로 작용했다. 진화론과 경제 결정론적 관점은 이런 상황에서 혁명의 필연성에 대한 신념의 근거로 작용하는 것이었다. 요컨대 제2인터내셔널의 정통 마르크스주의자들은 구조 혹은 경제 결정론적 관점에 입각하여 혁명의 필연성과 임박함을 굳게 신뢰한 것으로 평가된다.

그러나 이런 혁명에 대한 낙관이 지배하던 시기의 구조 결정론적 관념은 구조의 필연성에 대한 신념뿐만 아니라 주체에 대한 관심을 동시에 보여준다. 이런 경향은 1891년 독일 사민당의 에르푸르트 강령에 대한 카우츠키의 해설서로 1892년 출간된 『사회민주주의의 기초』의 다음과 같은 구절에 잘 요약되어 있다.

우리가 생산수단의 사적 소유 폐기가 불가피한 것이라고 말할 때 어느 날씨

좋은 맑은 날 아침에 착취받는 계급은 스스로 아무런 노력도 하지 않은 채, 어떤 근사한 것들이 돌연 혁명을 가져다주는 것을 말하는 것이 아니다. 우리가 기존 사회체제의 붕괴가 불가피하다고 말하는 것은, 경제진화의 흐름이 필연적으로 피착취계급 인민들이 이 사회체제의 소유제도에 반대하게 되는 조건을 만들어내는 것을 알고 있기 때문이다. 우리는 이 사회체제가 착취받는 계급의 숫자와 힘을 증대시키고 착취하는 계급의 숫자와 힘을 감소시키며, 끝내는 모든 다수 대중에게 이 사회체제에 품격을 상실한 채 남아 있을 것인가, 아니면 사적 소유체제를 타도해 버릴까 하는 양자택일의 선택을 강요하는 견디기 힘든 조건을 만들어내는 것을 알고 있다(카우츠키, 1991 : 68-9).

분명 이 글에서 카우츠키는 피착취계급의 적극적 실천을 강조하고 있다. 그러나 그는 이런 투쟁의 조건이 경제적 진화, 즉 필연적인 경제구조 발전의 결과로 봄으로써, 기본적으로 경제 결정론적 사고를 전제하고 있다.

사회주의 혁명의 시기가 성숙했다는 낙관론이 지배하던 조건에서 주체의 실천을 촉구하는 것은 너무나 당연한 일일지도 모른다. 카우츠키는 이런 시대적 조건에서 주체의 실천에 대한 강조를 보다 약한 구조 혹은 경제 결정론과 진화론과 결합시킨 것으로 평가할 수 있을 것이다. 혁명에 대한 낙관적 신념이 지배하던 조건에서 룩셈부르크의 보다 강한 경제 결정론도 역시 노동계급의 주체적 역할에 대한 강조와 결합되어 있다. 1907년 런던에서 개최된 러시아 사회민주노동당 제4차 당대회에서 룩셈부르크는 독일 사민당 대표 연설에서 다음과 같이 말하여 노동계급 대중파업의 중요성에 대한 자신의 신념을 피력하고 있다.

1905년까지 총파업에 대한 매우 부정적 태도가 독일 사회민주당 간부 사이에 팽배했습니다. 총파업은 반혁명 슬로건을 의미하는 순전히 무정부주의적인 것으

로 생각되기도 했습니다. 그러나 독일 프롤레타리아트는 러시아 프롤레타리아트
의 총파업에서, 정치투쟁에 반하는 것이 아닌 그 투쟁의 무기를 보았습니다.
사회주의 질서로 갑작스런 도약을 이루는 신비로운 해결책이 아닌, 현대 계급국
가에서 가장 기본적인 자유를 쟁취하는 투쟁의 무기인 새로운 투쟁형태임을
알게 되었던 것입니다. 이는 총파업에 대한 태도를 근본적으로 변화시켜, 일정
조건에서 독일에 총파업이 가능하다는 것을 인정하게 되었습니다(Hudis &
Anderson eds., 2004 : 201).

자본주의 붕괴론을 수용하는 강한 경제 결정론을 지지한 룩셈부르크는
대중의 자발성과 이의 실현인 대중파업을 강조함으로써, 주체의 자발적 의식화
와 조직화를 강조한 것이다. 이처럼 혁명에 대한 낙관이 팽배했던 제2인터내셔
널 시기 정통 마르크스주의자들은 그들의 신념을 뒷받침하는 근거로 과학성을
중시하는 경제 혹은 구조 결정론을 견지하면도, 이의 실현 주체의 의식화와
조직화에 노력했다. 이런 경향성은 결국 마르크스와 엥겔스 이론에 내재하는
과학과 실천, 필연과 자유의 긴장이 분석의 필요에 따른 것에 불과하고, 혁명적
실천 속에서는 분리될 수 없는 것임을 증명하는 것으로 파악할 수 있다고
본다.
　　마르크스주의 전통에서 낙관적 관점에 입각한 또하나의 구조중심적 입장은
스탈린주의라고 할 수 있다.12) 즉 스탈린주의는 레닌 사후 권력을 장악한

12) 스탈린주의라는 용어의 적합성에 대해서는 논쟁의 여지가 있다. 일반적인 용어 사용의 경우,
　　소련공산당의 공식 이념은 마르크스-레닌주의로 불려져 왔고, 이것은 1924년 스탈린이 스베르
　　들로프대학에서 강연한 '레닌주의의 기초'에서 레닌주의를 "제국주의와 프롤레타리아 혁명의
　　시기의 마르크스주의"로 규정한 이후(스탈린, 1988 : 72), 집권 공산당의 공식 이념의 역할을
　　했다. 따라서 마르크스-레닌주의에서 스탈린주의를 분리시키는 것은 의미가 없는 것으로 보일
　　수도 있다. 그러나 마르크스주의에 관한 통사적 연구를 한 맥렐런(맥렐런, 1986)이나 코와코프
　　스키(Kolakowski, 1978) 모두 레닌주의와 스탈린주의를 분리하고 있다. 그들의 주장에 따르면,
　　사회주의 혁명을 지도했던 레닌의 사상과 사회주의 혁명 이후 건설기를 지도했던 스탈린의
　　이론들에 일정한 차이가 존재한다는 점을 부각시키기 위한 것이었다. 또한 소비에트 마르크스
　　주의를 직접적인 연구대상으로 했던, 마르쿠제도 소비에트 마르크스주의를, 레닌주의와 스탈

스탈린이 소련 사회주의를 방어하고 생산력의 발전을 통한 사회주의 건설을 시도한 지도이념으로 규정할 수 있을 것이다. 또한 스탈린 사후에도 스탈린주의 는 스탈린의 개인숭배 비판에도 불구하고, 생산력 우위론 등 핵심적 요소가 '발전된 사회주의론' '전인민의 국가론' 등의 이론적 기초로 1991년 말 소련이 공식 해체되던 시기까지 유지되었다고 할 수 있다.

스탈린주의가 구축되던 시기 소련은 혁명 초기의 대내외적 안보 위협에서 벗어나고, 1921~29년까지의 신경제정책의 성과로 국내산업 생산도 전반적 회복세를 보였으며, 1920년대 농업집단화 등을 통한 생산관계의 사회주의적 개조가 강압적인 방식으로 추진되기도 했다. 또한 1924년 일국사회주의론 등으로 당내 권력투쟁에서 스탈린은 경쟁자들을 물리치고 권력의 집중에 성공했으며, 국제적으로도 코민테른을 통한 세계 공산주의 운동의 지도권을 확고히 하였다.

이런 전반적인 상황의 안정은 파시즘의 대두 등으로 불확실성이 남아 있었지 만, 전반적으로 스탈린을 중심으로 하는 소련 지도부의 자신감을 고취하는 결과가 되었다. 이런 낙관적 인식은 소련공산당의 이론적 경향에 반영되어 구조중심적 마르크스 - 레닌주의, 즉 스탈린주의를 출현하게 했다.

스탈린의 구조중심적이고 일원론적 발전관이 가장 잘 드러나는 것은 1938년

린주의 그리고 스탈린주의를 능가하는 발전으로 구분하고, 이들을 자신의 기본전제인 자본주 의 상속인이 아닌 경쟁자로서 소련이 처했던 주요 단계들과 특징을 중심으로 분류한다(마르쿠 제, 2000 : 25). 특히 마르쿠제는 레닌이 중앙집권적인 당의 권위의 확립을 통해 마르크스와 엥겔스 이론에서 긴장으로 남아 있던 객관적 요인과 주관적 요인의 참다운 관계를 회복하고자 한 반면(마르쿠제, 2000 : 148), 스탈린과 이후의 소비에트 마르크스주의에서는 주관적 요인이 객관적 요인을 담는 단순한 그릇, 객관적 변증법의 수용자, 집행인으로만 취급되고 있다고 본다(마르쿠제, 2000 : 149). 이 글에서도 이런 분류들의 의의를 수용하면서, 사회주의 혁명기의 이론적 성과인 레닌주의와 소련 건설기 공식 이론으로 스탈린주의를 구분하는 것이 유용하다 고 본다. 그리고 각각의 이론적 특징으로 전위당의 지도 등 레닌의 주체중심적 경향에서 스탈린 에 의해 생산력 우위론 등 구조중심적으로 변화되었던 점에서, 레닌의 입장을 주체중심적 마르 크스-레닌주의로, 스탈린의 입장을 구조중심적 마르크스-레닌주의로 분류하고자 한다.

발행된『소련공산당약사』에 실린 스탈린 명의의 논문 "변증법적 및 역사적
유물론"이었다. 이 논문에서 스탈린은 변증법적 유물론을 마르크스 - 레닌주의
당의 세계관으로 규정한 다음, 역사적 유물론은 변증법적 유물론의 원리를
사회생활 연구에 확장시킨 것으로 규정했다(Franklin ed., 1973 : 300). 스탈린은
세계의 물질적 통일성과 의식에 대한 물질의 선차성 및 인간의식의 물질적
대상에 대한 인식 가능성 등을 인정한다. 이런 논지는 엥겔스의『포이에르바하
와 독일 고전철학의 종말』이나 레닌의『유물론과 경험비판론』에서 전개되고
있는 유물변증법 일반의 원리를 충실히 따르고 있는 것이다. 그러나 스탈린이
역사적 유물론을 변증법적 유물론의 사회생활 연구에 대한 적용이라고 보는
점과 함께, 사회역사 연구를 정밀한 자연과학적 방법의 적용이 가능한 영역으로
보는 것은 상당한 문제를 야기시킨다.

　그러므로 사회생활의 모든 복잡한 현상에도 불구하고, 사회역사에 대한 과학
　은 이른바 생물학처럼 정밀한 하나의 과학이 될 수 있으며, 실천적 목표를 위해
　사회발전 법칙들을 이용할 수도 있다(Franklin ed., 1973 : 312).

　스탈린의 이 주장은 마르크스의 유물론적 입장에 입각한 과학적이고 진보적
인 사회이론의 역할을 강조하기 위한 것으로는 문제가 없다. 즉 스탈린은
이 논문에서 자연과학적 정밀성을 가진 사회역사 이론이 가능하다고 함으로써,
한편으로는 유물론에 입각하지 않은 현실과 유리된 사회민주주의적 이상을
비판하고, 다른 한편으로는 속류 유물론에 입각하여 진보적 이론과 사상 및
전위당의 적극적 역할을 부정하는 경제주의자와 멘셰비키를 비판하는 근거로
삼고 있기 때문이다(Franklin ed., 1973 - 313 - 315).
　그러나 스탈린이 사회연구의 자연과학적 정밀성이라는 논지를 자신이 생산
양식과 동일시하는 생산의 연구에 적용시켜, 단선론적 역사발전론의 근거로

삼는 데서 문제가 발생한다. 스탈린은 생산양식, 즉 생산의 특징을 다음과 같이 요약한다. 첫째, 장기간에 걸쳐 항상 변화와 발전상태에 있다. 둘째, 변화와 발전은 항상 생산력의 변화와 발전에서 시작되며, 그 중에서도 일차적으로 생산수단의 변화와 발전에서 시작된다. 셋째, 새로운 생산력과 조응하는 새로운 생산관계는 낡은 제도 내부에서 발생하며 인간의 계획적이고 의식적인 행위의 결과가 아니라 인간의 의지와 독립되어 발생한다(Franklin ed., 1973 : 319 -33). 논문의 결론부에서 스탈린은 마르크스의 1859년 "정치경제학 비판 서문"의 토대와 상부구조에 관한 건축학적 메타포 부분을 길게 인용한 다음, "이것이 사회생활과 사회의 역사에 적용된 마르크스의 유물론이다. 이것이 변증법적 및 역사적 유물론의 주요한 특징이다"(Franklin ed., 1973 : 333)라고 단언한다.

이런 스탈린의 주장을 세부적으로 검토해 보면 스탈린의 경제 결정론적이고 생산력 우위론적 입장이 잘 드러난다. 즉 첫 번째 특징 규정에 대해서 보면, 우선 스탈린이 생산양식에 따라 특정 역사시기를 구분하는 것은 역사적 유물론의 원칙에 부합된다. 그러나 스탈린은 프롤레타리아 당이 진정한 당이 되기 위해서는 생산발전의 법칙, 즉 사회의 경제발전의 법칙에 관한 지식을 가져야 한다고 주장한다(Franklin ed., 1973 : 320). 이로써 스탈린은 역사적 유물론의 생산양식에 따른 거시적 역사시기 구분론과 사회주의 생산양식 하에서 프롤레타리아 당의 역할론을 혼동하고 있다. 즉 사회주의 생산양식에서 정당의 역할을 경제발전에 국한시키는 경제 결정론의 오류를 범하고 있는 것이다.

두 번째 특징 규정을 검토해 보면, 물론 스탈린도 생산력 가운데 가장 중요한 요소는 인간이라는 점을 시인하고 있지만, 여기서 그가 말하는 인간은 생산양식의 변화와 발전에 일차적인 생산도구를 발전시키는 인간에 머물고 있다. 즉 인간이 가장 중요한 생산력의 요소가 되는 것은 생산도구의 변화와 발전이 "생산경험과 그들의 노동기술 및 그들의 생산도구를 다루는 능력의 변화와 발전"(Franklin ed., 1973 : 323)에 달려 있기 때문으로 보기 때문이다. 즉 스탈린의 주장에서 사회와 역사발전에서 인간 혹은 인간집단으로서 계급이 차지하는 역할은 결국 경제 결정론적 입장에서 인정되고 있는 것이다.

세 번째 생산 특징 규정을 검토해 보면, 스탈린의 구조 혹은 경제 결정론적 성향은 더욱 분명히 드러난다. 스탈린은 새로운 생산관계 출현이 인간의 의식적 행위나 의지와 독립된 것으로 보는 근거를, 인간이 생산양식을 선택하는 것이 아니라는 점과 인간이 생산력 요소들을 개량할 때 그 사회적 결과를 모른다는 점에 두고 있다. 그러나 스탈린의 이런 주장은 인간이 생산양식을 선택하는 것은 아니지만, 주어진 생산양식 하에서 인간은 주체적으로 역사를 만들어 나갈 수 있는 창조적 존재라고 보는 마르크스와 엥겔스의 견해와 대립된다. 또한 인간은 특정 생산양식 하에서 생산력 요소들을 목적의식적으로 개량하고 이용할 수 있는 존재라는 점에서 스탈린의 주장은 오류이다.

이를 통해 알 수 있는 것은 스탈린은 역사적 유물론을 구조 혹은 경제 결정론적이고 이에 근거한 단선론적 발전과정으로 파악하고 있다는 점이다. 결국 스탈린은 마르크스와 엥겔스 이론에 내재하는 구조와 주체, 과학과 실천, 필연과 자유 사이의 긴장을 경제 결정론적으로 환원시켜 파악하고, 이를 소련 사회주의 건설에서 생산력 우위론의 근거로 삼고 있음을 알 수 있다. 이런 측면에서 마르쿠제의 다음과 같은 요지의 비판은 정확한 것으로 보인다. 즉 마르쿠제는 외견상으로는 마르크스의 학설에 내재하던 결정론과 주의주의적 요소가 소련에서는 레닌주의에 의해 결정론에서 주의주의에 대한 강조로 전환되고 스탈린주의로 절정에 이른 것으로 보이지만(마르쿠제, 2000 : 145), 실제로는 스탈린주의에 와서는 변증법의 법칙에 강하게 종속됨으로써 주관적 요인의 역할이 위축되었다는 요지의 비판을 했다(마르쿠제, 2000 : 149). 요컨대 스탈린의 위의 논문에서 알 수 있듯이, 소련에서는 역사적 유물론의 구조 혹은 경제 결정론적 해석에 근거함으로써 결과적으로 정치, 사회, 문화 및 사상 전반의 침체를 초래한 것이다.

제2인터내셔널 시기의 카우츠키나 룩셈부르크와 마찬가지로 스탈린에게도 구조 결정론적 입장은 자신이 집권한 소련 사회주의 국가의 정당성과 세계혁명의 정당화에 도움이 되었다. 즉 역사의 필연적 과정으로 사회주의 혁명의 도래를 과학적으로 정당화할 뿐만 아니라, 국내적으로도 생산력 우위론에 입각하여 경제발전에 국민들을 동원할 수 있는 이론적 무기로 기능할 수 있었기 때문이다. 또한 스탈린은 신생 소련의 산업화와 당과 국가 권력의 공고화 등 상당히 자신감과 낙관에 찬 시기에 경제 결정론적 이론을 전개함으로써, 카우츠키 등과 마찬가지로 주체의 실천 측면에도 상당한 고려를 할 수 있었다.

그러나 노동계급의 계급투쟁 경험의 축적을 강조한 카우츠키나 노동계급의 자발성을 강조한 룩셈부르크와 달리 스탈린은 주체로 집권한 프롤레타리아 당인 소련공산당의 역할과 임무에 더욱 강조점을 두는 차이를 보였다. 그는 자연과학적 정밀성을 가진 진보적 이론으로 무장한 프롤레타리아 당의 힘에 대해 이 논문에서 다음과 같이 규정하고 있다.

그러므로 사회의 물질적 생활조건에 영향을 미치고, 그 발전과 진보를 가속시키기 위해, 프롤레타리아 당은 사회의 물질적 생활의 발전에 대한 요구를 올바르게 반영한 사회적 이론과 관념에 의지하지 않으면 안 된다. 그럼으로써 광범한 대중을 움직일 수 있고, 동원할 수 있으며, 또한 반동세력들을 분쇄하고 진보적 세력들이 나아가야 할 길을 분명히 하고자 준비된 프롤레타리아 당이라는 거대한 군대로 조직될 수 있다(Franklin ed., 1973 : 315).

스탈린이 집단적 주체로 프롤레타리아 당의 역할과 기능을 강조한 것은 나름대로 의미가 있다고 본다. 왜냐하면 생산관계를 비롯한 사회와 나아가서는 인간의 전면적 개조를 목표로 하는 사회주의 혁명과 건설에서 전위당의 역할은 결코 경시할 수 없기 때문이다.

제2인터내셔널 시기의 구조 결정론적 입장은 혁명 시기의 성숙과 임박함에 대한 신념에서 주체의 의식화와 조직화에도 관심을 기울인 것은 당연하면서도, 구조와 주체, 과학과 실천 및 필연과 자유 사이의 긴장을 해소하는 데 기여할 가능성을 보여 준 측면에서 건설적이기도 했다. 반면에 혁명에 대한 낙관에서는 동일하지만, 이미 혁명을 통해 집권한 소련공산당의 전위적 역할과 특히 그것이 생산력 우위론적 입장에서 경제발전의 동원수단으로 이용된 점에서 문제가 발생한다. 즉 생산력 발전 우선론은 인류의 긴 역사발전 과정에 해당되는 것이지 특정 생산양식 하에서 사회발전의 전제가 될 수 없다. 왜냐하면 자본주의 생산양식 내에서 생산력 발전 그 자체만으로는 사회의 발전이 아닌 착취와 퇴보로 귀결될 수 있기 때문이다.

특정 생산양식에서 사회의 진보나 궁극적으로 더 발전된 생산양식으로의 이행은 그 속에서 살아가는 생산자 대중의 목적의식적이고 계획적인 다른 종류의 사회적 실천이 요구되기 때문이다. 이것은 생산관계의 사회주의적 개조가 완성된 초기 사회주의 국가 소련에도 똑같이 적용되어야 하는 원리이기도 하다. 즉 소련 사회 자체가 사회주의라는 하나의 역사특수적 생산양식이라면, 그 속의 진보적 사회발전은 단순한 생산력 발전 이상으로 사회적 관계와 제도들이 인간의 사회정치적인 실천으로 구축되어야 하기 때문이다. 왜냐하면 궁극적으로 인간의 노동은 스탈린의 논지와 달리 단순한 물질적 생산을 넘어서는 사회적 실천도 포함하기 때문이다.

스캔런이 지적했다시피, 소련의 마르크스주의가 시간의 흐름에도 하나의 바위처럼 동질적인 이론체계로 불변하게 존재했던 것은 아니다. 역사적 유물론

과 변증법적 유물론의 관계에 대한 스탈린의 논지와 다른 견해들도 이후
제출되었는데, 구동독의 과학 아카데미 철학연구소 소속 학자도 망라된 다수의
동독 마르크스주의 학자들에 의해 1987년 발간된 저서에서는 다음과 같은
변화를 엿볼 수 있다.

> 우리가 특별히 변증법적 유물론과 역사적 유물론을 나눠 말할 때, 변증법적
> 유물론은 마르크스-레닌주의 철학 전체(사회와 역사에 관한 일반적인 철학적
> 문제제기를 포함)를 의미하고, 역사적 유물론은 사회와 역사에 관한 유물론적
> 파악 내지 사회와 인류 역사에서 고유하게 나타나는 문제점들을 다루는 변증법
> 적 유물론 철학의 특화된 영역을 뜻하게 된다. 따라서 변증법적 유물론과 역사적
> 유물론 사이의 관계는 보편과 특수의 관계와 같다(호른 외, 1990 : 12).

스탈린이 역사적 유물론을 변증법적 유물론이 사회역사 영역으로 확장된
것으로 보는 반면, 이들은 양자의 관계를 특수와 보편의 관계로 보는 것이다.
스탈린은 양자의 관계를 전자를 후자의 확장으로 봄으로써, 결과적으로 구조
결정론 혹은 경제 결정론적으로 역사적 유물론을 해석하는 결과가 되었다.
왜냐하면 자연과학적 엄밀성을 요구하는 사회와 역사의 연구는 결국 역사적
유물론의 역사철학적 개념이 전제하는 역사의 유물론적 해석을 강조하기
때문이다.

양자의 관계를 특수와 보편의 관계로 전환시킴으로써, 자연과정과 달리
특정한 의지와 목적을 가진 주체인 인간 행위의 결과로 사회와 역사 과정을
이해하도록 한다. 따라서 역사적 과정을 경제 결정론이 아닌, 인간의 주체적이
고 실천적 역할을 구조의 발전과의 상관관계 속에서 파악하게 함으로써, "포이
에르바하에 관한 테제"와 『도이치 이데올로기』 등에서 전개된 마르크스와
엥겔스의 역사에 관한 유물론적 이해에 더욱 근접하기 때문이다.

마르크스주의 전통에서 경제 결정론적 구조중심주의가 혁명에 대한 낙관이 지배하던 시기에 출현했다면, 알튀세르의 구조주의적 마르크스주의는 혁명의 가능성과 마르크스주의 이론들에 대한 회의와 함께 등장했다.

구조주의적 마르크스주의 등장에 대해, 맥렐런은 "마르크스주의적 사상을 노동계급과 부르주아 모두가 사명에 대한 그들의 자신감을 상실하고 만 선진산업사회의 조직적이며 수동적인 속성과 조화시키고자 했다"(McLallan, 1979 : 298)고 평가한다. 맥렐런의 입장은 마르크스주의에서 구조주의적 입장의 출현을 30여 년에 걸친 냉전이 초래한 구조적 정지상태의 결과로 보는 톰슨의 부정적 평가와 일치한다(Thomposon, 1978 : 73).

또한 벤튼은 알튀세르 이론이 극복하고자 했던 것은 마르크스주의에 대한 사르트르와 메를로-퐁티의 영향이었으며(Benton, 1984 : 5), 또한 스탈린주의의 경제주의와 기술결정론의 한계를 비판하는 것이었다고 본다(Benton, 1984 : 17).

앤더슨은 알튀세르의 구조주의적 마르크스주의가 출현한 배경을 보다 명확한 형태로 마르크스주의 내부에서 사회와 역사의 구조와 주체 사이의 문제를 해결하지 못한 점에서 찾고 있다(Anderson, 1983 : 34).

알튀세르의 구조주의적 마르크스주의 등장 배경에 대한 다양한 주장을 종합하면, 결국 그것은 마르크스주의를 양분하고 있던 인간주의적 마르크스주의의 자원주의와 스탈린주의의 경제 결정론을 동시에 극복하고자 한 것이었으며, 한편으로는 냉전으로 고착된 서구 사회에서 혁명에 대한 희망이 약화되는 조건에서 이행의 과정이 아닌 현재의 상황을 초래한 구조적 인과성을 파악하려고 했던 것으로 평가된다.

벤튼은 1960~65년 사이의 논문을 모아 1965년 발행된 알튀세르의 저서 『마르크스를 위하여』를 분석한 결과 구조주의적 경향에서 제기한 핵심적 주제를 다음과 같이 요약하고 있다. 첫째, 마르크스주의는 철학적 기초에서

반드시 인간주의적이고 역사주의적이어야 하는가? 둘째, 헤겔과 마르크스의
관계는 어떠한 것인가? 셋째, 마르크스의 초기와 후기 저작들 사이의 관계는
무엇인가? 이런 초기 논문들에서 알튀세르가 구조주의적 비판의 형태로 마르크
스 사상의 가장 기본적인 범주들에 대한 철저한 개정을 시도한 것은 무엇인
가?(Benton, 1984 : 14)

알튀세르는 1967년 발행된 『마르크스를 위하여』의 영어판 서문에서 저작의
목적을 분명히 하고 있다. 즉 알튀세르는 스탈린 개인숭배 비판이 마르크스의
청년기 저작에서 이론적 정당성을 구하며, 인간주의적 이데올로기 경향을
촉발시켰다고 비판한다. 이어 그는 마르크스주의에 대한 현재의 휴머니즘적
해석은 새로운 현상이 아니고, 마르크스의 포이에르바하에 대한, 엥겔스의
뒤링에 대한 그리고 레닌의 러시아 인민당원들에 대한 각각의 투쟁에서 알
수 있듯이 관념론적·휴머니즘적 유형의 이데올로기적 해석은 노동운동사에
상존해 온 것이라고 본다(Althusser/Brewster, 1982 : 11‒2).

알튀세르는 이런 상황에서 자신의 이론적 글들이 두 가지의 '개입'을 목적으
로 한다고 선언한다. 즉 첫째로, 마르크스와 헤겔 사이의 맞부딪침의 영역에
있는 것으로, 마르크스주의 이론을 그것을 손상시키는 철학적 및 정치적 주관론
들인 경험론과 그 변종, 고전과 현대의 실용주의, 자원론, 역사주의 등과 구획선
을 긋는 것이다. 둘째, 마르크스의 청년기 저작과 『자본론』 사이의 맞부딪침의
영역으로 마르크스주의적 과학과 철학의 진정한 이론적 토대들과 마르크스주
의를 인간철학, 휴머니즘으로 해석하는 동시대 해석들이 의존하는 전前마르크
스주의적 관념론 견해 사이를 구분하는 것이다(Althusser/Brewster, 1982 : 13).

첫째로는, 알튀세르 자신이 경제주의 혹은 기술결정론으로 비판한 스탈린주
의와 함께 1956년 소련공산당 제20차 당 대회 이후 탈스탈린화로 활성화된
인간주의적 마르크스주의라는 두 측면을 동시에 비판하는 것으로 나타난다.

둘째로는, 마르크스의 초기와 후기 저작 사이의 인식론적 단절에 관한 주장으로 나타난다. 알튀세르는 자신의 스승이기도 한 바슐라르의 개념을 차용하여(Althusser/Brewster, 1982 : 32), 마르크스의 사상에서 1845년 "포이에르바하에 관한 테제'와『도이치 이데올로기』를 단절기 저작으로 하여 '인식론적 단절'이 있었다고 본다.

알튀세르는 이런 인식론적 단절의 결과 마르크스가 단절 이전의 주체, 경험주의, 이성적 본질 등을 추방하고 역사적 유물론과 변증법적 유물론이라는 역사과학과 새로운 철학을 구축했다고 주장하면서, 그 결과를 다음과 같이 요약한다.

> 그리하여 역사이론 속에서 개인/인간본질의 낡은 쌍을 (생산력, 생산관계 등의) 새로운 개념들로 대체하면서 동시에 마르크스는 사실상 '철학에 대한 새로운 관념을 제시하는 것이다. 마르크스는 관념론에서 뿐만 아니라 전마르크스주의적 유물론에서도 토대를 이루었던 과거의 가정들(주체의 경험주의/관념론, 본질의 경험주의/관념론)을 프락시스의 변증법적/역사적 유물론으로 대체한다. 즉 인간사회의 통일체의 고유한 접합들에 기초한 인간실천의 특이한 상이한 수준들(경제적 실천, 정치적 실천, 이데올로기적 실천, 과학적 실천) 사이의 접합에 대한 이론으로 대체한다(Althusser/Brewster, 1982 : 229).

알튀세르는 당시의 경험주의와 결정론 및 인간주의적 경향을 비판하기 위한 근거를 마르크스의 인식론적 단절로 나타난 후기 저작들에서 찾고 있는 것이다. 그러나 알튀세르는 연구의 경험적 절차나 경험적 통제와 경험주의를 혼동함으로써 지식 발생의 두 가지 근거인 사회적 존재와 사회적 의식의 대화와 이론적 조직화와 실제 대상과의 대화를 이해하지 못한다는 톰슨의 지적은 타당하다(Thompson, 1978 : 32). 즉 경험주의와 결정론을 거부한다는 명분으로 알튀세르는 인식과정과 실제 대상의 완전한 일치 가능성을 회의하고 과학적 담론의 정교화를 시도할 뿐이다.

이에 대해 벤튼은 알튀세르의 마르크스주의 재구조화의 핵심은 인식론과 과학철학에 있다고 정확히 간파하고 있다(Benton, 1984 : 21). 즉 알튀세르는 마르크스주의를 과학으로 규정하려고 노력하지만, 실제의 결과는 마르크스주의를 반경험주의적이고 반실증주의적인 과학철학으로 규정할 뿐인 것이다.

알튀세르의 상대주의적 인식론에 대해 톰슨은 "역사적 지식의 직접적 대상은 실제로 존재하지만, 역사적 절차들에 지속적 관심을 가져야만 알 수 있는 사실들과 증거들로 구성된다"(Thompson, 1978 : 39)라고 적절히 비판한다. 즉 이론적 조직화 과정은 실제로 운동하며 존재하고 있는 대상에 대한 경험적 연구에 의해 이루어지는 것이지, 개념들 사이의 조작의 결과일 수 없다는 것이다.

알튀세르가 경제 결정론을 비판하고, 다양한 모순들의 존재와 결합이 사회구성체를 형성한다는 것을 보여주려는 개념이 모순과 중층결정이다.

> 모순은 그것이 근거하는 사회적 몸체의 전체 구조에서 분리될 수 없고, 형식적 존재조건에서 분리될 수 없으며, 자신이 지배하는 심급들instances에서도 분리될 수 없다. 그리고 모순은, 하나의 동일한 운동 속에서 결정할 뿐 아니라 결정되기도 하는 그런 것들에서 근본적으로 영향을 받고 있고, 자신이 생명을 불어 넣은 다양한 층위들levels과 심급들에 의해 결정된다. 결국 이런 현상을 중층 결정으로 부를 수 있을 것이다(Althusser, 1982 : 101).

모순과 중층결정론에 의해 알튀세르는 사회를 경제, 정치, 이데올로기 층위들로 구성되는 총체성으로 보고(Althusser, 1982 : 231), 각 층위들은 독립성과 상대적 자율성을 갖는 것으로 본다(Althusser and Balibar, 1997 : 58). 그러나 경제 결정론에 효과적인 비판의 역할을 한 이런 주장은 토대의 우위성에 입각한 마르크스와 엥겔스의 역사적 유물론의 원칙과 일정한 긴장을 갖게 된다. 알튀세르와 발리바르는 이 점을 고려하여 '최종 심급에서 경제의 결정'론을 주장했다.

발리바르는 이 개념을 "상이한 구조들 속에서 경제는 그것이 사회구조 내의 심급들 가운데 어떤 심급이 결정적인 지위를 차지할 것인가를 결정한다는 의미에서 결정적"(Althusser and Balibar, 1997 : 224)이라고 주장한다. 즉 그들은 역사특수적 사회구성체 속에서 정치, 경제, 군사 혹은 종교적 신념과 이데올로기 등 가운데 어떤 것이 지배적인가를 결정하는 것은 결국 경제라고 주장하는 것이다. 따라서 이 개념은 봉건제와 자본제 등 특정 생산양식의 구체적 지배 구조와 논리를 파악하는 데 상당한 시사점을 준다. 그러나 이런 부분적 유효성에도 불구하고 알튀세르 주장에서 가장 큰 취약점은 정태적으로 사회를 파악할 수밖에 없다는 점이다. 즉 알튀세르는 사회를 정치, 경제 및 이데올로기 등 다양한 심급들과 층위들의 접합으로 보기 때문에, 그에 관한 과학적 연구는 일정한 시공간적 고정성을 가정해야 하기 때문이다.

톰슨이 심급이나 층위 등은 "모두 인간의 활동, 제도, 사상 등이기 때문에 독자적인 시간과 역사가 부여될 수 없다"(Thompson, 1978 : 97)고 한 비판은 알튀세르의 정태적 인식에 대한 적절한 비판으로 생각된다. 즉 알튀세르는 마르크스의 역사적 유물론을 과학으로 정립시키기 위해, 그 핵심적 본질인 인간역사 발전의 역동적인 과정에 대한 통찰력을 제한하는 결과가 된 것이다. 결과적으로 경험주의적 결정론에 대한 비판인 알튀세르의 구조주의적 입장은 자신의 비판 대상과 똑같은 정태적 인식에 봉착하고 말았다.

모순과 중층결정론이 경제 결정론에 대한 비판을 위한 알튀세르의 개념적 장치라면, 이론적 반인간주의는 인간주의에 대한 그의 비판의 무기이다. 알튀세르는 마르크스가 역사적 유물론에서 역사에 대한 새로운 이론만 아니라 새로운 철학을 제시함으로써, 역사이론 속에서 개인/인간본질의 낡은 쌍을 폐기했다고 주장한다(Althusser, 1982 : 229). 즉 그는 이론적 반인간주의를 마르크스에게서 연원하는 것으로 보면서, "우리는 오직 인간에 대한 철학적(이론적) 신화들을 잿더미로 만들면서만 인간의 어떤 것에 대해 인식할 수 있다"(Althusser, 1982 : 229)라고 선언한다. 결국 이론적 반인간주의는 알튀세르로 하여금 "역사의 주체는 주어진 인간사회"(Althusser, 1982 : 231)로 보게 한다. 이에 대해 알튀세르는 다음과 같이 상세히 언급하고 있다.

> 즉 생산관계의 구조는, 이런 기능들의 담지자들인 한에서만 그들의 위치를 차지할 뿐인, 생산의 주체들에 의해 점유되고 적용된 위치와 기능을 결정한다는 사실이다. 진정한 주체들(과정의 구성적 주체들이라는 의미에서)은 따라서 점유자나 기능인들이 아니며, 그 모든 현상들에도 불구하고 순진한 인류학의 '주어진' 명백함들이나 '구체적 개인들' 혹은 '실제 인간'이 아니다. 그것은 위치나 기능의 규정이며 분배일 뿐이다. 진정한 주체들은 이런 것들의 규정자와 분배자들이다. 즉 생산관계(그리고 정치적 및 이데올로기적 사회관계들)인 것이다. 그러나 이런 것들은 '관계'이기 때문에 주체의 범주 내에서 사유될 수 없다(Althusser and Etienne Balibar, 1997 : 180).

이처럼 알튀세르의 구조주의적 마르크스주의는 사회와 역사에서 인간의 주체성을 거부한다. 즉 알튀세르에게 인간은 단순한 구조의 담지자일 뿐이다. 이처럼 알튀세르는 인간의 주체성을 배격하고, 사회와 역사를 고정된 심급과 층위들의 집합으로 파악한다. 이렇게 함으로써 알튀세르는 사회와 역사를 이데올로기가 아닌 과학으로 파악하는 것이 가능하다고 주장한다.

마르크스와 엥겔스가 역사 연구를 살아 있는 인간 개개인에서 시작하여, 인간의 물질적 생활의 재생산 과정을 역사 발전과정으로 파악한 것은 주지의

사실이다. 이에 반해 알튀세르는 살아 있는 인간 개인들이 아닌 인간사회를
역사의 주체로 인식함으로써, 역사발전의 동력과 인간해방의 진로를 파악하는
데 한계를 보이게 된다. 과학성을 위해 인간이라는 주체를 추방한 알튀세르의
구조중심론에 대한 비판은 1967년 출간된 저서 『구체성의 변증법』에서 코지크
가 주장한 다음과 같은 경고가 아주 적절하게 문제의 본질을 보여주고 있다.

인식이 사이비 구체성을 파괴하지 않은 때, 그 결과 사이비 구체성을 구체성으
로 혼동할 때, 인식은 물신숭배적 직관의 포로가 될 것이며, '허위적 총체성'을
결과할 것이다. 그렇게 되면 사회적 현실은 서로 영향을 주고 받는 자율적인
구조들의 전체 내지 총합으로 파악된다. 주체는 사라진다. 혹은 더 정확히 말하
면 참된 주체, 즉 객관적이고 실천적 주체로서의 인간 대신에 신화화되고 물화되
고 물신화된 주체, 즉 구조들의 자율적 운동이 들어서게 된다. 유물론적으로
파악되는 총체성은 인간의 사회적 생산에 의해 형성되는 반면에, 구조주의에
있어서는 총체성이 일련의 자율적인 구조들의 상호작용에서 생겨난다(코지크,
1985 : 54).

사회를 물화된 심급과 층위들의 접합으로 보고, 역사를 주체가 없는 과정으로
인식한 알튀세르의 구조중심적 마르크스주의는 혁명에 대한 희망이 소멸되어
가던 시기의 산물이자 그의 극복을 위한 나름의 대응이기도 했다. 즉 그가
비판의 대상으로 삼았던 것은 스탈린주의의 경제주의와 기술결정론의 경직성
과 동시에 탈스탈린화로 출현한 제반의 인간주의적 마르크스주의의 관념성이
었다. 또 한편으로 제2차 세계대전 이후 장기적 성장으로 급변한 자본주의
사회는 임박한 혁명에 대한 신념을 더 이상 유지하기 힘들게 만들었다.
이런 상황에서 알튀세르는 마르크스주의의 과학화만이 탈출구를 보여 줄
수 있다고 확신했던 것으로 보인다. 그러나 알튀세르가 대안으로 제시했던

과학으로서 마르크스주의는 인간의 주체성을 추방시키고 역사의 역동적 과정 대신 물화된 구조에 대한 정태적 파악으로 귀결되었다.

제2인터내셔널 시기의 정통 마르크스주의와 스탈린주의가 혁명에 대한 낙관이 지배하던 시기 혁명의 임박성과 필연성에 대한 신념의 근거로 출현한 반면, 알튀세르의 구조주의적 마르크스주의는 정반대의 상황의 산물이었다.

이런 상황의 차이는 전자로 하여금 구조중심적 입장에도 불구하고, 주체에 대한 강조를 소홀히 할 수 없게 했다면, 후자는 주체의 추방을 통한 과학성을 강조하는 성향을 갖게 했다. 물론 알튀세르는 프랑스 공산당 소속의 마르크스주의 지식인으로, 당시 프랑스 마르크스주의에 막대한 영향력을 행사하고 있던 실존주의적 및 현상론적 마르크스주의를 비판하는 데 많은 관심을 보일 수밖에 없는 측면도 고려해야 한다. 요컨대 알튀세르에게 사르트르 등에 의해 대표되는 실존주의적 마르크스주의는 실존적 존재인 인간에 대한 관념론적 강조 이상의 어떤 것도 아니었다.

마르크스가 인식론적 단절을 통해 초기 저작들의 이데올로기적 요소를 벗어나, 인간 주체의 추방과 인간역사에 대한 과학을 정립했다는 알튀세르의 주장은 바로 이런 관념론적 경향의 극복을 목표로 했던 것으로 평가할 수 있을 것이다. 그러나 톰슨이 올바로 지적했듯이, 마르크스가 거부한 인간 혹은 인간본질은 추상화되고 총칭되는 인간 개념이었지, "계급적 방식으로 구조화된 사회 속에서, 그리고 경험적으로 관찰될 수 있는 조건 내에 있는 사회적 관계의 총체로서 인간이 아니었다"(Thompson, 1978 : 148 - 9)는 점을 상기하면 알튀세르의 주체 추방은 수용되기 힘들다.

이처럼 마르크스주의 전통 내부에 존재하는 구조중심적 입장들을 개괄해 보면, 그들의 공통적 목적이 자본주의의 몰락과 사회주의 도래의 필연성과 임박성에 대한 과학적 해명을 목적으로 한다는 사실을 알 수 있다. 그러나 혁명에 대한 희망이 고조되던 시기에는 임박한 혁명에서 실천의 주체들에 대한 관심도 무시되지 않지만, 알튀세르의 경우처럼 혁명에 대한 회의가 지배하던 시기에는 과학성을 보다 강조하고 주체를 추방 내지는 무시하는 정태적인 오류가 더욱 강화되는 경향을 알 수 있다.

제4절 주체중심적 마르크스주의들

구조중심적 입장이 과학성과 필연성을 강조하는 것이라면, 주체중심적 입장은 실천과 비판을 역사발전의 더욱 중요한 요소로 보고, 마르크스의 사상과 이론을 실천의 철학으로 해석하는 입장이다. 사회주의 혹은 마르크스주의 전통에서 주체중심적 입장은 19세기 중반 이후 이탈리아의 라브리올라(1843~1904), 프랑스의 소렐(1847~1922) 등에 의해 소박한 형태로 제시되기도 했다. 그러나 본격적인 주체중심적 입장을 체계적으로 제기한 인물은 제2인터내셔널 시기의 진화론적이고 경제 결정론적 정통 마르크스주의를 비판하면서, 러시아 혁명을 성공시킨 레닌이었다.

주지하다시피 레닌의 사상과 이론, 즉 레닌주의는 스탈린에 의해 "제국주의 시대, 즉 프롤레타리아 혁명 시기의 마르크스주의"(Stalin, 1988 : 72)로 규정되었다. 스탈린의 규정이 갖는 의미는 레닌이 마르크스 생전에 나타나지 않았던 자본주의의 모순 심화라는 조건에서 마르크스주의를 발전시켜 임박한 혁명의 성공을 위한 사상 및 이론적 지침을 제시했다는 것이다. 이처럼 레닌주의는 당위성이 아닌 현실의 당면한 과제로 등장한 사회주의 혁명과 건설에 관한 사상과 이론을 의미한다. 따라서 레닌의 사상과 이론은 당위보다는 현실이, 과학과 필연성보다는 비판과 실천이 강하게 드러날 수밖에 없다. 즉 임박한 혁명의 승리를 위해, 다양한 대립적 입장들에 대한 강력한 비판이 전면에 드러나고, 이행에 관한 당위적 신념보다는 실용적인 전략과 전술에 더욱 초점이 두어지게 된 것이다.

여기서는 레닌주의의 이런 특징들에 주목하여 사회주의 건설 시기의 스탈린의 구조중심적 마르크스 - 레닌주의와 구별하여, 그것을 주체중심적 마르크스 - 레닌주의로 규정할 것이다. 그럼으로써 마르크스 - 레닌주의가 일반적으로 소련공산당을 비롯한 집권 공산당들의 공식이념이었음을 전제하면서도, 레닌과 스탈린의 사상과 이론에 존재하는 상당한 차이를 인정할 수 있다고 보기 때문이다.[13]

19세기 말에서 20세기 초반 10여 년간 러시아의 자본주의적 산업화 진전과 이에 따른 급속한 계급분화는 사회주의 운동의 다양한 분파들을 출현하게 했다. 고양된 대중운동을 혁명으로 진전시키는 것을 목표로 했던 레닌은 무엇보다 먼저 이런 다양한 사회주의 분파들과의 이론적 및 조직적 투쟁에 나서야 했다. 임박한 혁명에 대한 신념에서 레닌은 여러 이론적 및 실천적 저작을 통해 이런 과제를 수행했다. 이로써 당시 러시아의 사회경제적 조건에 대한 연구와 함께, 마르크스 사상과 이론의 해석에서 러시아의 구체적인 대중운동의 현황과 문제점 및 당면한 조직적 및 실천적 전략, 전술 문제에 이르기까지 레닌은 폭넓은 저작들을 남기고 있다. 혁명의 임박성과 낙관적 신념은 레닌으로 하여금 이론적 및 실천적 저작들에서 당면 혁명운동에 대한 강력한 실천 및 주체 중심적 입장을 견지하도록 했다.

우선 레닌의 이론적 저작들에서 보이는 이런 경향성을 살펴보도록 하자.

---

13) 박호성은 레닌주의를 혁명(저항)이데올로기이자 통치(체제)이데올로기의 성격을 갖는 반면, 스탈린주의는 통치(체제)이데올로기라는 점에서 차이를 갖는다고 본다. 그 결과 레닌주의는 마르크스주의와 이론적 연결성이 중요한 반면, 스탈린주의와 레닌주의의 관계는 실천적 지속성이 문제가 된다고 본다. 이런 박호성의 주장은 레닌주의와 스탈린주의의 체계적 차이를 이해하는 데 중요한 통찰력을 제공할 수 있다고 평가된다. 박호성, 1991 : 75-89 참조.

레닌은 1914년 집필했다가 1918년 팸플릿 형태로 출간된 『칼 마르크스—마르크스주의 해석을 첨부한 약전 개요』에서 마르크스의 역사적 유물론은 종래의 역사이론들의 주요한 두 가지 결점을 해결했다고 평가한다. 즉 레닌은 마르크스 이전의 역사이론들이 인간의 역사적 실천을 관념적 계기를 통해 관찰의 대상으로 삼을 뿐, 사회관계를 이루는 체제 발전의 합법칙성을 추구하지 않은 점과 인민대중의 실천을 완전히 무시한 점에 한계가 있다고 주장했다(LCW 21 : 56). 이처럼 레닌은 마르크스의 역사적 유물론의 핵심을 인간의 실천적 활동에 의한 역사발전의 합법칙성 해명에서 찾고 있는 것이다.

이어서 이 글의 뒷부분에서 레닌은 "프롤레타리아트 전술에 대한 주요임무를 그의 유물변증법적 세계관의 모든 전제와 정확하게 일치시켜 규정했다"(LCW 21 : 75)고 평가한다. 레닌은 마르크스가 강조한 인간 실천이 추상적인 철학적 세계관을 넘어서 구체적인 사회주의 운동의 전술 확립의 기초로 되기도 했음을 지적하는 것이다. 실천에 대한 레닌의 강조는 역사적 유물론뿐만 아니라 변증법적 유물론의 인식론적 기초로도 중요하게 취급되고 있다. 레닌은 1908년 집필하여 이듬 해 발행한 그의 주요한 철학 저서 『유물론과 경험비판론』에서 실천을 존재론의 영역에서만 인정하고 인식론의 영역에서 추방하려는 에른스트 마하의 경험일원론을 관념론이라고 비판한다.

레닌은 "마르크스와 엥겔스는 인간의 실천이야말로 유물론적 인식론의 올바름을 증명한다고 말하고, 인식론의 근본문제를 실천의 도움 없이 해결하려는 모든 시도를 '스콜라 철학'이며 '철학적 변덕'이라고 불렀다"(LCW 14 : 139)라고 주장한다. 즉 레닌은 인간의 실천이야말로 인식의 도구이며 인식의 진리성을 검증하는 기준으로 중시한 것이다. 이처럼 실천은 레닌에게 있어 인식론과 존재론은 물론 사회혁명의 구체적 전술에 이르기까지 결정적 역할을 하게 된다.

실천에 대한 레닌의 강조는 자신의 실천적인 전략과 전술을 다루는 저작들에서 보다 분명한 형태로 나타나고, 이에 기초하여 의식과 주체의 중심성이 명확히 확인된다.

1900년대 초반의 러시아는 1895~96년 페테르부르크의 대규모 노동자 파업 이후 노동계급운동이 질적 및 양적 측면 모두에서 급속도로 성장하고 있던 시기였다. 이런 조건에서 레닌은 1902년에 발간한 『무엇을 할 것인가?』에서 경제주의와 테러주의를 모두 비판하고 러시아 노동계급운동의 당면 과제를 제시했다. 그는 이 저작에서 당시 러시아 노동운동의 현황과 한계, 투쟁 대상 및 당면 운동의 과제와 방향 및 목표를 제시하면서 강한 주체중심적 입장을 천명하게 된다. 레닌은 당시 러시아의 자연발생적 운동의 발전과 사회주의 운동세력들의 난맥상을 다음과 같이 요약하고 있다.

> 우리는 러시아 사회민주주의에서 '새로운 경향'이 범한 근본적인 오류는 대중의 자연발생성이 우리 사회민주주의자들에게 드높은 의식성을 요구한다는 것을 이해하지 못하고 대중의 자연발생성에 굴복하였다는 사실임을 확신하게 되었다. 대중의 자연발생적인 분출이 거대해질수록, 대중운동이 더욱 광범해지고 더욱 급속하게 성장할수록, 그에 못지않게 사회민주주의의 이론적·정치적·조직적 과제들에 있어서 더욱 발전된 의식성에 대한 요구도 커진다(*LCW* 5 : 396).

여기서 레닌은 당시의 러시아 상황을 대중운동의 거대한 자발적 진출과 이에 미처 따라가지 못하고 대중의 자연발생성에 추수하고 있는 사회주의자들 내부의 한계로 보고 비판한다. 레닌은 대중의 자연발생적 투쟁이 고양되는 만큼 사회주의자들은 그에 합당한 정도의 높은 의식으로 대중을 지도해야 한다고 주장했다. 당시 레닌이 비판했던 사회주의 그룹들이 나로드니키의 사회혁명당, 경제주의자들 그리고 좌우익 기회주의자들이었다는 것은 이미

주지의 사실이다. 특히 이 저작에서 레닌은 다름아닌 결정론적 경제주의와
자원론적 테러주의 모두를 비판하고 있다.

레닌은 경제주의자와 테러주의자의 공통적인 오류가 자연발생성에 기초한
것이라고 비판하면서 "경제주의자는 '순수하고 단순한 노동운동'의 자연발생
성에 굴복하는 반면, 테러주의자는 지식인들의 열정적인 비분강개의 자연발생
성에 복종"(*LCW* 5 : 418)하는 것에 차이가 있을 뿐이라고 평가한다. 즉 레닌은
자연발생성에 복종하는 것은 운동의 발전에 무익할 뿐만 아니라 종국적으로는
반동적인 결과를 초래할 것이라고 비판한다. 여기서 레닌은 혁명운동의 발전을
위해서는 과학적인 의식으로 무장하고 헌신적으로 활동하는 직업적 혁명가들
의 역할이 무엇보다 중요하다고 보는 것이다.

요컨대 레닌은 계급의식이 대중의 자연발생적 투쟁에서 얻어지는 것이
아니라, 역사발전의 합법칙성과 객관적 조건에 대한 과학적 의식을 보유한
사회주의 세력들에 의하여 노동계급에게 외부에서 주입되는 것으로 본다.

계급의 정치의식은 오직 외부에서, 즉 경제투쟁의 외부에서, 노동자와 사용자
관계의 영역 밖에서 노동자들에게 가져다 줄 수 있는 것이다. 정치적 지식을
획득할 수 있는 유일한 영역은 모든 계급과 계층이 정부와 국가에 대해 맺고
있는 관계, 그리고 모든 계급들 사이의 상호관계라는 영역이다. 따라서 노동자들
에게 정치적 지식을 가져다주기 위해서 무엇을 해야 하는가라는 문제에 대해,
대다수 경우 경제주의에 경도된 실제적인 활동가들이 스스로 만족스러워 하며
"노동자들 속으로 들어가라"고 말하는 것은 그 대답이 될 수 없다. 정치적 지식
을 노동자들에게 가져다주기 위해 사회민주주의자들은 모든 계급 속으로 들어가
야 한다. 그리고 모든 방향으로 단위부대들을 배치해야 한다(*LCW* 5 : 422).

레닌에 따르면 노동자들의 자연발생적 투쟁은 노동조합 의식을 낳을 뿐

사회주의적 의식으로 자연성장하지 못한다는 것이다. 사회주의자들은 노동자가 처한 위치와 처지를 파악할 수 있도록 노동자들 속으로가 아니라 국가와 사회의 전반적 사정에 대해 이해해야 하고 노동자들의 해방을 위한 진로까지 과학적으로 탐구해야 한다는 점을 강조한다. 이런 레닌의 주장에는 강력한 목적의식성에 대한 강조가 잘 드러날 뿐만 아니라, 대중과 지도의 관계에 대한 실천 혹은 주체 중심적 입장이 강조되고 있다. 즉 자연발생성에 대한 레닌의 비판은 노동자계급은 물론이고 사회의 다른 진보적 세력 일반에 대한 목적의식적 지도와 이를 위한 강력한 전국적 정치조직의 건설을 필요로 하기 때문이다.

레닌은 노동조합으로 대표되는 노동자조직과 정치조직 사이의 차이에 대해 강조하면서, "나는 정치혁명을 '불러일으키는' 데 본질적인 요소의 하나인 혁명가 조직을 염두에 두고 있다"(*LCW* 5 : 452)라고 선언한다. 이런 직업적 혁명가들의 조직 구성원들의 특징은 "전문적 직업과 지적 직업의 차이는 물론이고 노동자와 지식인 사이에 있는 모든 차이도 반드시 제거"(*LCW* 5 : 452)되어야 한다고 강조한다. 즉 레닌은 전업적인 직업적 혁명가들로 구성되는 전위당이 정치혁명을 지도해야만 한다는 점을 강조하는 것이다.

이런 전국적인 정치조직을 건설하는 과정에서 건축 공사장의 비계와 같은 역할을 하는 것은 전국적인 정치신문이라고 보고, 이런 신문의 성격을 "하나의 집단적 선전가와 선동가이자 집단적 조직가이기도 하다"(*LCW* 5 : 502)고 강조한다.

이런 레닌의 구상 속에는 객관적 상황의 제약이나 대중의 자연발생적 투쟁의 발전 자체가 아니라, 목적의식적으로 혁명을 구상하고 조직하며 지도하는 사회주의적 전위당의 지도적 역할에 큰 비중을 둔다는 사실을 엿볼 수 있다.

물론 레닌이 대중투쟁의 자연발생적 성장을 폄하하거나 하찮은 것으로 치부하는 것은 아니라는 사실은 명백하다. 다만 레닌은 이 저작에서 러시아의 급성장한 대중의 자연발생적 진출을 따라잡지 못하고, 이를 추수할 뿐인 러시아 사회주의의 온갖 기회주의 분파들의 비판에 초점을 맞추었을 뿐이다. 사실 이 저작의 곳곳에서 레닌은 대중의 자연발생적 진출의 의의와 노동조합을 비롯한 광범한 대중조직들의 긍정적인 역할에 대해 말하고 있기도 하다.

스탈린의 규정처럼 자본주의의 제국주의 단계로의 발전과 프롤레타리아트 혁명의 시기 마르크스주의자인 레닌은 임박한 혁명의 수행을 위한 많은 이론적 및 실천적 저작들을 남겨 놓았다. 레닌은 마르크스와 엥겔스의 사상과 이론을 변화된 시대의 조건에 맞추어 그 진수를 재해석하고, 구체적인 혁명 수행의 전략 및 전술에 이르기까지 광범위한 영역에 걸쳐 관심을 가졌던 것이다.

이런 레닌의 저작들 전반을 개괄해 본 결과, 혁명의 임박성과 성공 가능성에 대한 신념이 고조되고, 실제 대중투쟁들이 급성장한 조건에서 레닌의 사상과 이론들은 거의 공통적으로 실천과 의식성 및 주체의 측면에 초점을 맞추고 있음을 알 수 있다. 물론 레닌은 이미 1899년 『러시아의 자본주의의 발전』(LCW 4)이라는 대작에서 많은 구체적이고 실증적 자료들을 분석한 결과 이미 러시아 에서 자본주의 생산양식이 확립되었다고 결론지은 바 있다. 이 저작은 러시아 사회주의 세력들 가운데 러시아의 후진성과 특수성에 기초하여 노동자계급이 아닌 러시아의 전통적 농민공동체 미르에 기반한 혁명을 주장한 나로드니키 일파에 대한 비판과 당면한 러시아 혁명에서 노동자계급의 중심성을 강조하기 위한 것이었다.

다른 한편으로 레닌에게 있어 이 저작이 갖는 의의는 자신의 주체중심적 입장의 객관적이고 물질적 기반이 되기도 하는 것이었다. 즉 후진성에도 불구하 고 이미 확립된 자본주의 생산양식을 지배적인 우클라드로 하는 러시아에서 레닌은 전위당의 목적의식적 지도와 자연발생적인 대중운동을 결합시키는 방식의 전략과 전술을 구사할 수 있게 되었기 때문이다.

혁명의 고양기 주체중심적인 마르크스 - 레닌주의인 레닌의 사상과 이론은 이처럼 후진적인 자본주의 생산양식이라는 구조가 전제가 되어 비로소 전개될 수 있었다는 의미이다. 이로써 혁명의 고양기 주체중심적 마르크스주의는 상대적으로 구조에 대한 강조가 적기는 하지만, 일정한 구조의 존재를 전제로 하고 전개된다는 잠정적 가설이 성립될 수 있다고 본다.

마르크스주의 전통에서 주체중심적 입장은, 레닌의 경우처럼 혁명 고양기보다는 혁명의 쇠퇴기 혹은 혁명의 실패 이후, 더욱 다양한 모습으로 나타나는 것이 일반적이었다. 이른바 서구 마르크스주의자로 통칭되는 일군의 마르크스주의자들이 이 경우에 속한다.

앤더슨에 따르면 서구 마르크스주의가 하나의 세력으로 등장한 것은 제2차 세계대전 이후였다(앤더슨, 1990 : 44). 그러나 앤더슨도 지적했듯이, 그 기원은 양차 세계대전 사이에 루카치, 코르쉬, 그람시 등을 창시자로 한다. 그들은 이전의 정통 마르크스주의와 구별되는 새로운 이론유형을 채택하게 된다. 즉 창시자들은 나름대로 각국의 당내에서 중요한 정치적 지위를 차지하고 대중투쟁에도 참여하는 등 전통적인 마르크스의 이론과 실천의 통일이라는 원칙을 견지했지만, 그럼에도 서구 마르크스주의는 1918~1968년 사이 서유럽을 중심으로 "마르크스주의가 정치적 실천에서 구조적으로 분리되었다는" 점이 가장 근본적 특징이었다고 본다(앤더슨, 1990 : 50).

1923년 독일의 프랑크푸르트 사회연구소의 개소와 1930년 호르크하이머의 소장 취임을 거치면서, 프랑크푸르트학파가 형성되어 정치적 실천과 분리, 역사적 유물론의 재해석 및 프로이트 등 서구 부르주아 철학의 성과와 결합 등 창시자들과는 다른 경향이 지배하게 되었다.

앤더슨이 정치적 실천과 이론의 분리를 서구 마르크스주의가 지닌 근본

특성으로 보는 것과 달리, 라라인은 앤더슨의 입장에 반대하면서, "서구 마르크스주의 발전의 특징은 이론과 실천의 관계 부재라기보다는 실천과 연관되는 특정한 형태이다"(Larrain, 1986 : 2)라고 주장한다. 즉 라라인은 서구 노동자운동이 복지국가 안의 개량운동에 머문 점이 서구 마르크스주의자에게 포섭을 위한 이데올로기와 문화적 특징에 관심을 갖게 했고, 제3세계의 성공적인 노동계급 혁명은 서구 마르크스주의자에게 무한한 가치가 있는 새로운 경험과 사상을 제공했다고 보는 것이다(Larrain, 1986 : 3).

앤더슨이 서구 마르크스주의가 지닌 일반적 내용을 강조하는 것이라면, 라라인의 주장은 그 이론적 내용의 형성 배경에 초점을 맞춘 것으로 이해된다. 그러나 서구 마르크스주의가 형성된 서유럽 지역의 실천적 지형의 왜곡과 이로 인한 서구 마르크스주의 전반의 자신감 상실은 부인할 수 없을 것이다. 또한 서구 마르크스주의 창시자로 거론된 루카치 등도, 앤더슨의 지적처럼 대중투쟁 경험과 정당 조직생활을 거친 것은 분명하지만, 그들 모두가 실패한 혁명을 경험했다는 점에서 혁명에 대한 희망과 신념보다는 좌절의 흔적이 더욱 짙게 남아 있을 수밖에 없다고 보아야 할 것이다.[14] 이런 점을 고려한다면, 그들을 혁명의 퇴조기의 주체중심적 마르크스주의자로 규정하는 데 무리가 없다고 본다.

일반적 경우와 마찬가지로 서구 마르크스주의 창시자들이 직면했던 정치사회적 상황은 그들의 이론적 입장 형성에 가장 큰 영향을 미쳤다. 제1차 세계대전

---

14) 루카치Georg Lukács(1885~1971)는 1918년 헝가리 공산당에 입당, 1919년 단명했던 헝가리 소비에트공화국의 교육상을 지낸 후, 혁명 실패 이후 비엔나로 망명했다가, 1921년 모스크바로 갔다. 코르쉬Karl Korsch(1886~1961)는 1917년 독일 독립사회당에 입당했다가 1920년에는 독일 공산당(KPD)의 창당에 참가했다. 독일 공산당 내에서도 극좌파였던 그는 1926년 당에서 제명된 후 1933년 미국으로 망명했다. 그람시Antonio Gramsci(1891~1937)는 1918년까지 이탈리아 사회당(PSI) 당원으로 활동하다가 1919~20년 토리노Turin의 공장평의회 운동에서 핵심적 역할을 수행했다. 1921년 이탈리아 공산당(PCI)의 창당에 참여하여 1924년에는 당의 주도적 이론가가 되었다. 1926년 투옥된 이후 1937년 옥사했다.

의 종전과 1918~23년의 중동부 유럽 혁명운동의 실패, 1924년 이후 자본주의 경제의 상대적 안정기 돌입은 이들로 하여금 전통적인 마르크스주의에 대한 회의와 재검토를 요구했다.

가장 큰 회의와 비판의 대상이 된 이론은 제2인터내셔널의 정통 마르크스주의가 견지했던 경제 결정론과 진화론적이고 기계론적 사고였다. 이미 앞 절에서 살펴보았듯이, 이런 구조중심적인 결정론은 자본주의의 필연적 붕괴 등 제2인터내셔널 마르크스주의자들의 혁명적 신념을 정당화하는 강력한 수단이었다. 따라서 자신들이 몸소 체험한 혁명의 좌절 앞에서 루카치 등이 이런 이론적 경향을 수용할 수 없었던 것은 당연한 일이었다.

루카치와 코르쉬가 경제 결정론적 마르크스주의에 반대하는 비판에 동원한 이론적 도구는 헤겔의 철학이었다. 루카치는 1923년 간행된 자신의 저서 『역사와 계급의식』 서문에서 "그러나 구체적·역사적인 변증법의 문제는, 이 방법의 정초자 헤겔, 그리고 헤겔과 마르크스와의 연관에 대해 한층 자세하게 접근하지 않고는 그 논의마저 불가능하다"(루카치, 1997 : 54‐5)고 단언했다. 이어 그는 과학성이라는 명분으로 변증법을 배제해 버리는 경향에 대한 비판적 입장을 보여준다.

코르쉬도 1923년 출판한 자신의 대표작 『마르크스주의와 철학』의 첫머리에 마르크스주의자들이 독일 고전철학의 유산 상속에 긍지를 가졌던 마르크스와 엥겔스와 달리 철학에 관심을 갖지 않는 현상을 지적하며, "사실 많은 후기 마르크시스트들은 그 스승들의 교시에 대한 외견상 매우 정통적인 추종 속에서, 헤겔 철학뿐만 아니라 철학 전체를 바로 그와 같은 난폭한 방식으로 다루었다"(코르쉬, 1986 : 33)고 비판했다. 코르쉬 역시 마르크스주의자들이 유물론의 충실한 계승을 명분으로 변증법을 비롯한 진지한 철학적 사유를 경시함으로써, 기계적이고 형이상학적 사고에 빠져 있었다고 비판한 것이다. 이처럼 그들은 헤겔 철학에 대한 관심을 통해 제2인터내셔널의 이른바 정통 마르크스주의가 견지했던 과학성, 구조 혹은 경제 결정론적 사고를 비판했음을 알 수 있다.

루카치는 마르크스주의 정통성은 마르크스의 개별 주장들에 대한 승인이 아닌 그 방법에 있다고 주장한다.

> 마르크스주의의 문제에서 정통성이란 오로지 방법에 관련된다. 정통성은 변증법적 마르크스주의에서 올바른 연구방법이 발견되었으며, 오직 그 창시자들(마르크스와 엥겔스)의 정신을 따랐을 때만 이 방법이 확장·확대·심화될 수 있다는 과학적 확신이다. 또한 그 방법을 극복하거나 '개선'하려는 시도는 결국 천박화·진부함·절충주의로 귀착되어 왔고, 또 그럴 수밖에 없었다는 과학적 확신이다(루카치, 1997 : 64).

그렇다면 루카치가 정통의 기준으로 주장하는 변증법적 방법이란 무엇인가? 루카치는 형이상학적 고찰이 그 대상을 정태적인 것으로 보고 관조에 머무는 반면, 변증법적 방법은 현실의 변혁이 중심문제가 된다고 본다(루카치, 1997 : 67). 루카치는 이런 전제에서 엥겔스가 『반뒤링론』에서 개념의 유동성만을 말할 뿐 "역사과정에서 주체와 객체의 변증법적 관계라는 가장 본질적인 상호작용을 방법론적 고찰의 중심—그것에 합당한 지점—에 끌어넣기는커녕 언급조차 하지 않았다"(루카치, 1997 : 66 - 7)고 비판한다. 즉 루카치는 방법과 현실, 사유와 존재의 분리가 불가능하다는 입장으로, 결국 변증법이란 자연인식에는 적용되지 않는 사회, 역사적 대상에만 국한된다는 인식이다.

루카치 자신이 이 저서의 1967년 서문에서 고백하듯이, 엥겔스의 실천 자체를 추상적·관념론적으로 생각한 데서 기인한 오류이다(루카치, 1997 : 24 - 5). 즉 엥겔스의 자연 변증법을 부정하는 것은 기계적 유물론과 변증법적 유물론의 차이를 인식하지 못한 것이기 때문이다. 그렇다면 당시 루카치가 이런 이론적 오류를 범하면서까지 헤겔의 관념론적인 주·객의 변증법에 강력히 경도되었던 이유는 무엇인가? 그것은 바로 베른슈타인에 대한 비판에서 드러나듯이 자연성 장성 등 진화론적이고 경제 결정론적인 연속적 발전 개념을 비판하기 위한 것이었다. 총체성에 대한 루카치의 강조15)는 이를 잘 보여준다.

사회생활의 개개 사실을 역사 발전의 계기로 총체적으로 통합시켜 파악할 때, 사실에 대한 인식은 비로소 현실 인식이 될 수 있다. 이런 인식은 특정하고 단순하며, (자본주의 세계 속에서) 순수하고 직접적인 자연 규정에서 출발하여 구체적 총체성의 인식, 곧 현실의 사고 재생산으로 나아간다. 이 구체적 총체성은 결코 직접적으로 사고에 주어지지 않는다(루카치, 1997 : 74).

루카치는 변증법적 방법이란 바로 총체성을 파악하는 것으로, 역사를 통일적 과정으로 파악하는 것이라고 본다. 나아가 루카치는 이런 마르크스주의적 방법, 즉 유물변증법은 프롤레타리아트의 계급적 입장에서만 발생할 수 있다고 주장한다. 루카치에 따르면, 프롤레타리아트는 현실 인식의 주체이자 과정에 개입하고 변형되는 객체이기도 한 존재이기 때문이다(루카치, 1997 : 92 - 3). 이로써 루카치가 난해하고 또한 훗날 자신의 자기비판에서 오류를 인정하게 되는 잘못된 이해에 기반하여 확립하려 했던 것은 다름아닌 주체이자 동시에 객체이기도 한 프롤레타리아트의 중심성이었음을 알 수 있다.

실천과 주체에 대한 루카치의 강조를 엿볼 수 있는 또다른 부분은 룩셈부르크의 저작 『자본축적론』과 그녀의 투쟁적 삶에 대한 높은 평가이다. 루카치는

---

15) 루카치는 이 책의 "제2장 마르크스주의자 로자 룩셈부르크"를 다음과 같이 시작하고 있다. "마르크스주의를 부르주아 과학과 결정적으로 구분짓는 것은 역사의 설명에서 경제적 동인을 우위에 둔다는 점이 아니라, 오히려 총체성의 관점을 취한다는 점이다. 총체성이라는 범주, 곧 부분에 대한 전체의 전면적이고도 결정적인 지배는 마르크스가 헤겔에서 물려받아 완전히 새로운 과학의 토대로 독창적으로 변형시켰던 그 방법의 본질이다."(루카치, 1997 : 99)

룩셈부르크의 『자본축적론』을 베른슈타인에 의해 최초의 마르크스주의의
천박화가 일어난 이후 총체성의 문제를 다시 제기한 것이라고 평가한다. 루카치
는 이 저작을 이른바 '객관적이고 엄밀한 과학을 명분으로 총체성으로 파악하
지 않는 기회주의적 사회민주당 전체에 대한 이론적 투쟁의 산물이라고 주장한
다(루카치, 1997 : 103 - 4). 루카치는 룩셈부르크의 이 저작을 레닌의 『국가와
혁명』과 더불어 마르크스주의의 이론적 재생의 발단으로 평가하면서, 그것들
이 마르크스와 헤겔의 서술적·방법론적 전통과 결합되어 있기 때문이라고
했다(루카치, 1997 : 110 - 1).

    루카치는 룩셈부르크의 『자본축적론』의 의의를 무제한적 자본축적의 불가
능성을 변증법적 확신으로 발전시키고 이에 기초하여 제국주의, 세계대전
및 세계혁명의 필연성을 해명함으로써, 그에 겁먹은 바우어 등 중앙파 마르크스
주의자들이 경제적·이데올로기적으로 자본주의에 투항하게 한 것에 있다고
평가한다(루카치, 1997 : 112 - 4). 즉 루카치는 그녀의 저술이 갖는 가치를 이론
내부의 엄격한 분석과 사실 타당성에서 찾기보다는 경제적 숙명론이나 소부르
주아적 사회주의자들의 정체를 폭로한 실용성에서 찾고 있다.

    앞 절에서 살펴보았듯이, 룩셈부르크의 이 저작은 자본축적 과정에서 필연적
인 과소소비 경향성과 이의 해소를 위해 팽창해야 하는 외국의 비자본제적
자연경제(식민지)의 부족과 국내의 비자본제적 자연경제(농촌 등)의 고갈로
인한 자본주의 필연적 붕괴라는 공식으로 이어지는 대표적인 구조 결정론적
저서이다. 즉 룩셈부르크는 확대재생산의 가변자본 불변성을 전제하고 시장의
외연적 확대만 인정하고 내포적 심화에 의한 실질적 확대를 인정하지 않는
등 잘못된 전제에 입각한 결정론을 전개하고 있음을 확인할 수 있었다. 그럼에도
루카치가 이 저작을 경제적 숙명론에 대한 공격 등 실용적 가치에 입각하여
높이 평가한다는 것은 역으로 루카치가 변증법의 가치 기준을 실용성에 두고

있는 것은 아닌가 하는 의심이 들게 한다. 즉 루카치는 자연변증법을 부정하는
오류를 범한 것과 마찬가지로, 자본축적 과정의 객관적 과정에 대한 과학적
이해보다도 목적론적 실용성에 평가의 기준을 두는 주관주의적 편향을 보이고
있다는 것이다.

룩셈부르크의 "사회개량이냐 혁명이냐"에 대한 다음과 같은 루카치의 높은
평가는 이런 추측의 타당성을 더욱 강화시켜 주는 예가 된다.

> 베른슈타인에 대한 최초의 논쟁에서 이미 그녀는 프롤레타리아트에 의한 국
> 가권력의 '때이른' 장악을 불가피한 것이라고 주장했다. 바로 이것(프롤레타리아
> 트에 의한 때이른 권력장악)에서 생겨나 이것을 두려워하는, 혁명에 대한 기회주
> 의적인 불신을 폭로했다. "사회는 기계적으로 발전한다는 가정에서 출발해 계급
> 투쟁의 밖에서 그것과는 무관하게 정해진 어떤 시점을 계급투쟁의 승리를 위한
> 전제라고 주장하는 정치적인 배리背理"를 폭로한 것이다. 이러한 환상 없는 확신
> 이 프롤레타리아트 해방을 위한 룩셈부르크의 투쟁에서 그녀를 이끌어갔다(루카
> 치, 1997 : 122).

전체적으로 평가한다면, 루카치는 제2인터내셔널의 진화론적이고 결정론적
입장을 기회주의로 탄핵하고, 실천과 주체 중심의 마르크스주의를 확립하고자
했다. 이것은 한편으로는 혁명의 실패에 따른 한 마르크스주의자의 성찰의
결과이자 혁명에 대한 새로운 희망을 만들어내려는 노력으로도 평가할 수
있을 것이다. 그러나 루카치의 이런 실천 및 주체 중심적 입장은 자연변증법을
부정하는 그의 존재론적 및 인식론적 한계로 인해 상당히 편향된 주관주의적이
고 실용주의적 주장을 낳게 되었다.

코르쉬도 루카치와 마찬가지로 헤겔 철학을 제2인터내셔널의 이른바 정통
마르크스주의자들에 대한 비판의 무기로 삼는다. 코르쉬는 마르크스와 엥겔스

가 철학의 폐기를 선언한 것은 그 이름의 폐기가 그 자체의 폐기를 의미하는
것은 아니라면서, 마르크스와 철학의 관계를 논의하면서 이런 순수 어법적인
관점은 배격해야 한다고 주장한다(코르쉬, 1986 : 50‒2). 그는 철학을 다음과
같이 정의한다.

이러한 식으로 '계급에 의해 결정'되면서, 동시에 그 '물질적·경제적 토대'에서
멀리 떨어져 있는 상부구조의 한 부분이 해당 계급의 철학이다. 이것은 철학의
내용에 관해서 볼 때 가장 명백하다. 그러나 이는 최종적인 철학의 형태적 측면
에 또한 적용된다(코르쉬, 1986 : 38-9).

코르쉬는 이런 성격을 갖는 철학을 계급적 현실의 이론적 표현으로, 각각의
계급적 현실의 변화와 동일한 궤적을 갖는 것으로 본다. 따라서 그는 마르크스주
의에서 철학의 폐기라는 것은 국가의 폐기처럼 지난하고 복잡한 과정을 갖는
것으로 보아야 한다고 주장한다. 그럼에도 그가 보기에 속류 마르크스주의자들
일 뿐인 제2인터내셔널의 이른바 정통 마르크스주의자들이 철학에 관심을
갖지 않는 이유를 추적해간다.

코르쉬는 변증법적 방법을 마르크스주의 전개과정에도 적용시켜야 한다고
전제하며, "우리는 마르크시스트 이론의 변화·발전·수정이 역사적·사회적
과정의 총체에 의해 결정"(코르쉬, 1986 : 56)되고 이 총체의 일반적 표현이라는
점을 이해해야 한다고 주장한다. 이에 따라 사회발전의 맥락에 따라 마르크스주
의 역사를 1843~1848년, 1848~19세기 말, 그리고 20세기 이후의 세 단계로
구분한다(코르쉬, 1986 : 57).

첫 번째 단계는, 마르크스와 엥겔스가 총체적으로 파악·이해한 사회발전의
이론, 즉 사회혁명 이론인 마르크스주의 단계이다.

두 번째 단계에서는 마르크스주의 후계자들에 의해 마르크스주의의 사회혁

명 이론이 추상적이며 아무런 실천적 결과도 지니지 않는 순수과학적 관찰들로
분해되어 버리는 단계이다.

세 번째 단계에 와서는, 사회혁명의 문제가 핵심적 차원에서 다시 현실적
문제로 복귀하게 된다.

코르쉬는 제2인터내셔널의 대다수 마르크스주의 이론가들이 철학적 문제를
소홀히 한 것은 "후계자들의 속류 마르크시즘에서 변증법적 유물론의 살아
있는 원리가 동시적으로 쇠퇴한 것 속에 그 일반적 표현을 발견한, 마르크시스트
운동이 지닌 실천적·혁명적 성격의 상실"(코르쉬, 1986 : 69)을 보여주는 것이라
고 비판한다.

코르쉬는 당시 프롤레타리아트 혁명의 전야라는 조건에서 이데올로기와
혁명의 문제를 무시하는 것은, 제2인터내셔널 시기 국가와 혁명 문제를 회피한
것과 같은 결과, 즉 기회주의와 마르크스주의 진영 내부의 위기를 초래할
것이라고 경고한다(코르쉬, 1986 : 71). 특히 코르쉬는 이데올로기의 역할을 중시
하면서, 의식과 실재의 일치가 마르크스의 변증법적 유물론을 포함한 모든
변증법의 특징이라고 강조한다. 이로부터 코르쉬는 마르크스의 "포이에르바하
에 관한 11번 테제"를 강조하면서 다음과 같은 결론을 제시한다.

이것은 후계자들이 상상하는 바와 같이 모든 철학이 단지 환상임을 의미하지
않는다. 그것은 단지 동시에 실천이 아닌─즉 현실적인, 지상의, 차안此岸적인,
인간적인, 현세적인 실천, 그리고 기본적으로 자기 자신을 파악할 뿐인 철학적
이념의 사변적 활동과는 전혀 다른, 그러한 실천이 아닌 철학적이거나 과학적인
모든 이론에 대한 명백한 배격을 표현하고 있을 뿐이다. 여기서 이론적 비판과
실천적 전복은, 어떠한 추상적인 의미가 아니라 부르주아 사회에 실재하는 현실
적인 세계에 대한 구체적이고 실재적인 변혁으로서 상호 분리불가능한 활동이
다. 이것이 마르크스와 엥겔스의 과학적 사회주의가 담고 있는 새로운 유물론적

원리의 가장 정확한 표현이다(코르쉬, 1986 : 95-6).

　요약하자면 코르쉬는 마르크스가 폐기를 선언한 것은 철학 일반이 아닌 현실과 유리된 관념론 철학이라고 주장하는 것이다. 코르쉬는 결국 제2인터내셔널 이론가들의 결정론적이고 목적론적인 견해는 세계를 총체로 파악하는 변증법적 방법에 입각하지 않고, 이론과 실재의 일치를 인정하지 않는 비철학적인 태도에서 유래하는 것으로 본다. 코르쉬의 주장 방식은 루카치에 비해 더 철학적 논의의 형태를 취하고 더 간접적이기는 하지만, 경제 결정론적이고 진화론적인 제2인터내셔널 이론가들에 비판을 가하는 점은 동일하다. 특히 코르쉬는 의식이 갖는 실재성을 강조함으로써 이른바 정통 마르크스주의자들의 속류 유물론적 입장을 비판한다. 또한 코르쉬는 모든 의식형태는 이론 속에서 비판되고 실천 속에서 전복되어야 하는 객관적 세계의 구성소라고 강조함으로써, 이론투쟁의 역할을 중시한다.

　코르쉬의 주장은 루카치에 비해 보다 철학적이고 간접적인 방식을 취함으로써, 자연변증법의 부정이나 인식에 관한 오해 등이 직접 드러나지는 않는다. 그러나 자세히 검토해 보면, 코르쉬도 역사적 유물론과 변증법적 유물론의 핵심적 내용에 대한 이해에서 문제점을 갖고 있다. 코르쉬는 마르크스와 엥겔스가 사유에 대한 실재 대상의 선재성을 인정했다는 사실을 수용하면서도, "그럼에도 불구하고 그들의 모든 생애를 통하여, 그들은 직접적으로 주어진 실재에 대한 사유, 관찰, 지각 그리고 이해를 마치 그 자체가 직접적으로 주어진 독립적 정수를 가진 것처럼 이 실재와 병립시키는 비변증법적 접근을 배격했다"(코르쉬, 1986 : 92)고 주장한다.

　엥겔스는 사유와 존재의 동일성, 즉 대상 세계에 대한 인간의 인식 가능성을 인정할 때도 실천을 통한 대상의 진리에 대한 상향적 접근을 인정했다. 이

점에서 인식론적 과정에 대한 코르쉬의 설명은 분명히 올바르다. 즉 마르크스와 엥겔스는 대상이 사유에 반영되는 과정을 소극적이고 무매개적인 것으로 보는 것은 아니었기 때문이다.

그러나 코르쉬는 존재론의 문제를 인식론적인 문제와 혼동하고 있다. 마르크스와 엥겔스는 역사적 유물론이나 변증법적 유물론의 출발점을 항상 정신과 의식에 대한 물질과 존재의 선차성과 외재성에 있는 것으로 보았기 때문이다. 따라서 코르쉬가 의식을 객관적 세계의 구성소로 본 것은 분명 올바른 것이지만, 이는 대상적 진리에 대한 불완전한 의식이라는 점에서 여전히 대상의 존재론적 우위성은 인정되어야 한다. 따라서 코르쉬는 제2인터내셔널 이론가들의 경제결정론이나 진화론적 입장을 비판하기 위해, 의식과 실재의 동일성을 무매개적이고 직접적인 것으로 보는 인식론적 오류를 범하고 있는 것이다.

그람시는 루카치와 코르쉬와는 달리 철학 특히 헤겔의 사상에 기초하지 않고 정치와 문화 특히 역사를 강조하면서 실천철학이라는 개념으로 경제결정론적 마르크스주의를 비판하고 있다. 주지하다시피 그람시의 이론적 업적은 1926년 투옥된 이후 작성된 원고들로 편집된『옥중수고』이다. 이 가운데는 러시아 혁명의 성공과 달리 중서부 유럽의 선진 자본주의 국가들의 혁명 실패의 원인과 향후 발전 대안을 모색한 국가와 시민사회에 관한 논의도 포함되어 있다. 또한 자연발생성이나 구조 혹은 경제 결정론적 입장과 달리 적극적인 혁명의 추진을 위한 정당의 역할을 강조하는 현대의 군주론도 많은 관심의 대상이 되었다. 이 글에서는『옥중수고』가운데서도 철학에 관한 부분을 중심으로 그람시의 주체중심적 입장을 확인해보고자 한다.

그람시는 실천철학에서 나타나는 기계론, 숙명론, 도식주의적 요소 등이 역사적으로 정당화되고 필연화되는 근거에 대해 다음과 같이 말하고 있다.

투쟁에서 주도권을 놓치고 결국 연이은 패배로 귀착할 때, 기계적 결정론은 엄청난 힘을 가진 도덕적 저항, 결집력, 인내력 및 완고한 참을성으로 화하게 된다. 즉 '내가 일시적으로 패배는 했지만 긴 안목을 가지고 볼 때는 역사의 조류가 내 편으로 밀려 올 것이다'고 말하게 된다. 다시 말해 현실적 소망에 불과한 것이 역사적 합리성을 반영하는 행위로 바뀌고, 참회 신앙의 예정조화설이나 섭리를 대신하는 열렬한 목적론의 원시적·경험적 형식 속에서 신념에 찬 행위로 탈바꿈하고 만다. 그러나 강조해야 할 점은 의지의 힘찬 활동은 지금 바로 여기서부터이며, '상황의 추세'에 직접 개입하되 암암리에 마치 수줍음 타듯이 작용할 뿐이라는 것이다(그람시, 2004[2] : 177-8).

결정론에 대한 예리한 그람시의 이런 분석과 비판은 철학 일반의 문제를 다룬 것으로 제2 인터내셔널 이론가들을 직접 겨냥한 비판이 아닌 것은 사실이다. 이 저작의 뒷부분에서 그람시가 역사와 반역사 사이의 당시의 논쟁을 언급하면서, 19세기 말 자연주의와 실증주의 논쟁을 거론하는 데서 알 수 있다(그람시, 2004[2] : 219). 그러나 이런 비판은 이른바 정통 마르크스주의의 기계적 진화론과 결정론에 대한 비판을 염두에 두고 있는 것이다.

그람시는 이론과 실천의 통일을 강조하면서, "이론과 실천의 통합은 비판적인 행위이며, 이를 통해서 실천은 이성적이고 필연적인 것으로, 이론은 실제적이고 합리적인 것으로 판명된다. 이론과 실천의 통일이란 문제는 특히 소위 역사적 이행기에, 다시 말해서 변혁운동이 가장 급속히 일어나는 국면에서 제기되는 것이다"(그람시, 2004[2] : 214)라고 정의한다. 즉 그람시는 이론과 실천이라는 문제를 일반 철학적 접근보다는 사회혁명의 차원에서 강조하고 있음을 알 수 있다.

나아가서 그람시는 관념론이 야기하는 유아론과 기계론적 입장을 동시에 피하기 위해, 역사주의적 입장에서 접근할 것을 주장한다. 궁극적으로는 정치활동과 실천활동으로 나타나는 의지를 철학의 기초로 삼아야 한다고 본다. 즉 "의지는 결코 자의적인 것이 아니라 합리적인 것이며, 이것은 오직 객관적인 역사적 필연성에 일치하는 한에서, 달리 말해서 진보적 현실화의 계기 속에서 보편적 역사 자체인 한에서 실현될 수 있다"(그람시, 2004[2] : 189)고 주장한다. 그람시는 의지로 표현되는 자유를 필연성에 대한 인식으로 보고 있음을 알 수 있다. 즉 그람시는 자유와 필연의 변증법을 인식하고 이를 창조적 철학의 특징으로 인정하고 있는 것이다.

이런 그람시의 사상은 안토니오 라브리올라를 "실천철학을 과학적으로 구축하려고 시도한 유일한 인물"이라고 높이 평가하는 가운데 잘 드러난다 (그람시, 2004[2] : 244). 그람시는 레오 브론슈타인(트로츠키)이 회고록에서 라브리올라의 도락dilettantism이라고 조소한 것을 불쾌해 하며 이를 "러시아에서 유행했던 독일 지식인 집단의 사이비 과학적 현학성을 무의식적으로 반영하는 것"(그람시, 2004[2] : 244)으로 비판한다. 즉 그람시는 트로츠키는 물론 독일의 경제 결정론적이고 실증주의적 이론가들을 동시에 비판하고 있다.

라브리올라에 대한 찬사와 함께 그람시는 자신이 부정적으로 보는 두 가지의 지배적 경향을 거론하며 비판하고 있다. 첫째는, 플레하노프로 대표되는 정통주의로 그람시는 사실상 속류 유물론으로 플레하노프가 전락했다고 비판한다. 둘째는, 플레하노프류의 속류 유물론에 대한 대립적 경향으로 나타난 실천철학에 칸트주의 및 비실증주의적이고 비유물론적인 철학적 경향을 결합시킨 것이다. 그람시는 이 두 경향을 모두 비판하면서, 새로운 사회유형에 알맞은 결정적인 이념적 무기로 라브리올라에 주목할 것을 주장하고 있다(그람시, 2004[2] : 244 - 6).

여기서 알 수 있는 것은, 그람시가 기계적 결정론과 함께 비합리적이고 주관주의적 경향 양자 모두를 배척하고, 실천과 의지를 중요시한다는 점이다.

과학과 예측에 대한 그람시의 다음과 같은 언급은 이런 그의 주장을 잘 보여준다.

실제로 우리가 과학적으로 예견할 수 있는 것은 투쟁이지 투쟁의 구체적 계기들이 아니다. 이 계기들은 지속적인 운동 속의 힘이 대립하는 산물일 뿐이며, 이 운동은 고정된 양으로 환원될 수 없다. 왜냐하면 양은 계속해서 질로 전화하기 때문이다. 실제로 우리는 우리가 행동하는 정도만큼만 '예견'할 수 있고, 우리의 임의적인 노력을 쏟아 '예견된' 결과를 창조하기 위해 구체적으로 헌신하는 정도만큼만 '예견'할 수 있다. 따라서 예측이란 과학적 인식행위가 아니라 투여된 노력의 추상적 표현, 즉 집단의지를 창출하는 실천적인 방식임이 입증된다(그람시, 2004[2] : 307).

위의 인용문은 기계론적 인과론을 비판하고 있는 점에서는 문제가 없다. 그러나 위에서 그람시는 의지를 철학의 기초로 삼을 것을 주장하며, 의지는 주관적인 것이 아닌 필연성에 일치하는 한에서 의지로 제한했다. 의지, 즉 자유와 필연의 관계에 대한 존재론적 및 인식론적으로 올바른 파악이었으나, 예측에 관해 언급하는 이 지점에 와서는 실재론적 존재론에서 이탈하고 있다. 즉 노력만큼 예측이 가능한 것은 분명 인식론적으로는 타당하다. 그러나 유물론의 존재론적 입장에서 과학이란 객관적 대상의 존재와 객관적 진리의 선험적 존재를 인정해야 한다. 이것이 유물론에 부합되는 실재론적 존재론이기 때문이다. 이로 미루어 보면, 그람시 역시 변증법의 강조를 위해 루카치나 코르쉬와 마찬가지로 유물론적 존재론의 의의를 과소평가한다는 점을 알 수 있다.

지식의 객관성을 논하는 부분에서도 이런 경향은 발견된다. 그람시는 자신의 실천철학에서 논하는 지식의 객관성 문제의 출발점을 마르크스가 1859년에 쓴 "정치경제학 비판 서문"이라고 본다(그람시, 2004[2] : 223). 구체적으로는

"인간은 (법률적·정치적·예술적·종교적·철학적 형식의) 이데올로기 차원에서 (물질적 생산력 사이의 갈등을) 의식하게 된다"는 명제이다. 여기서 말하는 일원론의 의미에 대해 그람시는 그것이 관념론적이거나 유물론적 일원론일 수는 없다고 보면서 다음과 같이 주장했다. 즉 "구체적인 역사적 행위 속에서 대립물의 통일, 곧 유기적으로 변화된(역사화한) 물질과 이를 통해 변형된 인간의 본질과 불가분하게 결합되어 있는 구체적인 인간활동(역사정신) 속에서 대립물의 통일"(그람시, 2004[2] : 223)이라는 것이다.

그러나 지식이란 인간 의식에서 독립해 객관적으로 실재하는 대상을 사유 속에서 전유하는 것이므로, 이는 바로 인식론적 범주이다. 따라서 지식의 객관성의 근거는 지식의 대상이 갖고 있는 진리라는 것이 변증법적 유물론의 전제가 될 수밖에 없다. 유물론 일반은 존재론에서 세계의 물질적 통일성과 존재와 의식의 동일성을 인정하는 것이며, 변증법적 유물론은 인식과정에서 실천의 매개성을 충분히 인정한다. 이것이 기계적 유물론과 변증법적 유물론의 결정적 차이이다.

또한 구조와 상부구조를 논하는 부분에서 그람시는 마르크스의 "정치경제학 비판 서문"의 "그러한 변혁을 고찰함에 있어 항상 물질적인, 자연과학적으로 엄정하게 확인될 수 있는 경제적 생산제조건의 변혁과, 인간들이 그 안에서 갈등을 의식하고 싸워나가게 되는 법률적·정치적·종교적·예술적 또는 철학적, 간단히 말해 이데올로기적 제형태의 변혁을 구별할 필요가 있다"(*MECW* 29 : 263)는 부분을 심리학적·도덕적 가치가 아닌 인식론적 가치를 확정하는 것으로 간주해야 한다고 주장한다(그람시, 2004[2] : 215). 이에 근거해 그람시는 헤게모니의 이론적·실천적 원리도 인식론적 중요성을 가지며, 이런 측면에서 레닌의 실천철학에 대한 이론적 기여가 있다고 주장한다.

그러나 그람시는 마르크스의 위의 인용문 바로 뒤에 나오는 "그러한 변혁기를 이 의식에서 판단할 수는 없으며 오히려 이 의식을 물적 생활의 제모순에서, 사회적 생산제력과 생산제관계 사이의 주어진 갈등으로 이해해야 한다'(*MECW* 29 : 263)는 부분과 연관짓지 않는다. 그람시가 인용한 부분은 마르크스의 바로 뒤의 인용문에서 알 수 있듯이 생산양식의 선차성을 이야기한 것이지, 이데올로 기적 제형태 변혁의 인식론적 가치나 독자성을 주장하는 것이 아니다.

이를 통해 잘 드러나듯이, 존재론과 인식론의 혼동에서 자유롭지 못한 그람시도 결국 루카치나 코르쉬와 마찬가지로 변증법의 옹호를 위해 유물론을 기계론적인 것으로 협소하게 이해한다는 비판을 면하기 어렵다고 본다.

즉 혁명의 퇴조기 주체중심적 마르크스주의자들은 변증법적 인식의 강화와 이를 통한 실천과 비판 및 주체의 중요성을 강조하기 위하여, 유물론의 중요성을 상대화한다. 또한 그들은 혁명의 구조적 조건의 중요성을 부차화하거나 거의 구조에 대해 언급하지 않으며, 구조 가운데서도 경제적 토대보다 정치, 문화, 이념 등 상부구조적 요소들을 배타적으로 중시하는 경향을 확인할 수 있다.

그럼에도 서구 마르크스주의의 창시자들인 이들은 아직 마르크스주의 이론 과 정치적 실천의 결합문제를 중요한 과제로 생각하고 있었다. 제1차 세계대전 직후 각국의 혁명운동에 직접 참가했던 인물들로서 혁명의 실패에 대한 자성과 함께, 여전히 혁명에 대한 희망을 버릴 수 없었기 때문이었을 것이다. 그러나 한편으로는 1924년 자본주의의 상대적 안정화와 함께, 예상외의 강인한 생존력 과 유연한 적응력을 보였던 서구 자본주의체제를 재평가하지 않을 수 없었고, 이런 상황에서 혁명을 보다 장기적인 전망에서 사고할 것을 요구받기도 했다. 이런 과제에 대한 그들의 이론적 대답은 혁명에 대한 낙관과 이론에 대한 경직된 수용을 특징으로 했던 제2 인터내셔널의 이른바 정통 마르크스주의의 경제 결정론적이고 진화론적인 태도에 대한 비판이었다.

또 한편으로는 혁명 이후 국제공산주의 운동의 주도권을 확립한 코민테른에 대한 관계정립 문제도 만만치 않은 과제였다. 혁명의 성공으로 이론 및 실천의 양 측면 모두에서 최고의 권위와 지위를 확보한 소련공산당이 주도하는 코민테른은 사회경제적 및 혁명투쟁의 조건을 달리하는 서유럽 공산주의 운동세력들의 자율성을 상당히 제약하는 존재일 수밖에 없었기 때문이다. 신생 사회주의 국가 소련의 방어와 국제공산주의 운동의 일사분란한 대오 구축이라는 코민테른의 당면 목표는 중서부 유럽의 혁명세력의 실천적 뿐만 아니라 이론적인 운신의 폭도 상당히 제약했기 때문이다. 서구 마르크스주의 창시자들은 코민테른과 부분적 긴장 속에서도 기본적으로 협력적인 관계를 유지했다.

그러나 이 시기 중서부 유럽의 사회주의 세력들 사이에서는 서구 마르크스주의 창시자들의 이론과 실천에 대한 태도 및 코민테른과의 관계 등과는 다른 전반적 변화의 징후가 나타나기 시작했다. 이런 변화를 선도했던 것은 1923년 창립된 독일의 프랑크푸르트 대학 부설 사회연구소의 프랑크푸르트학파였다. 프랑크푸르트학파에 속하는 이론가들의 전문분야는 다양했고, 다루는 주제와 입장들도 차이가 있었다.16) 그럼에도 그들을 하나의 학파로 분류할 수 있는 것은 마르크스주의에 대한 태도 및 자본주의 사회모순에 대한 비판적 태도 및 토대보다 상부구조적 요소에 대한 관심 등 일련의 공통성이 존재하기 때문이다.

코와코프스키는 프랑크푸르트학파Frankfurt School를 "독일의 한 중요한 의사疑似 마르크스주의Para - Marxist 운동"(Kolakowski, 1978[III] : 341)으로 지

---

16) 코와코프스키의 연구(Kolakowski, 1978[III] : 341-7)와 맥렐런의 연구(McLellan, 1979 : 258-74)에 따르면 프랑크푸르트학파의 주요인물들은 다음과 같다. 칼 그륀베르그Carl Grünberg, 프리드리히 폴록Friedrich Pollock, 막스 호르크하이머Max Horkheimer, 칼 비트포겔Karl Wittfogel, 테오도르 비젠그룬드 아드르노Theodor Wiesengrund-Adorno, 레온 로벤탈Leon Lowenthal, 발터 벤야민Walter Benjamin, 칼 코르쉬Karl Korsch, 프란츠 보르케나우Franz Borkenau, 헨리크 그로스만Henryk Grossman, 헤르베르트 마르쿠제Herbert Marcuse, 에리히 프롬Erich Fromm 등이다. 최근 인물로는 의사소통행위론을 주장하는 위르겐 하버마스Jurgen Habermas가 이들의 전통을 계승하는 주요 이론가로 첨부되어야 할 것이다.

칭하면서 특징들을 다음의 여섯 가지로 요약하고 있다. 첫째, 마르크스주의를 따라야 할 규범이 아니라 기존 문화 분석의 출발점이자 보조수단으로 간주하는 점. 둘째, 비당파적 성격으로 공산주의와 사회민주주의 운동에 관계하지 않고 때로는 비판적 태도를 보이는 점. 셋째, 루카치와 코르쉬의 물화Verdinglichung 개념을 현대세계의 핵심 모순으로 수용하는 점. 넷째, 이론의 독자성과 자율성 강조한다는 점. 다섯째, 마르크스의 프롤레타리아트 착취와 소외 개념을 수용하지만, 공산당 지침이나 루카치의 계급의식 개념의 거부, 즉 프롤레타리아트의 혁명적·해방적 역할에 회의적인 점. 여섯째, 혁명적 지식인 운동을 자처하고, 유토피아에 반대하는 점 등이다.

요컨대 프랑크푸르트학파는 마르크스주의의 정치적 실천과 일정한 거리를 두면서, 현대 서구 자본주의 사회의 비판에 유용한 마르크스주의적 방법은 적극 채택한다. 또한 계몽주의 이래 지속되어온 현대 서구의 이성과 계몽에 대한 낙관에 근본적 의문을 제시하고, 도구적 이성에 의한 현대사회의 야만과 억압에서 해방을 추구한다는 평가일 것이다.

그렇다면 당장 제기될 수 있는 문제는 과연 프랑크푸르트학파가 과연 마르크스주의 전통에 위치하는지 여부일 것이다. 서구에서 출간된 대부분의 마르크스주의 통사나 서구 마르크스주의 연구서들은 대체로 프랑크푸르트학파를 마르크스주의 전통 속에 포함시켜 서술하고 있다. 그것은 이 학파의 초창기 인물들이 대부분 공산당이나 사회주의 운동에 실천적 혹은 이론적으로 관계했었고, 현대자본주의 사회의 모순을 분석하는 데 다양한 마르크스주의 이론가들, 특히 서구 마르크스주의 창시자들인 루카치, 코르쉬, 그람시 등의 문제의식이나 이론적 유산을 수용했기 때문이기도 할 것이다. 또한 근대적 이성과 계몽이 갖는 착취와 억압성을 경계하면서도, 도구적 이성과 해방적 이성의 차이를 인정함으로써 포스트모더니즘과 달리 여전히 이성이 갖는 해방적 역할을 인정하고 있기 때문이다.

한편으로 소련공산당을 비롯한 집권 공산주의 세력들에 대한 극도의 거부감과 프롤레타리아트의 해방적 역할에 대한 의심 등으로 인해 엄격한 범위의 마르크스주의나, 특히 전간기와 냉전기의 정통 마르크스주의였던 마르크스-레닌주의와의 관련성은 거의 부재하다. 그러나 프랑크푸르트학파가 자본주의의 모순과 이의 극복을 통한 인간해방의 추구라는 근본 목표나 여전히 현대사회 분석에 마르크스주의적 방법을 상당 정도 수용한다는 점에서 넓은 의미의 마르크스주의 전통에서 논의될 수도 있다고 본다.

프랑크푸르트학파를 마르크스주의 전통에서 평가한다면, 서구 선진자본주의 사회의 혁명 가능성의 소진과 자본주의의 강인한 생존력 확인 및 현실사회주의 내부 모순의 격화와 궁극적 붕괴라는 세계사적 변화는 마르크스주의 전통에 속하는 일부 진보적 이론가들로 하여금 마르크스주의의 상대화와 자기성찰을 통한 재구성에 나서게 한 것으로 평가할 수 있을 것이다.

한편으로 프랑크푸르트학파의 방향과 달리, 제2차 세계대전 직후의 실존주의적 마르크스주의와 1956년 탈스탈린 이후 출현한 동유럽의 인간주의적 마르크스주의는 마르크스-레닌주의와의 긴밀한 연관 속에 인간을 중심으로 마르크스주의의 비판적 재구성을 시도했다.

실존주의적 마르크스주의는 제2차 세계대전 이후 프랑스에서 발생했다. 나치에 대한 레지스탕스 투쟁으로 마르크스주의자들의 위신이 높아졌고, 전후 프랑스에서 헤겔 철학과 마르크스의 초기 저작 등이 출판됨으로써 마르크스주의에 대한 관심이 고조되었다. 당시 프랑스에서는 전쟁과 나치의 정복 등에서 유래한 심리적 상처가 깊었고, 이런 사회적 분위기는 한편으로 실존주의가 번성하는 토양을 제공했다. 실존주의적 마르크스주의의 출현은 이런 요인들이 복합적으로 작용된 결과였다.

맥렐런이 지적하듯이, 실존주의적 마르크스주의는 당시 스탈린주의를 고수하던 프랑스 공산당의 입장과는 대립적인 것이었다(McLellan, 1979 : 281). 사르트르는 이런 조건에서 프랑스의 마르크스주의자들이 변증법을 제대로 파악하지 못해 실증주의에 빠져 있다고 비판했다.

이런 난제는 현대 마르크스주의자들에는 버거운 것이었다고 생각된다. 그들은 단 하나의 해결책만을 가질 뿐이었다. 즉 사유 자체가 변증법적 활동임을 받아들이지 않고, 그것을 보편적인 변증법으로 해소시키며, 개인을 보편 속으로 해소시킴으로써, 인간을 제거하는 방법이었다. 이로 인해 그들은 진리를 존재로 대체시키게 되었다. 더 이상 엄밀한 의미의 지식은 존재하지 않게 되었고, 존재는 어떤 방식으로든 스스로를 증명할 수 없게 되었다. 그것은 자신의 법칙에 따라 진화할 뿐이었다. 자연 변증법은 인간이 없는 변증법이다(Sartre/ Sheridan-Smith[trans.] : 26).

결국 실존주의적 마르크스주의는 스탈린주의의 구조 혹은 경제 결정론적이고 실증주의적 경향을 비판하고 있음을 알 수 있다. 사르트르는 철학적 창조의 시기들은 매우 드문 현상이었다고 강조하며, 17세기에서 20세기에 이르는 기간 동안 단 세 차례만 존재했다고 주장한다. 그리고 이런 철학적 창조의 시기들을 대표하는 인물들로 최초의 시기를 대표하는 인물로 데카르트와 로크, 그리고 두 번째 시기의 대표자로 칸트와 헤겔 그리고 마지막 시기의 대표자로 마르크스를 들고 있다(Sartre/Barnes[trans.], 1968 : 7).

사르트르는 특정 철학적 시대를 창조하는 철학과 철학자들의 창조물을 계승·적용하는 이데올로기를 구분한다(Sartre/Barnes[trans.], 1968 : 8). 사르트르는 이런 철학적 창조 시기의 대표자들의 이론을 이용하는 사람은 철학자가 아닌 '이데올로기주의자'로 불러야 한다고 주장한다(Sartre/Barnes[trans.], 1968 : 8).

즉 사르트르는 철학이란 당대의 지식의 총화로 해당 시기 여러 이데올로기의 근거가 되고, 다양한 이데올로기들이 해당 시기를 설명할 수 있도록 한다고 보는 것이다. 하나의 철학은 그것이 표현하는 역사적 순간을 넘어서지 않는 한 존재하게 되기 때문이다.[17](Sartre/Barnes[trans.], 1968 : 7) 이런 근거에서 사르트르는 스스로를 실존주의의 이데올로기주의자라고 자칭한다.

자신의 이데올로기가 속하는 철학적 창조의 시기는 바로 마르크스에 의해 대표되는데, 마르크스 철학의 본질을 다음과 같이 요약한다. "그가 자신의 연구의 중심에 둔 것은 바로 구체적 인간, 즉 그의 욕구들과 물질적 생존조건 및 그의 노동의 성격, 즉 그의 자연과 타인에 대한 투쟁에 의해 동시에 규정되는 인간"(Sartre/Barnes[trans.], 1968 ; 14)이다. 사르트르는 여기서 마르크스는 현실 속에 있는 인간을 대상으로 삼는 점에서 키에르케고르를 능가하고, 실존하는 주체성을 인정하는 점에서 헤겔을 능가한다고 주장한다. 나아가서 사르트르는 역사적 유물론이야말로 역사에 대한 유일하게 정당한 설명을 제공할 수 있다고 전제하고, 마르크스주의의 이론과 실천의 통일이 와해된 것에서 실존주의의 존재근거를 찾는다(Sartre/Barnes[trans.], 1968 : 21). 사르트르는 실존주의야말로 실재에 대한 유일한 구체적 접근이기 때문에, 소련에서 안보와 경제성장의 필요성만 강조함으로써 마르크스의 이론과 실천을 분리시킨 경직된 교조를 치유할 수 있다고 보는 것이다(Sartre/Barnes[trans.], 1968 : 22).

요컨대 사르트르는 소련의 경직된 결정론적 교조가 마르크스주의에서 실존하는 주체적 인간에 대한 고려를 추방했고, 이에 대한 가장 바람직한 처방은 실존주의의 문제의식을 마르크스주의에 접목시켜야 하는 것으로 보는 것이다.

---

17) 사르트르의 철학에 대한 이런 정의는, 쿤의 패러다임이나 라카토슈의 과학적 연구 프로그램을 연상시킨다. 즉 사르트르의 해당 시기의 대표적 철학들은 쿤의 정상과학이나 라카토슈의 과학적 연구 프로그램에 해당하고, 그 시기에 속하는 제반 이론들은 이데올로기로서 대표적 철학을 뒷받침하는 보충 가설들의 역할을 하는 것이 되기 때문이다.

실존주의와 마르크스주의의 결합에 대한 사르트르의 주장은 마르크스주의가 아직 우리 시대의 과제에 충분히 대답할 수 있는 철학이고, 실존주의는 구체적 총체성을 발견하려는 이데올로기이기 때문이라고 주장한다.

> 마르크스주의는 결코 아직 소진되지 않은 신생의 거의 유아적 단계에 있다. 발전의 시작도 채 되지 않은 상태이다. 그럼으로 아직 우리 시대의 철학으로 남아 있다. 우리는 마르크스주의를 만들어낸 상황들을 벗어나지 못했기 때문에 그것을 넘어설 수 없다. 그것이 어떤 것이든 우리의 사상들은 이런 부식토 위에서만 형성될 수 있다. 즉 우리의 사상들은 그것들에 제공된 틀 안에서 포함되어 있어야 하고 혹은 무화 혹은 후퇴 속에서 사라져야 한다. 마르크스주의와 마찬가지로 실존주의는 거기서 구체적 종합들을 발견하기 위해 경험할 것을 요구한다. 실존주의는 그런 종합들을 바로 역사인 움직이고 변증법적인 총체화 내에서만 혹은 우리가 여기서 채택하여 온 엄격한 문화적 관점, 즉 '세계 되기의 철학'에서만 사유될 수 있다(Sartre/Barnes[trans.], 1968 : 30).

사르트르는 소련의 경직화되고 교조화된 스탈린주의의 대안으로 실존주의를 마르크스주의에 결합시키고자 한 것이었다. 즉 실존주의가 추구하는 세계 속의 인간의 실존적 기투企投를 통해 구조 혹은 경제 결정론적인 경향을 극복할 수 있다고 주장하는 것이다. 또한 사르트르는 위대한 철학적 창조의 한 시기를 대표하는 마르크스의 이론 속에 이미 인간은 그 핵심적 지위를 차지하고 있기 때문에, 이데올로기로서 실존주의는 철학으로서 마르크스주의를 충실히 뒷받침할 수 있다고 보는 것이다.

이런 사르트르의 주장은 주체론에 대한 자신의 신념에 의해 뒷받침된다. 즉 그는 주체론에는 개개의 주체적 선택과 사람이 인간적 주체성을 초월하는 것의 불가능성을 의미하는 두 가지가 있는데, 실존주의의 깊은 뜻은 제2의

의미를 말한다고 한다(사르트르, 1987 : 15). 이어 사르트르는 인간적 주체성을 타인의 지향과 선택을 존중할 수 있는 성향 속에서 발견하고자 하는데, 인간은 전인류를 '앙가제'Engager하기 때문에 책임을 지는 존재라고 한다(사르트르, 1987 : 38). 즉 사르트르는 자신에 파묻히지 않고 사회에 참여를 의미하는 '앙가제'라는 개념을 통해 역사적 유물론에서 말하는 사회적 존재인 인간과의 접합점을 발견하고자 한다.

그럼에도 불구하고 사르트르의 실존적 인간의 주체성은 사회와 역사에서 인간의 자기 선택과 행위의 과정일 뿐이다. 마르크스와 엥겔스가 말한 사회적 존재로서 인간 개념은 특정 사회역사적 조건 속의 인간인 그의 선택과 행위가 그 조건에 규정되면서도, 그 조건을 극복한다는 주체의 의미였다. 그러나 사르트르의 인간적 주체성의 초월불가능 주장은 샤프가 올바로 비판했듯이, "자기 운명의 자율적 창조자로서 개인의 최고권과 맹목적 운명의 장난감이라는 인식이 공존"(샤프, 1986 : 30)하는 모순된 것이다. 달리 말하자면, 사르트르의 인간적 주체성은 자신이 분류하는 두 가지 주체론이 기계적으로 결합된 것에 불과하고, 양자가 어떤 인과적 연관 속에서 파악되지 않고 있다는 것이다. 따라서 "사르트르의 마르크스주의화한 실존주의 기획은 결국 실존주의화된 마르크스주의를 본질적 목표로 한"(샤프, 1986 : 46) 것이라는 샤프의 비판은 매우 적절한 것으로 보인다. 구조 혹은 경제 결정론적 스탈린주의가 가진 문제점을 실존적 인간 주체의 개념으로 극복하고자 하는 사르트르의 시도는 결국 사회역사적 구조 속의 인간보다는 초월불가능한 주체성을 가진 인간으로 대체되어 또다른 결정론, 즉 주체 결정론의 오류에 빠져 들기 때문이다.

앤더슨의 지적처럼 프랑스에서 알튀세르의 구조주의적 마르크스주의라는 또하나의 결정론적 편향이 초래된 것은 바로 1960년대 프랑스에 압도적인 지적 영향력을 행사한 사르트르의 실존주의적 마르크스주의 체계가 갖는 이런 편향성에 대한 반발이었다(앤더슨, 1990 : 110). 이를 통해 하나의 결정론은 거울영상 효과처럼 또다른 결정론을 낳게 된다는 사실을 확인할 수 있다.

실존주의적 마르크스주의가 서유럽에서 마르크스주의의 주체중심적 입장, 즉 인간주의적 편향으로 나타났다면, 스탈린 사후 동유럽에서도 마르크스 - 레닌주의 내부 비판으로 다양한 인간주의적 마르크스주의가 출현했다. 1953년 3월 스탈린의 사망은 소련과 동유럽의 스탈린주의 사회주의 국가들 내부에 정치적 변화를 초래했다. 이미 스탈린이 생존했던 1948년 6월 코민포름에서 제명된 유고슬라비아에서는 사회주의로의 독자적인 길이 추구되고 있었지만, 스탈린의 사망은 동유럽의 소련 위성국가들로 하여금 정치, 경제 및 사회적으로 자율적인 정책 추진의 가능성을 열어 주는 것으로 생각되었다.

이런 정치적 상황의 변화는 곧바로 마르크스주의, 특히 스탈린주의적 마르크스 - 레닌주의에 대한 근본적 성찰의 계기를 제공했다.

1956년 2월 소련 공산당 제20차 대회의 비밀연설에서 흐루시초프는 스탈린 개인숭배를 신랄하게 비판했다. 또한 과거의 중공업 우선의 중앙집권적 계획경제에서 인민 생활수준 향상을 목표로 하는 농업과 경공업 우선 발전노선으로의 변화는 사회 전반에 대한 통제의 약화를 의미하는 것으로 기대되기도 했다.

그러나 흐루시초프의 소련체제에서 변화의 가능성은 매우 제한적인 것임이 곧 판명되었다. 1956년 11월 헝가리에 대한 소련의 무력개입과 1961년 제22차 소련 공산당 대회에서 '전인민의 국가'로 전환 선언에서 알 수 있듯이, 소련은 여전히 과거의 사회주의 세력권에 대한 영향력을 유지하려 했고, 국내정책 측면에서도 여전히 스탈린주의의 생산력 우위론에 입각한 경제 결정론적 입장을 견지했다.

상황이 부여하는 이런 가능성과 제한성의 범위 내에서 유고슬라비아는 물론이고, 체코슬로바키아, 폴란드, 헝가리 등에서 1950년대 후반 이후 일단의 지식인들에 의한 마르크스주의의 재해석 움직임이 일어났다. 그들은 마르크스의 『1844년 경제학 철학 초고』나 "포이에르바하에 관한 테제" 등 초기 저작들에서 스탈린주의의 경직된 경제 결정론적 한계를 극복하고 마르크스주의의 인간주의적 해석의 가능성을 찾아내려고 했다. 이들의 작업은 애거가 적절히 지적했듯이, "마르크스의 유산이란 이름으로 마르크스 - 레닌주의를 공격했다. 그들은 마르크스의 초기 저작들에 의해 사회주의적 비젼의 중심에 개인을 위치시키는 마르크스주의의 민주적, 인간주의적 해석"(Agger, 1979 : 203)을 목표로 했다.

레온하르트의 분류에 따르면, 인간주의적 마르크스주의는 탈스탈린 이후 소련의 정치적 교의와 마오주의와 함께 마르크스주의 주류 세 흐름 가운데 하나로 위치지어진다(Leonhard, 1974 : 258). 샤프는 이 시기 동유럽의 마르크스주의 재해석 노력들이 인간의 문제에 천착하게 된 배경을 다음 세 가지에서 찾고 있다. 첫째, 사회주의 운동이 권력을 장악하게 됨에 따라 구체제에 대한 저항만 아니라, 새로운 생활방식의 창조라는 과제에 직면한 점. 둘째, 이런 객관적 조건의 변화에 따른 이론화의 필요성. 셋째, 1960년대 평화공존의 시대에, 이데올로기 투쟁의 새로운 형태인 휴머니즘 개념을 정교화할 필요성 등이다(프롬 편저, 1982 : 129 - 30). 샤프의 주장은 사회주의 국가의 정치 및 대외정책적 실용성의 차원에서 마르크스주의 내부에서 인간주의적 요소에 대한 관심이 고조되었다는 것이다.

물론 이런 분석도 어느 정도 타당성이 있는 것은 사실이지만, 1950년대 후반 이후 동유럽 인간주의적 마르크스주의 대부분은 기존의 경직된 집권 사회주의 국가에 대한 내부 비판적 의미가 강했고, 스탈린주의의 경제 결정론에 대한 이론적 대안의 제시가 더욱 직접적인 목표였다고 보아야 할 것이다. 즉 이 시기 동유럽의 인간주의적 마르크스주의는 중앙집권적 관료화를 초래한 스탈린주의의 구조 혹은 경제 결정론에 대한 비판이었다. 실천과 인간의 주체를 중심으로 마르크스주의의 활력을 소생시키기 위한 시도로 규정할 수 있을 것이다.

스탈린주의를 비판하는 인간주의적 마르크스주의의 주요 내용에 대해 코와 코프스키는 다음 세 가지로 요약하고 있다. 첫째, 레닌의 반영론 비판. 둘째, 결정론 비판. 셋째, 도덕 가치를 사변적인 역사도식으로 끌어내려는 시도에 대한 반대 등이다(Kolakowski, 1978[III] : 462). 총괄하면, 인간주의적 마르크스주의란 객관적이고 결정론적인 역사인식에 반대하며, 인간의 주체성과 실천에 기반하여 마르크스주의를 재구성하려는 시도라고 할 수 있을 것이다.

이 시기 인간주의적 마르크스주의는 스탈린주의가 초래한 경직된 사회주의 관료사회에 대한 비판의 측면이 강함에 따라, 개인의 자유를 강조하면서 개인과 사회의 변증법적 관계를 소홀히 하는 경향을 보이기도 했다. 체코슬로바키아의 인간주의적 마르크스주의자 스비타크Ivan Svitak의 "사회주의 휴머니즘의 기원"이라는 글의 다음과 같은 주장은 이런 편향성을 보여준다.

사회주의 휴머니즘은 경제사의 맹목적인 기계론에 의해서가 아니라 인간에 대한 끝없는 의문과 세계에 있어서의 인간의 의미를 풀려는 노력 속에서 발전해 왔다. 인간의 발전이 산업사회의 사회문제 해결에 의해 예정된 것처럼 보일지 모르지만 사실상 그것은 환상이다. 사회주의 운동과 그의 인간에 대한 개념을 사회개혁과 혁명의 실현으로 축소시킨다는 것은 사회주의의 중요한 차원의 하나 인 휴머니즘의 목적을 간과해 버리는 것을 의미한다. 사회주의 사상의 탄생은 고대 그리스와 르네상스 및 계몽주의 시대에 뿌리 깊은 전통을 갖고 있는 유럽 휴머니즘의 발전 결과이다(프롬 편저, 1982 : 24).

마르크스는 인간이 자연과 사회역사 과정에서 능동적 실천을 통하여 대상들을 변화시킬 뿐만 아니라, 인간 자신의 변화와 발전도 가능하다고 보았다. 즉 대상적 성격을 상실한 추상적 인간은 아무 것도 아니라는 의미이다. 그러나 스비타크는 사회주의 휴머니즘을 유럽의 휴머니즘의 전통 속에 위치시키면서, 사회주의 운동과 사회주의 휴머니즘 개념을 사회개혁이나 혁명과 무관한 것으로 주장한다. 물론 그의 경제사적 기계론이나 생산력주의에 대한 비판은 정당하지만, 사회개혁이나 혁명의 실현은 사회주의는 물론이고 인간의 해방을 위한 중요한 하나의 성과일 수밖에 없다.

이처럼 소련을 비롯한 현실사회주의의 스탈린주의적 왜곡을 이유로, 사회주의와 인간 개념의 문제를 초역사적인 범주로 환원시켜 추상적 인간의 의지와 자유의 문제로 전락시키게 될 위험성이 존재한다. 즉 스비타크의 주장은 인간과 사회, 인간과 실천 대상과의 관계를 인간중심적 편향에 입각하여 파악함으로써, 결과적으로 초역사적인 휴머니즘이라는 관념론에 빠져 들고 있는 것이다.

이런 편향들과 달리 체코의 인간주의적 마르크스주의자 코지크는 주체와 객체의 관계를 다음과 같이 파악함으로써, 매우 생산적인 결론에 도달할 수 있었다.

사이비 구체성이란 인간의 생산물이 자율적으로 존재한다는 것이며 인간이 공리주의적 실천의 수준으로 환원됨을 말한다. 사이비 구체성의 파괴는 구체적 현실을 형성하는 과정이며 현실을 구체성에서 바라보는 과정이다. 관념주의적 경향은 주체를 절대화한 나머지 어떻게 현실을 바라보아야 그것이 구체적이고 아름다울 수 있는가 하는 문제에 집착하거나, 혹은 객체만을 절대화한 나머지 주체가 현실에서 완전히 제거되면 될수록 현실은 더욱더 현실적인 것이 된다고 믿는다. 이와 대조적으로 사이비 구체성의 유물론적 파괴는 '주체'의 해방(즉 현실에 대한 물신숭배적 '직관'과는 구별되는 현실에 대한 구체적 파악)과 아울러 '객체'의 해방(즉 인간적으로 투명하고 합리적인 상황으로 인간의 환경을 형

성하는 것)을 결과한다. 왜냐하면 사람들의 사회적 현실은 주체와 객체의 변증법
적 통일로서 형성되기 때문이다(코지크, 1985 : 23-4).

주체와 객체의 어느 일면만을 강조하는 편향들의 위험을 경계하는 코지크의
주장은 인간주의적 마르크스주의 내부의 비판적 경계이자, 스탈린주의의 경제
결정론이나 알튀세르의 구조주의적 마르크스주의에 대한 비판이기도 하다.
동시에 코지크는 실천이 인간을 대상화하고 자연을 지배함과 동시에 인간의
자유를 실현할 수 있도록 한다며(코지크, 1985 : 187) 유물론 철학의 실천을
다음과 같이 규정한다. 즉 "인간은 존재의 형성과정인 실천을 바탕으로 해서,
그리고 실천 속에서, 역사적으로 자신의 뒤를 되돌아보고 자기의 바깥에 도달하
며 존재 일반에 대해 열려 있을 수 있는 능력을 발전"(코지크, 1985 : 188)시키는
것으로 본다는 것이다. 이처럼 코지크는 실천의 개념을 통해 자연과 사회라는
대상들에 대한 인간의 주체성을 파악함으로써, 인간주의적 마르크스주의가
빠지기 쉬운 편향성에서 벗어날 수 있었던 것이다.
　이처럼 스탈린 사후 스탈린주의에 대한 비판으로 등장했던 인간주의적
마르크스주의는 스탈린 체제가 갖는 억압성과 경직성이 심했던 만큼, 주체
결정론적 편향이나 초역사적 휴머니즘으로의 경도 등 많은 문제점이 없는
것은 아니었지만 코지크의 주장처럼 매우 건설적인 주체와 객체의 변증법적
통일성을 사고할 수 있는 실마리를 제공하는 이론적 성과도 보이고 있다.
즉 1950년대 말 이후 동유럽의 인간주의적 마르크스주의의 문제제기는 스탈린
주의적 구조 혹은 경제 결정론에 대한 비판과 아울러 구조와 주체, 과학과
실천의 변증법적 관계에 대한 마르크스주의 전통 내부의 인식 심화의 계기를
제공한 것으로 평가할 수 있을 것이다. 이와 함께 1960년대 중후반에는 여러
나라들에서 마르크스주의자들 사이에서 이 문제에 대한 다양한 논쟁들이

진행되기도 했다.

1960년대 중반 동독에서는 이른바 '실천논쟁'이 촉발되었다. 이 논쟁은 새로운 철학 교과서 저술에 관하여 『독일 철학 잡지』1964년 7월호에 기고한 코징Alfred Kosing의 논문 "마르크스주의 철학의 대상과 구조 및 서술"에서 발단되었다. 이 논쟁은 약 5년에 걸쳐 진행된 것으로, 내부적으로 신중한 토의를 거듭하는 가운데 같은 잡지의 1966년 10월호에 기고한 자이델Helmut Seidel의 논문 "실재에 대한 인간의 실천적·이론적 관계에 대하여"를 계기로 본격적인 논쟁으로 치달았다.

자이델은 이 논문에서 기존의 마르크스주의 철학의 체계적 서술이 다음 네 가지의 결함을 갖고 있다고 주장했다. 즉 첫째, 인간의 자연환경과 사회환경에 대한 실천적·활동적 태도가 불충분하게 반성되고 있고, 실재에 대한 이론적 관계만 너무 강조되었다. 둘째, 인간의 실재에 대한 이론적 관계가 지나치게 중시된 것은 역사적 유물론을 변증법적 유물론에서 끌어낸 결과이며, 변증법적 유물론을 인간 사회와 역사로의 확장으로 정식화된다. 셋째, 일반적으로 인식론은 변증법적 유물론에 부속되었는데, 인식작용은 의심의 여지 없는 인간적·사회적 활동이기 때문에 변증법적 유물론에 부속된 이유가 자명치 않다. 넷째, 역사적 유물론과 변증법적 유물론을 구별하거나, 역사적 유물론을 통해 변증법적 유물론을 고찰하는 방식도 역사적 유물론 서술에 부정적 영향을 미친다. 이것은 주관성을 결코 반성하지 않는 편협한 객관적 고찰방식으로 나타난다(이선일 편역, 1989 : 61 - 3).

자이델의 주장에 대해 같은 잡지 1967년 9월호에 기고한 그로프R. O. Grop의 글 "유지될 수 없는 구상"에서는 자이델의 주장을 다음과 같이 반박한다. 즉 "그렇게 함으로써 그는 세계의 물질적 통일성에 관한 이론을 사실상 부정하며, 또한 물질적 발생과정과 인간과 의식까지도 '발생론적으로 연역'해내는

것을 사실상 부정한다. 자이델의 주장은 '지금까지의 체계에서 행해진 일반적
형식의 마르크스주의적·철학적 유물론을 거부하는 결론에 이른다'(이선일 편역,
1989 : 130 - 1)고 비판한다. 즉 자이델은 인간의 실천을 중심으로 역사적 유물론
을 서술할 것을 주장함으로써 사실상 변증법적 유물론을 거부하는 결론에
이른다는 비판이다. 인간의 실천은 특수 역사적 제약 속에서 행해지는 것으로
변증법적 유물론의 존재론적 제약을 전제로 해서 이루어지는 활동이지, 그런
존재론적 기반을 벗어난 활동이 될 수 없다는 것이다.

결국 자이델의 주장에 대한 비판은 다수의 지지를 획득, 변증법적 유물론의
존재론적 의의를 재확인하고 역사적 유물론주의의 주·객 변증법은 마르크스주
의의 기본적 세계관과 방법론을 벗어나는 것으로 논쟁은 종결되었다. 즉 존재론
적인 구조의 제약이 없는 역사적 실천이 갖는 관념론적 편향이 비판된 것이다.

동독의 실천논쟁은 마르크스 - 레닌주의가 당과 국가의 공식이념이었던
국가에서 구조와 주체, 과학과 비판 및 특히 역사에서 실천과 그것의 존재론적
제약의 문제에 대한 대규모의 장기간에 걸친 논쟁이었다는 데 의의가 있다.
즉 구조중심적 마르크스 - 레닌주의인 스탈린주의에 대한 마르크스 - 레닌주
의 자체 내부에서 심각한 문제제기와 이에 대한 대답들이 추구되었기 때문이
었다.

1980년대 전반 소련에서 현지 연구를 한 스캔런에 따르면, 마르크스 - 레닌주
의를 당과 국가의 공식이념으로 채택한 소련에서도 마르크스주의 이론에
관한 다양한 견해들이 대립되어 있었다고 한다(스캔런, 1989 : 13 - 9). 즉 철학의
본질에서 유물론과 변증법에 관한 논의와 역사철학, 사회 및 정치철학과 도덕철
학 그리고 예술철학에 이르기까지, 마르크스주의를 둘러싼 다양한 해석들이
대립하고 있고, 그 기본적 방향에서도 소련의 외부에서와 마찬가지로 경직된
해석에서 벗어나려는 움직임을 보여주고 있음을 확인할 수 있다.[18]

또한 1960년대 후반 일본에서도 변증법적 유물론의 물질 개념과 존재론적 유물론에 의문을 제기하는 일단의 이론가들이 등장했다. 그들은 인간의 감각에 주어져 있지 않고 인간의 감각과 떨어져 존재하는 물질을 문제시하는 데 반대하였다. 그들은 인간의 실천과 관계되는 물질의 변증법적 운동에만 의의를 부여하고자 했다. 다나카 요시하츠田中吉六의 '변증법적 물질'론, 가케하시 아키히데梯明秀의 '주체적 물질'론, 타케치 타테히도武市建人의 '제1자연'론, 혼다 겐조本多謙三의 '철학적 물질'론 등이 그것들이었다(岩崎允胤, 1980 : 179 - 84). 이들은 모든 물질과 실천을 인간의 주체성을 중심으로 파악하고자 하며, 인간의 실천과 주체성과 관련되는 역사적 유물론을 변증법적 유물론에서 확장된 것으로 보는 점에 반대한다. 이에 대해 이와사키는 그들을 변증법적 유물론을 부인하는 역사적 유물론주의자, 주체성론자라고 비판했다(岩崎允胤, 1980 : 194).

일본의 주체성론자들 역시 실천논쟁에서 자이델과 마찬가지로 변증법적 유물론과 역사적 유물론을 서로 다른 존재론과 인식론 차원에서 파악함으로써, 인간의 실천과 주체성을 중심으로 역사적 유물론을 재구성하고 변증법적 유물론의 존재론에 의한 구조 결정론적 제한들을 제거하고자 한 것이었다.

이상의 논의를 통해 확인할 수 있는 것은 1950년대 중반 탈스탈린화 이후, 마르크스주의 전반, 특히 마르크스 - 레닌주의 내부에서는 인간의 주체성과 실천을 보다 강조함으로써, 구조 혹은 경제 결정론적이고 기계론적 진화론에 입각한 스탈린주의의 편향을 극복하고자 했다.

이 과정에서 또다른 편향으로 초역사적 휴머니즘으로 마르크스주의를 재구

---

18) 소련에서 마르크스주의 철학을 둘러싼 다양한 견해의 존재는 1985년 페레스트로이카 이후의 소련의 마르크스주의 해석과 많은 연관을 가진다고 볼 수 있다. 따라서 1970~80년대 소련 철학과 페레스트로이카의 철학논쟁 사이의 연구는 마르크스주의 이론사에서 매우 중요하고 흥미로운 주제가 된다고 본다. 그러나 우선 결론적으로 말하자면, 두 시기 소련 마르크스주의 논쟁의 근본적인 방향은 스탈린주의의 경직된 기계적 경제 결정론을 비판하고 중앙집권적 관료체제의 해소를 위한 것으로 요약될 수 있을 것이다.

성하거나, 변증법적 유물론의 존재론적 의의를 약화시켜 인간의 주체성과
실천 개념을 강조하려는 역사적 유물론주의적 입장등이 나타나기도 했다.
그러나 이런 논쟁의 전반적 흐름을 개괄한다면, 마르크스주의 전통 내부의
핵심적인 논의의 대립축은 이미 구조와 주체, 과학과 실천, 필연과 자유 혹은
인간의 주체성 문제로 확립되었다는 사실을 확인할 수 있다.

사회역사적 변화에서 구조와 주체가 차지하는 역할의 비중에 관한 주요
마르크스주의자들의 인식을 지표로 표시한다면, 다음 도표로 정리될 수 있을
것이다.

<주요 마르크스주의자들의 구조 - 주체 비중에 관한 인식 지표>

	强 ←	**구 조**	→ 弱
强 ↑	마르크스 엥겔스	레닌	주체사상　그람시 코르쉬 루카치
		ⓐ	ⓑ
			인간주의적 마르크스주의
주 체	스탈린		실존주의적 마르크스주의
		분석적 마르크스주의	
		ⓒ	ⓓ
↓ 弱	룩셈부르크 카우츠키 베른슈타인 알튀세르		포스트 마르크스주의

전술했듯이, 마르크스의 사상은 사회역사적 변화에서 구조와 주체 모두를 중요한 요인으로 간주했다. 그러나 마르크스의 여러 저작들에는 당시의 이론적 및 실천적 필요에 따라 두 요인이 차지하는 비중을 달리 서술하고 있다. 이로 인해 마르크스주의 내부에서는 많은 혼란과 함께 논쟁이 일어나게 되었다.

먼저 제2인터내셔널 시기 주요 마르크스주의자들은 주기적인 자본주의 공황의 발생 등에서 마르크스가 예견했던 자본주의의 필연적 붕괴의 근거를 찾으려 했다. 그 결과 강한 구조중심적 입장을 견지하며 주체적 요인에 대한 고려를 등한시했다.

레닌은 후진적 러시아에서 혁명을 창조하기 위해 강력한 전위당의 중앙집권적 지도를 중시했다. 이런 레닌의 이론적 작업은 곧바로 제2인터내셔널의 구조 결정론과 러시아 내부의 경제주의자들에 대한 비판에 집중되었다. 그러나 혁명은 일정한 구조적 조건의 성숙을 전제로 하는 것이기 때문에, 레닌은 20세기 초 러시아의 자본주의 발전이라는 구조적 요인에도 응당한 관심을 기울일 수밖에 없었다.

스탈린은 레닌과 달리 이미 승리한 사회주의 소련에서 사회주의 건설이라는 과제를 담당해야 했다. 이런 조건의 차이는 스탈린으로 하여금 다시 생산력주의에 기반한 구조중심적 입장으로 선회하게 했다. 그러나 스탈린은 소련공산당과 소비에트 정부 및 이를 총괄하는 지도자로 자신의 주체적 역할의 중요성을 인식하고 있었다. 즉 강력한 중앙집권적 권력체라는 주체를 중심으로 생산력을 발전시키는 전략을 채택했다.

이처럼 도표의 ⓐ면은 구조와 주체를 동시에 고려하는 마르크스 사상에 가장 근접된 것임을 알 수 있다. 즉 소련을 비롯한 과거 현실사회주의 국가들의 공식 지도이념이었던 마르크스 - 레닌주의는 구조와 주체 비중에 관한 인식 측면에서는 마르크스의 원래의 입장에 가장 근접된 것이었다고 평가할 수 있다.

도표의 ⓑ 면에는 마르크스주의에서 가장 강력한 주체중심적 입장들이 망라된다. 그러나 이 가운데 이른바 서구 마르크스주의의 효시라 할 수 있는 루카치, 코르쉬, 그람시 등은 구조에 관해 상대적으로 낮은 관심을 보였다. 이들은 1920년대 초반 중동부 유럽 혁명의 실패와 전후 자본주의의 상대적 안정기 돌입 등 구조적 낙관으로 혁명을 전망할 수 없는 조건에 처해 있었다. 자본주의의 상대적 안정 속에서 혁명은 장기적 과정으로 인식될 수밖에 없었고, 이런 조건에서는 주체의 형성과 역할에 모든 관심을 돌리게 되었던 것으로 보인다. 결국 마르크스 사상에 대한 자원주의적 해석은 이런 상황의 산물로 이해되어야 할 것이다.

또한 1950년대 중반 이후 동유럽과 서유럽에서 영향력을 획득했던 실존주의적 및 인간주의적 마르크스주의는 스탈린주의에 대한 비판으로 나타난 것이었다. 즉 스탈린주의의 권위주의와 생산력주의에 반대하면서 새로운 인간 주체성의 발견을 주장했다. 그러나 이런 입장들은 마르크스가 강조했던 사회적 존재인 인간이라기보다는 초역사적 개인을 주체로 인식하는 경향이 있었다. 따라서 구조에 대한 관심의 부재에서는 이들도 서구 마르크스주의의 창시자들과 동일한 입장이었지만 그들이 견지했던 사회적 존재론과는 무관했다. 이런 개인적 주체성에 대한 강조는 결국 사회역사적 변화라는 관점에서는 제한된 주체성에 머물 수밖에 없다.

이런 입장들과 달리 주체사상은 마르크스 - 레닌주의에 대한 계승성과 독창성을 주장한다. 즉 주체사상은 위 도표의 ⓐ면의 마르크스, 엥겔스와 레닌, 스탈린을 동일하게 간주하고 있다. 이것은 주체사상이 애당초 지도이념으로 도입한 마르크스주의는 마르크스 - 레닌주의였고, 당시 사회주의 진영에서 유일한 정통이 마르크스 - 레닌주의였다는 점에서 당연한 일이었다. 그러나 동일한 ⓐ면에서도 네 사람은 구조와 주체의 비중에 대해 상당한 입장 차이가 있음을 알 수 있다.

주체사상은 마르크스주의와의 관계에 대해 다음과 같이 규정한다. 즉 "주체사상은 맑스주의와 깊은 관계를 가지고 있지만 이 관계는 계승성과 독창성 가운데서 독창성이 주되는 것으로, 기본으로 되는 관계"(총서 01 : 48)라는 것이다. 주체사상이 주장하는 독창성은 후술하겠지만 바로 마르크스 - 레닌주의의 생산력주의에 대한 비판이었다. 따라서 주체사상이 독창성을 주되는 관계라고 주장하는 한, ⓐ면이 아닌 ⓑ면에 위치하는 것으로 보아야 한다. 즉 주체사상은 마르크스주의 자체의 역사적 제한성을 구조중심적 편향이라고 주장하는 것으로 보아야 한다.[19] 그 결과 주체사상의 독창성은 바로 마르크스 사상의 주체중심적 해석임을 알 수 있다.

한편으로 주체사상이 루카치나 실존주의적 및 인간주의적 마르크스주의를 수정주의로 비판하는 점에서 마르크스주의의 계승성이란 바로 구조에 대한 일정한 관심으로 해석할 수 있다. 왜냐하면 주체중심적 입장들이 포함되는 ⓑ면에서 주체사상이 다른 입장들을 모두 수정주의로 규정하는 것은 주의주의적 경향을 근거로 하기 때문이다. 주체사상이 마르크스주의에 대한 계승성을 주장하는 것은, 결국 '객관적 조건'에 대한 마르크스주의의 과학적 이해를 수용한다는 의미로 해석할 수 있다.

도표의 ⓒ면에는 구조중심적 마르크스주의자들을 배치할 수 있다. 전술했듯이, 제2인터내셔널 시기에는 자본주의의 미래에 관한 마르크스의 높은 추상의 예측에 대한 믿음이 지배했다. 이 시기의 대표적인 이론가들은 자본주의의

---

19) 이와 관련되는 것으로, 주체사상은 마르크스주의가 변증법적 및 역사적 유물론에 기초하여, "혁명승리의 결정적 요인을 객관적 조건의 성숙에서 찾는 혁명이론"(총서 01 : 42)으로 규정한다. 즉 마르크스주의 자체를 '객관적 조건' 달리 말하면 구조에 기초를 둔 혁명이론으로 보는 것이다.

객관적 구조에 의해 혁명의 주체인 프롤레타리아의 성장을 낙관했다. 물론 그들 사이에서도 룩셈부르크 등 대중의 자생성과 이에 기반한 총파업투쟁의 당위성에 대한 옹호 등 주체의 형성 문제에 일정한 관심이 없는 것은 아니었다. 그러나 자본주의의 필연적 붕괴에 대한 확신을 근거로 했던 당시의 상황은 결국 구조에 대한 배타적 확신이 지배했던 시기였다.

이들과 달리 알튀세르는 1960년대 자본주의의 장기 호황이라는 조건에서 제2차 세계대전 이후 프랑스를 석권했던 실존주의적 마르크스주의에 대한 비판으로 등장했다. 당시 서유럽을 지배했던 마르크스주의는 과학성에 대한 외면과 스탈린주의에 대한 비판으로 등장했던 인간주의적 마르크스주의의 관념성에 기초했다. 알튀세르는 인간을 구조의 담지자에 불과한 것으로 보고, 이에 기초하여 사회와 역사 속에서 인간의 주체성을 철저히 추방해 버렸다 (Althusser and Balibar, 1997 : 180). 알튀세르의 구조중심적 입장은 서유럽에서 혁명에 대한 낙관적 신념의 상실을 반영한 것이자, 이에 대한 극복을 위한 나름의 대응이었다. 그러나 마르크스 사상의 과학성을 옹호한 대신, 주체를 추방시켜 버린 그의 입장은 1968년 5월 봉기 등에서 무력한 이론으로 판명되어 버렸다.

구조중심적 입장에 속하는 또하나의 입장은 분석적 마르크스주의자들이다. 그들은 역사적 유물론의 재구성을 통해 "전통적으로 마르크스주의가 인정해 온 경제구조에 대한 정교화를 유지하면서 생산력 우선성 테제의 수정을 목표"(Wright, Levine & Sober, 1992 : 91)로 한다. 즉 구조에 대한 마르크스주의의 과학적 분석을 수용하면서도, 주체에 관한 관심을 동시에 기울여야 한다는 주장이었다.

이들이 생산력 혹은 토대 우위론적 입장을 거부한다는 점에서는 구조중심적 인 ⓒ면에 배치하는 것이 부적절한 것으로 보일 수도 있다. 그러나 이들은 부르주아의 합리적 선택이론 등에 기초하여 인간을 이기적이고 합리적인 개인에서 찾고 있다는 점에서 ⓑ면의 실존주의적 및 인간주의적 마르크스주의 자들과 마찬가지로 사회역사적 변화에서 사회적 존재로서 인간의 주체성을 파악하기에는 일정한 한계가 있다. 게다가 이들은 경제구조를 주어진 것으로 본다는 점에서 구조중심적 입장에 속하는 것으로 볼 수 있다.

도표의 ⓓ면에 속하는 포스트 마르크스주의 입장은 구조와 함께 주체를 모두 추방시켜 버리고, 행위자들 사이의 담론적 합의 등에서 사회역사적 변화의 추동력을 찾고 있는 점에서 라카토슈가 정의했던 과학적 연구 프로그램의 최소 조건인 마르크스주의의 '핵심적 보호대'마저 벗어던진 것은 아닌가 하는 의구심을 벗어날 수 없다. 즉 마르크스주의의 '핵심적 보호대'가 구조와 주체의 변증법적 상호작용에 의한 사회역사적 변화의 필연성으로 본다면, 포스트 마르크스주의의 상대주의적이고 관계론적 입장이 과연 이에 부합될 수 있는 것인지 의심스럽다.

1980년대 이후 광범위하게 논의되고 있는 역사적 유물론의 재구성 혹은 마르크스주의 재구성론들은 모두 이런 논쟁의 흐름 속에서 파악될 때, 진정한 이론적 및 실천적 함의를 파악할 수 있을 것이다.

제5절 역사적 유물론의 재구성 혹은 마르크스주의의 재구조화론

1970년대 후반부터 서구의 마르크스주의자들 사이에서는 마르크스주의의 재구조화 혹은 역사적 유물론의 재구조화가 시도되었다. 하버마스는 복원restoration이나 부활renaissance과 다른 재구조화reconstruction의 의미를 다음과 같이 정의한다. 즉 "하나의 이론을 그 자체가 지향하는 목적에 보다 완전히 도달하기 위해, 부분으로 나누었다가 새로운 형태로 다시 복원시키는 것"(Habermas, 1979 : 95)을 말한다. 이론의 재구조화는 우선 문제로 된 이론이 여전히 현재적 의미를 갖고 있다는 점과 한편으로는 그 이론의 원형으로는 현재의 문제를 설명하고 해결하기에는 부족한 점이 있다는 것을 전제한다. 따라서 마르크스주의 혹은 역사적 유물론의 재구조화론이 등장한 것은 그것이 갖는 현재적 의미와 함께 기존의 마르크스주의의 해석에 어떤 편향이 존재했었 다는 것을 반증한다. 아니면 마르크스주의 전통에 속하는 다양한 대립적 견해들 사이에 일정한 조정과 통일성을 확보하는 것이 긴급한 과제가 되었음을 말하는 것일 수도 있다.

라라인은 역사적 유물론의 재구성에 관한 다양한 시도들을 다음의 세 그룹으 로 분류하고 있다(Larrain, 1986 : 6 - 9).

첫째, 재구조화를 마르크스에 대한 특수한 독해 방식의 도입과 그가 실제로 말하고자 했던 바를 해명하는 것으로 보는 입장이다. 마르크스의 징후적 독해 symptomic reading를 주장하는 알튀세르가 여기에 속한다. 알튀세르는 징후적 독해의 목적에 대해, "그 대상들을 가시적인 것으로 만들기 위해 그 대상들에 대한 문제의식의 반영을 전진적이고도 체계적으로 생산하며, 암시적으로나 실천적으로만 존재했었을 것을 우리가 보도록 허용해 주는 심연에 놓여 있는 문제의식을 생산"(Althusser & Balibar, 1997 : 32)하고자 하는 것이라고 주장한다. 즉 라라인은 마르크스의 숨어 있는 '과학적 문제틀Scientific Problematic'을 재구성하는 것을 알튀세르의 역사적 유물론 재구조화의 목표라고 본다(Larrain, 1986 : 7).

둘째, 맥머트리처럼 마르크스주의의 범주적 틀의 체계적 명확화나 재구성을 주장하거나(McMurtry, 1978 : 18), 코헨과 같이 현대 분석철학의 엄격성과 명확성 을 통해 마르크스의 설명에 남아 있는 모호성을 제거하는 것(Cohen, 1978 : ix)을 재구조화의 '방법론적' 개념들이라고 강조하는 입장이다.

셋째, 재구조화를 마르크스 저작들에 대한 단순한 방법론적 접근 이상의
것으로 보다 강한 함의들을 갖는 것으로 보는 입장이다. 라라인은 이런 입장을
갖는 이론가들로 하버마스와 사르트르를 들고 있다. 하버마스는 의사소통행위
이론을 통해 역사적 유물론에 규범적 기초를 강화하고자 했고(Habermas, 1979 :
97), 사르트르는 마르크스주의와 실존주의의 결합을 통해 선험적이고 교조적
지식으로 변질된 마르크스주의의 재구조화를 주장했다.20)(Sartre, 1968 : 28)

라라인의 분류를 통해서 알 수 있듯이, 마르크스주의 혹은 역사적 유물론의
재구조화론에는 논자들의 이론적 입장이 반영되어 있다. 즉 재구조화 자체가
마르크스주의에 대한 다양한 견해들을 뒷받침하기 위한 이론적 수정임과
동시에, 마르크스주의의 이론적 엄격성과 현실에 대한 설명력 사이의 대립을
더욱 강화시킬 소지를 갖고 있다.

다른 한편으로 이런 재구조화론은 마르크스주의 혹은 역사적 유물론이
마르크스와 엥겔스의 사상과 이론적 통찰력을 현재의 상황을 설명하는 데
더욱 세련된 형태로 발전시킬 수 있는 기회를 제공할 수도 있다. 과거 마르크스
주의 내부에서 진행된 다양한 주제별 논쟁들과 달리,21) 역사적 유물론 혹은
마르크스주의 재구조화론은 철학적 존재론과 인식론은 물론, 과학과 비판,

---

20) 사르트르의 마르크스주의 재구조화 주장의 핵심은 앞 절에서 설명한 실존주의적 마르크스주의
참조.
21) 마르크스주의의 창시자인 마르크스와 엥겔스 자신들의 사상과 이론의 정립 과정이 바로 다른
입장들과의 논쟁의 성과에 기초했던 것은 주지의 사실이다. 이후 마르크스주의 내부에서 진행
된 주제별 논쟁들 가운데 일부만 살펴보더라도 마르크스주의 전통이 얼마나 많은 논쟁들을
거쳐 발진되어온 것인가를 이해할 수 있다. 공황본과 자본수의 필연적 붕괴론 논쟁, 가치론
논쟁, 제국주의 논쟁, 자본주의 이행논쟁, 국가론 논쟁에 이르기까지 마르크스주의는 실천의
사상이라는 이름에 충분히 부합될 정도로 수많은 논쟁의 성과들이 집적된 것이다. 그러나
이런 주제별 논쟁들은 배경에 구조와 주체, 과학과 비판, 필연과 자유라는 마르크스 이론 내부
의 근본적인 긴장을 내장하고 있는 것이었지만, 이에 대한 전면적 문제제기나 해결보다는
당면의 실천적 전략과 전술 차원에 제한된 것이 보통이었다.

필연과 자유 및 구조와 주체라는 마르크스주의 내부 이론적 대립의 핵심적 주제들을 대상으로 하기 때문이다. 따라서 재구조화론의 구체적 내용에 대한 전면적 분석은 마르크스주의 내부의 사상이론적 현주소를 확인할 수 있음과 동시에, 과학과 실천의 이론인 마르크스주의의 창조적 발전을 위해 극복해야 할 사상적 편향성과 이론적 난제를 추론하는 데 도움이 될 것으로 생각된다.

하버마스는 마르크스주의 재구조화의 필요성을 다음의 세 가지 이유에서 필요한 것으로 본다(Habermas, 1979 : 96 - 8). 첫째, 마르크스에서 유래하는 이론적 전통에서, 과학의 과학적 이해를 명분으로 철학적 문제들을 억제하는 경향들은 나쁜 철학으로 전락될 위험성이 높다는 점, 둘째, 처음부터 마르크스의 사회이론에는 규범적 기초에 대한 명료성이 결여되어 있다는 점, 셋째, 진화론의 개별적 가정들을 관찰해보면, 의사소통 - 이론적 반성을 필연적인 것으로 하는 문제들에 봉착되듯이, 의사소통행위이론과 역사적 유물론의 기초들 사이에는 연관성도 있다는 점 등이다. 즉 하버마스의 마르크스주의 재구조화는 과학성을 명분으로 한 실증주의적이고 결정론적인 마르크스주의를 극복하고, 자신의 의사소통행위론을 통해 규범적 기초를 갖는 마르크스주의를 확립하고 자 하는 것이다.

역사적 유물론을 "그것이 갖는 반성적 위상 덕분에, 정치적 행위의 목적에 교훈적이고도, 어떤 조건하에서는 혁명의 이론과 전략과 연계되기도 하는"(Habermas, 1979 : 130) 사회이론으로 취급할 것을 요구한다. 그는 역사적 유물론을 소련의 경우처럼 역사발전 5단계설로 교조적으로 적용한 결과 목적론적이고 결정론적 시각을 초래했다고 비판하면서, 역사적 유물론을 다음과 같이 재구조화함으로써 이런 편향의 극복이 가능하다고 본다(Habermas, 1979 : 140).

첫째, 역사적 유물론은 진화하는 하나의 유적 주체a species subject를 상정할 필요가 없다고 본다. 진화의 담지자는 사회들이거나 그것들에 통합되어 행동하는 주체들이고, 따라서 사회진화는 합리적으로 재구조화될 수 있는 유형들에 따라, 보다 포괄적인 구조들에 의해 대체될 수 있는 그런 구조들 속에서 식별될 수 있다. 구조형성의 과정에서 발생하는 것은 대규모 주체가 아니라 간주관적intersubjective 공동체들이다.

둘째, 발전의 논리와 동학, 즉 합리적으로 재구조화될 수 있는 더욱더 포괄적인 구조들의 위계유형과 경험적인 하위구조들이 발전하는 과정을 구분한다면, 단선적이고 필연적이며, 일관성 있고 역진 불가능한 역사를 상정할 필요가 없다는 점이다. 즉 하버마스는 역사에 관한 목적론적이고 결정론적 오류를 피하기 위해, 주체를 간주관적인 구성물로 보면서, 발전과정에서 우연적 요소의 개입 가능성을 열어 놓는 것이다.

또한 하버마스는 생산력의 발전은 사회구성체의 이행을 가능하게 하는 체제문제를 발생시키는 출발점이지 기존 생산관계의 전복이나 생산양식의 진화적 갱신을 직접 가져오는 요인이 될 수 없다고 본다. 나아가 한 사회구성체의 파괴와 새롭고 우월한 생산관계로의 대체과정을 다음과 같이 요약한다(Habermas, 1979 : 147). 즉 첫째, 진화적 혁신 없이는 해결될 수 없는 체제문제들이 한 사회의 기본 영역에서 발생한다. 둘째, 각각의 새로운 생산양식은 새로운 제도적 핵심의 주위에 결정화되는 새로운 사회통합의 형태를 의미한다. 셋째, 내재적 학습 메커니즘은 위기가 초래된 체제문제의 해결에 이용할 수 있는 인지적 잠재력의 축적을 가능하게 한다. 넷째, 그러나 이런 지식들은 새로운 제도적 틀과 새로운 사회적 통합을 위한 진화적 단계들이 착수되었을 때만 생산력 발전에 이용될 수 있다. 즉 하버마스는 생산력 발전이 사회진화에 작용하는 것을 직접적이 아닌 매개적인 것으로 보고, 학습 메커니즘이 단지 생산력 발전이라는 기능적인 것만이 아니라, 체제문제 해결이라는 사회적 실천에 관련된 지식의 습득에도 관련된다고 본다. 그는 "유적 존재는 생산력 발전에 유용한 기술적 지식을 학습할 뿐만 아니라, 사회적 상호작용에 결정적인 도덕적 - 실천적 의식들도 학습할 수 있다"(Habermas, 1979 : 148)고 본다.

요컨대 하버마스의 역사적 유물론의 재구조화론의 핵심은 생산력 발전 중심주의에 입각한 결정론적이고 기계론적 해석 대신에, 의사소통에 의한 인간의 간주관적 사회통합 능력의 발전을 함께 고려하는 것으로 요약될 수 있다.

윌리엄스는 명시적으로 재구조화라는 표현을 사용하지는 않았지만, 토대와 상부구조의 은유metaphor를 직접 문제삼음으로써, 역사적 유물론에 대한 기존의 정통적 입장 전반에 의문을 제기한다.

그는 토대와 상부구조라는 은유가 마르크스에 의해서 관계적인 의미로 사용되었던 것이 이후의 마르크스주의자들에 의해 '상대적으로 폐쇄된 범주들'이나 '상대적으로 폐쇄된 활동의 영역'들로 오용되었다고 지적한다(Williams, 1977 : 77 - 8). 즉 토대와 상부구조를 정확한 개념들이거나 사회적 삶의 관찰 가능한 영역들을 표현하는 용어로 오해했다는 것이다. 이로 인해 그는 "마르크스의 독창적인 비판의 힘은 사유와 활동의 영역들을 분리(물질적 생산과 의식의 분리)하는 데 반대하는 것이었고, 추상적 범주들을 부과함으로써 관련된 특정 내용, 즉 인간의 실천들을 추방하는 데 반대한 것이었다는 점을 기억한다면 이것은 역설이다"(Williams, 1977 : 78)라고 전제한다.

그는 토대와 상부구조를 연속체로, 실제로 분리된 구체적 실재로 파악한 점이 최대의 오류이고, 이로 인해 추상적 관계가 아닌 구성적인 과정에 대한 통찰력을 상실했다고 주장한다(Williams, 1977 : 80). 이에 대해 윌리엄스는 매개 mediation의 개념을 통해 역사적 유물론에서 강조하는 과정을 재구성한다.

윌리엄스는 초자연주의에 반대할 뿐인 자연주의와 낭만주의화, 미신화 등을 반증하는 현실주의를 분리함으로써, 기계적 유물론의 단순한 '대상 - 반영' 모델과 물질적 과정을 인간의 활동으로 파악하는 역사적 유물론의 차이를 부각시킨다(Williams, 1977 : 96). 즉 그는 추상적인 객관주의가 아니라 대상화된 과정에 대한 파악을 역사적 유물론의 핵심으로 보는 것이다.

윌리엄스는 기계적 유물론의 단순한 반영reflection과 반영의 수동성을 극복하고 실재를 능동적 과정으로 파악하는 매개mediation를 구분하며, 마르크스주의에서 반영론이 초래할 수 있는 환원주의화를 경계한다(Williams, 1977 : 102). 나아가 그는 마르크스주의 내부에 존재하는 지배적인 긴장의 하나가 주관적인 것과 인간적인 것에 대한 습관적인 혐오와 사회적인 것을 고정된 형식으로 환원시키는 경향(Williams, 1977 : 128 - 9)이라고 지적하면서, 형성적 과정으로 사회를 파악해야 한다고 주장한다.

그러나 윌리엄스는 "어떤 결정determination의 개념이 없는 마르크스주의는 사실상 가치가 없다. 많은 결정 개념들을 가진 마르크스주의는 아주 근본적으로 무력하다"(Williams, 1977 : 83)고 강조한다. 즉 윌리엄스는 사회역사를 구성적 과정으로 파악하고, 인간 주체의 능동적 역할에 의한 결정을 중심으로 마르크스주의를 재구성할 것을 주장하는 것이다. 그가 결정 혹은 중층결정overdetermination된 구조들을 범주적 대상화로 삼는 것은 경제주의적 오류를 반복할 뿐이라고 비판하는 것은(Williams, 1977 : 88) 그의 마르크스주의 재구조화론의 핵심적 주장을 엿볼 수 있게 한다.

또한 비마르크스주의자인 기든스도 역사적 유물론을 인간 실천Praxis의 이론으로 볼 것을 제안하고 있다(Giddens, 1981 : 1 - 2). 즉 그는 인간 사회의 역사를 생산력의 진보적 확대나 계급투쟁의 결과로 보거나 마르크스의 사회진화의 도식으로 보는 역사적 유물론의 개념은 오류라고 주장하며, "마르크스의 다양한 저작에서 알 수 있듯이, 인간 실천 이론의 보다 추상적인 요소들을 체현하고 있는 것으로 간주된다면, 오늘날 사회이론에 불가결한 기여를 한 것으로 남아 있다"(Giddens, 1981 : 2)고 주장한다.

기든스는 역사적 유물론이 사회과학 일반과 마찬가지로 구조와 주체의 관계 문제에 직면한다고 보고 자신의 구조화 이론the Theory of Structuration으로 역사적 유물론을 인간 실천의 이론으로 재구성할 수 있다고 주장한다. 즉 그는 "구조화 이론에 따르면, 모든 사회적 행위는 시공간에 위치하고 인간 주체들에 의해 익숙하고 알 수 있는 유형으로 조직된 사회적 실천들로 구성된다. 그러나 이런 지각 가능성은 한편으로는 알려지지 않은 조건들과 다른 한편으로는 의도치 않은 행위의 결과들에 긴박되어 있다"(Giddens, 1981 : 19)고 본다.

이런 구조화 이론을 역사적 유물론에 적용한다면, 인간의 실천은 일정한 사회적 조건들에 긴박되면서, 또한 여러 우연적인 요소들에 의해 의도치 않은 결과가 발생함으로, 정확한 예측은 불가능하게 된다. 즉 역사적 유물론은 기든스의 주장에 따르면 하나의 인과적 법칙을 갖는 이론이 아니라, 사후적 서술에 불과하게 된다. 이로 인해 위에서 윌리엄스가 주장하는 '결정'이 없는 마르크스주의와 마찬가지의 결과가 된다.

서만은 마르크스주의의 재고안reinventing의 필요성을 소련 붕괴 이후 마르크스주의의 위기에도 불구하고 자본주의가 문제를 갖고 있는 한, 진보적 사회이론은 필요하고 낡은 교조적 소련의 마르크스주의를 대신하는 새로운 비판적 마르크스주의들이 이런 역할을 할 수 있다고 보기 때문이다(Sherman, 1995 : 3). 그는 새롭고 비판적 마르크스주의는 낡은 소비에트 마르크스주의와의 투쟁의 결과로 출현했고, 경제학적으로 급진적 제도주의와 급진적 신케인즈주의, 그리고 다른 사회과학 분야에서는 페미니스트와 반인종주의 이론들의 영향을 받았다고 본다(Sherman, 1995 : 4 - 5).

서만은 19세기 프로이트의 영향으로 아직 영향력을 발휘하고 있는 심리적

환원주의Psychological Reductionism와 소련 마르크스주의의 경제환원론의
양 극단을 동시에 비판한다. 인간본성이나 주관적 욕망이나 선호 등 주류
경제학의 심리적 환원주의는 비과학성을 노정했다고 비판한다. 또한 토대와
상부구조 은유가 경제적 환원주의적 경향을 초래한다고 비판하면서, 역사적
유물론의 경제환원론적 성격을 극복할 수 있는 대안으로 관계론적 접근법
relational approach을 제안한다. 즉 그는 관계론적 접근법이 "사회를 하나의
통일체로 취급함으로써 개별적 사물이나 요인들이 아닌 관계와 과정을 취
급"(Sherman, 1995 : 29)한다고 주장한다.

　나아가 그는 사회를 구성하는 요소를 경제적 과정과 사회적 과정으로 본다
(Sherman, 1995 : 18). 즉 경제적 토대를 경제적 과정으로, 그리고 사회적 상부구조
를 사회적 과정으로 대체하여, 사회를 구성하는 것은 사상과 사회적 및 정치적
제도들의 사회적 과정과 생산관계 그리고 생산력의 경제적 과정으로 구성된다
고 보는 것이다. 사회의 구조와 변화를 관계론적 접근법으로 보면, 사상은
제도, 생산력, 생산관계 및 과거 사상의 진화의 결과이고, 사회적 및 정치적
제도는 사상, 생산력, 생산관계 및 과거 제도들의 진화의 결과이며, 생산관계는
사상과 제도, 생산력과 과거의 생산관계의 진화의 결과이고, 생산력 또한
사상, 제도, 생산관계 및 과거 생산력의 진화의 결과로 보게 된다.

　그러나 경제환원론을 극복하기 위한 셔만의 관계론적 접근법은 사회적
과정과 경제적 과정을 인위적으로 구분하는 데서 문제점이 발견된다. 즉 역사적
유물론이 사회역사의 발전을 인간의 물질적 삶의 재생산을 출발점으로 삼아
인간의 주체성과 구조의 변화를 변증법적으로 사고하는 데 반해, 셔만의 주장에
따르면 사상과 제도가 사회의 경제적 요인들과 독립되어 그 자체로 물화되어
버리기 때문이다. 또한 관계론적 접근법은 사회의 연속적인 구조적 진화를
설명할 수는 있지만, 사회의 단속적인 변혁을 설명하는 데는 한계가 있을

수밖에 없다.

결국 셔만의 마르크스주의 재고안 방식은 윌리엄스의 '많은 결정 개념들을 가진 마르크스주의는 아주 근본적으로 무력하다'는 주장과 일치한다. 이런 문제점은 이행의 이론이 아닌 사회구성체의 과학적 파악을 위한 이론으로 역사적 유물론의 전화를 주장한 발리바르의 주장에도 그대로 드러난다.

발리바르는 마르크스가 생산양식이라는 중심개념을 확립함으로써 역사철학의 모든 전통에서 하나의 인식론적 단절을 수행했다고 본다(Althusser and Balibar, 1997 : 201). 그는 마르크스의 생산양식 개념에서 역사과학의 두 가지 원리를 추출할 수 있다고 본다. 즉 통시적 원리인 '시기구분의 원리'와 공시적 원리인 '상이한 실천들의 접합 원리'가 그것이다. 이 두 원리는 시간의 연속성에 대한 이중적인 환원, 즉 모든 사회구조들 속에서 발견되는 요소들의 절대적 불변성과 역사적 연속성을 불연속성으로 교체하는 시기구분이 있다고 본다 (Althusser and Balibar, 1997 : 204).

발리바르는 여기서 시간적으로 불변적인 구조의 상태를 생산제양식으로 정의한다. 그러나 발리바르는 생산양식 개념이 갖는 이론적 지위에 문제를 제기하며, "동시에 이 개념들은, 그 개념으로 그것을 고찰할 수 없기 때문에, 낡은 문제의식의 내부에서 야기되는 하나의 새로운 문제를 별도로 제기하기 위해(동시에 해결하기 위해) 우리가 나아가야 할 방향을 지시"(Althusser and Balibar, 1997 : 205)하는 것으로 본다. 대신에 발리바르는 실제의 변화를 수행하는 것은 이런 이론적 개념인 생산양식이 아니라 사회구성체의 전화과정만이 현실적인 역사의 변증법을 지닌다고 주장한다.

나아가 알튀세르의 사회구성체의 전화론이 레닌의 역사적 유물론에 대한 정정에 기초하고 있음을 강조하면서, 역사적 유물론을 이런 방식에 따라 정정해야 한다고 강조한다(발리바르, 1992 : 225). 즉 발리바르는 마르크스의 생산력,

생산관계, 토대나 상부구조 등 일반적 개념들은 역사적 유물론의 일반적 문제설정으로, "말하자면 형식적으로 그 방향을(정확하게는 유물론적 방향으로) 설정케 하는 데 지나지 않는다"(발리바르, 1992 : 227)고 주장한다.

발리바르는 자신의 목표가 이행 혹은 전환을 진화론적으로 설명할 수 없다는 점을 해명하는 데 있다고 주장하며, "내적 모순의 구조적 양상이야말로 그것이 단순한 선형적 발전으로 환원할 수 없는 이상, 명확히 밝혀야 할 문제"(발리바르, 1992 : 230)라고 주장한다. 요컨대 발리바르는 역사적 유물론을 생산양식의 불연속적 교체에 관한 이행의 이론이 아니라, 정치, 경제, 이데올로기 등 제 심급들과 다양한 생산양식들이 혼재된 구체적인 사회구성체들의 내적 구조와 변화를 밝히는 과학으로 재구성할 것을 주장하는 것이다.

결국 발리바르의 주장은 경제 결정론적인 역사적 유물론 해석을 회피할 수는 있을지 모르지만, 정치, 경제, 이데올로기, 문화 등 사회를 구성하는 다양한 층위들을 물화시키고, 결과적으로 설명과 함께 사회과학 이론의 중요한 구성요소인 예측을 불가능하게 하는 결과를 초래한다. 발리바르는 통상적인 역사주의가 모든 것을 항상 이행 또는 이행중에 있는 것으로 파악한다고 비판하지만(발리바르, 1992 : 231), 발리바르 자신의 구조들의 접합에 관한 사회와 역사 이해는 모든 것을 정태적인 구조들로 파악하고 있다. 이에 대해서는 알튀세르의 구조주의를 경험주의와 "불구대천의 원수지간이지만 개념적 정태성의 산물이라는 점에서 동일"(Thompson, 1978 : 33)하다는 톰슨의 비판이 타당하다고 생각된다. 대신에 톰슨은 역사적 유물론의 결정적 범주와 개념들은 역사적인 것, 즉 과정 탐구에 적절한 개념과 범주들의 경향성으로 파악할 것을 주장한다(Thompson, 1978 : 46).

캘리니코스는 속류화되고 진화론적인 변증법적 철학에 의해 제2인터내셔널의 이론가들이 경제 결정론적이고 기회주의적 입장에 빠져들었고 또한 변증법을 존재론화함으로써 소비에트 마르크스주의가 역사적 결정론에 빠지게 되었다고 비판한다(Callinicos, 1983 : 61 - 2). 그는 레닌과 룩셈부르크 그리고 트로츠키가 혁명과정에서 의식과 행동을 강조함으로써 진화론적 마르크스주의를 효과적으로 비판했다고 본다(Callinicos, 1983 : 67).

또한 그는 제1차 세계대전 이후 마르크스주의 철학의 부활이 러시아 10월 혁명과 제2인터내셔널의 붕괴로 인한 역사적 유물론의 재구성의 결과로 본다. 즉 루카치, 그람시, 코르쉬 등에 의해 비진화론적이고 헤겔주의적 마르크스주의가 출현할 수 있었다고 보는 것이다(Callinicos, 1983 : 70). 마르크스주의 철학의 발전을 중시하는 캘리니코스의 마르크스주 혹은 역사적 유물론의 재구성 방향도 결국에는 인간 주체의 역할에 대한 강조와 경제 혹은 구조 결정론적 경향의 극복을 목표로 했음을 알 수 있다.

라이트 등은 분석적 마르크스주의적 입장에서 역사적 유물론의 재구성을 시도한다. 즉 분석적 마르크스주의의 전제적 주장은 마르크스주의의 재구조화가 마르크스주의를 경쟁적 이론들과 분리시켜 주던 경계들을 허물 것이지만, 그 결과로 마르크스주의 자체의 이론적 역량을 강화시킬 것(Wright, Levine & Sober, 1992 : xi)이라는 것이다. 즉 분석철학과 주류 사회학 등 비마르크스주의 학문의 성과를 마르크스주의에 도입함으로써, 명료성을 강화할 수 있다는 주장이다.

그들은 생산력과 생산관계의 연관들 각각을 재사고 하는 방식으로 역사적 유물론을 재구성한다. 역사적 유물론의 재구성을 통해, 전통적으로 마르크스주의가 인정해 온 경제구조에 대한 정교화를 유지하면서 생산력 우선성 테제를 수정하는 것을 목표로 한다(Wright, Levine & Sober, 1992 : 91). 그들은 정통적인 역사적 유물론이 강조하는 것을, 역사변화의 필요조건(물질적 조건), 역사변화의 방향, 역사변화의 수단 및 역사변화의 충분조건의 네 가지로 요약한다. 또한

'약한 역사적 유물론Weak Historical Materialism'과 '강한 역사적 유물론Strong Historical Materialism' 그리고 '포괄적 역사적 유물론Inclusive Historical Materialism'과 '제한된 역사적 유물론Restricted Historical Materialism'으로 구분한다.

생산력과 생산관계의 관계를 보는 입장에 따라, 강한 것과 약한 역사적 유물론으로 분류하고, 토대와 상부구조의 관계를 보는 관점에서 포괄적인 것과 제한된 역사적 유물론으로 구분한다(Wright, Levine & Sober, 1992 : 96). 즉 강한 역사적 유물론은 생산력의 발전수준이 특수한 경제적 구조를 기능적으로 결정하는 것으로 보는 반면, 약한 역사적 유물론은 생산력의 발전수준은 가능한 생산관계들의 집합만을 결정하고, 역사적으로 우연한 원인들에 의해 가능한 선택범위 가운데 특정한 경제적 구조가 선택된다고 본다. 따라서 약한 역사적 유물론은 계급 주체들의 관계 변형 능력에 특히 주목한다.

포괄적 역사적 유물론은 경제구조(토대)가 모든 비경제적 제도들의 속성을 결정하는 것으로 보는 반면에, 제한된 역사적 유물론은 경제적 구조들은 경제적 구조들의 재생산에 관련되는 비경제적 제도들의 속성을 결정할 뿐이라고 보는 입장이다. 라이트 등은 마르크스와 마르크스주의자들은 강하고 포괄적인 역사적 유물론을 지지했으나, 오늘날에는 약하고 제한된 역사적 유물론이 보다 타당한 것으로 인정되어야 한다고 본다(Wright, Levine & Sober, 1992 : 96‒7). 이처럼 이들의 주장은 생산력 혹은 토대 우위론 테제를 거부하고, 역사적 유물론을 인간의 실천을 강조하는 역사 이론으로 재구성하자는 것이다.

라라인은 보다 정교한 이론적 기초 위에서 역사적 유물론의 재구성을 시도한다. 라라인은 자신의 마르크스주의 재구조화와 관련되고 마르크스주의에 관한 일면적이고 도식적인 해석의 기원인 모호성들은 마르크스 자신이 감당했던 매우 복잡한 과제에 내재한 난제들에서 유래하는 것으로 본다(Larrain, 1986 : 9).

즉 라라인은 역사적 유물론의 재구조화라는 발상이 나오게 된 것은 바로 이런 긴장을 인정하고 해결하려는 노력으로 본다. 라라인은 마르크스와 엥겔스의 저작들에 내재하여 마르크스주의자들 사이에 많은 대립적 견해를 초래한 긴장들을 다음의 네 가지로 분류하여 검토한다. 즉 변증법의 개념, 의식의 분석, 사회변동의 메커니즘 및 역사의 개념 등이다(Larrain, 1986 : 12).

라라인은 이른바 정통적 역사적 유물론 해석이 마르크스와 엥겔스 사상에 내재하는 네 가지의 긴장을 해소하는 방법을 다음과 같이 규정한다. 즉 변증법을 자연에서 도출된 보편적인 법칙으로 인식하며, 의식을 물질의 반영으로 이해한다. 그리고 기술발전을 사회변동의 주요 메커니즘으로 이해하고, 역사를 단선적이고 목적론적인 과정으로 이해한다(Larrain, 1986 : 140). 즉 라라인은 정통 마르크스주의가 자연주의적이고 진화론적인 변증법 개념에 입각하여, 생산력 우위론과 경제 결정론을 주장하는 것을 특징으로 한다고 보는 것이다.

이에 대한 대안으로 라라인은 실천을 통해 이론 내적 긴장을 해소하는 방식으로 역사적 유물론을 재구조화 해야 한다고 주장한다(Larrain, 1986 : 140). 라라인은 생산력이든 생산관계이든 결국 인간 실천의 결과에 불과하기 때문에, 그것들의 우위성을 주장하는 것은 오류라고 비판하면서, 결국 인간의 실천과 그것들의 물질적 생산으로의 변형만이 우위성을 가질 수 있다고 본다(Larrain, 1986 : 150). 이런 입장에서 라라인은 알튀세르의 구조주의적 행위론과 사르트르의 행위론이 정반대의 의미에서 주체와 객체를 분리시키는 점에서 동일하다고 비판하고(Larrain, 1986 : 125) "인간과 자연, 사회적인 것과 물질적인 것, 주체와 구조, 의식과 실재의 접합점과 통일을 구성하는 것은 실천"(Larrain, 1986 : 125)이라는 점을 강조한다. 라라인은 역사적 유물론이란 이론과 역사의 연관이라는 점에서 알튀세르와 그를 비판하는 톰슨의 일면성을 모두 비판한다.

이상의 개괄에서 알 수 있듯이 마르크스주의 혹은 역사적 유물론의 재구성에 관한 현대의 이론들은 이른바 정통 마르크스주의의 경직된 결정론적 입장에 대한 비판에서 출발하는 것이 보통이다. 물론 마르크스주의의 과학성을 강조하는 알튀세르와 발리바르의 구조주의적 마르크스주의나 셔만의 관계론적 접근법 등 이행의 이론이라기보다는 정태적 사회구조에 관한 엄밀한 과학적 파악을 강조하는 예외가 있기는 하다. 그러나 그들의 주장도 과거 마르크스주의를 지배했던 경제 결정론적 입장과는 달리, 다양한 층위나 심급들의 접합 혹은 관계를 강조한다는 점에서 차이가 있다.

현실사회주의의 붕괴와 함께 마르크스주의의 위기가 당연시되는 분위기에서 이런 마르크스주의 혹은 역사적 유물론의 재구조화는 실천과 인간의 주체성 및 의식의 역할을 강조하고, 역사를 보다 열린 과정으로 파악함으로써, 현실의 문제에 대한 마르크스주의의 설명력과 문제해결 능력을 제고하려는 시도라고 평가할 수 있을 것이다.

제6절 과학/비판, 이론/실천, 필연/자유, 구조/주체

마르크스주의 전통에는 다양한 대립되는 입장이 존재해왔다. 이것은 마르크스와 엥겔스의 원래 사상과 이론에 내재하는 긴장과 함께, 실천의 이론으로 맥락에 따라 강조점을 달리할 수밖에 없는 마르크스주의 자체의 성격에서 기인한 것이었다. 따라서 과거 소비에트 마르크스주의가 시도했던 단일의 정통 마르크스주의와 많은 수정주의 분파들로 구분하는 것은 성급한 잘못된 결론을 유도할 위험성이 높다. 경직된 교조로 마르크스주의를 전락시킬 수 있기 때문이다. 따라서 마르크스주의를 하나의 응집력 있고 일관성 있는 사상으로 확립하기 위해서는, 마르크스와 엥겔스의 저자들을 그들이 지면했던 실천적 맥락 속에서 핵심적 내용을 추론하고 재구성하는 작업이 선행되어야 한다.

뿐만 아니라 다양한 마르크스주의적 입장을 그것들이 발생하게 된 실천적 맥락들 속에서 파악해야만 한다.

과학과 비판, 이론과 실천, 필연과 자유 및 구조와 주체의 대립이 마르크스주의 내부의 입장 대립의 기본축임을 알 수 있다. 즉 혁명의 필연성과 객관적 사회역사에 대한 과학적 파악을 마르크스주의의 핵심으로 보는 견해와 인간의 주체적 실천에 의한 역사발전을 강조하는 입장으로 구분되는 것이다.

일반적으로 과학과 이론 및 필연성을 강조하는 입장들은 구조적 대상에 대한 과학적 파악과 사회역사적 이행의 필연성과 당위성을 강조하기 마련이고, 실천과 자유 및 비판적 성찰을 강조하는 입장들은 인간 주체들의 능동적 실천과 의지 및 욕망들을 강조하는 것이 일반적이다. 따라서 이 책에서는 마르크스주의 내부의 다양한 입장들을 이런 기준에 따라 구조중심적 입장과 주체중심적 입장으로 나누어 고찰하였다.

마르크스주의의 사상 및 이론적 기준이 되는 마르크스와 엥겔스의 저작들을 검토해 보면, 구조와 주체에 관해 상당히 상반된 서술들이 존재하는 것은 사실이다. 따라서 이후 마르크스주의자들 사이에서 이의 해석을 둘러싼 대립이 발생하게 된 것이다. 그러나 마르크스와 엥겔스의 주장들을 그들이 직면했던 구체적인 실천적 상황들과 해당 시기 주요한 이론적 반박의 대상들과의 관계에서 고려한다면, 그들의 상반된 진술들은 강조점의 차이에 불과하다는 사실을 확인할 수 있다. 즉 헤겔과 헤겔 좌파를 비롯한 관념론들을 주요 비판 대상으로 할 경우에는 유물론 일반의 진보성을 강조하게 되고, 반대로 기계적 유물론의 형이상학적이고 정태적 성격을 비판할 경우에는 변증법의 중요성을 강조하는 식이었다. 따라서 이 책에서는 마르크스와 엥겔스 주장의 핵심을 구조와 주체의 변증법적인 결합으로 인식해야 한다는 결론에 도달했다.

마르크스와 엥겔스와 마찬가지로 이후의 많은 마르크스주의자들도 그들이 처한 이론적 및 실천적 상황에 따라, 구조와 주체의 대한 강조가 달라질 수밖에 없었다. 이것은 실천의 이론으로 마르크스주의가 갖는 특성에서 유래된 것이었다.

제2인터내셔널 시기의 대표적 이론가들인 카우츠키, 룩셈부르크 등은 19세기 말과 20세기 초 자본주의 모순의 심화와 노동계급운동의 발전 등으로 혁명의 필연성과 임박성에 관해 확신했다. 그들의 이런 낙관적 신념을 뒷받침했던 이론적 기초는 다름아닌 강력한 경제 결정론과 진화론이었다.

또한 스탈린도 1920년대 후반 이후 소련 내부에서 권력의 공고화와 생산관계의 사회주의적 개조의 완수와 이로 인한 경제발전에 고무되어 상당히 강력한 생산력 우위론의 경제 혹은 구조 결정론적 입장을 취했다. 이처럼 구조 결정론은 혁명에 대한 낙관기에는 혁명의 필연성과 임박성을 강력히 뒷받침하는 이론의 역할을 했다. 또한 혁명의 낙관기의 구조 결정론은 혁명 수행의 주체에 대한 고려도 도외시하지 않는 특징을 보인다. 왜냐하면 구조 혹은 경제 결정론만으로는 임박한 것으로 생각되는 혁명의 구체적 실천에 대한 전략적 및 전술적 구상을 완성할 수 없었기 때문이다. 제2인터내셔널 이론가들이 노동자 대중의 주체성을 강조한 반면, 스탈린은 소련 공산당의 전위적이고 향도적 역할을 강조한 것은 그들이 처한 구체적 조건의 차이를 반영하는 것이지만, 구조 결정론을 주체의 역할로 보완했다는 점에서는 동일하다.

이와 달리 알튀세르의 구조중심적 입장은 전혀 다른 맥락 속에서 제기되었다. 즉 알튀세르의 이론은 제2차 세계대전 이후 자본주의의 장기적 번영과 서구 노동계급의 복지국가 체계 내로의 편입 등 전반적으로 혁명에 대한 비관적 분위기가 지배적이었던 1960년대를 배경으로 등장했다. 당시 프랑스를 지배했던 사르트르 등의 실존주의적 마르크스주의의 주관주의적 성격을 비판하면서, 알튀세르는 정치, 경제, 이데올로기 등 다양한 심급들의 접합인 자본주의 사회구조를 과학적으로 파악하는 이론적 무기로 마르크스주의를 재구성할 것을 주장했다. 이를 위해 알튀세르는 이론적 반인간주의 입장에서 사회를 주체로 인식함으로써, 인간의 실천과 의지 등을 마르크스주의에서 추방시키고 있다.

이를 통해 알 수 있듯이 혁명에 대한 비관적 인식이 지배하는 시기의 구조중심적 마르크스주의는 주체를 도외시하고 정태화된 사회구조에 대한 과학적 파악을 배타적으로 강조하는 경향을 보이게 된다. 물론 알튀세르는 정치, 경제 및 이론적 차원에서 계급투쟁의 역할을 강조하지만, 주체의 추방으로 말미암아 인간은 구조의 단순한 담지자로서 구조의 요구를 대행하는 정도의 역할에 머물게 된다.

주체중심적 마르크스주의는 사회역사 발전에서 인간의 실천과 의지의 역할을 강조하고 마르크스주의를 실천의 철학으로 해석한다. 즉 구조중심적 마르크스주의가 혁명의 당위성과 필연성을 과학적으로 해명하는 데 중점을 둔다면, 주체중심적 입장은 인간의 능동적 실천에 의한 혁명의 창조를 더욱 중시한다.

레닌은 강력한 주체중심적 입장에서 전위당에 의한 인민대중의 혁명적 실천과 사회주의 의식의 역할을 강조했다. 20세기 초반 이미 자본주의적 생산양식으로 이행한 러시아에서는 차르 체제의 봉건적 정치제도에 의해 인간의 삶의 조건은 더욱 열악했고, 후발 자본주의의 생산력 발전 지체 및 다양한 전근대적 우클라드의 공존 등 인간의 혁명적 실천을 더욱 절박하게 요구하고 있었다. 이런 조건에서 레닌은 대중의 자발성이 아닌 직업적 혁명가들로 구성되는 전위당에 의한 대중과 지도의 결합으로 혁명을 창조할 수 있다고 확신했다. 이런 레닌의 사상과 전략은 결국 1917년 러시아 혁명을 성공적으로 수행함으로써 이후 상당한 기간 동안 마르크스주의 내부의 유일한 정통적 입장인 마르크스 – 레닌주의로 승인되기에 이르렀다. 레닌은 의식적 지도로 혁명의 잠재력을 현실화시킬 수 있다는 사실을 역사적으로 증명한 것이다.

한편으로 레닌은 1899년 집필한『러시아의 자본주의 발전』을 통해, 이미 러시아에서 지배적인 생산양식은 자본주의임을 해명함으로써, 그의 강력한 주체중심적 입장은 구조에 대한 인식에 의해 뒷받침된 것임을 알 수 있다. 즉 혁명에 대한 낙관적 신념과 목적의식적 지도는 구조에 대한 과학적 해명과 이에 기초한 노농동맹의 전략에 기초한 것이었다.

레닌과 달리 이른바 서구 마르크스주의의 창시자들로 평가되는 루카치, 코르쉬, 그람시 등은 혁명의 실패와 비관적 전망이 지배적이던 시기의 주체중심론적 입장을 대표한다. 즉 러시아 혁명과 제1차 세계대전 종전 이후 중서부 유럽에서 발생했던 공장평의회 운동 혹은 소비에트 창설 등은 1920년대 벽두 모두 좌절되었다. 또한 1924년을 기점으로 자본주의 경제가 전반적으로 상대적 안정기로 들어서면서, 혁명의 임박성과 필연성에 대한 신념도 약화되었고, 마르크스주의자들은 이런 자본주의의 상대적 안정과 장기적인 사회주의 혁명 전략과 전술을 이론적으로 설명해야 하는 과제를 안게 되었다.

루카치와 코르쉬는 헤겔 철학을 기초로 경제 결정론적 입장을 비판하고, 의식과 실천의 역할을 강조했다. 즉 그들은 헤겔의 변증법이 갖는 중요성을 강조하며, 과학성을 이유로 마르크스주의를 실증주의적으로 해석하는 입장들을 비판했다. 특히 루카치는 마르크스주의의 정통성을 마르크스의 방법의 수용에 있다고 주장하며, 변증법적 방법에 의한 총체성의 파악을 강조했다. 코르쉬는 철학을 계급적 현실의 이론적 표현으로 간주하고, 제2인터내셔널 이론가들이 철학적 문제를 소홀히 함으로써 마르크스주의의 실천성과 혁명성을 상실하게 했다고 비판했다.

그람시는 마르크스주의를 실천의 철학으로 명명했고, 크로체의 역사주의를 기초로 경제 결정론을 비판했다. 특히 그람시는 의지를 철학의 기초로 삼을 것을 주장하며, 의지를 주관적인 것이 아닌 필연성에 일치하는 의지로 규정한다.

전체적으로 서구 마르크스주의의 창시자들인 이들은 실천과 의지 등을 중시하고 경제 결정론을 비판한다. 또한 혁명의 퇴조기라는 조건에도 불구하고 이들은 아직 마르크스주의 이론과 정치적 실천의 결합을 중요한 과제로 생각하고 있었다. 그들 모두가 자국의 사회주의 정당의 중요한 실천적 및 이론적 지도자들이었고, 비록 실패했지만 1920년대 초까지의 혁명운동에 참가한 경험들을 갖고 있었기 때문일 것이다.

제2차 세계대전을 전후하여 영향력이 강화된 주체중심적 마르크스주의자들은 실천적 성격이 약화되고 문화나 자본주의 사회의 소외 비판 등 강단적 성격이 강화되었다. 이들은 제2차 세계대전 이후 케인즈주의적 복지국가 체제에서 전반적 노동운동의 퇴조와 체제내화 경향 등에 따라 혁명의 가능성이 보다 요원해진 상황에 처했다. 따라서 이들의 이론적 입장은 보다 성찰적인 성격을 띠게 되었고, 현실사회주의의 모순에 대한 비판까지 시도하는 등 보다 중립적인 성향이 강했다. 특히 프랑크푸르트학파는 이런 경향을 대표했다.

한편으로 실존주의적 마르크스주의와 탈스탈린화 이후 동유럽의 인간주의적 마르크스주의는 마르크스주의를 인간을 중심으로 재구성하려고 했다. 그러나 이 시기의 주체중심적 마르크스주의는 전반적으로 구조에 대한 정치경제학적 접근을 소홀히 하고, 문화나 인간 심리에 관한 연구 등으로 관심의 방향을 전환했다. 그 결과 구체적인 실천활동의 전략과 전술 등을 구상하는 데 한계를 보이게 되었다.

혁명의 고양기 레닌의 주체중심적 입장이 러시아의 자본주의화에 대한 이론적 고찰에 기초한 것처럼, 구조에 대한 고려를 소홀히 하지 않았다. 또한 서구 마르크스주의 창시자들은 이론과 정치적 실천 사이의 연관을 중시했다. 이들과 달리 20세기 중반 이후의 주체중심적 마르크스주의는 전반적으로 구조에 대한 고려와 정치적 실천에 대한 관심이 약화되는 경향을 보여준다.

1970년대 후반 이후 마르크스주의 혹은 역사적 유물론의 재구성론이 등장했다. 알튀세르 등 구조주의적 마르크스주의자는 역사적 유물론을 추상적인 이행 이론이 아니라, 정치·경제·이데올로기 등 사회를 구성하는 제반 심급들의 접합을 파악하는 과학적 이론으로 재구성할 것을 주장했다. 그러나 알튀세르의 입장을 예외로 한다면, 대체로 재구성론은 역사적 유물론의 경직된 생산력 혹은 토대 우위성 테제에 대한 비판과 인간의 능동적 실천이 역사과정에 가지는 중요성을 강조했다.

이상의 개괄에서 다음 몇 가지의 특징을 도출할 수 있다.

첫째, 마르크스주의의 구조 혹은 주체 중심적 해석은 항상 일면적 편향을 낳는다는 사실을 알 수 있다. 특히 이런 편향은 혁명의 고양기보다는 혁명의 퇴조기에 더욱 두드러지는 양상을 보인다.

둘째, 현실사회주의 당과 국가의 공식이념이었던 마르크스 - 레닌주의가 단일한 것이 아니라 레닌의 주체중심적 입장과 스탈린과 이후의 구조중심적 입장으로 구분된다는 사실이다. 레닌의 주체중심적 입장은 전위당의 목적의식적 지도에 의한 혁명의 창출을 강조한 반면, 스탈린은 상대적으로 안정된 조건에서 사회주의 건설을 생산력 우위론적 관점에서 사고한 것이다. 탈스탈린화 이후 1961년 소련공산당 제22차 대회에서 결정된 '전인민의 국가론'도 결국 생산력의 발전을 공산주의 건설의 핵심으로 보는 구조 결정론적 입장을 보인다.

셋째, 마르크스주의의 발전과정 전반을 보면, 초기의 경제 결정론적 관점은 점차 비판의 대상이 되었고, 주체의 능동적 역할에 대한 관심이 고조되어왔음을 알 수 있다. 이런 경향은 결국 주체중심적 편향을 방지할 수 있도록 구조에 대한 관심과 조화를 추구해야 한다는 과제의 중요성을 환기시킨다.

제3장

주체사상의 형성

제1절 마르크스주의들Marxisms과 북한의 주체사상

1-1 어떤 마르크스주의와 주체사상의 관계인가?

마르크스주의의 역사에서는 마르크스와 엥겔스의 사상과 이론에 내재하는 긴장들에 대한 해석을 둘러싸고 다양한 대립적 입장이 병존했다. 이런 입장의 대립은 내적 응집력이 있는 하나의 사상체계인 마르크스주의 위상을 위협하기도 했으나, 때로는 마르크스주의의 보다 심화와 정교화에 기여하기도 하는 측면도 있었다. 앞에서 개괄했듯이, 구조중심적 입장과 주체중심적 입장으로의 대립은 마르크스와 엥겔스가 말하고자 하는 바의 진정한 의미를 이론적 및 실천적 맥락 속에서 파악할 수 있도록 했고, 그에 대한 편향적 해석이 갖는 위험성을 환기시키기도 했기 때문이다.

다양한 마르크스주의들의 분기는 대립적 입장들의 평면적 공존이라기보다는 특정 시기 하나의 정통적 입장을 중심으로 다수의 비정통적 견해들이 난립하는 양상을 보였다. 제2인터내셔널 시기의 카우츠키 등의 진화론적이고 경제 결정론적 입장이 정통으로 인정되었다면, 1917년 러시아 혁명을 전후하여 기계론적이고 진화론적인 경제 결정론이 레닌에 의해 비판되었다. 특히 레닌의 입장은 혁명의 성공과 함께 대단한 권위를 획득함으로써 1980년대 말 현실사회주의 붕괴 이전까지 마르크스 - 레닌주의라는 이름으로 국제공산주의 운동의 공식이념의 지위를 차지했다. 그러나 마르크스 - 레닌주의도 레닌의 주체중심적 입장과 스탈린 및 탈스탈린화 이후의 구조중심적 입장으로 구분될 수 있고, 스캔런의 소련 현지 연구를 통해 드러났듯이(스캔런, 1989 : 13 - 9), 1950년대 이후 소비에트 마르크스주의도 다양한 내부 이견과 논쟁들이 존재했던 점에서 문제는 더욱 복잡해진다.

따라서 마르크스주의와 주체사상의 관계를 파악하고자 하는 연구는 무엇보다 먼저 어떤 마르크스주의와 주체사상의 관계를 대상으로 할 것인지를 선택해야 한다. 주체사상이 선행 노동계급의 사상과의 독창성과 계승성을 주장하는 것은 이런 난제를 해결할 수 있는 중요한 실마리를 제공한다. 『주체사상의 철학적 원리』에서는 다음과 같이 규정하고 있다.

주체사상은 맑스-레닌주의가 이룩하여 놓은 사상이론적 업적을 옹호하고 구현해나가는 과정에서 창시되고 발전되어왔다. 그리고 주체사상은 관념론과 형이상학의 온갖 조류들을 반대하고 유물론적이며 변증법적인 입장을 철저히 고수하여온 사상이다. 주체사상이 밝혀주는 혁명이론도 역시 부르조아이론과 기회주의이론으로부터 맑스-레닌주의의 혁명적 진수를 옹호하고 그것을 우리 시대의 혁명실천의 요구에 맞게 창조적으로 적용하고 발전시키는 과정에서 창시되고 발전 풍부화된 이론이다. 이와 같이 주체사상은 맑스주의와 깊은 관계를 가지고 있지

만 이 관계는 계승성과 독창성 가운데서 독창성이 주되는 것으로, 기본이 되는
관계이다(총서 01 : 48).

위의 인용문에서 알 수 있듯이, 주체사상은 마르크스 - 레닌주의의 창조적
발전과정에서 창시된 독창적인 혁명사상이라고 명시적으로 주장하고 있다.
한편으로 주체사상은 프랑크푸르트학파와 알튀세르 및 사르트르 등 이른바
서구 마르크스주의자들을 명시적으로 비판함으로써, 주체사상이 마르크스주
의로 인정하는 범위가 매우 협소하다는 점을 보여준다.

북한 사회과학원 철학연구소에서 1985년 발간한『철학사전』에서는 프랑크
푸르트학파 소속 이론가들을 신랄하게 비판하고 있다. 즉 그들은 좌경적이며,
초혁명적인 구호와 때로는 마르크스주의로 위장하여 신좌파나 신마르크스주
의로까지 불리고 있지만, 그들의 비판철학이나 사회비판이론은 "노동계급의
혁명사상을 왜곡하고 그 세계관적 기초와 과학적 공산주의 이론을 헐뜯고
있다"고 비판한다(북한 사회과학원 철학연구소, 1989 : 756).

하버마스가 "반공이론의 상투적 수법에 따라 '젊은 맑스'와 '늙은 맑스'
맑스와 엥겔스, 맑스와 레닌을 서로 대치시키며 유물변증법을 '실재론적 존재
론' '자연주의적 형이상학'이라고 비방하고 있다'(북한 사회과학원 철학연구소,
1989 : 756)고 비판한다. 이를 통해 주체사상은 마르크스 사상 발전에 대한
시기구분이나 마르크스와 엥겔스 이론 사이의 긴장을 인정치 않고 있으며,
레닌의 사상을 마르크스 사상의 창조적 발전과 풍부화로 이해하고 있음을
보여준다. 즉 마르크스와 엥겔스 사상 그리고 마르크스 - 레닌주의를 주체사상
에서 말하는 선행 노동계급의 사상이라는 일관성 있는 계보 속에서 파악하고
있음을 보여준다.

아도르노에 대해서는 부정을 변증법의 핵으로 주장하며, 그것을 객관적인

것이 아닌 '주체적인 것' '인간화된 변증법' '변증법적 인간학'으로 보고 있다고 비판한다. 이를 통해 주체사상은 이들이 "실증주의를 비판한다는 명분으로 유물론의 근본원리를 부정한다"(북한 사회과학원 철학연구소, 1989 : 756)고 비판한다. 즉 주체사상은 변증법을 객관적인 세계와 인간 및 인간 의식의 보편적 운동법칙이라는 마르크스와 엥겔스의 변증법적 유물론의 규정의 고수를 강조하는 것이다.

또한 호르크하이머의 후기자본주의 비판이나 마르쿠제의 일차원적 인간론 등이 "결국 낡은 것을 부정한다는 미명 하에 무성부적인 망동과 니체식 패덕주의를 고취하여 사회적 진보를 부정하고 있다"(북한 사회과학원 철학연구소, 1989 : 756)고 비판하고 있다.

알튀세르나 사르트르에 대한 비판은 프랑크푸르트학파에 대한 비판처럼 명시적이지는 않지만, 각각 구조주의와 실존주의를 비판하는 가운데 이들의 이름을 거명하며 비판하고 있다. 즉 구조주의는 "대상에 대한 인식에서 구조분석이 가지는 의의를 절대화하며 '반인간주의' '반역사주의'를 고창하는 비과학적이며 반동적인 철학"(북한 사회과학원 철학연구소, 1989 : 80)으로 규정하고, 그 대표적 인물들로 레비 스트로스, 미셸 푸코, 자크 라캉과 함께 루이 알튀세르를 거명하고 있다.

주체사상에서는 실존주의를 "세계에 대한 과학적 이해와 혁명적 변혁을 부정하는 전형적인 부르주아인간철학"(북한 사회과학원 철학연구소, 1989 : 432)으로 규정하며, 제2차 세계대전 이후 사르트르, 카뮈, 마르셀 등에 의해 "문학과 철학의 혼합물로서의 실존주의가 현대 부르주아인간철학의 지배적 사조로 되었다"(북한 사회과학원 철학연구소, 1989 : 433)고 본다. 특히 사르트르에 대해서는 "나에 대한 세계는 절대적으로 나에게 의존하는 것이며 나의 의식 작품이기 때문에 실존은 인간으로서의 나로 된다고 설교하고 있다"(북한 사회과학원 철학연구소, 1989 : 433)고 비판한다. 비록 사르트르가 마르크스를 위대한 철학의 창조기 인물로 보고 실존주의를 그의 철학을 뒷받침하는 이데올로기로, 마르크스주의를 실존주의로 보완하려 한다고 해도(Sartre, 1968 : 7 - 8) 주체사상의 입장에 따르면 전형적인 관념론에 불과하게 된다.

북한의 철학자 김창렬은 실존주의의 이런 주체적 진리론이 결국에는 객관적 진리의 존재를 부정함으로써, "진리의 객관성을 부정함으로써 자연, 사회발전의 객관적 합법칙성을 밝힌 로동계급의 철학의 진리성을 말살하는 동시에 진리를 탐구하는 사람들의 이목을 객관적 현실로부터 떼내려고 하였다"(김창렬, 1988 : 158)고 비판했다. 특히 사르트르에 대한 비판에서 김창렬은 "『변증법적 리성비판』이라고 한 싸르뜨르의 주장을 따르면, 맑스주의의 원래의 내용을 말살하고 그것을 인간학화하는데 혈안이 되어 미쳐 날뛰고있다. 그리고 여기에서 주로 매여달리는 것이 맑스의 초기저작(주로 1844년 『경제학, 철학수고』를 념두에 두고있다)이다"(김창렬, 1988 : 263)라고 주장한다.

김창렬은 마르크스의 초기 저작들에 기초하여 마르크스주의 철학을 인간학화하려는 시도를 '인간적 유물론'으로 규정하고, 이런 입장이 1923년 루카치의 『역사와 계급의식』의 출간과 함께 나타난 것으로 보면서 다음과 같이 단언적으로 비판하고 있다.

프랑크푸르트학파나 기회주의자들의 주장과는 달리 맑스주의의 기본내용을 이루는것은 어디까지나 변증법적 유물론에 기초하여 자본주의 멸망과 사회주의 승리의 필연성을 과학적으로 론증한 리론이다. 맑스주의는 결코 인간학화될수 없다.

물론 맑스의 초기 저작들에는 헤겔적 용어나 포이에르바흐적 관점에서 씌여진 내용들이 적지 않는것만은 사실이다. 맑스는 『경제학, 철학수고』에서 공산주의를 '완성된 자연주의, 인간주의'로 정식화하였으며 인간의 '자기소외'문제를 중심적으로 론하였다.

그렇다고 하여 맑스주의철학의 기본내용이 결코 인간의 '자기소외'문제로 될 수 없으며 더욱이 '현실적인도주의'와 '자연주의'에 대하여 론한 포이에르바흐의 '인간학과 같은 것으로 될 수 없다(김창렬, 1988 : 265).

위의 인용문을 통해 알 수 있듯이, 주체사상은 마르크스주의 전통 속에서 출현했던 마르크스주의의 인간학적 해석에 매우 비판적인 인식을 갖고 있다. 이런 비판적 입장은 위에서 구체적으로 거명된 이론들은 물론이고, 1950년대 탈스탈린 이후 출현했던 동유럽의 인간주의적 마르크스주의에 대해서도 동일하게 적용될 수 있는 비판으로 판단된다. 왜냐하면 그들의 주장이 근본적으로 위에서 명시적으로 비판된 이론들에서 많은 영향을 받았을 뿐만 아니라, 변증법적 유물론의 기본원리에 대한 존재론 및 인식론 차원의 수정을 주장했기 때문이다.

요컨대 주체사상은 마르크스 - 레닌주의가 견지했던 변증법적 유물론의 기본원리에 대한 고수를 자신들의 계승성의 원천으로 인식함으로써, 주체사상의 독창성도 마르크스 - 레닌주의와의 상관관계 속에서 파악되어야 하는 것임을 알 수 있게 한다. 왜냐하면 주체사상의 독창성과 계승성 주장은 동일한 마르크스주의의 어떤 한 입장에 대한 그것을 의미하는 것이지, 특정한 입장에 대한 계승성과 다른 입장에 대한 독창성을 주장하는 것일 수 없기 때문이다.

이처럼 구조주의의 반역사주의와 반인간주의적 경향과 인간적 유물론의 마르크스주의 철학의 인간학화 경향 모두를 비판한다는 점에서, 주체사상은 러시아 혁명 이후 마르크스 - 레닌주의를 제외한 거의 모든 마르크스주의적 입장들에 비판적 관점을 유지한다고 할 수 있다. 따라서 주체사상이 독창성과 계승성의 대상으로 삼고 있는 것은 바로 소련을 비롯한 현실사회주의의 공식이념으로 정통의 지위를 누렸던 마르크스 - 레닌주의일 수밖에 없다는 결론에

도달하게 된다.

특히 앞에서 고찰한 바 있듯이, 마르크스와 엥겔스의 이론에는 상당한 내적 긴장이 존재하기는 하지만 그것은 이론적 및 실천적 필요성에 따른 강조점의 차이에서 기인한 것이었다. 이런 점에서 주체사상이 마르크스와 엥겔스 사상과 이론의 제한성과 일면성을 주장하는 것은 상당히 주의깊고 비판적인 검토가 필요하다. 그러나 스탈린을 포함하는 소비에트 마르크스 - 레닌주의의 구조 결정론적 시각은 주체사상의 비판처럼 상당한 제한성과 일면성을 보인다는 점에서도, 스탈린 이후 현실사회주의의 공식이념인 마르크스 - 레닌주의와 주체사상의 관계를 분석 대상으로 하는 것이 타당할 것으로 생각한다.

또한 주체사상의 이론적 체계화 시기의 정통 마르크스주의가 바로 마르크스 - 레닌주의였다는 점에서도, 주체사상은 마르크스 - 레닌주의와의 관계를 중심으로 파악되어야 한다고 본다. 주체사상은 마르크스 - 레닌주의를 창조적으로 적용하는 가운데 창시되고 발전되었다고 공식 주장한다(총서 01 : 48). 실제로 북한의 1961년 9월 조선로동당 제4차 대회 직후 발간된 기념 논문집『우리 나라의 맑스 - 레닌주의의 승리』에 수록된 신진균과 리능훈 공동 집필의 논문 "맑스 - 레닌주의적 당 사업 방법의 전면적 확립"에서는 마르크스 - 레닌주의적 사업 방법이 전 당을 지배하게 되었다고 선언했다(조선로동당, 1961 : 27). 또한 1962년 리상준과 전병식이 공동 편집한『조선혁명 수행에서 김일성동지에 의한 맑스 - 레닌주의의 창조적 적용』에 수록된 여러 논문들에서도 레닌적 당 건설 원칙, 사회주의적 개조에서 마르크스 - 레닌주의 이론의 창조적 적용, 국가와 법에 관한 레닌주의 원칙의 창조적 적용 등을 강조함으로써(리상준·전병식, 1962), 이 시기 북한의 사회주의 혁명과 건설의 기본원리가 마르크스 - 레닌주의에 기초한 것임을 분명히 하고 있다.

나아가서는 1970년대까지도 마르크스 - 레닌주의는 계속 북한 사회주의의

기본원리로 인정되고 있다. 1970년 11월 개최된 조선로동당 제5차 대회에서
채택된 강령과 1972년 12월 채택된 조선민주주의인민공화국 사회주의 헌법에
서도 당과 국가의 지도이념을 '마르크스 - 레닌주의를 창조적으로 적용한 주체
사상'으로 규정함으로써, 여전히 마르크스 - 레닌주의를 기본원리로 승인했다.
뿐만 아니라 김일성이 1972년 9월 17일 일본 「마이니치 신문」 기자들의 질문에
대한 대답 "우리 당의 주체사상과 공화국정부의 대내외정책의 몇가지 문제에
대하여"에서도 주체사상은 다른 사회주의 나라들 모두가 그러하듯이 마르크스
- 레닌주의의 창조적 적용이라고 주장한다(김일성 선집 27 : 391).

따라서 후술하겠지만 주체사상이 이론적으로 체계화되기 이전인 1970년대
초반 그리고 적어도 1980년 10월 조선로동당 제6차 대회에서 채택된 강령에서
'맑스 - 레닌주의의 창조적 적용'이라는 문구가 삭제되기 전까지 마르크스 - 레
닌주의는 북한에서 공식이념으로 작용했음을 알 수 있다.1)

슈만의 구분에 따른다면(Schurman, 1970 : 21), 이 시기 마르크스 - 레닌주의가
북한에서 '순수 이데올로기'였다면 주체사상은 '실천 이데올로기'로서 역할했
음을 알 수 있다.2) 요컨대 북한의 공식 주장에 따르면, 주체사상은 마르크스 - 레
닌주의를 창조적으로 적용하는 가운데, 그 한계와 제한성을 발견하고 이와
구분되는 독창적 사상으로 발전된 것이라 할 수 있을 것이다. 따라서 주체사상을
마르크스주의와의 관계에서 본다는 것은 바로 마르크스 - 레닌주의와 주체사
상의 관계를 해명하는 문제가 되는 것이다.

1) 그러나 1980년 10월 13일 조선로동당 제6차 당대회에서 개정된 「당 규약 개정」 전문에는 여전히
"조선로동당은 위대한 수령 김일성 동지에 의해 창건된 주체형의 혁명적 맑스-레닌주의당이다"
로 표현되어 있다(국토통일원, 1988[IV] : 133).
2) 순수 이데올로기와 실천 이데올로기로의 구분은 슈만이 중국을 연구하는 데 적용한 이데올로기
개념이다. 슈만은 이론Theory과 사상들Thoughts을 구분하여 마르크스-레닌주의를 전자로 그리
고 마오의 사상을 후자의 것으로 분류한다(Schurmann, 1970 : 18-24). 슈만은 지도자들이 인민의
사유를 형성하고자 사용하는 것을 순수 이데올로기라고 한다면, 즉각적인 행위의 결과를 만들어
내고자 할 때 사용하는 것을 실천 이데올로기로 구분한다(Schurmann, 1970 : 21).

그러나 마르크스 - 레닌주의도 레닌의 주체중심적 입장과 스탈린 및 탈스탈
린 이후의 구조중심적 입장으로 구분될 수 있다면, 또다른 복잡한 문제가
남아 있다. 즉 주체사상과 관계되는 마르크스 - 레닌주의는 과연 두 입장 가운데
어떤 것인지의 문제이다. 이 난제에 대한 해답은 북한이 자신들의 사상적
투쟁을 반수정주의라고 주장하는 것에서 실마리를 찾을 수 있다. 고정웅과
리준항이 공동 집필한 저서에는 북한의 반수정주의 투쟁의 시작을 다음과
같이 주장하고 있다.

> 조선로동당은 1950년대중엽 국제공산주의운동안에서 현대수정주의가 대두
> 한 첫 시기부터 혁명적립장을 확고히 견지하면서 반수정주의투쟁을 힘있게 벌려
> 왔다.
> 현대수정주의는 사회주의집권당안에서 발생한 반혁명적사상조류로서 당의
> 로선과 정책으로 구현되였으며 그것도 대국주의와 결합되여 여러 나라들에 강요
> 되였다. 그러므로 현대수정주의를 반대하는 문제는 공산주의운동안에 나타난
> 기회주의적사상조류와의 단순한 리론투쟁에 국한된 문제가 아니라 그것이 사회
> 주의위업수행에 미치는 영향을 극복하기 위한 실천상의 문제로 제기되였다(고정
> 웅·리준항, 1995 : 7).

북한은 1956년 소련공산당 제20차 대회 이후 소련의 당과 국가의 기본정책을
현대수정주의로 규정하고,[3] 흐루시초프의 스탈린 개인숭배 비판과 평화적
공존, 평화적 경쟁 및 평화적 이행의 '세 가지 평화론'을 집중적으로 비판하고

---

3) 북한이 1950년대 중반 이후 1980년대 후반까지 소련을 이렇게 수정주의로 신랄하게 비판한
것은 아니다. 중소분쟁의 과정에서 북한은 전반적으로 중립을 유지하려고 노력했고, 사회주의
진영의 옹호나 반제국주의 투쟁 등 원칙적 주장만을 강조했을 뿐이었다. 이 저서가 1995년에
출간된 시점을 고려하면, 북한이 소련의 붕괴 이후 흐루시초프 이후 소련에 대한 본심을 비로소
드러냈다고 보는 것이 타당할 것으로 생각된다. 그러나 주체사상의 형성과정과 관련해서는
이런 북한의 숨겨진 본심을 읽어내는 것이 매우 중요하다고 생각된다.

있다.

북한은 흐루시초프의 스탈린 개인숭배 비판이 스탈린이 지도하던 시기의 노선과 정책에 대한 근본적 재검토를 위한 것으로 결국 '세 가지 평화론'이라는 수정주의 노선을 정당화하는 데 목표를 둔 것이었다고 비판한다. 또 한편으로 고정웅과 리준항은 두 가지 주장과 함께 1959년 1월 소련공산당 제21차 대회에서 채택된 '평화적인 경제적 경쟁론'을 비판하고, 나아가서는 1961년 10월 개최된 소련공산당 제22차 대회에서 채택된 '전인민적 국가론'과 '전인민적 당론'을 비판한다. 특히 "여기에서 공산주의건설의 '20년계획'이 제시되어있는데 인구 1인당 생산에서 미국을 따라잡기만 하면 공산주의가 실현된다는 어처구니없는 주장이 담겨져 있다. 이 '강령'은 혁명투쟁을 거부하는 사상으로 일관된 것이었다"(고정웅·리준항, 1995 : 19)고 비판했다.

북한이 흐루시초프를 수정주의로 규정하는 중요한 이유의 하나가 생산력 우위론에 대한 비판임을 알 수 있다. 이들은 흐루시초프 실각 이후 브레즈네프의 신지도부가 1964년 10월 17일자 「프라우다」 사설 "소련공산당의 레닌적 총노선"에 소련공산당 제20, 21, 22차 대회 결정들과 강령의 노선들을 계승할 것이라고 발표한 것을 "현대수정주의는 완전히 청산되지 않았으며 국제공산주의 운동에서 의연히 주되는 위험"(고정웅·리준항, 1995 : 21)으로 남아 있다고 비판했다.

이를 통해 북한이 비판하는 소련의 당과 국가의 노선과 정책은 다음의 세 가지를 주요 대상으로 한다는 점을 알 수 있다. 즉 스탈린의 개인숭배 비판과 반제국주의 투쟁의 포기를 골자로 하는 평화공존론 및 생산력 우위론이 그것들이다.

그럼으로 주체사상이 비판하는 대상은 스탈린 이후의 소련의 마르크스 - 레닌주의로 더욱 좁혀진다는 것을 확인할 수 있다. 평화공존론은 스탈린과 무관했

다는 점에서 문제가 없지만, 스탈린 개인숭배 비판과 생산력 우위론은 좀더
신중한 검토를 필요로 한다. 고정웅과 리준항은 마르크스와 엥겔스, 레닌도
사후 "계급적원쑤들과 변절자, 배신자들의 고질적인 습성"(고정웅·리준항, 1995
: 16)인 공격을 받았다고 주장한다. 그들은 카우츠키를 그런 대표적인 인물로
지적하며, 스탈린을 비판하는 흐루시초프를 카우츠키와 연관지어 비판했다.
그들은 혁명의 수령인 스탈린의 업적을 다음과 같이 높이 평가하며 스탈린
개인숭배 비판은 바로 스탈린의 혁명적 노선과 소련인민들의 혁명전통과
업적에 대한 공격이었다고 주장한다.

> 쓰딸린은 레닌이 서거한후 레닌의 유훈을 충실히 받들고 쏘련인민을 령도하
> 여 자본주의포위속에서 내외원쑤들의 공격을 물리치면서 짧은 기간안에 공업화
> 와 농업집단화를 완성하였으며 나라를 강력한 사회주의 공업국가로 전변시켰다.
> 그리고 강의한 의지력과 결단성, 명철한 통찰력과 탁월한 지도로 파쑈독일의
> 불의의 침공을 물리치고 전쟁의 종국적승리를 보장하였다. 그는 자기의 리론
> 및 실천 활동을 통하여 좌우경기회주의의 침해로부터 맑스-레닌주의의 순결성
> 을 고수하였으며 그 보물고를 풍부히 하였다. 전세계 공산주의자들과 혁명적인
> 민들은 쓰딸린의 불멸의 업적을 결코 잊지 않을 것이다(고정웅·리준항, 1995 : 15-6).

즉 스탈린의 공적을 사회주의 개조와 건설의 성과, 제2차 세계대전을 승리로
이끈 지도력 및 실천과 이론에서 마르크스 - 레닌주의를 고수하고 발전시킨
것으로 본다. 이어서 그들은 흐루시초프가 스탈린을 비판하는 것은 우경 기회주
의 노선과 수정주의 노선인 '세 가지 평화론'으로 제국주의와 타협을 정당화하
려는 의도였다고 본다(고정웅·리준항, 1995 : 17). 이로부터 북한이 스탈린 개인숭
배에 대한 흐루시초프의 비판에 극도로 부정적인 입장을 보이는 이유를 다음
몇 가지로 요약이 가능하다고 본다.

첫째, 북한은 흐루시초프가 스탈린 개인숭배 비판을 수정주의적인 제국주의와의 타협을 정당화하기 위한 명분으로 활용한 것으로 본다는 점이다. 이를 위해 북한은 사회주의 개조와 건설 및 제2차 세계대전에서 스탈린의 지도력을 부각시키는 것으로 보인다.

둘째, 북한은 주체사상의 핵심 내용의 하나인 혁명적 수령관을 옹호하기 위해 스탈린의 개인숭배 비판을 받아들일 수 없었다는 점이다. 이를 위해 북한은 마르크스주의 창시자들인 마르크스와 엥겔스는 물론 레닌도 사후 비판을 받은 사실까지 끌어들여 제국주의와의 평화공존을 주장하는 반혁명성과 스탈린의 개인숭배 비판의 연관성을 강조한 것으로 보인다. 이런 측면에서는 주체사상을 스탈린주의와 연관 짓는 서재진과 재일 조선인 마르크스주의자 림성굉林誠宏의 주장이 어느 정도 타당한 듯이 보인다.4) 즉 주체사상을 스탈린 이후의 소련 마르크스-레닌주의와 구분되는 스탈린주의적 마르크스-레닌주의에 기초한 것이라는 주장이다.

그러나 권력형태만을 중심으로 하는 이런 평가는 사상과 이론의 전면적 재평가에서는 너무 성급한 선입관에 기초한 오류에 빠질 수 있다. 이런 평가가 정당화되기 위해서는 생산력 우위론이 과연 스탈린과 무관한 것인지에 대한

---

4) 서재진은 북한이 수용했던 마르크스-레닌주의는 스탈린주의판 마르크스-레닌주의이며, 중앙집권적 당이론, 프롤레타리아 독재이론, 군중노선 등의 이론이 강조된 것이 특징적이었다고 본다(서재진, 2006 : 43). 그는 북한이 마르크스-레닌주의를 폐기하지 않고 주체사상을 활용하는 것이 합당함에도, 소련의 개인숭배 비판이나 북한에서 반사대주의 명분 등의 유지를 위해 이를 폐기했다고 본다. 즉 그는 "맑스-레닌주의의 세부 개념들이 실재하는 상황에서 맑스-레닌주의를 폐지하였다고 주장하고 맑스-레닌주의를 주체사상으로 대체하였기 때문에, 주체사상은 북한에서 실재하는 맑스-레닌주의를 은폐하기 위한 이데올로기적 구호로 활용된 측면이 강하다"(서재진, 2006 : 115)고 결론짓는다. 림성굉은 마르크스주의자 입장에서 "이미 소비에트 공산당 제20차 대회(1956. 2. 14)에서 흐루시초프의 스탈린 비판은 소비에트 공산당이나 다른 형제당의 의도를 별도로 하더라도, 현실의 사회주의 체제 및 사회주의자의 현재적 과제로되고, 구체적으로 노동자, 지적 집단의 반스탈린운동으로서 결실을 맺어가고 있다고 할 수 있다"(林誠宏, 1980 : 27)고 전제한다. 그럼에도 북한에서는 주체사상을 핵심으로 하는 김일성주의로 김일성의 신격화를 시도함으로써 국제 마르크스주의 운동의 흐름과 역행하고 있다고 비판한다.

검토가 선행되어야 한다. 스탈린과 그 이후의 소련의 마르크스 - 레닌주의에 대한 서구 마르크스주의자들을 비롯한 많은 이론가들의 비판의 초점이 바로 생산력 우위론에 입각한 목적론적이고 기계론적인 입장에 대한 것이었기 때문이다. 또한 이 문제는 마르크스주의의 세계관적 기초에 해당하는 중요한 것이고, 이에 대한 입장의 차이가 사회주의 혁명과 건설의 구체적인 전략과 전술의 차이로 나타나기 때문이다. 나아가 북한의 주체사상이 마르크스 - 레닌 주의를 포함한 마르크스주의 전반과 구분되는 특징과도 관련되는 문제이기도 하기 때문이다.

주체사상은 변증법적 유물론과 역사적 유물론을 노동계급의 세계관이자 과학적 이론임을 인정하고, 그것을 전제로 하면서도 그 역사적 제한성을 주장한 다. 즉 마르크스 - 레닌주의는 생산도구와 인간을 생산력의 구성요소로 인정함 으로써, 인간을 물질적 생산의 담당자로 본다. 그러나 주체사상은 사람을 생산도구를 지배하고 개조하는 존재로 보기 때문에 사람과 생산도구의 관계는 병렬적 관계가 될 수 없다고 주장한다.5)

또 하나 주의해야 할 점은 역사적 유물론의 생산력 우위론적 해석을 사회주의 국가들의 생산력 발전을 위한 적극적 대중동원 정책들과 동일한 추상 차원으로 이해해서는 안 된다는 점이다. 차문석이 "생산성을 위한 십자군 운동"(차문석, 2002 : 211)으로 명명했듯이, 현실 사회주의 국가들은 한결같이 사회주의 경쟁운 동을 통한 생산력의 발전을 추구했다. 생산력의 발전은 체제를 불문하고 한 사회의 발전의 기본축임에 틀림없고, 현실사회주의 국가들은 자신들이 가진

---

5) 주체사상이 마르크스-레닌주의와 결정적으로 구분되는 것은 사람의 지위와 역할에 관한 다음과 같은 주장에서 가장 잘 드러난다. "자연과 사회를 개조하기 위해서는 이를 위한 객관적 조건이 마련되어야 하며 생산도구와 무기와 같은 물질기술적 수단들이 있어야 한다. 그러나 객관적 조건들이 마련되었다고 하여 저절로 자연과 사회가 사람에게 유리하게 개조되는 것은 아니며 물질기술적 수단들이 준비되었다고 하여 곧 자연과 사회의 개조가 성과적으로 진행되는 것도 아니다. 객관적 조건을 마련하고 이용하는 것은 사람이다."(총서 01 : 113)

체제와 이념적 특성에 따라 사회주의 경쟁운동을 통해 그것을 추구했던 것이었다. 그 결과 이런 사회주의 경쟁운동이 중앙집권적 통제와 명령주의, 관료주의 등 정치와 사회에 미친 부정적 효과의 원인이 되었던 것도 일정 정도 사실일 것이다. 그러나 사회주의 경쟁운동이 어떤 이념과 목표 및 방법에 의해 추진되었던가에 따라서 서로 다른 정치, 경제, 사회, 문화적 효과를 낳았을 수도 있을 것이다. 이와는 달리 역사적 유물론의 생산력 우위론적 해석은 곧바로 결정론적이고 목적론적인 역사관과 직결된다는 점에서 높은 추상 수준의 역사관으로 보아야 한다. 이런 다른 추상 차원을 평면적으로 취급해서는 안 된다.

주지하다시피 스탈린은 그의 대표적 논문인 1938년의 "변증법적 및 역사적 유물론"에서 구조중심적이고 일원론적으로 역사적 유물론을 해석했다. 부언하자면 이 논문에서 스탈린이 생산의 세 가지 특징으로 들고 있는 것은 그의 생산력 우위론적 입장을 잘 보여준다. 즉 스탈린은 생산의 특징을 다음과 같이 서술한다. 첫째, 생산은 장기간 한 점에 결코 머물지 않으며 항상 변화와 발전 상태에 있다. 나아가 생산양식의 변화는 전체 사회적 및 정치적 질서의 재구성을 초래한다. 둘째, 생산의 변화와 발전은 항상 생산도구의 변화에 따른 생산력의 변화와 발전에서 시작된다. 셋째, 새로운 생산력과 그것에 일치되는 새로운 생산관계는 구체제의 붕괴 이후 구체제로부터 분리되어 발생하는 것이 아니라 구체제의 내부에서 발생한다. 즉 인간의 세심하고 의식적인 활동의 산물이 아니라 인간의 의지와 무관하게 독립적으로 발생한다 (Franklin, 1973 : 319 - 33).

언뜻 보기에 마르크스와 엥겔스의 역사적 유물론적 입장과 동일한 것처럼 보이는 스탈린의 이런 입장은 마르크스주의 창시자들이 중요한 요소로 보았던 인간의 능동적이고 의식적인 실천을 간과하고 있다는 점에서 분명 일면적 해석이라는 평가를 피할 수 없다. 물론 스탈린은 생산의 두 번째 특징을 설명하는 부분에서 생산력에서 가장 중요한 요소를 인간, 즉 "인간들의 경험과 노동기술 및 생산도구를 다루는 능력으로 규정하고 있다."(Franklin, 1973 : 323) 그러나 스탈린이 여기서 말하는 인간이란 생산에 관련된 인간일 뿐, 사회역사의 변혁에서 의식적이고 능동적 역할을 하는 인간을 의미하는 것은 아니다.

또한 스탈린은 1950년 집필한 "마르크스주의와 언어학"에서 토대와 상부구조의 관계에서 상부구조의 능동성을 인정하고 있는데, 여기서도 그의 생산력 우위론적 입장이 확인된다. 즉 스탈린은 토대에 대한 상부구조의 능동성과 반작용을 인정한 다음 "상부구조는 발생되자마자 매우 적극적인 힘이 되어 토대 자체를 형성하고 공고화하는 데 도움을 주며 새로운 체제가 낡은 토대와 낡은 계급들을 일소하는 데 도움을 줄 수 있는 모든 역할을 수행한다"고 본다. 그러나 바로 다음 구절에서 스탈린은 "토대는 상부구조를 정확히 자신에 봉사할 수 있도록 만든다"(Franklin, 1973 : 408)고 함으로써 토대와 상부구조의 관계를 구조기능주의적 입장에서 보고 있음을 알 수 있다. 즉 상부구조의 능동성은 곧 토대에 봉사할 수 있는 한에서로 제한되는 것이다.6)

이런 스탈린의 생산력 우위론에 입각한 구조중심적 입장을 고려한다면, 주체사상이 주요 비판의 대상으로 삼는 마르크스 - 레닌주의는 바로 스탈린을 포함한 이후의 모든 소비에트 마르크스 - 레닌주의가 된다. 왜냐하면 주체사상은 마르크스 - 레닌주의가 선행 노동계급의 철학으로 올바른 과학적 세계관을 제시했지만, 그 역사적 제한성으로 일면성을 드러냈다고 주장했다. 따라서 스탈린의 구조중심적 입장은 바로 그런 일면성에 다름아니기 때문이다.

북한이 스탈린의 이런 이론적 한계보다 사회주의 건설과 전쟁의 공적을

6) 이런 측면에서 본다면, 스탈린주의와 주체사상을 주의주의라는 관점에서 동일시하는 림성굉의 주장(林誠宏, 1980 : 109-13)은 정치적 비판의 의미에서는 몰라도 사상적 비교라는 차원에서는 전혀 사실과 다름을 알 수 있다. 또한 중앙집권적 당과 프롤레타리아 독재, 군중노선의 동일성으로 주체사상을 스탈린식의 마르크스-레닌주의의 이데올로기적 은폐물로 보는 서재진의 견해(서재진, 2006 : 43) 역시 수용되기 어렵다.

강조하는 것은 혁명적 수령관의 정당화에 목적이 있는 것으로 보인다. 즉 스탈린의 개인숭배 비판을 흐루시초프의 현대수정주의를 위한 구실로 보았다는 점은 이것을 말해 준다. 그러나 앞에서 보았듯이 주체사상은 마르크스주의 전통에 속하는 구조주의적 및 실존주의적 입장을 부르주아 사상으로 치부하고 비판 일변도의 입장을 취했다. 요컨대 북한은 마르크스주의의 외연을 마르크스 - 레닌주의로 매우 협소하게 파악하고 있다. 북한의 공식 입장은 마르크스 - 레닌주의의 창조적 적용 가운데 주체사상이 창시되고 발전되었다고 주장했다. 그렇다면 마르크스 - 레닌주의에 존재하는 구조주의적 요소가 바로 그 일면성과 제한성이 될 것이다. 따라서 마르크스 - 레닌주의의 일면성의 하나인 스탈린의 구조중심적 입장은 당연히 비판의 대상이 되는 것이 당연할 것이다.

정치적 이유에 따른 한 역사적 인물의 사상과 이론에 대한 편향적 접근은 결국 사상과 이론의 발전과 풍부화를 방해할 뿐이다. 따라서 이 책에서는 북한의 공식 입장과 상관없이, 주체사상의 주요 비판 대상을 스탈린을 포함한 소비에트 마르크스 - 레닌주의로 규정하고자 한다.[7] 달리 말하면 주체사상은 마르크스, 엥겔스, 레닌의 변증법적 유물론과 역사적 유물론을 계승하고 전제하면서도, 생산력 우위론에 입각한 구조중심적 마르크스 - 레닌주의를 극복의 대상으로 삼았다는 것이다.

---

[7] 최종욱은 주체사상의 형성을 북한의 사회주의 건설과 연관지어 해석한 자신의 논문 "북한 사회주의 건설과 주체사상의 이해(I)"에서 북한이 스탈린을 긍정적으로 평가하는 이유에 대해 이와 다른 입장을 견지한다. 즉 최종욱은 프롤레타리아 독재와 과도기 문제 및 사회주의에서 상품생산과 가치법칙의 문제에 대해 스탈린이 그의 사후 흐루시초프 등의 수정주의적 경향과 구별되는 정통적 입장을 견지했기 때문이라고 본다. 즉 그는 북한이 스탈린의 역사적 공적을 인정한 것은 스탈린의 입장이 그의 사후 소련의 수정주의적 경향과 구분되기 때문이고, 따라서 북한식의 사회주의 혁명과 건설 방향과 내용에서 일치점이 있었기 때문이라고 본다(최종욱, 1989 : 28-45 참조). 앞에서 고찰했듯이 스탈린이 기본적으로 생산력 우위론과 구조중심적 입장을 강조했다는 점에서 최종욱의 견해는 수용되기 어렵다고 본다.

1-2 마르크스-레닌주의에 대한 주체사상의 계승성과 독창성 주장

계승성과 독창성은 마르크스 - 레닌주의와 주체사상 사이의 관계 문제로서
주체사상의 역사적 지위를 결정하는 문제이다. 김정일은 1982년 3월 31일
김일성 탄생 70주년을 기념하는 전국 주체사상토론회에 보낸 논문 "주체사상
에 대하여"에서 주체사상의 역사적 의의를 다음과 같이 요약하고 있다. 즉
김정일은 마르크스의 유물변증법적 세계관은 유물론과 관념론, 변증법과 형이
상학이 투쟁하던 시기의 시대적 요구를 반영한 혁명사상으로 규정했다(김정일,
1982 : 113). 이어서 김정일은 시대의 변화는 새로운 혁명사상을 요구한다고
전제하며, 바로 주체사상에 의해 노동계급의 혁명적 세계관이 새로운 높은
단계로 발전되고 완성되었다고 주장한다(김정일, 1982 : 116). 이 논문의 다음의
인용문은 마르크스 - 레닌주의에 대한 주체사상의 계승성과 독창성 문제를
해결할 수 있는 열쇠를 제공한다.

> 주체사상은 선행한 혁명리론에 올바로 대할수 있게 하는 지침으로도 됩니다.
> 로동계급의 선행한 혁명리론은 오늘과 다른 시대적 조건과 과업을 전제로 하여
> 나왔지만 계급적 리념과 사명에 있어서는 주체사상에 기초한 혁명리론과 공통성
> 을 가지고 있습니다. 주체사상은 기성리론과 경험에 창조적으로 대하는 원칙을
> 제기함으로써 선행혁명리론을 우리 시대의 혁명실천의 요구에 맞게 구현하고
> 발전시켜나갈수 있게합니다(김정일, 1982 : 117).

즉 김정일에 따르면, 주체사상이 마르크스 - 레닌주의의 혁명적 세계관을
계승하되 새로운 시대의 요구에 맞게 발전시킨 것이라는 주장이다. 그러나
주체사상은 보다 높은 사상임으로 주체사상에 의거해서만 마르크스 - 레닌주
의에 대한 올바른 해석도 가능하다고 주장하는 것이다. 이런 김정일의 주장은

1985년 간행된 주체사상 총서 10권 가운데 제1권인 『주체사상의 철학적 원리』에서 더욱 정교화된다. 즉 "선행사상을 계승하면서도 질적으로 새로운 내용을 담은 사상, 사상적 내용과 구성에서 혁명적 전환을 가져온 사상이라야 인류사상 발전의 새로운 높은 단계를 이룬다"(총서 01 : 47)고 주장한다. 여기서는 마르크스의 사상이 이전의 모든 사상들에 대해 바로 그런 역할을 수행했으나, "레닌주의는 맑스주의를 새로운 명제와 리론들로써 발전시키고 풍부히 하였으나 그 세계관적 기초와 구성체계에서 맑스주의를 그대로 계승하였다"(총서 01 : 47)고 평가한다. 요컨대 레닌주의는 독창적 사상이 아니라 마르크스-레닌주의의 틀 안에서 전개되었기 때문에 마르크스-레닌주의로 규정된다는 주장이다. 즉 "레닌주의는 맑스주의의 직접적이며 전면적인 계승으로 되었다"(총서 01 : 47)고 결론짓는다.

이에 반해 주체사상은 세계관적 기초와 구성체계에서 마르크스-레닌주의와 다음처럼 구분된다고 주장한다. 즉 구성체계에서 주체사상은 사상, 이론, 방법의 전일적 체계인 반면, 마르크스-레닌주의는 철학, 정치경제학, 과학적 사회주의를 3대 구성으로 하는 차이점이 있다는 주장이다(총서 01 : 43-4). 또한 세계관적 기초에서 마르크스-레닌주의가 물질과 의식의 관계 문제, 즉 세계의 물질적 통일성과 사유와 존재의 동일성에 기반한다면, 주체사상은 세계에서 사람이 차지하는 지위와 역할 문제라는 점에서 다르다는 것이다.

따라서 마르크스-레닌주의와 주체사상의 관계는 계승성과 독창성을 동시에 갖지만, 독창성이 주되는 측면이라는 점에서 새로운 높은 노동계급의 혁명사상이 된다고 주장한다. 즉 주체사상은 마르크스-레닌주의의 사상이론적 업적을 옹호하고 유물론과 변증법적 입장을 견지한 점에서 계승성을 갖지만, 다른 한편으로 레닌주의와 달리 "주체사상은 역사상 처음으로 사람중심의 철학적 세계관과 인민대중을 주체로 하는 사회력사관, 혁명과 건설의 지도적 원칙을 밝혀주는 새롭고 독창적인 세계관'(총서 01 : 48 - 9)이라고 주장하는 것이다.

그러나 마르크스 - 레닌주의에 대한 주체사상의 독창성과 계승성 주장은 북한 내부에서도 상당한 논쟁이 있었던 것으로 보인다. 주체사상의 이론적 체계화를 심화·발전시켰다는 김정일의 주체사상 관련 주요 문건들을 통해 이를 확인할 수 있다.8)

1974년 4월 2일 김정일의 당 이론선전 일꾼들과의 담화인 "주체철학의 리해에서 제기되는 몇가지 문제에 대하여"에서는 다음과 같이 서두를 시작하고 있다. "최근에 한 사회과학자가 주체철학과 관련하여 자기의 의견을 적은 편지를 보내왔습니다. 그 편지내용을 보아도 아직 우리 학계에서 주체철학에 대하여 정확한 리해를 가지고 있다고 볼수 없습니다."(김정일, 1974 : 60) 이어서 김정일은 그 사회과학자가 주체철학을 마치 인간철학인 것처럼 잘못 이해하고 있다고 주장한다. 김정일은 주체철학과 인간철학은 근본적으로 다르며, 주체철학은 사람을 위주로 세계에 대한 견해를 세우고 세계를 대하는 관점과 입장을 밝힌 점이 특징이라고 주장한다.

그런데 지금 일부 사람들은 세계가 사람을 중심으로 하여 이루어졌다거나 물질세계의 모든 변화발전이 사람에 의하여 이루어진다고 말하고있으며 이것이 마치 선행철학과 구별되는 주체철학의 새로운 견해인듯이 리해하고있습니다(김 정일, 1974 : 61-2).

김정일은 주체철학이 세계의 물질적 존재성과 인간의 의지와 독립된 자연의 존재 등 마르크스 - 레닌주의의 변증법적 유물론의 기본원리를 전제한다고

---

8) 북한에서는 주체사상의 이론적 체계화의 공적을 김일성에서 김정일로 계승된 것으로 주장한다. 즉 "김일성동지 창시하고 전일적인 사상이론체계로 완성한 김일성동지 혁명사상, 주체사상은 주체위업의 위대한 계승자인 김정일동지에 의하여 전면적으로 빛나게 심화발전되고 있다"(총서 01 : 37)고 주장한다.

주장하는 것이다. 즉 사람이 세계의 주인이고 지배자라는 것의 의미가 세계의 모든 변화가 사람에 의해 이루어지는 것이 아니며, 이런 의미에서 주체철학은 변증법적 유물론을 계승하고 있다는 것이다.

김정일은 또한 편지를 보낸 사회과학자가 자주성에 대해서도 잘못 인식하고 있다고 주장한다. 즉 사람의 자주성은 생명체 일반의 살고자 하는 자연적 속성의 진화로 파악하고 있음을 비판하면서, 자주성은 사회적 산물이라고 주장한다. 이런 그릇된 견해는 결국 "사회적존재와 자연적존재, 사회적속성과 생물학적속성의 근본적차이를 해소시키는것으로밖에 되지 않습니다"(김정일, 1974 : 63)라고 한다.

자주성을 자연적 속성이 아닌 사회적 속성으로 보는 것은 객관세계에 종속되고 순응하는 다른 생명체들과 달리 세계의 지배자이자 개조자로서 사람의 지위와 역할을 이해할 수 있게 해준다고 한다. 따라서 사람의 사회적 속성으로 자주성, 창조성, 의식성을 올바로 파악해야만 주체철학의 커다란 공적을 제대로 이해할 수 있다고 주장한다. 사람의 사회적 속성을 파악해 세계의 지배자와 개조자로서 사람의 지위와 역할을 발견한 것이 바로 주체사상의 독창성이라는 주장이다.

이 담화에서 김정일이 지적한 사회과학자는 결국 주체철학을 인간철학으로 혼동함으로써 계승성을 제대로 이해하지 못했고, 자주성의 사회적 속성을 이해하지 못함으로써 주체철학의 독창성도 파악하지 못했다는 비판이다.

주체철학에 대한 김정일의 또다른 주요 문건인 1986년 7월 15일 당 중앙위원회 책임일꾼 담화 "주체사상교양에서 제기되는 몇가지 문제에 대하여"에서도 주체철학에 대한 잘못된 생각이 존재하고 있다고 주장했다.

그런데 지금 일부 일군들속에서는 주체철학은 사람중심의 철학이기 때문에 마치 유물변증법의 일반적원리와는 아무런 인연도 없는것처럼 잘못 생각하고있습니다. 주체철학은 인간을 물질세계와 분리시켜 고립적으로가 아니라 그보다 덜 발전된 물질적존재와의 관계에서 고찰함으로써 인간의 본질적특성이 무엇이며 인간이 차지하는 지위와 역할이 어떠한가 하는 것을 밝혀줍니다. 가장 발전된 물질적존재인 인간이 그보다 덜 발전된 물질적존재에 대하여 주인의 지위를 차지하며 세계를 발전시키는데서 가장 고급한 물질의 운동인 인간의 운동이 저급한 물질의 운동보다 더 큰 역할을 한다는 것이 유물론과 변증법의 기본원리에 맞는다는것은 명백합니다. 주체철학은 유물론과 변증법의 원리를 버린 것이 아니라 그것을 전제로 하여 물질세계에서 인간이 차지하는 인간의 특출한 지위와 역할을 과학적으로 밝힘으로써 유물변증법도 더욱 완성하였다고 볼수 있습니다(김정일, 1986 : 312).

앞의 김정일의 담화 발표 이후 12년이 지난 시점에서도 여전히 북한 내부에서는 마르크스-레닌주의의 변증법적 유물론과 주체철학의 관계에 대해 이견이 존재하고 있음을 엿보게 한다. 특히 이 담화에서는 주체철학의 계승성을 변증법적 유물론의 완성이라고 강조하는 점이 특징적이다. 그만큼 북한에서 주체철학을 변증법적 유물론과 다른 철학으로 인식하는 견해가 남아 있고, 이는 자칫 주체철학을 관념론으로 전락시킬 위험성이 높은 것으로 판단했기 때문일 것으로 추측할 수 있다. 즉 주체철학은 변증법적 유물론에서 해명된 세계의 물질적 통일성과 객관적으로 존재하는 실재의 진리에 대한 인간의 인식 가능성인 사유와 존재의 동일성이라는 기본원칙을 전제로 한다고 강조하는 것이다.

이 담화 직전인 1986년 6월 27일 김정일의 당 중앙위원회 책임일꾼 담화 "주체사상은 인류의 진보적사상을 계승하고 발전시킨 사상이다"에서도 주체사상의 마르크스주의로부터의 계승성을 부정하는 일꾼들이 있다고 비판한다. 김정일은 계승성 문제를 옳게 풀지 못해 주체사상이 마치 민족자주성이나 강조하는 사상인 것처럼 생각하고 있다고 비판하며 다음과 같이 주장했다. 즉 "자연과학만이 발전에서 계승성을 가지는 것으로 보는 것은 잘못입니다. 사회과학과 철학사상의 발전도 계승성을 가집니다. 우리는 모든 사물현상을 언제나 발전의 견지에서 보아야 합니다. 사물의 발전은 다 계승과 혁신의 두면을 가지고있습니다. 어느 한면만 보는 것은 형이상학적인 관점입니다"(김정일, 2005 : 2 - 3)라고 강조했다.

특히 이 담화의 말미에서 김정일은 주체사상의 원리 해석에 통일성이 보장되고 있지 않다고 지적하며 주체사상의 교양은 선전부가 책임지고 이론문제는 사회과학 연구기관들이 중심이 되어 행정적 방법이 아닌 집체적 토론으로 풀어나가야 한다고 강조했다(김정일, 2005 : 6 - 7).

이로 미루어 볼 때, 이 당시 북한 내부에서 주체철학의 원리에 관한 이론적 견해의 대립이 상당히 존재하고 있으며, 이로 인해 통일적인 사상교양 사업도 차질을 빚는 현상이 존재했음을 알 수 있다. 따라서 김정일은 이론적 논쟁은 연구기관에서 담당하는 대신, 사상교양은 공식적인 주체철학의 원리를 선전부가 책임지고 담당함으로써 일반대중 사이에 이론적 대립에 따른 혼란을 방지하고자 했던 것으로 평가된다.

한편으로 김정일은 이 담화에서 주체철학의 독창성인 인간의 본질적 특징과 세계에서 차지하는 지위와 역할 문제를 물질 발전의 위계에 기초한 것으로 주장한다. 즉 가장 고급한 물질인 인간이 다른 저급한 물질에 대해 주인의 지위와 개조자 역할을 차지하는 것은 당연하다고 주장하는 것이다. 재일 조총련계 주체사상 연구자인 박용곤도 마르크스 - 레닌주의와 주체철학이 물질의 발전수준에 대한 인식에서 차이가 있다고 보면서 다음과 같이 주장한다. 즉 "마르크스 - 레닌주의 창시자가 물질적 존재의 다양성과 그 발전수준의 차이를 명확히 인정했다는 사실은 잘 알려져 있다. 그러나 그들은 물질적 존재의 발전수준의 차이를 사상하고 세계를 구성하는 물질적 존재의 통일성을 무차별적인 공통성으로 귀착시켜 파악하고, 발전의 정도에 따라 서로 다르게 나타나는 공통성과 결부시켜 물질적 존재의 통일성을 파악하는 것에는 주의를 기울이지 않았다"(朴庸坤, 1988 : 95)고 주장했다. 즉 김정일은 물질의 통일성에서 한발 나아가 물질의 발전수준이라는 개념을 통해 인간이 세계에서 차지하는 지위와 역할 문제를 해명한 것이 주체철학의 독창성인데, 일부 사회과학자들이 이를 제대로 이해하지 못하고 있다고 비판한 것이다.

　계승성과 독창성 문제가 계속 중요하게 거론되는 이유는 결국 마르크스 - 레닌주의에 대한 주체사상의 관계가 그만큼 어려운 문제일 뿐만 아니라, 이에 대한 잘못된 이해가 결국에는 주체사상을 관념론적으로 왜곡하게 될 우려 때문인 것으로 보인다. 1986년 6월 27일자 김정일의 담화에는 이 문제와 관련하여 매우 흥미로운 부분이 포함되어 있다.

　　몇해전에 선행고전들에 씌어져있는 주체라는 용어를 주체사상에서 쓰고있는 주체라는 용어와 구별하기 위하여 주자라는 용어로 고쳐썼으면 좋겠다는 의견이 제기되였기 때문에 토론해보라고 한 일이 있습니다. 맑스주의와의 관계에서 주체사상의 계승성을 인정하는 조건에서는 구태여 고전에 씌여있는 주체라는 용어를 다른 용어로 고칠 필요가 없을 것 같습니다. 주체사상에서 쓰는 주체라는 용어가 선행고전가들이 쓴 주체라는 용어와 공통성이 있다는 점을 인정하면서 동시에 그것이 새로운 용어를 담고있다는 것을 밝히는 것이 중요합니다. 선행고전가들이 쓴 주체라는 용어와 우리가 쓰는 주체라는 용어가 다르다는 점만을 강조하여서는 안됩니다. 여기서도 공통성과 차이점, 계승성과 혁신성을 다같이 보아야 합니다(김정일, 2005 : 4).

주체사상의 이론적 체계화 이후 10여 년의 짧지 않은 시간이 흘렀음에도 북한 내부에서 주체사상의 용어에 대한 논의가 있을 정도로 상당히 활발한 이론적 논의가 존재함을 알 수 있다. 뿐만 아니라 당시 북한 이론가들 사이에서 주체사상을 마르크스 - 레닌주의와의 차이점만 강조하려는 경향이 상당히 강했음을 엿볼 수 있게도 한다.

1996년 7월 26일 당 중앙위원회 이론지『근로자』에 준 담화 "주체철학은 독창적인 혁명철학이다"에서 김정일은 보다 강경하게 일부 사회과학자들이 당의 사상과 어긋나는 견해를 주장하고 대외에까지 유포시키고 있다고 비판한다. 또한 김정일은 이 담화에서 기존의 입장보다 훨씬 주체사상의 독창성을 강조하면서, "주체철학이 철학사상발전에서 이룩한 력사적공적은 맑스주의유물변증법을 발전시킨데 있는 것이 아니라 사람중심의 새로운 철학원리들을 밝힌데"(김정일, 1997 : 1 - 2) 있다고 강조한다. 이런 주장은 이전의 변증법적 유물론의 계승완성을 주체철학이라 보던 김정일의 주장과 대비된다.

그는 일부 사회과학자들이 주체철학이 변증법적 유물론을 새롭게 발전시킨 철학이라는 점을 납득시킨다는 명분으로 "주체철학의 기본원리들을 해설하는 데서 사회적운동의 고유한 합법칙성을 해명하는데로 지향시키지 못하고 그것을 물질세계발전의 일반적 합법칙성의 견지에서 해석"(김정일, 1997 : 1)하려 한다고 비판했다.

김정일은 주체철학이 세계의 물질적 통일성과 끊임없는 변화발전을 인정한다는 점에서 변증법적 유물론의 세계관을 전제로 하지만, 그렇다고 하여 "주체철학이 단순히 유물변증법을 계승발전시킨 철학이라는 것을 의미하지 않습니다"(김정일, 1997 : 4)라고 주장한다. 그는 마르크스의 유물사관이 관념론과 형이상학에 기초한 비과학적이고 반동적 역사관을 타파한 데 중요한 기여를 했다고 인정하면서도, 유물사관은 사회적 운동의 고유한 합법칙성보다는 물질세계의 일반적 합법칙성을 사회역사에 적용시키는 한계가 있다고 주장한다. 그 결과

유물사관은 사회역사적 운동을 자연사적 과정으로 보는 제한성을 보이게
되었다고 한다(김정일, 1997 : 7 - 8). 따라서 마르크스주의 창시자들은 사회적
의식의 물질경제적 조건에의 반작용론 등으로 이런 일면성 극복을 시도했으나
여전히 사회 발전과정에 대한 자연사적 이해에서 벗어나지 못했다고 비판한다
(김정일, 1997 : 9 - 10).

　이런 주장은 마르크스주의 내부에서 구조중심적 입장과 주체중심적 입장으
로의 대립의 원천을 김정일이 마르크스와 엥겔스의 역사적 유물론에 내재하는
긴장에서 찾고 있음을 보여준다. 즉 김정일은 마르크스주의 전통에 속하는
다양한 대립적 입장들은 결국 사회역사의 발전과정을 자연사적 과정으로
보는 역사적 유물론의 제한성 때문이라고 보는 것이다. 주체철학과 마르크스 -
레닌주의의 본질적 차이에 대해 김정일은 다음과 같이 주장한다.

　　주체철학과 선행철학의 근본적차이는 결국 사람에 대한 서로 다른 리해로부
　터 출발하고있습니다.
　　맑스주의철학은 사람의 본질을 사회관계의 총체로 규정하면서도 사회적존재
　로서 사람자체가 가지고있는 고유한 특성은 옳게 밝히지 못하였습니다. 선행리
　론이 사회적운동원리를 물질세계발전의 일반적합법칙성을 기본으로 하여 전개
　한것은 바로 사회적인간의 본질적특성을 해명하지 못한것과 관련되여있습니다.
　사회적존재로서의 사람의 고유한 특성은 주체철학에 의하여 처음으로 완벽한
　해명을 보게 되었습니다(김정일, 1997 : 10).

　김정일은 이런 본질적 차이에도 불구하고 북한의 일부 사회과학자들이
사람의 본질적 특성 문제를 물질존재의 발전수준 문제로 보고, 자주성, 창조성,
의식성을 갖게 된 출발점을 물질 구성요소의 다양성과 결합구조의 복잡성에서
찾고 있다고 비판한다.9) 김정일은 주체철학에서 논의하는 사람은 고도로

발전된 유기체라는 생물학적 속성만 아니라 다른 어떤 생명물질도 갖지 못한
자주성, 창조성, 의식성을 가진 존재라고 주장한다.

또한 "사람이 자주성, 창조성, 의식성을 가지게 되는것은 사람이 사회적집단
을 이루고 사회적관계를 맺고 살며 활동하는 사회적존재이기 때문입니다"(김정
일, 1997 : 11)라고 강조한다. 즉 사람의 본질적 특성은 바로 사회를 이루며
사는 사람의 특출한 능력의 산물이지 생물학적인 자연진화의 결과가 아니라는
것이다.

김정일은 마르크스주의 창시자들은 사회적 존재에 객관적으로 존재하고
사회적 의식에 반영되는 사회생활의 물질적 조건과 경제적 관계 그리고 생산력
의 구성요소이자 사회적 관계의 총체로 사람을 포함시키는 데 반해(김정일,
1997 : 13) "주체철학의 원리에서는 세계에서 사회적존재는 오직 사람뿐입니
다"(김정일, 1997 : 14)라고 차이점을 분명히 한다.

나아가 김정일은 일부 사회과학자들이 혁명실천의 요구로부터 철학적 문제

---

9) 이 문제는 1986년 7월 15일 담화에서 김정일 자신이 주장한 물질의 위계나 박용곤의 물질의
발전수준에 따른 사람의 특정 규정과 강조점이 다르다는 점에서 주목된다. 이 담화에서 김정일
이 사람을 물질의 발전수준이나 결합구조의 복잡성에 찾는다고 비판한 사회과학자가 다름아닌
황장엽이라는 사실은 1997년 2월 황장엽의 망명으로 드러났다. 황장엽 망명 직후 간행된『월간
조선』1997년 4월호 별책부록 「황장엽 비밀파일」에는 망명 직전 집필했다는 논문들, 정확하게는
향후 연구를 위한 집필요강들이 수록되어 있다. 이 가운데 황장엽은 "철학의 사명-사랑과 조화를
통한 인간중심의 가치를 가져야 한다"에서 다음과 같이 인간이 다른 동식물과 구분된다고 주장
하고 있다. 즉 "인간이 가장 발전된 물질적 존재라는 것이 인간의 구성요소와 결합구조가 무생명
물질과 근본적으로 구별될 뿐만 아니라 생물학적 존재인 동식물과도 질적으로 다르다는 것을
의미한다"(조선일보사, 1997 : 150)라고 주장했다. 이것은 김정일이 담화에서 비판한 내용을 그
대로 보여줌으로써, 결국 김정일의 이론적 비판의 대상이 황장엽이었음을 알 수 있다. 이런
사실들을 종합하면, 사람의 본질적 특성의 유래에 대해 1980년대 중반에서 1990년대 중반에
이르는 동안 주체사상 내부에서 변화가 있었던 것으로 추측해 볼 수 있을 것이다. 즉 1980년대
중반까지는 자주성, 창조성, 의식성이 물질의 발전수준과 결합구조의 복잡성에서 가장 고차적인
물질인 사람이 가질 수 있는 속성으로 인정되었다가, 사회적 존재에 대한 해석이 보다 심화되어
이런 사람의 본질적 속성이 바로 사회집단으로 생활하는 사람만이 가질 수 있는 것으로 변화되
었을 수 있다는 것이다. 이럴 경우 황장엽은 여전히 물질의 진화적 차원에서 사람의 본질적
속성이 유래한다는 해석을 견지함으로써 비판의 대상이 되었다고 볼 수 있을 것이다.

를 탐구하지 않아 해설선전에서 편향을 야기시키고 있다고 비판한다(김정일, 1997 : 14). 그는 대외선전의 특성에 맞게 주체철학을 선행철학의 틀에 맞추어 해설하거나 선전하는 것은 오류이며, "현시기 국제적으로 주체철학의 원리에 기초하여 올바른 해답을 주어야 할 절박한 리론실천적문제들이 많은데"(김정일, 1997 : 17) 이론실천적 의의가 없는 문제들을 논의할 필요가 없다고 주장한다.

결론부에서 김정일은 과학자와 인민들이 주체철학은 물론이고, 마르크스 - 레닌주의 철학사상도 알아야 한다고 강조하면서, 그 목적이 선행철학의 진보성과 긍정적 측면과 함께 제한성과 미숙성, 그리고 역사적 공적과 함께 시대적 제한성과 사상이론적 미숙성을 올바로 알아 교조적 편향성을 방지하는 데 있음을 분명히 하고 있다(김정일, 1997 : 18).

독창성과 계승성 문제와 관련하여 이 담화는 이전의 김정일 자신의 문건들과 분명한 차이를 보이고 있다. 그것은 무엇보다 기존에는 계승성의 측면을 강조했다면, 이 담화에서는 독창성을 배타적으로 강조하는 점이다. 즉 과거의 북한 이론계 내부의 편향성이 주체사상을 마르크스 - 레닌주의와 무관한 것으로 봄으로써 인간철학의 관념론적 요소를 수용하는 것을 우려했다면, 이 담화는 주체철학을 변증법적 유물론의 계승과 발전으로 보는 편향성으로 인해 실천적 오류를 낳을 수 있는 점을 경계하고자 하는 것으로 보인다. 이런 분명한 강조점의 변화는 상당히 주의깊은 검토가 필요한 문제로 생각되는데, 이 책에서는 다음의 몇 가지로 그 원인을 규정할 수 있다고 본다.

첫째, 현실사회주의의 붕괴와 관련된 것으로 볼 수 있다. 주지하다시피 소련을 비롯한 현실사회주의는 마르크스 - 레닌주의를 공식이념으로 삼고 있었다. 따라서 마르크스 - 레닌주의의 제한성과 일면성을 주장하는 주체사상은 항상 이론적 논쟁과 외교적 마찰의 우려를 가질 수밖에 없었다. 따라서 북한은 주체사상의 마르크스 - 레닌주의에 대한 계승성을 강조함으로써 이런 위험성을 방지할 수 있었을 것이다. 그러나 1980년대 말 현실사회주의의 붕괴는 마르크스 - 레닌주의는 물론이고 마르크스주의 전반에 대한 위기를 가져왔고, 북한은 이런 공허한 이론적 논쟁에 휘말리지 않기 위해서도 주체사상의 독창성을 강조하는 것이 유리할 수 있다는 판단을 했을 수 있다.

1992년 10월 10일 당 창건 47주년 기념 논문 "혁명적 당 건설의 근본문제에 대하여"에서 김정일은 여러 나라들에서 사회주의 좌절의 심각한 교훈은 당의 영도가 사회주의 위업의 생명선임을 일깨웠다고 주장했다(김정일, 1992b : 316). 이어 김정일은 마르크스 - 레닌주의 당 건설 이론의 제한성이 나타나자 현대수정주의자들이 당을 체계적으로 약화시킨 것이라고 주장했다(김정일, 1992b : 321).

여기서 김정일이 주장하는 마르크스 - 레닌주의 당 건설 이론의 제한성은 다음과 같다. 즉 "맑스 - 레닌주의 당 건설 이론은 주로 로동계급의 당이 정권을 잡기 위하여 투쟁을 벌이던 시기의 이론으로서 거기에는 정권을 잡은 로동계급의 당이 당 건설과 활동을 어떻게 하여야 하는가 하는 문제가 구체적으로 밝혀져 있지 않았다"(김정일, 1992b : 320 - 1)는 점이라고 주장한다. 이처럼 북한은 마르크스 - 레닌주의 이론의 제한성을 공공연히 제기하면서, 주체사상에 기초한 혁명과 건설의 당위성을 강조했다.

둘째, 역사적 유물론에 따른 생산력 우위론의 득세에 대한 경계의 의미이다. 이미 탈냉전 이전부터 중국의 개방 및 소련의 페레스트로이카와 글라스노스트 등 사회주의 국가들은 자본주의 국제경제에 통합되고 있었다. 결국 이런 정책들은 생산력의 발전을 최우선 과제로 현실사회주의의 재건을 목표로 하는 것이었다.

북한도 1990년대 초반 조일관계 정상화회담과 남북고위급회담 등 변화된 정세에 대응하기 위한 개방을 시도한 바 있다. 그러나 1993년부터 본격화된 북한 핵문제는 탈냉전기 북한의 고립을 심화시키고 말았다. 1994년 10월

21일 북미 제네바 기본합의문 채택으로 고비를 넘기기는 했으나, 미사일 문제 등 여러 현안들로 북미관계를 비롯한 대외관계의 경색은 여전히 풀리지 않는 상황이었다.

이런 조건에서 중국과 베트남 등 아시아 사회주의 국가들은 개혁·개방의 성과로 급속한 산업발전에 성공했다. 그러나 이 시기 북한은 김일성 주석의 사망 이후 연이은 자연재해 등이 겹치면서 식량난 등 고난의 대행군이라는 최악의 경제위기를 겪어야 했다. 이런 상태에서 김정일 등 북한 지도부는 역사적 유물론의 생산력 우위론이 득세할 경우, 체제에 대한 심각한 도전으로 이어질 가능성을 우려할 수밖에 없었을 것이다. 이런 내외적 위기에 대응하기 위하여 북한 지도부는 주체사상의 독창성을 강조함으로써, 인민대중의 사상적 결속과 인내심을 강화하고자 했던 것으로 보인다.

실제로 1997년 2월 망명한 황장엽은 망명 직전 집필했다는 미발표 논문인 "개혁과 개방문제 - 마르크스주의자들은 역사적 과오를 저질렀다"에서 다음과 같이 중국의 개혁·개방을 극찬하고 있다. 즉 "러시아는 개혁 개방에서 실패하였으며 중국은 성공하고 있다. 오늘 개혁 개방에서 빛나는 성과를 거두고 있는 중국은 전세계 진보적 인민들의 희망의 등대이며 국제 반동들의 질투와 공포의 대상이 되고 있다. 중국에서 개혁 개방의 성공은 인류 공동의 대경사이며 역사 발전에서 결정적 의의를 가진다"고 주장했다(조선일보사, 1997 : 20).[10]

개혁과 개방에 극도의 불신을 보였던 북한이 이런 입장들을 용인할 수 없었고, 그런 주장들을 미연에 방지하기 위해서도 마르크스 - 레닌주의와 다른 주체사상의 독창성을 강조함으로써 북한식의 대응을 정당화할 필요가 있었을

---

10) 이 논문이 북한에서 발표되지 않았고 망명을 이미 결심한 상태에서 작성된 것임을 감안하면, 황장엽이 망명 이전 공식적으로 중국의 개혁과 개방을 이렇게 찬양했는지는 확인할 수 없다. 다만 개혁과 개방을 불가피한 선택으로 본 황장엽이 역사적 유물론의 생산력 우위론의 문제의식을 빌려 북한에서 어떤 방식으로든 이런 입장을 선전했을 가능성은 매우 높다고 보인다.

것으로 보인다.

셋째, 탈냉전기 북한식 사회주의 유지를 위한 사상적 대비의 의미이다. 1980년대 말 현실사회주의 붕괴로 냉전이 종식된 후, 북한은 대외정세의 변화가 체제에 미칠 부정적 영향에 대해 상당히 민감할 수밖에 없었다.

이런 상황에서 북한의 기본적 대응방식은 김정일의 1991년 5월 5일 당 중앙위원회 책임일꾼 담화 "인민대중중심의 우리식 사회주의는 필승불패이다"에서 잘 드러난다. 김정일은 이 담화에서 사회주의는 일시적인 우여곡절을 겪을 수는 있지만 인민대중의 신뢰와 지지로 필승불패할 것임을 강조했다(김정일, 1991 : 210). 즉 김정일은 우회적으로 사회주의 진영의 붕괴를 "일시적인 우여곡절"로 표현하면서, 사회주의의 궁극적 승리에 대한 강력한 신념을 드러내고 있다. 뿐만 아니라 김정일은 "우리나라 사회주의는 위대한 주체사상을 구현하고 있는 인민대중중심의 사회주의"(김정일, 1991 : 211)라고 강조함으로써, 북한식 사회주의와 붕괴된 사회주의 국가들과의 차별성을 분명히 했다.

또한 1992년 1월 3일 당 중앙위원회 책임일꾼 담화 "사회주의 건설의 력사적 교훈과 우리당의 총로선"에서 김정일은 소련의 해체와 일부 나라들의 사회주의 좌절과 자본주의 복귀를 공식적으로 밝히면서 일부 사람들의 사상적 혼란을 경계했다(김정일, 1992a : 277). 그러나 김정일은 "일부 나라들에서 사회주의가 좌절되고 자본주의가 복귀된 것은 력사발전의 기본 흐름에서 볼 때에는 부분적이며 일시적인 현상에 지나지 않습니다. 그러나 우리는 이것을 결코 우연한 현상이라고 볼 수 없으며, 또한 이것이 단순히 외적요인에 의하여 초래된 것이라고만 볼 수도 없습니다"(김정일, 1992a : 278 - 9)라고 하여, 사회주의의 궁극적 승리에 대한 확신과 함께 좌절의 원인에 대한 신중한 검토가 필요하다는 사실을 인정했다.

이 담화에서 김정일은 마르크스주의는 사회주의 제도 수립 이후 사회주의,

공산주의 건설에 대한 해답을 주는 데 제한성을 갖고 있다며 다음과 같이
주장했다.

> 맑스주의를 지도적지침으로 하여 사회주의를 건설한다고 하면서 선행리론의
> 력사적 제한성을 보지 않고 그것을 교조주의적으로 적용하였는가 하면 다른
> 한편으로는 맑스주의의 혁명적 전술을 부정하고 수정주의적인 정책을 실시하는
> 길로 나갔습니다.
>
> 선행리론에 대한 교조주의적 리해에서 벗어나지 못한 사람들은 사회주의사회
> 의 본질과 우월성이 사회주의 사상을 가진 인민대중에 의하여 규정된다고 보는
> 것이 아니라 사회주의 정권과 사회주의적 소유관계에 의하여 규정된다고 보았으
> 며, 사회주의 건설의 추동력도 생산력과 생산관계의 적용이라는 경제적 요인에
> 서 찾았습니다(김정일, 1992a : 281).

이 시기에 들어와서는 마르크스 - 레닌주의의 제한성 주장이 이론적 차원에
서만 아니라, 과거 사회주의 국가들의 구체적인 정책들에 대한 비판으로까지
확대되었음을 확인할 수 있다. 이런 상황에서는 주체사상의 마르크스 - 레닌주
의와의 계승성보다는 독창성을 강조하는 것이 북한 사회주의의 차별성과
우월성을 강조하는 데 훨씬 효과적일 수 있었을 것이다.

넷째, 주체철학에 대한 북한 내부의 계승성에 대한 오해가 상당 부분 해소된
결과일 수도 있다는 점이다. 즉 주체철학의 이론적 체계화 이후 약 20년간
계승성 문제가 지속적으로 강조됨으로써, 적어도 공개적으로는 주체사상이
마르크스 - 레닌주의의 변증법적 유물론과 역사적 유물론을 전제로 한다는
사실을 부정하는 사람이 없어졌다고 볼 수 있을 것이다. 이 담화에서 김정일이
주체사상을 마르크스 - 레닌주의의 계승과 발전·완성으로 보는 입장을 비판하
는 것은 바로 이 점을 증명하는 것으로 볼 수 있을 것이다.

특히 김정일이 마르크스 - 레닌주의 철학사상에 대한 연구의 필요성을 강조하면서, 그것을 진보성과 제한성 및 일면성, 그리고 역사적 공적과 시대적 제한성을 동시에 통찰하기 위한 것이라고 주장하는 데서도 잘 드러난다. 즉 이론적 측면에서 이 시기 북한에서는 적어도 공식적이고 공개적으로는 주체사상을 마르크스 - 레닌주의와 무관한 인간철학의 관념론으로 해석하는 경향이 사라진 것으로 판단할 수 있을 것이다.

물론 북한 내부의 이런 이론적 경향이 현실을 그대로 반영하는 것으로 보기는 어렵다. 김정일 담화의 비판의 대상이었던 황장엽은 미발표 논문 "사회주의 정치학 요강—마르크스주의를 버리고 인간중심의 사회주의로 나가자"에서 마르크스주의 전반을 비판하고 있다. 즉 그는 "소련식 사회주의 붕괴의 기본원인의 하나는 노동계급 독재 이론의 반인민적이며 반사회주의적 오류와 결부"(조선일보, 1997 : 196)되어 있다고 주장하는 등 마르크스 - 레닌주의를 전면적으로 비판하고 거부한다. 또한 그는 마르크스주의는 사랑과 믿음 속에서 영생하려는 인간의 본성적 요구를 종교와 다른 방식으로 실현시키는 문제에 대답을 주지 못했다고 비판하면서(조선일보, 1997 : 213) 포이에르바하로의 회귀를 주장한다. 즉 그는 "포이에르바하는 종교를 인간의 본성에 맞는 것으로 개조하려고 하였으며 마르크스는 종교 자체를 부정하는 방향으로 나갔다. 마르크스주의자들은 종교를 인간의 본성에 맞게 개조하려고 한 포이에르바하의 기도를 비웃었지만 그것은 탁견이라고 평가해야 할 것이다"(조선일보, 1997 : 214)라고 주장하기도 했기 때문이다.[11]

---

11) 이 논문이 황장엽 망명 이후 북한이 아닌 남한에서 발표되었다는 점에서, 이런 주장을 북한에서 황장엽이 공개적으로 표현하지 않은 것은 틀림없는 사실일 것이다. 그러나 그의 이론적 경향 전반을 살펴보면 단순히 한 망명자의 견해가 아니라 주체사상을 사랑과 믿음이라는 추상적 미덕에 기반하는 사회주의의 사상적 기초로 해야 한다는 신념을 가진 것은 틀림없는 사실로 볼 수 있다. 이런 기본 입장을 북한에서는 보다 완곡하게 표현했겠지만, 주체사상을 혁명철학이자 정치철학으로 보는 북한의 공식 입장인 김정일의 견해(김정일, 1997 : 17)와 대립된 형태로 나타났음도 틀림없는 사실로 볼 수 있을 것이다.

이처럼 여러 요인들이 복합적으로 작용하여 1996년 무렵에 북한은 주체사상의 독창성을 강조함으로써, 북한식 사회주의의 정당성을 옹호하고자 한 것으로 보인다. 다른 한편으로 이론적 측면에서도 주체사상의 독창성과 계승성 문제, 즉 마르크스 - 레닌주의와 주체사상의 관계 문제는 쉽게 이해되거나 해결되기 힘든 난해한 문제이다. 따라서 북한이 처한 실천적 환경의 변화에 따라 앞으로도 계승성과 독창성에 대한 강조점의 이동이 있을 수 있는 것으로 볼 수도 있을 것이다.

1-3 주체사상의 독창성 주장의 기본 내용 : 새로운 철학의 근본문제와 주체사상의 철학적 원리

새로운 철학의 근본문제와 철학적 원리는 주체사상의 내용과 관련되는 개념이다.

철학의 근본문제를 본격적으로 제기하고 이론적으로 체계화한 사람은 엥겔스였다. 엥겔스는 1886년 집필한 『루드비히 포이에르바하와 독일 고전철학의 종말』에서 "모든 시기 특히 오늘날에 철학의 가장 중요한 근본문제는 사유와 존재의 관계에 관한 문제이다"(MECW 26 : 365)라고 전제한다. 이어서 그는 이 문제에 대한 대답에 따라 철학자들은 두 개의 커다란 진영으로 나누어지는데, 자연에 대한 정신의 우선성을 주장하여 정신에 의해 세계가 이런 저런 형태들로 창조된 것으로 보는 철학자들은 관념론에 속하고 자연의 우선성을 주장하는 사람들은 다양한 유물론 학파에 속한다고 본다(MECW 26 : 366).

이와 동시에 엥겔스는 철학의 근본문제인 존재와 사유의 관계는 이런 측면 외에도 세계에 대한 인식 가능성의 문제도 포함된다고 보면서 다음과 같이 주장한다.

그러나 사유와 존재의 관계 문제는 또다른 측면도 가진다. 즉 이 세계 자체에 대면해 있는 우리를 둘러싼 세계에 대해 우리의 사유는 어떤 관계에 있는가? 우리의 사유가 실재 세계를 인식할 수 있는가? 우리는 우리의 실재 세계에 대한 사상과 관념들 속에서 현실에 대한 올바른 반영을 만들어낼 수 있는가? 철학적 용어로 이런 문제는 사유와 존재의 동일성의 문제로 불리고 압도적 다수의 철학자들은 이 문제에 대해 긍정적으로 대답한다(*MECW* 26 : 367).

즉 엥겔스는 사유와 존재의 관계라는 철학의 근본문제에서 사유에 대한 존재의 선차성 인정과 세계의 물질적 통일성이라는 존재론의 측면과 실재하는 객관세계에 대한 인식 가능성이라는 인식론적 문제를 유물론적으로 해결하고 있다.

레닌도 1909년 출간된 『유물론과 경험비판론』에서 다음과 같이 마르크스와 엥겔스의 철학의 근본문제에 대한 해답을 물질의 선차성과 의식의 반영성에 있는 것으로 확인한다. 즉 레닌은 "물질의 현존은 감각에 의존하지 않는다. 물질이 1차적인 것이다. 감각, 사유, 의식은 특정한 방식으로 조직된 물질의 최고산물이다. 이것이 유물론의 일반적인 견해이며 특히 맑스, 엥겔스의 견해이다."(*LCW* 14 : 55) 또한 레닌은 "유물론은 '객체 자체Objekte an sich' 또는 정신 외부의 객체를 승인하고, 관념 또는 감각들이 객체의 복사 혹은 모사에 불과한 것으로 본다. 반대 교의(관념론)는 객체가 '정신 외부'에 존재하지 않으며, 객체는 '감각의 결합'이라고 주장한다"(*LCW* 14 : 26)고 구분한다.

레닌은 인식론의 측면인 사유와 존재의 동일성에 대해서도 절대적 진리와 상대적 진리의 개념을 도입하여 더욱 정교하게 다듬었다. "현대 유물론, 즉 맑스주의의 입장에서 볼 때, 객관적, 절대적 진리에 대한 우리 인식의 근사적 한계는 역사적으로 조건지어진 것이다. 그러나 그러한 진리의 현존은 무조건적인 것이며, 우리가 그것에 점점 가까이 접근하고 있다는 사실 또한 무조건적이다"(LCW 14 : 136)라고 주장한다. 즉 레닌은 자연의 인간의 의식과 의지로부터의 독립과 그것들의 진리의 객관적 존재를 승인하면서 우리가 그에 대한 상대적 진리를 통해 점차 보다 절대적 진리에 끊임없이 근접해가는 것으로 본다. 레닌의 이런 인식은 엥겔스가『루드비히 포이에르바하와 독일 고전철학의 종말』에서 자연과학의 발전과 함께 유물론도 끊임없이 발전하게되고 심지어는 역사에 대한 유물론적 인식까지 가능해진다고 본 것(MECW 26 : 369 - 70)과 정확히 일치한다.

특히 레닌은 인식의 과정에 실천을 도입함으로써 사유와 존재의 관계에 대한 이해를 보다 심화시켰다. "인식이라는 것은, 그것이 인간으로부터 독립한 객관적 진리를 반영할 때만, 생물학적으로 유용할 수 있고 인간의 실천에 유용할 수 있으며 생명의 유지와 종의 보존에 유용할 수 있다. 유물론자에게 인간 실천의 '성공'은 우리의 표상과 우리가 지각하는 사물의 객관적 본질 사이의 조응을 증명한다"(LCW 14 : 139 - 40)고 요약한다. 이런 레닌의 요약은 이미 1845년 마르크스가 "포이에르바하에 관한 테제"의 제2테제에서 "인간의 사유에 의해 객관적 진리가 파악될 수 있는가 하는 문제는 이론의 문제가 아니라 실천의 문제이다. 인간은 실천에 의해 진리, 즉 그의 사유의 현실성과 힘, 현세성을 증명해야만 한다"(MECW 5 : 3)는 입장을 더욱 발전시킨 것이었다.

마르크스와 엥겔스 그리고 레닌에 의해 사유와 존재, 정신과 물질의 관계라는 철학의 근본문제가 제기되고 이에 대한 유물론적 대답이 주어짐으로써 마르크스 - 레닌주의의 변증법적 유물론은 완성될 수 있었다. 즉 변증법적 유물론은 물질의 선차성과 의식의 반영성 및 세계의 물질적 통일성이라는 유물론적 존재론을 전제한다. 뿐만 아니라 인식론 차원에서는 실천에 의해 객관세계의 절대적 진리에 인간이 상대적 진리를 통해 끊임없이 근접할 수 있다는 반영론적 인식론으로 구성된다. 여기서 코와코프스키가 스탈린주의적 마르크스 - 레닌주의를 비판하는 인간주의적 마르크스주의의 특징들 가운데 하나로 지적한 반영론에 대한 비판(Kolakowski, 1978[III] : 462)은 레닌의 절대적 진리와 상대적 진리 개념을 고려한다면, 경험주의적이고 실증주의적인 반영론과 변증법적 유물론의 반영론을 구분하지 못한 오류의 결과로 생각된다.

이런 마르크스주의 철학과 구분되는 새로운 철학의 근본문제를 제기했다고 주장하는 주체사상은 철학의 근본문제의 의의를 다음과 같이 규정한다.

어떤 문제를 철학의 근본문제로 제기하고 그것을 어떻게 해결하는가에 따라서 철학의 근본원리가 규정되고 철학의 전체계와 내용, 성격과 역할이 좌우된다. 그러므로 철학의 근본문제를 올바로 제기하는 것은 과학적이며 혁명적인 세계관을 주기 위한 선결조건으로, 관건적 고리로 된다(총서 01 : 78).

주체사상에서는 철학의 근본문제에 대한 개념이 마르크스주의 철학에 와서야 비로소 확립되었다고 보면서 이전의 철학들에서는 가장 중요시하고 주로 고찰한 문제를 의미하는 정도로만 이해했다고 본다. 즉 존재론에서는 세계의 시원문제, 인식론에서는 인식 가능성 문제, 윤리도덕 철학에서는 도덕적 본성이나 윤리적 가치를 근본문제로 보았는데, 이것은 "무엇보다도 매개 철학이 전면에 내세운 문제와 그 해결이 철학의 사상이론적, 방법론적 기초로 된 문제를 구별하지 못한 것과 관련된다"(총서 01 : 79)고 본다. 이와 달리 마르크스주의 철학에서는 엥겔스에 의해 '철학 전체의 최고 문제로 철학의 근본문제가 제기되어 모든 철학이 공통적으로 취급하는 중대한 문제이자 "그 해결이 철학의 이론적 출발점으로 되는 문제"(총서 01 : 81)로 확립되었다는 것이다.

김정일은 "주체사상에 대하여"에서 마르크스주의의 철학과 주체사상의 철학의 근본문제에 대해 다음과 같이 규정했다.

종래에는 물질과 의식, 존재와 사유의 관계를 철학의 근본문제로 삼아왔습니다. 물질의 일차성, 존재의 일차성에 관한 맑스주의유물론적원리는 이 문제에 과학적해명을 주었습니다.

주체사상은 세계의 시원문제가 유물론적으로 밝혀진 조건에서 세계에서 사람의 지위와 역할 문제를 철학의 근본문제로 새롭게 제기하고 세계의 주인이 누구인가 하는 문제에 해답을 주었습니다(김정일, 1982 : 114).

주체사상에서는 마르크스주의가 사유와 존재, 정신과 물질의 관계 문제를 철학의 근본문제로 삼았던 원인을 다음의 두 가지로 들고 있다. 첫째, 마르크스와 엥겔스 시기에는 유물론이 종교와 관념론을 타파할 정도로 의식에 관한 올바른 해명을 주지 못했던 점 둘째, 반동적 통치계급이 계급적 지배를 주로 종교와 그 변종인 관념론으로 신성화하고 합리화한 것과 관련이 있었다는 점이다(총서 01 : 83). 즉 물질과 의식의 관계가 마르크스주의 철학의 근본문제로 된 것에는 인식론적 근거와 사회계급적 근원의 두 가지가 작용한다고 보는 것이다.

철학의 근본문제로서의 물질과 의식의 관계문제는 선행로동계급의 철학에서 과학적으로 해명되었다. 그리고 물질과 의식의 관계문제의 해명에 기초하여 세계의 본질과 그 운동의 일반적 법칙을 밝히는 철학적 과제도 선행로동계급의 철학에 의하여 해결되었다. 이와 같은 조건에서 철학적 사유가 사람의 운명개척에서 나서는 세계관적 문제에 전면적으로 올바른 해답을 주는 새로운 철학사상을 내놓으려면 철학의 근본문제에 대한 리해부터 혁신하고 근본문제를 새롭게 제기하고 해결하지 않으면 안되였다(총서 01 : 86).

김정일은 1996년 7월 26일 당 중앙위원회 이론지 『근로자』에 준 담화인

"주체철학은 독창적인 혁명철학이다"에서도 주체철학이 새로운 세계관을 밝혔다고 하여 변증법적 유물론을 부정하는 것이 아니라 이를 전제하지 않고서는 성립될 수 없다고 강조한다. 즉 마르크스 - 레닌주의 철학과 주체철학의 관계를 계승성의 입장에서 보고 있다.

그는 "세계가 사람에 의하여 지배되고 개조된다는 세계에 대한 주체적인 견해는 객관적인 물질세계의 본질과 그 운동의 일반적합법칙성에 대한 유물변증법적리해를 떠나서는 생각할 수 없습니다"(김정일, 1997 : 3)라고 단언한다. 이어 그는 변증법적 유물론이 일련의 미숙성과 제한성을 갖고 있지만 여전히 과학적 진리이고 따라서 주체철학은 그것을 전제로 삼고 있다는 점을 강조한다. 즉 변증법적 유물론의 유물론적 존재론과 반영론적 인식론은 자연과 사회 및 인간 의식의 존재와 운동에 관한 일반적 합법칙성을 과학적으로 해명하고 있는 진보적 사상이라는 것이다.

그러나 한편으로 주체사상이 물질과 의식의 관계는 철학의 근본문제로 일정한 제한성이 있다고 주장하는 이유는 다음의 세 가지이다. 첫째, 물질과 의식의 관계 문제의 해명은 세계의 시원과 인식의 원천을 밝히는 철학의 이론적 기초로는 되지만 세계의 운동관의 직접적 기초가 될 수는 없다는 점이다. 이로 인해 유물론과 관념론이 각각 때로는 변증법과 다른 한편으로는 형이상학과도 결합될 수 있는 한계를 보이게 되었다고 한다. 둘째, 물질과 의식의 관계 문제 해결이 사람에 의한 세계의 지배와 개조발전의 합법칙성 해명의 이론적 기초가 될 수 없다는 점이다. 셋째, 물질과 의식의 관계 문제 해결이 세계관의 사상적 기초로 되지 못한다는 점이다. 그 결과 역사상 유물론 철학이 진보적인 사회정치적 견해만 아니라 보수반동적인 견해와 결합되기도 했다는 점을 들고 있다(총서 01 : 84 - 5).

주체사상은 철학의 근본문제가 한번 규정되면 항구불변한 것이 아님을 강조하면서, 마르크스 - 레닌주의의 철학의 근본문제의 제한성으로 인해 철학의 근본문제에 대한 이해의 혁신과 새로운 설정이 새로운 시대의 요구가 되었다고 주장한다(총서 01 : 88). 이에 따라 주체사상은 세계에서 사람이 차지하는 지위와 역할 문제를 새로운 철학의 근본문제로 제기했다고 한다(총서 01 : 87).

  철학의 근본문제를 사람을 위주로 하여 제기한다는 것은 사람을 고찰의 중심에 놓고 철학의 근본문제를 제기한다는 것이며, 그 해결이 사람의 운명개척의 정확한 방도를 제시하는 철학의 기초로 되는 문제를 철학의 근본문제로 삼는다는 것을 의미한다. 사람을 중심에 놓고 세계를 고찰하면 세계는 주체인 사람과 그의 생활환경이며 개조대상으로서의 객관세계로 나누어진다. 그러므로 사람을 위주로 하여 철학의 근본문제를 제기한다는 것은 주체인 사람과 그 대상인 주위 세계와의 관계문제를 철학의 근본문제로 삼는다는 것을 의미한다(총서 01 : 88).

  세계에서 사람이 차지하는 지위와 역할 문제를 새로운 철학의 근본문제로 삼은 주체사상에서는 사람이 자연과 사회 및 자기운명의 주인이라는 관점에서 "사람이 모든 것의 주인이며 모든 것을 결정한다는 철학적 원리"(총서 01 : 106)를 제시한다. 이에 대해 김정일은 "주체사상에 대하여"에서 다음과 같이 요약하고 있다. "사람이 모든것의 주인이라는것은 사람이 세계와 자기 운명의 주인이라는것이며 사람이 모든 것을 결정한다는것은 사람이 세계를 개조하고 자기 운명을 개척하는데서 결정적역할을 한다는것입니다."(김정일, 1982 : 71) 즉 사람이 세계와 자기 운명의 주인으로 지배자이자 개조자라는 주장이다.

  나아가 주체사상에서는 사람이 모든 것의 주인이며 모든 것을 결정한다는 철학적 원리는 주체사상의 사상적 기초이자 이론적 기초이며 방법론적 기초로도 된다고 주장한다. 즉 "세계와 자기 운명의 참다운 주인으로서의 지위를 차지하고 주인으로서의 역할을 하려는 혁명적 요구를 구현함으로써 사람이 세계를 지배하고 개조해나가는 합법칙성과 방도를 밝혀주는 세계관의 사상적 기초로 된다"(총서 01 : 122 - 3)고 주장한다. 또한 이 철학적 원리는 "세계의 가장 기본적이며 일반적인 관계인 사람과 세계의 관계에 관한 가장 일반적인 원리이므로 세계관의 리론적 기초로 된다"(총서 01 : 123)고 하며, 이로부터 근로인민대중을 주체로 하는 사회역사관과 지도적 원칙이 나온다고 주장한다.

"가장 일반적인 철학적 방법론의 기초를 이루는 원리는 세계관의 사상리론적 기초를 이루는 철학적 원리"(총서 01 : 123)이기 때문에, 사람이 모든 것의 주인이며 모든 것을 결정한다는 철학적 원리는 바로 주체사상의 철학적 방법론의 기초라는 것이다.

주체사상은 이런 철학의 근본문제에 기초한 철학적 원리가 나오게 된 것을 "사람의 본질적속성에 대한 견해를 철학의 시발적인 위치에 놓은 사상은 인류사상사에서 주체사상뿐"(총서 01 : 131)이라는 점에서 찾고 있다.

주체사상은 인간철학과의 차이점에 대해서 다음과 같이 주장한다. "인간철학은 인간과 인생의 본질만을 논하므로 엄밀한 의미에서 세계관을 주는 철학이 아니라 하나의 인생철학, 인생관에 지나지 않으며 그것도 인간문제를 그릇되게 해석하는 비과학적이며 반동적인 것이다."(총서 01 : 134) 요컨대 주체철학은 인간철학과 달리 세계에 관한 변증법적 유물론적인 과학적 이해가 확립된 조건에서 사람이 세계에서 차지하는 지위와 역할 문제를 다룬다는 것이다.

나아가 주체사상은 마르크스 - 레닌주의의 변증법적 및 역사적 유물론 교정 체계에서는 사람을 전일적이 아닌 측면별로 고찰되고 있는 한계를 지적한다. 즉 마르크스 - 레닌주의에서는 유물론적으로는 사람의 의식이 물질과의 관계에서, 그리고 사람의 활동은 사회적 운동형태로 귀속된다고 주장한다. 인식론 부분에서는 사람의 의식에 세계가 반영되는 과정이, 그리고 변증법에서는 사람의 활동이 아닌 사유에 작용하는 일반적 법칙이 고찰되고 있을 뿐이라고 평가한다. 또한 역사적 유물론에서는 생산력과 생산관계, 토대와 상부구조가 그 담당자인 사람과의 관계에서가 아니라 그 자체로 고찰되고, 인민대중을 역사적 창조자로 고찰하는 경우에도 객관적 법칙을 실현하는 역할을 밝히는 데 제한된다고 지적한다(총서 01 : 137).

또한 실천적으로도 사람들의 목적의식적이며 창조적 활동인 혁명실천의 발전과 인간문제를 왜곡하는 현대부르주아 철학에 대항하는 사상투쟁의 필요성에서도 사람에 대한 견해로 변증법적 및 역사적 유물론을 보충할 필요가 제기되었다고 주장한다. 그러나 마르크스주의 철학의 구성부분으로 인간학을 새롭게 형성하려는 시도가 있었으나 일정한 난점이 있어 결국에는 주체사상의 철학적 원리가 출현할 수밖에 없었다며 다음과 같이 주장한다.

> 최근 시기에는 사람의 의식적 활동과 역사에서의 그 역할, 사회와 개인과 같은 문제들로써 역사적유물론을 보충하려는 시도, 나아가서는 사람의 활동을 출발적 범주로 하여 역사적유물론을 전개하려는 시도, 다시 말하여 인간활동의 특성에 대한 분석으로부터 출발하여 사회와 그 력사적발전과정을 해석하려는 시도가 나타나게 되었다. 그런데 이러한 시도는 사람의 활동으로부터 출발하여 사회력사적과정을 밝히는 체계와 사회적존재가 사회적의식을 규정한다는 원리에 기초하여 전개되는 종래의 체계를 무리없이 융합시켜야 할 난점을 가지고 있는 것이다.
> 주체사상은 종래의 모든 철학들과 근본적으로 달리 사람의 본질적 속성에 대한 견해를 시발적인 위치에 놓고 세계관을 전개하였다(총서 01 : 138).

이를 통해 알 수 있듯이, 주체사상이 주장하는 마르크스 - 레닌주의의 일면성과 제한성은 바로 사람을 전일적 고찰의 대상이 아닌 부분적 측면에서 고찰하는 데 있다는 것이다. 그 결과 사람을 중심으로 사회역사적 발전과정을 고찰할 수 없게되고 이를 자연사적 과정과 동일시함으로써, 기계론적인 결정론에 봉착하게 된다고 주장하는 것이다.

앞에서 살펴보았듯이, 주체사상이 주요 비판대상으로 하는 것이 스탈린과 그 이후의 소비에트 마르크스 - 레닌주의라는 점에서, 주체사상이 여기서 비판하는 것은 바로 구조 결정론적 입장이 된다. 따라서 여기서 말하는 마르크스주의 철학의 새로운 구성부분으로 인간학을 받아들이려는 시도는 바로 소련 내부에서의 구조 결정론을 완화하려는 시도를 지칭하는 것으로 보아야 할 것이다.

그러나 김정일은 "주체사상에 대하여"에서 주체사상은 신비주의와 숙명론을 부인한 유물론적, 변증법적 입장을 전제로 한다고 강조하며 마르크스주의 철학과 주체철학의 관계를 다음과 같이 규정한다. "인간의 본질에 관한 문제는 맑스주의에 의하여 사회적관계속에서 제기되고 해명되었습니다. 주체사상은 사람을 사회적관계속에서 보면서 인간의 본질적특성을 새롭게 밝혔습니다. 주체사상에 의하여 사람은 자주성, 창조성, 의식성을 가진 사회적존재라는것이 밝혀짐으로써 인간에 대한 완벽한 철학적해명이 주어지게 되었습니다."(김정일, 1982 : 114) 즉 주체사상은 인간의 본질을 사회적 관계의 총체로 본 마르크스주의의 입장을 전제로 한다고 주장한다.

나아가 주체사상은 사회적 존재로서 인간의 본질적 속성인 자주성, 창조성, 의식성을 갖는 것을 발견함으로써 마르크스주의 철학에서 인간학을 구성부분으로 수용하려던 시도가 봉착한 난점들을 극복할 수 있었다는 주장이다.

자주성, 창조성, 의식성은 바로 사회적 존재인 인간이 가질 수 있는 본질적 속성이라고 주장한다. 주체사상에서는 사람이 무생물은 물론 다른 생명물질들과 질적으로 구분되는 존재인데, 이것은 바로 사람이 사회적 존재로 됨으로써 가능해진 것으로 본다.

주체사상에서는 사람이 사회적 존재라는 견해는 이전에도 있었지만, "단순히 사람이 사회에 의하여 제약되는 존재라는 것을 의미하는 것이 아니라 사람이 주동적으로 사회적 관계를 맺고 사회적 활동으로 자기의 존재를 유지하고 자기의 목적을 실현하며 사회적 관계를 개조하고 지배해나가는 존재라는 것을 의미하는 개념이 주체사상이 새롭게 내놓은 사회적 존재라는 개념"(총서 01 : 155)이라고 주장한다. 즉 사람의 자주성은 바로 사회적 존재인 사람이 갖는 세계의 지배자의 지위를, 그리고 창조성은 세계의 개조자의 역할을 의미하고, 의식성은 자주성과 창조성을 보장하는 모든 활동을 규제하는 속성으로 본다.

특히 주체사상에서는 의식성에서 사상의식과 과학적 지식을 구분한다(총서 01 : 195 - 7). 즉 과학적 지식이 객관세계에 대한 인식이라면 사상의식은 사람들의 모든 활동을 규제하고 조절통제하는 것으로 자연과 사회를 자기에게 유리하게 만들려는 요구를 반영한 것이다.

주체사상에서는 사람이 사회적 존재임과 동시에 물질적 존재라는 점을 인정하고 있다. 특히 사람은 물질세계 발전에서 가장 발전된 존재일 뿐만 아니라 특출한 물질존재로 자연계에서 벗어난 유일한 존재라고 본다. 그리고 이런 특출한 존재가 될 수 있던 것은 바로 사회적 존재로 된 것과 관련이 있는데, 그렇다고 사람이 먼저 사회적 존재로 된 다음 특출한 존재가 된 것이 아니라 사회적 존재가 되는 과정은 바로 특출한 존재가 되는 것과 동일한 과정이라고 본다(총서 01 : 155 - 6).

이미 전술했듯이, 1986년 7월 15일 김정일 담화 "주체사상교양에서 제기되는 몇가지 문제에 대하여"와 1996년 7월 26일 김정일의 담화 "주체철학은 독창적인 혁명철학이다"에서는 물질적 존재이자 사회적 존재인 사람의 규정에 미묘한 변화가 보인다. 즉 1986년 7월 15일 담화에서 김정일은 주체사상의 마르크스 - 레닌주의에 대한 계승성을 강조하며 가장 발전된 물질인 인간이 덜 발전된 물질적 존재에 주인의 지위를 차지하고 고급한 물질의 운동인 인간의 운동이 세계발전에 더 큰 역할을 한다는 것은 유물론과 변증법의 원리에 맞는다고 강조했다(김정일, 1986 : 312). 그러나 1996년 7월 26일 담화에서는 황장엽으로 추정되는 어느 사회과학자를 비판하면서, 사람의 본질적 속성을 물질의 구성요소의 다양성이나 결합구조의 복잡성에서 찾는 입장을 비판하고 있다. 물론 주체사상이 사회적 존재로서 사람을 일관되게 강조한 것은 사실이지만, 적어도 1986년 시점에서는 사람을 고급한 물질로 규정함으로써 마르크스 - 레닌주의에 대한 계승성 측면에서 강조했다.

그렇다면 사람의 본질적 속성을 가장 고차적 물질이 갖는 속성으로 보는 것을 1996년 비판한 의미는 무엇일까? 이에 대해서는 다음의 두 가지 추론이 가능할 것으로 본다.

첫째, 북한 내부에서 이 시기 동안 물질적 존재이자 사회적 존재인 사람에 대한 논의가 심화되어, 자연에 의해 규정되는 측면보다 자연으로부터 벗어난 유일한 존재로 사람을 강조하게 된 것으로 볼 수 있을 것이다.

둘째, 보다 실천적 관점에서 보면 1996년 7월 26일 담화가 황장엽을 비판하는 것이었고, 당시 황장엽이 중국의 개혁개방을 극찬하는 입장을 취했던 점을 함께 고려한다면 다음의 추론이 가능할 것으로 본다. 즉 가장 고차적으로 발전한 물질로 사람을 보는 견해는 결국 자연진화론적 입장을 지지하는 것인바, 이것은 마르크스주의 역사에서도 증명되었듯이 역사적 유물론의 생산력 우위론이나 구조 결정론적 입장과 직결되는 경우가 많았다. 주체사상의 독창성을 강조한 것은 바로 이런 실천적 편향을 비판하기 위한 것으로 볼 수도 있을 것이다. 이렇게 보면, 슈만의 순수 이데올로기에 해당하는 주체사상이 근거하는 낙관적 시대인식과 괴리되는 위기에 대응하기 위한 실천 이데올로기를 만들기 위한 과정에서 나온 강조점의 변화로 해석할 수도 있을 것이다.

이처럼 주체사상은 창시를 정당화하는 주체시대 규정 뿐만 아니라, 그

기본 내용을 이루는 철학의 근본원리에서도 특히 사람에 대한 매우 낙관적인
인식에 기초해 있다. 후술하겠지만 주체사상의 이런 낙관적 인식의 근원을
알기 위해서는 주체사상이 제기되고 이론적으로 체계화되는 과정에서의 북한
의 실천적 조건과 성과를 이해할 필요가 있다.

1-4 주체사상의 계승성과 독창성 주장에 대한 비판적 평가

주체사상의 독창성과 계승성 문제를 이해하기 위해 우선 전제해야 할 중요한
문제가 있다. 그것은 과연 마르크스와 엥겔스의 사상과 이론이 주체사상에서
주장하듯이 철학적 원리에서 인간의 의식 및 실천의 능동성 문제와 사회역사적
원리에서 자연의 운동과 다른 사회적 운동의 차이점에 관해 시대적 제한성과
사상이론적 미숙성을 노정했는가를 먼저 검토해야 한다.

첫째, 인간의 의식성과 능동적 역할 문제에 대한 마르크스와 엥겔스의
입장을 고찰해보자. 주지하듯이 마르크스는 『경제학 철학 초고』, "포이에르바
하에 관한 테제" 및 『도이치 이데올로기』 등 초기 저작들에서 사회역사에
관한 유물론적 이해의 전제로 인간에 대한 유물론적 해석을 시도했다.

마르크스는 "포이에르바하에 관한 테제"의 제1테제에서 포이에르바하를
비롯한 이전의 유물론의 관조적이고 객체적인 태도를 비판하고 있다.[12] 즉
마르크스는 이전의 유물론들이 인간의 주체적인 활동의 측면을 사상한 채
대상을 기계론적이고 실증적인 방식으로 파악하는 점을 비판한 것이다. 또한

---

12) 마르크스의 "포이에르바하에 관한 테제"의 제1테제는 다음과 같다. "(포이에르바하의 그것을
포함한) 이전의 모든 유물론의 주요한 약점은 사물, 현실, 감각을 감각적인 인간활동, 실천
즉 주체적으로가 아니라 대상 혹은 사변의 형태로만 간주하는 것이다. 여기서 유물론과 대조적
으로 활동적인 측면은 관념론—물론 그것이 실제적이고 감각적 활동임을 알지 못한다—에서
추상적으로만 전개되었다. 포이에르바하는 개념적 대상들과 실제적으로 구분되는 감각적 대상
들을 추구했지만 인간활동 자체를 대상적 활동으로 생각하지 않았다."(*MECW* 5 : 3)

마르크스는 한해 전인 1844년 집필한 『경제학 철학 초고』에서도 인간을 단순한 자연존재이자 인간적인 자연존재임을 강조함으로써 인간의 의식과 실천이 갖는 중요성을 강조했다.

> 그러므로 직접적으로 제공되는 자연 대상들은 인간적 대상들이 아니며, 직접적이고 대상적인 인간적 감각도 인간적 감성, 인간적 대상성이 아니다. 자연은 ―객관적으로도―주관적으로도 직접적으로 인간적 존재에 적합하게 현존하고 있지 않다.
> 그리고 모든 자연적인 것이 생성해야 하듯이 인간도 자신의 생성 행위인 역사를 가진다. 그런데 인간에게 역사란 의식된 역사이며, 생성 행위로서의 역사는 의식적으로 자신을 지양하는 생성 행위이다. 역사는 인간의 진정한 자연사이다 (*MECW* 3 : 337).

위 인용문에서 마르크스는 인간의 주체적 실천이 매개되지 않은 자연적 대상은 인간에 외재하는 것일 뿐이라고 보고, 인간은 의식적 행위를 통해서 자신의 역사를 만들어가는 존재로 보고 있음을 알 수 있다. 즉 직접적으로 주어진 자연은 그 자체의 존재를 유지하고 자체에 내재하는 모순에 따라 운동하고 생성되는 것임에 반해 인간의 역사는 인간 자신의 의식적인 지양 행위의 산물이라는 것이다. 따라서 역사는 인간의 진정한 자연사, 즉 인간 자신의 유적 본성인 주체적 의도와 의지 및 자기 생성을 위한 활동의 산물에 다름아닌 것이 된다. 이런 인간의 활동이 배제된, 즉 주체적으로 사물, 현실, 감각을 파악하지 못하는 마르크스 이전의 유물론은 인간적 대상이 아닌 자연 그 자체를 유물론적으로 파악하는 것은 가능했지만, 인간의 주체적인 의식과 활동의 산물인 사회와 역사를 유물론적으로 파악할 수 없음을 마르크스는 비판한 것이었다.

마르크스와 엥겔스는 인간의 주체적 실천과 의식의 역할에 주목함으로써 유물론을 자연만 아니라 사회역사 영역에까지 적용할 수 있게 되었다. 즉 인간에 대한 유물론적 해명을 완성함으로써 인간의 자연사인 사회역사에 대한 유물론적 해명인 역사적 유물론이 완성될 수 있었던 것이다. 『도이치 이데올로기』에서 마르크스와 엥겔스는 역사의 전제인 인간을 다음과 같이 감각적·대상적 존재이자 활동적인 사회적 존재로 규정했다.

　그 전제란 인간, 즉 그 어떤 환상 속의 고립되고 고정된 인간이 아니라, 일정한 조건 아래서 현실적인, 경험적으로 지각될 수 있는 발전과정에 있는 인간이다. 이러한 활동적인 생활과정이 밝혀지는 순간, 역사는 더 이상 경험론자들(그들 역시 추상적이다)에게 나타나는 것같이 단순히 죽어 있는 사실들의 집합이 아니게 되며, 또한 관념론자들에게서 나타나는 것과 같이, 상상된 주체들의 상상된 행위가 아니게 된다.
　사변이 끝나는 곳, 실제 생활이 시작되는 곳, 그곳으로부터 현실적이고 실증적인 과학이, 인간의 실제 활동 및 실제 발전과정에 대한 서술이 시작된다. 의식에 관한 공허한 논의는 사라지고 현실적인 지식이 그 자리를 차지하지 않으면 안 된다(*MECW* 5 : 37).

마르크스와 엥겔스는 역사를 단순한 사실들의 집적으로 보는 이전 유물론자들과 상상된 허위의 주체의 전개 과정으로 보는 관념론자들을 동시에 비판한 것이었다. 마르크스와 엥겔스는 역사를 살아 있고 능동적으로 활동하는 인간들의 목적의식적인 활동의 산물로 보게 됨으로써 사회역사에 대한 자연사적이고 과학적 이해가 가능해진 것이었다. 이런 그들의 과학적이고 유물론적 역사 인식의 전제는 다름아닌 살아 있는 인간에 대한 유물론적 해명이었던 것이다. 이를 마르크스의 "포이에르바하에 관한 테제"의 제1테제, 즉 사물, 현실,

감각을 대상의 형태, 즉 사변적 형태로만 파악하는 종래의 유물론을 비판한 점(*MECW* 5 : 3)과 관련지어 생각하면 다음과 같은 사실이 분명해진다. 요컨대 마르크스는 종래의 실증주의적이고 기계론적인 유물론적 입장들과 달리 사회 역사 속에서 인간의 의식적이고 능동적인 활동성·실천을 강조하고 있음을 알 수 있다.

둘째, 자연의 운동과 사회역사적 운동의 차이점에 대한 마르크스와 엥겔스의 입장이다. 엥겔스는 1886년 집필한『루드비히 포이에르바하와 독일 고전철학의 종말』에서 자연과학의 획기적 발전에 따라 유물론도 형태를 변경시켜야 하고, 역사를 유물론적으로 설명한 이후에는 이 분야에서도 유물론 발전의 새로운 길이 열렸다고 했다(*MECW* 26 : 369 - 70). 엥겔스가 말하려는 의도는 당시의 자연과학의 발전과 그 성과에 기초한 마르크스와 자신의 인간 역사에 대한 유물론적 해명으로 이전의 기계론적 유물론과 관념론의 역사에 관한 형이상적 혹은 신학적 이해의 타파가 가능해졌다고 선언한 것이었다. 이어서 엥겔스는 자연의 역사와 다른 사회발전의 역사의 차이점을 다음과 같이 분명히 언급하고 있다.

> 사회발전의 역사는 한 가지 점에서는 자연발전의 역사와 근본적으로 구별된다. 자연에서는(우리가 자연에 대한 인간의 반작용을 도외시 하는 한) 다만 맹목적이고 무의식적인 힘이 상호작용하며 일반적인 법칙은 이러한 힘의 상호작용 가운데서 발현한다. …… 사회의 역사에서는 의식을 가지고 신중하게 또는 열정적으로 행동하는 인간들이 일정한 목적을 추구하면서 활동한다. 여기서는 의식적이고 의도된 목적 없이는 아무것도 수행되지 않는다(*MECW* 26 : 387).

엥겔스는 자연의 발전이 자연에 내재하는 맹목적이고 무의식적인 힘, 즉 자연 자체의 발전의 원동력인 내적 모순에 의해 자연발생적으로 일어난다고

보는 유물론적 관점을 보여준다. 그러나 엥겔스는 사회의 발전은 이와 달리
사회역사적 운동의 주체인 인간들의 의식과 능동적인 활동의 산물로 보는
것이다.

엥겔스의 이런 입장은 1845년 마르크스와 공저했던『도이치 이데올로기』에
서 감각적이고 대상적이며 관조적인 유물론을 비판하면서, "포이에르바하가
유물론자인 한에서는 그에게 역사가 나타나지 않으며, 그리고 역사를 고찰하는
한에서는 그는 유물론자가 아니다"(MECW 5 : 41)라고 선언했던 것과 일맥상통
한다. 즉 마르크스와 엥겔스는 포이에르바하를 포함한 이전의 유물론들이
인간의 능동적 실천과 의식의 역할을 이해하지 못함으로써, 사회역사의 운동을
주체의 운동으로 볼 수 없었음을 비판한 것이었다.

인간의 주체적이고 능동적인 활동을 전제하지 않는 사회역사관은 결국
관념론적인 신의 섭리나 경험주의적인 사실들의 단순 집합으로 인간의 역사를
보게 되기 때문이다. 자연과 달리 사회역사에 고유한 법칙이 존재하는 근거에
대해 마르크스는『자본론』2판 후기에서 다음과 같이 과학적으로 정리하고
있다.

현상을 보다 깊이 분석하면, 사회적 유기체들도 식물 및 동물과 마찬가지로
그들 사이에 근본적인 차이가 있다는 것을 알 수 있다. …… 하나의 동일한 현상이
라도 이 유기체들의 상이한 총체적 구조, 그것들의 개개의 기관의 다양성, (기관
이 기능하는) 조건들의 차이 등등으로 말미암아 전혀 다른 법칙의 지배를 받는다
(Capital I : 28).

여기서 마르크스가 말하고 있는 것은 위의 인용문 바로 앞에서 경제학자들이
경제법칙을 물리학이나 화학의 법칙과 동일시한다는 점을 비판한 데서 알
수 있듯이, 개개의 사물과 현상들은 그 내적 발전 수준에 상응하는 고유의

법칙을 갖는다는 것이다. 즉 물질들은 그 발전 수준들의 위계에 따른 고유한 법칙의 지배를 받게 되는데, 가장 발전된 물질인 인간들의 집단인 사회와 역사도 물질 일반을 지배하는 법칙들과 구분되는 자체의 고유한 법칙을 갖는다는 것이다. 여러 저작들에서 마르크스와 엥겔스가 사회역사를 인간의 주체적이고 능동적인 목적의식적 활동의 산물로 파악하고 있는 점을 감안한다면, 사회역사의 고유한 법칙이란 바로 인간의 주체적 역할을 전제로 하는 것임을 알 수 있다.

인간의 주체적 의식성과 활동성의 인정과 자연의 운동과 다른 사회역사운동의 고유한 법칙의 존재를 인정함으로써, 결국 마르크스와 엥겔스는 목적론적이고 결정론적인 역사관을 거부하고 있음을 알 수 있다. 마르크스가『경제학철학 초고』에서 말하고 있는 다음의 인용문은 역사를 인간의 실천의 산물로 보는 그들의 입장을 분명히 보여주고 있다.

> 그러나 사회주의적 인간에게 소위 전체 세계사는 인간의 노동을 통한 인간의 자기창조, 인간을 위한 자연의 생성에 다름아니기 때문에, 자신을 통한 자신의 탄생, 자신의 기원에 관한 가시적이고 반박할 수 없는 증거를 가지고 있다. 인간과 자연의 실재성real existence이 실천적으로, 감각적 경험을 통해 명백해짐으로써, 즉 인간이 자연적 존재로서 인간에게 그리고 자연이 인간적 존재로서 인간을 위한 것으로 명백히 드러나게 됨으로써, 낯선 존재, 자연과 인간의 위에 군림하는 존재에 관한 질문—자연과 인간의 비실재성의 승인을 함의하는 질문—은 실천적으로 불가능해지게 된다(*MECW* 3 : 305-6).

여기서 마르크스가 사용하는 '사회주의'라는 용어는 "더 이상 종교의 지양에 의한 매개를 필요로 하지 않는 인간의 자기의식"(*MECW* 3 : 306)이라는 점을 염두에 둔다면, '사회주의적 인간'이란 신학적이고 관념적 세계관을 극복한 인간 일반을 지칭하는 것으로 볼 수 있다. 따라서 위 인용문에서 마르크스가 말하고자 하는 바는, 신학적 환상에서 벗어난다면 인간의 역사는 바로 인간 자신의 노동에 의한 자기 생성이며 인간을 위한 자연의 개조라는 사실이 있는 그대로 드러나게 된다는 것이다.

마르크스는 이처럼 인간의 주체적이고 능동적 의식과 실천의 견지에서 사회역사를 파악하기 위해 포이에르바하와 헤겔의 이론적 입장들에 대한 각각의 긍정과 부정이라는 이론적 방법을 사용하고 있다. 마르크스는『경제학 철학 초고』에서 포이에르바하의 '위대한 업적'으로 다음의 세 가지를 들고 있다.

첫째, 신학과 마찬가지로 철학도 인간 본질의 소외의 또다른 형태이고 현존 방식임을 증명한 점이다. 즉 포이에르바하가 자신의 근거를 추상적인 인간의 의식에만 두는 관념론 철학은 신학과 마찬가지로 인간 의식의 소외태에 다름아니라고 봄으로써 헤겔에서 정점을 이루는 자립적인 관념론 철학의 본질을 폭로했다는 것이다. 둘째, 사회적 관계, 즉 인간에 대한 인간의 관계를 이론의 근본원리로 삼은 점이다. 셋째, 절대적으로 긍정적인 것으로 주장하는 부정의 부정에 대해 자기 자신에 근거하고 긍정적으로 자기 자신에 기초해 있는 긍정적인 것을 대치시키고 있는 점이다(MECW 3 : 328).

마르크스는 이런 두 번째와 세 번째의 업적으로 인해 포이에르바하가 신학적이고 관념론적 세계관을 극복하고 유물론적 세계관을 확립함으로써, "진정한 유물론과 실질적 과학을 기초"(MECW 3 : 329)했다고 높이 평가한다. 그러나 이미 서술했듯이 마르크스는 이듬 해 집필한 "포이에르바하에 관한 테제" 제1테제에서 포이에르바하도 이전의 유물론의 한계인 대상을 주체적으로 파악하지 못한 점을 비판하고 있다. 즉 마르크스는 포이에르바하가 헤겔을 정점으로 하는 낡은 관념론 철학을 극복했지만, 대상을 인간의 실천과 관련해서,

즉 주체적으로 파악치 못함으로써 사회역사를 역동적인 변화의 과정으로 파악할 수 없었다고 비판했다. 바로 이 때문에 마르크스와 엥겔스는 『도이치 이데올로기』에서 "포이에르바하가 유물론자인 한에서는 그에게서 역사가 나타나지 않으며, 그리고 역사를 고찰하는 한에 있어서는 그는 유물론자가 아니다"(*MECW* 5 : 41)라고 비판했던 것이다.

요컨대 마르크스와 엥겔스는 포이에르바하의 감성적이고 관조적 유물론으로는 인간의 주체적 역할에 의한 역사의 역동적 과정이 파악될 수 없음을 지적하고 있는 것이다. 한편 마르크스는 『경제학 철학 초고』에서 헤겔에 대해서도 그 업적과 한계를 비판하고 있다. 마르크스는 헤겔의 『정신현상학』이 인간의 자기 산출을 하나의 과정으로 보는 점에 위대성이 있다고 하면서, "따라서 그가 노동의 본질을 파악하고 있으며, 대상적 인간, 즉 현실적이기 때문에 참된 인간을 인간 자신의 고유한 노동의 결과로 파악하는 점에 있다"(*MECW* 3 : 332)고 평가한다. 즉 헤겔이 인간의 노동이 갖는 적극적 역할을 인정하고 인간의 역사를 인간의 주체적 자기 산출의 과정으로 파악하는 점을 높이 평가하고 있다.

그러나 마르크스는 헤겔이 정신적이고 추상적인 노동만을 알 뿐 현실적이고 감성적인 물질적 행위로 파악하지 못하는 점을 비판한다.

　　잠정적으로 다음과 같이 미리 말해 두자 : 헤겔은 근대 정치경제학의 관점에 입각해 있다. 그는 노동을 인간의 본질—시험을 이겨내는 인간의 본질로 파악하고 있다 : 그는 노동의 긍정적인 측면만을 볼 뿐 그 부정적 측면을 보지 않는다. 노동은 소외 속에서 혹은 소외된 인간으로서 인간이 대자화되는 것이다. 헤겔이 알고 있고 인정하는 유일한 노동은 추상적인 정신적 노동뿐이다(*MECW* 3 : 333).

마르크스는 인간의 노동을 통한 능동적인 자기 산출을 헤겔이 이해하고 있지만, 헤겔의 노동이란 현실적이고 감각적, 실천적 노동이 아닌 점에 한계가 있다고 비판하는 것이다. 따라서 헤겔은 인간의 역사를 주체적인 인간 활동의 과정이자 산물로 이해하고 있었지만, 그의 역사는 추상적인 정신의 자기 외화와 자기로의 귀환이라는 관념적 순환의 틀을 벗어나지 못하게 되는 점을 비판했다.

이처럼 마르크스와 엥겔스는 포이에르바하와 헤겔에 대한 비판적 평가를 통해, 역사를 인간의 주체적인 실천의 과정이자 자기 산출로 보고, 역사의 추동력인 인간의 실천을 단순히 추상적인 정신적 노동이 아닌 감각적 대상에 대한 인간의 감각적 의식과 노동으로 인식하고 있음을 보여준다. 우리가 여기서 알 수 있는 것은 마르크스와 엥겔스가 인간에 대한 유물론적 해명13)을 전제로 하여 결국 사회역사에 대한 유물론적 해명이 가능하게 되었다는 것이다.

인간의 의식과 사회가 갖는 유물론적 성격을 발견한 포이에르바하의 업적과 역사를 인간 주체의 능동적 노동의 산물이자 과정으로 파악하는 헤겔의 변증법적 인식을 비판적으로 평가함으로써, 결국 마르크스와 엥겔스는 사회역사에 대한 완전한 유물론적 해명, 즉 역사적 유물론을 정초할 수 있었던 것이다.

주체사상은 마르크스 - 레닌주의를 선행 노동계급의 철학으로 규정하여 혁명적 성격을 인정하면서도, 그것이 갖는 시대적 제한성과 사상이론적 미숙성을 주장한다. 주체사상이 계승성과 독창성을 주장하는 근거는 다름아닌 바로 이 문제와 관련된다. 즉 주체사상은 철학적 원리에서 세계와 역사에서 인간의 지위와 역할 문제와 사회역사원리의 주체의 문제에서 마르크스 - 레닌주의가

---

13) 인간에 대한 유물론적 해명의 전제로 마르크스와 엥겔스는 『도이치 이데올로기』에서 인간을 다른 동물들과 구별되게 하는 유적 본질에 대해 다음과 같이 규정하고 있다. "인간은 의식, 종교 또는 그가 무언가를 의욕한다는 점에 의해 동물과 구별될 수 있다. 하지만 인간이 그들 자신과 동물을 구별짓기 시작한 것은 그들의 신체 조직에 의해 규정되는 단계에서, 그들의 생존수단을 생산하면서부터였다."(MECW 5 : 31) 즉 마르크스와 엥겔스는 인간의 유적 본질이 동물과 달리 본능과 외적 환경에 의해 제약되는 존재로부터 목적의식적으로 자신의 생계수단을 생산하는, 즉 자연에 대한 능동적이고 주체적인 노동에 의해 규정된다고 보고 있음을 알 수 있다.

제한성을 갖는 데 반해, 주체사상에 와서야 비로소 이 문제가 완전히 해명되었다
고 주장하는 것이다.

먼저 주체사상은 철학적 원리에서 마르크스, 엥겔스 및 레닌 등의 이른바
선행 노동계급의 혁명사상이 갖는 의의와 한계를 주장한다. 1985년 발행된
10권의 주체사상총서 제1권 『주체사상의 철학적 원리』에서는 마르크스 이전
여러 철학들이 세계관의 확립을 위해 "연역적·합리적 방법론(그 대표자는 데카르
트), 귀납적·경험론적 방법(베이컨), 사변적 방법(피히테), 관념변증법(헤겔)"(총서
01 : 57) 등 다양한 철학적 방법론들을 제시했음을 상기시킨다. 또한 현대부르주
아 철학들도 "매개 철학마다 자체의 '독창성'을 과시하기 위하여 새로운 방법,
예컨대 정신과학적 방법(딜타이), 직관적 방법(베르그송), 현상학적 방법(훗설),
경험적 방법(신실재론)"(총서 01 : 57) 등이 나타났으나. 이것은 물질과 의식의
관계를 중심으로 한 것이었고 그나마 대부분이 의식 중심의 관념론적 방법에
의거한 것이라고 평가한다.

또한 주체사상은 포이에르바하를 포함하는 마르크스 이전의 유물론도 세계
에서 사람의 지위와 역할 문제를 해명하는 데 실패했다고 지적한다.[14]

주체사상은 마르크스와 엥겔스에 의해 유물변증법 철학이 정립됨으로써
이전의 모든 철학적 입장들은 근본적 비판에 직면하게 되었고, 노동계급의
혁명사상이 정립될 수 있었다고 평가한다. 그러나 주체사상은 이런 선행 노동계

---

14) 주체사상은 근대 경험론의 시조인 베이컨이 사람의 감성적 경험에 기초하여 진리를 인식할
수 있고, 그 지식은 자연을 지배하는 인간의 힘이 될 수 있음을 알아냈다고 평가한다. 그러나
주체사상은 베이컨이 사람에 의한 자연의 지배를 인정했음에도 사람의 힘을 지식으로만 보았
지 인식능력과 실천능력이 자연 지배를 위한 인간의 창조적 힘이 되는 것을 보지 못하는 한계를
보였다고 평가한다(총서 01 : 105). 이를 통해 알 수 있는 것은 주체사상에서는 인간이 자연과
사회 등 외적 환경에 대한 지식만 아니라 일정한 욕구와 이해관계 등에 기초한 가치의식을
갖는 능동적 의식과 실천의 능력까지 갖고 있는 것으로 보고 있다는 점이다. 주체사상이 인간의
의식을 객관적 대상에 대한 지식과 인간의 요구와 이해관계를 반영하는 사상의식으로 구성된
다고 보는 점은 이 점과 관련되는 것으로 보인다. 따라서 변증법적 유물론을 엄격한 구조중심적
으로 보는 입장과 주체사상이 상당한 괴리를 가질 수 있는 근거도 여기에 있는 것으로 보인다.

급의 혁명사상인 유물변증법 철학도 일정한 제한성을 가진다고 다음과 같이
총괄적 평가를 내리고 있다.

유물변증법적 철학은 세계의 물질성과 그 변화발전의 가장 일반적인 법칙성
을 밝힘으로써 세계와 사람의 운명을 지배하는 초자연적인 '힘'이 없다는 것과
변화되지 않는 미리 규정된 운명이란 있을 수 없다는 것을 논증하였다. 그러나
유물변증법적 철학은 물질과 의식에 관한 원리에 기초하여 모든 철학적 문제들
을 제기하고 해명함으로써 사람의 의사와는 독립적으로 작용하는 세계와 그
인식의 객관적 법칙을 밝히는 데로 나갔으며 세계에서 사람이 차지하는 지위와
역할 문제를 정면으로 제기하지도, 해결하지도 않았다. 유물변증법적 철학은
주로 자연과 사회에 작용하는 법칙의 객관성과 사람의 의식에 대한 물질적 조건
의 구체적 작용을 강조하는 입장에 섰으므로 사람이 세계의 법칙을 인식 이용하
여 세계를 개조할 수 있다는 것을 인정하는 데 머무르게 되었으며 사람은 오직
생산수단이 사회화되는 사회주의, 공산주의에 가서만 자연과 사회의 객관적 법
칙을 완전히 통제하고 지배하는 주인으로 되게 될 것이라는 예측을 내놓는 데
그치게 되었다.
세계에서 사람이 차지하는 지위와 역할 문제는 역사상 처음으로 주체사상에
의해서만 비로소 정면으로 제기되고 과학적 해답을 받게 되었다(총서 01 : 105-6).

위의 인용문을 분석해보면, 주체사상이 마르크스 - 레닌주의에 대한 계승성
과 독창성 주장의 근거로 내세우는 것이 무엇인지가 분명히 포착된다. 즉
주체사상은 이전의 관념론적이고 신학적인 그리고 목적론인 역사관을 결정적
으로 붕괴시킨 마르크스의 유물변증법을 노동계급의 혁명사상으로 계승한다
고 주장하는 것이다.
그러나 한편으로 마르크스 - 레닌주의의 유물변증법 철학으로는 객관세계
의 물질적 통일성과 합법칙적 운동을 넘어서는 사람의 지위와 역할 문제는

여전히 해명되지 못한 점을 극복했다고 주장하며 이를 독창성의 이론적 근거로 삼고 있음을 알 수 있다. 요컨대 주체사상은 유물변증법적 철학이 물질과 의식의 관계 문제를 철학의 근본문제로 견지함으로써, 인간의 주체성은 결국 물질적이고 사회적인 환경이 부여하는 조건 내로 한정될 수밖에 없다고 주장하는 것이다.

주체사상이 마르크스주의로에 대해 계승성과 독창성을 주장하는 또다른 주요 이론적 근거의 하나는 사회역사원리에 관한 것이다. 주체사상총서의 제2권 『주체사상의 사회력사적 원리』에서는 "사회역사적 운동, 혁명운동은 자체의 고유한 합법칙성에 따라 발생발전한다"(총서 02 : 9)며, 이런 합법칙성의 해명이 혁명과 건설의 성과적 수행의 필수적 요구라고 전제한다.

그러나 마르크스의 혁명사상 이전에는 혁명 실천 경험의 빈약, 낮은 과학 발전 수준 및 인간의 의식 수준으로 이의 과학적 해명이 불가능했다고 주장한다. 주체사상은 '선행한 노동계급의 사회역사관' 즉 마르크스주의의 유물사관에 의해 사회발전의 합법칙성이 비로소 과학적으로 해명될 수 있었다고 다음과 같이 평가한다.

> 선행한 노동계급의 사회역사관은 처음으로 사회적 존재가 사회적 의식을 규정한다는 원리를 확립하고 사회역사적 과정을 물질적 부의 생산방식의 발전과정으로, 사회경제구성태의 교체과정으로 해석하였다. 유물사관은 또한 사회역사는 그 어떤 탁월한 개인에 의하여 창조되는 것이 아니라 인민대중에 의하여 창조된다는 것을 밝혔다.
> 이것은 역사발전과 사회혁명의 합법칙성을 밝히는 데서 커다란 역사적 공적이었다(총서 02 : 14).

즉 주체사상은 마르크스주의 유물사관이 이전의 모든 관념적이고 형이상학적인 역사관을 타파하고, "사회역사에 작용하는 물질세계의 일반적 법칙을 밝혀주었다"(총서 02 : 15)고 평가한다. 김정일은 1982년 발표한 "주체사상에 대하여"에서, "맑스주의에 의하여 처음으로 로동계급의 혁명적세계관이 확립되었다면 주체사상에 의하여 로동계급의 혁명적 세계관은 새로운 높은 단계에로 발전완성되었습니다"(김정일, 1982 : 116)라고 주장했다. 즉 마르크스의 유물사관이 과학적 역사관임은 인정하지만, 그것은 주체사상에 의해 보다 높은 단계로 발전되어야 하는 제한성을 갖는다는 것이다.

그렇다면 주체사상이 주장하는 독창성의 근거를 살펴보기 위해서는 마르크스주의 유물사관의 제한성을 무엇으로 보고 있는가를 알아야 한다. 다음의 인용문은 이 문제에 대한 열쇠를 제공하는 것으로 보인다.

> 맑스주의철학은 사람의 본질적 특성이 사회관계에 의하여 규정된다는 것을 강조했을뿐 아니라 사람들의 사회적관계에서 경제관계가 규정적 역할을 한다고 보았다.
> 사람에 대한 이러한 이해로부터 유물사관은 사회의 물질경제적관계를 중심에 놓고 사람들의 역사적 활동과정을 고찰하게 되었다.
> 주체사상은 사람을 사회적관계 속에서 보면서 인간의 본질적특성을 새롭게 밝혔다. 주체사상에 의하여 자주성, 창조성, 의식성이 세계의 지배자, 개조자로서의 인간의 사회적 속성이라는 것이 심오히 밝혀지게 되었다(총서 02 : 26).

즉 주체사상은 유물사관이 사람의 본질적 특성을 사회적 관계의 총체로 파악하여 신비적이고 관념적인 역사관을 타파했지만, 사람의 역사적 활동과정을 물질경제적 관계 속에서만 파악하는 한계를 보인다고 주장한다. 따라서 주체사상은 자주성, 창조성, 의식성이라는 사회적 존재로 사람의 본질적 특성을 밝힌 주체의 철학적 원리에 의거함으로써 유물사관의 물질경제적 관계 중심성을 극복하여, 유물사관을 발전·완성하였다는 것이다. 즉 주체사상은 마르크스주의 철학이 인간을 사회적 관계의 총체로 봄으로써 인간의 '일반적' 특성을 해명했다고 본다.

그러나 유물사관이 사회역사에 작용하는 물질세계의 일반적 법칙을 해명한 반면, 주체사상은 인간의 '본질적' 특성의 해명에 기초함으로써 "역사의 주체는 인민대중이며 사회역사적 운동은 인민대중의 자주적, 창조적 운동이며 혁명투쟁에서 인민대중의 자주적인 사상의식이 결정적 역할을 한다는 사회역사적 원리를 밝혀준다"(총서 02 : 15)고 주장한다.

주체사상은 유물사관의 입장을 기초로 하면서도 이를 통해 사회역사운동의 주체(인민대중), 본질(자주성을 위한 투쟁의 역사), 성격(인민대중의 창조적 활동) 및 추동력(인민대중의 자주적 사상의식)을 해명할 수 있었다고 주장하는 것이다. 여기서 알 수 있는 것은, 주체사상이 유물사관의 제한성을 물질경제적 관계 중심론에 있는 것으로 본다는 사실이다.

이와 함께 사회적 운동은 자연의 운동과 구별되는 본질적 특징을 갖는 바, "주체의 사회역사관은 사회적 운동은 자연의 운동과는 달리 주체의 운동이라는 것을 밝힘으로써 사회적운동의 근본특징을 심오히 해명해준다"(총서 02 : 85)고 주장한다. 즉 주체사상은 "사회적 운동과 자연의 운동의 공통점과 차이점에 대한 독창적 해명에 기초하고 있다"(총서 02 : 85 - 6)고 주장함으로써, 이 역시 주체사상의 독창성의 근거의 하나로 제시하고 있다.

주체사상의 이런 주장들에 대해 우선 검토되어야 할 문제들은, 과연 마르크스와 엥겔스가 역사를 물질경제적 관계에만 중심에 두는 입장을 전개했는가와 자연의 운동과 사회역사적 운동의 차이점을 주체사상이 독창적으로 해명한 것이 사실인가이다. 이미 앞에서 살펴보았듯이, 마르크스와 엥겔스는 역사에 대한 유물론적 해명의 전제를 인간에 대한 유물론적 해명에 두었고, 자연의 운동과 구별되는 사회역사적 운동의 고유한 법칙의 존재를 승인했다. 뿐만 아니라 그들은 사회역사적 운동의 고유한 법칙이 가장 발전된 물질적 존재인 인간의 주체성과 관련된다는 점도 강조하고 있음을 알 수 있었다.

앞에서 고찰했듯이, 마르크스와 엥겔스의 저작들에는 구조와 주체의 관계에 대해 매우 혼란스럽고 심지어는 모순되기도 하는 서술들이 혼재되어 있는 것은 사실이다.15) 또한 이로 인해 이후 마르크스주의 역사는 두 측면 가운데 하나를 절대시하는 두 경향으로 대립되어 왔다.

그러나 마르크스와 엥겔스는 인간의 주체적이고 능동적인 의식과 실천에 대한 유물론적 해명을 전제로 역사적 유물론을 구축할 수 있었으며, 자연의 운동과 다른 사회역사적 운동의 고유한 법칙성을 인정하고 역사를 인간의 자연사적 과정으로 규정했다. 즉 마르크스와 엥겔스는 사회역사 과정을 일반적 자연과 다른 고유한 인간의 자연사적 과정으로 인식함으로써, 그 객관적 합법칙성은 인간의 능동적 주체성에 의해 실현된다고 보는 것이다.

이렇게 본다면 주체사상이 주장하는 마르크스 - 레닌주의의 시대적 제한성

---

15) 사실 마르크스와 엥겔스의 이론적 입장이 구조중심적인 것으로 해석될 여지를 남긴 저작들은 상당히 많다. 이를 중요한 것들을 중심으로 간략히 살펴본다면 다음의 것들을 지적할 수 있다. 마르크스는 1859년 발표한 "정치경제학 비판 서문"에서 사회적 존재가 사회적 의식을 규정하고, 변혁기의 한 개인의 의식은 그의 의식이 아닌 물질생활의 제모순, 즉 생산력과 생산관계 사이의 갈등으로부터 설명되어야 한다고 주장했다. 또한 인류는 자신이 해결할 수 있는 과업만을 제기한다고 함으로써 인간의 주체성보다는 구조의 결정성을 강조하는 것으로 해석될 수 있다(MECW 29 : 263). 또한 마르크스는 『자본론』 제1판 서문(1867)에서 "한 사회가 비록 자기 진행의 자연법칙을 발견했다고 하더라도—사실 현대사회의 경제적 운동법칙을 발견하는 것이 이 책의 최종 목적이다—자연적인 발전단계들을 초월할 수 없으며 법령으로 폐지시킬 수도 없다. 그러나 그 사회는 그러한 진행의 진통을 단축시키고 경감시킬 수는 있다"(Captial I : 20)고 하여 결과적으로 인간 주체의 역할을 매우 축소시키고 있다. 엥겔스도 1886년 집필한 『루드비히 포이에르바하와 독일 고전철학의 종말』에서 사회역사가 인간의 목적의식적 활동과 의식 및 의도 없이는 아무 것도 이루어지지 않는다고 하면서도 다음과 같은 단서를 달고 있다. "그러나 이런 차이가 역사적 연구, 특히 매개 시대와 사건의 역사적 연구에 있어서 아무리 중요하다고 하더라도 그것은 역사 행정이 내재적인 일반적 법칙에 의해 지배된다는 사실을 조금도 변경하지 못한다"(MECW 26 : 387)라고 함으로써 사회역사의 발전이 객관적 합법칙성에 지배된다는 점을 강조하고 있다.

과 사상이론적 미숙성을 최소한 마르크스와 엥겔스의 입장으로 보는 것은 상당한 신중을 요구하는 문제가 된다.16) 그러나 구조중심적 마르크스주의 입장에 대한 이런 비판은 상당한 적실성을 갖는 것으로 평가할 수 있다고 본다. 왜냐하면 제2인터내셔널의 카우츠키와 룩셈부르크, 스탈린 이후의 소비에트 마르크스 - 레닌주의17) 및 알튀세르의 구조중심적 마르크스주의에 이르기까지 상당히 강력한 구조 결정론적이고 생산력주의적 입장에 근거했기 때문이다. 따라서 주체사상이 마르크스 - 레닌주의의 시대적 제한성 혹은 사상이론적 미숙성의 근거로 내세우는 세계와 역사에서 인간의 지위와 역할 문제와 주체가 있는 사회역사적 운동의 고유한 법칙성 문제에 대한 경시는 구조중심적 마르크스주의, 특히 스탈린주의적 소비에트 마르크스 - 레닌주의에 대한 제한성과 미숙성으로 읽혀지는 것이 정당하다고 본다.

이 점에서 주체사상의 계승성과 독창성 주장은 스탈린주의적인 구조중심적

16) 김창호는 마르크스 자신이 역사법칙에 대한 오해에 일정한 빌미를 제공하고 있다고 본다. 즉 그의 주장에 따르면 마르크스가 사회역사 과정에 자연과학의 기계적 성격을 적용하는 것을 경계하면서도, 자연과학의 과학적 방법론을 사회와 역사에 대해 적용할 수 있다는 낙관을 가지고 있었기 때문으로 본다. 즉 그는 마르크스가 당시의 과학적 성과에 대해 낙관함으로써 생산력주의인 관점을 보이게 되었다고 평가한다(김창호, 1991 : 55-6). 김창호의 이런 주장은 마르크스 생존 시기 자연과학의 성과와 이에 대한 마르크스의 낙관 등 대체로 상당한 일리를 갖는 것으로 보인다. 그러나 이미 고찰했듯이, 구조와 주체의 관계 그리고 보다 구체적으로는 세계와 역사에서 인간의 주체성 문제에 대한 그들의 일견 모순된 듯한 입장은 그들의 이론적 및 실천적 조건과 그에 대한 대응의 측면에서 강조점을 달리한 데 보다 큰 원인이 있는 것으로 보아야 한다. 따라서 김창호의 주장이 주체사상이 주장하는 시대적 제한성과 사상이론적 미숙성을 마르크스와 엥겔스에게까지 소급 적용할 수 있는 것으로 본다면, 이 책에서는 이 문제를 보다 신중하게 분석하고 평가할 필요가 있다고 주장하는 것이다. 즉 이 책에서는 주체사상이 한계를 지적하는 마르크스주의는 스탈린주의적인 구조중심적 소비에트 마르크스-레닌주의에는 정확히 해당되지만, 인간의 지위와 역할 및 인간 주체성에 입각한 사회역사원리는 이미 마르크스와 엥겔스의 근본 전제로 제시된 것으로 평가해야 한다고 본다.

17) 소련 철학에서 인간론 문제를 연구한 논문에서 김재현은 "소비에트 연방 공산당 제24차 대회 (1971) 강령은 새로운 인간 교육이란 과제를 공산주의의 물질적 기술적 기초를 만드는 과제 및 공산주의적 사회관계의 형성이라는 과제와 같은 위치에 두고 있다"(김재현, 1991 : 78)고 평가한다. 결론적으로 김재현은 이 시기 소련의 인간문제에 대한 관심은 당의 역할 강조와 생산력 요소로서 인간의 조직화 등을 강조함으로써 '새로운 인간'과 '사회주의 생활양식'의 실현에 한계를 노정했다고 평가한다(김재현, 1991 : 79-80).

소비에트 마르크스 - 레닌주의와의 관계를 의미하는 것이지, 마르크스와 엥겔스의 문제의식 전체를 진지하게 고려하지 못했다는 비판을 면하기 어렵다고 평가된다. 따라서 보다 정확히 표현한다면, 주체사상은 마르크스와 엥겔스 등 마르크스주의 창시자들의 변증법적 및 역사적 유물론의 계승성을 전제하는 반면, 이후 마르크스주의 전통 속에서 형성된 스탈린주의적인 구조중심적 소비에트 마르크스 - 레닌주의를 비판하고 그에 대한 독창성을 주장하고 있다고 할 수 있을 것이다.

이런 평가의 근거는 주체사상이 계승발전 과정에서 그 한계를 극복했다고 주장하는 선행 노동계급의 사상이, 사실상 마르크스와 엥겔스 이후 마르크스주의 전통 가운데 하나일 뿐인 과거 소련의 공식적 지도이념인 구조중심적으로 재구성된 스탈린주의와 그 이후의 소비에트 마르크스 - 레닌주의였다는 점에서도 도출된다.

따라서 마르크스주의를 쿤의 패러다임이나 라카토슈의 과학적 연구 프로그램과 유사한 것으로 볼 수 있다면, 주체사상은 여전히 마르크스주의에 대해 독창성을 갖는 사상이라기보다는 그 전통 속에 있는 사상이론적 입장의 하나로 보는 것이 타당하다고 본다.

이 문제와 관련되는 것으로 사르트르는 마르크스주의가 갖는 역사적 지위에 대해 다음과 같이 재치있게 요약한 바 있다. "이른바 마르크스주의를 '넘어선다'는 주장은 최악의 경우 마르크스주의 이전으로 복귀한다는 것을 의미할 뿐이고, 반면에 최선의 경우에도 이미 자신이 넘어섰다고 주장하는 바로 그 철학에 이미 포함되어 있던 사상을 재발견하는 것일 뿐이다."(Sartre, 1968 : 7)

이런 사르트르의 경구에 따르면, 포이에르바하의 탁견을 주장하는 황장엽이 '최악의 경우'라면, 북한의 주체사상의 독창성 강조는 '최선의 경우'에 해당될지도 모른다. 이런 측면에서 마르크스 - 레닌주의에 대해 독창성을 강조하는 북한의 주체사상은 사르트르의 '최선의 경우'의 저주로부터 자유로워지기 위한 시도라 할 수 있을지도 모른다. 즉 주체사상이 마르크스 - 레닌주의를 '선행' 노동계급의 철학이라고 규정하면서, 새로운 노동계급의 혁명적 세계관으로 자신을 규정하는 것은 결국 그 제한성과 일면성의 극복에 멈추지 않고 마르크스주의 자체를 넘어서는 것으로 주장함으로써 마르크스로의 복귀를 회피해보고자 하는 것이기 때문이다.

제2절 주체사상 형성과 북한식 사회주의 건설과 혁명

2-1 주체사상의 주체시대 규정의 이론적 및 실천적 함의

주체사상에서 '주체의 시대' 규정은 주체사상의 출현을 이론적으로 정당화하는 개념이다. 김정일은 1982년 3월 31일의 "주체사상에 대하여"에서 김일성이 주체사상을 창시함으로써, 인민대중이 자기운명의 주인으로 등장한 새로운 시대, 즉 주체시대를 개척했다고(김정일, 1982 : 14) 주장했다. 요컨대 주체시대란 전세계적으로 사회주의의 승리와 노동계급의 혁명투쟁과 식민지·반식민지 민족해방운동이 전면적으로 고양된 시대로 본다. 이런 새로운 시대는 노동계급의 새로운 혁명사상을 요구하게 되는데, 주체사상이 바로 그에 대한 대답이라고 주장하는 것이다.

김정일은 마르크스와 엥겔스의 마르크스주의는 역사무대에 노동계급이 처음 등장한 시기의 노동계급의 혁명사상이고 레닌주의는 자본주의의 제국주의 단계의 요구에 대응하는 것으로 규정한다. 마찬가지로 주체사상은 주체시대라는 새로운 시대의 요구를 반영하는 노동계급의 혁명사상으로 정당화되는 것이다(김정일, 1982 : 14).

또한 북한의 '위대한 주체사상 총서' 제1권『주체사상의 철학적 원리』에서는 주체시대와 주체사상의 관계를 다음과 같이 규정함으로써 주체시대를 김일성에 의해 개척된 것이라 주장한다.

주체사상이 주체시대의 요구를 반영하여나왔다는 것은 주체시대가 펼쳐진 다음에, 그리고 주체시대의 근본특징이 전면적으로 뚜렷이 나타난 다음에 창시되었다는 것을 의미하지 않는다. 주체사상은 주체시대가 아직 펼쳐지기 전에, 선행시대의 태내에서 주체시대가 태동하던 시기에 다가오는 새로운 시대의 요구를 반영하여 창시되었다(총서 01 : 30).

이것은 김정일이 1982년 "주체사상에 대하여"에서 1930년 6월 카륜의 공청 및 반제청년동맹 지도간부연석회의에서 최초로 김일성이 주체사상의 원리를 천명했다고 규정한 것을(김정일, 1982 : 17) 정당화하기 위한 것으로 보인다. 즉 주체사상은 아직 주체시대가 시작되기 전 사회역사의 전도에 대한 김일성의 혜안에 기초하여 창시됨으로써, 주체사상에 의해 주체시대가 개척된 것으로 주장하는 것이다.

김정일은 혁명의 지도사상은 단번에 완성될 수 없고, "시대적, 력사적 조건에 기초하고 혁명투쟁 경험을 일반화하는 과정을 거쳐서 나오게 되며 오랜 기간의 투쟁속에서 진리성이 검증되고 내용이 풍부화됨으로써 전일적인 사상리론체계로 완성"(김정일, 1982 : 18)된다고 한다. 이것이 의미하는 바는 김일성에 의해 1930년 주체사상의 원리가 제시되었지만, 이론적 체계화는 주체시대를 개척하는 혁명과정 속에서 완성되어 왔다고 주장하는 것이다.

현재 논란이되고 있듯이, 1930년 6월의 카륜회의에서 제시된 것이 과연 주체사상의 원리가 맞는지에 대한 엄밀한 검토가 필요한 것은 사실이다. 또한 주체시대가 과연 자본주의의 역사적 발전단계에서 고유한 특성을 갖는 시대규정인지의 여부도 엄밀한 이론적 검토가 필요한 것은 사실이다. 그러나 주체시대라는 규정이 결국 주체사상의 창시를 역사적으로 정당화하기 위한 개념이라는 사실은 분명하다.

그러나 여기서는 주체시대가 인민대중과 지배세력의 역관계를 반영한 개념이라는 점에서 사회주의 혁명과 건설의 실천적 맥락에 대한 주체사상의 인식을 보여주는 데 더욱 유용한 개념이라고 본다. 또한 마르크스 - 레닌주의와 주체사상의 시대관의 차이를 비교하는 데도 유용하다고 본다. 따라서 자본주의의 전반적 위기론과 주체시대 규정을 비교함으로써, 주체사상이 형성된 실천적 맥락 속에서 주체시대 규정이 갖는 장단점을 파악해보고자 한다. 주체사상 창시를 정당화하는 이론적 규정이 아니라 주체사상 형성의 실천적 맥락 속에서 주체시대 규정을 검토하고자 하는 것은 바로 이런 이유 때문이다.

2-1-1 주체사상의 시대규정

주체사상의 철학적 원리에서는 주체사상 창시가 자주성의 시대, 주체시대라는 독창적인 시대규정의 요구에 따른 것으로 주장한다(총서 01 : 22 - 31). 즉 주체사상에서는 노동계급의 혁명사상이 시대의 요구를 반영하는 것이기 때문에, 시대의 근본특징과 요구에 대한 해명이 새로운 혁명사상 창시과정 해명에 전제가 된다고 보는 것이다.

주체사상은 사회제도 유형을 시대구분의 기준으로 삼는 마르크스주의가 역사의 발전단계를 과학적으로 구분할 수 있게 한 의의를 긍정적으로 평가하면서도, 그것만으로는 시대의 근본요구와 그것을 실현하는 주체의 특성을 밝힐 수 없다고 지적한다(총서 01 : 23). 주체사상에 선행하는 노동계급의 혁명사상이 마르크스, 엥겔스, 레닌 등에 의해 해당 시기의 이론적 발전 수준과 근로대중의

이익과 요구 등을 반영하여 창시되었다면, 주체사상은 근로인민대중이 역사의
주인이 된 시기의 새로운 혁명사상이라는 주장이다.

마르크스는 당시의 선진적 사상들에 대한 비판과 자본주의 분석에 기초하여
변증법적 유물론과 역사적 유물론을 창시하고, 잉여가치학설 등에 기초하여
자본주의 멸망과 공산주의 승리의 필연성을 논증하고 사회주의를 공상에서
과학으로 전환시켰다. 이어 레닌은 자본주의의 제국주의 단계로의 전환이라는
역사적 조건을 과학적으로 분석하여 정치경제적 불균등 발전법칙과 일국사회
주의론 등을 제시함으로써 역사상 최초로 사회주의 혁명을 성공시켰다고
평가한다. 그러나 주체사상은 마르크스와 엥겔스의 마르크스주의 창시 및
레닌의 이론적 및 실천적 업적이 해당 시기에 대한 과학적 분석에 기초한
점을 높이 평가하면서도, 모두가 근로인민대중이 아직 대상적이고 수동적
지위에 머문 시대적 제한성 속에서 나온 것이라고 평가한다.

노동계급의 혁명사상이 모두 시대적 요구를 반영한 것이고, 그 시대적
요구에서 가장 중요한 요소는 근로인민대중이 사회와 역사에서 차지하는
지위와 역할이라는 것이다. 이처럼 주체사상은 마르크스 - 레닌주의와의 관계
를 시대적 요구, 즉 근로인민대중의 지위와 역할의 차이에서 설정한다. 주체사
상의 창시를 정당화하는 시대규정인 자주성의 시대, 주체의 시대는 다음과
같이 규정된다.

　선행시대와 근본적으로 구별되는 자주성의 시대, 주체시대의 근본특징은 근
　로인민대중이 역사상 처음으로 세계와 자기 운명을 지배하는 주인으로 등장하여
　역사와 자기 운명을 자주적으로, 창조적으로 개척해나가는 시대라는 데 있다(총
　서 01 : 24).

이런 추상적인 자주성과 주체의 시대 규정의 구체적 내용에 대해서는,

사회주의의 세계적 범위로의 발전, 민족해방투쟁에 의한 식민지, 반식민지 국가들의 독립과 식민지 체제의 붕괴, 제국주의 세력의 현저한 약화를 들고 있다. 이런 세계적 범위의 세력관계의 변화로 인민대중은 역사상 처음으로 주인의 지위와 역할을 차지하게 되었고, 이에 따른 새로운 과업과 그 해결의 방도를 밝혀 주는 새로운 노동계급의 혁명사상으로 주체사상이 창시되었다는 주장이다.

사회와 역사에서 근로인민대중의 지위에 따른 시대규정인 자주성의 시대, 주체의 시대 규정은 1980년대 한국에서 주체사상에 대한 비판의 중요한 대상이 되었다. 윤해성은 "시대의 요구와 사상의 발전—'주체시대'에 대하여"라는 논문에서 주체의 시대에 대한 설명을 논리적이라기보다는 도덕주의적 색채가 강하고, 결과적으로 과학적 정세 구분이 아닌 맹목적 신념을 강요한다며 다음과 같이 비판했다.

> 현시대에 대한 이러한 인식은 한편에서는 주의주의적이고 주관적이며 다른 한편에서는 민족주의적인 편향을 안고 있는 것이다. 이러한 시대 판단 속에서는 제국주의에 반대하여 싸우는 식민지 민중들의 투쟁이 제국주의 내부의 모순과 그로 인한 갈등 및 분열의 양상과 함께 파악되고 있지 못하며, 오로지 전자의 측면만이 부각되고 있을 따름이다. 그런데 이러한 편향된 인식에 기초한 정세의 판단과 시대적 전망을 '주체시대'라는 추상적 개념으로 일반화하게 되었을 때 문제는 심각해진다. 그것은 혁명적 실천을 하고자 하는 사람들에게 아무런 도움도 주지 못하고 오직 맹목적 신념만을 가지도록 강요하는 추상적 공문구가 되어 버리는 것이다(이진경, 1989[1] : 101).

주체시대 규정이 매우 추상적이고 근로인민대중의 지위라는 문제를 배타적으로 강조함으로써 이런 비판은 상당한 타당성을 갖는 것처럼 보인다. 특히나 자본주의 운동법칙에 관한 과학적 분석을 기초로 하는 마르크스주의 일반의 방법론과 비교할 때 주의주의적 경향성이 강하다는 주장도 어느 정도 타당성을 갖는 것처럼 보이는 것도 사실이다. 그러나 후술하겠지만 레닌의 시대구분의 기준도 객관적 구조가 아닌 제국주의 시대 계급적 역관계를 기준으로 한다는 점(*LCW* 21 : 145)에서 이런 주장은 일면적이라는 비판을 벗어날 수 없다.

따라서 주체시대의 요구에 부응하는 새로운 노동계급의 혁명사상으로 주체사상을 주장하는 그 타당성을 검토하기 위해서는 마르크스주의 일반의 시대규정의 의미와 내용 전반을 검토하는 것이 요구된다. 왜냐하면 마르크스주의와 주체사상의 관계를 해명하는 데 있어 각각의 시대규정에 관한 동일성과 차이점은 그 중요한 기준이 될 수 있기 때문이다.

2-1-2 마르크스-레닌주의의 시대규정

주체사상만이 아니라 마르크스 - 레닌주의에서도 시대규정 문제는 항상 중요한 문제로 취급되어 왔다. 1960년 11~12월 모스크바에서 개최된 81개국 공산당 및 노동자당 대표자회의에 관한 "모스크바회의에 대한 흐루시초프의 보고서"에는 시대규정의 중요성에 대해 다음과 같이 기록하고 있다.

이 시기의 성격 문제는 추상적인 문제, 순전히 이론적인 문제만은 아니다. 세계 공산주의 및 각개 공산주의 정당의 일반적인 전략과 전술이 이 문제와 밀접하게 연관돼 있다(김유, 2004 : 307).

흐루시초프의 이런 시대규정은 일반적으로 역사적 유물론의 인류역사 시대구분과 추상 수준에서 구분된다. 주지하다시피 마르크스주의에서 거시적인 역사발전의 시기구분은 마르크스의 1859년 "정치경제학비판 서문"으로 거슬러 올라간다. 거기서 마르크스는 당시까지의 인류 역사 발전을 경제적 토대의 변화에 의해 '조만간sooner or later' 초래되는 상부구조의 변형에 기초하여 '대체적으로in broad outline' 아시아적, 고전적, 봉건적 및 부르주아적 생산양식 시대로 발전되어 왔다고 보았다(*MECW* 29 : 263).

마르크스주의의 창시자들인 마르크스와 엥겔스가 인류역사 발전 단계들을 이렇게 거시적으로 구분한 것은 부르주아적 생산관계가 적대적인 사회적 생산의 최후의 형태이고, 뒤이은 무계급의 공산주의 사회의 도래의 필연성을 논증하기 위한 것이었다.

마르크스가 당시의 지배적인 부르주아 정치경제학에 대한 비판적 연구를 통해 부르주아 사회의 경제적 법칙 해명에 많은 시간을 소요한 것은 바로 최후의 계급사회인 자본주의 사회의 내재적 모순과 붕괴의 필연성을 논증하기 위한 것이었다. 따라서 과학적 사회주의[18]를 자임하는 마르크스주의자들에 있어 마르크스의 인류역사의 이런 거시적 시대규정은 하나의 특징적 징표로 간주되었다.[19]

이에 반해 흐루시초프의 시대규정은 자본주의라는 거시적인 역사단계에서 세계공산주의운동과 각국 공산당의 이행의 전략, 전술 설정과 관련된 것이다. 즉 자본주의의 사회주의로의 이행의 필연성을 인정한 조건에서 현재 세계 전체 혹은 일국의 구체적 이행의 성격과 과제 및 방식과 관련된 시대의 특징을

18) 엥겔스는 1880년 초에 발표한 "사회주의 : 공상에서 과학으로"에서 사회주의가 이전의 공상적인 것에서 마르크스에 의해 과학적인 것으로 발전한 과정을 다음과 같이 서술한다. "역사의 유물론적 개념과 잉여가치를 통한 자본주의적 생산의 비밀의 해명이라는 이 위대한 두 가지 발견들은 마르크스 덕분이다. 이런 발견들로 인해 사회주의는 과학이 되었다."(*MECW* 24 : 305) 즉 엥겔스는 유물론에 기초한 인류역사 발전의 합법칙성과 잉여가치 생산을 통한 자본주의 생산양식의 작동과 모순을 해명함으로써 이전의 도덕적이고 관념론적인 사회주의 이론들과 질적으로 구별되는 과학적 사회주의가 탄생했다는 것이다.
19) 인류역사의 발전을 원시공산제, 고전고대 노예제, 봉건제, 자본주의, 사회주의·공산주의로 구분하는 이른바 역사발전 5단계론은 마르크스가 아닌 엥겔스와 특히 소련의 마르크스-레닌주의 및 스탈린의 도식적이고 기계적인 시기구분에 불과하다는 비판이 서구 마르크스주의자들을 중심으로 제기된 것은 사실이다.

의미하는 것이다.

자본주의 초창기에 마르크스와 엥겔스는 인류역사에 대한 거시적 조망을
통해 생산양식의 교체를 논증함으로써, 자본주의도 최후의 역사적 완성태가
아닌 필연적 이행의 단계임을 해명하고자 했다. 따라서 실천적 이론가들이었던
그들이 당시의 구체적인 국가들이나 운동들에 대한 구체적 연구를 등한시
한 것은 아니었지만, 보다 중요한 이론적 작업은 생산양식들의 교체에 따른
역사발전의 총체적 과정의 해명에 집중되었다.

마르크스주의가 거대한 하나의 이론 및 실천적 전통으로 확립된 후, 마르크스
주의자들에게 요구된 시대규정은 보다 낮은 추상 수준을 요구했다. 달리 말하면
자본주의의 본질적 모순에 의한 필연적 붕괴를 이론 및 실천적으로 확신하게
된 이후에는 해당 시기의 특정한 자본주의 국면에서 구체적 이행의 전략과
전술 설정과 관련된 시대의 특징을 파악할 것을 요구받았기 때문이다. 이런
낮은 추상 수준, 즉 자본주의 내부의 특정 발전단계의 시대규정의 기준을
제시한 것은 레닌이었다.

레닌은 1915년 집필한 "잘못된 깃발 아래"[20])에서 다음과 같이 마르크스주의

---

20) 1915년 2월 이전에 집필된 것으로 추정되는 레닌의 이 글은 1917년 최초로 출판되었다. 이
글에서 레닌은 1915년 1월 발표된 포트레소프A. Potesov의 논문 "두 시대의 접합점에서"(At
the Juncture of Two Epochs)를 비판한다. 포트레소프는 당시를 민족적 고립에서 국제주의로
이행하는, 즉 낡은 시대와 새로운 시대의 접합점으로 파악한다. 포트레소프는 1859년 이탈리아
해방을 명분으로 한 나폴레옹 3세의 오스트리아에 대한 선전포고에 대해 마르크스가 "어느
쪽의 승리가 보다 바람직한 것인가"(The success of which side is more desirable)를 기준으로
입장을 설정했던 것을 제1차 세계대전에 대한 마르크스주의자 선택의 기준으로 받아들일 것을
주장한다. 레닌은 포트레소프가 카우츠키의 독일 사회민주당의 전쟁공채 발행안 승인에 대해
새로운 시대, 즉 국제주의 입장에서 '어느 쪽의 승리가 보다 바람직한가'라는 기준에 입각하지
않은 점을 비판하는 것으로 분석한다. 그러나 레닌은 1859년 아직 부르주아 민족주의가 봉건
지배세력들에 대항하는 진보적 역할의 가능성이 남아 있었던 시기 마르크스의 "어느 쪽의
승리가 보다 바람직한가"라는 기준은 과거, 즉 부르주아 민주주의와 구분되는 새로운 시대,
즉 비부르주아 민주주의 혹은 제국주의 시대에는 적용될 수 없다고 본다. 달리 말하면 레닌은
제국주의 시대의 제1차 세계대전에 대한 마르크스주의자들의 입장은 어떤 자본주의 국가의
승리가 보다 바람직한 것인가가 아닌 제국주의 전쟁 자체를 반대하는 것만이 유일하게 국제주

의 역사발전 단계론과 시대규정에 관한 몇 가지 중요한 주장을 전개하고
있다.

> 우리는 어떤 주어진 시대에서 다양한 역사적 운동이 얼마나 빨리 그리고 얼마
> 나 성공적으로 발전할 것인가에 대해 알 수는 없지만, 어떤 계급이 그 특정 시대
> 의 중심에 위치함으로써 그 시대의 역사적 상황의 주요 내용과 발전 방향 및
> 주요한 특징 등을 결정하는지에 대해서는 알아낼 수 있으며 또한 알고 있다.
> 무엇보다 먼저 그런 기초 위에서만, 즉 개개 국가들 역사의 개별적인 에피소드들
> 이 아닌 다양한 '시대들ecophs'의 근본적인 고유 특징들을 고려할 때만, 우리는
> 우리의 전술들을 올바로 끌어낼 수 있다. 주어진 시대의 기본 특징들에 대한
> 지식만이 이런 저런 국가들 고유의 특징들을 이해하는 기초로 될 수 있다(*LCW*
> 21 : 145).

위의 인용문에서 레닌은 시대규정을 통해 다음의 사실들의 중요성을 환기시
키고 있다.

첫째, 특정 시대 역사적 운동의 발전의 속도와 방향을 알 수 없다고 함으로써
무엇보다 먼저 구조 결정론적인 역사발전론과 거리를 두고 있다. 사실 마르크스
주의 전통에서 경제 결정론 혹은 구조 결정론적 입장은 상당한 영향력을
가진 것이었다.

제2인터내셔널 시기 카우츠키와 베른슈타인의 기계론적이고 진화론적 입장
뿐만 아니라, 1961년 11월 소련공산당 제22차 당대회의 '전인민적 국가론'
등으로 대표되는 1960년대 소련을 중심으로 한 마르크스 - 레닌주의의 생산력

의적일 수 있다고 보는 것이다. 포트레소프가 당시를 낡은 시대와 새로운 시대의 접합점으로
보는 입장이 언뜻 보기에는 절대적으로 올바른 것처럼 보이지만, 결국 전세계적인 계급적
상황의 변화를 보지 못함으로써 독일의 제국주의 전쟁을 승인한 카우츠키를 민족주의적이라고
비판함에도 불구하고 포트레소프의 국제주의도 역시 그와 동일하게 자신들이 대변하는 계급적
관점을 배신한 것이라고 레닌은 비판한다.

주의적 입장 등이 그런 경향에 속하는 것들이다. 그러나 레닌은 역사적 운동의
속도와 방향을 선험적으로 결정된 자연과학적 인식의 대상으로 보지 않음으로
써 이런 입장들과 구분될 수 있는 근거를 제시하고 있는 것이다.

둘째, 레닌은 특정한 역사적 시대들을 규정하는 기준을 해당 사회의 지배적인
계급에 두고 있음을 알 수 있다. 즉 특정 시대의 성격과 특성 및 발전 방향을
규정하는 것을 계급에 둠으로써 레닌은 해당 시대에 관한 과학적 인식을
기초로 한 전략, 전술의 설정을 가능한 것으로 보고, 또한 앞의 규정과 함께
역사를 보다 열려진 주체들의 실천적 공간으로 사고할 수 있게 한다.

셋째, 레닌은 계급에 기초한 특정 시대규정들을 개별 국가들의 고유한
특징들을 파악하는 기초로 삼음으로써, 개별 국가들의 구체적인 사회역사적
조건과 과제들을 특정 시기 전세계적인 계급적 세력관계와의 연관 속에서
파악할 수 있도록 한다.

이상의 의의를 갖는 레닌의 시대규정의 기준은 마르크스의 그것과 추상
수준에서 분명한 차이가 확인된다. 톰슨이 올바로 지적했듯이, 마르크스는
경제적 범주들을 인간과 그들의 물질적 실천과 유리된 영원한 사상으로 파악하
는 프루동을 비판함으로써, 자본주의도 하나의 역사적이고 일시적인 사회양식
에 불과하다는 것을 증명하고자 했다.[21](Thompson., 1978 : 54) 즉 마르크스는
당시 부르주아 정치경제학이 자본주의를 영원하고 최종적인 사회유형으로
정당화하는 것을 비판함으로써, 자본주의의 필연적 모순과 이행의 필연성을
논증하는 데 초점을 두었다. 마르크스의 1859년 "정치경제학 비판 서문"의

---

21) 마르크스는 1846년 12월 28일 안넨코프P. V. Annenkov에 보낸 서한(*MECW* 38 : 95-105)과 1865
년 1월 16일 슈바이처J. B. von Schweitzer에 보낸 서한(*MECW* 42 : 64)에서 프루동이 정치경제
학적 범주들을 실재의 역사적 사회관계들의 추상적 표현인 점을 무시함으로써 사변철학의
환상들을 공유하고 있다고 비판했다. 특히 톰슨은 알튀세르에 대한 비판을 주제로 한 이 저작에
서 이런 마르크스의 입장이 알튀세르가 말한 마르크스의 '인식론적 단절' 이후에 천명된 것임을
강조하여, 자본주의를 역사적으로 생성, 발전, 소멸할 과정으로 이해하는 것이 명확한 과학적
인식임을 강조하고 있다(Thompson, 1978 : 54).

인류 역사에 대한 거시적 시대구분은 바로 이런 시대적 요구에 대답하고자
한 것이었다.

이에 반해 마르크스와 엥겔스의 역사적 유물론에 의해 자본주의가 역사적으
로 이행 과정에 있는 역사특수적인 사회유형임이 증명된 조건에서, 레닌은
그 이행의 과학적 전략, 전술의 설정에 필요한 시대규정을 정립하고자 했던
것이다. 따라서 레닌은 전세계적 범위에서 자본주의 내부의 전체적인 계급적
세력관계의 변화를 기준으로 하는 시대규정을 제시한 것이다.

이처럼 마르크스주의에서 시대규정의 추상화 수준이 마르크스와 엥겔스
시기와 레닌 시기에 달라지게 된 것은 바로 당시의 이론 및 실천 수준의
변화를 반영하는 것이었다.

마르크스의 거시적 인류역사 발전단계 구분과 달리, 자본주의 사회구성체
내부의 발전단계에 따른 레닌의 시대규정은 이후의 마르크스주의 전통에서
가장 영향력 있는 것으로 인정되었다. 스탈린은 1924년 발표한 "레닌주의의
기초"에서 레닌주의를 프롤레타리아 혁명 일반과 특히 프롤레타리아 독재에
관한 이론과 전술들로 규정했다(Franklin, 1973 : 91). 이를 통해 마르크스 - 레닌
주의는 레닌의 시대와 그 이후 프롤레타리아 혁명과 그를 통한 프롤레타리아
독재 시기로, 사회주의 이행이 현실화된 시대로 규정하게 되었다.

자본주의 내부의 발전과 이에 따른 계급관계의 변화에 기초한 시대규정은
레닌의 주요한 업적으로 인정되었다. 1928년 9월 1일 코민테른 제6차 대회에서
채택된 '공산주의 인터내셔널 강령' 서론에서는 레닌 이후의 시대규정을 '자본
주의 전반적 위기론'으로 보다 정교화했다.22) 이 강령에서는 제1차 세계대전을

---

22) 이 강령에는 자본주의의 전반적 위기가 1914~1918년까지의 전쟁에 의해 야기되었으며, "세계
경제의 생산력 증대와 그 국가적 격차 사이의 첨예한 모순의 직접적 결과"이며 자본주의 사회
내부에 이미 사회주의의 물질적 전제조건이 성숙되었고, 역사는 이미 자본주의가 인류 발전에
족쇄가 되어 그것의 혁명적 타도가 일정에 올랐다고 주장한다. 편집부 편역, 1988 : 220 참조.

대중의 혁명적 행동을 통해 내전으로 전화시킨 1917년 러시아 10월 혁명의 성공으로 프롤레타리아 국제혁명의 단초가 열림으로써 자본주의 전반적 위기가 시작되었다고 주장했다. 레닌에 의해 제국주의 시대 그리고 스탈린에 의해 프롤레타리아 혁명과 프롤레타리아 독재의 시대로 규정되었던 것이 코민테른에 의해 자본주의의 전반적 위기의 시대로 공식화된 것이다.

소련의 이론가 드라길레프M. Dragilev는 1975년 첫 출간된 논문 "자본주의의 전반적 위기와 그 현단계"에서 자본주의 전반적 위기의 성격과 기원을 다음과 같이 요약하고 있다.

자본주의의 전반적 위기론의 주제는 자본주의의 모든 사회영역들—즉 경제, 정치, 이데올로기, 도덕 등—에서 자본주의 체제의 쇠퇴와 타락 현상들의 총체이다. …… 과학의 역사에서 최초로, 레닌은 자본주의 전반적 위기의 본질과 그 주요 현상 형태들 및 역사과정의 위치를 연구했다. 레닌의 결론에 따르면, 자본주의 전반적 위기는 전세계적인 자본주의 체제의 분열이자 사회주의 혁명의 충격에 따른 붕괴와 몰락의 시작 그리고 새로운 시대 즉 자본주의로부터 사회주의로의 혁명적 이행의 시대의 개막이다. 자본주의의 전반적 위기는 이 시대에 발생한 가장 중요한 과정들 중 하나이다. …… 자본주의의 전반적 위기에 관한 레닌주의적 설명은 생산력의 정체나 착취적 사회의 자동적 붕괴의 기대에 관한 모든 진술들과 전혀 반대된다. …… 전반적 위기의 현상들은 임의적이거나 과도적인 것이 아니고 구조적인 성격을 갖는다. 그런 현상들의 표출 강도는 자본주의 체제가 기능하는 역사적 조건에 따라 다르기는 하지만, 일단 발생하면 그것은 자본주의 소멸에 의해서만 사라질 수 있다. …… 이 이론은 객관적 과정들뿐만 아니라 혁명의 주체, 즉 노동계급과 대중들의 활동들도 고려하며, 그리하여 대중과 혁명 정당들의 혁명적 잠재력을 개발하려고 한다(Novoselov, 1981 : 35-7).

드라길레프는 자본주의의 전반적 위기론이 제국주의론을 비롯한 레닌의 당시의 시대규정의 직접적 계승의 결과임을 주장한다. 그리고 마르크스에 의해 해명되었던 자본주의 경제의 순환과정에서 주기적이고 반복적으로 일어나는 공황crisis과 달리 자본주의의 전반적 위기general crisis는 경제만이 아니라 정치, 이데올로기 및 도덕이라는 인간의 삶 전반의 위기이자, 경제공황과는 달리 자본주의 체제 내부에서는 결코 해결될 수 없는 성격의 위기라고 주장된다. 또한 이것은 자본주의가 생산력 침체로 인해 자동적으로 붕괴될 것으로 주장하는 기계론적이고 결정론적 관점과 반대되는 것이라고 주장한다.

따라서 이 이론은 객관적인 자본주의 체제의 구조적 변화만 아니라 혁명 주체들의 활동을 촉진함으로써 시대규정의 목적인 이행을 위한 전략, 전술의 설정과 밀접한 연관을 갖는 것으로 본다. 즉 레닌과 스탈린에 의해 설정된 제국주의 및 프롤레타리아 혁명의 시대라는 규정이 갖는 객관적 성격에서 나아가 이행의 주체적 요인을 보다 분명히 한 것이다.

1957년 11월 모스크바에서 개최된 공산당 및 노동자 정당 대표자회의에서 발표된 '1957년 모스크바 선언'에서는 이런 입장을 보다 분명히 하고 있다. 즉 그 선언문에는 "우리 시대의 중요한 내용은 위대한 10월의 러시아 사회주의 혁명으로부터 시작된 자본주의에서 사회주의에로의 전환"(허드슨·로웬탈·맥화퀴, 2004 : 69)으로 규정한다. 이어 그 내용으로 제2차 세계대전 이후 세계인구의 1/3이 이미 사회주의 체제를 선택함으로써 사회주의 세계진영이 창설된 점, 식민지 민족해방투쟁의 고양 및 사회주의 국가들의 경제 및 기술적 발전 등 전반적으로 사회주의의 상승과 제국주의의 힘의 쇠퇴를 들고 있다.[23] 이처럼

---

23) 1928년의 '코민테른 강령'의 자본주의의 전반적 위기 규정이 제1차 세계대전과 러시아 10월 혁명 성공에 따른 유일한 사회주의 국가 소련의 존재라는 객관적 세계정세 변화를 기준으로 했다면, 이미 사회주의 진영이 수립되어 세계가 자본주의와 사회주의라는 대립되고 경쟁적인 두 진영으로 나뉜 1957년의 '모스크바 선언문'에서는 사회주의를 비롯한 반제국주의 세력 전반의 상대적 강화라는 조건을 반영하여 시대규정의 기준으로 주체적 요소들이 보다 강조되고 있는 것으로 보인다.

자본주의의 전반적 위기라는 시대규정은 레닌의 제국주의론 등 자본주의
세계체제의 객관적 변화만 아니라 당시 사회주의 세력의 낙관적인 정세인식을
반영하고 있다.

1960년 12월 모스크바에서 발표된 공산당 및 노동자당 대표자회의의 '모스크
바 성명'에는 자본주의의 전반적 위기의 새로운 단계가 시작되었다고 선언되었
다.24) 자본주의의 전반적 위기의 새로운 단계로의 징표에 대해, 인류의 1/3을
포용하고 있는 유럽 및 아시아 국가들에서의 사회주의 승리와 전세계 사회주의
투쟁 세력들의 강력한 성장, 경제적 경쟁에서 제국주의의 위치 하락, 민족해방
운동의 부상과 식민지체제 와해, 세계 자본주의 경제 전반의 불안정성 증대,
국가독점자본주의와 군국주의 등장에 따른 자본주의 모순의 심화, 독점자본의
이해와 전반적 국가이익 사이의 모순 증대, 부르주아 민주주의 쇠퇴와 독재적
파시스트 채택 경향 증가 및 부르주아적인 정치와 이데올로기의 심각한 위기를
들고 있다. 또한 이 성명에서는 이런 자본주의의 전반적 위기의 새로운 단계로의
심화가 세계대전의 결과가 아니라 두 체제간 경쟁과 적대라는 조건에서 사회주
의에 유리한 세력관계의 조성과 제국주의 모순이 현저히 심화된 결과라는
데 특징이 있다고 주장했다(허드슨·로웬탈·맥화쿼, 2004 : 268).

제1차 세계대전과 러시아 10월 혁명의 결과로 발생한 자본주의의 전반적
위기가 제2차 세계대전 이후 사회주의 진영의 수립과 민족해방운동의 고양을
거쳐, 당시에는 평화적 공존과 경쟁에서 제국주의가 쇠퇴하고 있는 점이 특징이
라는 것이다. 나아가 이 성명에서는 세계 사회주의 체제가 소련의 공산주의
건설을 위한 물질적 및 기술적 토대 구축과 중국혁명의 성공 그리고 유럽과

---

24) 드라길레프는 1963년 모스크바에서 간행된 『평화, 민주주의 그리고 사회진보를 위한 투쟁』의
43-4쪽을 인용하면서 자본주의의 전반적 위기를 세 단계로 구분한다. 제1단계는 제1차 세계대
전 발발에서 제2차 세계대전 발발까지이며, 제2단계는 제2차 세계대전부터 1950년대 중반까지
로 본다. 따라서 1960년 12월 '모스크바성명'에서 자본주의의 전반적 위기의 새로운 단계는
그것의 제3단계가 된다고 한다. Novoselov, 1981 : 39 참조.

아시아 인민민주주의 국가들의 혁명과 건설의 진전으로 새로운 단계로 이행했음을 선언했다.

이런 성과들에 기초하여 성명에서는 "오늘날 자본주의의 회복은 소련에서뿐만 아니라 다른 사회주의 국가에서도 사회경제적으로 불가능하게 되었다"(허드슨·로웬탈·맥화쿼, 2004 : 271)고 선언했다. 이처럼 자본주의의 전반적 위기론은 이 단계에서는 사회주의와 공산주의의 승리를 불가역적인 것으로 선언할 만큼 낙관적 정세인식에 기초하고 있었다.

자본주의에 대한 사회주의 승리의 낙관과 자신감에 근거한 자본주의의 전반적 위기라는 시대규정은 현실 사회주의가 위기에 처한 1980년대 중반 이후 변화를 보이게 된다. 1986년 2월 개최된 소련공산당 제27차 당대회에서 이런 변화는 가시화된다. 고르바초프의 "소련공산당 제27차 대회에 제출하는 소련공산당 중앙위원회 정치보고"에서는 현 세계 발전의 기본방향과 특징을 분석하고 있다(소련공산당 중앙위원회 프로그레스출판사, 1990 : 51 - 64).

먼저 고르바초프는 이 보고에서 현 시기는 인류 문명의 전면적 발전을 준비하는 희망이 충만한 세상이자 위험성과 모순들로 가득 차 있는 가장 불안한 역사적 시기이기도 하다고 전제한다.

그러나 이 보고서에서도 고르바초프는 자본주의의 전반적 위기론이 주장하는 자본주의의 모순과 난관을 인정하고 있다. 즉 그는 현재 세계의 시대적 특징을 여전히 두 개의 체제, 두 개의 구성체 국가들 사이의 모순, 노동과 자본 및 제국주의와 발전도상국 사이의 충돌 등 자본주의 체제 자체의 내적 모순이 존재하고 있다고 인정한다. 그러나 고르바초프는 이런 모순의 해결 방법들의 변화와 새로운 전인류적 과제의 제시를 통해 뻬레스트로이카 및 자본주의 진영과의 협력을 정당화했다. 즉 그는 두 체제 사이의 모순을 인정하면서도 전반적 대립이나 군사적 대결정책으로는 문제의 해결이 불가능하다고 주장했다.

자본주의 체제 내부 모순에도 불구하고 현단계의 전반적 위기가 경제성장, 과학기술의 발전은 물론 정치, 군사적 입장의 유지와 심지어는 사회적 복수와 실지 회복의 가능성마저 허용한다고 주장한다. 이런 그의 주장은 1960년 12월 '모스크바 성명'에서 주장되었던 사회주의의 불가역적 승리(허드슨·로웬탈·맥화쿼, 2004, 271)라는 주장과 정면 대치된다.

나아가 고르바초프는 인류문명 전체를 위협하는 환경위기와 자원고갈 등으로 한 진영이나 일부 국가들로 해결할 수 없는 전인류적이고 전세계적인 문제가 등장한 것을 새로운 시대의 특징으로 내세움으로써 사실상 전반적 위기론이 전제했던 자본주의 붕괴와 사회주의로의 이행의 필연성에서 후퇴하고 있다.

그러나 고르바초프의 이 보고서에서도 자본주의의 전반적 위기론이 전제하는 모순의 존재를 인정하지 않을 수 없었다는 점에서, 오히려 역설적으로 자본주의의 전반적 위기론이 사회주의 진영의 시대규정에서 갖는 영향력을 알 수 있다. 한편으로 고르바초프의 페레스트로이카 정책이 소련에서 왜곡되었던 레닌주의로의 복귀임을 주장했던 사실에서도 레닌의 이론에 기초를 둔 자본주의 전반적 위기론을 쉽게 포기할 수 없었던 것으로 보인다. 요컨대 자본주의의 전반적 위기론은 마르크스 - 레닌주의의 핵심적인 시대규정으로, 1980년대 중반 사회주의의 현실과 전망에 대한 자성과 자신감 상실을 극복하고자 하는 새로운 전략과 전술에서도 이 이론을 전제로 인정하지 않을 수 없을 정도였다.

이상의 고찰을 통해 자본주의의 전반적 위기론은 마르크스 - 레닌주의의 전략과 전술 설정의 기초가 되는 가장 중요한 시대규정의 위상을 차지한다는 것을 알 수 있다.

2-1-3 마르크스-레닌주의와 주체사상 시대규정의 유사점과 차이점

마르크스주의 전통에서 시대규정은 문제로 된 시기의 과학적 인식은 물론 새로운 시대로의 이행 전략과 전술의 설정에서도 기준이 되는 중요한 것이다. 마르크스가 당시의 이론 및 실천의 발전 수준의 요구에 따라, 역사적 유물론과 부르주아 사회의 기본법칙에 관한 과학적 분석을 통해 자본주의를 하나의 역사 발전의 특수한 단계로 설정한 것도 바로 이 때문이다.

레닌은 마르크스주의에 입각하여 자본주의의 제국주의 단계에 관한 과학적 분석을 통해 이후 마르크스 - 레닌주의의 시대규정인 자본주의의 전반적 위기론의 기초를 마련했다. 마르크스 - 레닌주의로부터 계승성과 독창성을 주장하는 주체사상도 주체의 시대, 자주성의 시대라는 나름의 시대규정을 주체사상 창시의 역사적 근거라고 주장한다.

그러나 주체사상과 마르크스 - 레닌주의의 각각의 시대규정은 상당한 유사점과 함께 차이점도 갖고 있다. 따라서 주체사상과 마르크스 - 레닌주의 사이의 관계를 파악하는 하나의 방법으로 시대규정을 비교하는 것은 대단히 유용하다고 본다.[25]

주체사상의 주체시대론과 마르크스 - 레닌주의의 자본주의의 전반적 위기론은 사상의 창조적 적용이라는 기본적 문제의식이라는 측면과 그 시대규정의 지표에서 알 수 있듯이 상당히 낙관적이고 자신감에 충만하다는 측면에서 유사점을 갖는다.

---

25) 시대규정에서 주체사상을 마르크스-레닌주의와 비교하는 것만 아니라, 마르크스주의 전반과 비교하는 것도 하나의 방법이 될 수 있다. 현실 사회주의 붕괴 이전 정통 마르크스주의로 널리 인정된 마르크스-레닌주의를 비판하는 다양한 마르크스주의적 경향들은 자본주의의 전반적 위기론과는 확연히 구분되는 나름의 시대규정들을 갖고 있기 때문이다. 그럼에도 주체사상의 시대규정을 단지 마르크스-레닌주의의 시대규정과 비교하는 것은, 주체사상 스스로가 마르크스-레닌주의로부터의 계승성과 독창성을 주장한다는 점과 마르크스-레닌주의에 비판적인 마르크스주의 경향들 자체가 워낙 다양한 시대규정을 갖고 있기 때문에 비교의 편의성이 보장될 수 없다는 점 때문이다.

첫째, 주체사상과 마르크스 - 레닌주의 시대규정의 유사성은 창조적 적용을 강조하는 점에 있다.

스탈린은 1924년 "레닌주의의 기초"에서 자본주의 전반적 위기론의 이론적 기초인 레닌주의에 대해 러시아의 일국적 상황뿐만 아니라 당시 국제적 발전의 현상 전반에 마르크스주의를 적용한 것으로 평가했다(Franklin, 1973 : 90). 주체 사상도 창시 과정을 설명하면서 김일성이 초기 혁명 활동 시기 마르크스 - 레닌 주의를 조선혁명 실천과 밀접히 결부시켜 연구했고, 이에 정통했다고 주장한다. 또한 주체적 입장이 자주적이며 창조적 입장을 그 내용으로 한다는 점을 강조하고 있다(총서 01 : 33).

물론 시대규정에서 마르크스 - 레닌주의는 이행의 전략과 전술 설정 차원에 서 그리고 주체사상은 새로운 사상 창시의 근거로 인식한다는 점에서 근본적 차이는 있다. 또한 후술하겠지만 이런 차이가 두 사상의 단절성의 근거가 된다는 점도 분명하다. 그러나 양자 모두 자본주의 붕괴와 사회주의 승리의 필연성을 전제하는 실천적 사상을 지향한다는 공통점이 있고, 사상의 창조적 적용을 위한 근거로 시대규정의 중요성을 인식한다는 점에서도 공통적이다.

둘째, 마르크스 - 레닌주의와 주체사상의 시대규정은 양자 모두 사회주의의 승리에 대한 낙관과 자신감에 기초하고 있다는 점이다.

자본주의의 전반적 위기론은 제1차 세계대전과 그 결과로 나타난 자본주의 체제 자체의 모순의 격화와 1917년 러시아 10월 혁명에 의한 사회주의 국가 소련의 출현으로 시작되었다고 본다. 이후 자본주의의 전반적 위기는 1960년 12월 '모스크바 성명'에서 새로운 단계로의 진입이 선언되기까지 지속적으로 심화·확대되었다고 주장한다. 따라서 마르크스 - 레닌주의적 시대규정에 따르 면 현시기의 자본주의의 전반적 위기는 경쟁적이고 대립적인 사회주의 세계진 영의 수립, 민족해방운동의 고양과 식민지 지배체제의 붕괴, 자본주의 국가

내 경제 불안정의 지속적 악화 및 노동과 자본의 모순 심화, 제국주의 국가들 상호간 및 제국주의와 발전도상국들 사이의 모순 격화 등으로 나타난다고 한다. 이는 총체적으로 자본주의 내재적 모순의 심화와 사회주의를 중심으로 하는 반자본주의 세력의 전세계적 역관계에서의 우위 등 마르크스 - 레닌주의의 충만한 자신감과 전도에 대한 낙관에 기초하고 있다.

다른 한편으로 주체사상도 "선행시대와 근본적으로 구별되는 자주성의 시대, 주체시대의 근본특징은 근로인민대중이 역사상 처음으로 세계와 자기운명을 지배하는 주인으로 등장하여 역사와 자기 운명을 자주적으로, 창조적으로 개척해나가는 시대"(총서 01 : 24)라고 주장한다. 즉 주체시대 규정은 자본주의의 전반적 위기론과 달리 자본주의 축적의 모순 심화 등 객관적 요소에 대한 언급없이 주체적 세력관계의 우위를 기준으로 삼는다는 점에서 추상적인 성격이 강하다.

뒤에서 고찰하겠지만, 이런 차이는 주체사상이 시대규정을 마르크스 - 레닌주의와 달리 전략, 전술 설정 차원이 아닌 새로운 사상 창시의 근거로 격상시킨 결과이고, 이로 인해 두 사상 사이의 단절성을 보여주는 근거가 된다. 그러나 주체시대와 자본주의의 전반적 위기라는 두 시대규정 모두 전체적인 측면에서는 사회주의의 승리에 대한 확신과 당대의 세력균형의 우위에 대한 자신감에 기초한 점에서는 공통적이다.

마르크스 - 레닌주의와 주체사상의 시대규정은 이상과 같은 유사성뿐만 아니라 상당히 구별되는 차이점들을 갖고 있다. 그것은 다음의 몇 가지로 분류될 수 있는 바, 두 사상 사이의 단절성을 확연히 보여주는 것들이다.

첫째, 마르크스 - 레닌주의의 자본주의의 전반적 위기론과 주체사상의 주체시대 규정은 서로 추상 수준을 달리하는 시대구분이라는 점이다.

제국주의론 등 레닌의 이론들에 기초하는 자본주의의 전반적 위기론은 마르크스가 거시적인 인류역사 발전의 형태들 가운데 하나로 규정한 자본주의 내부의 제국주의 단계에 대한 시대규정이다. 이것은 스탈린이 말했듯이 자본주의의 제국주의 단계에 대한 레닌주의적 적용이고, 자본주의의 프롤레타리아 혁명 및 독재 시기, 즉 자본주의에서 사회주의로 이행하는 시기에 대한 특징적 현상들로 규정된다.

1985년 북한 사회과학원 철학연구소가 발행한 『철학사전』의 '역사적 유물론' 항목에서는 주체시대에 대해 다음과 같이 규정하고 있다.

> 역사적 유물론은 역사무대에 노동계급이 출현하고 독자적인 세력으로 등장하던 시기에 사회역사에 대한 관념론적이며 비과학적인 견해들을 폭로 비판함으로써 노동계급에게 객관적 현실을 정확히 인식하고, 자본주의, 제국주의의 멸망의 불가피성을 인식할 수 있는 과학적인 무기를 안겨 주었다. 그후 사회는 발전하고 역사는 전진하며 시대는 달라졌다. …… 우리 시대, 주체시대는 근로인민대중의 지위와 역할을 중심에 놓고 사회의 본질과 그 발전의 합법칙성을 새롭게 밝힐 것을 요구하였다(북한 사회과학원 철학연구소, 1989 : 453-4).

즉 주체사상은 자본주의와 제국주의 단계의 마르크스 - 레닌주의 시대의 요구와는 다른 주체시대의 요구에 대답하기 위한 독창적인 혁명사상이라는 주장이다. 주체사상의 주체시대 규정은 마르크스 - 레닌주의의 시대규정과 전혀 다른 새로운 역사적 시기로 근로인민대중이 세계와 자기 운명의 주인으로 등장한 시기라고 한다.

자본주의 전반적 위기론은 그 주요한 표징들 가운데 하나로 자본주의 체제 내부의 경제적 불안정의 만성화와 축적 모순의 심화 등 객관적인 사회경제적·구조적 요인을 꼽는다. 이와 달리 새로운 사상 창시의 근거로까지 격상된 주체시대 규정은 보다 높은 추상의 역사철학적 수준의 시대규정으로, 전세계적 범위의 계급적 세력관계의 변화가 배타적으로 강조되는 경향을 보인다.

둘째, 추상 수준을 달리하는 주체시대와 자본주의의 전반적 위기 시대규정은 각각 주체사상과 마르크스 - 레닌주의 이론에서 차지하는 위상에서 달라지게 된다.

자본주의의 전반적 위기라는 마르크스 - 레닌주의 시대규정은 1960년 12월 "모스크바회의에 대한 흐루시초프의 보고서"에 피력되었듯이, 세계 공산주의 운동 및 각국 공산당들의 전략, 전술과 관계되는 문제이다(허드슨·로웬탈·맥화쿼, 2004 : 307). 그러나 주체시대 규정은 세계적 범위에서 계급적 세력관계의 근본적 변화에 따른 새로운 혁명사상 창시의 근거로 제시되고 있다(총서 01 : 23).

셋째, 이론적 위상의 차이로 말미암아 자본주의의 전반적 위기론은 사회주의 국가들 내부에서 근본적 동의에도 불구하고 다양한 해석을 가능케 하는 유연성을 보이는 반면, 주체시대 규정은 그것이 주체사상 창시의 시대적 근거로 된 만큼 상대적으로 구체적 정세변화에 대해 경직성을 보이게 된다.

1950년대 말에서 1960년대 초 중소 이념분쟁의 개시기에 자본주의 전반적 위기론에 대한 소련공산당과 중국공산당의 상반된 해석은 이를 잘 보여준다. 양국의 공산당은 1957년과 1960년 모스크바에서 개최된 공산당 및 노동자정당 대표자회의에서 자본주의의 전반적 위기론이라는 마르크스 - 레닌주의적 시대규정에 명시적으로 합의했음에도 그 해석에 상당한 차이를 보였다.

중국공산당은 1960년 4월 16일 레닌 탄생 90주년을 기념하여 중국공산당 『홍기』에 게재한 "레닌주의여 영원하라"라는 논문에서 자본주의의 전반적 위기론을 전제하면서 보다 강경한 입장을 전개했다. 이 논문에서는 1959년 말 티토가 '새로운 시대'를 내걸고 국가들의 긴장완화와 건설에의 매진을 주장한 것을 현대 수정주의라 비판하면서 시대규정의 기준을 레닌에 따라 계급적 입장에 둘 것을 강조했다(허드슨·로웬탈·맥화쿼, 2004 : 127 - 9). 나아가

이 논문은 평화공존을 레닌주의적 원칙으로 승인하면서도, 자본주의의 전반적 위기 단계에서 보다 강력한 반제국주의 계급세력들의 발전에 의해 이의 실현이 가능하다는 입장을 전개했다.

이에 반해 1960년 모스크바의 『코뮤니스트』13호에 발표된 벨랴코프A. Belyakov와 부를라츠키F. Burlatsky의 공저 논문 "레닌의 사회주의 혁명 이론과 현시대의 조건"에서는 현재의 조건에서 국제적인 계급간 전쟁은 계속되지만 그 전쟁은 다른 형태, 즉 경제적인 경쟁과 이데올로기적 투쟁의 형태로 변화할 것이라고 주장했다(허드슨·로웬탈·맥화퀴, 2004 : 228). 요컨대 1950년대 후반 이후의 중소 이념분쟁의 주요 쟁점은 자본주의의 전반적 위기론과 평화공존론을 모두 승인하는 가운데, 그것의 실현을 위한 전략과 전술적 차이에 있었음을 알 수 있다.

이처럼 마르크스가 규정한 특수 역사발전 단계로서 자본주의 내부의 소시기 구분인 자본주의의 전반적 위기론은 이행을 위한 전략·전술 설정의 근거가 되지만, 그 해석상에는 화해하기 어려운 편차를 노정시킬 수 있는 것이었다. 1986년 2월에 개최된 제27차 소련공산당 당대회에서 고르바초프가 행한 "소련 공산당 제27차 대회에 제출하는 소련공산당 중앙위원회 정치보고"에서는 자본주의의 전반적 위기론의 세부 내용의 해석의 변화와 전인류적 과제를 결합시킴으로써 결과적으로 마르크스 - 레닌주의적 원칙 일반을 포기할 수 있을 정도로 유연성의 범위가 넓은 것임을 보여주었다(소련공산당 중앙위원회 프로그레스출판사, 1990 : 51 - 64).

이에 반해서 새로운 혁명사상 창시의 근거로 된 주체시대 규정은 현실사회주의의 붕괴가 현실화된 1990년대 이후에 들어서도 여전히 낙관적인 신념을 철회할 수 없는 경직성을 보여주었다. 즉 주체시대 규정의 철회는 주체사상의 정당성 전반에 대한 심각한 의문을 야기할 수밖에 없기 때문이다.

이런 어려운 상황에 직면하여 김정일은 1992년 1월 3일 당 중앙위원회 책임일꾼 담화 "사회주의 건설의 력사적 경험과 우리 당의 총로선"에서 다음과 같은 방식으로 주체사상 전반과 특히 주체시대 규정을 여전히 정당화한다. 즉 김정일은 소련 등 동유럽 사회주의 국가들의 붕괴의 근본원인을 "사회주의 본질을 력사의 주체인 인민대중을 중심으로 리해하지 못한데로부터, 사회주의 건설에서 주체를 강화하고 주체의 역할을 높이는 문제를 기본으로 틀어쥐고 나가지 못한데"(김정일, 1992a : 279) 있다고 주장했다.

사회주의 붕괴와 자본주의로의 복귀의 원인을 주체시대의 요구에 주체사상적 방식으로 대처하지 못한 것에서 찾는 것이다. 이어서 담화에서는 현실사회주의 위기에서 주체사상의 정당성을 주장하기 위해 1982년 4월 14일 개최된 당 중앙위원회와 최고인민회의 합동회의의 김일성 담화 "온 사회를 주체사상화하기 위한 인민정권의 과업"에서 제기된 인민정권 강화와 3대 혁명을 당의 총노선으로 재확인할 뿐 정세의 변화에 대한 구체적 대안을 제시하지 못하고 있다(김정일, 1992a : 289).

마르크스 - 레닌주의의 자본주의의 전반적 위기와 주체사상의 주체시대 규정 사이의 유사점과 차이점 비교를 통해 중요한 사실을 발견할 수 있다. 두 사상의 시대규정은 사상의 창조적 적용이라는 문제의식과 주요 징표들에서 강한 낙관과 자신감 등 형태상 유사점을 갖는다. 그러나 두 사상의 시대규정은 추상 수준 및 이론적 위상과 그에 따른 정세변화에 대한 대응력이라는 본질적인 측면에서 차이를 보여준다. 요컨대 형태상의 유사성과 본질적인 측면의 차이점은 두 사상의 관계를 일면적인 연속성 속에서 파악해서는 안 된다는 사실을 말해 준다.

주체사상에 대한 전면적 평가를 위해서는 마르크스주의 전통에서 가장 강력하였지만 하나의 분파였던 마르크스 - 레닌주의에 대한 비교가 물론 선행되어야 한다. 뿐만 아니라 이론적 및 실천적으로 마르크스주의 전반의 이론적 발전 성과들과 현실사회주의 붕괴와 신자유주의 득세라는 현재의 변화된 세계정세 속에서 주체시대 규정을 재검토해야 하는 복잡한 과정을 필요로 한다.

이런 측면에서 1980년대 말 한국에서 주체시대의 규정을 식민지 반제국주의 투쟁과 제국주의 내부의 모순과 분열 양상과 결합시켜 이해하지 못했다는 점에서 주의주의적이고 주관적인 것으로 비판한 윤해성의 주장(이진경, 1989[1] :101)도 너무 성급한 것으로 비판되어야 한다. 왜냐하면 주체시대라는 주체사상의 시대규정 자체가 자본주의의 전반적 위기론 보다 높은 추상 수준의 역사철학적인 것이고, 또한 자주적 입장과 창조적 방법의 구현에 대한 요구가 높기 때문에 상대적으로 식민지 반제국주의 투쟁이 강조되는 것일 뿐, 제국주의 내부의 모순과 분열을 일면적으로 배제하는 것은 아니기 때문이다. 이런 점을 고려한다면, 일면적으로 마르크스 - 레닌주의적 입장에서 주체사상을 주관적 및 주의주의적이라고 비판하는 것은 다른 형태의 교조화를 초래하게 된다.

오히려 주체시대 규정 및 주체사상 일반에 대해 요구되는 것은 보다 낮은 추상 수준에서 현실사회주의 붕괴와 신자유주의 득세 이후의 세계정세 변화를 어떤 방식으로 설명하고 어떤 구체적 대안을 제출할 수 있는 설명틀을 개발할 것인지의 문제이다. 전세계의 계급적 세력관계에서 근로인민대중의 불가역적 우위를 근거로 한 주체의 사회역사원리가 일시적이든 구조적이든 자본주의 우위가 명확한 현시기를 과학적으로 진단하고 대안을 제출할 수 없다면 혁명사상으로서 그 정당성과 생명력을 유지할 수 없기 때문이다.

주체시대는 주체사상의 창시를 정당화하는 기본전제이다. 따라서 그것은 높은 추상 수준의 역사철학적 개념의 위치를 차지한다. 이에 반해 마르크스 - 레닌주의의 시대규정인 자본주의 전반적 위기론은 세계공산주의운동의 전략전술론에 위치한다.26) 즉 슈만의 분류에 따른다면,27) 북한의 주체시대 규정은 '순수 이데올로기'인 주체사상의 창시를 정당화하는 개념이고, 마르크스 - 레닌주의의 자본주의 전반적 위기의 시대규정은 '실천 이데올로기'로서 의미를 갖는다.

주체시대 규정이라는 것은 본질적으로 인민대중의 의식과 실천의 엄청난 발전을 전제로 하는 매우 낙관적인 시대인식이다. 물론 자본주의 전반적 위기론도 매우 낙관적인 전망에 기초한 것은 마찬가지이다. 그러나 마르크스 - 레닌주의가 말하는 자본주의의 전반적 위기는, 슈만의 분류에 따르면 실천 이데올로기로서 낙관적인 전망에 반하는 소시기에 민감하게 대응할 수 있다. 이에 반해, 주체시대 규정은 보다 높은 추상 수준의 순수 이데올로기로서 상당한 경직성이 불가피하다.

따라서 주체사상의 주체시대 규정이 그 자체로 현실의 실천을 위한 전략과 전술 문제를 해결해 줄 수는 없고, 이를 뒷받침하는 '실천 이데올로기'들이 생성되어야 한다. 북한의 입장에서 탈냉전의 현재 세계정세에서 보다 정교한 정치경제학적 분석과 실천적 대응 전략과 전술의 개발이 불가피한 것은 바로 이 때문이다.

마르크스 - 레닌주의에 대해 독창성을 강조하는 현재의 북한의 입장에서 주체사상의 현실적 구현을 보장할 실천 이데올로기들을 어떻게 개발하는가는 주체사상의 정당성 주장은 물론이고 북한의 체제의 운명과 직결되는 문제라

---

26) 김동춘은 광의의 사회변혁운동론을 구성하는 요소를 다음과 같이 규정한다. 즉 모순론과 사회 구성체론은 변혁운동의 객관적 조건을, 주체형성론과 전략전술론은 그것의 주관적 조건을 구성하고, 계급론은 양자를 매개한다고 본다. 그는 전략전술론에 역량편성론, 시기규정론, 선전선 동론이 포함된다고 하는데, 시기규정론은 운동세력과 지배세력의 역관계를 국제적 조건과 국 내정세를 고려하여 운동국면이 처한 정세를 판단하는 것으로 규정한다. 이런 김동춘의 구분은 타당성을 갖는 바, 이에 따르면 마르크스-레닌주의의 자본주의 전반적 위기론은 바로 제국주의 시대의 시기규정으로 전략전술론에 위치시킬 수 있다. 김동춘, 1997 : 264-5 참조.
27) 슈만의 순수 이데올로기와 실천 이데올로기 개념은, Schurmann, 1970 : 18-24 참조.

할 수 있을 것이다.

2-2 주체사상 형성의 실천적 맥락과 배경

모든 사회주의 국가들, 특히 중국이나 구 유고슬라비아 등이 소련과 다른 각국의 구체적인 시공간적 조건을 갖고 있었고, 이에 따라 자신의 실정에 맞는 마르크스 - 레닌주의의 창조적 적용에 대해 말해 온 것이 사실이다. 그럼에 도 유독 북한만이 주체사상이라는 독자적인 사상체계를 확립한 것은 북한이 갖는 혁명과 건설의 특수한 조건 및 독특한 실천방식과 긴밀한 관련이 있다 할 것이고, 이에 대한 해명이 마르크스 - 레닌주의와 주체사상의 이론적 관계 파악에도 상당한 시사점을 줄 수 있다. 또한 주체사상이 갖는 매우 낙관적인 인식의 근원을 파악할 수 있도록 한다.

이와 함께 주체사상의 실천적 기원을 파악하는 또 하나의 이유는 당과 국가의 지도사상인 주체사상에 대한 올바른 이해는 북한에 대한 총체적 이해의 출발점이 될 뿐 아니라 향후 북한의 진로에 대한 예측도 가능하게 한다고 보기 때문이다.

1990년대 중반, 특히 1994년 김일성 사후 북한의 유례없는 위기상황에서 주체사상의 변용 가능성에 대한 주장들이 남한을 중심으로 널리 유포된 적이 있다. 이 당시 북한이 내세웠던 붉은기 사상, 강성대국론, 천리마 대고조 등 위기 탈출을 위한 슬로건을 이유로 주체사상의 변용 심지어는 대체라는 주장들 과는 달리 여전히 주체사상은 북한의 지도사상으로 확고한 지위를 유지하는 것으로 판명되었다. 즉 북한이 제시하는 여러 슬로건들의 확고한 사상적 기초는 여전히 주체사상이라고 할 수 있다.

따라서 주체사상 형성의 실천적 맥락과 과정에 대한 연구는 주체사상의 지위에 관한 파악은 물론 향후 북한이 직면할 구체적인 조건에서 어떤 원칙과 정책적 대응을 취할 것인지를 예측하는 데도 도움을 줄 수 있다고 본다.

2-2-1 북한의 대내외적 상황과 주체사상 제기 및 이론적 체계화 과정

주체사상의 창시 시기에 관한 북한의 공식입장은 1930년 6월 카륜에서 개최된 공청 및 반제청년동맹 지도간부회의에서의 김일성의 연설 "조선혁명의 진로"에서라고 주장한다. 이는 1982년 3월 31일 평양에서 개최된 김일성 탄생 70주년을 기념하는 '전국주체사상토론회'에 보낸 김정일의 기념논문 "주체사상에 대하여"의 제1장 '주체사상의 창시'에서 다음과 같이 규정한 이후, 주체사상의 기원에 대한 북한의 공식입장으로 확립되었다.

> 수령님께서는 고루한 민족주의자들과 행세식맑스주의자들, 사대주의자들과 교조주의자들을 반대하고 혁명의 새로운 길을 개척하시는 투쟁과정에서 주체사상의 진리를 발견하시였으며 마침내 1930년 6월 카륜에서 진행된 공청 및 반제청년동맹지도간부회의에서 주체사상의 원리를 천명하시고 조선혁명의 주체적인 로선을 밝히시였던것입니다. 이것은 주체사상의 창시와 주체의 혁명로선의 탄생을 선포하는 력사적사변이였습니다(김정일, 1982 : 17).

김정일은 주체사상의 기원을 김일성의 만주항일운동과 결합시킴으로써, 주체사상을 북한의 혁명전통과 연관시키고자 한 것이다. 또한 당시 김일성의 연설에서 주체사상의 원리와 주체적 혁명노선이 천명된 것으로 주장함으로써 주체사상의 창시자를 김일성 개인으로 설정함으로써, 김일성의 유일사상으로 강조하고 있다. 이런 측면에서 주체사상의 창시 기원을 1930년 6월로 주장하는 북한의 공식입장은 북한의 정치적 고려를 감안하여 이해해야 한다고 본다.

하나의 사상이 탁월한 한 사람의 창시자를 갖는 것은 일반적인 현상이고

그런 창시자의 기본적인 문제의식이 그것을 수용하는 사람들에 의해 계승발전 됨으로써 하나의 사상학파를 이루게 된다는 점을 염두에 둔다면, 북한의 정치적 고려로 1930년 기원설을 이해할 수도 있을 것이다. 그러나 "조선혁명의 진로"라 는 연설의 정확한 실재 여부도 불투명한 상태에서 이를 역사적 사실로 받아들이 는 것은 무리일 것이다.

또한 사상을 특정한 노선이나 방침 및 정책과는 구분되는, 그런 것들을 근본적으로 규정하는 세계관으로 파악하고 하나의 이론적 체계를 갖춘 것으로 본다면, 주체사상의 기원에 관한 북한의 공식입장은 역사의 소급을 통한 현실정 치적 정당화로 볼 수밖에 없을 것이다. 같은 논문에서 김정일의 다음과 같은 언급은 이 점을 뒷받침한다.

수령님께서는 여러 단계의 혁명투쟁과 정치, 경제, 문화, 군사 등 모든 분야의 사업을 승리에로 령도하시는 과정에 몸소 풍부하고 고귀한 경험을 쌓으시였으며 이를 일반화하여 주체사상을 끊임없이 심화발전시키시였습니다. 수령님께서 50 여성상 간고한 조선혁명의 앞길을 진두에서 헤쳐오신 력사는 위대한 혁명실천속 에서 주체사상을 창시하시고 독창적인 사상리론체계로 완성시켜오신 력사입니 다(김정일, 1982 : 18).

즉 김정일은 주체사상의 발전과정을 북한의 혁명과 건설의 과정과 일치시킴 으로써, 1930년 창시설을 결국 주체사상의 기본적인 문제의식이나 원리의 천명으로 축소시키고 있는 것이다. 따라서 주체사상의 창시, 즉 원리의 천명과 사상이론적 체계화에는 분명히 시차가 있음을 인정하고 있는 것으로 볼 수 있다.

이 책의 연구대상이 이론적으로 체계화된 주체사상이라는 점에서, 북한의 1930년 창시설의 진위 여부와는 상관없이 여기서는 주체사상의 독자적인 이론적 체계화 시기의 실천적 맥락과 과정을 주요 연구대상으로 한다.

주체사상의 기원에 관한 북한의 1930년 창시설을 비판하면서, 남한의 많은 연구자들은 1955년 12월 28일 김일성의 당 선전선동부 일꾼에 행한 연설 "사상사업에서 교조주의와 형식주의를 퇴치하고 주체를 확립할 데 대하여"에 주목한다.[28] 이런 연구들의 논지가 모두 동일한 것은 아니지만,[29] '주체'라는 용어가 최초로 이 담화를 통해 명시적으로 나타났다는 점에서 주체사상의 문제의식이 형성된 계기로 보는 것이다. 사실 다음과 같은 이 연설의 일부는 주체사상의 기본적 문제의식인 자주성과 긴밀한 연관을 갖는 것으로 평가할 수 있다.

우리 당 사상 사업에서 주체는 무엇인가? 우리는 무엇을 하고 있는가? 우리는 어떤 다른 나라의 혁명도 아닌 바로 조선 혁명을 하고 있는 것입니다. 이 조선 혁명이야말로 우리 당 사상 사업의 주체입니다(서대숙, 2004[3] : 21-2).

김일성은 소련파 박영빈과 박창옥 등을 직접 거명하면서 그들이 소련식을 맹종함으로써 사상사업에서 큰 죄과를 저질렀다고 비판하면서, 그들이 마르크스 - 레닌주의의 진수를 배우지 않고 소련의 형식만을 추종했음을 지적했다. 이어 김일성은 교조주의와 형식주의를 퇴치하기 위한 원리적 방침에 대해

---

28) 이런 입장을 취하는 남한의 연구들로는, 박채용, 1991 : 60-75 ; 이진경, 1989(1) : 64-7 ; 이종석, 2000 : 145-9 등 참조.

29) 박채용은 이 연설에서 주체사상이라는 표현은 없고, 이후 주체가 주로 선전과 교육에서 활용되다가, 제1기(1955~1970) : 주체사상의 정책지도원리로서의 전개기, 제2기(1970~1980) : 주체사상의 이론체계화 정립기, 제3기(1980~) : 주체사상의 김일성주의화 확립기로 확산 및 추진되었다고 본다(박채용, 1991 : 60-61 참조). 윤해성은 "현실적으로 타당한 주체사상의 출발점은, 바로 공산주의운동 내부의 다중심화가 시작되고 그 속에서 독자적 노선을 추구하게 되는 1950년 대 말에서 1960년대에 걸치는 시기"로 본다(이진경, 1989[1] : 64). 이종석은 북한에서 마르크스-레닌주의의 창조적 적용이라는 문제의식은 1952년 12월 15일 김일성의 연설 "로동당의 조직적 사상적 강화는 우리 승리의 기초"에서도 나타나지만, 주체확립 시도가 본격화된 것은 1950년대 중반 이후 '8월 종파사건' 등 일련의 내부 권력투쟁의 산물로 보고 있다(이종석, 2000 : 146-9).

다음과 같이 언급했다.

혁명 투쟁에 있어서나 건설 사업에 있어서나 맑스-레닌주의 원칙을 철저히
고수하면서 그것을 우리 나라의 구체적 조건, 우리의 민족적 특성에 맞게 창조적
으로 적용하여야 합니다(서대숙, 2004[3] : 30).

이 연설에서의 주체에 대한 강조는 결국 마르크스 - 레닌주의의 창조적
적용이라는 기본틀에서 전개되고 있음을 알 수 있는데, 이 연설이 주체사상
형성에서 중요한 계기가 되었음을 주장하기 위해서는 먼저 설명되어야 할
점이 있다. 1948년 코민테른으로부터 제명된 구 유고슬라비아의 경우는 물론이
고, 특히 1953년 3월 스탈린 사후 사회주의 진영에 속하는 여러 나라들이
한결같이 마르크스 - 레닌주의의 자국의 조건에 맞는 창조적 적용을 이야기하
고 있었다는 점이다. 1956년 4월 25일 모택동은 중국공산당 중앙위원회 정치국
확대회의에서 행한 연설 "10대 관계에 대하여"에서 다음과 같이 말하고 있다.

스탈린이 사회과학, 마르크스-레닌주의에 대해 옳게 말한 것은 반드시 계속
힘써 학습해야 한다. 우리는 거기서 보편적인 진리에 속하는 것을 학습해야 하며,
학습할 때는 반드시 중국의 실제와 결부시켜야 한다. 마르크스의 말을 포함해
모두 기계적으로 옮겨 온다면 큰일이 날 것이다. 우리의 이론은 마르크스-레닌주
의의 보편적 진리를 중국 혁명의 구체적 실천과 결합시킨 것이다. 당내 일부
사람들이 한때 교조주의를 했는데 그때 우리는 그것을 비판했다. 그러나 오늘까
지 학술계나 경제계 모두 교조주의가 여전히 남아 있다(중국공산당 중앙문헌편집위,
1990 : 286-7).

모택동도 비슷한 시기 김일성과 마찬가지로 자기 나라의 당과 국가에 남아

있는 교조주의를 비판하면서 마르크스 - 레닌주의와 스탈린의 이론을 중국의 실정에 맞게 창조적으로 적용할 것을 주장하고 있음을 알 수 있다.

따라서 이 시기 김일성이 주체확립을 강조한 것이 주체사상 형성 기원이라는 점을 납득시키기 위해서는, 중국을 비롯한 여러 사회주의 나라들에서 마르크스 - 레닌주의의 창조적 적용론이 독자적 사상의 구축으로 나아가지 않은 사실들과 비교의 관점에서 설명되어야 한다. 중국의 경우 '모택동사상'이 바로 마르크스 - 레닌주의의 중국적 적용을 지칭하는 것이라면, 주체사상의 경우는 마르크스 - 레닌주의의 북한적 적용을 넘어서는 새로운 철학의 근본문제에 입각한 철학사상이다. 이런 차이가 발생하게 된 원인에 대한 탐구가 바로 주체사상의 이론적·실천적 기원에 관한 연구가 된다고 할 것이다.

철학이론체계로서의 주체사상은 1950년대 중반 이후 마르크스 - 레닌주의를 북한의 실정에 맞게 창조적으로 적용한 실천의 과정 혹은 그 결과에 따라 창시될 필요성이 생겨난 것이라 할 수 있을 것이다. 따라서 1955년 12월 28일 연설에서 모든 사회주의 국가들과 마찬가지로 마르크스 - 레닌주의의 창조적 적용을 이야기한 사실만으로 주체사상 형성의 계기로 보는 것은 문제가 있다. 오히려 1955년 12월 28일의 김일성 연설의 '주체'는 마르크스 - 레닌주의의 북한적 적용을 일컫는 용어이고, 이런 주체적 방식에 의한 혁명과 건설의 북한적 특수과정이 주체사상의 이론적 체계화를 요구한 것으로 이해하는 것이 온당할 것으로 생각된다. 다음과 같은 황장엽의 언급은 이 문제와 관련하여 중요한 실마리를 제공한다.

여기서 한 가지 지적하고 싶은 것은 1955년 12월 28일에 당 선전일꾼을 대상으로 한 연설에서 김일성이 주체는 조선혁명이라고 지적한 사실이다. 이 문서를 근거로 하여 이때부터 주체사상이 창시된 것으로 보아야 한다는 견해가 나돌고 있다. 우리 서기실에서 김일성 선집을 전면적으로 수정할 때 아직 발표하지 않고 기요과(문서총무과)에서 속기형태로 보관하고 있던 몇 권의 속기록을 받아 정리한 일이 있었는데 그 가운데 1955년 12월 28일 선전일꾼들에게 연설한 속기도 포함되어 있었다.

우리는 이 속기록을 정리하고 '사상사업에서 교조주의와 형식주의를 퇴치하고 주체를 확립할 데 대하여'라는 제목을 달아 그것을 새로운 김일성저작집에 포함시키도록 하였다. 이 문건이 김일성이 주체가 무엇인가 하는 것을 처음으로 지적한 문건인 것은 틀림없었다. 그렇다고 하여 1955년 12월부터 주체를 세우는 문제가 제기되었다고는 볼 수 없을 것이다. 이 문건의 내용을 보면 전쟁시기의 사건이 많이 취급되고 있는 것으로 보아 전쟁시기 중국지원군의 조선전쟁 참전과 스탈린의 사망을 계기로 북한에 대한 소련의 영향력이 약화된 반면에 김일성의 정치적 기반이 강화된 것을 배경으로 하여 주체를 세우는 문제가 강조되기 시작하였다고 보는 것이 옳을 것이다(황장엽, 1999a : 131).

이어서 황장엽은 조선혁명을 주체로 표현한 것은 운동과 운동의 담당자인 주체를 철학에서 구분한다는 점에서 오류라고 주장하고 있는데, 여기서 알 수 있듯이 아직 이 시기의 '주체'는 어떤 사상적 의미를 갖는 것으로 보기 어렵다는 것을 짐작케 한다.

황장엽은 이런 문제들이 비교적 정리되어 주체문제가 체계적으로 밝혀지기 시작한 것을 1961년 9월에 열린 조선로동당 제4차 당대회 이후의 일이라고 증언하고 있다(황장엽, 1999a : 132). 이로 미루어 알 수 있는 것은 1955년 12월 28일의 김일성 연설의 '주체'는 소련에 대한 자주성 주장과 국내의 사대주의자·교조주의자·수정주의자들에 대한 비판이라는 현실정치적 의미를 가진 것이지, 사상이론적 함의를 갖는 것은 아니라는 것이다. 따라서 1950년대 마르크스-레닌주의를 북한에 창조적으로 적용한 주체적 사업방법을 뒷받침하고 그 성과를 계승할 필요에 의해, 1961년 이후 이론적으로 주체의 문제를 다루고 있음을 알 수 있다.

그렇다면 북한에서 다른 사회주의 국가들과 공유하는 마르크스 - 레닌주의의 창조적 적용론이 '주체'라는 북한 고유의 용어로 표현되고, 나아가 주체적 방식에 입각한 실천이 주체사상이라는 새로운 철학적 사상이론체계를 창출하게 되는 원인과 과정은 어떠했는가?

이에 대해 이종석은 한국전쟁에서 중소로부터의 결정적 지원으로 외세의 영향력이 크게 확장되어 있던 북한에서 1956년 2월 소련공산당 제20차 당대회에서의 개인숭배 비판을 계기로 제기된 소련파의 김일성에 대한 도전 등 국내정치 권력관계의 변화에 우선 주목한다.[30] 나아가 1956년 '8월 종파사건과 이후의 반종파투쟁을 주체확립이 표면화되는 중요한 계기가 되었다고 본다. 그러나 이종석의 주장은 당시 사회주의 국가들 일반의 조류였던 마르크스 - 레닌주의의 창조적 적용을 북한의 국내정치 권력관계와 연관지어 설명하는 것 이상의 것은 아니다. 오히려 문제로 삼아야 할 점은 민족적·국가적 특성에 맞게 마르크스 - 레닌주의를 북한에 창조적으로 적용하는 과정에서 그것의 북한식의 용어와 방식인 '주체'가 어떤 내용을 가진 것이며, 그것이 주체사상의 형성과 어떤 연관을 갖는지를 설명하는 것이다.

이 문제를 해명하기 위해서는 1956년 8월 종파사건 이후 개최된 1956년 12월 전원회의에서 김일성에 의해 제기된 천리마운동을 주목할 필요가 있다. 『조선로동당략사 2』에는 천리마운동의 시작에 대해 다음과 같이 기술되어 있다.

경애하는 수령님께서는 12월전원회의를 끝마치시자 친히 강선제강소에 나가시여 이곳 강철전사들에게 나라가 처한 어려운 형편과 혁명의 요구와 당의 결심

---

30) 주체사상의 형성과정에 대한 이종석의 입장에 대해서는, 이종석, 2000 : 145-170 참조.

을 해설하시고 강재를 좀더 생산하면 나라가 허리를 펴겠다는 것을 말씀하시였
다. 그리고 강철전사들과 함께 증산과 절약 예비를 찾으시였으며 그들에게 집단
적혁신운동을 벌려 온 나라 근로자들을 사회주의건설의 대고조에로 불러일으키
는데 앞장서라고 힘찬 고무를 주시였다(조선로동당 중앙위원회 당력사연구소, 1989
[2] : 79).

즉 김일성은 1956년 8월 종파사건을 비롯한 정치적 어려움과 경제적 난관
등을 현장의 노동자들에게 직접 설명하고 그들의 혁명적 열의를 불러일으키는
방법으로 난관을 돌파하려 한 것이다. 1955년 12월의 김일성 연설에서 주체를
조선혁명이라고 규정한 것과 달리 생산현장의 근로대중들을 북한의 어려운
정치, 경제상황을 돌파하는 주체로 설정하고 군중노선에 의거하여 위기를
극복하려 했다.

주체사상이 '사람이 모든 것의 주인이며 모든 것을 결정한다'는 것을 철학적
원리로 삼는 것임을 염두에 둔다면, 혁명과 건설에서 주체를 현장의 근로자들로
설정한 천리마운동의 군중노선은 주체사상의 형성과 긴밀한 연관을 갖는
것으로 주목할 필요가 있다. 즉 황장엽의 지적대로 조선혁명이라는 운동을
주체로 삼은 1955년 12월의 김일성의 연설이 아니라, 그 연설에서 마르크스 - 레
닌주의의 북한적 적용인 주체의 사업방법의 실천 주체로 천리마운동을 실행하
는 근로대중의 발견은 북한의 고유한 주체사상 형성의 시발점이 된다고 보아야
하기 때문이다. 천리마운동에 관한 황장엽의 다음과 같은 평가는 주체사상의
원리들과의 연관성을 보다 분명히 보여준다.

천리마운동이라고 하면 일반적으로 생산, 경쟁운동이라고만 이해하고 있으며
심지어 일부사람들은 강제적 방법으로 근로자들을 어려운 노동에 동원하기 위한
방법이라고 비난하고 있지만 이런 사람들은 실제로 천리마운동을 체험하지 못한

사람들이라고 단언할 수 있다. 물론 생산성과를 가지고 경쟁하는 것도 경쟁지표의 하나로 되지만 그보다 더 중요한 지표는 사람들을 어떻게 교양하여 그들의 헌신성과 협조정신을 높이는가 하는 데 있는 것이다. 가령 공장의 어떤 작업반이 천리마 작업반을 조직했다고 하면 경쟁지표는 첫째로, 작업반 성원들이 국가와 사회의 주인으로서의 자각을 가지고 헌신적으로 일하고 긴밀히 협조하도록 교양 사업을 잘하였는가, 둘째로 지도일꾼들이 군중 속에 들어가 서로 배우고 가르쳐 주면서 상하가 합심하고 온 집단의 정치사상적 통일과 단결이 잘 되었는가, 셋째로 생산에서 집단적 혁신이 일어났는가 하는 것이다.

그러므로 천리마운동이 실속있게 진행되면 생산에서 큰 성과를 거둘 뿐 아니라 이 운동에 참가한 사람들의 정신도덕적 풍모에서 커다란 변화가 일어나고 지도하는 당과 지도받는 대중 사이의 정치사상적 통일과 단결이 강화되는 결과를 가져 오게 된다(황장엽, 1999a : 132).

한국으로 망명 이후 북한을 비판해온 황장엽으로서는 이례적으로 북한의 정책을 긍정적으로 평가한 위 인용문을 통해, 천리마운동은 소련의 스타하노프 운동처럼 단순한 노력 경쟁이 아니고, 또한 중국의 문화혁명 시기의 홍위병에 의한 대중적 동원과도 다르다는 점을 알 수 있다. 즉 천리마운동은 노력경쟁일 뿐만 아니라 근로자들의 정치사상적 의식의 제고를 통해 혁명과 건설에 자발적이고 집단적으로 발동시키는 것이었음을 알 수 있다.

주체사상의 지도적 원리가 자주적 입장, 창조적 방법과 함께 사상의식을 앞세우는 점에 특징이 있다고 한다면, 천리마운동을 통해 대중의 정치사상적 의식을 발동시킨 사회주의 건설의 성과는 곧바로 주체사상의 주요내용을 형성하는 기초로 작용되었다고 추측할 수 있을 것이다. 즉 북한에서는 다른 사회주의 일반과 공유하는 마르크스 - 레닌주의의 창조적 적용의 과정에서 천리마운동이라는 독특한 혁명적 군중노선을 적용하여 성공을 거둔 경험을 기초로 하여, 다른 나라에는 없는 사람중심의 세계관인 주체사상을 창시하게 되었다는 추론이 가능한 것이다.[31]

마르크스 - 레닌주의의 창조적 적용이라는 공통된 문제의식과 실천의 결과가 다른 사회주의 국가들과 달리 북한에서 주체사상의 창시라는 독특한 결과를 낳은 국내적 이유의 하나를 바로 여기서 발견할 수 있다.

이종석은 주체사상이 대두한 대외적 조건에 대해, 1956년 2월 소련공산당 제20차 당대회에서 촉발되어 1960년대에 본격화된 중소분쟁과 쿠바, 베트남 등 민족해방운동 국가들의 미국과의 첨예한 갈등, 남한의 1961년 5.16 쿠데타와 한미일 지역통합전략의 형성 및 한국군의 베트남 파병 등에 있는 것으로 본다. 또한 1966년부터 시작된 중국의 문화혁명과 함께 촉발된 중국과의 갈등도 북한으로 하여금 자주성을 강조하게 한 계기가 되었다고 본다(이종석, 2000 : 149 - 62). 대체적으로 주체사상이 이론적으로 체계화될 당시의 국제정세에 대한 이종석의 지적은 타당하지만, 표면적이고 피상적인 연관 이상을 설명해 주지 못하는 한계가 있다. 왜냐하면 중소분쟁에서 중립적 입장을 견지한 사회주의 국가로 북한이 유일했던 것도 아니고, 중소분쟁의 중립이 필연적으로 마르크스 - 레닌주의를 선행이론으로 규정하며 새로운 철학의 근본문제를 제기하는 주체사상의 창시를 요구했던 것도 아니기 때문이다.

또한 중소로부터 지원을 받기 힘든 조건에서 미국의 위협 심화에 대처하기 위해서, 보다 손쉬운 방법인 마르크스 - 레닌주의의 견지가 아닌 주체사상을 창시한 이유를 설명하지도 못하기 때문이다.

---

31) 1999년 위기에 처한 북한이 김정일의 자강도 강계 현지지도에서 제2 천리마 대고조를 제창한 것도, 천리마운동이 갖는 이런 특징을 염두에 두었던 것으로 해석할 수 있을 것이다. 즉 김정일은 1950년대 중반 북한의 위기 극복 방법이었던 천리마운동을 통한 대중의 정치사상의식의 고양에 의거한 자발적 집단적 열의에 의거하여 위기를 극복하고자 했던 것이다. 천리마운동이 주체사상의 철학적 원리와 긴밀한 연관을 갖는다는 필자의 추론이 사실이라면, 제2 천리마 대고조를 내세우는 현재의 북한에서 주체사상에 대한 강조는 더욱 강화될 것으로 예상된다.

따라서 이런 국제정세에서 북한의 어떠한 독특한 인식과 대응이 주체사상의 창시를 필요로 했는가를 연구해야 하는 과제는 여전히 남아 있다고 할 것이다. 사실 중소분쟁의 당사자인 중국과 소련은 물론이고 당시 모든 사회주의 국가들이 마르크스 - 레닌주의를 자신의 입장에 따라 해석하고, 자신의 것이 정통이고 현실에 부합되는 것이라고 주장했다.

북한도 중소분쟁에서 중립을 유지하면서 굳이 주체사상이 아닌 북한식으로 해석된 마르크스 - 레닌주의를 사상이론적 무기로 삼을 수 있었을 것이다. 그럼에도 북한에서 주체사상이 창시되었다는 것은 이런 국제상황에 대처하는 북한의 독특한 인식과 정책에 주목해야 한다는 점을 말해 주는 것이라 할 수 있다. 이 시기 사회주의 진영의 불화에 대응하는 북한의 기본입장에 대해서는 다음과 같은 지적에 주목할 필요가 있다고 본다.

> 조선로동당이 반수정주의 투쟁에서 중요하게 견지한 방침은 현대수정주의를 반대하는 투쟁에서 자주적립장을 견지할데 대한 방침, 반수정주의투쟁을 혁명의 주체를 강화하기 위한 사업과 결부시켜 진행할데 대한 방침, 투쟁하면서 단결하고 단결하면서 투쟁할데 대한 방침이다(고정웅·리준항, 1995 : 41).

한국에서 5.16쿠데타가 발생한 직후인 1961년 7월 6일과 11일 각각 소련 그리고 중국과 '우호협조 및 호상 원조에 관한 조약'을 체결한 북한의 입장에서 중소분쟁에 대해 중립적 입장을 취하는 것은 당연했고, 자주성은 바로 중립성을 의미하는 것으로 볼 수 있을 것이다.

이 시기 북한의 자주적 입장은 중소 사이에서 단순한 중립성 이상의 내용을 갖는 것이었다. 위의 인용문에서 보이듯이 이 시기 북한은 소련의 흐루시초프와 1964년 이후 브레즈네프의 정권을 현대수정주의로 인식하여 원칙적으로 비판적 태도를 견지했다.[32] 또한 1966년 중국의 문화혁명 개시와 함께 중국과도 상호 비판적 태도를 취하기도 했다.[33] 즉 이 시기 북한의 자주적 입장이란 중소로부터의 협조를 얻어내기 위한 등거리 외교 차원을 넘어서는 보다 원칙적인 입장의 견지였음을 알 수 있다. 1961년 11월 7일 조선로동당은 당시 소련과 불편한 관계에 있던 알바니아 노동당의 창당 20주년에 기념전문을 보내, 조선인민과 알바니아인민들의 친선과 단결을 강조한 것은 이 시기 북한이 나름대로의 원칙적인 입장에서 국제공산주의운동의 단결과 사회주의 진영의 연대를 추구했음을 알게 한다(Dallin, 1963 : 387). 또한 북한은 사회주의적 국제분업을 촉구하는 소련의 요구를 거절함으로써 1953년 8월 전원회의에서 결의한 자립적 민족경제건설노선을 견지하는 등 국내정책에서도 자주적 입장을 견지했다.

이처럼 북한은 1960년대 국제정책에서 자주성을 원칙의 차원에서 견지함으로써, 중소와 단순한 중립적 관계를 가진 것이 아니라 상호 견제와 비판적 관계를 유지했다. 1966년 8월 12일 「로동신문」 사설 "자주성을 옹호하자"에서는 다음과 같이 자주성의 중요성을 언급하고 있다.

> 매개 나라 혁명의 주인은 그 나라 당이며 그 나라 인민이다. 따라서 혁명을 수행하고 새 사회를 건설하는데서 공산주의자들은 주인된 립장에 서야 하며 우선 자기 힘을 믿어야 한다(서대숙, 2004[3] : 84).

북한에서는 자주적 입장이 혁명과 건설에서 자기 나라의 당과 인민이 주인으

---

32) 「로동신문」의 사설들인 "사회주의진영을 옹호하자"(1961년 10월 28일), "국제공산주의운동을 분렬하려는 책동을 저지하자"(1964년 4월 19일), "왜 평양경제세미나의 성과를 중상하려 드는가"(1964년 9월 7일) 등은 이 시기 소련의 수정주의 정책에 대한 북한의 비판적 시각을 보여준다. 또한 북한에서는 1964년 10월 흐루시초프 실각과 브레즈네프 집권 이후인 1964년 10월 17일자 「프라우다」의 사설 "소련공산당의 레닌적 총노선"에서 소련공산당 제20, 21, 22차 당대회 결정과 강령의 계승을 다짐한 점에서 여전히 소련이 현대수정주의 노선을 계승하였다고 비판했다. 고정웅·리준황, 1995 : 21.

33) 중국의 교조주의적 태도에 대한 비판적 시각을 보여주는 대표적인 글은 1966년 8월 12일 「로동신문」 사설 "자주성을 옹호하자"이다.

로서 역할을 해야 한다는 원칙의 문제로 설정하고 있음을 알 수 있다. 이런 측면에서 이 시기 북한이 중소분쟁에서 견지한 자주적 입장은 소련과 중국에 대해 상당히 불편한 관계를 겪지 않을 수 없게 한 것으로, 이후 철학적 사상체계로서의 주체사상에서 자주성을 인간은 물론 나라의 생명으로 규정하게 되는 것과 밀접한 연관을 갖는 것으로 볼 수 있다. 즉 북한이 이 시기 중립성을 미화하는 개념으로 자주성을 내세운 데 불과했다면, 주체사상의 체계화 과정에서 자주성이 그토록 중시될 필요가 없었을 것이기 때문이다.

북한이 반수정주의 투쟁에서 견지한 또하나의 원칙이라고 주장되는 혁명의 주체 강화 사업과 반수정주의 투쟁의 결합은 이 시기 실천과 주체사상과의 연관과 관련하여 더욱 주목할 필요가 있다. 이에 대해 북한에서는 다음과 같이 말하고 있다.

우리 당은 시종일관 현대수정주의를 반대하는 투쟁을 혁명의 주체를 강화하는 사업과 밀접히 결부시켜 힘있게 밀고나갔다.

우리 당은 현대수정주의가 기승을 부리던 1950년대와 1960년대에 그를 반대하는 투쟁을 적극적으로 벌리면서 혁명의 주체를 강화하는데 더 큰 힘을 넣었다. 즉 반수정주의투쟁을 교조주의와 사대주의를 극복하고 주체를 확립하기 위한 투쟁, 종파주의를 반대하고 수령을 중심으로 하는 당의 통일단결을 강화하기 위한 투쟁, 계급교양을 기본으로 하는 공산주의교양과 혁명전통교양을 강화하기 위한 투쟁, 당의 유일사상체계를 튼튼히 세우기 위한 투쟁과 결합시켜 전개하였다(고정웅·리준항, 1995 : 49-50).

북한은 이 시기 수정주의에 반대하는 투쟁을 단순히 당이나 국가의 대내외 정책으로만 전개한 것이 아니라, 근로자에 대한 정치사상교양을 강화함으로써, 일반 인민들이 수정주의에 자발적으로 투쟁하게 하는 방식으로 전개했다는 것이다.

인민의 정치사상교양에 대한 강조는 1958년 11월 28일 김일성이 '전국 시·군당위원회 선동원들을 위한 강습회'에서 한 연설인 "공산주의교양에 대하여" 등에서 찾아볼 수 있다. 이 연설에서 김일성은 선동원들의 임무를 부단한 학습을 통한 자체 수준 제고와 당성의 단련과 군중 속에 깊이 들어가 교양, 동원하는 두 가지로 규정하는 등 정치사상교양의 중요성을 강조하고 있다(백두연구소, 1988[1] : 84 - 5). 즉 북한에서는 국내의 건설문제에서 뿐만 아니라 반수정주의 투쟁에서도 혁명적 군중노선을 견지했음을 알 수 있다.

대내외 문제에서 마르크스 - 레닌주의를 북한의 실정에 맞게 적용하면서 채택한 혁명적 군중노선의 사업방식은 결국 사람중심의 세계관이자 자주적 입장, 창조적 방법 및 사상의식의 선행을 지도적 원리로 하는 주체사상 형성의 밑바탕이 된 것이라 할 수 있을 것이다.

마르크스 - 레닌주의를 창조적으로 적용하는 과정에서 혁명적 군중노선을 기본적 방침으로 관철해나갔던 북한에서는 나중에 주체사상의 지도적 원리로 발전하는 요소들이 정립되었다. 1965년 4월 14일 반둥회의 10주년을 기념하여 인도네시아를 방문한 김일성은 알리 아르함 사회과학원의 연설 "조선민주주의인민공화국의 사회주의건설과 남조선혁명에 대하여"에서 이를 다음과 같이 정리하고 있다.

매개 당은 자기 나라의 구체적인 환경과 조건에서 혁명투쟁을 하며 그것을 통하여 국제혁명운동의 경험을 풍부히 하고 이 운동을 더욱 발전시키는데 이바지한다. 주체사상은 이와 같은 공산주의운동의 원칙에 맞는것이며 거기에서 직접 흘려나오는 것이다.

우리 나라가 처한 환경이나 조건, 우리 혁명의 복잡성과 간고성으로 하여 조선공산주의자들에게 있어서 주체를 세우는 문제는 특별히 중요하게 나섰다. 우리

당은 수정주의를 반대하고 맑스-레닌주의의 순결성을 지키기 위하여 견결히 투쟁하는것과 함께 교조주의와 사대주의를 반대하고 주체를 세우기 위하여 모든 힘을 다하여왔다. 사상의 주체, 정치의 자주, 경제의 자립, 국방의 자위, 이것이 우리 당이 일관되게 견지하고있는 립장이다(서대숙, 2004[4] : 94).

주체, 자주, 자립, 자위가 이 시기 주체사상, 즉 마르크스 - 레닌주의의 창조적 적용 시기 북한의 혁명과 건설의 근본원칙임을 천명한 것이다. 즉 주체를 세운다는 것은 마르크스 - 레닌주의의 순결성 옹호와 북한 내부의 교조주의와 사대주의를 타파하는 것으로 곧 인민들을 혁명과 건설의 주인이 되게 하는 것인데, 그를 위한 사상이 주체사상이라고 하는 것이다. 따라서 이 시기 주체사상은 주체, 자주, 자립, 자위의 원칙을 실현해야 한다는 근본적 지향성의 의미이지 고유한 세계관에 기초한 사상이론적 체계를 의미하는 것은 아님을 알 수 있다. 즉 주체사상을 국제공산주의운동의 원칙과 연관시키고, 마르크스 - 레닌주의의 순결성 옹호와 북한 혁명과 건설의 주체 확립을 지향하는 원리로 설명하고 있기 때문이다.

이종석의 연구에 따르면 북한에서 '주체사상'이라는 용어가 최초로 등장한 시기는 1962년 말로 추정되는데,[34] 이는 황장엽이 1961년 9월 개최된 조선로동당 제4차 당대회 이후 주체에 대한 이론적 체계화가 시작되었다는 증언과 대략 일치하기도 한다. 그러나 김일성의 1965년 4월 14일의 연설에서와 마찬가지로 1966년 8월 12일 「로동신문」의 사설 "자주성을 옹호하자"에서도 주체사상이라는 용어가 발견되지만, "맑스 - 레닌주의는 인류의 모든 선진적사상의 최고봉이다. 그것은 세계혁명의 지도사상이며 모든 나라의 혁명의 앞길을

---

34) 이종석은 북한에서 주체사상이라는 용어가 처음 발견되는 것은 1962년 12월 19일자 「로동신문」 무기명 논설 "우리당의 조직 사상적 강화발전에서 력사적 의의를 가지는 전원회의"와 1963년 4월 18일 김일성의 연설 "대학의 교육교양사업을 강화할 데 대하여"라고 한다. 이종석, 2000 : 158-9 참조.

밝혀 주는 등대이며 백전백승의 무기"(서대숙, 2004[3] : 88)라는 규정이 함께
주장되고 있다. 이로 미루어 이 시기의 주체사상은 마르크스 - 레닌주의의
견지라는 전제 아래, 이를 북한의 현실에 창조적으로 적용하는 주체적 방법의
지침 혹은 정치사상교양을 선행하여 인민을 주체로 세워야 한다는 기본적인
지도원리와 방법을 의미하는 것으로 해석할 수 있을 것이다.

　중국이 개혁·개방 이후 마르크스 - 레닌주의, 사회주의, 당의 영도와 함께
모택동사상의 4개항의 견지를 강조할 때, 모택동사상이란 바로 마르크스 - 레
닌주의를 중국의 상황에 창조적으로 적용해야 한다는 원칙을 일컫는 것과
마찬가지라고 할 수 있을 것이다. 즉 이 시기의 주체사상은 사상이론적으로
체계화된 것이 아니라 주체사상으로 발전하게 되는 북한의 마르크스 - 레닌주
의의 창조적 적용, 즉 주체를 확립하는 방법에 대한 원칙을 의미하는 것으로
보아야 할 것이다.

　황장엽의 증언대로 1961년 이후 주체에 대한 이론적 체계화 노력이 북한의
학계에서 본격화되었음은 분명하겠지만, 적어도 1960년대 중후반까지의 주체
사상은 마르크스 - 레닌주의를 구현하고 창조적으로 적용하기 위한 지도원칙
정도의 의미를 갖는 것이라 해야 할 것이다.

　1961년 9월 조선로동당 제4차 당대회를 기념하는 논문집 『우리나라의 맑스
- 레닌주의의 승리』에서 마르크스 - 레닌주의의 순결성의 고수를 근본과제로
제시하고 있는 점에서도 이 시기 주체 혹은 주체사상의 지위에 대한 이런
주장은 뒷받침된다.35) 1962년 출판된 책에서 다음과 같은 주장은 이 시기

---

35) 이 책에서 장종엽은 다음과 같이 말하고 있다. "맑스-레닌주의의 순결성의 고수, 이는 당 건설과
　　혁명 과업 수행을 위한 로선과 정책의 수립 및 대중 지도의 모든 분야에서 맑스-레닌주의의
　　원칙들을 확고히 견지하고 그것을 혁명적 실천에 창조적으로 적용하며 이 원칙들을 반대하는
　　수정주의, 교조주의 등 각종 기회주의적 사조들과 비타협적으로 투쟁하는 것을 의미한다."
　　장종엽, "맑스-레닌주의의 순결성을 고수하기 위한 우리 당의 투쟁"(조선로동당편, 1961 : 16).
　　이 시기 북한에서 사대주의와 교조주의 등에 대한 투쟁을 주체의 확립과 긴밀히 결합시켰다는
　　주장을 고려하면, 결국 주체확립 및 주체사상은 마르크스-레닌주의를 강화하고 북한에 창조적

주체사상이 갖는 위상을 단적으로 보여주는 것이라 할 수 있을 것이다.

　　주체사상의 본질적인 다른 하나의 특징은 김일성 동지의 다음과 같은 교시에
서 집중적으로 표현되어 있다. "주체란 것은 모든 것을 우리 나라 실정에 적합하
게 해 나가며 맑스-레닌주의의 일반적 원칙과 다른 나라의 경험을 우리 실정에
맞게 창조적으로 적용해간다는 것을 의미합니다."
　　김일성 동지의 이 교시는 맑스-레닌주의의 일반적 원칙과 다른 나라의 경험에
대한 우리 당의 립장을 표시하고 있다.36)(리상준·전병식, 1962 : 124-5)

　　위의 인용문에서는 주체사상을 분명히 마르크스 - 레닌주의와 다른 나라의
경험을 창조적으로 수용하여 적용하는 것으로 명시하고 있다. 물론 1960년대
초반과 1960년대 중후반 이런 개념에 변화를 초래케 할 수 있는 여러 요인들이
있었겠지만, 적어도 1965년 4월 14일 김일성의 연설에 이르기까지 커다란
변화를 보여주는 증거는 없다.

　　그렇다면 마르크스주의의 유물론적 세계관과 구분되는 새로운 세계관에
입각한 주체사상의 이론적 체계화가 개시된 시점은 언제부터인가? 이 점과
관련하여 주목해야 하는 것은 1967년 5월에 개최된 조선로동당 중앙위원회
제4기 15차 전원회의이다.37) 이 전원회의에서는 박금철, 리효순 등 당의 선전부
를 장악하고 있던 갑산파를 부르주아, 수정주의자로 규탄하고 출당시킨다.
다음 달 열린 당 중앙위원회 제4기 16차 전원회의에서는 '당의 유일사상체계

　　으로 적용하기 위한 도구로서의 의미를 갖는 것으로 해석할 수 있을 것이다.
36) 림두성, "조선혁명 수행에서 주체를 확립할 데 대한 우리 당의 방침"(리상준·전병식, 1962 :
　　124-5). 1962년 4월에 간행된 이 책에서는 이종석의 주장보다 약 8개월 이전에 이미 주체사상이
　　라는 용어가 발견된다. 따라서 이 시기 주체의 사상, 주체사상 등은 일반적으로 학계나 공식
　　간행물에서 종종 사용되기 시작했던 것으로 추측된다.
37) 1991년 간행된 북한의『조선로동당력사』에는 제9장 제8절 '당중앙위원회 제4기 15차전원회의,
　　당의 유일사상체계를 튼튼히 세우며 온 사회를 혁명화, 로동계급화하기 위한 투쟁'이 기록되어
　　있다.

확립 10대 방참을 채택하여 김일성의 혁명사상으로 온 당과 사회를 일색화시킬
것을 결의한다. 유일사상체계의 확립은 곧바로 주체사상의 이론적 체계화와
긴밀한 연관을 갖는 것으로 추측되는데, 다음과 같은 언급은 바로 그 근거가
될 수 있다고 본다.

> 당의 유일사상체계를 세우기 위하여서는 당원들과 근로자들 속에서 유일사상
> 교양을 강화하여 그들이 자기 수령밖에는 그 누구도 모른다는 확고한 신념을
> 가지도록 하여야 한다. 그리고 수령의 혁명사상과 그 구현인 당의 로선, 정책을
> 무조건 옹호관철하는 혁명적 기풍을 세우며 수령의 유일적령도밑에 전당, 전국,
> 전민이 한결같이 움직이는 강한 조직규률을 세워야 한다.
> 위대한 수령님께서 밝혀주신 당의 유일사상체계 확립에 관한 사상과 리론은
> 당건설리론발전에서 획기적 의의를 가지는 독창적인 사상리론으로서 당의 조직,
> 사상, 리론적 기초를 공고발전시키며 혁명과 건설에 대한 당의 령도를 성과적으
> 로 보장하게 하는 가장 위력한 무기로 된다(조선로동당 중앙위원회 당력사연구소편,
> 1991 : 433).

위의 책이 1991년에 출판된 것으로 당시의 상황을 사후적으로 합리화하는
한계를 갖는 것이기는 하지만, 1967년 5월의 당 중앙위원회 제4기 15차 전원회
의가 당과 수령의 유일사상으로서 주체사상의 이론적 체계화가 시작된 기점이
되었음을 추측하게 한다. 특히 이 전원회의에서 비판을 받은 박금철, 리효순
등의 부르주아적이고 수정주의적 경향은 결국 1955년 12월 28일 김일성 연설
이후 북한에서 주체와 자주적인 마르크스 - 레닌주의의 적용과정에서 생겨난
민족주의적 경향과 관련이 깊다는 점에서도 새로운 사상체계의 정립이 필요했
을지도 모른다.

이 시기에 북한이 독자적인 사상이론체계를 구축하는 데 강한 관심을 갖고

있음을 보여주는 김일성의 중요한 연설이 발표되었다. 1967년 5월 25일 당
사상사업 간부들에 한 김일성의 연설 "자본주의로부터 사회주의에로의 과도기
와 프롤레타리아독재문제에 대하여"가 바로 그것이었다. 이 연설에서 김일성
은 과도기와 프롤레타리아 독재의 계선 문제와 관련하여 양자를 동일한 계선으
로 보는 소련과 중국의 입장 모두와 구분되는 독자적인 계선을 설정하고
있다. 즉 소련이 사회주의적 생산관계의 완성과 함께, 과도기와 프롤레타리아
독재의 종식을 주장했고, 중국의 경우는 과도기와 프롤레타리아 독재가 세계혁
명의 완수 때까지 지속된다고 보았다. 이에 반해 김일성은 무계급사회의 실현과
함께 일국에서 과도기는 종료되지만, 프롤레타리아 독재는 세계혁명이 실현되
는 혁명의 종국적 승리 시기까지 지속되어야 한다고 본 것이다(서대숙, 2004[3] :
116-9). 이는 사회주의와 공산주의 혁명에 관한 근본적으로 대립되는 견해로서
김일성은 사실상 소련을 '우경기회주의'로 중국을 '좌경기회주의'라고 비판한
것이다.

그러나 이 연설에서도 마르크스-레닌주의와 다른 독자적 과도기, 프롤레타
리아 독재론의 관계에 대해 다음과 같이 말함으로써, 주체사상의 이론적 체계화
나 유일사상체계가 아직 확고히 정립된 것은 아님을 보여주고 있다.

우리가 과도기와 프롤레타리아독재 문제를 이와 같이 보는 것은 결코 맑스-레
닌주의를 수정하려는 것이 아닙니다. 우리의 립장은 맑스나 레닌이 써놓은 명제
들을 새로운 력사적조건과 우리나라의 구체적실천에서 창조적으로 적용하려는
것입니다. 이렇게 하는 것이 교조주의와 사대주의를 반대하고 맑스-레닌주의의
순결성을 고수하는 길이라고 생각합니다(서대숙, 2004[3] : 123).

즉 김일성은 소련이나 중국과 구분되는 독창적인 과도기와 프롤레타리아
독재의 계선론을 제시하면서도, 이를 마르크스-레닌주의의 창조적 적용이라

고 주장하는 것이다. 이로 미루어 알 수 있는 것은 당 중앙위원회 제4기 15차 전원회의를 전후하여 유일사상체계의 확립과 김일성의 혁명사상에 대한 연구가 본격화되기는 했지만, 아직 이론적으로 체계화된 주체사상이 나타나지 않았음을 알 수 있다.[38]

1972년 9월 17일 일본 「마이니치 신문」 기자의 질문에 대한 김일성의 대답인 "우리 당의 주체사상과 공화국정부의 대내외정책의 몇가지 문제에 대하여"의 다음과 같은 언급은 이를 뒷받침해 준다.

주체사상이란 한마디로 말하여 혁명과 건설의 주인은 인민대중이며 혁명과 건설을 추동하는 힘도 인민대중에게 있다는 사상입니다. 다시말하면 자기 운명의 주인은 자기자신이며 자기 운명을 개척하는 힘도 자기 자신에게 있다는 사상입니다.

이와 같은 사상은 결코 우리가 처음으로 발견한것이 아닙니다. 맑스-레닌주의자라면 누구나 다 이렇게 생각하고있습니다. 다만 나는 이와 같은 사상을 특별히 강조하였을뿐입니다.

주체를 세울 필요성을 얼마나 절실히 느끼며 그것을 얼마나 강조하는가 하는 것은 사람마다 다를수 있으며 또 그 나라가 처한 사회력사적환경에 따라 다를수 있습니다(김일성저작집 27, 1984 : 390-1).

여기서는 사람이 모든 것의 주인이고 모든 것을 결정한다는 주체사상의 철학적 원리가 천명됨으로써, 주체사상의 이론적 체계화가 상당히 진행되었음

[38] 이종석은 이와 관련하여 주체사상이 1967년을 기점으로 이전의 마르크스-레닌주의의 창조적 적용과 이후의 유일사상체계로 분류된다고 주장한다. 그러나 사상이론적으로 체계화된 주체사상은 1967년 이후 내부적 연구의 종합을 거쳐 1970년대 초반에 비로소 마르크스주의 유물론적 세계관과 구분되는 주체의 세계관에 바탕한 새로운 사상이론으로 발생했다고 보아야 한다. 따라서 이종석이 주장하는 1967년 이전의 주체사상이란 모택동사상이라는 용례와 마찬가지로, 마르크스-레닌주의를 북한의 현실에 창조적으로 적용해야 한다는 원리적 방침 이상의 사상으로 규정하기에는 무리가 있다고 본다.

을 엿볼 수 있지만, 동시에 주체라는 것이 모든 사회주의 국가들이 지향하는
마르크스 - 레닌주의의 자기 실정에 맞는 창조적 적용과 동일한 것이라고
하여, 아직 그 과도적 성격을 벗어나지 않고 있다.

그러나 1972년 4월 3일 당비서 양형섭이 '조선사회과학자대회'에서 행한
연설 "위대한 수령 김일성동지의 혁명사상을 철저히 옹호하고 널리 해석
선전하기 위한 사회과학자의 임무에 대하여"에서는 현재의 주체사상의 기본적
핵심 내용의 많은 부분이 발견됨으로써 주체사상의 이론적 체계화가 거의
완성단계에 들어섰음을 짐작케 한다.

양형섭은 김일성의 혁명사상을 우리 시대의 마르크스 - 레닌주의로 규정하
여, 주체사상에서 말하는 '주체시대'의 개념을 설명하고 있다. 즉 그의 다음과
같은 발언은 바로 이 점과 연관된다.

경애하는 수령 김일성동지의 혁명사상은 맑스-레닌주의 창시자들이 내놓은
모든 원리와 명제들을 우리나라의 구체적 실정과 민족적 특성, 우리 시대의 역사
적 조건과 새로운 요구에 맞게 창조적으로 적용하고 발전시켰으며 문제들에
전면적인 해답을 준 위대한 사상입니다(백두연구소, 1989[1] : 217).

우선 이 인용문에서 눈길을 끄는 것은 마르크스 - 레닌주의의 창조적 적용이
주로 그 나라의 특수성을 근거로 했다면, 여기서는 새로운 시대의 역사적
조건과 요구가 등장했다는 점이다. 스탈린이 레닌주의를 프롤레타리아 혁명의
시기, 제국주의 시대의 마르크스주의로 규정한 것을 연상시키는 이 부분은
후일 주체사상의 창시를 정당화하는 '주체시대' 규정과 일치한다. 이로부터
주체사상의 이론적 체계화가 거의 완성단계에 있음을 짐작할 수 있다.

양형섭은 이어서 "우리 시대의 맑스 - 레닌주의인 위대한 수령 김일성동지의
혁명사상은 주체사상에 기초하고 있습니다. 위대한 주체사상은 김일성동지의

혁명사상의 진수이며 그 전 체계와 내용을 관통하고 있는 근본사상"(백두연구소, 1989[1] : 219)이라고 하여, 주체사상이 김일성 혁명사상의 한 부분을 이루는 것으로 규정한다. 즉 사상, 이론, 방법의 전일적 체계로서 김일성의 혁명사상이 이론적으로 체계화되고 있음을 알게 한다. 양형섭은 김일성의 혁명사상을 반제반봉건 민주주의혁명과 사회주의혁명 및 세계혁명에 관한 이론과 전략전술, 사회주의와 공산주의 건설이론, 영도원칙과 혁명적 군중노선에 기초한 영도방법으로 규정하는데, 이는 오늘날의 주체사상의 체계와 많은 부분에서 일치한다.

이로 미루어 결론적으로 말하자면, 1967년에서 1972년 시기까지는 주체사상의 이론적 체계화와 독자적인 주체적 세계관을 구축하기 위한 이론적 모색기로 규정할 수 있을 것이다.

또한 이런 추론은 1966~1968년 구동독의 실천논쟁, 1960년대 후반 서구 마르크스주의자들 사이에 전개된 구조주의적 마르크스주의와 역사유물론 논쟁 그리고 1968년 체코슬로바키아 사태 이후 구소련과 체코의 사회과학자들과 이데올로그들이 진행한 우익 수정주의 비판 논의 등 전세계적으로 마르크스주의 이론논쟁이 가장 첨예했던 시기였다. 이런 이론적 논쟁의 추이를 본 북한에서도 주체사상의 이론적 체계화에 대한 욕구와 자신감을 얻었을 수도 있었다는 추론이 가능하다고 본다.

북한에서 주체사상이 철학적 이론체계로서 최초로 간행된 것은 1973년 6월 김일성방송대학교 강의록『주체철학』이라고 알려져 있는데(신일철, 1987 : 42), 1974년 4월 2일 김정일의 당 이론·선전일꾼 담화 "주체철학의 리해에서 제기되는 몇가지 문제에 대하여"에서는 주체철학의 새로운 철학의 근본문제와 철학적 원리 및 사람에 대한 규정 등이 모두 나타나는 것에서 대략 그 이전에 이미 완성된 주체사상이 출현했음을 알 수 있다.

　　주체철학은 세계에서 사람이 차지하는 지위와 역할문제를 철학의 근본문제로
제기하고, 사람이 모든 것의 주인이며 모든 것을 결정한다는 철학적 원리를 밝혔
습니다. 주체철학의 근본문제는 순수 인간문제가 아니라 세계와 사람의 관계문
제이며 주체의 철학적 원리는 단순히 인생관이 아니라 세계관을 밝힌 원리입니
다. 주체철학은 사람중심의 세계관, 주체의 세계관을 밝힌 철학입니다(김정일,
1974 : 60).

　　어떤 사회과학자의 질문에 대한 비판과 답신의 형태로 나온 이 담화는
직전에 발표한 주체사상의 기본적 내용에 대해 북한 내부에서도 아직 적지
않은 혼동이 있음을 짐작케 한다. 사람중심의 세계관이라고 하여 세계의 물질적
통일성과 변화발전의 합법칙성에 관한 유물변증법을 부인하는 것이 아니라,
그것을 전제로 해야 한다는 점을 강조하고 있기 때문이다. 이처럼 1974년
4월 당시까지 주체사상은 이론적 체계화를 막 끝내고 내부의 올바른 이해를
위해 이론적으로 선전되기 시작한 신생의 사상이론으로 보아야 할 것이다.
　　이렇게 탄생한 주체사상은 1980년 10월 개최된 조선로동당 제6차 당대회
강령에서 제5차 당대회 강령의 '마르크스 - 레닌주의를 창조적으로 적용한
주체사상'에서 '주체사상'을 당의 지도사상으로 규정함으로써, 명실상부하게
마르크스 - 레닌주의를 노동계급의 선행이론으로 밀어내고 북한의 유일사상
으로 공식적으로 승인되었다. 이후 주체사상은 1982년 3월 31일 김일성 탄생
70돌 기념 '전국주체사상토론회'에 보낸 김정일의 논문 "주체사상에 대하여"에
서 핵심적 내용이 요약된 이후 1985년 조선로동당 창당 40주년을 기념하여
'위대한 주체사상총서 10권'이 간행되어 전일적인 이론적 체계화가 완성되었다.
　　결론적으로 1955년부터 1967년까지를 마르크스 - 레닌주의를 북한의 실정
에 맞게 창조적으로 적용하던 시기로 본다면, 이 시기는 곧 사상이론적으로
체계화된 주체사상을 필요로 하게 만든 북한의 독특한 실천들이 진행되었던

사상적 잉태기라고 할 수 있을 것이다. 이후 1967년부터 1973년까지 이론적 연구와 준비기를 거쳐 하나의 사상이론체계로서 주체사상이 출현했음을 확인할 수 있었다. 이런 시기구분은 다음과 같은 북한의 주장으로부터도 확인될 수 있다고 본다.

조선로동당은 현대수정주의가 대두하여 널리 퍼지고있던 1950년대후반기부터 1960년대전반기에는 주로 현대수정주의의 사상적 침투와 내정간섭을 물리치고 주체를 확립하는데 화력을 집중하면서 반수정주의투쟁을 반종파투쟁과 밀접히 결부하여 진행하였다. 이와 함께 현대수정주의를 사상리론적으로 폭로분쇄하는 한편 그 대국주의적 전횡을 짓부시고 사회주의나라들과 국제 공산주의운동의 통일단결을 고수하기 위한 투쟁을 힘있게 벌리였다.

1960년대후반기부터 1970년대 우리 당은 기회주의자들의 배타주의적책동을 짓부시고 사회주의나라들의 통일단결을 회복하기 위하여 적극 투쟁하였다. 그러면서 반제공동전선의 실천속에서 기회주의를 극복하고 기회주의자들의 지배주의적책동을 저지시키기 위한 투쟁을 벌리였으며 우리 당안에서 나타난 수정주의분자들을 폭로분쇄하고 당과 혁명대오를 튼튼히 꾸리기 위한 투쟁을 조직전개하였다(고정웅·리준항, 1995 : 57).

1950년대 중반에서 1960년대 전반기를 주체를 확립하기 위한 투쟁, 즉 마르크스 - 레닌주의를 창조적으로 적용한 시기였다면, 1960년대 후반에서 1970년대는 1967년 5월 당 중앙위원회 제4기 15차 전원회의 이후 당과 혁명대오를 튼튼히 하는 한 방편으로 유일사상으로서 주체사상의 이론적 체계화를 진행한 시기로 규정할 수 있을 것이다.

여기서 구분한 1955년~1967년과 1967~1973년의 시기는 주체사상의 이론적 체계화와 관련될 뿐만 아니라 북한이 당면한 국내외적 상황과 구체적인 실천과제라는 측면에서도 차이를 보여준다.

북한의 김효는 1970년대에 들어와 김일성의 혁명사상의 정식화가 시대와 혁명의 절박한 요구가 되었다고 주장한다. 즉 그는 이 시기 주체사상의 정식화의 필요성이 사상, 기술, 문화 혁명의 수행을 통한 새로운 높은 단계의 혁명과업 수행이라는 국내적 요구와 세계혁명과 국제공산주의운동이라는 대외적 요구에서 나온 것이라고 주장했다(김효, 1994 : 104). 이를 통해서도 1970년대 초 주체사상이 이론적으로 체계화된 것임은 증명될 수 있다고 본다.

주체사상의 등장 배경과 이론적 체계화 과정에 대한 고찰을 토대로 하여, 주체사상이 실제 북한에서 어떤 기능을 수행했는가를 살펴볼 필요가 있다. 정치사상이란 이론적 및 실천적 공백상태에서 생겨나는 것이 아니라는 대원칙을 전제할 때, 그 사상이 현실에서 수행한 기능을 살펴보는 것은 사상이론을 평가하는 중요한 기준이 될 수 있기 때문이다. 이하 항을 바꾸어 주체사상을 현대수정주의 비판, 북한 사회주의 건설과정, 특히 혁명적 군중노선 및 유일체제 구축과 후계 문제와의 관련 속에서 주체사상의 이론적 확립과정을 고찰해보도록 한다.

2-2-2 현대수정주의 비판과 주체사상의 형성

주체사상의 형성과정을 이해하는 데 있어, 중요한 하나의 요인은 북한이 처했던 국제적 조건이었다. 북한에서 주체에 대한 문제제기가 본격화된 것이 1950년대 중반이었다는 사실에서 이를 알 수 있다. 김일성은 1955년 4월 개최된 당 중앙위원회 전원회의의 보고 "당원들 속에서 계급교양사업을 더욱 강화할데 대하여"에서 계급교양사업을 현실생활이나 실지투쟁과 결부시켜야 한다고 하면서 다음과 같이 외국 경험의 기계적 수용을 경계하고 있다.

우리는 다른 나라 당들의 투쟁경험을 조선의 실정과 결부하여 연구하지 않고 그것을 기계적으로 받아들여 당원들에게 불어넣는 경향을 절대로 허용하지 말아야 하겠습니다(김일성저작집 9 : 260).

한국에서 잘 알려진 바대로, 조선혁명을 주체로 선언하고 북한 내부의 소련파나 연안파들의 사대주의를 비판한 것은 1955년 12월 28일 김일성의 당 사상담당 일꾼 담화 "사상사업에서 교조주의와 형식주의를 퇴치하고 주체를 확립할데 대하여"였다. 이 담화와 거의 동일한 시기에 유사한 논지를 제기하고 있는 이 보고는 당시의 국제적 조건 속에서 파악될 필요가 있다.

북한이 보는 이 시기, 즉 1950년대 중엽의 특징은 "국제공산주의운동안에서는 수정주의가 대두하여 정세가 복잡하여졌다"(조선로동당 중앙위원회 당력사연구소, 1991 : 387)는 말로 요약된다. 이 시기에 등장한 수정주의에 대해 북한에서는 '현대수정주의로' 규정하는데, 이는 제2인터내셔널 시기에 출현한 베른슈타인을 비롯한 최초의 수정주의와 구분하기 위한 것이었다. 현대수정주의의 발생 배경과 특징에 대해 북한에서는 다음과 같이 말하고 있다.

흐루쑈브는 '시대가 변하였다'는 명목밑에 자본주의로부터 사회주의에로의 '평화적 이행'을 주장하면서 제국주의와의 타협과 계급협조를 설교하였으며 당의 령도와 로동계급의 독재, 계급투쟁을 전면 거부하고 반제투쟁을 포기하는 정책을 실시하였다. 사회주의집권당안에서 발생한 이 수정주의가 다름아닌 현대수정주의이다(고정웅·리준항, 1995 : 9-10).

북한에서는 흐루시초프의 노선을 지칭하는 현대수정주의가 '개인미신' 반대소동과 '세가지 평화론'을 주요내용으로 한다고 규정한다. 여기서 '개인미신' 반대소동은 "흐루쑈브가 맑스 - 레닌주의를 거부하고 수정주의를 제창하며 자기의 더러운 정치적야욕을 실현하기 위하여 조작한 음모"(고정웅·리준항, 1995 : 14)라고 주장했다. 즉 북한에서는 1956년 2월 소련공산당 제20차 당대회에서 결정되었던 개인숭배 비판을 역사적으로 흐루시초프가 정치적 야욕에서 조작한 것으로 보고 스탈린의 역사적 공적을 인정해야 한다고 평가함을 알 수 있다.

물론 북한의 이런 역사적 평가는 소련공산당 제20차 당대회 직후의 반응과는 차이가 있지만, 현재의 북한의 공식적 역사평가임을 알 수 있다. 이것은 북한의 권력체계와 밀접한 관련이 있는 것으로 평가할 수 있는데, 여하튼 아직 김일성의 권력체제가 강고하지 않았던 조건에서 북한의 지도부는 당시 소련의 노선과 정책에 상당한 경계심을 가질 수밖에 없었을 것이다. 뿐만 아니라 현재의 김정일 후계체제와 관련해서도 스탈린 개인숭배 비판은 북한으로서는 상당히 부담스런 것으로 비판적 입장을 취할 수밖에 없는 것이다. 이와 관련하여 주체사상 자체를 스탈린주의라고 규정하는 국내의 일부 논자들의 주장이 있는데, 이런 주장이 갖는 문제들은 뒤에서 상세히 비판할 것이다. 다만 여기서는 스탈린주의적 마르크스 - 레닌주의와 주체사상의 관계를 권력체계의 유사성에서만 바라보는 것은 지나치게 협소한 관점이라는 점만 말해 두고자 한다.

북한이 비판하는 현대수정주의의 또 하나의 내용은 이른바 흐루시초프의 '세 가지 평화론'이다. '세 가지 평화론'이란 두 제도간의 '평화적 공존' '평화적 경쟁' '평화적 이행'을 말하는데, 북한에서는 이것을 "현대수정주의의 출발점이며 수정주의적로선의 기초"(고정웅·리준황, 1995 : 17)로 규정한다. 즉 세 가지 평화론은 결국 반제투쟁과 반자본투쟁을 포기하는 것으로서 베른슈타인 등 제2인터내셔널의 수정주의와 동일한 입장이라고 보는 것이다.

북한에서는 1961년 10월 제22차 소련공산당 대회에서 세 가지 평화론과 '전인민적 국가' '전인민적 당'을 주요내용으로 하는 강령을 채택함으로써,

혁명투쟁을 거부하게 되었다고 비판했다. 특히 이 강령에 포함된 공산주의 건설의 '20년 계획'에서 인구 1인당 생산에서 미국을 따라잡으면 공산주의 실현이 가능하다는 주장을 비판한다(고정웅·리준항, 1995 : 19). 이런 주장은 철저한 생산력주의에 근거한 것인데, 흐루시초프뿐만 아니라 이전의 스탈린과 이후의 브레즈네프에 의해서도 일관되게 견지되었다는 점에서 소련의 노선에 대한 북한의 비판의 초점을 이룬다고 할 수 있다.

이상의 문제들을 종합하면, 1955년 4월 당 중앙위원회 전원회의의 김일성 보고나 12월의 담화에서 제기한 주체적 태도와 방법의 강조는 분명히 당시 소련에서 일어나고 있던 노선과 정책의 변화에 대한 대응의 의미가 강하다고 볼 수 있을 것이다.

박헌영의 남로당계의 숙청에도 불구하고 여전히 연안파와 소련파 등 강력한 외부와 연결된 잠재적인 권력 도전세력들이 존재했고, 북한의 내부상황과 조응되지 않는 소련의 생산력주의적 입장은 북한에 커다란 도전으로 작용했을 것이다. 국제적 상황의 변화와 이에 따른 내부의 위협과 주체 확립의 문제의식의 강화 사이의 관계에 대해 북한에서는 다음과 같이 주장한다.

주체를 튼튼히 세우는것은 종파분자들과 사대주의자, 교조주의자들의 해독적 작용과 관련하여 더욱 날카로운 문제로 나섰다. 남의 것을 통째로 삼키는 본따먹는데만 버릇된 사대주의자들과 교조주의자들, 반당종파분자들은 우리 당의 독창적인 로선과 정책의 관철을 계통적으로 방해하여나섰다. 우리 나라 혁명과 건설에서 사대주의, 교조주의는 더는 참을수 없는 것으로 되었다.

주체를 철저히 세우는것은 국제공산주의운동안에 나타난 수정주의의 침습을 막으며 혁명적원칙을 주체적립장에서 철저히 옹호고수하기 위하여서도 매우 절실한 문제였다(조선로동당 중앙위원회 당력사연구소, 1991 : 389).

스탈린 사후 소련에서 전개된 일련의 정치상황들이 북한 내부의 각 종파들의 김일성 권력과 노선 및 정책에 대한 반대들로 확산되는 것을 막는 것이 이 시기 북한의 가장 중요한 과제였다. 이에 대응하여 북한에서는 주체를 강조하고, 사대주의와 교조주의를 반대하는 방향으로 나아간 것이었다. 이런 측면을 반영하듯 북한에서는 "참으로 1955년은 주체를 세우기 위한 우리 당의 일관한 투쟁에서 하나의 력사적전환점"(조선로동당 중앙위원회 당력사연구소, 1991 : 342)이었다고 규정한다.

이처럼 국제적 요인이 북한에서 주체의 문제의식을 강력하게 제기하게 한 원인이 된 것은 분명하다. 또한 국제상황의 변화가 국내에서 다양한 권력분파들이 존재하는 조건에서 권력을 둘러싼 갈등은 물론이고, 사회주의 건설방식에서도 이견을 제기하는 명분을 제공했기 때문이었다.

북한에서는 1956년 8월 종파 사건과 관련하여 최창익과 박창옥 등 원래 사대주의자였던 그들이 "국제공산주의운동안에서 수정주의가 머리를 처들게 되자 그것을 이른바 '국제적 사조'로 떠받들면서 우리 나라에 끌어들이려고 책동"(조선로동당 중앙위원회 당력사연구소, 1991 : 347)했다고 비판했다. 따라서 이 시기 주체에 대한 강조는 북한의 현대수정주의에 대한 비판임과 동시에 이들과 결탁된 국내의 사대주의와 종파주의자들에 대한 비판의 의미를 갖는다고 볼 수 있다.

그러나 전술한 림두성의 글에서처럼 김일성의 교시로 마르크스 - 레닌주의 일반적 원칙이나 다른 나라의 경험을 실정에 맞게 창조적으로 적용하는 것을 '주체 사상'으로 보는 점(리상준·전병식, 1962 : 124)에서 이 시기의 '주체'나 '주체 사상'은 여전히 마르크스 - 레닌주의의 틀 안에 있는 것이었다. 북한에서 주체사상에 대한 이런 규정은 1972년 9월 17일 김일성의 「마이니치 신문」 기자들 질문에 대한 서면답변 "우리 당의 주체사상과 공화국정부의 몇가지 대내외정책에 대하여"에서도 여전히 반복되고 있다(김일성저작집 27, 1984 : 390 - 1). 따라서 1970년대 초반까지 주체사상은 새로운 세계관의 지위보다는 마르크스 - 레닌주의 틀 안에서 이른바 실천 이데올로기로서의 역할을 했음을 확인할 수 있다.

여기서 확인할 수 있는 것은 현대수정주의에 대한 비판과 투쟁이 주체사상의 형성과정에서 차지하는 위치이다. 대략 다음의 몇 가지로 요약할 수 있다고 생각된다.

첫째, 국제공산주의운동에서 현대수정주의의 출현은 북한으로 하여금 주체에 대한 문제의식을 갖게 한 배경이 되었다.

반제투쟁의 약화와 평화적 공존 및 생산력주의에 기반한 공산주의 건설방식은 당시 북한이 처했던 조건에서 매우 심각한 도전이었음이 분명하다. 즉 반제투쟁의 약화와 평화공존은 북한의 안보위기를 초래할 가능성이 높았고, 생산력주의에 기반한 공산주의 건설노선은 당시 북한이 가진 가용자원이나 기술이라는 측면에서 북한이 채택할 수 없는 노선이었기 때문이었다. 따라서 북한은 기왕의 자신들의 노선이나 정책의 정당성을 더욱 강력히 옹호하면서, 주체적 입장과 태도 및 방식을 강조하는 방향으로 나아갔다.

둘째, 1950년대 북한의 권력분포는 아직 김일성을 중심으로 하는 유일지도체계가 확립되기 전으로 연안파, 소련파 등 강력한 외국을 등에 업은 도전세력들이 공존하는 조건이었다. 물론 이런 세력들이 대등한 역관계에 있었던 것은 아니었고, 김일성을 중심으로 하는 기존의 당과 정부의 지도력이 상당히 안정된 상태이기는 했지만, 국제공산주의 진영의 변화로부터 전혀 안전을 장담할 수 있는 처지는 아니었다.

1956년 8월 종파사건은 이런 권력분포와 취약성이 그대로 드러난 사건으로 북한 지도부로서는 상당한 경각심을 가질 수밖에 없었다. 이 사건을 계기로 북한에서 반종파투쟁이 본격화되어 1958년 3월 당대표자회를 거쳐 1961년 9월 제4차 조선로동당 대회에서 종파의 완전한 청산을 선언하게 되었다.

이처럼 현대수정주의에 대한 투쟁이 국내적으로는 반종파투쟁으로 나타났음을 알 수 있다. 결국 대외적 현대수정주의 비판과 대내적 반종파투쟁은 유일사상체계 구축을 위한 토대가 되었음을 알 수 있다.

셋째, 북한에서 현대수정주의를 반대하는 이유 가운데 하나는 생산력주의적 공산주의 건설 전망이었다(고정웅·리준항, 1995 : 19). 뿐만 아니라 북한에서는 브레즈네프 집권 이후 소련도 여전히 흐루시초프 시기의 강령을 견지했다는 점에서 현대수정주의를 청산하지 못했다고 본다(고정웅·리준항, 1995 : 21). 1980년대 중반에 등장한 고르바초프의 페레스트로이카는 현대수정주의를 청산치 못한 소련공산당의 필연적 결과라고 다음과 같이 주장한다. 즉 "마침내 1980년대중엽에 이르러 맑스 - 레닌주의의 탈을 쓰고 그 혁명적진수를 수정하던 현대수정주의는 맑스 - 레닌주의를 전면거부하고 자본주의복귀를 로골적으로 추구하는 현대사회민주주의로 전환"(고정웅·리준항, 1995 : 21)되었다는 것이다. 이처럼 현대수정주의의 생산력주의에 대한 일관된 비판은 주체사상의 주체, 즉 사람중심성의 이론적 근거가 되었음을 엿볼 수 있다.

이상의 몇 가지 측면에서 현대수정주의에 대한 비판이 주체사상의 형성에서 일정한 역할을 했음을 알 수 있다. 그러나 북한의 공식문헌들을 중심으로 살펴보면, 적어도 1972년 9월 17일 김일성의 "우리 당의 주체사상과 공화국정부의 몇가지 대내외정책에 대하여"가 발표된 시점까지의 주체사상의 성격은 분명하다. 즉 그것은 마르크스 - 레닌주의의 창조적 적용이라는 의미였지 새로운 세계관은 아니었다.

이렇게 본다면 현대수정주의 비판이라는 국제적 요인이 주체사상 형성에서 갖는 역할은 상당히 제한적일 수밖에 없게 된다. 즉 주체에 대한 문제의식을 촉발시키는 발단으로 소련의 생산력주의적인 구조중심성 비판과 반종파의 유일사상체계 구축의 필요성을 절감게 함으로써, 새로운 세계관으로 주체사상을 이론적으로 체계화하는 계기의 역할을 했다고 할 수 있다.

한편으로 현대수정주의에 대한 비판이 중국의 경우처럼 마르크스 - 레닌주의의 창조적 적용을 주장하는 것으로도 가능했고 북한도 적어도 1972년까지는 실제로 그런 논리에 입각했음을 알 수 있다. 그렇다면 전술했듯이 새로운 세계관으로 주체사상의 창시를 정당화하는 요인은 다른 어떤 것에서 찾아야만 할 것이다.

2-2-3 북한의 혁명적 군중노선과 주체사상의 형성

현대수정주의와 이와 관련된 국내 반대세력을 비판하기 위해서는 기존의 마르크스 - 레닌주의의 창조적 적용을 더욱 강조하는 것이 정상적 대응이라면, 새로운 세계관으로 주체사상을 창시하게 된 가장 중요한 원인과 배경은 다른 데서 찾아야 할 것이다.

주체사상 형성 시기에 또다른 원인으로 들 수 있는 것은 북한의 독자적인 사회주의 건설 경험과 유일사상 및 유일지도 체계 및 후계 체계의 구축과 관련된 필요성이다. 그러나 다음 항에서 상술하겠지만 권력체계와 새로운 사상의 창시와의 관련성은 현대수정주의 비판과 마찬가지로 필연적 인과성을 주장하기에는 문제가 있다. 즉 주체사상의 이론적 체계화가 본격적으로 진행된 시점은 1956년 8월 종파 사건 이후 반종파투쟁에서 승리함으로써 1961년 9월 조선로동당 제4차 대회에서 김일성을 중심으로 하는 항일무장투쟁 세력이 확고한 권력기반을 구축한 이후였다. 또한 1967년 5월 당 중앙위원회 제4기 15차 전원회의에서는 박금철, 리효순 등 갑산파가 제거됨으로써 더욱 강력한 유일체계의 기반이 강화된 시점이었다.

스탈린 등의 예에서 알 수 있듯이 사회주의 국가에서 권력의 장악은 곧 이데올로기적 해석권의 독점을 의미하는 바, 당시 북한의 입장에서 굳이 다른 사회주의 국가들과의 이념 및 외교 문제를 야기시킬 소지가 있는 새로운 세계관을 제시해야 할 합당한 이유가 설명되기 어렵다. 요컨대 이 경우에도 기존의 마르크스 - 레닌주의의 북한의 실정에의 창조적 적용이라는 명분으로 필요한 수정은 얼마든지 가능했을 것이기 때문이다. 특히 북한이 1967년 5월의 당 중앙위원회 제4기 15차 전원회의의 갑산파 숙청을 1950년대 중반 이후 주체를 강조한 결과로 나타난 일시적 편향에 대한 사상투쟁으로 규정하고 있는 점에서 더욱 그러하다(조선로동당 중앙위원회 당력사연구소, 1991 : 431).

이런 점들을 염두에 둔다면, 마르크스 - 레닌주의로부터의 계승성과 독창성을 주장하는 주체사상의 창시에는 자신감과 필요성이라는 두 가지 요소가 필요했음을 알 수 있다.

첫째, 1950년대 중반 이후 북한 사회주의 건설과정에서 획득한 나름대로의 성과와 경험에 대한 강한 자신감이다. 둘째, 식민지 지배와 한국전쟁을 거치면서 거의 잿더미 위에서 경제건설을 해야 했던 북한의 입장에서 유일한 가용자원인 인간의 노동을 어떻게 효과적으로 조직·동원할 것인지 등 북한 사회주의 건설의 가장 효과적인 방도에 대한 모색이 요구되었다는 것이다. 당시 북한을 포함한 사회주의 국가들이 동일한 국제환경을 공유했고 유사한 권력구조를 갖고 있었던 데 반해 이런 두 가지 측면은 북한만이 갖는 독특한 요소였다.

따라서 마르크스 - 레닌주의의 창조적 적용을 동일하게 내세웠음에도, 유독 북한만이 마르크스 - 레닌주의를 선행노동계급의 사상으로 보는 주체사상을 창시하게 된 원인은 여기서 찾아야 할 것이다.

전술했듯이 황장엽의 증언에 따르면 천리마운동은 단순한 생산성과 경쟁이 아니라 사람에 대한 교양으로 헌신성과 협조정신을 고양시키는 데 더 큰 지표를 두었다고 한다(황장엽, 1999a : 132). 북한에서 '혁명적 군중노선'으로 불리는 이런 대중운동은 다른 사회주의 나라들의 그것들과 이런 측면에서 구별되었다. 이와 함께 북한에서는 1958년 8월 완성된 것으로 주장하는 생산관계의 사회주의적 개조사업에서도 대중의 자발성과 요구를 존중하는 방식으로 진행되었다.

> 당은 아무런 고려도 없이 완전한 사회주의적형태의 조합들을 서둘러 조직하려 하거나 반사회주의적형태임에도 불구하고 조합원들이 들여놓은 생산수단이나 자금몫에 따라 분배를 하지 않는 일부 편향들을 바로잡아주었다(조선로동당 중앙위원회 당력사연구소, 1991 : 359).

이런 방식은 스탈린의 유혈적인 강제적 집산화나 중국의 급속한 인민공사화 등에서 노정된 편향들을 억제시키고 인민의 당과 정부에 대한 믿음을 강화시키는 데 기여한 것으로 평가된다. 물론 북한에서 상대적으로 짧은 시간 안에 편향없이 생산관계의 사회주의적 개조를 달성할 수 있었던 것은 나름의 상황적 조건이 있었다. 즉 한국전쟁 이후의 토지를 비롯한 생산수단의 극심한 파괴와 노동력 부족 등은 협업적 생산방식 채택을 불가피하게 한 측면도 있고, 전쟁을 통해 형성된 강한 일체감도 분명 호조건으로 작용했을 것이다. 그러나 1956년 8월 종파 사건 이후 김일성이 주도한 일련의 대중운동 방식은 훗날 주체사상이 주장하는 '사람중심' 혹은 '인민대중중심' 원칙과 상당한 연관성을 갖는 것으로 평가할 수 있다.

북한에서는 1956년 12월 전원회의에서 김일성이 "사회주의건설에서 혁명적 대고조를 일으키기 위하여"라는 연설로 1957년 생산계획을 예상실적보다 21% 상향조정하는 조치를 취했다고 한다. 12월 전원회의의 기본정신을 자력갱생의 원칙과 혁명적 군중노선의 관철로 혁명적 대고조를 일으키는 것에 있다고

평가했다. 전원회의 직후 천리마운동이 제기된 김일성의 강선제강소 현지지도
에 대해 북한에서는 다음과 같이 주장하고 있다.

위대한 수령 김일성동지께서는 전원회의가 끝나자 곧 강선제강소로 나가시여
이곳 강철전사들에게 나라가 처한 어려운 형편과 혁명의 요구, 당의 의도를 알려
주시고 강재를 1만톤만 더 생산하면 나라가 허리를 펴겠다는것을 말씀하시였다.
그리고 집단적 혁신운동을 벌려 온 나라 근로자들을 사회주의건설의 대고조에로
불러일으키는데 앞장서라고 뜨겁게 고무하시였다(조선로동당 중앙위원회 당력사연
구소, 1991 : 354).

천리마운동을 제기한 현지지도로 평가되는 이 자리에서 주목되는 것은,
김일성이 국내외적 어려움을 공개하면서 노동자들의 노력을 촉구했다는 대목
이다. 북한의 이런 대중사업 방식은 "당은 무엇보다도 소극성과 보수주의를
반대하는 사상교양과 사상투쟁을 적극 벌리였다"(조선로동당 중앙위원회 당력사
연구소, 1991 : 364)는 주장에서 알 수 있듯이 대중의 사상의식의 강화를 축으로
하여 진행된 것에 특징이 있다. 황장엽의 증언대로 천리마운동에서 대중의
헌신성과 협조정신을 고양시키는(황장엽, 1999a : 132) 수단이 대중에 대한 사상
교양의 강화였던 셈이다. 이처럼 북한의 대중운동에서 사상교양을 선행시키는
방식은 주체사상이 주장하는 사상사업의 선행과 관련하여 주목할 필요가
있다.

북한에서 주체의 당사업이론이라고 주장하는 청산리 정신, 청산리 방법도
북한 특유의 대중지도의 사상이자 방법이었다. 청산리 정신·방법은 1960년
2월 김일성의 강서군 청산리 협동농장의 현지지도에서 제시된 것이었다. 청산
리 방법의 기본적 내용에 대해 북한에서는 다음과 같이 주장한다.

첫째, 위가 아래를 도와주는 방법으로, 윗 기관이 아랫 기관을 그리고 윗사람

이 아랫사람을 도와주는 것으로 관료주의적 폐해를 방지하기 위한 것이라는 주장이다. 둘째, 현지에 내려가 실정을 알아보고 문제해결의 방도를 세우는 방법으로, 주관주의와 형식주의를 방지하기 위한 것이다. 여기서는 당의 노선과 정책에 대한 일반적 지도와 해당 단위의 구체적 조건과 대중의 준비 정도에 따른 개별적 지도의 올바른 결합이 중요하다. 셋째, 정치사업, 사람과의 사업을 앞세우는 방법으로, 행정식 사업방법의 배격과 대중의 혁명화를 목표로 하는 것이다(조선로동당 중앙위원회 당력사연구소, 1991 : 375 - 6).

1961년 12월에 들어서서는 '대안의 사업체계'와 '새로운 농업지도체계'를 확립함으로써 사회주의 건설에서 기본적 사업방법이 완성단계에 들어섰다.

'대안의 사업체계'는 김일성의 1961년 12월 대안기계공장 현지지도에서 제시되었다. 그 내용은 첫째, 공장 당위원회의 집체적 지도 둘째, 정치사업, 즉 사람과의 사업의 선행 셋째, 위가 아래를 책임지고 도와주는 방법으로 구성된다(조선로동당 중앙위원회 당력사연구소, 1991 : 399 - 400).

'새로운 농업지도체계'란 과거 군인민위원회의 농촌경리 지도 기능을 분리시켜 신설된 군협동농장경영위원회로 이관시킨 것으로 "위대한 청산리 정신, 청산리 방법과 대안의 사업체계를 농촌의 변화된 현실에 맞게 빛나게 구현한 주체의 사회주의농업지도체계"(조선로동당 중앙위원회 당력사연구소, 1991 : 401)라고 주장한다.

이처럼 1950년대 후반에서 1960년대 초반에 걸쳐 확립된 북한의 대중사업 지도방법들은 북한의 특유한 것으로, 사상사업 선행과 대중의 자발성 고양을 목적으로 하는 것이었다. 1998년 개정된 북한 헌법에서도 사회주의적 사업지도 방식으로 규정된 청산리 방법과 대안의 사업체계는 북한 사회주의 건설에서 핵심적 역할을 했을 뿐만 아니라, 여기서 제시된 원칙들은 주체사상의 이론적 체계화에서 중요한 구성요소를 이루고 있다. 주지하다시피 1970년대 중반까지 북한의 급속한 생산력 발전은 이런 지도방법의 성과로 볼 수 있을 것이다.

이처럼 북한 사회주의 건설과정에서 핵심적 역할을 한 대중운동노선, 즉 '혁명적 군중노선'과 이를 뒷받침한 다양한 지도방법들은 주체사상의 이론적 자원으로 활용되었다. 따라서 주체사상의 형성을 가능하게 한 북한의 자신감은 바로 이런 대중지도방식의 성과에서 나온 것으로 평가할 수 있을 것이다. 달리 말하자면 다른 사회주의 국가들과의 이념적·외교적 논란의 소지가 있는 새로운 세계관의 표방을 가능하게 한 것은 북한식 사회주의 건설과정에서 획득한 성과와 경험으로 대응할 수 있다는 자신감에 기초했던 것으로 평가할 수 있다는 말이다.

주체사상이 형성될 수 있었던 요인들 가운데 자신감과 함께 필요성도 중요하다. 왜냐하면 사상은 현실을 충실히 반영할 뿐만 아니라, 현실이 요구하는 필요에 대응한다는 측면도 중요하기 때문이다. 북한 사회주의 건설과정에서 주체사상을 필요로 한 것은 다음의 몇 가지 요인들로 나누어 생각해 볼 수 있다.

첫째, 식민지 지배와 한국전쟁의 폐허로 자본, 기술 등 모든 자원이 부족한 상태에서 북한의 사회주의 건설은 유일한 가용자원이었던 인간의 노동에 의존할 수밖에 없었다.

특히 1950년대 중반 이후 소련은 1956년 김일성의 소련과 동유럽 방문에서 확인되었듯, 북한에 대한 재정 및 기술적 지원에 인색하였다. 이런 조건에서 생산력주의에 기반한 소련식의 사회주의 건설방식은 북한에 적용되기 어려웠다. 이런 상황은 자력갱생 원칙에서 알 수 있듯이, 북한의 극도로 제한된 자원을 최대로 활용하여 인민대중의 적극성과 자발성을 고취시키지 않는 한 사회주의 건설은 불가능한 것이었다. 역시 후진적인 상태에서 사회주의를 건설해야 했던 중국이 인간의 능동성을 강조했던 것과 유사한 것이었다. 그러나 중국에서 1950년대 중반 대약진운동이나 인민공사화가 실패한 것과 달리, 북한에서는 천리마운동 등이 상당한 성공을 거둔 자신감을 바탕으로 인민대중의 역할을 강조하는 주체사상을 제기할 수 있는 조건을 갖게 된 것이었다.

둘째, 소련의 생산력주의에 입각한 사회주의 건설은 총지배인제를 통한 행정명령식 사업방식을 기초로 하여 진행되었다. 이에 따라 관료주의 등 많은 문제점들을 야기했다. 물론 관료주의는 소련식에서 뿐만 아니라 당과 정부의 중앙집권적 관리통제에 기초한 사회주의 국가 일반의 심각한 문제점으로 확인되었다. 마찬가지로 북한에서도 1955년 4월 당 중앙위원회 전원회의에서 김일성이 "관료주의를 퇴치할데 대하여"라는 보고를 하는 등 관료주의의 폐해를 지적하고 이를 퇴치하기 위한 방안을 다각도로 모색하지 않을 수 없었다.

이 보고서에서 김일성은 관료주의의 심각한 해독성을 지적하고, 그것의 청산을 위한 사상투쟁의 전개와 실제적 대책의 확립이 중요하다고 강조하였다 (김일성저작집 9 : 278). 관료주의 퇴치를 위한 실제적 대책으로 북한은 다음의 네 가지를 들고 있다(북한 사회과학원 철학연구소, 1989 : 67 - 8).

첫째, 정확한 영도방법의 확립이다. 여기서는 당의 노선과 정책에 대한 일반적 지도와 구체적 상황과 대중의 준비 정도를 고려한 개별적 지도의 올바른 결합과 설복과 해설을 통한 대중의 동원이 중요하다. 둘째, 일꾼들에 대한 계급교양의 강화이다. 이를 통해 일꾼들의 관료주의를 퇴치할 수 있는 세계관과 사상의식을 우선 개조해야 한다. 셋째, 집체적 지도의 강화이다. 여기서 중요한 것은 당과 국가의 각급 지도기관의 역할을 높이는 것이다. 넷째, 당과 정권기관 일꾼들에 대한 지도사업의 강화이다.

관료주의에 대한 경계는 북한에서 반복하여 계속 강조되고 있다는 점에서, 북한에서도 관료주의 청산이 여전히 간단치 않음을 보여주고 있다. 북한에서는 청산리 방법에서 위가 아래를 도와 주는 방식을 관료주의를 막기 위한 조치라고 주장한다(조선로동당 중앙위원회 당력사연구소, 1991 : 375). 또한 북한에서는 당 이론기관지 『근로자』 1969년 11호에 게재된 "김일성동지의 위대한 현지지도 방법을 따라 배우자"에서, 김일성의 현지지도에 대해 다음과 같이 규정함으로써, 관료주의 방지와 관련하여 현지지도를 검토해 볼 필요성이 있음을 알게 한다.

> 혁명과 건설의 매개 부문, 단위, 전국의 매개 지방의 생동한 현실 속에서 혁명 발전의 현실적 및 전망적 요구와 인민대중의 지향과 념원을 통찰하고 대중의 풍부한 투쟁 경험을 포착하여 그것을 일반화하여 현명한 로선과 정책으로 집대성하는 혁명의 위대한 수령의 탁월한 령도방법이다(『근로자』 1969 11호 : 3).

수령의 영도방법인 현지지도는 청산리 방법에서 주관주의와 형식주의를 방지하기 위해 현지에 내려가서 사업하는 방식의 전형으로 이 역시 관료주의 방지와 일정한 연관이 있는 것으로 보인다. 왜냐하면 수령이 해당 부문, 단위, 지방을 직접 방문하여 기층의 인민들과 대면하게 됨으로써 중간 간부들의 관료주의를 예방하는 효과를 기대할 수 있기 때문이다. 따라서 관료주의의 예방을 위한 수령의 현지지도는 주체사상에서 수령 - 당 - 대중의 통일체, 즉 사회정치적 생명체론과 상당한 연관을 가질 수 있는 것으로 평가할 수 있을 것이다.

이처럼 북한 사회주의 건설에서 북한이 가진 조건의 특수성에 대응하는 독특한 지도방식 등이 결합하여 마르크스 - 레닌주의에 기초한 소련이나 중국 과는 다른 북한 특유의 실천 경험을 갖게 된 것으로 보인다.

모두 동일하게 마르크스 - 레닌주의의 창조적 적용을 주장했음에도, 북한에서만 새로운 세계관으로서 주체사상을 제기하게 된 원인은 이런 북한 특유의 경험에 기초할 경우에만 비로소 설명이 가능해진다. 즉 주체사상 형성에 작용한 요인들 가운데 북한 사회주의 건설과정의 특수성, 특히 혁명적 군중노선의 실천과 이를 위한 지도방법의 특수성을 가장 기본적이고 중요한 요인으로 보아야 할 것이다.

2-2-4 유일사상·지도체계 및 권력승계 과정과 주체사상의 체계화

북한에서 '주체'라는 용어가 공식 출현한 것은 1950년대 중반이었다. 국제공산주의 운동에서 분열이 가시화되자 국내의 소련파와 연안파는 이를 기화로 김일성의 권력에 도전했다. 1956년 8월 종파사건은 건국 초기부터 비교적 순탄하게 권력기반을 구축·유지했던 김일성으로서는 최악의 도전이었던 셈이다. '주체'에 대한 강조는 김일성이 반대세력을 사대주의와 교조주의로 비판하면서 마르크스 - 레닌주의를 북한의 현실에 창조적으로 적용할 것을 주장한 것이었다.

북한을 비롯한 사회주의 국가들에서 정치적 지배권의 장악은 바로 지도이념의 해석권을 장악하는 것이고, 정치권력을 둘러싼 투쟁은 한편으로는 사상과 노선을 둘러싼 투쟁으로 나타나는 것이 일반적이다. 따라서 1950년대 중반의 반대세력의 도전은 한편으로는 전후 북한의 사회주의 경제건설노선을 둘러싼 내부 이견임과 동시에, 국제정책에서 평화공존의 수용 여부를 둘러싼 노선투쟁이기도 했다(서동만, 2005 : 760 - 82). 한국에서 김일성의 권력 강화와 후계체제의 명분 구축과 주체사상 형성 사이의 관계에 주목하는 연구가 많았던 것은, 이런 사회주의 권력 구조의 복합적 과정을 과잉 단순화시킨 오류라 할 수 있을 것이다.

물론 김일성의 유일지도·유일사상 체계의 형성은 주체사상의 이론적 체계화 과정과 상당한 연관성을 갖는 것은 사실이다. 그러나 유의해야 할 점은 김일성과

278 • 한국의 변혁운동과 사상논쟁

김정일의 지도체제의 강화가 주체사상의 형성을 가능하게 한 것인지, 역으로 주체사상의 형성이 김일성 - 김정일의 권력구도를 강화시키기 위한 수단이었던지를 확인해야 한다는 점이다. 즉 앞의 경우라면, 이미 강력한 권력기반을 구축한 김일성 - 김정일이 보다 효과적인 사회주의 건설을 위한 사상적 무기로서 주체사상을 내세운 것이 될 것이고, 후자의 경우라면 상당한 취약점을 가진 김일성 권력의 이론적 정당화를 위한 사상적 수단으로 주체사상을 창시했던 것이 될 것이다.

분명히 1956년 8월 종파사건은 당시 국제공산주의 진영 내부의 노선과 정책 변화와도 연동됨으로써 김일성 권력체제에 상당히 위험스런 도전이었다. 그러나 이런 도전을 성공적으로 극복하고 이후 전당 및 전사회적으로 반종파투쟁을 전개하여 김일성 권력기반은 오히려 더욱 강화되었다. 1961년 9월 조선로동당 제4차 당대회를 "마르크스 - 레닌주의의 승리"(김진택 외, 1961)의 대회로 규정짓고 다음과 같은 의의를 부여하는 것은 김일성 권력이 확고부동해졌음을 보여준다.

조선로동당 제4차 대회는 사회주의기초건설의 완성을 총화한 승리자의 대회, 력사적으로 내려오던 온갖 종파오물들을 쓸어버리고 전당이 위대한 수령님의 두리에 굳게 뭉친 불패의 위력을 시위한 단결의 대회였으며 우리 당과 혁명 발전에서 새로운 높은 단계의 리정표를 제시한 력사적인 대회였다(조선로동당 중앙위원회 당력사연구소, 1991 : 396-7)

이 시기 아직 주체사상의 이론적 체계화가 완성되지 않았고, 여전히 마르크스 - 레닌주의의 승리로 규정하고 있는 점에 주목할 필요가 있다. 즉 김일성의 권력이 공고해진 시점에서 아직 마르크스 - 레닌주의를 선행한 노동계급의 사상으로 보는 주체사상이 제시되지 않았기 때문이다.

따라서 주체사상은 김일성의 권력이 공고해진 다음, 그에 토대하여 북한의 사회주의 건설을 위한 새로운 세계관으로 제시된 것으로 보아야 한다. 달리 말하자면 권력을 공고히 하여 이념적 해석권을 장악한 김일성이 논란의 여지가 있는 새로운 세계관의 창시를 통해 권력기반을 더욱 강화했다는 것은 설득력이 떨어진다. 권력의 정당화와 공고화가 목적이라면, 이미 장악한 이념적 해석권을 이용해 마르크스 - 레닌주의의 창조적 적용임을 강조하면 될 것이기 때문이다.

주체사상의 창시와 김일성의 권력체제와의 연관성을 주장하는 논거의 하나는 북한에서 1967년 5월에 개최된 조선로동당 제4기 15차 당 중앙위원회 전원회의이다. 이 전원회의에서는 갑산파의 숙청과 당의 유일사상체계가 확립되었기 때문이다. 이에 대해 북한의 공식문헌에서는 강력한 사상투쟁이 있었으며 갑산파들에 대한 숙청이 있었다는 사실을 공개하고 다음과 같이 주장하고 있다.

모든 사실은 당원들을 우리 당의 유일사상인 위대한 수령 김일성동지의 혁명 사상으로 튼튼히 무장시키고 그와 어긋나는 온갖 현상들과 비타협적으로 투쟁하며 당원들속에서 개별적일군들에 대한 환상과 아부아첨을 철저히 없애고 모두가 오직 경애하는 수령님만을 믿고 따르며 수령님의 사상의지대로 사고하고 행동하게 함으로써만 당대렬의 진정한 통일과 단결을 이룩할 수 있다는것을 보여주었다(조선로동당 중앙위원회 당력사연구소, 1991 : 431-2).

'개별적일군들에 대한 환상과 아부아첨'을 비판하고 있는 것에서 알 수 있듯이, 갑산파들은 파벌적 권력을 강화하고 있었음을 알 수 있다. 또한 이에 대한 비판은 곧 김일성의 유일사상의 체계화로 나타났음을 알 수 있다.

그러나 다시 한번 생각해 보아야 할 문제는 김일성의 유일사상이 반드시 주체사상의 이론적 체계화가 아닌 마르크스 - 레닌주의의 창조적 적용이라는 형태로는 불가능했는가라는 문제이다. 소련과 중국을 비롯한 모든 현실사회주의 국가들에서 공통적인 현상의 하나는 권력을 장악한 최고지도자는 곧 마르크스 - 레닌주의에 대한 해석권을 독점하는 것이었다. 북한 역시 마찬가지였다. 따라서 갑산파 숙청을 위한 이념적 명분이 필요했다면, 김일성이 해석한 북한 실정에 창조적으로 적용한 마르크스 - 레닌주의를 제대로 이해하지 못했다는 비판으로 충분했을 것이다.

이 시기 주체사상의 형성과 관련하여 주목해야 할 논문이 발표되었다. 1967년 5월 25일 발표되어 북한에서는 '5.25 교시'로 불리는 김일성의 "자본주의로부터 사회주의에로의 과도기와 프롤레타리아독재문제에 대하여"라는 논문이었다. 여기서 김일성은 과도기와 프롤레타리아 독재의 계선을 생산관계의 사회주의적 개조로 보는 소련의 입장과 공산주의의 완전승리때까지로 보는 중국의 입장과 달리 과도기와 프롤레타리아 독재의 계선을 분리된 것으로 보는 독창적 입장을 제시했다.

이 논문은 북한이 소련과 중국과 달리 독창적인 이론을 전개할 수 있음을 보여 준 것으로 평가될 수 있다. 황장엽의 증언에 따르면, '5.25 교시'를 둘러싸고 북한 내부에서도 상당한 이론적 논란이 있었던 것으로 보이는데, 황장엽은 이 교시를 자신에 대한 비판이라고 주장했다(황장엽, 1999a : 155). 이를 통해서도 알 수 있듯이 주체사상의 이론적 체계화는 김일성이 국내 권력은 물론이고 국제적으로도 독창적 이론을 제시할 수 있을 정도의 탄탄한 권력을 장악한 다음 비로소 가능해진 것으로 볼 수 있다. 여기서도 주체사상의 출현은 김일성 권력의 공고화의 결과이지 김일성 권력체제 구축이나 강화를 위한 수단이 아님을 알 수 있다.

황장엽은 망명 이후 "주체사상은 김일성이 자기의 독재정권을 수립하기 위해 제창한 사상"(황장엽, 1999b : 124)이라고 주장함으로써, 주체사상의 형성을 김일성 권력체제 강화의 수단으로 보는 국내의 일반적 주장을 강화시켜 주었다. 즉 황장엽은 주체사상이 수령절대주의와 계급투쟁과 무산계급 독재론을 핵심으로 하는 마르크스주의(스탈린주의)적 요소 및 인간중심의 사상으로 구성된다고 주장한다(황장엽, 1999b : 148). 이 가운데 인간중심 사상은 자신이 창안한 것을 김일성과 김정일이 권력의 도구로서의 주체사상을 만들기 위해 악용한 것이라는 주장이다.

그러나 전술했듯이, 주체사상의 해석과 관련하여 김정일의 중요한 두 가지 담화인 1974년 4월 2일자 "주체철학의 리해에서 제기되는 몇가지 문제에 대하여"와 1986년 7월 15일자 "주체사상교양에서 제기되는 몇가지 문제에 대하여"에서 황장엽으로 추정되는 어느 사회과학자 혹은 일군에 대한 비판이 제기되었다. 주체사상의 마르크스 - 레닌주의에 대한 계승성을 이해하지 못함으로써 마치 인본주의 사상인 것처럼 오해한다는 것이 비판의 요지였다. 1967년 '5.25 교시' 이후 자신에 대한 김일성의 비판을 전후하여 "마르크스의 계급투쟁과 프롤레타리아 독재 이론과 결별"(황장엽, 1999a : 156)했다는 황장엽의 고백에 비추어 보면, 주체사상의 이론적 체계화에서 황장엽이 갖는 비중은 재론의 여지가 있다고 해야 할 것이다.

또한 주체사상의 이론적 체계화와 김정일의 후계체제와의 관련성에 대해서도 마찬가지의 논리가 성립된다. 일반적으로 김정일의 후계체제 구축은 1973년 9월 당 중앙위원회 제5기 7차 전원회의에서 당 비서로 선임되고 1974년 2월 당 중앙위원회 제5기 8차 전원회의에서 정치국 상무위원에 선출됨으로써 실질적으로 완성된 것으로 평가된다. 주체사상에 대한 김정일의 이론적 담화, 저작들이 발표된 것은 이후의 일이었다. 따라서 사회주의 국가에서 권력 후계자가 지도이념의 해석권을 차지하는 일반적 통례와 마찬가지로 후계자로 된 김정일이 주체사상의 이론적 체계화를 주도했음을 알 수 있다. 즉 주체사상의 이론적 체계화는 김정일의 후계체제 구축의 결과이지 원인이 아님을 알 수 있다.

주체사상의 이론적 체계화를 통해 김일성 - 김정일 권력체제와 후계체제가 정당화되고 더욱 공고하게 된 것은 틀림없는 사실이다. 그러나 이상의 사항들을 검토한 결과는 주체사상의 이론적 체계화는 북한에서 김일성 중심의 권력체제의 안정화와 공고화의 결과이지, 그를 위한 수단으로 보는 것은 문제가 있음을 알 수 있다.

요약하자면, 주체사상의 형성과 이론적 체계화는 스탈린 사후 국제공산주의운동 내부의 변화가 촉발 작용을 했고, 북한 내부의 권력투쟁이 사대주의와 교조주의에 대한 반종파투쟁으로 나타남으로써, 주체에 대한 문제의식을 심화시킨 것은 분명하다. 또한 주체사상의 이론적 체계화를 통해 김일성의 권력과 김정일의 후계체제의 정당화에 기여한 것 역시 사실이다.

그러나 이런 국제적 요인과 국내의 권력정치적 요인만으로는 주체사상의 형성을 설명할 수 없다. 왜냐하면 주체사상은 결국 마르크스 - 레닌주의를 북한의 실정에 창조적으로 적용하는 과정에 생겨난 것이다. 그러나 다른 모든 사회주의 국가들도 마찬가지로 마르크스 - 레닌주의의 창조적 적용을 주장했다. 그럼에도 유독 북한만이 마르크스 - 레닌주의로부터의 계승성과 독창성을 주장하는 주체사상을 창시하게 된 원인은 다른 나라들과 동일한 국제적 조건과 유사한 권력정치적 요소에 기초해서는 설명할 수 없기 때문이다.

북한이 사회주의 건설과정에서 채택했던 독자적 노선과 정책 및 그의 수행에서 이룩한 성과로 인한 자신감, 그리고 북한의 특수한 조건에서 요구된 필요성 등이 결합된 결과를 주체사상으로 보는 것이 타당한 이유는 이 때문이다.

이런 실천적 배경은 마르크스 - 레닌주의에 대한 1960년대 후반의 국제적 규모의 이론적 논쟁들의 활성화와 결합되어, 마르크스 - 레닌주의에 대한 독창성과 계승성을 주장하는 주체사상의 형성을 가능케 했다고 볼 수 있다.

제3절 탈냉전 시기 주체사상의 현황과 전망

1985년 3월 고르바초프의 집권과 함께 소련공산당은 극적인 변화를 보여주었다. 새로운 사고를 주창하며 페레스트로이카와 글라스노스트 정책을 추진한 고르바초프는 일방적 군축선언 등 과감한 대서방 화해의 길로 나갔다. 또한 동유럽의 과거 소련 영향권에 있던 나라들의 자율권을 보장함으로써 냉전 시기 거의 반세기 동안 억제되어 있던 자유화의 요구가 터져 나오게 되었다. 그 결과 마침내 1980년대 말 동유럽 사회주의 국가들은 붕괴되었고 1991년 12월에는 사회주의 종주국을 자처했던 소련마저 해체되어 냉전은 종식을 고하게 되었다.

이런 사태에 대한 북한의 시각은 대단히 부정적이었고, 사상적으로 현실사회주의 일반과 구별되는 북한의 우리식 사회주의론 등을 통해 위기를 극복하고자 했다. 북한은 고르바초프를 흐루시초프로부터 기원하는 현대수정주의의 가장 악랄한 변종인 현대사회민주주의자로 규정하고, "지난 날 사회민주주의자들은 '개량'의 간판밑에 자본주의를 옹호하였다면 현대사회민주주의자들은 '개혁'의 간판밑에 자본주의복귀를 추구"(고정웅·리준항, 1995 : 22)한다고 비판하면서 고르바초프 집권기를 다음과 같이 부정적으로 평가한다.

1985~1989년사이에 5차례나 진행된 쏘미수뇌자회담에서 고르바쵸브는 쏘련의 '개혁' '개편'에 유리한 환경을 마련한다는 명목밑에 일방적인 양보를 하면서 대미투항주의길로 가속도로 내달렸다.

고르바쵸브는 사회주의나라들에서 '인권'이 보장되지 못하고 '자유'가 없다는 미국의 정치공세에 굴복하여 부르죠아다당제와 지도기관선거의 복수립후보제를 받아들이였다. 또한 미국이 경제적압력을 강화하면서 시장경제를 받아들이는 정도에 따라 자본과 기술을 수출하겠다고하자 소유를 '다양화'하고 시장경제를 도입하는 경제'개편'놀음을 벌리였다. 그리고 미국이 동서방사이의 '무력균형'을 운운하면서 군축을 강요하자 일방적으로 핵시험을 중지하고 군축을 실시하였으며 미제의 요구대로 혁명적인민등에 대한 지지성원을 포기하였다.

이처럼 현대사회민주주의는 철두철미 대미투항주의의 산물이다.

현대수정주의의 현대사회민주주의에로의 변천과정은 사회주의를 와해말살하려는 제국주의자들의 책동이 계속되는 한 수정주의발생의 위험성은 언제나 존재하며 야심가, 우연분자들이 집권하게 되면 수정주의가 대두하고 혁명이 중도반단되게 된다는 것을 뚜렷이 보여주고 있다(고정웅·리준항, 1995).

소련 고르바초프의 정책에 대해 결국 자본주의 복귀로의 길을 여는 것으로 분명한 반대입장을 보여 준 북한은 1986년 김일성과 김정일의 일련의 글들에서 주체사상으로 사상적 무장을 강화할 것을 주장하며 복잡한 국제정세 변화와 관련된 내부 사상적 준비를 강화하는 모습을 보여준다.

1986년 7월 15일 김정일은 당 중앙위원회 책임일꾼과의 담화 "주체사상교양에서 제기되는 몇가지 문제에 대하여"에서 "주체사상교양은 우리 당의 지도사상인 주체사상으로 당원과 근로자들을 튼튼히 무장시켜 그들을 참다운 주체형의 공산주의혁명가로 키우기 위한 사상교양사업"(김정일, 1986 : 309)으로 규정하고, 사회정치적 생명체론, 혁명적 의리와 동지애 및 우리민족제일주의 등을 제창하여 북한체제 내부의 단합의 강화를 위한 사상이념적 준비를 하고 있음을 보여주었다.

이어 1986년 12월에 개최된 최고인민회의 제8기 제1차 회의에서 행한 시정연설 "사회주의 완전승리를 위하여"에서 김일성은 북한의 사회주의·공산주의

건설의 총노선으로 인민정권의 강화와 3대혁명의 지속적 관철을 강조함으로써
사회주의, 공산주의로의 길이 결코 평탄하고 짧은 시간 내에 이루어지지 않을
수 있음을 내비치면서 인민들의 분발을 촉구하고 있다(백두연구소, 1989[1] : 348).
물론 김일성과 김정일 모두 아직 이 시기에는 국제정세의 복잡함에 함구하고
있지만, 명백히 국제상황을 예의 주시하면서 북한의 대응논리와 정책을 마련하
기 위해 고심했을 것임에 틀림없다.

북한에서 당시 국제정세의 어려움을 명시적으로 언급하면서 사회주의의
우월성을 강조하고 전세계 반제역량의 단결을 통한 제국주의와의 투쟁을
촉구한 글은 1987년 9월 25일 김정일의 당 중앙위원회 책임일꾼 담화 "반제투쟁
의 기치를 높이 들고 사회주의, 공산주의길로 힘차게 나아가자"에서였다.
그러나 동유럽 사회주의 국가들이 거의 붕괴되고 소련마저 심각한 분열의
위기에 직면한 1991년에 들어서 북한은 더욱 솔직하게 국제상황의 어려움을
설명하고, 북한식 사회주의의 특수성과 우월성을 선전함으로써, 체제의 결속을
도모하게 되었다.

김정일은 1991년 5월 5일 당 중앙위원회 책임일꾼 담화 "인민대중중심의
우리식 사회주의는 필승불패이다"에서 현재의 정세가 제국주의자들과 반동들
이 사회주의를 말살하기 위해 악랄한 책동을 하고 있는 위기로 규정하고,
"우리 나라 사회주의는 수령, 당, 대중이 일심단결된 불패의 사회주의"(김정일,
1991 : 241)로 규정한다. 즉 북한의 사회주의는 붕괴된 동유럽의 사회주의와는
달리 수령, 당, 대중이 혈연적 연계를 맺고 참다운 사회주의적 민주주의가
구현되는 점에서 커다란 우월성이 있다는 주장이다. 또한 김정일은 이 담화에서
다시 한번 현재의 조건에서 혁명과 건설은 민족국가 단위로 이루어지고 있음을
강조함으로써 사회주의 진영의 와해에 따른 인민들의 불안을 해소하려고
한다.

가장 포괄적인 사회집단은 나라와 민족입니다. 나라와 민족은 사회력사적으로 형성된 사람들의 공고한 결합체이며 운명공동체입니다. 혁명과 건설은 나라와 민족을 단위로 하여 실현되여나갑니다. 인민대중은 나라와 민족을 떠나서는 자기의 자주적요구를 실현해나갈수 없습니다. 주체사상은 나라와 민족의 자주성을 옹호하는 것을 인민대중의 자주성을 실현하기 위한 근본요구로 내세웁니다 (김정일, 1991 : 217).

한국에서는 조선민족제일주의나 민족주의적 경향성이 강화된 이 시기 주체사상을 민족주의적 정향성으로 해석하는 경향이 많다.39) 그러나 북한에서 조선민족제일주의가 우리식 사회주의, 즉 수령, 당, 대중의 일심동체이기 때문에 조선민족이 제일이라는 논거라는 점에서, 결국 그 강조점은 민족주의라기보다는 북한식의 사회주의적 내용으로 보아야 한다고 본다. 또한 1980년대 중반부터 강조되었다가 1991년 5월 5일의 김정일 담화에서 상당히 비중있게 다루어지고 있는 혁명과 건설의 민족과 국가 단위론도 결국 사회주의 혁명과 건설의 내용이 민족이나 국가라는 정치단위의 그릇에 담기는 것이라는 점에서 단순히 민족주의 정향성으로만 해석하는 것은 무리가 있다고 본다.

1989년판 북한의 『철학사전』에서 부르주아 민족주의와 참다운 민족주의가 구분되어 서술되어 있는 점과 1991년 8월 1일 김일성의 조평통·범민련 북측성원 담화 "우리 민족의 대단결을 이룩하자"에서 자신이 공산주의자이자 민족주의자라는 발언 이후 북한에서 민족주의에 대한 긍정적 태도가 강화된 것은 사실이지만, 이것을 근대 부르주아적 민족 개념 일반과 동일한 것으로 보는 것은 무리가 있다고 생각된다.

북한의 '혁명과 건설의 민족·국가 단위론'은 현실사회주의가 붕괴한 이후인 1992년 4월 20일 전세계 70개의 공산당 및 노동자당 대표들이 평양에서 발표한

---

39) 주체사상의 민족주의적 정향성으로 변형을 주장하는 사례들로는, 이종석, 2004 : 204-9참조.

'평양선언'에서도 채택되어 탈냉전 시기 약세에 처해 있기는 하지만, 많은 공산당 및 노동자 정당들의 국제적 동의를 획득한 것으로 볼 수도 있을 것이다.[40]

요컨대 사회주의 진영이 붕괴되던 1980년대 말 이후 북한은 주체사상교양의 강화를 통한 인민들의 사상적 결속의 강화와 우리식 사회주의론을 통한 북한 사회주의의 우월성과 특수성 선전 등으로 체제의 위기를 극복하고자 했다.

1992년 1월 3일 김정일의 당 중앙위원회 책임일꾼 담화인 "사회주의 건설의 력사적 경험과 우리 당의 총로선"에서는 인민정권의 강화와 3대혁명의 관철이라는 전통적인 북한의 사회주의 건설의 총노선을 강화함으로써 사회주의의 완전승리를 달성할 수 있음을 강조하고 있다. 또한 사회주의 국가들의 붕괴 원인을 주체적이고 자주적 사상이나 정책의 부재에서 찾고 있는 점으로 미루어 볼 때, 위기에 대한 북한의 대응의 큰 방향을 짐작케 한다.

1994년 7월 8일 김일성의 급서와 뒤이은 자연재해로 인한 식량난과 경제난은 북한을 총체적인 위기상황으로 몰고 나갔다. 북한붕괴론 등 북한으로서는 최악의 시나리오까지 한국과 서방에서 힘을 얻는 등 최악의 위기를 경험하게 되었다. 또한 김정일로의 순조로운 권력승계 여부와 권력의 유지에 대해서도 다양한 관측들이 제기되기도 했다.

일반적으로 부정적이고 회의적 예측과 달리 북한은 1993~1994년 북핵위기를 1994년 10월 21일 북미 제네바기본합의로 고비를 넘겼다. 이어 1997년 10월 김정일의 조선로동당 총비서 추대와 1998년 9월 5일 최고인민회의 제10기 1차 회의에서 개정된 헌법의 채택 및 김정일 국방위원장 재취임 등으로 권력승계를 마무리하고 체제의 정비에 나섰다.

이 과정에서 북한은 붉은기 철학,[41] 고난의 행군, 강성대국론 등 일련의

---

40) 1998년 3월 18일자 「로동신문」의 보도에 따르면, '평양선언'은 이후에도 계속 서명을 받아왔는데, 1998년 당시까지 241개 정당이 서명했다고 한다.

구호를 제시함으로써, 주체사상의 변용 여부에 대한 관심을 불러일으키기도 했다. 이런 예측과는 달리 주체사상이 북한의 유일지도사상으로 여전히 그 지위를 유지할 것임을 암시하는 김정일의 기고문이 김일성 사망 직후인 1994년 11월 1일자 「로동신문」에 "사회주의는 과학이다"는 제목으로 게재되었다. 여러 나라에서 사회주의의 좌절에도 불구하고 과학으로서 사회주의는 인민의 마음속에 살아 있을 것이라고 전제하며, 김정일은 다음과 같이 북한식 사회주의의 우월성과 궁극적 승리를 다짐한다.

우리 당은 언제나 사회의 모든것의 주인인 인민대중을 절대적인 존재로 내세우고 인민들에게 끝없는 사랑과 믿음을 베풀어주는 진정한 인민의 정치, 인덕정치를 철저히 실시해나갈 것이다. 오늘 우리 당과 인민 앞에는 위대한 수령 김일성동지께서 개척하시고 이끌어오신 주체의 사회주의위업을 대를 이어 계승완성해야 할 무겁고도 영예로운 과업이 나서고있다. 우리 당은 지난날 인민을 믿고 인민에 의거하여 백전백승하여온것처럼 앞으로도 인민을 믿고 인민에 의거하여

---

41) 「로동신문」 2006년 10월 13일자의 게재된 개인필명의 글 "더 높이 들자 혁명의 붉은기!"는 붉은기 사상의 전모를 파악하는 데 도움을 준다. 이 글에서는 일본군의 안도 입성이 임박한 위기에서 김일성의 항일유격대가 겪은 라자구 등판의 시련을 회고하며, 김일성의 붉은기 수호의 의지가 결국 위기를 극복하게 한 원동력이었다고 주장한다. 김일성 사망 직전이었던 1994년 1월 2일 김일성이 일꾼들과의 담화를 통해 우리식 사회주의를 고수하기 위한 중요한 교시를 주었다고 하면서, "위대한 생애의 마지막 시기에도 이 위대한 붉은기수호의지를 우리 군대와 인민에게 고귀한 유산으로 남기신 어버이 수령님이 아니신가"라고 강조한다. 즉 붉은기는 항일유격대 시절의 어려운 난관에 대처한 김일성의 신념이자 의지이며 탈냉전기 고립과 제재로 고통받던 북한이 견지해야 힐 의지와 신념임을 강조한 것이다. 이어 글에서는 김정일의 선군정치를 붉은기 수호의 생명선이라고 규정한다. 또한 글에서는 김정일이 「높이 들자 붉은기」라는 노래에 남다른 감정을 갖고 있음을 밝히며, "경애하는 장군님께서는 항일혁명선렬들이 「적기가」를 부르며 비겁한자야 갈라면 가라 우리들은 붉은기를 지키리라는 혁명의 맹세대로 수령님을 따라 영원히 한길을 걸어온것처럼 우리 군대와 인민도 신념의 노래 「높이 들자 붉은기」를 힘차게 부르며 우리 당을 따라 혁명의 천리만길을 억세게 걸어나가야 한다고 말씀하시였다"고 주장한다. 이처럼 붉은기 사상은 위기에 처한 북한이 체제 고수의 의지를 밝히며 인민들로 하여금 우리식 사회주의에 대한 신념을 더욱 강화할 것을 요구하는 실천 이데올로기로서의 성격을 보여준다. 즉 붉은기 사상은 주체의 혁명위업의 실현을 위한 주민 동원 이데올로기로서 순수 이데올로기인 주체사상을 뒷받침하는 것으로 평가할 수 있을 것이다.

주체의 사회주의 위업을 끝까지 완성해나갈 것이다.

사람위주의 사회주의, 인민대중중심의 사회주의는 가장 과학적이고 가장 우월하며 가장 위력한 사회주의이다. 사회주의는 과학성과 진리성으로 하여 반드시 승리한다(서대숙, 2004[3] : 270).

김일성 사후 충격에 빠진 북한 인민들에 대해 북한 지도부가 위로와 용기를 주기 위한 담화에 가까운 글로 보이지만, 그 핵심내용은 과거의 노선과 정책을 견지하겠다는 다짐이다.

주체사상은 단순한 노선이나 정책들의 지도적 원칙들이 아니라, 세계의 물질적 통일성과 변화발전의 합법칙성 및 인간의 인식 가능성을 근본문제로 하는 마르크스주의의 철학적 세계관을 비판적으로 계승한 철학사상, 즉 새로운 세계관임을 주장한다. 즉 주체사상은 유물변증법의 법칙을 인정한 전제 위에 마르크스와 엥겔스 나아가 레닌이 시대적 제한성으로 보지 못했던 세계에서 사람이 차지하는 주인의 지위와 역할을 철학의 근본문제로 한다고 주장한다. 따라서 주체사상의 변용 여부는 정세의 변화에 따라 그것의 철학적 근본문제나 철학적 원리를 변경시키지 않더라도 얼마든지 하위의 노선이나 정책 및 사업방법들을 고안해낼 수 있는 것이다.

1990년대 중반 한국 등에서 주체사상의 변용 가능성이 임박한 것처럼 논의된 것은 북한에서 주체사상이 갖는 이러한 철학사상적 지위를 과소평가했기 때문으로 생각된다. 북한의 현실이나 주체사상에 대한 이데올로기적 평가가 아닌 객관적이고 비판적이며 균형잡힌 연구가 필요한 것은 바로 이 때문이다. 왜냐하면 이데올로기적 호오好惡에 상관없이 주체사상은 북한이라는 국가가 존재하는 한 근본적 세계관이자 지도사상으로 존재할 것인데, 그 이유는 그것이 현실변화에 따른 무궁무진한 해석상의 변화가 가능한 것이기 때문이다.

1998년 8월 22일 「로동신문」 정론으로 발표된 강성대국론은 이런 추론의 좋은 사례가 될 수 있다고 본다. 왜냐하면 거기서 강성대국 건설의 방법을 "사상의 강국을 만드는데로부터 시작하여 군대를 혁명의 튼튼한 기둥으로 세우고 이를 바탕으로 경제에 비약적 발전"[42]을 이룩하는 것으로 주장하는데, 여기서 이미 사상의 강국은 주체사상의 유일지도사상화로 완수되었다고 본다면, 현재의 선군정치는 두 번째 단계이고 마지막 단계는 경제발전의 추구라는 선후의 문제로 해석할 수 있기 때문이다. 이처럼 북한이 국가로서 존재하는 한 지도사상으로서 주체사상은 이미 전제되는 것으로 보아야 할 것이다.

주체사상이 북한에서 지도사상의 위치를 갖는 한, 이론 및 실천과 관련된 정세의 변화에 따라 계승성과 독창성에 대한 강조에 변화가 발생하고, 이는 결국 주체사상을 뒷받침하는 실천 이데올로기들로 나타날 것이다. 따라서 이를 통해 북한이 선택하는 구체적 전략과 전술의 방향성을 예측할 수 있게 해 줄 것으로 생각된다.

제4절 계승성과 독창성

주체사상은 마르크스주의에 대한 계승성과 독창성을 주장한다. 그러나 이미 전술했듯이 마르크스주의 전통에는 크게 구조중심적 입장과 주체중심적 입장으로 대별되는 다양한 견해가 대립되어왔다. 따라서 주체사상이 마르크스주의의 변증법적 유물론과 역사적 유물론을 전제하면서도, 그 일면성과 제한성의 극복을 주장하는 계승성과 독창성을 주장한다는 점에서 어떤 마르크스주의 입장과의 관계를 의미하는지가 먼저 규명되어야 한다.

주체사상이 프랑크푸르트학파와 알튀세르, 사르트르 및 다양한 인간주의적

---

42) "강성대국," 「로동신문」 정론, 1998. 8. 22.

마르크스주의들에 매우 비판적이라는 점을 살펴보았다. 달리 말하면 주체사상에서는 이들의 입장을 반마르크스주의로까지 보고 있음을 확인하였다. 그리고 주체사상에서는 마르크스 엥겔스, 레닌 및 스탈린의 이론적 및 실천적 업적을 인정하고 이를 마르크스 - 레닌주의로 규정하고 있음도 알 수 있었다.

그러나 북한에서는 주체사상의 창시와 발전 과정을 현대수정주의에 대한 투쟁의 과정이라고 주장하는 데서 스탈린 이후의 소비에트 마르크스 - 레닌주의를 비판의 주대상으로 삼고 있음을 확인했다.

내용상으로 주체사상이 주로 비판하고 있는 것은 소비에트 마르크스 - 레닌주의의 생산력 우위론의 경제 결정론적 관점이다. 따라서 혁명적 수령관 등 북한이 정치적 목적을 위해 스탈린의 이론적 및 실천적 업적을 찬양함에도 불구하고 스탈린의 구조중심적 입장까지 비판의 대상으로 보는 것이 정확한 이론적 연구의 자세라고 볼 수 있을 것이다.

또한 앞 장에서 고찰했듯이, 마르크스와 엥겔스의 이론에는 내적 긴장이 있었으나, 그것은 이론적 및 실천적 필요에 따른 강조점의 차이였지 구조 결정론이나 주체 결정론적 입장을 정당화하기 위한 구실이 될 수 없다는 점을 확인했다. 따라서 주체사상이 주장하는 마르크스주의의 일면성과 제한성을 마르크스와 엥겔스에게까지 적용하는 것은 보다 신중한 검토가 필요하다. 그러나 스탈린 이후 소비에트 마르크스 - 레닌주의는 명백히 생산력 우위론의 경제 결정론적 관점을 취했다는 점에서 주체사상이 주장하는 일면성과 제한성을 갖고 있었다고 본다. 이런 측면에서 현실사회주의 당과 국가들의 공식이념이었던 소비에트 마르크스 - 레닌주의와 주체사상의 관계를 주요한 비교 대상으로 삼는 것이 타당하다고 본다.

마르크스 - 레닌주의에 대한 계승성과 독창성 주장은 주체사상의 가장 큰 특징이자 쉽게 이해하기 어려운 난제이기도 하다. 주체사상은 물질의 선차성과 세계의 물질적 통일성 및 반영론적 인식론을 내용으로 하는 변증법적 유물론의 과학성을 인정하고 이를 계승성의 대상으로 본다. 그러나 주체사상은 마르크스주의 철학이 당시의 과학의 발전과 실천운동의 발전수준 등에서 일정한 시대적 제한성과 일면성을 갖고 있다고 주장한다. 즉 주체사상은 변증법적 유물론과 역사적 유물론이 이런 제한성으로 인해 세계를 사람을 중심으로 보지 못하여 결국 생산력 우위론이나 자연필연성에 기반한 기계론적 한계를 노정했다는 것이다.

김정일의 여러 문건을 통해 확인되듯이 북한은 1980년대 중반까지는 주로 주체사상의 마르크스 - 레닌주의에 대한 계승성을 올바로 이해하지 못하는 일부 견해를 비판했다. 그러나 1996년 7월 26일 김정일의 담화 "주체철학은 독창적인 혁명철학이다"에서는 마르크스 - 레닌주의로부터의 독창성을 강조하고 이를 경시하는 일부 견해를 혹독히 비판하는 변화를 보인다.

1980년대 중반까지 북한 내부에서 주체사상을 마르크스 - 레닌주의와 무관한 관념론으로 해석하는 경향을 경계했다면, 탈냉전 이후인 1990년대 중반에는 북한 사회주의의 독자성과 우월성을 정당화하는 사상적 기초로 주체사상의 독창성을 더욱 강조하는 방향으로 변화가 있었던 것으로 판단된다.

주체사상이 북한에서 지도사상의 지위를 갖는 한, 이론 및 실천과 관련된 정세의 변화에 따라 계승성과 독창성에 대한 강조에 변화가 발생하고, 이를 통해 주체사상을 뒷받침하는 실천 이데올로기 및 구체적 전략과 전술의 방향성을 예측할 수 있게 해 줄 것으로 보인다.

주체시대 규정이 주체사상 창시를 정당화하고 그 역사적 지위를 규정하고자 하는 개념이라면, 새로운 철학의 근본문제와 철학적 원리는 그 역사적 지위와 함께 구체적 내용에 관계되는 개념이다.

주체사상은 근로인민대중이 처음으로 세계와 자기 운명을 지배하는 주인이 된 주체시대의 혁명적 세계관이라고 주장한다. 즉 주체사상은 이전의 혁명사상과 달리 일부 국가의 인민대중이 이미 계급사회의 틀에 깨고 나왔을 뿐만 아니라 민족해방운동 등 전세계적 범위의 세력관계가 인민대중에 결정적으로 유리하게 된 조건에서 혁명실천에 필요한 이론적 및 실천적 문제에 해답을 주는 사상이라는 주장이다.

마르크스 - 레닌주의의 자본주의 전반적 위기론이라는 시대규정도 주체시대 규정만큼이나 낙관적인 정세인식에 기반한 것은 사실이다. 그러나 주체시대 규정이 주체사상이라는 새로운 세계관을 정당화하는 보다 높은 추상 차원의 순수 이데올로기라면 자본주의 전반적 위기 규정은 마르크스 - 레닌주의의 하위 실천 이데올로기로 볼 수 있다. 이런 점에서 두 시기규정이 전제하는 낙관적 정세인식과 반하는 위기의 도래 시기에, 주체시대 규정은 자본주의 전반적 위기론보다 상당히 높은 경직성을 보여 줄 수밖에 없다.

현실사회주의 붕괴와 탈냉전 및 신자유주의 세계화라는 위기 국면에서 북한의 주체사상이 이념과 체제 고수의 경직된 입장에서 벗어나 보다 유연한 대응을 할 수 있기 위해서는 주체사상을 뒷받침하는 보다 유연한 실천 이데올로기들을 생산하는 것이 중요하다. 김정일이 주장하듯이 사회주의의 궁극적 승리에 대한 북한의 확신이 아무리 강력하더라도 현재의 국제정세는 결코 주체시대 규정처럼 낙관적일 수 없기 때문이다.

사람이 세계에서 차지하는 지위와 역할이라는 철학의 근본문제와 이에 기초한 사람이 모든 것의 주인이고 모든 것을 결정한다는 새로운 철학적 원리는 주체철학의 핵심적 내용이다. 또한 이것들은 주체사상이 마르크스 - 레닌주의의 일면성과 제한성을 극복한 보다 우월한 혁명적 세계관이라는 주장의 근거이기도 하다. 즉 주체사상은 변증법적 유물론이 세계의 물질적 통일성과 사유와 존재의 동일성을 해명한 과학적 사상임에도, 사람을 중심으로 세계를 보지 못함으로써 제한성과 일면성을 갖는다고 주장한다.

주체사상이 사람을 중심으로 보는 것은 사람이 가장 발전된 물질적 존재이자 사회적 존재라는 점에서 세계의 주인이자 개조자로 보기 때문이다. 따라서 주체사상은 사회적 존재인 사람의 본질적 속성인 자주성, 창조성, 의식성을 철학의 출발점으로 두어야 한다고 주장한다.

그러나 주체사상은 관념론이라는 비판을 의식한 듯, 이전의 인간철학과 주체사상의 사람중심의 세계관의 차이를 강조한다. 즉 이전의 인간철학이 세계와 인간의 관계가 아닌 인간의 본성이나 인생관을 중심으로 고찰하는 관념론이라면, 주체사상은 변증법적 유물론의 해명을 전제로 세계에서 가장 발전된 특출한 물질인 사람이 차지하는 지위와 역할을 문제로 삼는 혁명적 세계관이라는 것이다.

주체사상은 마르크스 - 레닌주의도 제한성을 인식하고 변증법적 및 역사적 유물론의 구성부분으로 인간학을 수용하려 했으나 사람의 실천을 중심으로 보는 사회역사관과 사회적 존재와 의식의 관계를 중심으로 하는 종래의 역사적 유물론 체계의 종합에 난점이 있다고 주장한다.

특히 주목되는 것은 사람의 본질적 속성인 자주성, 창조성, 의식성의 원천을 주체사상에서는 가장 발전된 물질적 존재의 속성인지 사회적 존재의 속성인지를 두고 1990년대 중반 미묘한 강조점의 차이를 보인다는 점이다.

주체사상에서는 일관되게 사람을 물질적 존재인 동시에 사회적 존재로 보고 있지만, 1980년대 중반 김정일의 문건들에서는 물질의 발전수준의 차이에서 사람의 세계 지배와 개조를 인정한 반면, 1996년 7월 26일 담화 "주체철학은 독창적인 혁명철학이다"에서는 사회적 집단을 이루는 사회적 존재로서의 특성을 보다 강조한다. 이것은 주체사상의 독창성 강조와 연관된 것으로 보이는데, 결국 탈냉전기 북한식 사회주의의 정당성과 북한식 위기 대응방식의 옹호와 관련되는 것으로 보인다.

주체시대 규정과 마찬가지로 주체사상의 새로운 철학의 근본문제와 철학적 원리도 이처럼 사람에 대한 상당히 낙관적인 인식에 근거한다. 주체사상이 가장 높은 추상 수준의 세계관이고 지도사상이라는 점에서 이해되기도 하지만, 낙관적 인식과 배치되는 상황에의 대응에는 역시 경직성을 보일 수밖에 없다. 보다 높은 수준의 추상 차원을 보완할 수 있는 실천 이데올로기와 전략, 전술이 뒷받침되지 않는다면 상당히 공허한 사상이론으로 남을 수밖에 없다고 본다.

마지막으로 주체사상이 이런 낙관적인 시대규정과 새로운 철학의 근본문제 및 철학적 원리에 기초하게 된 역사적 배경을 살펴보았다. 북한에서 주체사상의 출현 과정을 이해하기 위해서는 마르크스 - 레닌주의의 창조적 적용이라는 현실사회주의 당과 국가들의 일반적 경향과 달리 새로운 세계관으로 나타나게 된 과정과 원인을 해명해야 한다.

북한이 주장하는 1930년 창시설과 한국에서 많이 주장된 1955년 창시설은 모두 문제점이 있다. 따라서 주체사상의 이론적 체계화 시기는 1970년대 초중반기로 보아야 한다. 즉 1950년대 중반에서 1960년대 전반기를 천리마운동 등 군중노선의 승리에 고무된 주체 확립 투쟁기, 즉 마르크스 - 레닌주의의 창조적 적용기로, 그리고 1960년대 후반에서 1970년대 초반까지를 당의 유일사상체계 확립을 위한 주체사상의 이론적 체계화 시기로 보아야 한다. 요컨대 북한의 주체사상은 마르크스 - 레닌주의의 창조적 적용을 명분으로 천리마운동 등 독창적인 군중운동의 성과에 고무되고, 1967년 5월 당 중앙위원회 제4기 15차 전원회의 이후 유일사상체계 확립을 위한 실천상의 필요에 의해 이론적으로 체계화된 것이다. 또한 이 과정에서 중소분쟁 등 국제공산주의 운동의 분열과 이에 대한 북한의 독자적 대응은 마르크스 - 레닌주의를 넘어서는 세계관으로 주체사상을 내세우게 했을 것으로도 평가된다.

탈냉전기 주체사상의 변용 내지 대체 가능성에 대한 한국 내부의 많은 예상들과는 달리, 여전히 북한은 주체사상을 지도사상으로 고수하고 있다. 이것은 이미 북한에서 정치, 경제, 사회, 문화 등 모든 분야가 주체사상의 원리에 따라 철저히 개조되었음을 짐작하게 한다. 이로부터 주체사상에 대한 주관적 평가에 상관없이 북한이 유지되는 한 주체사상은 여전히 지도사상의 지위를 고수할 것이고, 대신 이를 뒷받침하는 다양한 실천 이데올로기들이 제시될 것임을 알 수 있다.

마르크스주의 전통에 속하는 다양한 입장의 대립은 마르크스와 엥겔스 이론들에 대한 해석에서 기인한 것은 사실이다. 그러나 앞에서 보았듯이, 마르크스와 엥겔스는 그들이 직면했던 이론적 대립점이나 실천적 필요에 따라 특정한 부분을 강조한 데서 이런 긴장이 발생했음을 확인했다. 따라서 주체사상이 주장하는 마르크스와 엥겔스를 포함하는 마르크스주의 철학 전반에 대한 제한성과 일면성 주장은 신중한 검토가 필요하다고 본다. 즉 마르크스와 엥겔스의 사상을 주체사상의 주장처럼 세계관 차원의 한계로 볼 것인지 아니면 세계관을 전개하던 당시의 이론적 및 실천적 발전수준의 한계에서 볼 것인지는 보다 많은 검토가 필요하다는 것이다.

그러나 스탈린을 포함하는 소비에트 마르크스 - 레닌주의는 분명히 구조중심적 혹은 경제 결정론적인 입장을 채택했었다는 점에서 주체사상의 비판적 문제제기는 그것을 대상으로 한 것으로 보아야 한다. 또한 이 두 입장은 1980년대 중반 이후 한국 진보이론 진영에 수입된 주요 이론들이었던 점에서도 비교 대상으로 그 가치가 인정될 수 있다고 본다.

다음 장에서는 이 점을 염두에 두면서, 1980년대 중반 이후 한국에서 주체사상의 수용의 특징과 의의 및 문제점과 함께, 한국에서 진보이론의 장래 발전을 위해 주체사상이 가질 수 있는 현재적 의의와 문제점 등을 탐색하고자 한다.

제4장
1980년대 이후 한국의 주체사상 수용

광주민중항쟁으로 개막된 한국의 1980년대는 사상이론 측면에서는 한국전쟁 이후 소멸 혹은 잠복했던 진보이론의 소생 과정이기도 했다.[1] 물론 1960년 4.19 민주혁명 이후 진보이론이 일시적으로 부활되기도 했지만 1961년 5.16 쿠데타로 단명했을 뿐만 아니라, 또한 분단과 전쟁이 남긴 상처로 인해 매우 제한된 진보성을 보여주었을 뿐이었다. 따라서 1980년대 중반 이후 본격화된 진보이론의 수용과 논쟁은 폭과 깊이에서 특기할 만한 것이었다.

이 장에서는 앞에서 고찰한 마르크스주의와 주체사상에 대한 연구를 바탕으로 1980년대 중반 이후 한국에서 주체사상 수용과정을 비판적으로 검토하고자 한다. 특히 1980년대 중후반 한국에서 진보이론 내부의 주요 대립선이 마르크스-레닌주의와 주체사상 사이에 설정되었다는 점에 주목하여 논의를 진행할

---

1) 한국전쟁 이후 한국에서 진보이론의 소멸과 함께 잠복이라는 표현을 사용하는 것은 통혁당과 남민전 등 조직운동과 함께 박현채, 이종률 등 과거 진보적 이론과 운동에 관계한 상당수 인물들이 여전히 제한된 형태로나마 활동하고 있었던 점을 고려한 것이다.

것이다.

이 시기 주체사상의 한국적 수용과정의 특성과 문제점을 파악하기 위해서
대체로 다음과 같은 사항들을 염두에 두고자 한다.

첫째, 주체사상의 수용을 비판했던 당시 한국에 수용된 마르크스 - 레닌주의
가 정확히 어떤 것이었던가이다. 전술했듯이 마르크스주의 전통에는 다양한
입장들이 혼재하고 있고 심지어는 마르크스 - 레닌주의도 레닌적 입장과 이와
구분되는 스탈린과 이후의 소비에트 마르크스 - 레닌주의 입장이 존재하기
때문이다.

둘째, 당시 이론의 수용자들이 마르크스 - 레닌주의와 주체사상을 어떻게
이해하고 있었으며, 적용 대상인 한국의 상황을 어떻게 파악하고 있었는지도
염두에 둘 것이다.

셋째, 비판과 논쟁의 대상이었던 주체사상과 마르크스 - 레닌주의와의 관계
자체에 대한 이해의 정도이다.

1980년대 말 이후 현실사회주의의 붕괴와 탈냉전은 한국 진보이론 진영에
큰 영향을 미쳐, 아직 착근되지 못한 외래의 진보이론을 보는 시각 자체에
근본적 변화를 야기했다.

한국에 수입된 이론을 공식이념으로 채택했던 현실사회주의 국가들과 북한
의 실상이 그대로 드러남으로써, 그것의 한국적 수용이 갖는 문제점을 성찰하지
않을 수 없었기 때문이다. 그러나 아직 수용된 진보이론의 토착화나 심화가
이루어지지 못한 상태에서 이런 상황의 변화는 또다른 유형의 외부 진보이론의
수용이라는 방식으로 나타났을 뿐이었다. 개구리 뜀뛰기식의 이런 진보이론
수용 방식은 자신들이 그토록 옹호 혹은 비판해왔던 이론들의 합리적 핵심마저
내팽개치는 결과를 초래했다.

이론 수용과정의 맹목성과 저돌성만큼이나 이론의 폐기도 순식간에 이루어

진 것이다. 그 결과 마르크스 - 레닌주의나 주체사상이 변화된 상황에 적용될 수 있는 가능성이나 변용 가능성은 아예 논의의 대상으로도 되지 못했다.

그러나 심각하고 성실한 자기비판 없는 과거 이론들과의 결별이 과거의 이론적 당파성이나 실천적 정파성을 함께 거두어 간 것은 아니었다. 과거의 짧았지만 치열했던 논쟁 속에서 축적되었던 상대방에 대한 이론적 및 감정적 적개심은 여전히 뿌리깊게 남아 있었다.

진보이론의 수용과정의 저돌성과 맹목성이 교조적 입장을 낳고, 이런 교조성 은 막상 자신들이 옹호했던 이론들을 폐기한 이후에도 심정적 및 실천적 정파성으로 남아 있는 것이다. 마르크스 - 레닌주의나 주체사상에 대한 진지한 이론적 자성의 부재는 '마르크스 - 레닌주의를 모르는 PD나 주체사상을 모르 는 NL'을 한국 사회에 남겨 놓는 결과가 되었다.

따라서 현재의 이론적 과제는 과거의 교조적 이론들의 문제점들을 파악하는 것과 동시에 그것들의 당시나 현재의 함의를 복원해내는 것이다. 이를 통해 교조적 이론들은 사라졌지만 그에 기반했던 운동들은 남아 실천의 발전을 가로막는 현상을 극복할 수 있을 것이다. 따라서 주체사상의 수용과정을 문제삼 는 이 장에서는 마르크스주의와 주체사상의 원래의 내용과 함께 한국에 수용된 그것들이 어떻게 이해되고 있었던가를 동시에 파악해야 한다.

이런 연구 과정에서는 무엇을 연구 대상으로 삼고 어떤 것들을 비교 대상으로 삼을 것인지가 중요한 문제이다. 손호철은 주체사상 연구 방향을 일반 사상·이 론 체계로서의 주체사상, 사회주의 혁명과 건설 이론으로서 주체사상 그리고 한국사회 분석 및 변혁이론으로서 주체사상의 세 수준으로 나누어 고찰할 것을 제안한 바 있다.[2](손호철, 1991 : 321) 여기서는 이런 제안의 타당성을

---

2) 손호철은 1988년 『국제정치논총』에 게재한 논문 "주체사상의 연구방향에 대한 일제안—총체적 파악과 평가를 위하여"에서 주체사상의 내용분석을 일반 사상 내지 이론 체계로서, (북한)사회주 의 건설이론 내지 이념으로서, 남한사회 분석 및 변혁이론으로 구분해 논의하자고 제안한다.

인정하면서 약간의 수정을 가하여 주체사상의 한국적 수용의 의의와 문제점
및 남북한에서의 주체사상의 기능을 비교하는 방식을 취할 것이다. 특히 일반
사상·이론 체계로서의 주체사상에 관한 이론적 문제의 비교 대상을 마르크스 -
레닌주의로 삼을 것이다.

그러나 손호철이 제안하는 사회주의 건설 이론으로서의 주체사상은 한국
사회 분석 및 변혁론과도 많은 관련을 갖기 때문에, 이 두 부분을 하나로
통합하여 고찰할 것이다. 대신 주체사상의 방법에 해당하는 영도의 문제를
당시 한국 변혁운동의 지도와 대중의 관계문제와 관련하여 검토할 것이다.

철학, 정치경제학, 과학적 사회주의로 이루어지는 마르크스 - 레닌주의 구성
체계와 달리 주체사상을 사상, 이론, 방법의 전일적 체계³)라고 주장하는 점에서
도 이런 수준으로 검토의 대상을 분류하는 것이 타당하다고 생각된다. 이
과정에서는 특히 다음의 사항들을 주요 검토의 대상으로 삼을 것이다.

첫째, 주체사상의 새로운 철학의 근본문제와 철학적 원리는 한국의 마르크스

또한 체계적 평가를 위해 주류 철학 및 사회과학 이론이나 정통 마르크스-레닌주의 등 일관된
틀을 갖춘 이론틀을 선택하여 위의 세 수준을 비교, 평가해야 한다고 본다. 일반 이론체계로서
주체사상에 대해서는, 주체의 철학적 원리 및 사회역사적 원리와 마르크스-레닌주의의 변증법적
및 역사적 유물론과의 계승성과 독창성 문제와 주체시대 규정과 관련하여 일반이론인지 특수역
사적 이론인지의 문제가 핵심이라고 본다. 사회주의 건설이론으로서 주체사상에 대해서는, 마르
크스와 엥겔스가 사회주의에 대한 체계적 이론을 남기지 않았고 이에 대한 국내 연구수준이
낮은 점 등으로 어렵기는 하지만, 마르크스, 엥겔스, 레닌의 관련 문헌들과의 비교 연구를 통해
주체사회주의 건설이론이 중국과 소련의 사회주의 이론을 넘어서는 독창적인 것인지 아니면
이탈, 아류화에 불과한지 평가가 가능하다고 본다. 남한사회 분석 및 변혁이론으로서의 주체사
상은 상대적으로 연구가 진전된 분야로 평가하면서, 식반론이 사회구성체 수준인지 아니면 그
하위 수준인지의 문제, 종속성 문제, 한반도 통일론 등의 연구과제를 제시한다. 여기서 그는
신식국독자 진영이 특히 통일론 등에서 주체사상과의 대립적 논쟁을 위한 이론화 작업이 많이
남아 있다고 본다. 이상의 손호철의 주장에 대해서는, 손호철, 1991 : 319-37 참조.
3) 1985년 출간된 주체사상 총서 10권은 다음과 같이 사상, 이론, 방법의 세 수준을 망라한 것이다.
사상 수준에는 제1권의 『주체사상의 철학적 원리』 제2권 『주체사상의 사회력사적 원리』 제3권
『주체사상의 지도적 원칙』이 포함된다. 이론 수준으로는, 제4권 『반제반봉건민주주의혁명과
사회주의혁명리론』 제5권 『사회주의, 공산주의 건설리론』 제6권 『인간개조리론』 제7권 『사회주
의 경제건설리론』 제8권 『사회주의 문화건설리론』이 포함된다. 마지막으로 방법의 수준에는
제9권 『령도체계』 제10권 『령도예술』이 해당한다.

주의 발전에 어떤 관계가 있는지를 고찰할 것이다. 이 문제는 주체사상의 마르크스 - 레닌주의에 대한 계승성과 독창성 주장과 연관된다. 여기서는 특히 한국에 수용되었던 마르크스주의가 스탈린식의 마르크스 - 레닌주의였다는 점에서 구조중심적인 한계를 극복하는 데 갖는 긍정적 함의를 도출할 것이다.

둘째, 주체사상의 창시와 역사적 지위와 관련되는 주체시대 규정이 한국의 현실과 어떤 관계가 있는지를 살펴볼 것이다. 여기서는 순수 이데올로기로서의 주체사상 창시를 정당화하는 매우 낙관적인 인식인 주체시대 규정이 한국의 상황에 그대로 적용될 수 없으며, 이로 인해 남북한에서 주체사상의 기능은 상당히 다를 수밖에 없다는 점을 밝힐 것이다.

셋째, 주체의 사회역사원리를 마르크스 - 레닌주의의 역사적 유물론과 비교할 것이다. 여기서는 사회역사적 운동이 고유한 법칙성을 갖는지의 여부와 사회역사의 자연사적이고 합법칙적 발전과 인간 주체성의 문제를 핵심 논점으로 설정할 것이다.

넷째, 한국 사회분석과 변혁론 차원에서 주체사상이 갖는 의의와 문제점을 검토할 것이다. 주체사상이 사상, 이론, 방법의 전일적 체계라고 주장하는 점에 비추어 보면, 주체사상이 남한의 사회분석과 사회변혁에 갖는 이론과 방법으로서의 의의와 한계에 대한 평가가 될 것이다.

다섯째, 이상의 연구들을 기초로 탈냉전 이후 한국에서 진보이론 진영의 급격한 변화의 원인이 80년대 중반 이후 수용된 이른바 정통 마르크스 - 레닌주의나 주체사상 자체가 아니라, 한국적 상황에서 그것들의 창조적 발전의 부재로 초래된 것임을 해명할 것이다.

나아가 주체사상의 수용과정은 물론이고, 탈냉전 이후 진보이론 진영의 변화를 비판적이고 반성적인 차원에서 고찰하고자 한다. 이를 위해 마르크스 - 레닌주의와 주체사상은 물론이고 마르크스주의 전반의 가능성과 한계 및

현재의 상황에 적용할 수 있는 변용의 방향을 시론적 수준에서 제시하고자
한다.

제1절 1980년대 중반 이후 진보이론 수용의 특징과 문제점

이 시기 진보이론의 수용과 소생은 결코 실천적 공백상태에서 일어난 것이
아니라 1960년 이후 한국이 경험한 정치, 경제, 사회 전반의 변화가 요구한
것이었다. 그러나 이런 상황의 요구와 달리 한국의 진보이론 진영이 토대로
삼을 진보이론의 전통은 극히 취약했다. 이런 실천적 요구와 이론적 유산
사이의 비대칭성은 결국 이 시기 진보이론의 수입을 불가피하게 했다. 말하자면
1980년대 중반 이후 한국 진보이론의 부활은 주로 외부의 진보이론을 한국적
상황에 착근시키는 과정이었다.4)

김동춘이 적절히 지적했듯이, 이 시기 한국 진보이론 수용의 특징인 "정통주
의 열병과 성급한 탈맑스주의화"(김동춘, 1997 : 288)는 이런 상황을 반영하는
것이었다. 즉 긴박한 실천적 요구에 부응할 수 있는 자체의 현실을 반영하는
사상이론이 없는 조건에서는 정통으로 인정되는 이론의 수입이 가장 손쉬운
방법이었다. 또한 이런 성급한 정통 이론의 도입은 상황의 변화에 따라 급작스레
포기하고 또다른 이론으로 옮아갈 수 있게 했다고 본 것이다.

'정통주의 열병과 성급한 탈맑스주의화'를 초래한 배경에 대해 김동춘은
다음의 세 가지 이유를 들고 있다.

---

4) 물론 1970년대 반독재 민주화운동을 뒷받침했던 민주주의와 민족주의 논의들도 일정한 내부
진화를 거쳐 1980년대 들어서면서 일정한 진보성을 보이기도 했던 점을 무시할 수는 없다. 그러
나 이 글에서는 진보이론의 진보성 기준을 기존 자본주의 체제와 부르주아 민주주의의 변혁에
둔다. 따라서 1970년대의 민주화운동과 관련된 이론들은 비판적 극복의 대상이 된다.

첫째, 분단체제의 경직성이다. 분단체제에서 마르크스주의는 물론 일체의
자유주의적 운동과 이념도 금압해온 한국에서 "온건하고 개량적인 운동을
포함한 사회운동 일반에 대한 전면적 봉쇄는 가장 극단적인 운동이념을 가장
호소력 있게 만들었다"(김동춘, 1997 : 289)는 것이다. 즉 1980년대 한국에서
정통주의 진보이론에 대한 열광은 과거 분단체제의 정치적 및 이념적 경직성에
대한 반작용이라는 것이다.

둘째, 취약한 노동운동과 활발한 학생운동이라는 실천상의 기형성이다.
김동춘은 이런 상황에서 한국에 수용된 마르크스주의는 학생과 지식인의
존재조건과 정서에 의해 변형될 수밖에 없었다고 주장한다. 또한 현대 세계체제
의 발전의 동시성에서 한국 역시 비제도적 혁명운동이 사회에서 근거지를
갖지 못함으로써, 마르크스주의 이론은 지식인 혹은 대학의 것이 될 수밖에
없었다고 본다. 이런 요인들에 의해 "한국 맑스주의는, 내용은 '정통주의'를
표방하고 있었지만 그 실제적 성격은 서구의 네오맑스주의와 마찬가지로
상당히 관념적이고 부르즈와 학문 형식을 그대로 모방한 것이었다"(김동춘,
1997 : 292)고 주장한다.

셋째, 권위있는 자유주의 이론의 빈곤이었다. 체계적이고 깊이있는 자유주의
이론들까지 억압해 온 한국에서 마르크스주의는 자유주의 이론들과의 철학적
및 방법론적 논쟁을 통한 이론적 내용의 풍부화 기회를 갖지 못함으로써
사상이 아닌 교조로 전락하게 되었다고 주장한다. 즉 "이런 의미에서 한국
맑스주의의 '정통주의화'는 사실 자유주의 학문전통의 결여, 체계적인 논리와
현실적합성을 갖는 자유주의 이론의 결여, 사상사적 기반의 결여, 자유주의
이론가들의 맑스주의에 대한 무지에 크게 기인한다고 볼 수 있다"(김동춘,
1997 : 293)는 것이다.

윤형식도 이 시기 한국 진보이론 진영의 특징을 정통주의에의 집착이라는

데 동의하면서 그 원인에 대해 다음과 같이 정리하고 있다. 즉 "80년대 맑스주의의 전반적 수용은 소위 '정통적 노선'인 '맑스-레닌주의'를 주로 소련·동구권의 교과서적 틀을 통해 받아들이는 방식으로 진행되었다. 한국현실에 대한 분석의 부재상황 속에서 이루어진 이러한 수용은 '정통노선'에 대한 비판적 입지의 확보를 불가능하게 하여 관념적 비현실성과 교조적 경직성을 노출하였고, 이에 대한 비판적 대응은 '주체사상'의 수용으로 나타났다"(김수행 외, 1995 : 13)는 주장이다.

김동춘이 이 시기 진보이론 수용의 정치사회적 조건과 이론 수용자들의 존재조건과 정서 등을 중시한 반면, 윤형식은 이론 수용의 매개체와 수용주체들의 학문적 상황을 더욱 중시하는 것이다. 즉 윤형식은 소련의 사회주의 정치권력 정립과정의 정치적 및 철학적 투쟁 속에서 생성된 국가이데올로기적 담론체계인 마르크스-레닌주의(김수행 외, 1995 : 22)가 한국현실에 대한 구체적 분석도 없는 상태에서 도입되어 정통의 지위를 획득함으로써, 마르크스나 다른 마르크스주의 전통에 속하는 이론에 대한 연구를 오히려 방해하는 결과를 가져왔다는 것이다.

1990년대 중반, 즉 정통주의 열병의 소멸뿐만 아니라 마르크스주의 자체까지 외면과 매도의 대상이 된 조건에서 나온 이런 평가들은 상당한 타당성을 갖는 것은 사실이다. 즉 협소한 이론적 기반과 경직된 정치사회적 상황에서 지식인과 학생이 중심이 된 진보이론 수용세력은 정통 자체를 진보성의 징표로 간주했던 것이다. 따라서 대중적 실천에 의해 직접 검증되지 못한 정통 진보이론들은 결국 지식인의 선명성 경쟁을 위한 이론적 도구로 전락된 것도 일정 정도 사실이었다.

그러나 1980년대 중반의 사회상황이 긴박한 실천에 해답을 줄 수 있는 진보이론을 절실히 원하고 있었고, 이에 부응할 수 있는 것은 이미 검증된 것으로 보이는 선진적인 진보이론의 수입이었다. 특히 내부에서 진보이론의 축적된 성과가 부재한 상태에서 그것은 어떻게 보면 유일한 선택지였을 수도 있다. 따라서 정통주의에의 집착을 일면적으로 비판하기에 앞서, 당시 수용된 이른바 정통 이론의 성격과 내용 그리고 그런 이론들에 대한 수용 주체들의 인식과 한국현실에 대한 적용 시도 등을 먼저 평가해야만 한다.

또한 1980년대 중반 이후 국제적 상황의 변화가 현실사회주의의 개혁과 개방 및 마르크스주의 위기론 등 상당한 변화를 예고하고 있었지만 여전히 마르크스 - 레닌주의는 공식이념으로서의 지위를 차지하고 있었다는 점도 일정하게 고려해야 한다. 요컨대 정통주의에 대한 집착을 사후적이고 경험적으로 비판하기에 앞서, 당시의 조건에서 주체들의 이론적 및 실천적 수준과 정통주의가 갖는 의의 및 정통주의 수용 이후 창조적 적용 가능성에 대한 평가가 함께 진행되어야 보다 공정한 비판이 될 수 있다는 것이다.

아울러 '성급한 탈맑스주의화'가 정통주의에 대한 집착의 직접적 결과인지에 대한 평가도 신중할 필요가 있다. 왜냐하면 1980년대 말에서 1990년대 초는 세계적인 변화의 시기로 마르크스주의 전반이 위기에 처했기 때문이다. 따라서 이른바 정통 마르크스 - 레닌주의뿐 아니라 심지어는 사회민주주의까지 새로운 활로를 모색할 수밖에 없었다. 이런 시대적 상황에서 한국에서 발생한 탈마르크스주의 주장들을 직전의 정통주의에만 책임을 묻는다는 것은 너무 편파적일 수도 있기 때문이다.

이런 점들에 유의하면서 1980년대 중·후반 한국에서 진보이론들의 수용과정의 특징들을 검토해보면 다음과 같이 요약될 수 있다.

1-1 1980년대 중반 이전의 광의의 마르크스주의적 경향 수용 경험

첫 번째 특징으로, 1980년대 중반 한국에서 마르크스 - 레닌주의의 수용은
1970년대 말 프랑크푸르트학파나 루카치 등 서구 마르크스주의와 종속이론
등 광의의 마르크스주의적 경향의 이론들과 마르크스주의의 심층 이해에
필수적인 헤겔 철학 등을 수용했던 경험 위에 이루어졌다는 점을 들 수 있다.
이 시기 도입된 종속이론은 한국의 진보이론 진영에 변혁의 관점을 확립시키
는 계기로 되었고, 1980년대 중반 이후 사회구성체 논쟁의 서막을 여는 역할을
하기도 했다.5) 다른 한편으로 1980년대 초반은 프랑크푸르트학파나 루카치,
코지크 등 서구 마르크스주의 이론들과 특히 헤겔 변증법 등 다양한 변증법
경향들도 도입, 소개되었다(김수행 외, 1995 : 32 - 42 ; 김재현, 2002 : 169 - 72). 이
시기 헤겔 변증법에 대한 활발한 연구는 마르크스주의에 대한 관심에도 불구하
고 현실에 의한 제약의 결과로 파악되는데, 헤겔 연구자들이 이후 마르크스주의
수용과 연구에서 하나의 축을 이루게 된 것으로 평가된다(김수행 외, 1995 : 33).
또한 김재현은 이 시기 헤겔 철학을 통해 획득한 총체성과 변증법 개념들은
한국사회를 총체적이고 역동적으로 보는 시각을 갖게 했고, 루카치, 코지크,
비판이론 등을 통해서는 마르크스주의를 수용하는 토대를 얻게 되었다고
평가하면서(김재현, 2002 : 170) 다음과 같이 요약한다.

---

5) 이 당시 종속이론에 대한 연구 경향의 의의와 문제점에 대해서는, 임휘철, 1989, "정통이론의
결여와 수정주의의 과잉," 『사회와 사상』, 1989 : 191-206 참조. 여기서 임휘철은 한국에서 종속
이론이 70년대 이전까지 비판적 아카데미즘에 부재했던 변혁의 관점을 도입케 하여 80년대
중반 이후 마르크스-레닌주의 도입과정에서 논쟁의 한 축을 형성한 점에 의의가 있다고 본다.
일반적으로 한국에서 1980년대 중반 이후 사회구성체 논쟁의 서막은 1985년 가을호로 복간된
『창작과 비평』 제1호에 실린 박현채의 "현대한국사회의 성격과 발전단계에 관한 연구—한국자
본주의의 성격을 둘러싼 종속이론 비판"과 이대근의 "한국자본주의의 성격에 대하여—국가독
점자본주의론에 부쳐"의 지상논쟁으로 인정되고 있다.

특히 1980년대 한국에서는 헤겔적 마르크스주의의 영향이 컸다. 헤겔에 대한 유물론적, 실천적 독해 및 연구, 마르크스의 토대 상부구조론에 입각해서 현실에 대한 총체적 인식을 획득하는 것을 마르크스주의 철학의 핵심으로 파악한 총체성의 변증법 그리고 계급적 당파성이 과학성의 기초라는 루카치의 해석은 마르크스-레닌주의의 수용에 큰 영향을 미쳤다(김재현, 2002 : 171).

이처럼 1980년대 초반의 종속이론과 서구 마르크스주의 및 헤겔에 관한 연구는 1980년대 중반 이후 마르크스 - 레닌주의 수용의 이론적 기초로서의 역할을 했음을 알 수 있다. 종속이론을 통해서는 세계자본주의에서 한국이 차지하는 위치와 종속성에 대한 사고를 가능케 했고, 헤겔 철학과 루카치 등 서구 마르크스주의 이론들은 최소한 마르크스 - 레닌주의를 수용하고 이해할 수 있는 철학적 기초를 제공한 것이다.

김재현과 윤형식의 지적처럼 1980년대 중반 이후 한국에 수용된 마르크스주의가 소련과 동유럽 국가들의 교과서에 의존함으로써(김수행 외, 1995 : 33 ; 김재현, 2002 : 171) 마르크스 - 레닌주의 일색인 것은 틀림없지만 적어도 한국의 현실에 맞게 그것을 창조적으로 적용할 수 있는 최소한의 이론적 기초는 확보한 상태였다고 평가하는 것이 온당할 것으로 본다.

1-2 진보이론의 교조적·정파적 수용 태도

두 번째 특징으로는, 마르크스 - 레닌주의를 창조적으로 적용할 수 있는 최소한의 이론적 기초에도 불구하고 1980년대 중반 이후 한국에서 마르크스 - 레닌주의는 긴요한 실천적 요구에 부응하기보다는 진보적 운동 내부의 주도권 장악을 위한 이론적 도구로 사용된 점을 들 수 있다. 그 결과 이론은 실천이나 사회의 구체적 분석의 길잡이가 되는 대신 경직된 교조로 전락하고 말았다.

뿐만 아니라 논쟁의 기본적인 규칙이나 예의도 무시한 비판의 내용과 어투는 서로간에 심각한 감정적 앙금까지 남김으로써 자신의 일방적 주장에 더욱 교조적으로 집착하게 되는 악순환을 초래했다.

이 시기 마르크스 - 레닌주의와 주체사상의 교조적이고 정파적인 수용에서 나타나는 특징은 다음과 같이 요약될 수 있다. 즉 마르크스 - 레닌주의의 수용을 주장하는 세력들의 과학적 방법론을 명분으로 하는 주체사상에 대한 일방적인 실용주의 규정과 주체사상 수용세력들의 논쟁에 소극적인 대응이었다. 이 시기 마르크스 - 레닌주의 수용세력들의 논쟁에 임하는 논리와 태도는 다음의 몇 가지로 분류할 수 있다.

첫 번째로, 마르크스 - 레닌주의를 유일한 과학적 방법론이라고 주장하면서 주체사상의 마르크스 - 레닌주의에 대한 독창성과 계승성 주장을 전면 거부하는 입장이다.

1980년대 중반 사회과학 방법론 논쟁을 촉발시킨 것으로 평가되는 『사회구성체론과 사회과학방법』의 저자 이진경은 이 저서의 목적을 논쟁의 철학적 기반 및 방법적 원칙의 확립과 역사적 유물론의 제원칙과 주요개념을 정리하는 데 있다고 주장했다(이진경, 1986 : 17). 여기서 그는 주체사상을 실용주의로 규정하면서 과학적 유물론으로 비판한다고 주장했다.

다른 편저에서도 주체사상이 독창성을 주장하는 것은 "주체사상의 전체 체계나 그 중요 구성부분들을 보면 맑스 - 레닌주의와 전혀 상이할 뿐만 아니라, 기본적인 명제들에서 맑스 - 레닌주의에 정반대되는 것이 기본·공리로서 공인되고 있기 때문"(이진경, 1989[1] : 17 - 8)이라고 주장한다. 따라서 주체사상이 맑스 - 레닌주의를 계승·발전시켰다는 주장은 입증이 될 수 없다고 하며, "주체사상과 맑스 - 레닌주의를 연결시키려는 시도들은 점차 포기되고 있는 것으로 보인다. 즉 맑스 - 레닌주의적 관점에 섰을 때 주체사상은 올바르지 않을 것이라는 점이 이제는 광범하게 인정되고 있는 것"(이진경, 1989[1] : 19)이라고 주장한다. 그러나 앞에서 보았듯이, 1980년대 중반 일련의 김정일 저작들에서는 주체사상의 계승성이 특히 강조되어 내부의 일부의 사회과학자들이 비판받던 상황을 감안하면, 이진경의 주장은 사실과 다르다.

또한 이진경은 사상과 이론의 계승·발전이란 전체 체계의 발전과 완성, 그 속에서 요구되는 다양한 부분의 형성과 여타의 사상체계 속의 합리적 핵심의 계승발전이라는 두 가지 의미라고 전제한다(이진경, 1989[1] : 116). 그러나 이미 전술했듯이, 주체사상은 마르크스주의로부터의 계승성을 변증법적 유물론의 과학성을 인정하고 전제한다는 점에서 찾으면서, 독창성은 세계관적 기초와 구성체계의 차이에 있다고 주장한다. 즉 주체사상 자체가 마르크스 - 레닌주의에 대한 계승성을 주장하는 것은 이진경이 이해하듯이, 마르크스주의의 체계를 견지하는 가운데 어떤 특정 부분을 발전시켰다는 의미가 아니다.6)

주체사상은 변증법적 유물론이 일면성과 제한성을 갖지만, 그럼에도 세계의 물질적 통일성과 변화발전의 합법칙성 및 사유와 존재의 동일성 등은 과학적 지식임을 인정하고 전제한다는 의미이다. 요컨대 주체사상은 계승성과 독창성을 전제와 극복으로 이해함에 반해서 이진경은 계승발전을 독창성과 구분하지 않거나 완전히 다른 것으로 기계적으로 분리시키고 있는 것이다. 이처럼 비판의 대상이 되는 이론 자체에 대한 정확한 이해도 없이 자신의 방법론만을 일방적으로 과학적이라고 주장하는 이유는 다름아닌 정파 혹은 당파적 고려에서 나온 것임을 숨기지 않는다.7)

---

6) 북한에서 주체사상의 계승성과 독창성을 설명하는 가운데 주체사상과 레닌주의를 구분하는 부분은 바로 이 문제와 관련된다. "레닌주의는 맑스주의를 새로운 명제와 이론들로써 발전시키고 풍부히 하였으나 그 세계관적 기초와 구성체계에서 맑스주의를 그대로 계승하였다. 레닌주의의 모든 사상리론적 내용은 맑스주의 틀 안에서 전개된 것이다. 따라서 레닌주의는 맑스주의의 직접적이며 전면적인 계승으로 되었다"(총서 01 : 47)고 규정한다. 반면에 주체사상은 마르크스주의를 전제로 하면서도, 세계관적 기초와 구성체계가 다르기 때문에 독창적인 사상이라는 주장이다.

두 번째는, 마르크스 - 레닌주의 수용세력의 거칠고 비논리적인 논쟁 태도이다. 주체사상 수용세력이 주장하는 사회역사적 운동의 고유한 합법칙성의 존재에 대한(강동일, 1989 : 28)[8] 김현철의 다음과 같은 야유조의 비판은 이런 특징을 잘 보여준다.

결국 필자는, 이 고유한 합법칙성이 인간의 실천활동에 대한 해명에 의해서만 설명될 수 있다고 두손 높이 치켜들고 부르짖는다. 드디어 필자의 본심이 드러난 듯하다. 그가 강조하려 한 것은 바로 인간의 실천활동이 시종일관 규정하는 역사의 발전이었다. 이것이 사회역사적 운동의 고유한 합법칙성이었다! 드디어 사회역사적 운동에는 더 이상 자연사적 합법칙성이 있을 이유가 없어져버렸다. 인간이 객관적 합법칙성의 '소외'에서 해방되었다. 이제 인간의 '의식적인'(의도적인?!) 실천활동이 운동을 처음부터 끝까지 '틀어쥐고' 사람이 맘먹기에 따라서 역사는 발전에 발전을 거듭할 수 있게 되었다. 아, 실로 인간은 만물의 영장이어

---

7) 이진경은 이른바 주체주의자들이 1987년 6월투쟁 이후 반복적인 우경적 실패와 오류를 범했다고 주장하면서, 민족분열주의자니 교조주의자니 사대주의니 하는 비판은 현실의 실천적 문제를 회피하려는 주체주의자들의 의도된 행태라고 비판한다(이진경, 1989[1] : 14-5).

8) 김현철이 비판의 대상으로 삼은 이 팸플릿에서는 이런 주장을 뒷받침하는 것으로 엥겔스의 『루드비히 포이에르바하와 독일 고전철학의 종말』의 "사회역사에서는 거기서의 행동에 전적으로 의식이 부여되고 고려되며 또 감정을 가지고 행동하면서 일정한 목적을 추구하며 노력하는 인간들이 주체이다. 거기서는 의식된 기도, 의욕된 목표 없이는 아무 것도 일어나지 않는다"(*MECW* 26 : 387)고 한 부분을 인용하여 자신의 논거를 뒷받침하고 있다. 이 팸플릿에서는 인용되지 않았지만 마르크스가 『자본론』 제2판 후기에서 말한 다음의 구절도 자연의 운동과 구분되는 사회역사운동의 특수성을 인정한 것으로 볼 수 있다. 즉 "하나의 동일한 현상이라도 이 유기체들의 상이한 총체적 구조, 그것들의 개개의 기관의 다양성, (기관이 기능하는) 조건들의 차이 등등으로 말미암아 전혀 다른 법칙의 지배를 받는다"(*Capital* I : 28)고 했기 때문이다. 이처럼 사회역사적 운동의 고유한 법칙성의 존재에 대해서는 마르크스와 엥겔스 역시 인정하고 있다는 점에서, 주체사관에서 이의 계승을 주장하는 것은 일단 타당하다. 그러나 사회역사운동이 자연의 운동과 구분되는 것을 마르크스와 엥겔스 역시 인간의 주체성에서 찾고 있지만 그들은 인간의 의지나 욕망과 독립된 사회역사의 자연사적 발전과정의 담지자로 인간을 말하는 반면, 주체사상에서는 사람을 자연으로부터 벗어난 가장 발전된 사회적 존재로서의 주체로 본다는 점에서 세계관에서 차이가 있다고 주장한다. 즉 인용된 팸플릿의 주장과 달리 이 문제는 주체사상의 계승발전의 측면만 아니라 오히려 주체사상의 독창성 주장과 관련되는 것으로 보아야 한다.

라!!(김현철·서인성 외, 1988 : 40)

전술했듯이, 사회역사적 운동이 자연의 일반적 운동법칙과 다른 고유한 법칙성을 갖는다는 것과 역사에서 인간의 의식과 실천이 갖는 능동적 역할에 관해서는 마르크스와 엥겔스는 물론이고, 일부 구조 결정론적 입장을 제외한 대부분의 마르크스주의가 인정한다. 그러나 김현철은 마르크스의 1859년 "정치경제학비판 서문"의 토대와 상부구조 설명에 의거하여, 이런 중요한 문제에 대한 논의 자체를 회피하고 있는 것이다.

마르크스 - 레닌주의의 객관성이나 과학성이라는 것을 이렇게 협소하게 이해함으로써, 그는 구조 결정론적 입장을 취하고 있을 뿐이다. 게다가 더욱 심각한 문제는 논쟁에 임하는 비논리적이고 감정적인 어투와 태도이다. 결국 자신의 천박한 이해 수준을 알지 못한 상태에서 상대에 대한 일방적 매도는 이론의 심화와 발전을 가로막을 뿐만 아니라, 상대방에 대한 감정적 도발로 생산적 논의의 가능성을 애초 봉쇄하는 결과가 되었다.

세 번째는, 특정 분파가 이해하는 마르크스 - 레닌주의라는 주관적인 잣대로 마르크스 - 레닌주의의 다른 정파나 이론적 분파들에 공격을 가하는 경향들도 발견된다.

이미 마르크스 - 레닌주의는 친근한 이념이 되었으나 마르크스주의를 왜곡하는 경향들이 나타나 변혁운동을 위협하고 있다고 보면서, "현재 변혁운동 진영 내에서 다수파를 차지하고 있거나 혹은 차지한 전력이 있는 여러 그룹의 논지를 검토하고, 이 속에서 맑스 - 레닌주의의 방법론에 의거한 교정의 가능성을 보여준다는 구체적 목표를 갖게 된다"는 것이다(백인우, 1988 : 5). 마치 자신의 마르크스 - 레닌주의 이해가 모든 분파들을 평가하는 기준이 될 수 있는 것처럼 주장하는 방법론이라는 것은 결국 마르크스의 변증법과 이론과 실천 문제에 대한 몇 가지 발췌 이상이 아니다.

원전을 몇 부분을 인용한 다음 내리는 결론은 "이상의 거친 설명에서 밝힌 바대로, NL파가 '존재와 의식'이라는 맑스 - 레닌주의 철학의 근본문제와 철저히 유리된 채 '주체와 객체'에 대해 파악하는 것은, 곧장 이론과 실천에 대한 파악에서도 맑스 - 레닌주의와는 전혀 무관하다라는 결론에 도달하게 한다"(백인우, 1988 : 61)고 단언한다.

이런 입장은 이른바 NL파만 아니라 CA파도 함께 비판하는 것이 특징이다. 즉 제국주의 문제와 민주주의 변혁의 문제에서 CA도 역시 다음과 같은 한계를 보였다고 비판한다. 먼저 제국주의 문제에서는 CA파가 NL파의 식민지 반봉건 사회론이나 식민지 반자본주의론에 대해 이론적 방법과 정치적 태도에 대한 비판은 없이, 결론의 단순한 대비나 차이만 확인할 뿐으로, "근본적 차이를 인식한 진정한 분리로서 나아가지 못한 채 절충적 평가나 비교론에 빠지고" 말았다고 비판한다(백인우, 1988 : 214). 또한 민주주의 변혁문제와 관련해서는 과거 CA파의 NDR(민족민주혁명론)에 대한 비판이 새로운 기회주의를 배태시키는 것을 방지하기 위한 것이라고 주장하며, 민주주의적 과제를 혁명적으로 수행하는 민주주의변혁(DR)론을 제시한다(백인우, 1988 : 276 - 82). 즉 자신들이 이해한 마르크스 - 레닌주의로 주체사상파는 물론이고 마르크스 - 레닌주의 내부도 비판함으로써 자신의 분파성을 분명히 하고 있다.

이상과 같이 이 시기 한국의 이른바 마르크스 - 레닌주의 세력들은 마르크스, 엥겔스, 레닌의 원전에 기대어 과학적 이론의 중요성을 강조하며, 매우 분파적이고 정파적인 논쟁을 야기했다. 이진경이 사회과학 방법론의 네 가지 핵심요소로 계급성, 객관성, 전체성, 특수성을 들고 있는 데서 알 수 있듯이(이진경, 1986 : 22 - 33), 과학주의와 객관주의를 마르크스 - 레닌주의의 요체로 인식했다. 특히 그들은 1986년 이래 주요한 경쟁 세력으로 등장한 이른바 주체주의자들을 관념론이나 주관론자로 공격하면서 자신들의 과학성을 우위에 놓았다.

이미 앞에서 살펴보았듯이, 마르크스와 엥겔스 및 레닌은 물론이고 많은 마르크스주의 전통에 속하는 이론가들이 사회역사적 과정의 특수성과 인간 실천의 능동적 역할을 인정하고 있다. 이로 미루어 보면 이들이 마르크스 - 레닌주의라고 철석처럼 믿은 것은 다름아닌 다양한 마르크스주의의 전통 가운데 하나인 스탈린식의 구조중심적 마르크스 - 레닌주의에 다름아니었다.

마르크스주의의 역사는 오히려 과학주의적이고 객관주의적인 입장을 취하는 세력들이 수정주의와 대기론적 오류를 범했음을 보여주었다.

또한 1980년대 중반에는 북한에서도 주체사상의 마르크스 - 레닌주의에 대한 계승성을 소홀히 하는 입장들이 비판의 대상이되고 있음도 앞에서 확인하였다. 그럼에도 이들은 주체사상의 계승성과 독창성 주장을 극히 제한된 아전인수식으로 해석하면서 아예 논쟁의 대상에서 배제시키려 했다.

이런 정파적이고 분파적인 태도는 결국 이 시기 한국에서 진보사상의 창조적 발전을 위한 생산적 논의의 가능성을 사라지게 했다. 결과적으로 마르크스주의 내부의 다양한 입장들과 그들 사이의 논쟁은 물론이고 주체사상과 마르크스 - 레닌주의 사이의 관계 등 긴요한 논의의 대상들은 묻히고 말았다.[9]

---

9) 이 문제와 관련해서는 정통 좌파의 시각에서 주체사상에 비판적이면서도, 주체사상에 대한 체계적 연구의 필요성을 주장한 손호철의 제안은 매우 건설적인 것으로 평가된다(손호철, 1991 : 319-37). 우선 손호철의 주장은 주체사상에 대한 정확한 파악도 없이 일방적인 정파 혹은 당파적 비판만 하는 이른바 정통 마르크스-레닌주의 수용 세력과 달리, 주체사상에 대한 체계적인 비판을 위한 정교한 연구방법을 제시하고 있다는 점에서 생산적 논쟁의 가능성을 열었다는 의의가 있다. 그러나 그도 역시 주체사상의 마르크스-레닌주의로부터의 계승성과 독창성의 문제를 이진경 등과 마찬가지로 전제와 극복의 관계로 보지 않고, 연속 아니면 단절의 기계적인 분리로 이해하고 있다는 점에서 주체사상의 주장 자체에 대한 이해에서 한계를 보인다.

1-3 주체사상 수용세력들의 실용주의적 경향과 소극적 논쟁 태도

이 시기 한국에 수용된 마르크스 - 레닌주의가 원전의 일부 서술에 근거하여 과학주의 및 객관주의 편향을 보였다면, 주체사상의 수용을 주장하는 세력들은 변혁 주체의 능동적인 실천을 강조하는 등 상당히 실용주의적 편향을 노정했다. 즉 주체사상의 수용을 주장하는 논자들은 마르크스 - 레닌주의의 일면성과 제한성을 주장하는 주체사상의 입장을 이론적 검토도 없이 그대로 수용함으로써, 상대적으로 과학적 이론의 중요성보다는 인간의 실천과 의지를 보다 중시하는 경향을 보였다.

이런 상황에서 이 시기의 방법론적 논쟁을 이론의 과학성 확립 시도와 이론을 대중의 삶과 실천 속에서 구체화하려는 노력으로 보는 평가는 상당한 타당성을 갖는다(김창호, 1989 : 15). 전자가 이론의 객관성을 강조하는 것이라면 후자는 이론의 당파성과 실천을 강조하는 것으로, 양자는 원칙적으로 통일되어야 함에도 한국의 진보이론 진영에서는 이론의 과학성과 관련 대립되는 입장으로 나타났다는 지적이다.

김창호는 이 문제를 사람의 의식을 객관세계의 반영인 지식과 사람의 의사와 이해관계를 반영하는 사상의식으로 구분하는 주체사상의 문제의식을 도입하여 해결하려 한다. 즉 그는 이론과 사상의 차별성을 인정치 않고 동일성만 인정할 경우 두 가지의 오류가 나타난다고 주장한다. 이론을 사상의식의 문제로 환원시킬 경우 반反이론주의로, 그리고 사상을 이론으로 환원시킬 경우에는 이론이 대중의 실천을 매개로 구체화되지 않는 교조주의, 이론주의로 나타난다는 주장이다(김창호, 1989 : 16).

전술했듯이, 마르크스와 엥겔스의 사상이 구조 혹은 주체의 어느 하나의 결정론적 입장과 무관하고, 사회역사 발전의 자연사적 이해와 함께 인간 실천의 능동적 역할을 함께 인정한다는 점에서 위의 주장은 상당한 타당성이 인정된다.

주체철학이 변증법적 유물론을 전제로 한다면, 이론과 마찬가지로 사상의식도 객관적 조건에 의해 규정된다는 유물론적 관점을 인정해야 한다. 또한 당시 한국의 구체적인 정치사회적 상황에서 민중들의 사상의식의 발전수준은 그다지 높지 못한 것으로 보아야 할 것이다. 왜냐하면 당시 한국 진보 이론과 운동 진영은 상실한 과학적 이론틀을 복원시키기 시작했을 뿐이기 때문이다.

따라서 당시 한국의 이론 발전은 사상의식의 수준을 발전시킬 수 있는 전제였고, 이럴 때만이 이론과 사상의식 사이의 변증법적 통일은 확보될 수 있을 것이다. 이렇게 보면 이론주의와 교조주의는 당시 한국의 낮은 사상의식의 발전을 촉진시키기 위한 수단이 될 가능성을 배제할 수 없게 된다. 즉 정통 마르크스 - 레닌주의의 도입은 객관적 조건에 대한 과학적 이해를 제고하여 사상의식을 높여 나가기 위한 불가피한 통과의례일 수도 있다는 의미이다.

이런 조건을 감안하면, 주체사상의 수용을 주장하는 논자들이 마르크스 - 레닌주의의 제한성과 일면성에 대한 주체사상의 주장을 교조적으로 수용한 것은 또다른 문제를 야기한다. 즉 마르크스 - 레닌주의에 대한 연구나 그것과 주체사상의 관계 나아가서는 한국의 구체적 조건 전반에 대한 엄밀한 이론적 검토를 소홀히 함으로써, 또다른 편향성을 노정하는 결과가 되었기 때문이다.

이처럼 한국에서 주체사상의 수용을 주장하는 세력들이 보인 편향성은 이론적 논쟁에서 소극성 혹은 회피와 실용주의화로 평가할 수 있다. 즉 이 시기 마르크스 - 레닌주의를 수용한 세력들이 주체사상을 관념론, 주관주의 혹은 운명론 등으로 비판하면서 상당히 야유조의 이론적 공세를 강화한 것에 반해(이진경, 1986 ; 김현철·서인성, 1988 ; 백인우, 1988 ; 강동일, 1988 ; 오진혁, 1989 ; 문영호, 1989 ; 이진경, 1991), 주체사상파들은 상당히 수세적인 입장에서 주체사상의 내용을 소개하거나 비판에 대해 반박하는 형태를 취하였다(김창호, 1989 ;

편집부 엮음, 1989 ; 박경욱 엮음, 1991). 이것은 한국에 주체사상이 소개된 것이 비교적 늦은 1986년 초의 일로 주체사상 자체에 대한 이해가 일천했고, 또한 주체사상의 온전한 이해에 필수적인 마르크스 - 레닌주의에 대한 이해가 아직 낮았던 상황 등에서 기인한 것으로 보인다.

이런 논쟁과정의 소극성 외에 더욱 두드러진 특성은 실천상 매우 실용주의적으로 주체사상을 수용했다는 점이다. 한국의 주체사상파들은 한국의 사회성격을 식민지 반봉건사회 혹은 식민지 반자본주의사회로 규정하고,[10] 식민지 규정성을 미국에 의한 군사적 예속성에 기초한 정치 및 경제 전반의 완전한 예속성에서 찾았다(김장호, 1990 : 68 - 99). 따라서 이들은 현 시기의 민족 - 식민지 문제 해결을 위한 NLPDR(민족해방민중민주주의론)을 한국 변혁운동의 노선으로 제시했다(조진경, 1988[1] : 75 - 8). 그러나 이들의 한국 사회성격론과 변혁론은 북한의 주장을 그대로 수용하는 경우가 대부분이었다.

한국에서 주체사상 전파에 상당한 영향을 미친 것으로 평가되는 '통혁당 방송'을 운영한 통혁당은 1969년 8월에 채택된 「통일혁명당 선언과 강령전문」에서 한국 사회성격을 다음과 같이 규정하고 있다. 즉 "이는 오로지 미제국주의의 군사적 강점과 그 침략정책에 있으며 낙후한 식민지반봉건적 사회제도에

---

10) 북한이 남한의 사회성격을 식민지 반봉건에서 식민지 반자본주의로 변경한 것은 1985년 7월 27일 기존의 통일혁명당을 한국민족민주전선으로 개칭하고, '통혁당 방송'을 '한민전 방송'으로 개명하면서의 일이었다. 이는 한국자본주의 발전의 고도화와 농촌 지주계급의 사실상의 청산 등 한국사회의 변화를 반영하면서, 식민지 반봉건사회론에 대한 한국 내의 이론적 비판에 내응하기 위한 것으로 평기될 수 있을 것이다. 이처럼 한국의 주체사상 전파에 상당한 영향력을 발휘한 '통혁당 방송'과 후신인 '한민전 방송'을 관리한 통혁당은 1961년 11월 조선로동당 제4차 당대회의 김일성의 중앙위원회 사업총화보고에서 남한의 맑스·레닌주의 당 건설 필요성이 제기된 이후 1964년 2월 조선로동당 제4기 8차 전원회의 결의로 서울의 김종태, 김질락 등을 중심으로 동년 3월 서울에서 창당준비위원회가 발족되었다. 1968년 7월 김종태, 이문규, 김질락 등 조직 핵심부가 체포 와해되었으나, 북한에서는 동년 8월 통혁당을 공식 창당하고 이후 한국 내 비합법 정당이라고 주장하고 있다. 통혁당은 1985년 7월 27일 한민전으로 개칭 운영되다가 2005년 3월 29일부터 현재까지는 반제민족민주전선으로 다시 개칭되었다. 한민전은 1986년 통혁당 일본대표부를 한민전 일본대표부로 개편했으나, 서울대표부는 1990년 11월 이전까지는 반제청년동맹, 반미청년회 등의 명칭을 사용하다가 이후 한민전 서울대표부로 개칭했다.

있다'(이주현, 1991 : 333 - 4)고 주장하며, 다음과 같이 변혁운동의 성격과 목표를
규정한다. "우리 당의 당면 목적은 한국에서 인민민주주의 혁명을 수행하여
부패한 식민지반봉건적 사회제도를 전복하고 그 무덤 위에 인민민주주의
제도를 건립하며 나아가서 민족의 희원인 국토통일의 대업을 성취하는 데
있다."(이주현, 1991 : 336)

인민민주주의 혁명은 다름아닌 민중민주주의 혁명(PDR)이고 북한이 반미
자주화 투쟁을 가장 중요시해온 점을 고려하면 NLPDR론도 통일혁명당 나아
가서는 북한의 한국 변혁운동 성격 규정과 동일함을 알 수 있다. 따라서
1980년대 중반 한국의 주체사상파들이 한국을 식민지 반봉건사회로 규정한
것은 이런 북한의 입장을 그대로 수용한 결과로 보인다.

특히 1985년 7월 27일 한국민족민주전선으로 개칭한 후, 1988년 초 한국
사회성격 문제를 정리한 "주체의 시각에서 한국사회를 다시 본다"는 문헌을
통해 공식적으로 식민지 반자본주의론을 제기한 것으로 알려진다(이주현, 1991
: 203). 한국에서 주체사상파에 의해 식민지 반자본주의론이 제기된 것이 대략
1988년 이후의 일인 점을 감안하면, 이들의 한국 사회성격과 변혁론이 북한의
그것을 직접 수용했다는 점은 분명해 보인다.

북한의 입장을 수용한 주체사상파들은 마르크스 - 레닌주의를 수용한 세력
에 비해 통일전선의 외연을 상당히 광범위하게 확대할 수 있었고, 인민민주주의
혁명과 당면의 반파쇼 민주화투쟁을 보다 용이하게 결합시키는 것이 가능했다.
이런 실천상의 유연성은 곧바로 학생운동을 중심으로 하는 반독재 민주화
투쟁에서 주도세력의 위치를 차지할 수 있게 하였다. 그 결과 주체사상파는
이론과 실천의 통일이라는 명분하에 이론의 실용적 운용에 더욱 집착했다.

주체사상파들이 수용한 식민지반봉건 혹은 식민지반자본주의라는 한국
사회성격 규정과 변혁론으로서의 NLPDR론이 나름대로 이론적 및 실천적

기여가 없었던 것은 아니었다. 한국 사회성격과 변혁의 방향을 모색하는 과정에 식민지성 혹은 신식민지성을 제기함으로써 일국적 시각이 아닌 국제적 시각으로 인식의 지평을 넓혔고, 반미자주화를 주요한 투쟁의 목표로 제시할 수 있었다. 그러나 주체사상파의 사상이론에 대한 교조적 태도와 실용주의화 경향에 대해서는 조희연의 다음과 같은 지적이 적확한 것으로 보인다. 조희연은 한국 사회의 사회경제적 분석이 주체사상으로부터 자동적으로 도출될 수는 없다고 지적하며, "남한사회의 사회경제 상태에 대한 북한사회의 분석은 하나의 공백 상태에 놓여 있다고 보는 것이 정확하지 않은가 생각된다. 그리고 그 공백은 북한측의 몫이 아니라 남한사회의 주체적 분석의 몫으로 주어지고 있다고 생각된다. 공백으로 존재한다고 하는 것은 NL론의 사회경제적 분석의 한계라고 규정하는 것이 정확하지 않은가 하는 생각이 든다"(박현채·조희연, 1989[2] : 29)고 했다. 즉 북한이 주체사상의 사회역사적 원리에 따라 한국사회의 식민지성이나 반봉건성을 주장하더라도, 한국사회의 정확한 성격규정은 한국 사회에 살며 이를 변혁의 대상으로 하는 사람들의 몫이기 때문이다. 따라서 주체사상을 수용한다고 하여, 북한이 규정하는 한국 사회성격 규정까지 교조적으로 수용한 한국 주체사상파들의 안일한 태도는 비판되어야 한다.

1987년 8월경 발표된 필자 미상의 글인 "우리의 현실과 과제"에서는 NLPDR론이 당면의 민주변혁에만 몰두하는 우경적 태도에 대해 다음과 같이 비판하고 있다. "결국 NLPDR론은 권력문제를 회피함으로써, 관념적으로는 과격한 듯 보이는 반미자주화투쟁을 상정하면서도 현실에 있어서는 6월 투쟁의 끝까지 직선제 개헌 쟁취라는 극히 우경화된 입장을 취하게 되었다."(박현채·조희연, 1989[2] : 257) 이런 비판은 주체사상파들이 당면 투쟁에만 실용적으로 대응한 결과, 독자적인 민중권력 쟁취를 위한 장기적 목표를 설정하지 못했다는 것이다. 이처럼 이론적 논쟁에의 소극성과 실용주의적 이론화 경향은 다름아닌 주체사상의 교조적 수용이 초래한 편향이라 할 수 있을 것이다.

1980년대 중후반 한국에서 진보이론의 수용은 외면적으로 치열하고 신랄한 비판이 교환되는 등 상당히 활발하게 진행된 듯 보인다. 또한 사회구성체 혹은 사회성격 논쟁과 변혁론 논쟁 등 질과 양 모든 측면에서 상당한 연구성과들이 축적된 것도 사실이다. 그러나 이런 현상적 치열성과 성과들에도 불구하고 이 시기 한국 진보이론 진영이 매우 취약한 입지에 있었다는 사실이 곧 드러나고 말았다.

한국에서 진보이론이 본격적으로 수용되기 시작했던 1980년대 중반은 세계적 범위에서 현실사회주의의 위기와 마르크스주의를 비롯한 진보이론 전반의 위기가 도래한 시기였다. 적어도 진보적 운동과 이론이라는 측면에서는 한국과 세계의 시계바늘이 정확히 반대의 방향을 가리키고 있었던 것이다. 그러나 이런 역방향은 그 본질상 오래 지속될 수 없는 것이었고, 특히 1987년 6월 민주항쟁 이후 한국의 민주화는 한편으로는 진보이론 전반에 대해 심각한 자기성찰을 요구하는 것이기도 했다.

이 시기 한국의 진보이론 진영에는 세계적 변화를 자기의 이론틀 속에서 정확히 해석하고 민주화를 시작한 한국사회의 공간에서 근본적 변혁을 향한 중장기적 이정표를 확립하는 과제가 부과된 것이다. 또한 이 문제는 바로 한국에 수용된 마르크스-레닌주의와 주체사상의 내구력과 생명력을 검증하는 것이기도 했다. 그러나 이 시기 한국 진보이론들은 이런 과제에 제대로 대응하지 못하고, 다양한 포스트주의 담론들에 이론적 주도권을 상실하는 결과가 되었다.

진보이론들이 현상적으로 치열한 논쟁과 만만치 않은 성과를 남겼음에도, 이런 취약함을 보인 것은 무엇 때문이었을까? 이론의 내구력은 적용 대상이 되는 사회의 실천적 요구에 제대로 부응하는 데 있다. 즉 아무리 선진적인 이론이라고 할지라도 실천적으로 유효하지 않으면 죽은 이론이다. 이미 1845년 마르크스는 "포이에르바하에 관한 테제"에서 "인간은 실천에 의해 진리, 즉 그의 사유의 현실성과 힘, 현세성을 증명해야만 한다"(MECW 5 : 3)고 강조했었다. 이론이 객관적으로 존재하는 사회를 실천을 통해 파악하고 변혁하는 데 도움이 되지 않는다면, 그 이론은 이미 관념일 수밖에 없는 것이다.

마르크스 - 레닌주의와 주체사상이 각각 변증법적 유물론에 기반하거나 전제로 승인한다고 주장하는 점에서도, 이런 실천에 의한 이론의 객관 진리성 검증은 필수적이다. 그러나 위에서 살펴보았듯이, 1980년대 중후반 한국 진보 이론 진영은 마르크스 - 레닌주의와 주체사상을 교조적으로 수용하여 실천적 정파와 이론적 분파의 패권 경쟁의 도구로 사용했을 뿐이었다. 마르크스 - 레닌주의 수용세력들이 마르크스주의 전반이 아닌 스탈린식의 마르크스 - 레닌주의를 교조적으로 수용하여 과학성과 객관성만을 일방적으로 강조했다면, 주체사상 수용세력들은 주체사상의 주장들을 신주단지 모시듯 하며 이론적 논쟁에서 소극적이거나 회피하는 모습만 보여주었을 뿐이었다.

외형적으로 치열한 논쟁은 사실 야유와 매도 및 상대방에 대한 무시 속에 주고받은 말잔치에 불과한 것이었다. 뒤에서 다시 상술하겠지만, 주체사상의 마르크스 - 레닌주의에 대한 계승성과 독창성 주장에 대한 이 시기 한국 진보이론 진영의 해석들은 이를 보여주는 좋은 사례이다. 즉 한국에서 주체사상의 수용을 배척했던 논자들은 주체사상의 계승성 주장은 거짓이고, 실상은 미르크스 - 레닌주의의 변증법적 유물론을 내팽겨친 인간중심의 관념론에 불과한 독창성만 있을 뿐이라고 주장했다(이진경, 1989[1] : 17 - 8). 이에 반해 주체사상 수용세력들은 북한의 주장을 그대로 수용하여 계승성을 토론의 여지없는 사실 자체로 전제하고 철학의 새로운 질적 발전으로 주체사상의 독창성을 승인했을 뿐이다. 즉 그들에게 주체사상의 계승성과 독창성 문제는 신조이자

선전의 대상이지 이론적 검토의 대상이 아닌 것이었다.[11]

정확히 이 시기 북한에서도 주체사상의 계승성과 독창성 문제는 심각한 논의의 대상이되고 있음을 확인하였다. 즉 1986년 6월 27일 김정일의 담화 "주체사상은 인류의 진보적 사상을 계승하고 발전시킨 사상이다"와 같은 해 7월 15일 김정일 담화 "주체사상교양에서 제기되는 몇가지 문제에 대하여" 는 주체사상의 계승성에 대한 내부의 오류를 시정하는 것을 주요 목표로 한 것이었다. 이처럼 주체사상의 탄생지인 북한에서도 여전히 논의의 대상이되고 있던 이 문제를 취급하는 한국의 주체사상 배척 혹은 수용 세력들은 너무나 안이한 방식으로 논쟁의 대상에서 배제시켜 버리고 있는 것이다. 사상이론을 대하는 이런 안이한 태도는 결국 논쟁을 통해 획득할 수 있는 창조적 적용 가능성을 사전에 차단하는 결과를 초래할 뿐이었다.

마르크스 - 레닌주의와 주체사상에 대한 교조적 수용과 배척은 결국 이 시기 한국 진보진영의 이론적 및 실천적 불임성을 강화했을 뿐이고, 결과적으로 대내외 상황의 변화에 따라 '죽은 개' 취급을 당하는 처지에 놓이게 했을 뿐이었다.

이런 점을 확인하기 위해 다음 절에서는 주체사상의 한국적 수용과정의 특징과 문제점을 주체사상이 전일적 체계의 구성요소들이라고 주장하는 사상, 이론, 방법의 세 수준으로 나누어 고찰하고자 한다.

---

11) 조진경은 주체사상의 선행 사상의 계승, 발전 문제가 간단히 결론을 내릴 수 있는 문제는 아니라고 하면서도 곧 이어서 다음과 같이 이 문제를 일방적 선언으로 정리하고 있을 뿐이다. "새로운 사상의 내용을 살펴보기에 앞서 전제되어야 할 점은 이 사상이 선행한 변혁사상을 기계적이 아니라 그것을 변증법적으로 부정했다는 점, 즉 선행 사상의 진수·핵심을 그대로 계승하면서 그것을 더욱 발전시켰다는 점이다. 다시 말해 변증법적 유물론 및 사적 유물론의 기본 원칙들과 단절되는 것이 아니라 그것을 전제로 하며 그 성과의 토대 위에서 내용을 확대·심화시킨 것이라는 점이 반드시 이해되어야 한다."(조진경, 1988[1] : 27) 바로 앞뒤의 문장에서 이렇게 다른 의미의 말을 할 수 있다는 것은 이 필자에게 주체사상의 주장은 이론적 검토를 통한 논증의 대상이 아니라 이미 종교적 신앙의 것으로 받아들여야 한다는 강변일 뿐이다.

제2절 한국의 주체사상 수용과정 : 선험적 비판과 교조적 수용

주체사상의 한국적 수용과정에 관한 연구는 전제로서 주체사상 원래의 사상이론적 내용을 파악한 기초 위에, 그에 대한 한국에서의 이해와 구체적인 상황 적용까지를 대상으로 해야 한다. 그러나 주체사상의 주요 내용은 이미 전술한 바 있기 때문에, 이 절에서는 한국적 수용과 관련되는 부분만을 선택적으로 다룰 것이다.

주체사상 자체가 사상, 이론, 방법의 전일적 체계라고 주장할 만큼 광범위한 내용을 망라하고 있다. 따라서 주체사상의 어떤 부분을 한국적 수용의 대상으로 삼을 것인가를 먼저 결정해야 한다.

전술했듯이, 손호철은 주체사상 연구 방향으로 일반 사상·이론 체계로서의 주체사상, 사회주의 건설 이론으로서의 주체사상 및 한국 사회성격과 변혁론으로서의 주체사상의 세 수준으로 연구 대상을 나눈 바 있다(손호철, 1991 : 321). 손호철의 제안에서 앞의 두 가지는 북한의 지도사상으로서의 주체사상의 내용이나 북한에서의 지위와 기능을 연구대상으로 하는 것이라면, 세 번째 연구 수준은 남한에 수용된 주체사상의 내용과 그것의 기능을 연구대상으로 하자는 의미가 된다. 조희연도 주체사상의 평가를 다음의 세 차원으로 나누어 해야 한다고 주장한다. 즉 마르크스주의의 창조적 발전사 속에서 주체사상이 가지는 일반이론적 의미, 북한이라고 하는 특수한 조건에서 사회주의 발전을 수행하는 과정에서 갖는 역사적 의미, 남한사회에 대한 사회경제적 분석으로서의 의미이다(박현채·조희연, 1989 : 28 - 9). 즉 조희연은 연구대상을 마르크스주의와 주체사상의 관계 혹은 주체사상의 역사적 지위 문제, 북한에서 주체사상이 차지하는 지위와 기능 문제 및 남한에서의 수용과 기능으로 나누고 있다.

손호철과 조희연의 연구대상의 분류는 주체사상을 다층적 수준에서 세분화시켜 연구하고자 하는 점에서 상당한 의미가 있다고 보지만, 주체사상의 한국적 수용과정을 연구하는 데 그대로 적용하는 것은 무리가 있다고 본다. 한국에서의 수용은 주체사상이 갖는 세 가지 수준 모두를 망라한 것이었고, 이렇게 수용된 주체사상을 해석하고 한국의 구체적 상황에 적용시키는 데서 의의와 문제점을 발견하는 것이 되어야 하기 때문이다.

먼저 주체사상의 사상, 이론, 방법을 한국의 진보이론들이 어떻게 해석하고 이를 한국 사회성격과 변혁운동 규정에 어떤 방식으로 적용했는지를 고찰하고자 한다. 또한 주체사상의 남북한에서의 기능적 차이를 비교함으로써, 한국에서 주체사상이 갖는 역할과 한계도 고찰하고자 한다.

2-1 일반 사상·이론 체계로서 주체사상의 수용과 비판

주체사상은 사상, 이론, 방법의 전일적 체계라고 주장한다(총서 01 : 41). 즉 철학적 원리, 사회역사적 원리 및 지도적 원칙은 주체의 사상의 구성요소이다. 그리고 이론은 반제반봉건 민주주의혁명 이론과 사회주의혁명 이론, 사회주의 공산주의 건설 이론, 인간개조 이론, 사회주의 경제건설 이론, 사회주의 문화건설 이론으로 구성된다. 즉 혁명과 건설에 관한 이론이다. 방법이란 영도체계와 영도예술로 영도의 방법을 말한다.

주체사상이 주장하는 이런 3대 구성체계 가운데 사상이 바로 일반 사상·이론에 해당된다. 따라서 일반 사상·이론 체계로서의 주체사상을 연구할 경우, 철학적 원리와 사회역사적 원리 및 지도적 원칙을 대상으로 삼아야 한다. 여기서는 주체사상의 사상에 해당하는 부분 가운데 한국에서 수용되던 과정에서 가장 빈번히 논쟁되었던 문제들을 중심으로 고찰하고자 한다.

2-1-1 주체사상의 계승성과 독창성 문제

주체사상은 철학적 원리에서 마르크스 - 레닌주의와 세계관적 기초와 구성
체계에서 질적으로 다른 독창적인 혁명사상이라고 주장한다. 즉 마르크스주의
가 변증법적 유물론적 세계관에 기초했다면, 주체사상은 사람을 철학적 고찰의
중심에 놓음으로써, "세계를 지배하고 개조하기 위한 정확한 방도를 밝혀주는
가장 혁명적이며 과학적 세계관"(총서 01 : 58)이라고 주장한다. 또한 구성체계
에서도 마르크스 - 레닌주의가 철학, 정치경제학, 과학적 사회주의를 3대 구성
으로 하는 반면, 주체사상은 사상, 이론, 방법의 전일적 체계라고 주장한다(총서
01 : 44). 이로 인해 레닌주의는 세계관적 기초와 구성체계에서 마르크스주의를
그대로 계승함으로써 "레닌주의는 맑스주의의 직접적이며 전면적 계승"(총서
01 : 47)인 반면, 주체사상은 마르크스 - 레닌주의를 계승하면서도 질적으로
새로운 내용을 가진 독창적인 사상이라고 주장한다(총서 01 : 47).

따라서 주체사상의 철학적 원리를 연구 대상으로 할 경우 가장 먼저 해명되어
야 할 과제는 바로 주체사상의 마르크스 - 레닌주의에 대한 계승성과 독창성
문제이다. 주체사상은 마르크스 - 레닌주의와의 연관성, 즉 계승발전의 측면을
다음의 몇 가지 점에서 찾고 있다.

첫째, 주체사상과 마르크스 - 레닌주의는 "로동계급의 혁명위업에 복무하는
그 계급적 리념과 사명의 공통성으로 하여 맑스 - 레닌주의와 깊은 연관"(총서
01 : 48)을 갖는다고 주장한다.

둘째, 마르크스 - 레닌주의 철학이 "자연, 사회, 사유의 변화발전의 가장
일반적인 법칙을 밝혔으며 사람이 환경의 산물일 뿐 아니라 환경 자체를
변혁한다는 것을 해명"(총서 01 : 60)함으로써, 사람의 운명 문제에 대한 해답을
주는 데 큰 진전을 이루었다고 주장한다.

자연, 사회, 사유의 변화발전의 일반적 법칙을 밝힌 것이 다름 아닌 변증법적

유물론이고, 사람의 환경 변혁 능력에 관한 것이 역사적 유물론의 중요한 한 측면임을 감안한다면, 주체사상은 바로 마르크스의 변증법적 및 역사적 유물론을 계승하는 것이 된다.

그러나 주체사상은 마르크스주의 철학이 사람의 운명 개척을 위한 합법칙성이나 방도 문제에는 해답을 주지 못하는 제한성을 가진다고 주장한다. 마르크스와 엥겔스가 사회역사적 운동을 자연의 운동과 구별되는 특수성을 가지고 인간의 능동적인 의지와 실천이 중요한 역할을 한다는 점을 인정하였다고 하더라도,[12] 이런 합법칙성이나 방도에 관해 전면적으로 해명하지 못했다는 주장이다.

주체사상에 따르면 마르크스주의는 인간 주체성을 물질발전의 합법칙성에 종속된 것으로 보기 때문에, 사람의 환경에 대한 전면적인 개조발전의 합법칙성까지는 밝힐 수 없었다고 주장하는 것이다. 바로 이 지점에서 주체사상의 독창성 주장이 제기된다. 계승성과 독창성에 대해 주체사상은 다음과 같이 독창성을 더욱 주되는 것으로 주장한다.

주체사상은 맑스-레닌주의가 이룩하여 놓은 사상리론적 업적을 옹호하고 구현해나가는 과정에서 창시되고 발전되여왔다. 그리고 주체사상은 관념론과 형이상학의 온갖 조류들을 반대하고 유물론적이며 변증법적인 입장을 철저히 고수하여온 사상이다. 주체사상이 밝혀주는 혁명리론도 역시 부르조아리론과 기회주의리론으로부터 맑스-레닌주의의 혁명적 진수를 옹호하고 그것을 우리시대의 혁명실천의 요구에 맞게 창조적으로 적용하고 발전시키는 과정에서 창시되고 발전 풍부화된 리론이다. 이와 같이 주체사상은 맑스주의와 깊은 관계를 가지고 있지

---

12) 마르크스는 자연의 운동과 구분되는 사회역사적 운동의 고유한 합법칙성을 『자본론』 독일어 제2판 후기에서 명시적으로 인정하고 있다(*Capital* I : 28). 또한 엥겔스도 『루드비히 포이에르바하와 독일 고전철학의 종말』(*MECW* 26 : 387) 등에서 사회역사적 운동에서 인간의 주체적 실천의 중요성을 강조하고 있다.

만 이 관계는 계승성과 독창성 가운데 독창성이 주되는 것으로, 기본으로 되는 관계이다(총서 01 : 48).

주체사상의 마르크스 - 레닌주의에 대한 계승성은 바로 유물론과 변증법 그리고 혁명적 요소라는 주장이다. 이에 반해 독창성은 계승된 요소들을 전제로 하여 마르크스 - 레닌주의가 시대적 제한성으로 인해 해명하지 못했던 부분, 즉 사람이 세계와 자기 자신의 운명을 개척하는 합법칙성과 방도에 관한 문제를 해명하는 데 관련된다는 주장이다.

이런 문제를 해결하는 개념적 장치들이 앞에서 설명했던 새로운 철학의 근본문제와 철학적 원리이다. 주체사상은 철학의 근본문제에 대해 "그 해결이 다른 모든 문제의 해명을 위한 사상리론적, 방법론적 기초를 이루는 문제로서 세계관을 세우는 데 선차적으로 풀어야 할 가장 기초적인 문제"(총서 01 : 75)라고 규정한다.

김정일은 "주체사상에 대하여"에서 "주체사상은 세계의 시원문제가 유물론적으로 밝혀진 조건에서 세계에서 사람의 지위와 역할 문제를 철학의 근본문제로 새롭게 제기하고 세계의 주인이 누구인가 하는 문제에 해답을 주었습니다"(김정일, 1982 : 114)라고 했다. 이에 따라 주체사상은 사람이 모든 것의 주인이고 모든 것을 결정한다는 철학적 원리를 확립함으로써, 근로인민대중들로 하여금 "자기 운명을 개척하기 위한 투쟁으로 힘있게 고무추동하는 가장 과학적이며 혁명적인 사람위주의 원리"(총서 01 : 95)가 된다고 주장한다. 즉 주체사상은 마르크스 - 레닌주의가 구조와 주체 사이의 긴장을 완전히 해결하지 못한 이유를 변증법적 유물론이 갖는 물질중심의 일면성과 제한성에 있다고 보는 것이다.

1950년대 후반 동유럽의 인간주의적 마르크스주의에 대해 "마르크스의

유산이란 이름으로 마르크스 - 레닌주의를 공격했다"(Agger, 1979 : 203)고 평가
한 애거의 표현을 빌린다면, 주체사상은 새로운 세계관이라는 이름으로 사실상
구조중심적 마르크스 - 레닌주의를 공격한 것이었다. 따라서 주체사상의 마르
크스 - 레닌주의에 대한 제한성과 일면성 주장은 소련의 구조중심적 마르크스
- 레닌주의를 수용했던 한국의 정통 좌파들로서는 도저히 받아들일 수 없는
것이었다.

　당시 한국에서 제기된 주체사상에 대한 가장 조잡하고 비생산적인 비판은
주체사상의 내용 자체를 철저히 무시해 버리는 것이었다. 다음과 같은 주장에서
이런 태도가 가장 잘 드러난다. 즉 "주사에서 제기하는 도저히 용납 못할
유치한 문제들은 이미 오래 전에 논파된 문제들이기 때문이다. 따라서 우리는
주사에 대한 더 이상 세세한 비판은 그리 생산적이지 못한 논쟁으로 끌려들어갈
뿐이라고 본다. 그것은 무익한 정력의 낭비일 뿐이다. 오히려 우리가 시급히
풀어야만 되는 과제는 주사를 가지고 따지는 일이 아니라 맑스 - 레닌주의적
관점에 철저히 입각하여 현재 제기되고 있는 사상·이론적 문제에 답하는
일이다"(김현철·서인성 외, 1988 : 79)라며 아예 논쟁 자체를 거부했다.

　또한 물질과 의식을 철학의 근본문제로 하는 마르크스 - 레닌주의와 달리,
주체철학에서는 "기초(또는 기초적)라는 명확한 용어가 철학적으로 무가치한
동어반복으로 쓰였다. 아니면 인간과 세계의 관계에 관한 자신의 속류 변증법을
근본문제에 대한 새로운 정의로 변장하고 합리화하기 위한 술수로 사용"(오진
혁, 1989 : 25)되고 있다는 비판도 제기되었다. 주체사상이 제기한 철학의 근본문
제는 결국 주관주의적 운명론과 속류 변증법으로 구성된 주체주의자들의
고안물일 뿐이라고 주장했다. 이런 입장은 주체철학을 아예 "인간위주의 철학,
독창적인 인간학, 최신 주체주의"(오진혁, 1989 : 13)에 불과하다고 선험적으로
규정하고 있다.

이런 방식의 비판들은 앞에서 보았듯이 1970년대 중반 이후 1980년대 중반까지 북한에서도 계승성 문제에 대해 내부 이견이 있을 정도로 복잡한 문제라는 점에서 비학문적이고 비논리적인 것으로 비판받을 수밖에 없다. 또한 주체사상 자체가 '인간본위'나 '인간중심'이라는 개념과 근본적 차이를 강조하고 있는 점에서도 재고되어야 한다. 즉 주체사상은 인간본위라는 개념이 인간을 신에 예속된 존재로 보는 종교적 견해라고 비판한다. 또한 인간중심은 주로 의지와 자유 문제, 자기행위의 책임성 문제, 인격 형성 문제나 개인의 행복, 인간생활의 가치와 같은 윤리도덕적이거나 사람의 내적, 주관적 측면이나 인생에 관한 문제에 치중한 것이었다고 비판한다(총서 01 : 56). 이와는 달리 주체사상에서 제기하는 사람위주의 세계관은 다음과 같이 구별된다고 주장한다.

주체의 철학적 세계관이 담고 있는 세계에 대한 관점과 입장은 바로 사람을 중심으로 세계를 대하는 관점과 입장이며 사람이 세계를 개조하고 자기 운명을 개척하기 위한 인식과 실천활동에서 견지되어야 할 철학적 방법론이므로 사람위주의 관점과 입장이 된다. 이와 같이 주체의 철학적 세계관은 모든 내용이 사람을 중심에 놓고 전개되고 사람의 운명개척에 이바지하므로 사람위주의 철학적 세계관으로서의 특징을 가진다(총서 01 : 63).

기존의 인간학과의 차이점을 이해시키기 위해 『주체사상의 철학적 원리』에서는 종교철학, 이황의 객관관념론 및 피히테의 주관관념론, 제임스의 실용주의, 칸트의 물자체 개념, 실존주의 그리고 데카르트와 스피노자, 베이컨, 포이에르바하 등에 이르기까지 상당한 지면을 할애하여 주체사상의 사람위주 세계관과 비교하고 있다(총서 01 : 97 - 106). 이것을 보더라도 주체사상은 나름대로 사람위주 사상이 마르크스 - 레닌주의의 변증법적 유물론을 전제하면서도, 나아가서는 새로운 철학의 근본문제와 철학적 원리에 서 있음을 강조하려고 한다. 즉 주체사상은 마르크스 - 레닌주의가 해명한 변증법적 유물론을 전제함으로써 관념론적인 인간학과 구분된다고 주장하는 것이다.

유물론과 변증법을 전제로 하면서 주체사상이 사람위주의 세계관을 세울 수 있다고 주장하는 근거는 바로 사람에 대한 주체사상의 새로운 철학적 견해에 의해 가능하다고 주장한다.

주체사상은 사람을 포함한 세계의 모든 사물이 물질적 존재라는 점을 인정하면서, 물질들 사이의 발전수준의 차이를 인정한다. 그리고 특히 사람은 육체적 구조와 기능에서 다른 생명물질과 구분될 뿐만 아니라 복잡한 사회적 관계를 맺고 살아가는 사회적 존재라는 점에서 질적으로 구별된다고 주장한다. "사람이 사회적 존재이기를 그만둔다면 단순한 생명유기체에 지나지 않는 것이 된다. 그렇기 때문에 사람의 본질은 사회적 존재로 규정되는 것이다. 사람은 사회적 존재이기 때문에 물질적 존재 일반이나 생명물질 일반과 구별되는 자기의 고유한 속성들, 특히는 본질적 속성을 가진다."(총서 01 : 140)

사회적 존재로서 사람이 갖는 본질적 속성인 자주성, 창조성, 의식성으로 해서 사람은 세계를 지배하고 개조하는 주인의 역할을 할 수 있게 된다고 주장한다. 즉 주체사상은 사람을 포함한 객관세계에 관한 존재론 및 인식론적 진리가 변증법적 유물론에 의해 해명된 것을 전제하고, 물질발전 수준과 사회적 존재로 인해 갖게 되는 사람의 본질적 속성으로 인하여 사람은 세계를 지배하고 개조하는 지위와 역할을 할 수 있게 된다는 것이다. 여기서 마르크스 - 레닌주의와 주체철학의 입장은 각각 전제(계승성)와 일면성의 극복(독창성)의 관계로 시간적으로나 내용적으로도 선후의 관계에 있다는 주장이다.

따라서 주체사상을 단순히 주관주의나 관념론으로 비판하는 것은 근거가 없다. 비교연구의 대상은 마르크스 - 레닌주의의 물질이나 인간에 관한 개념 전반이 되어야지, 마르크스 이전의 다양한 철학적 입장이나 현대의 관념론적 입장들과의 비교는 생산적인 의미를 가질 수 없게 된다. 왜냐하면 이미 고찰했듯이 주체사상은 스탈린 이후의 구조중심적 마르크스 - 레닌주의에 대한 비판이고, 주체사상은 구조중심적 편향성이 마르크스주의 철학의 제한성에서 유래하는 것으로 보기 때문이다.

주체사상의 이런 주장들을 고려하여 보다 체계적으로 주체사상과 마르크스 - 레닌주의의 철학적 입장을 비교함으로써 주체사상을 비판하는 견해들이 제기되었다. 강동일의 다음과 같은 주장이 이런 경우에 해당하는데, 주체사상에 대한 비판을 다음의 세 종류로 분류하고 각각을 반反비판한다.

첫 번째는, 주체사상을 헤겔류의 절대관념론으로 비판하는 경우인데, 주체사상의 자주성이 헤겔의 절대정신이나 신과 같은 개념일 수 없다는 점에서 이런 주장을 기각한다. 둘째는, 주체사상을 버클리나 흄, 마하 등과 같은 주관적 관념론으로 보고 비판하는 입장인데, 이 역시 주체사상이 모든 사물이 사람의 작용에 의해서만 운동하는 것으로 보지 않는다는 점에서 타당치 않다고 본다. 세 번째로, 주체사상을 동유럽의 주체적 유물론과 동일시하는 입장인데, 1960~70년대 주체사상 관련 문헌들이 이들을 수정주의로 비판하는 점에서 동일시할 수 없다고 비판한다(강동일, 1989 : 234).

이처럼 강동일은 주체사상에 대한 비판적 입장에 반비판을 가한 다음 마르크스 - 레닌주의와 주체사상의 성립과정을 파악한 데 기초하여, 철학의 근본문제에서 두 사상은 근본적으로 다른 것이라고 주장한다. 즉 그의 주장에 따르면, 마르크스 - 레닌주의의 철학의 근본문제인 물질과 의식의 관계는 인류 역사가 아무리 발전해도 변화될 수 없는 것이라고 한다. 그러나 주체사상의 철학의 근본문제는 각각의 세계관마다 다른 그것을 갖는다고 보는 점에서 오류라고 주장한다. 즉 "이는 맑스 - 레닌주의를 창조적으로 적용한다는 것과는 질이 다른 문제로, 세계관마다 자신의 필요에 따라 나름대로의 철학의 근본문제를 제기할 수 있다는 실용주의적 세계관에 빠지는 것이다'(강동일, 1989 : 266 - 7)라고 주장한다.

그러나 이런 주장은 마르크스와 엥겔스가 『도이치 이데올로기』에서 현실적이고 실증적 과학의 정립과 함께 자립적 철학이 종말을 고한다고 한 점을 연상시키는데(*MECW* 5 : 37), 물질과 의식의 관계문제를 초역사적인 철학의 근본문제로 보고 마르크스 - 레닌주의 철학과 함께 이 문제는 완전히 해결된 것으로 보는 것이다. 요컨대 이런 입장은 물질과 의식의 관계문제가 여전히 철학의 근본문제라는 입장에서 주체사상의 독창성 주장을 관념론적 오류로 비판하는 것이다.

정세연도 이와 유사한 관점에서 주체사상의 새로운 철학의 근본문제를 비판한다. 즉 "인간의 사회적 실천이 존재하는 한, 그리하여 객관세계의 합법칙성에 대한 인식의 필요성이 존재하는 한, 철학의 근본문제는 여전히 존재와 의식의 문제"(강동일, 1989 : 185)라는 것이다. 주체사상이 결국에는 스스로가 비판하는 사르트르나 동유럽의 실천의 철학과 마찬가지로 주관적 관념론으로 전락할 수밖에 없다고 주장하며, 주체사상이 유물론을 시인한다는 주장을 견지하기 위해 유물론과 관념론의 분류법 자체를 폐기하기에 이른 것이라고 비판한다(강동일, 1989 : 182 - 3). 즉 주체사상이 스스로 비판하는 철학적 인간학을 비롯한 제반 인간학과 다를 바 없는 동일한 관념론이지만, 스스로 유물론인 것처럼 행세하기 위해 아예 철학의 근본문제를 사람이 세계에서 차지하는 지위와 역할로 변경시켜 버렸다는 주장이다.

그러나 주체사상이 철학의 근본문제를 다음과 같이 이해하고 있는 점을 고려한다면, 철학의 근본문제의 초역사성에 기초한 주체사상의 비판들은 적절치 않다.

물질과 의식의 관계에 관한 원리에 기초해서는 사람이 세계를 지배하고 개조하며 자기 운명을 개척해나가는 합법칙성을 밝힐 수 없었던 만큼 새 시대가 제기한 철학적 과제를 해결하기 위해서는 철학의 근본문제부터 새롭게 제기하고 풀어야 했다(총서 01 : 87).

요컨대 주체사상은 관념론과 유물론의 분류법을 폐기한 것이 아니라, 이미 의식에 대한 물질의 선차성은 물론이고 세계의 물질적 통일성과 사유와 존재의 동일성 등이 마르크스 - 레닌주의의 변증법적 유물론에 의해 해명되었음을 전제로 한다. 즉 관념론과 유물론의 구분을 폐기한 것이 아니라 변증법적 유물론에 의해 관념론에 대한 유물론의 궁극적 승리가 확립된 것으로 보는 것이다.

주체사상에 따르면, 이로부터는 세계에서 가장 발전된 물질이자 사회적 존재로서 세계의 다른 모든 사물들과 질적으로 구별되는 사람의 지위와 역할이 도출되지 않는다는 것이다. 따라서 주체사상은 세계의 존재와 인식의 과학성에서 나아가 세계의 변화발전의 합법칙성과 근본방도를 밝히기 위해서는 철학의 근본문제를 새롭게 제기해야 한다고 주장하는 것이다. 이런 주체사상의 주장은 엥겔스가 『루드비히 포이에르바하와 독일 고전철학의 종말』에서 "심지어 자연과학 분야에서 획기적인 발전이 있을 때마다 유물론도 그 형태를 불가피하게 변경시키지 않을 수 없었던 것이다"(*MECW* 26 : 369 - 70)라는 구절과 연관하여 탐구될 필요가 있다.

주체사상이 제기하는 철학의 근본문제가 사람과 세계를 관념적인 것으로 파악하지 않는 한, 이것은 여전히 유물론의 한 형태이고 이런 측면에서 마르크스 - 레닌주의의 계승발전이라는 주장은 성립될 수 있기 때문이다. 즉 주체사상의 철학의 근본문제는 마르크스 - 레닌주의의 그것과 지양Aufheben의 관계로 보아야지 폐기나 부정으로 보아서는 안 된다.

이런 관점에서 마르크스 - 레닌주의 수용세력들의 주장은 일면적이다. 주체사상의 마르크스 - 레닌주의에 대한 계승발전 주장에서 계승성과 독창성의 문제를 단절이라는 관점에서 파악하고 있기 때문이다. 이런 입장은 사상·이론의 계승 내지 발전을 말할 때 중요한 것은 전체를 이루는 체계의 문제와 관련있다고 주장한다. 이에 따라 마르크스주의가 여타 계급이나 계급의 이데올로기와의 체계적 단절을 통해 형성된 것이고, 계승된 요소는 바로 이런 체계의 단절 혹은 정립을 통해 이루어질 수 있는 것이지 잔존으로 파악하는 것은 소박하고 안이한 태도라고 비판한다(이진경, 1989[1] : 117 - 8).

다른 한편으로 마르크스주의처럼 올바른 사상과 이론의 계승발전은 그 체계 전체를 확고히 견지하는 한에서만 가능한 것으로 주장한다. 즉 마르크스 체계 전체를 부정하거나 변형·왜곡하면서 마르크스의 특정 명제만을 부분적으로 계승하는 것은 더 이상 마르크스주의가 아니라고 단언한다(이진경, 1989[1] : 118). 여기서 마르크스주의 체계는 바로 과학적 사회주의로 "유물론적 전제 위에서 변증법과 사적 유물론, 그리고 정치경제학"(이진경, 1989[1] : 144)이 구성 부분으로서 통일되어 있는 것이라고 주장한다. 따라서 주체사상이 이런 체계를 해체하려고 한다고 주장하며 이로 인해 주체사상은 "맑스 - 레닌주의와는 무관한 것이며, 맑스주의의 '계승발전'을 거론할 사격도 없는 수정주의로 안내해갈 뿐이다"(이진경, 1989[1] : 144)라고 주장한다. 즉 사상, 이론, 방법의 전일적 체계라는 주체사상의 주장(총서 01 : 41)은 마르크스주의 체계 자체를 근본적으로 부정 혹은 폐기한 것으로 보는 것이다. 이처럼 마르크스 - 레닌주의 수용세력들은 계승성과 독창성의 문제를 단절 혹은 폐기라는 관점에서만 접근하고 있음을 보여준다.

특히 이진경은 김정일이 1986년 7월 15일 담화 "주체사상교양에서 제기되는 몇가지 문제에 대하여"에서 고급한 물질인 인간이 저급한 물질의 운동보다 큰 역할을 한다는 것이 유물변증법의 원리에 맞고, 이를 전제로 물질세계에서 인간의 지위와 역할을 밝힘으로써 유물변증법도 더욱 완성되었다는 주장을 포이에르바하적인 입장이라고 비판한다(이진경, 1989[1] : 150). 즉 김정일의 주장이 인간을 고급한 물질로 보았던 포이에르바하와 마찬가지라고 주장하는 것이다. 그러나 주체사상에서 말하는 가장 발전된 물질로서 인간은 포이에르바하처럼 고정된 기계적 유물론적 존재가 아니라 세계의 변화발전에서 주인의 지위와 역할을 하는 사회적 존재라는 점에서 근본적으로 구분된다.

주체사상에 대한 이런 오해는 마르크스 - 레닌주의와 주체사상을 각각 객관적 요인과 주체적 요인으로 강조점을 달리하는 이론이라고 보는 점에서 가장 명백히 드러난다. 즉 선행노동계급의 혁명사상의 기초는 변증법적 및 역사적 유물론이고 김일성 혁명사상의 기초는 주체사상이라는 주체사상의 규정(총서 01 : 42)을 이런 식으로 해석함으로써 주체사상이 마르크스 - 레닌주의와 전혀 다른 독창적인 것으로 마르크스 - 레닌주의와는 무관한 수정주의라고 비판한다(이진경, 1989[1] : 151 - 3).

그러나 이 문제와 관련해서는 북한의 주체사상 이론가 박승덕이 주장하는 주체적인 범주와 주관적인 범주의 구분을 주목할 필요가 있다. 즉 그는 인간에게 체현되어 있는 자주성은 객관적인 것이 아니라 인간 자신이 갖는 주체적인 것이라고 주장한다. 그러나 자주성은 심리적이거나 주관적인 것이 아니라 "인간의 사회적 구조인 사회적 결합방식에 기초하여 생겨나는 것"(김창호, 1989 : 409)임을 강조한다. 요컨대 그의 주장에 따르면, 자주성은 객관적인 사회적 결합구조에 기초한 것임으로, 주체적인 것이라는 범주는 곧 객관적인 것을 포함하게 된다는 것이다.

이 시기 한국의 마르크스 - 레닌주의 수용세력들은 결국 주체사상에 대한 오해들에 기초하여 마르크스 - 레닌주의에 대한 주체사상의 계승·발전론을 비판했다. 이것은 새로운 세계관이라는 이름으로 구조중심적 마르크스 - 레닌주의를 비판하는 주체사상을 부인하는 구조중심적 이론주의자로서는 당연한 반응일 것이다. 그러나 문제는 주체사상이 주장하는 계승성과 독창성 문제를 전제와 극복의 관계가 아닌 단절 혹은 폐기로 일방적이고 선험적으로 전제하고 논의를 전개한다는 점이다. 이론적 논쟁의 제일차적 과정은 상대의 주장에 대한 객관적 파악인데, 이런 측면에서 상대의 주장과 무관한 주관적 판단에 근거한 주체사상 비판은 많은 문제를 낳을 수밖에 없다.

여기서 알 수 있듯이 주체사상의 계승성을 비판했던 한국의 논자들은 한결같이 주체사상을 마르크스 - 레닌주의에서 일탈 혹은 주관관념론적 수정주의로 비판하였다. 그러나 주체사상은 마르크스 - 레닌주의 철학의 계승성을 자신들의 새로운 철학의 근본문제와 철학적 원리의 전제로 내세운다. 즉 사람의 본질적 속성인 자주성, 창조성, 의식성의 발견이나, 이에 기초한 세계의 지배자, 개조자로서의 사람의 지위와 역할 등은 변증법적 유물론의 과학적 발견들을 전제할 경우에만 해명될 수 있었다고 주장하는 것이다. 그럼에도 당시 한국에서 주체사상 비판론자들의 논증 방식은 변증법적 유물론의 관점에서만 주체사상을 비판한다.

주체사상은 세계의 물질적 통일성과 사유와 존재의 동일성 및 자연, 사회, 인간 사유 발전의 일반법칙을 밝힌 변증법적 및 역사적 유물론의 과학적 진리성을 인정하는 전제 위에, 마르크스 - 레닌주의 철학이 시대의 제한성으로 보지 못했던 사람의 본질적 속성까지 해명했다고 주장한다. 따라서 주체사상의 주장을 평가하기 위해서는 단순히 마르크스 - 레닌주의의 개념을 비교준거로 삼는 것만으로는 한계가 있고, 주체사상이 해명했다는 사람의 본질적 속성 등이 유물론적으로 타당한가를 먼저 검토해야 한다.

주체사상에서는 사람에 대한 새로운 철학적 견해를 설명하면서 기존의 변증법적 및 역사적 유물론 교정체계에서는 사람을 전일적이 아닌 측면별로 고찰하는 한계를 보인다고 주장했다. 즉 "유물론부분에서는 사람의 의식이 물질과의 관계에서 고찰되고 사람의 활동이 사회적 운동형태에 귀속되었으며 인식론부분에서는 사람의 의식에 세계가 반영되는 과정이 고찰되고 변증법부분에서는 사람의 활동이 아니라 사유에 작용하는 일반적 법칙이 고찰되었다"(총서 01 : 137)고 주장한다. 이것은 바로 마르크스 - 레닌주의가 철학의 근본문제를 물질과 의식의 관계문제로 보는 데서 오는 일면성과 제한성 때문이라고 보는 것이다. 그 결과 마르크스주의 철학에서는 사람이 세계에서 차지하는 지위와 역할은 해명되지 못함으로써, 마르크스 - 레닌주의는 경제 결정론적이고 구조중심적인 이론이 될 수밖에 없는 것으로 주장한다.

주체사상은 이런 제한성의 극복을 위해 마르크스주의 철학에서 두 가지의 대응이 제출되었다고 본다. 첫째는 인간학을 새롭게 형성하려는 시도였는데, 이것은 인간학이 변증법적 및 역사적 유물론의 구성부분으로서의 독자적 자리를 차지할 수 없다는 이유로 기각되었다고 본다. 둘째는, 사람의 의식적 활동과 역사에서의 역할, 사회와 개인의 문제 등으로 역사적 유물론을 보충하려는 시도가 최근에 있었으나 "이러한 시도는 사람의 활동으로부터 출발하여 사회역사적 과정을 밝히는 체계와 사회적 존재가 사회적 의식을 규정한다는 원리에 기초하여 전개되는 종래의 체계를 무리없이 융합시켜야 할 난점을 가지고 있는 것이다"(총서 01 : 138)라고 비판했다. 요컨대 주체사상은 마르크스 - 레닌주의가 철학의 근본문제를 물질과 의식의 관계 문제로 설정함으로써 구조중심적일 수밖에 없는 제한성과 일면성을 갖고 있다고 주장하는 것이다.

이런 주체사상의 주장에 대하여, 정세연은 인간학과 변증법적 유물론의 관계설정 문제로 보고 논리적으로 가능한 세 가지 방식이 있다고 주장한다. 첫째, 변증법적 유물론 체계에 인간학을 수용하는 방식인데, 이것은 인간을 사회적 관계의 총체라고 보는 마르크스주의 입장에서는 관념론에 빠지지 않는 한 고유한 내용을 가질 수 없다고 본다. 둘째, 변증법적 유물론 체계와 인간학을 융합시키는 방식인데, 이것은 주체사상도 주장하듯이 전자가 유물론이고 후자는 관념론이란 점에서 난점이 있다고 주장한다. 셋째, 변증법적 체계를 부정하고 인간학적 체계를 살리는 방식인데, 스스로 관념론임을 선언하거나 아니면 유물론과 관념론의 분류 자체를 아예 폐지하는 두 가지 방식으로만 가능하다고 주장한다.

결국 정세연은 주체사상이 바로 세 번째의 대안인 유물론과 관념론을 폐기하는 방식을 선택했다고 비판했다(이진경, 1989[1] : 182 - 3). 그러나 정세연의 세 가지 방식은 상당히 정교한 것 같은 느낌을 주지만, 실제 인간학은 관념론이라는 동일한 전제에 의거한 것일 뿐이다. 주체사상이 스스로 마르크스 - 레닌주의를 계승한다고 주장함에도 이에 대한 세밀한 검토없이 모든 인간학은 관념론임을 선험적으로 전제하는 방식으로는 생산적 토론은 애당초 불가능하다. 왜냐하면 주체사상도 이전의 모든 인간철학이 가진 관념론적 성격을 마찬가지로 비판하고 있기 때문이다.

비판 대상에 대한 비교 기준의 부조화는 이 시기 주체사상의 수용을 비판하는 논자들에서 거의 공통적으로 발견된다. 이것은 그들이 계승성과 독창성의 관계를 연속과 단절로 기계적으로 분리시켜 사고한 결과로 보인다.

정통 좌파의 입장에서 주체사상을 비판하는 손호철도 이 문제를 보는 데 동일한 한계를 보이고 있다. 손호철은 주체사상의 재구성과 평가에서 가장 논쟁적이고 핵심적인 부분은 주체철학원리와 사회역사원리 및 이론과 변증법적 및 역사적 유물론과의 관계 문제라고 규정하고, 문제를 더욱 복잡하게 만드는 것은 주체사상 자체에 계승성과 독창성에 관해 모순된 규정이 있기 때문이라고 주장한다. "즉 주체사상 스스로 주장하는 것이 마르크스 - 레닌주의의 본질을 벗어나지 않고 이를 창조적으로 북한사회에 적용 내지 계승, 발전시켰다는 주장인지 아니면 나아가 그 본질을 넘어서 독자적인 이론체계를 수립했다는 주장인지가 애매하다는 점이다"(손호철, 1991 : 322)라고 지적한다.

이미 앞에서 지적했듯이 북한의 주체사상 관련 문헌들, 특히 1970~80년대 김정일의 저작들에서 계승성과 독창성에 관한 모순적 언급들이 반복되고 있는 것은 사실이다. 이것은 그만큼 이 문제가 난해하고 복잡하면서도 주체사상의 이해에 필수적인 문제임을 말해준다. 그러나 주체사상에서 이야기하는 계승성이란 마르크스 - 레닌주의가 발견한 과학적 진리를 전제로 한다는 의미로, 이를 더욱 심화시킴으로써 사람에 대한 유물론적 이해에 도달할 수 있었다는 주장이다. 즉 세계의 물질적 통일성이 동일한 발전수준에 있는 물질들의 동등한 병렬 혹은 집합이 아니라, 발전수준에서 위계를 이루고 그 최정상에 사회집단의 생활을 영위함으로써 질적으로 다른 물질적 존재로 된 사람이 위치한다는 것을 해명했다는 것이다. 달리 말하자면, 주체사상이 주장하는 마르크스 - 레닌주의에 대한 계승성과 독창성 문제는 시간적으로나 이론 내용상으로나 선후의 관계를 갖는다는 것이다. 따라서 마르크스 - 레닌주의 철학이 밝힌 과학적 진리성이 일면적이고 제한적인 것이라고 해서, 이와 단절하거나 폐지하여서는 안 된다는 것이다.

이 문제와 관련해서는 레닌이 『유물론과 경험비판론』에서 제기한 상대적 진리와 절대적 진리의 관계를 주목할 필요가 있다. 레닌은 "현대 유물론, 즉 마르크스주의 입장에서 볼 때, 객관적, 절대적 진리에 대한 우리 인식의 근사적 한계는 역사적으로 조건지어진 것이다. 그러나 그러한 진리의 현존은 무조건적인 것이며, 우리가 그것에 점점 가까이 접근하고 있다는 사실 또한 무조건적이다"(*LCW* 14 : 136)라고 규정했다. 즉 인간의 의지와 독립되어 존재하는 객관세계 자체가 자신의 진리를 드러내고, 인간은 상대적 진리의 발전에 따라 끊임없이 그것에 접근해간다는 것이다.

이런 레닌의 설명으로부터 주체사상의 계승성과 독창성 문제를 이해하는 해결책을 발견할 수 있다. 즉 주체사상이 마르크스 - 레닌주의 철학을 일면적이고 제한적이지만 과학적 진리임을 승인한다는 것은, 그것을 상대적 진리로서 절대적 진리에 근접해가는 것으로 본다는 의미이다. 따라서 주체사상은 이를 전제할 때만 사람의 본질적 속성 파악이라는 절대적 진리 해명에 보다 근접해 갈 수 있다고 보는 것이다.

이처럼 계승성과 독창성의 문제는 단절과 폐지가 아닌 전제와 극복의 관계로서 선후의 문제로 파악해야 한다. 이 경우 주체사상이 주장하는 새로운 철학의 근본문제나 철학적 원리의 우월성도 마르크스주의의 그것보다 절대적 진리에 보다 근접한 상대적 진리라는 의미로 볼 수 있게 된다. 따라서 주체사상의 입장에서 계승성과 독창성의 문제를 손호철의 물음식으로 규정한다면 다음과 같이 표현할 수 있을 것이다. 즉 주체사상은 '마르크스 - 레닌주의의 본질을 벗어나지 않고 이를 창조적으로 계승했고 현재도 그러하기 때문에, 그 제한성과 일면성을 넘어서는 독자적인 세계관이 될 수 있었다.'

그러나 손호철은 '마르크스 - 레닌주의의 창조적 적용론'에서 '완전히 독자적인 사상체계론'으로의 발전이라는 이진경의 가설[13]에 대해, "위의 모순되는 주장들이 이같은 시기구분에 의해 양분되어 분류되는지는 검증되어야 할 또 다른 과제"(손호철, 1991 : 323)라고 유보적인 입장을 보임으로써, 이론적 검토의 여지를 남기는 점에서 다른 논자들의 선언적 주장과 구분된다.

주체사상의 계승성과 독창성 문제는 세심한 이론적 검토를 요하는 매우

---

13) 이진경은 주체사상이 1970~3년까지는 '맑스-레닌주의의 창조적 적용론'에서 1970~3년 이후 '완전히 독창적인 사상, 이론, 방법의 전일적 체계로 발전했는데, 이로 인해 마르크스-레닌주의에 대한 어떤 근본 결함도 제시, 논증하지 않은 채 '맑스-레닌주의를 고전역학 수준으로 격하시켰다고 비판한다. 이런 그의 주장은 계승성과 독창성을 단절 혹은 폐지의 관계로 보기 때문에 생겨난 것이다.

난해하고 중요한 문제이다. 왜냐하면 이 문제는 마르크스 - 레닌주의와 주체사상의 관계라는 이론적 차원만 아니라 1980년대 중반 한국 진보이론 발전에 많은 함의를 줄 수 있는 실천적 의의를 갖기도 하기 때문이다. 주체사상이 주장하는 마르크스 - 레닌주의의 제한성이 사실에서는 스탈린식의 구조중심성을 지칭하는 것이라면, 주체사상의 독창성과 계승성 주장에 대한 비판적 검토는 원래의 마르크스 사상으로 되돌아가는 과정일 수도 있기 때문이다.

이 시기 한국에서 주체사상의 수용을 주장하던 세력들은 대부분이 주체사상의 계승성과 독창성 문제를 북한의 원전 그대로 옮겨 선전하고 있다.14) 이런 현상은 주체사상에 대한 이해의 부족은 물론이고 대립쌍인 마르크스 - 레닌주의에 대한 이해 부족의 결과인 것으로 생각된다. 왜냐하면 주체사상의 마르크스 - 레닌주의에 대한 계승성과 독창성 문제는 마르크스주의 전반에 관한 축적된 지식이 없이는 해명이 불가능한 복잡한 문제이기 때문이다.

이런 과정에서도 몇 가지 의미있는 연구들이 발표되었는데, 전반적으로 이런 주장들은 두 진영의 무관심 속에 별 영향력을 행사할 수 없었다. 주체사상에 대한 학문적 비평의 필요성을 제기하면서 나름대로 한국의 실정을 고려하여 주체사상을 독자적으로 해석하려는 움직임이 나타났다.

이수창은 주체사상이 엥겔스의 철학의 근본문제를 비판한 것은 "철학을 이론적 원리만이 아니라 사상적 원리로 파악하고 있으므로 엥겔스에 의해서

---

14) 이런 문제점을 가진 글들로는 강동일 엮음(1989)에 첫 번째 논문으로 실린 필자 미상의 "맑스·레닌주의의 계승과 발전"과 조진경, 1988(1) : 26-34 등이다. 1987년 10월 경 비합법 팸플릿 형태로 발간된 앞의 논문에서는 북한 주체사상의 주장을 요약 전달한 후 결론에서 다음과 같이 주장함으로써 강한 당파성을 보여준다. "주사를 이해하는 다른 편향을 가진 유물론자들이자 정통 맑스·레닌주의자들은 또한 다음의 사항을 명심할 것으로 이 기회를 통해 권유한다. '시대의 발전은 세계관의 발전을 동반합니다.' 유물론의 교의에 따르더라도, 물질운동은 영원한 것이며 의식은 물질의 반영이다. 따라서 물질이 변화되면 당연히 거기에 따라 사람들의 생각이 변화되는 것이다'(강동일, 1989 : 39)라고 주장한다. 그러나 시대의 발전이 세계관의 발전을 동반한다는 것은 주체사상의 계승성과 독창성의 문제와 관련되는 것인데, 이런 문제는 이론적 검토의 대상이지 선언의 대상이 되어서는 안 된다.

제시된 물질과 의식의 관계라는 근본문제가 일정한 한계를 갖는다고 주장한
다'(이수창·신상석, 1990 : 32)고 평가한다. 즉 물질과 의식의 관계는 단지 세계의
올바른 인식을 위한 이론적 원리를 규정하는 문제이지 사상의 원리에 대한
대답은 주지 않는 것으로 주장한다.15) 이에 따라 이수창은 철학의 근본문제를
이론적 원리를 규정하는 물질과 의식의 관계 문제와 사상적 원리를 규정하는
사람과 세계의 관계의 둘로 구분하고 양자의 관계를 검토한다.

마르크스 - 레닌주의가 세계를 실천적 관점에서 파악함으로써 물질과 의식
의 관계문제를 과학적으로 해명할 수 있었지만, "이와 같은 실천적 입장은
선행철학에서는 이론화되지 못하였으나 사람이 세계를 개조할 수 있다는
관념을 전제로 한 것이었다. 이것은 세계에서 사람이 차지하는 지위와 역할문제
를 이론화하여 제기하고 올바로 해명하여야 물질과 의식의 관계문제에 대한
완벽한 과학적 해답이 주어질 수 있다는 것을 실증한다'(총서 01 : 90)는 주체사
상의 주장을 인용한다. 따라서 주체사상의 철학의 근본문제가 마르크스 - 레닌
주의의 그것보다 더욱 근본적이라고 주장한다고 평가한다.

또한 이수창은 다음과 같이 주장함으로써 북한이 새로운 철학의 근본문제를
제기하는 이유를 마르크스주의 내부의 수정주의에 대한 비판이라는 측면에서
본다.

주체사상이 철학의 근본문제를 이렇게 파악하는 데에는 마르크스주의의 등장
이래로 실천가능성의 문제를 둘러싸고 벌어졌던 이론적 실천적 제반 문제를
염두에 둔 것이라고 생각된다. 특히 실천보다는 사회변화를 자연법칙적 진행으

15) 이수창은 이런 자신의 평가를 『주체사상의 철학적 원리』의 다음 부분을 인용함으로써 정당화한
다. 즉 "그러나 물질이 일차적이라는 원리는 진보적 계급의 이익과 일치할 뿐 그 자체가 진보적
계급의 요구와 이익—즉 세계의 변혁—을 직접 이론적으로 표현한 것은 아니며 의식이 일차적
이라는 원리는 반동적 계급의 이익과 일치할 뿐 그 자체가 반동적 계급의 요구와 이익을 직접
표현한 것은 아니다'(총서 01 : 85)라는 부분을 인용하고 있다.

로서 파악하는 수정주의의 흐름에 대한 비판이 여기에 들어 있다고 보인다(이수창·신상석, 1990 : 34).

이처럼 이수창은 주체사상을 마르크스주의 내부의 구조중심적 입장을 비판하는 과제와 연관짓는 등 상당히 건설적인 견해를 피력했다. 그러나 그의 분류대로 과연 주체사상이 마르크스 - 레닌주의를 전제한다는 의미가 두 가지의 철학의 근본문제의 존재를 가정하고 있는지는 논의의 대상이 되어야 한다. 왜냐하면 이수창이 인용하고 있는 부분을 곧바로 두 개의 철학의 근본문제의 존재를 인정하는 것으로 볼 수 없기 때문이다.

주체사상은 마르크스 - 레닌주의가 철학의 근본문제를 물질과 의식의 관계 문제로 제기한 이유를 철학적 사유발전의 요구와 사회계급적 조건에 따른 것으로 세계의 시원 문제를 논하는 철학의 이론적 기초를 이루는 데 국한되었다고 주장한다(총서 01 : 86). 그러나 주체사상은 곧 물질과 의식의 관계문제가 "항구적인 철학의 근본문제가 된다는 것을 결코 의미하지 않는다"(총서 01 : 86)고 주장한다. 즉 주체사상은 시대의 발전이 요구하는 새로운 이해가 제기되면 새로운 철학의 근본문제가 필요하게 된다고 본다. 이처럼 주체사상은 두 개의 철학의 근본문제의 존재를 병존의 관계가 아니라 보다 높은 것의 출현과 함께 선행의 그것은 지양되는 것으로 보는 것이다. 이런 주체사상의 주장은 주체사상의 독창적인 역사적 지위를 정당화하는 것으로, 북한이 지도사상인 주체사상을 가장 우월한 사상으로 내세우는 근거가 된다.

그러나 이수창의 주장이 북한의 입장을 그대로 옹호하는 것이 아니라면, 달리 말하면 한국 변혁운동의 지도사상으로 주체사상을 그대로 수용하자는 것이 아니라면, 상당히 건설적인 논의의 대상이 될 수 있을 것으로 보인다. 즉 마르크스 - 레닌주의와 주체사상의 철학의 근본문제의 관계를 각각 객관세계의 과학적 파악을 위한 이론과 실천적 태도와 관련되는 사상의 문제로 구분하게 되면, 구조와 주체 중심성의 편향을 방지할 수 있는 이론적 기초를 마련할 수도 있기 때문이다. 그러나 주체사상을 지도사상으로 하는 북한은 물론이고, 마르크스 - 레닌주의와 주체사상 가운데 어느 것을 한국 변혁운동의 지도사상으로 내세울 것인가만을 고민하던 당시 한국의 두 교조적 입장에게 이런 주장은 전혀 고려할 수 없는 문제에 불과했을 것이다.

주체사상을 옹호하는 입장에서 마르크스 - 레닌주의와 주체사상의 교조적 대립의 극복을 주장한 논자는 이정길이었다. 그는 서문에서 집필 목적을 다음과 같이 밝히고 주체사상의 형성을 마르크스 - 레닌주의 내부의 이론적 논쟁들 속에서 찾으려 했다. 즉 "본서를 통해 필자가 바라는 것은 바로 우리 민족·민중 운동 내에 잘못 설정된 '맑스 - 레닌주의' 대 '주체사상'이라는 허구적인 대립구 도를 타파하고 우리 운동의 통일단결을 꾀하는 데 조금이나마 기여하는 것이 다"(이정길, 1989 : 23)라고 전제한다.

이를 위해 소련, 동독 및 동유럽과 중국의 마르크스 - 레닌주의의 철학논쟁들 을 개관한 후, "사회주의 각국에서 제기된 주요한 철학적 과제들은 대체로 사회주의 건설과정에서 가장 중요한 요소인 '인간' 또는 그의 역할('실천')을 철학적으로 규명하는 데 모아졌다. 이는 민족해방운동, 사회주의 혁명과정에서 루카치, 그람시, 모택동 등이 혁명투쟁에서 수행하는 인간의 결정적 역할을 철학적으로 규명하려고 했던 작업과 비견되는 것이다"(이정길, 1989 : 17)라고 결론짓는다. 결국 주체사상이 마르크스 - 레닌주의와 대립되는 것이 아니라 그 전통 속에서 계승한 것임을 보여주고자 한 것으로 평가할 수 있다.

물론 저술 의도에도 불구하고, 이론적으로 마르크스 - 레닌주의 내부 논쟁과 주체사상의 형성과정을 직접적으로 연관지어 설명하기에는 부족한 점이 있다. 그럼에도 불구하고 그의 연구서가 의의를 갖는 것은 주체사상이 마르크스 - 레

344 • 한국의 변혁운동과 사상논쟁

닌주의에서 일탈이라는 일방적 주장을 비판하고 있다는 점이다. 즉 마르크스 - 레닌주의 내부에서도 인간과 인간실천의 역할을 온당히 평가하려는 시도가 지속적으로 존재했었다는 것을 보여줌으로써, 주체사상의 형성을 마르크스 - 레닌주의와의 계승이라는 측면에서 조망하고자 했기 때문이다.

특히 이정길은 마르크스 - 레닌주의와 주체사상의 관계, 즉 계승성과 독창성 문제에 관해 주체사상의 개념 정립과정에서 상당한 변화를 보였다고 지적한다. 그의 연구에 따르면, 1972년 4월 3일 조선사회과학자대회의 당 비서 양형섭의 보고 "위대한 수령 김일성동지의 혁명사상을 철저히 옹호하고 널리 해석 선전하기 위한 사회과학자의 임무에 대하여"와 1972년 9월 17일 일본「마이니치 신문」기자들의 질문에 대한 김일성의 대답인 "우리당의 주체사상과 공화국 정부의 몇가지 대내외정책에 대하여"에서는 약간 차이가 발견된다고 한다.

양형섭의 보고에서는 주체사상의 마르크스 - 레닌주의로부터의 계승성과 독창성을 언급하면서 전체 문맥상으로는 마르크스 - 레닌주의는 지침, 참작의 의미이고 독창성이 더욱 강조되고 있다고 한다(이정길, 1989 : 244).

한편 김일성의 대답에서는 양자의 관계가 계승성과 독창성 문제에 머무는 것이 아니라 "주체사상에 의거해야만 맑스 - 레닌주의가 창조석으로 적용될 수 있고, 맑스 - 레닌주의가 창조적으로 적용되어야 혁명의 승리를 쟁취할 수 있다"(이정길, 1989 : 244)고 되어 있다는 것이다. 즉 주체사상에 의해서만 마르크스 - 레닌주의의 실현이 가능하다고 주장한다는 것이다.

또한 이정길은 1974년 2월 19일 김정일의 당 사상사업부문 일꾼강습회 연설 "온사회를 김일성주의화하기 위한 당사상사업이 당면한 몇가지 과업에 대하여"와 1974년 4월 김정일 담화 "주체철학의 리해에서 제기되는 몇가지 문세에 대하여" 그리고 1974년 10월 김정일 담화 "김일성주의의 독창성을 옳게 인식할데 대하여" 등에서 주체사상이 완전히 다른 차원과 독창적인

질을 갖는 사상임을 선언하고 있다고 본다(이정길, 1989 : 246 - 7).

이런 검토에 기초하여, "결론적으로 1974년에 들어서는 주체사상이 질적으로 새로운 혁명사상으로서의 자리를 굳혀나가게 되었다고 할 수 있다. 이러한 시기는 앞 항에서 살펴본 '당의 유일사상체계의 확립과 '온사회의 주체사상화'라는 강령적 목표의 제출시기와 일치한다'(이정길, 1989 : 248)고 주장한다. 이런 주장은 주체사상이 마르크스 - 레닌주의에 대한 계승성과 독창성을 주장한 것은 시차를 두고 일어난 일이고 북한 내부에서도 간단치 않은 문제였음을 엿볼 수 있게 한다.

그러나 이런 주장만으로는 주요한 논점인 주체사상의 계승성과 독창성의 구체적 관계가 어떻게 되는지가 명료하지 않은 문제점이 발생한다. 이로 인해 북한에서 지도사상으로서의 주체사상의 역사적 지위를 규정하는 데 독창성이 주요한 위치를 차지하고 이를 주되는 측면으로 주장하게 된 과정과 이유를 설명할 수는 있지만, 한국의 수용과정에서 문제가 되는 주체사상과 마르크스 - 레닌주의의 관계 설정에는 별 도움이 되지 않는다.

이정길은 이 문제를 의식한 듯, 주체사상의 새로운 철학의 근본문제 제기의 원인을 마르크스 - 레닌주의 철학에서 실천에 관한 논의들과 연관하여 설명한다. 즉 마르크스 - 레닌주의 철학에서 실천의 중요성을 상기시킨 다음, "그런데 맑스 - 레닌주의 철학체계 내에서 중요한 위치를 차지하고 있는 '실천'의 개념이 철학의 근본문제로부터 이론적으로 규정되지 않는다는 사실 때문에 맑스 - 레닌주의 철학진영내에서는 이를 두고 수많은 논쟁이 전개되었다'(이정길, 1989 : 292)고 평가한다. 이어 루카치의 주체 - 객체변증법, 1960년대 동독의 실천논쟁 등을 예로 든 다음, "이러한 맑스 - 레닌주의 철학진영내의 철학논쟁은 바로 물질과 의식의 관계문제라는 '철학의 근본문제'로부터는 '실천'이 이론적으로 규정되지 않음으로 야기된 것"(이정길, 1989 : 292 - 3)으로 주장한다. 결국 마르크스 - 레닌주의 철학이 이 문제를 이론적으로 규정하지 못했기 때문이며 "이는 철학의 근본문제를 전환함으로써 가능한 것이었다"(이정길, 1989 : 294)는 것이다.

이후 그는 주체사상의 새로운 철학의 근본문제의 발생 배경과 의의 등을 주체사상의 주장에 따라 설명하는 방식을 취한다. 주체사상의 형성 원인을 그것의 이론적 체계화와 동시에 일어난 북한의 유일사상체계 확립이라는 북한 내부적 요인과 마르크스 - 레닌주의 철학 내부의 실천에 관한 이론적 제한성이라는 두 요인에서 찾는 것이다. 나아가 주체사상의 계승성과 독창성 문제에 대해 1987년 스톡홀름 주체사상 학술심포지움에서 발표한 북한 사회과학원 교수 박승덕의 "맑스 - 레닌주의철학과 주체사상의 철학의 근본문제"16) 를 분석하여, "박승덕은 맑스 - 레닌주의철학의 변증법적 유물론을 주체사상의 종속적이며 부차적 계기라고 평가하고, 새로운 시대의 사상으로서 주체사상의 독창성을 명시하고 있다"(이정길, 1989 : 319)고 평가한다.

이정길의 연구는 북한에서 지도사상인 주체사상의 독창성을 강조하게 되는 과정을 세밀히 보여주는 장점이 있다. 또한 주체사상의 새로운 철학의 근본문제 제기 원인을 마르크스 - 레닌주의 전통 내부의 논쟁들과 연관지음으로써, 주체 사상이 마르크스 - 레닌주의와 무관하거나 일면적 일탈이 아니라는 점도 잘 해명하고 있다. 그러나 이정길의 주장에 따른다면, 마르크스 - 레닌주의 내부에

---

16) 박승덕의 이 발표는 당시 한국의 주체사상 수용세력들 사이에 광범위하게 읽혔는데, 김창호 엮음, 1989 : 398-422에 수록되어 있다. 이 발표 논문은 해외 동포 학자들을 대상으로 작성된 것으로서 아주 간결하게 주체사상을 소개하고 있다. 내용 가운데 특기힐민한 깃은, 한국 내 일부 운동권 학생들이 주체사상을 루카치나 그람시에 사상적 연원이 있는 것처럼 생각하는 부정확한 이해를 하고 있다고 주장한다. 그는 1960년대 북한에서도 루카치와 그람시 등에 대한 논의가 있었음을 소개하면서, 루카치가 주체와 객체의 변증법을 세운 것은 정말 잘 한 일이지만, 자연 변증법을 부정하고 객체가 주체의 활동의 산물인 것만 일면적으로 과장하는 관념론적 오류를 범했다고 비판한다. 또한 그람시에 대해서는 인민대중의 생활 발전 정도를 역사의 진보의 기준으로 세운 것은 생산력에 기준을 두는 마르크스주의 전통에서 큰 진전이지만, 그의 이론은 어디까지나 유물사관의 테두리를 벗어나지 않은 것이 한계라고 주장한다(김창호 엮음, 1989 : : 403-6). 이를 통해 북안에서 주체사상을 이론화하는 과정에서 서구의 주체중심적 마르크스주의에 관해 상당한 논의가 있었음을 엿볼 수 있게 한다.

서 인간과 실천을 둘러싼 다양한 논쟁이 있었음에도 불구하고 주체사상의 경우처럼 새로운 철학의 근본문제가 제기되지 않았던 이유에 대해서는 알 수 없다. 즉 왜 마르크스 - 레닌주의 전통에 속하는 다양한 입장들 가운데 유독 북한에서만 세계관적 기초와 구성체계에서 전혀 다른 주체사상이 형성되었는가의 문제를 알 수 없다는 것이다.

이정길이 주체사상의 이론적 체계화의 완성을 유일사상체계 확립과 동시에 일어난 것으로 보는 것을 고려하면, 결국 그의 진정한 의도와 상관없이 주체사상이 북한 내부의 사상적 혹은 정치적 필요성이라는 요인에 의해 창시되었다는 주장으로 귀결될 수밖에 없게 된다. 위에서 인용한 그의 서문에서 언급한 것처럼 마르크스 - 레닌주의와 주체사상의 대립구도가 허구적인 것임을 증명하기 위해서도, 계승성과 독창성의 문제는 북한에서 독창성을 주되는 측면으로 주장하게 되는 과정의 추적을 넘어서는 보다 심층적 연구가 필요한 과제이다.

특히나 당시 한국에서 주체사상의 진보이론으로서의 의의와 한계를 평가하기 위해서도 이 문제는 한국 내부의 주체적 관점에서 해명되어야 할 과제였다. 왜냐하면 지도사상으로 주체사상을 채택하는 북한과 다른 조건에 있는 한국에서는 마르크스 - 레닌주의와 주체사상에 대한 주체적 입장의 연구를 통해 보다 창조적인 사상이론을 형성해야 할 과제를 지니기 때문이었다.

주체사상을 옹호하는 이정길과 달리 마르크스 - 레닌주의 입장에서 당시의 이른바 정통 마르크스 - 레닌주의파와 주체사상파의 대립을 허구적인 것으로 비판하는 입장도 나타났다.

이산은 '정통 주사파'가 마르크스 - 레닌주의는 물론 주체사상과도 먼 거리에 있으며, 소위 '정통 마르크스 - 레닌주의자'들도 마르크스 - 레닌주의의 왜곡과 주체사상에 대한 몰이해 및 왜곡으로 일관하고 있다고 전제한다(김창호, 1989 : 328). 즉 마르크스의 "헤겔 법철학 비판서설"에 나오는 "근본적이 된다는 것은 사태를 그 뿌리에서 파악한다는 것이다. 그리고 인간에게 있어서 뿌리라는 것은 다름아닌 인간 자신이다"(*MECW* 3 : 182)라는 구절을 인용하면서 마르크스는 인간 자신과 그 운명과 역할을 뿌리로 보았다고 평가한다(김창호, 1989 : 330).

이에 따라 인간의 제문제를 해명하는 것을 철학의 임무로 보고, 철학의 근본임무를 해명하는 데 요구되는 가장 일반적인 수준의 문제들인 세계와 인간, 물질과 의식 등의 문제가 철학의 근본문제라고 주장한다. 또한 철학의 근본문제를 올바로 풀기 위한 철학 전체, 특히 근대철학에서 중요한 기본문제가 바로 존재와 사유, 물질과 의식의 관계 문제라고 분류한다. 즉 주체사상이 시대의 요구에 따라 철학의 근본문제를 하나로 보는 반면, 철학의 근본문제는 다양하게 존재할 수 있다는 주장이다. 그리고 주체사상이 선행철학의 철학의 근본문제로 보는 물질과 의식의 관계문제는 그것의 기초가 되는 철학의 기본문제가 된다고 하는 것이다.

이에 기초하여 "결론적으로 말하자면 철학의 근본문제, 근본임무는 어디까지나 인간과 세계의 문제이고, 인간의 가능성에 대한 문제이며, 이를 올바로 해결하기 위해 필요한 것이 바로 물질과 의식의 관계에 대한 문제인 것이다. 물질과 의식의 관계문제가 철학의 유일한 근본문제는 아니지만 중요하고 최고의 문제임에는 틀림없다"(김창호, 1989 : 333)라고 주장한다. 이에 근거하여 이산은 철학의 근본문제를 둘러싸고 대립하고 있는 한국의 '종파적 주체사상파'와 '종파적인 자칭 마르크스 - 레닌주의파' 모두를 비판한다.

마르크스 저작의 몇 부분을 적극 해석하여 철학의 기본문제, 철학의 근본문제, 철학의 임무로 삼분하는 이산의 입장은 결국 마르크스 - 레닌주의로부터 주체사상의 계승성만을 인정하고 독창성 주장을 기각하게 된다. 왜냐하면 마르크스 - 레닌주의 철학이 '가장 중요하고 최고의 문제인 철학의 기본문제를 해명한 것이라면, 주체사상은 이를 토대로 철학의 근본문제인 인간문제를 해명한 차원을 달리하는 이론이 되기 때문이다.

이산의 주장은 주체사상이 마르크스 - 레닌주의의 일면성과 제한성으로 주장하는 내용이 이미 마르크스의 철학혁명의 주요 내용이며, 소련과 동유럽 철학이 결함이 있는 것은 이런 마르크스의 진정한 내용을 이해하지 못한 것에 원인이 있다고 본다. 따라서 주체와 객관의 관계를 주관과 객관의 관계로 이해하고 "물질 - 의식이라는 문제에서 물질의 근원성을 끝까지 밀고나가 주체 - 객관의 활동적인 연관을 포착하지 못하고 동요하고 있다는 점"(김창호, 1989 : 338)이라고 비판했다.

요컨대 그의 주장에 따르면, 현재 주체사상이 말하는 진정한 내용이 이미 마르크스의 철학 속에 있는 것이었으나 이후 이를 잘못 이해한 결과 마르크스 - 레닌주의 철학 내부에서 다양한 오류들이 발생했다는 것이다. 따라서 주체사상에 대해서는 계승성이라는 차원에서 중요한 문제를 제기한 공적을 인정하면서도 독창성 주장은 인정될 수 없다고 보는 것이다. 다음에서 상당히 길게 인용되는 부분은 이산의 이런 주장을 잘 보여주는 것으로 주체사상의 계승성과 독창성 문제에 대한 그의 주장을 요약하고 있다.

철학의 근본문제는 인간문제이고, 철학의 근본임무는 인간문제의 해명에 있다. 그러나 물질과 의식, 기계적 결정론과 변증법적 결정론 등의 문제를 올바로 풀고 이해하기 전에는 인간문제를 명백히 해명할 수 없으며, 또한 그들간에는 불가분리의 관계에 있다. 마찬가지로 마르크스-레닌주의는 바로 이러한 인간문제에 대한 구체적 해답이며, 주체사상은 어떤 새로운 '철학'을 하는 것이 아니라, 마르크스-레닌주의의 계승·발전인 것이다. 따라서 '주체시대'(='전반적 위기의 시대')에서조차 인간중심의 세계관을 올바로 확보하기 위해서라도, 존재와 사유, 물질과 의식의 문제에 대한 유물론적 해석을 꼭 부여잡아야 하고, 등한시할 수 없으며 등한시해서도 안 된다. 오히려 인간 주체 문제를 거론하는 한에서, 변증법적 유물론 또는 자연변증법을 끊임없이 거부하거나 애매모호하게 했던 루카치, 그람시, 사르트르, 라브리올라와 '실천철학'류의 사이비이론으로 빠지지 않기 위해서 더욱더 굳세게 이 문제를 강조하고, 같이 해명해야 하며, 물질과 의식의 관계라는 문제와 세계와 인간의 관계라는 문제가 가지고 있는 함의와 서로의 논리적 관계를 과학적으로 밝히는 일을 등한시해서는 안되는 것이다(김창호, 1989 : 334).

마르크스와 엥겔스 이론들에 내재하는 긴장들 가운데 객관적 필연성으로서의 역사가 아닌 인간의 주체적이고 능동적인 실천을 강조하는 부분에 의거한 이산의 주장은 구조중심론적 마르크스 - 레닌주의로서는 도저히 수용할 수 없는 것이다. 또한 새로운 철학의 근본문제를 기초로 선행철학의 제한성을 극복했다고 주장하는 주체사상을 지도사상으로 하는 북한의 입장에서도 이런 입장은 결코 받아들일 수 없는 것이다.

사실 마르크스와 엥겔스 이론들에 내재하는 긴장들이 만만찮았고, 이의 해석을 둘러싸고 다양한 대립적 입장들이 서로 투쟁해온 마르크스주의 역사를 감안하여도, 이산은 이 문제를 너무 간단히 취급하고 있다는 인상을 지울 수는 없다. 특히 물질과 의식의 관계라는 이른바 철학의 기본문제가 이산의 주장처럼 모든 역사적 시대에 통용되는 초역사적 성격을 갖는지의 여부도 논쟁의 대상이다.

물질과 의식의 관계문제가 마르크스의 철학에 의해 과학적으로 해명되었다면, 이후의 철학 이론들은 이를 당연한 것으로 전제하기만 하면 될 것이다. 그럼에도 불구하고 현대철학 일반은 물론이고 마르크스주의 철학 내부에서도 이에 대한 해석에서 끊임없는 논쟁들이 계속되는 이유는 설명되지 않고 있다. 이것은 마르크스와 엥겔스 사상이론의 핵심을 인간과 실천을 중심으로 파악하는 이산의 입장이 과연 마르크스주의 내부에서 보편적으로 수용될 수 있는지의 문제이다. 요컨대 물질과 의식의 관계문제라는 철학의 근본문제는 아무리 궁극에 이르기까지 발전시켜나간다 하더라도 객관세계의 합법칙성 이외의 그것의 변화발전의 방도와 합법칙성을 밝힐 수 없고, 특히 인간 주체의 역할을 규명하는 데는 한계가 있는 것 아닌가 하는 문제가 남아 있다는 것이다. 달리 말하면 물질과 의식의 관계라는 문제가 주체사상에서 주장하듯이 특정 역사적 시기의 철학의 근본문제인지, 이산의 주장처럼 초역사적으로 모든 철학의 기초인지는 논쟁의 대상으로 남아 있는 것이다. 따라서 주체사상이 독창성의 근거로 내세우는 인간의 본질적 특성에 대한 해명이 마르크스 사상에 맹아적으로 내재했다고 하더라도, 이를 이론적으로 체계화함으로써 물질중심에서 사람중심으로 세계관의 기초를 변경시켰다는 주체사상의 주장은 여전히 검토를 필요로 하기 때문이다.

이산은 한국의 마르크스 - 레닌주의파의 교조성에 대해서만 비판할 뿐, 마르크스 사상과 그것의 구조편향적 입장인 마르크스 - 레닌주의를 구분치 않고 있다. 이로 인해 우선 이산이 옹호하는 마르크스 - 레닌주의가 과연 어떤 마르크스주의인지가 불명확하다. 주체사상의 계승성만 인정하고 독창성을 부인하는 이산의 입장은 이처럼 마르크스 사상, 마르크스주의, 마르크스 - 레닌주의를 동일시한 한계에서 기인한다.

이런 문제점들에도 불구하고, 이산의 주장은 상당히 중요한 논쟁의 실마리를 제공할 수 있다고 본다. 주체사상을 마르크스 - 레닌주의와 무관 혹은 일탈한 것으로 보고 이런 의미의 독창성은 인정하되 계승성은 인정할 수 없다는 교조적 마르크스 - 레닌주의파와 계승성을 인정하기는 하지만 주되는 측면은 독창성이라고 주장하는 북한과 교조적 주체사상파들은 받아들일 수 없겠지만, 계승성과 독창성 문제는 종파적 입장에서 접근해서는 해결될 수 없는 복잡하고도 중요한 쟁점이기 때문이다. 이미 말한 바 있지만, 이 문제는 한국에서 이론적 문제일 뿐만 아니라 실천적 의의를 갖는 것이기도 하다.

주체사상이 제기하는 계승성과 독창성 문제는 결국 북한에서는 새로운 시대의 요구에 대답할 수 있는 주체사상의 역사적 지위와 관련되는 문제임을 알 수 있다. 따라서 주체사상의 독창성을 주되는 것으로 주장함으로써 북한의 지도사상으로서의 주체사상이 인류의 사상이론 발전의 최고봉을 이룬다는 것을 정당화하려 한 것이었다. 그러나 북한에서도 전술한 김정일의 여러 문헌들을 통해 확인했듯이, 계승성의 문제는 포기할 수 없는 원칙으로 견지해야만 했다. 이것은 주체사상이 철학적 인간학 등 현대 부르주아 인간철학이나 마르크스 - 레닌주의 내부의 인간주의적 수정주의를 비판하는 것과 동시에, 북한 내부에서 유물론을 경시하는 사상적 입장들이 나타나는 것을 경계하고 비판하려던 목적이었던 것으로 평가할 수 있다.

그러나 정치적 및 사회경제적 조건 등 모든 측면에서 조건을 달리하는 한국에서 북한의 지도사상으로서의 주체사상을 그대로 수용하려는 태도는 많은 문제를 드러낼 수밖에 없다. 한편으로 당시 한국에 수용되었던 마르크스 - 레닌주의는 스탈린식의 구조중심적 마르크스 - 레닌주의였다. 이것은 이미 한국에 수용되기 이전부터 마르크스주의 내부에서 많은 비판의 대상이 되었던 것이었다. 즉 이를 수용했던 한국의 마르크스 - 레닌주의가 유일한 정통으로 믿고 수용하고자 했던 이론주의적이고 과학주의적 경향은 마르크스주의 전통에서 가장 편향적인 구조중심적 입장이었다. 따라서 주체사상의 형성과정에서 바로 이런 구조중심적 소비에트 마르크스 - 레닌주의를 비판했다는 점에서 한국에서 주체사상의 문제의식이 효용성을 가질 여지가 있었다. 요컨대 한국에서 주체사상은 과도한 객관주의와 과학주의적 편향을 경계하면서, 인간의 주체적 의지와 신념이 중요성을 띄인시키는 이론으로서의 유효성을 가질 수 있었다는 것이다.

북한에서 주체사상은 지도사상으로서 보편적 세계관의 지위를 주장했다면, 한국에서의 이론적 기능은 구조와 주체, 과학과 비판의 변증법적 균형을 담보하는 데 있었다고 결론지을 수 있을 것이다. 따라서 주체사상을 한국 변혁운동의 지도이념으로 설정하고자 했던 주체사상파들은 지도사상이 갖는 기능적 경직성을 벗어나지 못함으로써 주체사상이 가질 수 있는 순기능까지 폐기시키는 오류를 범했다.

2-1-2 주체시대 규정 문제

일반 사상·이론 차원의 주체사상의 수용에서 또 하나의 주요 쟁점은 주체시대 규정에 관한 것이었다. 이미 전술했듯이 주체시대 규정은 주체사상이 마르크스 - 레닌주의에 대해 독창성을 가진 보다 높은 혁명사상임을 정당화하는 개념이다.

주체사상에서는 혁명사상이 시대의 요구를 반영하여 나온다고 전제하며, "우리 시대의 특징은 무엇보다도 근로인민대중이 역사상 처음으로 자기 운명과 세계의 주인으로 등장한 시대라는 데 있다"(총서 01 : 25)고 규정한다. 특히 혁명사상은 노동계급의 탁월한 수령에 의해서만 창시될 수 있다고 주장하며, 마르크스와 엥겔스에 의해 노동계급은 최초로 혁명사상을 가지게 되었다고 주장한다. 이어 레닌은 자본주의의 제국주의 단계의 역사적 조건에서 마르크스주의를 더욱 발전시킨 레닌주의를 창시했다고 본다(총서 01 : 20 - 1). 그러나 마르크스 - 레닌주의 창시자들의 시대와 달리 주체시대가 도래함으로써 새로운 보다 높은 혁명사상이 요구되었는데, 주체사상이 바로 이런 시대의 요구에 맞는 혁명사상이라고 주장한다.

시대규정에 대해 지난 시기에는 과학적 시대규정 방식이 당대의 지배적인 사회제도의 유형을 기준으로 삼음으로써, 사회역사적 발전단계를 과학적으로 구분할 수 있게 하는 의의에도 불구하고 일정한 한계가 있었다고 주장한다.

그러나 그것은 시대의 근본요구와 그것을 실현하는 주체의 특성을 밝혀주지 않는다. 시대규정이 시대의 전진운동을 다그치는 데 이바지하는 것으로 되려면 어디까지나 시대의 근본요구와 그것을 실현하는 주체의 특성을 똑똑히 밝혀주는 것으로 되어야 한다(총서 01 : 23).

시대의 근본요구와 주체의 특성을 시대구분의 기준으로 보는 주체사상은, 주체시대를 인민대중이 역사상 처음으로 자기 운명과 세계의 주인이 된 시대로 주장하며 다음과 같이 주체시대의 특성을 규정한다. 즉 첫째, 사회주의 역량이 제국주의자들과의 투쟁과 세계인민의 혁명투쟁을 추동하는 결정적 요인이되고 있는 점 둘째, 민족해방운동의 승리로 과거 식민지 민족들이 독립과 신흥 반제혁명 역량으로 등장한 점이다(총서 01 : 25 - 6).

주체시대의 규정을 둘러싸고 1980년대 중반 이후 한국에서의 핵심적 논점은 그것이 과연 과학적 시대구분인가와 주체시대 규정의 포괄범위를 둘러싼 것이었다.

주체사상의 수용을 옹호하는 필자 미상의 1987년 10월 발행 비합법 팸플릿 "맑스 - 레닌주의의 계승과 발전"에서는 주체시대를 전세계적으로 인민대중이 제국주의를 압도할 정도로 영향력이 강화되고 나라와 민족간 호혜평등과 자주의 기초가 확립된 시기로 규정하면서, "우리는 이러한 시대를 '전반적 위기의 3단계'니 '국가독점자본주의 시대'니 혹은 '제국주의 시대'라고 이름짓는 것은 일반성, 보편타당성을 잃는 것이라고 생각한다"(강동일, 1989 : 34)고 주장한다. 즉 여기서는 새로운 시대를 이미 사멸해가는 지배세력을 중심으로 시대를 규정해서는 안 된다고 주장하는 것이다. 이처럼 주체사상 수용세력들은 마르크스 - 레닌주의적 시대구분이 "흔히 1945년 이후를 그 이전 시기와 비교하여 현대 제국주의 시대 또는 신식민지주의 시대"(조진경, 1988[1] : 26)로 본다고 비판하면서, 이 시대의 특징을 근로민중이 역사의 주인이 된 시대로 보아야지 사멸해가는 과거 지배세력의 이름으로 부를 수 없다고 주장한다. 결국 북한이나 주체사상파들이 주장하는 주체시대 규정은 바로 인민대중의 역할과 힘이 이미 사멸하는 제국주의 세력을 압도하게 된 점에서 찾고 있는 것이다.

이에 대해 마르크스 - 레닌주의 수용세력들은 주체시대 규정이 사회의 물질적 토대의 변화를 고려치 않음으로써 피상적이고 자의적인 시대구분에 불과하다고 비판했다(김현철·서인성, 1988 : 64). 즉 마르크스 - 레닌주의의 자본주의 전반적 위기론과 주체시대 규정을 동일한 것으로 보는 데 반대하면서, 만일 양보하여 둘 사이의 등식을 인정하더라도 현시기가 주체시대의 규정처럼 민중들의 자주성, 창조성, 의식성이 온전히 발휘되고 있는가를 되묻고 있다(김현철·서인성, 1988 : 67).

마르크스 - 레닌주의의 자본주의 전반적 위기론은 사회의 물질적 토대의 변화에 기초한 과학적 시대구분인 반면, 주체시대 규정은 주체의 특징에 따른 자의적인 비과학적 시대규정이라고 비판하는 것이다. 그러나 이런 주장은 다음의 세 가지 점에서 큰 오류를 범하고 있다.

첫째, 전술했듯이, 마르크스 - 레닌주의의 자본주의 전반적 위기론은 사회의 물질적 토대의 변화가 아니라 1917년 러시아 혁명 이후 자본주의와 세계의 진보적 세력들 사이의 힘관계의 변화를 반영한 시기구분이었다.

둘째, 레닌은 1915년 집필한 "잘못된 깃발 아래"에서 시대규정을 이행의 전략과 전술의 설정에 필요한 것으로 봄으로써(LCW 21 : 145), 마르크스가 1859년 "정치경제학 비판 서문"에서 자본주의의 이행의 필연성을 논증한 생산양식에 따른 시대구분보다 낮은 추상 차원으로 정의했다. 즉 레닌의 시대규정에 기초한 자본주의 전반적 위기론은 전략과 전술 규정과 연관되는 것이다. 따라서 새로운 세계관을 요구하는 기초로서의 주체시대 규정과는 추상 수준을 달리하는 것으로 이해되어야 한다.

셋째, 주체시대에서 말하는 인민대중이 자기 운명과 세계의 주인이 되었다는 것은 이것들이 온전히 실현되었다는 의미로 볼 수 없다는 점이다. 즉 과거와 달리 전세계 인민대중과 자본주의 지배세력 사이의 역관계가 인민대중에 우세하게 변화되었다는 의미이다. 주체시대뿐만 아니라 어떤 시대규정도 그 특징들의 일반적 경향성을 의미하는 것이지 그것의 완전한 실현을 기준으로 삼지는 않는다는 말이다.

마르크스 - 레닌주의 수용세력들 가운데는 주체시대의 특징들을 사실상 자본주의의 전반적 위기의 제2단계 규정과 다를 바 없다고 보는 입장들도 있다.17) 그러나 자본주의의 전반적 위기론과 주체시대의 규정은 과학적 정세판 단이라는 점에서 구분된다고 주장한다. 윤해성은 자본주의의 전반적 위기론은 제국주의의 내적 모순에서 전세계의 계급투쟁의 격화와 사회주의권의 형성을 중요시하는 반면, 주체시대 규정은 인민대중이 자기 운명과 세계의 주인이라는 애매한 말뿐이라고 주장한다(이진경, 1989[1] : 100). 이렇듯 주체시대 규정이 과학적 정세인식에 기초하지 않은 애매성으로 인해 결국 주의주의적이고 주관주의적 편향을 보인다는 것이다.

현시대에 대한 이러한 인식은 한편에서는 주의주의적이고 주관적이며 다른 한편에서는 민족주의적 편향을 안고 있는 것이다. 이러한 시대 판단 속에는 제국 주의에 반대하여 싸우는 식민지 민중들의 투쟁이 제국주의 내부의 모순과 그로

---

17) 자본주의 전반적 위기의 2단계는 제2차 세계대전 이후의 세계체제의 특징을 규정하는 마르크스 레닌주의의 개념이다. 전후 사회주의 세계진영의 확립, 식민지 민족해방운동의 승리, 제국주의 국가 내부의 계급투쟁의 격화, 제국주의 국가들간 상호갈등의 4가지를 특징으로 한다.

인한 갈등 및 분열의 양상과 함께 파악되고 있지 못하며, 오로지 전자의 측면만
이 부각되고 있을 따름이다. 그런데 이러한 편향된 인식에 기초한 정세의 판단과
시대적 전망을 '주체시대'라는 추상적 개념으로 일반화하게 되었을 때 문제는
심각해진다. 그것은 혁명적 실천을 하고자 하는 사람들에게 아무런 도움도 주지
못하고 오직 맹목적 신념만을 가지도록 강요하는 추상적 공문구가 되어버리는
것이다(이진경, 1989[1] : 101).

이런 입장은 앞의 주장과 달리 자본주의의 전반적 위기론이 사회의 물질적
토대에 기초한 것이 아니라는 점을 올바로 이해하고 있는 것으로 보인다.
그러나 과학적 정세인식을 제국주의의 내적 모순에서부터 출발하는 것으로
본다는 점에서 문제점이 발견된다. 레닌도 1915년 집필한 "잘못된 깃발 아래"에
서 시대규정의 기초를 어떤 계급이 중심적 위치를 차지하여 그 시대의 역사적
상황의 주요 내용과 발전방향 및 주요 특징을 결정하는가에 두고 있다(*LCW*
21 : 145). 따라서 과학적 정세인식의 기준은 그 시기의 계급적 역관계이지
제국주의의 내적 모순에 기초한 것은 아니다.

또한 주체시대 규정이 계급이 아닌 인민대중이라는 다소 애매한 용어로
표현되었다 하더라도 그로부터 바로 주의주의적이고 주관적이라는 결론을
끌어내는 것은 논리의 비약이다. 주체시대도 구체적인 규정에서 식민지 민족해
방운동의 승리와 사회주의 세계진영의 확립을 주요 근거로 들고 있다는 점에서
민족주의적 편향을 보인다는 평가도 객관적인 것일 수 없다.

또한 윤해성은 주체사상의 1930년 창시설로 인해 주체시대와 주체사상
사이의 정합적 관계가 교란되고 있다고 주장했다. 즉 1930년 창시설로 인해
주체시대가 주체사상을 요구한 것이 아니라 1930년 주체사상이 먼저 만들어지
고 그 사상을 요구한 시대가 오히려 뒤에 나오게 된다는 주장이다(이진경,
1989[1] : 103).

사상이 시대의 요구를 반영하여 나온다는 것을 주체사상에서도 강조하는 점에서 일단 부정합성을 지적할 수도 있다. 그러나 보다 넓게 보면 주체시대가 자본주의의 제국주의 시대와 연결되어 있고 반제국주의 투쟁에서 인민대중의 힘의 성장을 반영한 것으로 본다면 정합성이 부재한 것은 아니다. 즉 주체시대 규정이 마르크스의 역사적 시대구분처럼 생산양식에 따른 사회구성체 분류라기보다는 자본주의 내의 계급적 힘관계의 변화에 기초한 변혁을 전망하는 시대규정이기 때문이다.

주체사상과 주체시대 부정합성 주장은 주체사상이 주체시대에는 새로운 혁명사상에 의한 향도의 필요성을 강조한다는 점에서 인민대중을 사회역사 운동의 주체로 보지 않는다는 비판도 문제가 있다. 왜냐하면 레닌도 1902년 『무엇을 할 것인가?』에서 대중의 자연발생성에의 추수를 비판하면서 사회주의 사상으로의 의식화를 강조한 점을 생각한다면(LCW 5 : 396), 이른바 마르크스 - 레닌주의자라면 당연히 사상에 의한 대중의 지도라는 테제를 수용해야 하기 때문이다.

주체시대 규정과 관련된 또하나의 중요한 논점은 주체시대의 포괄범위에 관한 것이다. 손호철은 "주체사상이 선행한 모든 시대와 근본적으로 다른 새로운 역사적 시대라는 주체시대, 즉 근로인민대중이 역사의 주도적 지위에 올라선 시대를 대표하는 사상이라는 주체사상의 주장은 주체사상이 통시대적으로 적용될 수 있는 일반이론 내지 사상이 아니고 주체시대에만 타당성을 갖는 역사특수적 이론이라는 해석이 가능하고 따라서 주체사상이 주장하는 독창성도 부분적 독창성이 되기 때문이다"(손호철, 1991 : 323)라고 문제를 제기한다. 손호철의 문제제기는 과학적 이론이 아닌 사상이 통시대적으로 적용될 수 없다는 점에서 우선 문제가 된다. 즉 주체사상만이 아니라 모든 사상은 특정한 시대의 요구를 반영한 것이라는 점에서 객관적인 자연과학적 지식과는 구별된다. 북한에서도 주체사상의 포괄범위를 다음과 같이 분명히 설정하고 있다.

　　주체시대는 자주성을 위한 근로인민대중의 장구한 투쟁에 의해 합법칙적으로 도래한 역사의 새시대로서 시대발전의 가장 높은 단계를 이룬다. 주체시대는 현 시대와 공산주의 미래의 전역사적 시대를 포괄한다. 역사의 새시대인 주체시대 앞에는 노동계급을 비롯한 근로인민대중을 온갖 형태의 착취와 억압에서 영원히 해방하고 그들의 자주성을 완전히 실현해야 할 역사적 과업이 제기된다 (북한 사회과학원 철학연구소, 1988 : 674).

주체시대는 자본주의의 최후의 국면에 인민대중의 힘이 결정적으로 우세해진 현시기부터 이후의 공산주의의 전시대를 대표한다고 주장하는 것이다. 따라서 주체사상의 독창성은 통시대적인 보편적인 독창성이 아니고, 자본주의의 초기와 제국주의 시대의 혁명사상인 마르크스 - 레닌주의로부터의 독창성이 된다. 따라서 손호철의 문제제기는 사상은 항상 특정 시대를 반영하고 주체사상 스스로도 현시대와 앞으로의 공산주의 전 시기를 포괄한다고 명시적으로 주장한다는 점에서 이미 대답이 주어져 있는 것으로 볼 수 있다.

　　오히려 문제가 될 수 있는 것은 현시대라는 규정이 정치적 및 사회경제적 제조건과 계급적 역관계에서 북한과 상황이 전혀 다른 한국에 적용될 수 있을 것인가이다.

　　레닌의 규정과 마찬가지로 주체사상도 시대규정의 기초를 계급의 상황에서 본다는 점에서는 올바르다. 그러나 한국사회는 결코 주체사상이 주장하는 인민대중의 힘이 결정적으로 우위를 차지한 시기가 아니기 때문에 주체시대의 요구를 반영한 주체사상이 지도사상으로서의 역할과 기능을 수행할 수 없다는 점이다. 이 문제와 관련하여 주체사상에 대한 다음과 같은 이산의 주장은 근본적인 문제점이 없는 것은 아니지만, 상당히 중요한 지적으로 생각된다.

 그리고 세계-인간의 문제는 세계적 차원에서 민중이 주인으로 자각적으로 떨쳐 일어서는 시대의 혁명승리를 반영한다. 따라서 프롤레타리아의 혁명적 진군이 시작되고, 최초로 그 과학성·혁명성을 승리로서 대변한 마르크스, 레닌시대보다, 그 시대적 높이에서 보다 높은 시대의 사상이다. 바로 이러한 점을 김정일은 올바로 해명한다. 그러나 김정일은 물질-의식의 문제와 세계-인간의 문제가 가지는 논리적 연관성을 해명하는 데로 나아가지 못함으로써, 혁명사상으로서의 마르크스-레닌주의로부터의 계승성을 명확히 하지 못하고 사상·이론·방법의 전일적 체계를 구성·서술함에 있어서 내용적·이론적 수준에서 천박함을 극복하지 못한다. 즉 김정일은 시대적 요구와 시대의 높이에서 제기되는 새로운 사상의 핵심과 정수를 올바로 해명했음에도 불구하고, 시대적 높이로 혁명사상의 계승성과 독창성을 해명할 수 있다는 잘못을 범하고 있다. 만약 그렇게 되면 시대가 지나면 새로운 사상은 또 다른 새로운 사상으로 대체된다는 오류를 범할 수 있다. 물론 여기의 김정일에 대한 비판은 그의 위대한 업적에서 볼 때 단지 부차적이지만 남한의 실정에서는 주요한 문제이다(김창호 엮음, 1989 : 344-5).

 앞에서 살펴보았듯이, 이산은 진정한 마르크스 - 레닌주의의 이름으로 당시 한국에 수용된 이른바 '정통' 마르크스 - 레닌주의를 비판하고자 했다. 또한 주체사상의 마르크스 - 레닌주의에 대한 계승성만을 인정하고 독창성 주장을 비판하는 입장을 견지했다.
 위의 인용문에서 그의 주장이 갖는 근본적 문제점은 물질과 의식의 관계와 인간과 세계의 관계라는 두 가지 철학의 근본문제가 병존하는 것을 전제하는 점이다. 사상을 요구하는 시대의 높이에도 차이가 있지만, 사상의 세계관적 기초가 되는 철학의 근본문제에 있어서도 높이의 차이를 인정할 수 있는 것은 당연하다. 그러나 이산은 양자의 동등한 병존을 주장함으로써 마르크스-레닌주의에 대한 주체사상의 독창성을 부정하고 있다. 주체사상 스스로가 독창성을 주되는 측면으로 주장하고 있고, 반대로 주체사상을 주관주의적이고 주의주의적이라고 비판하는 입장들도 모두 마르크스-레닌주의와 다른 독창성만을 인정한다는 점에서 이산의 주장은 너무 일방적이다.

또한 이산은 주체사상이 계승성을 명확히 하지 못함으로써 사상이론적 수준에서 천박성을 면하지 못한다고 비판하는데, 1970년대 중반 이론적 체계화 이후 일관되게 계승성의 문제에 대한 김정일의 주의와 비판이 제기된 점을 감안하면 이 역시 상당히 주관적인 평가라는 비판을 피하기 힘들다. 이미 살펴보았듯이 주체사상이 마르크스-레닌주의 철학을 과학적 진리로 승인하고 전제하는 것은 바로 물질과 의식의 관계 문제에 대한 변증법적 유물론의 입장이었다. 또한 독창성의 근거는 변증법적 유물론이 사람과 세계의 관계 문제를 해결할 수 없는 일면성과 제한성을 갖는다는 데 있었다.

이에 대한 비판으로 마르크스-레닌주의에 대한 주체사상의 계승성만을 인정하려는 이산의 주장이 정당화되기 위해서는 변증법적 유물론이 사람과 세계의 관계 문제를 해결할 수 있다는 것을 증명하는 것이 최우선 과제이다. 그러나 마르크스와 엥겔스 이론들 속에 과학과 비판, 구조와 주체, 필연과 자유에 대한 모순된 긴장들이 존재하였고, 이후의 마르크스주의 전통들이 이를 경계로 다양한 대립적 입장들로 분열되었던 사상사적 사실로 미루어 보면, 이산의 주장은 마르크스주의를 일관되고 응집력 있는 단일 이론틀로 상정한다는 비판을 벗어나기 힘들다.

그럼에도 불구하고 주체시대 규정에 관한 이산의 주장은 두 가지 점에서 상당히 중요한 문제제기를 하고 있다.

첫째, 주체사상을 마르크스-레닌주의와의 연관성 속에서 파악함으로써

1980년대 중후반 한국에서 두 진보사상의 수용에서 보인 일면적이고 교조적 입장들을 비판한다는 점이다. 즉 그는 주체사상을 마르크스와 레닌의 시대와 다른 시대의 높이에서 요구되는 문제에 대한 마르크스 - 레닌주의 이론의 변용으로 봄으로써 이른바 '정통' 마르크스 - 레닌주의자들이 주체사상을 마르크스 - 레닌주의에서 일탈로 보는 입장을 비판하는 것이다.

둘째, 주체사상의 계승성과 독창성 주장이 갖는 오류가 특히 한국의 실정에서는 주요한 문제가 된다는 점을 지적한다. 이로써 주체사상파들이 마르크스 - 레닌주의에 대한 연구를 소홀히 하고 주체사상을 지도사상으로 삼는 북한의 주장을 일방적으로 수용하려는 비주체적 태도에 경각심을 환기시킨다는 점이다. 요컨대 이산의 주장은 지도사상으로서의 기능을 갖는 북한의 주체사상을 논할 경우에는 이론적 기초에서 반박의 여지가 많다. 그러나 북한과 전혀 다른 조건에서 주체사상이 창조적인 진보이론의 구축을 위한 이론적 문제제기로 기능했어야 하는 한국의 상황에서는 매우 중요한 논점을 제기한 것으로 평가될 수 있다.

그러나 시대가 변하면 새로운 사상은 또 다른 새로운 사상으로 대체되어야 한다는 것을 오류로 보는 이산의 주장은 그 자체가 오류가 된다. 왜냐하면 사상들은 특정 시대의 요구들을 반영하는 것이고, 시대가 제기하는 과제들에 대답하기 위한 것이지 통시대적으로 타당한 것은 있을 수 없기 때문이다. 이것은 마르크스 - 레닌주의에도 주체사상에도 마찬가지로 적용되는 것으로 보아야 할 것이다.

2-1-3 주체의 사회역사적 원리 문제

한국에서 일반 사상·이론으로서의 주체사상에 대한 논의에서 또다른 중요한 쟁점은 주체의 사회역사원리에 관한 문제이다. 마르크스 - 레닌주의의 역사적 유물론이 변증법적 유물론을 사회역사에 적용한 것이라면, 주체의 사회역사적 원리는 주체사상의 철학적 원리를 사회역사에 적용시킨 것이다. 주체사상의 사회역사원리에 대해 북한에서는 다음과 같이 규정하고 있다.

주체사상의 사회역사원리는 사회역사에 작용하는 물질세계의 일반적 합법칙성을 시인하면서 역사를 창조하고 발전시키는 근로인민대중의 사회적 운동, 혁명운동의 고유한 합법칙성을 밝혀준다(총서 02 : 15).

철학의 마르크스 - 레닌주의로부터의 계승성 주장과 마찬가지로 주체사상의 사회역사적 원리도 물질세계의 일반적 합법칙성을 시인한다고 전제한다. 김정일은 "주체사상에 대하여"에서 마르크스주의 이전에는 유물론이나 변증법을 주장하는 사람들도 사회역사에 관해서는 관념론적 입장에 있었지만, 마르크스주의에 의해 사회도 자연과 마찬가지로 물질세계 발전의 일반적 합법칙성을 따른다는 사실이 밝혀짐으로써 사회역사에 대한 관념론적 견해가 타파되었다고 평가한다(김정일, 1982 : 115). 즉 북한에서는 유물사관을 선행노동계급의 사회역사관으로 규정하고, 사회적 존재가 사회적 의식을 규정한다는 원리의 확립, 사회역사적 과정을 물질적 부의 생산방식의 발전과정으로 사회경제구성체의 교체과정으로 해석한 점, 그리고 인민대중에 의한 사회역사 창조를 해명한 공적을 인정한다(총서 02 : 14).

주체사상은 자연의 운동과 달리 사회역사운동에는 주체가 있는 것으로 보고, 이를 기초로 사회역사운동의 고유한 합법칙성까지 해명했다고 주장한다. 이미 앞에서 자세히 고찰했듯이, 마르크스와 엥겔스의 역사에 관한 유물변증법적 이론들에는 필연과 자유, 구조와 주체, 과학과 비판의 긴장들이 존재하고 있다. 또한 이후 마르크스주의자들 사이에서도 이를 둘러싸고 대립적 입장들로 양분되었음을 확인했다.

주체사상은 바로 이런 마르크스주의 내부의 대립적 해석의 근원을 마르크스와 엥겔스의 유물사관에 내재하는 한계로 인식하는 것이다. 즉 마르크스와 엥겔스가 유물사관을 통해 사회역사운동에 관한 온갖 관념론적 이해를 일소한 역사적 공적을 세웠지만, 자연의 운동과 구별되는 사회역사적 운동의 고유한 합법칙성까지는 해명할 수 없었다고 주장하는 것이다. 바로 이 점이 사회역사적 원리에서 주체사상이 주장하는 독창성의 핵심이다.

주체사상에서는 사회역사적 운동의 고유한 합법칙성은 바로 그것이 주체의 운동이라는 점에서 찾고 있다. 즉 사회적 운동도 자연의 운동과 마찬가지로 물질적 운동이라는 점에서 공통점을 가지지만, 자연의 운동에서는 근본특성이 되는 이런 물질적 운동이 사회적 운동에서는 근본특성이 되지 못한다고 본다. 즉 "사회적 운동은 역학적 운동, 물리학적 운동, 생물학적 운동들과는 다른 물질운동의 특수한 형태"(총서 02 : 86)라고 규정한다. 그러나 사회역사적 운동이 물질운동의 가장 높은 형태이지만, 이것이 사회적 운동과 자연의 운동의 근본 차이점은 아니라고 본다. 근본 차이점은 사회적 운동이 다름아닌 주체의 운동이라는 점이라고 주장하며 주체의 개념을 다음과 같이 규정한다.

사회적 운동과 자연의 운동의 근본적 차이점은 자연의 운동에는 주체가 없지만 사회적 운동에는 주체가 있다는 것이다.

사회는 자주성, 창조성, 의식성을 가진 사람이 살며 활동하는 집단인 만큼 사회적 운동은 자주성, 창조성, 의식성을 가진 주체를 떠나서는 생각할 수 없다. 사회적 운동의 주체라는 범주는 주체의 사회역사관에 의하여 새롭게 확립된 범주이다.

주체(주자)라는 말은 지난 시기에도 이러저러하게 쓰여왔다. 그러나 주체사상에 의하여 확립된 사회적 운동의 주체라는 범주는 사회적 운동을 주동적으로, 목적의식적으로 일으키고 떠밀어나가는 담당자와 동력, 사회적 운동을 지배하고 결정하는 의식적인 존재를 표현하는 새로운 범주이다(총서 02 : 87).

그러나 이미 전술했듯이, 마르크스와 엥겔스는 사회역사적 운동이 자연의 운동과 구분되는 고유의 법칙성을 갖는다는 점을 인정했었던 점에서, 주체사상이 사회역사원리에서 독창성을 주장할 수 있는 부분은 사회적 운동에서 주체의 존재 여부라기보다는 주체의 성격이라는 부분에 국한되는 것으로 보아야 한다. 따라서 사람이 자주성, 창조성, 의식성을 갖는 사회적 존재라는 주체사상의 규정이 과연 유물론적 입장에 부합되는 것인지가 문제가 된다. 또한 이런 인간의 주체적 의식성과 실천이 사회역사의 운동에서 차지하는 역할, 즉 사회역사적 운동이 자연사적 필연성에 의해 지배되는 것인지 아니면 인간의 능동적 개입의 산물인지를 둘러싼 문제이다. 1980년대 중후반 한국에서 주체사상이 수용되는 과정에서 사회역사원리에 관한 문제는 역시 이 부분에 대한 논쟁을 중심으로 이루어지게 되었다.

1987년 10월경 발표된 것으로 추정되는 비합법 팸플릿 "맑스 - 레닌주의의 계승과 발전"[18]을 분석 대상으로 삼아 주체사상의 사회역사적 원리에 대해 비판하는 김현철은 주체사관을 비판하는 두 가지의 근거로 사회적 운동의 고유한 합법칙성 존재 주장과 사람을 유적 존재로 보는 점을 들고 있다..

첫째, 그는 주체사상이 사회적 운동에는 자연의 운동과 달리 고유한 합법칙성이 존재한다고 보는 주체사관의 전제를 비판하고, 역사발전에서 인간 의식성의 역할은 물질세계의 객관적이고 합법칙적 발전과 다를 바 없다며 다음과 같이

---

18) 강동일은 이 문건을 자신이 편집한 책에 수록하여 해설하면서, 주체사상의 철학적 원리, 사회역사적 원리, 주체시대-철학의 중심 이동으로 나누어 주체사상이 마르크스-레닌주의에 대한 계승과 발전임을 보여주고자 한다고 평가한다. 강동일은 주체사상을 비판하는 입장에서, 이 문건이 목표로 하는 마르크스-레닌주의로부터의 계승과 발전으로 주체사상을 위치지우려는 시도는 당시 한국에서 주체사상의 수용을 주장하던 세력들 대부분의 입장을 대변한 것이었다고 평가한다. 강동일, 1989 : 4-5 참조.

주장한다.

　　분명히 사회역사의 발전에서는 인간의 의식적인 측면이 중요하게 강조된다.
그러나 그것 역시 인간의 의지와는 무관한 일반적 법칙에 의해 규정받는 것이다.
즉 역사발전에서 의식성의 적극적인 역할이란 것은 근원적으로는 물질세계의
객관적이고도 합법칙적인 발전과 별다름이 없는 것이다. 이것이 유물론에서 말
하는 필연과 자유의 올바른 관계이다(김현철·서인성 외, 1988 : 37).

　　위의 인용문은 역사에서 인간의 의식성이 차지하는 위치와 역할에 관해,
기본적으로 물질적 조건에 의한 규정성을 강조하는 강한 구조중심적 입장을
견지하고 있음을 알 수 있다. 이런 입장의 근거로 엥겔스가 『루드비히 포이에르
바하와 독일 고전철학의 종말』에서 인간의 의지와 의도가 중요하지만, 이것은
역사 행정의 내적 일반법칙에 지배된다(MECW 26 : 387)고 지적한 사실을 강조
한다. 앞에서 살펴본 바 있지만, 마르크스와 엥겔스에 있어서 인간의 주체적인
의식과 실천은 역사적 유물론의 기본 전제에 해당하는 문제로 마르크스주의
내부의 구조중심적 입장들에 의해 객관적인 법칙성의 지배가 배타적으로
강조되는 경향과 일정하게 구분된다는 사실을 확인했었다.

　　또한 역사에서 인간의 의식성과 주체성 문제는 사회역사적 운동이 자연의
운동과 구분되는 고유한 법칙성을 갖는다는 주장과 직접 관련되는 문제이다.
이 문제에 대해서도 마르크스와 엥겔스는 『자본론』 2판 후기 등 여러 곳에서
가장 발전된 물질인 인간의 주체성의 작용에 의한 사회역사적 운동의 고유한
법칙성의 존재를 인정하고 있다.

　　마르크스와 엥겔스의 사상에 대한 강력한 구조중심적 입장은 마르크스주의
의 한 분파, 특히 스탈린주의적으로 재규정된 소비에트 마르크스 - 레닌주의의
입장일 뿐이다. 즉 스탈린은 1938년 "변증법적 및 역사적 유물론"이란 논문에서

역사발전 5단계설과 생산력과 생산관계 및 토대와 상부구조의 메타포로 사회역사의 발전을 설명하는 강력한 생산력주의적이고 구조중심적 입장을 강조했음은 주지의 사실이다. 따라서 역사에서 인간의 의식성과 주체성 문제를 경시하는 주장은 바로 이런 소련의 스탈린식 정통 마르크스 - 레닌주의를 직접 수용한 것으로 평가할 수 있다. 그 결과 이런 주장은 구조중심적 마르크스 - 레닌주의를 기준으로 주체사관을 비판함으로써, 주체사상뿐만 아니라 마르크스와 엥겔스의 역사적 유물론의 전제였던 인간의 의식과 실천의 역할 및 사회역사적 운동의 고유한 합법칙성에 관한 이론마저 진지한 고려의 대상으로부터 배제하게 되었다.

둘째, 마르크스 - 레닌주의 수용세력들이 주체사관을 비판하는 논거의 하나로, 주체사상이 말하는 '유적 본질 존재로서의 인간관을 들고 있다. 즉 마르크스는 "포이에르바하에 관한 테제"의 제6테제에서 포이에르바하가 하나의 추상적이고 고립된 개인을 상정함으로써 인간을 하나의 보편성을 갖는 유類적 존재로 보고 있음을 비판했다는 사실을 상기시킨다(김현철·서인성 외, 1988 : 22). 이어서 이런 마르크스의 의도는 "인간을 어떤 존재로 형성시켜주는 현실적 생활조건, 사회적 제관계 속에서 파악해야 한다"(김현철·서인성 외, 1988 : 23)는 것을 강조한 것이라고 본다.

마르크스는 『경제학 철학 초고』에서 인간은 단순히 자연존재일 뿐만 아니라 인간적인 자연존재, 즉 대자적으로 존재하는 존재임으로 유적 존재 Gattungswesen라고 규정했다. 이로 인해 인간에게 역사란 의식된 역사이며 생성 행위로서 역사는 의식적으로 자신을 지양하는 생성 행위이며, 역사는 인간의 진정한 자연사가 된다는 사실을 강조했다(MECW 3 : 337). 여기서 알 수 있듯이 마르크스가 비판한 유적 본질 존재라는 것은 포이에르바하의 추상적이고 고립적인 개인으로서의 어떤 보편성을 의미하는 것이지, 목적의식성과

의도적 실천을 하는 사회적 존재로서의 인간의 유적 존재 개념 자체를 비판한 것이 아님을 알 수 있다. 즉 마르크스에게 역사는 주체적 의식과 실천을 하는 인간의 발전과정으로, 즉 인간의 자연(본성)의 역사가 된다고 강조한 것이다.

그럼에도 구조중심적 혹은 경제 결정론적 입장은 인간의 유적 본질 존재 개념을 관념론으로 비판함으로써, 인간을 사회역사적 발전의 수동적 담당자로만 보고 있다. 이런 주장은 주체사관이 유적 본질 존재로서의 인간 개념을 내세우는 진정한 이유는 인간의 역사를 계급투쟁의 역사가 아닌 인민대중의 자주성을 실현하기 위한 과정으로 내세우려는 데 있다고 주장한다. 이 과정에서 주체사상이 사회역사의 주체로 내세우는 인민대중이라는 개념이 계급적 구별을 추방하는 관념론적 개념이라고 일방적으로 선언한다(김현철·서인성 외, 1988 : 39). 즉 인민대중은 몰계급적인 개념에 불과함으로 계급대립이 엄존하는 남한에서 이 개념의 적용은 언어도단이라고 단언하며 다음과 같이 주장하고 있다.

'주사파가 말로는 프롤레타리아트라 하면서도 정작 '프롤레타리아트의 이해'라는 말이 나오거나 언뜻 비치기만 해도 어느새 금방 '계급이기주의'라는 무지막지한 홍두깨를 휘둘러대는 것도 실상 따지고 보면 별로 크게 이상할 바 없는 당연한 귀결이다(김현철·서인성 외, 1988 : 39).

즉 주체사상에서 사회역사운동의 주체로 내세우는 인민대중이 결국 계급운동을 반대하는 관념론적 개념이고, 이를 당시 한국에 수용하려는 세력은 프롤레타리아 혁명에 대한 두려움을 갖고 있다고 주장하는 것이다. 그러나 김현철이 북한의 원전이 아닌 "계승과 발전"이라는 한국의 소개 팸플릿을 근거한 점에서 이해가 되기도 하지만, 인민대중을 몰계급적 개념으로 규정하는 것은 상당한 논리적 비약과 주체사상 전반에 대한 이해의 부족을 보여주는 것이라 할 수 있다.

주체사상에서는 사회역사적 운동의 주체인 인민대중을 개별적 사람이나 사람 일반이 아닌 집단적 활동으로서의 사회적 운동의 주체를 의미하는 개념으로 사용하기 때문이다. 주체사상은 인민대중에 대해 다음과 같이 규정하고 있다.

> 인민대중이란 역사발전의 각이한 모든 시기에 사회적 예속과 구속을 반대하고 자주성을 옹호하는 데 이해관계를 가지며 자기의 노동활동이나 실천투쟁으로 사회생활을 유지하고 사회를 발전시키는 데 이바지하는 계급과 계층으로 이루어진 사회적 집단을 말한다. 인민대중의 계급적 구성은 사회역사발전행정에서 변화된다(총서 02 : 109).

위 인용문에서 알 수 있는 것은, 주체사상이 사용하는 인민대중의 개념은 사회역사 발전의 각 단계에 출현하는 피억압·피착취 계급 일반을 의미하는 것으로 몰계급적 개념이라는 주장은 근거가 없다. 또한 김현철은 자신의 선험적으로 잘못된 인민대중의 개념을 그대로 당시 한국 사회운동에서 전략전술적 단위의 구성, 즉 통일전선의 구성에 대한 주사파들의 상층통전론을 비판하는 데 성급히 연관시키는 오류를 범하고 있다. 즉 주체사상이 몰계급적인 인민대중 개념에 입각함으로 자동적으로 프롤레타리아의 계급투쟁을 비판 혹은 두려워한다고 주장하는 것이다.

결론적으로 김현철은 주체사관을 다음과 같이 비판하고 있다. "첫째, 사람이 추상적인 '유적 본질 존재'라는 둥, 그냥 '사람'이라는 둥, 애매모호하기 그지없는 '인민대중'이라는 둥의 말로는 설명될 수 없다. 둘째, 사람은 사회적 관계, 생산관계의 일부분에 속하는 사람이며, 따라서 하나의 계급에 속하는 사람이다.

셋째, 계급으로서의 사람의 의식적인 활동이 역사발전을 규정짓는 것이 아니라 객관적 합법칙성이 그렇게 하는 것이며, 사람은 단지 그것을(정확하든 부정확하든) 인식함으로써만 적극적으로 필연성을 실현할 수 있다.”(김현철·서인성 외, 1988 : 42)

그러나 이런 주장은 주체사관을 비판하기 위해, 세계와 역사에서 인간의 역할 문제나 사회역사적 운동의 고유한 법칙성의 존재를 인정한 마르크스와 엥겔스의 이론적 전제까지 무시하는 결과가 된다.

인간의 역할이나 사회역사운동의 고유한 법칙성의 존재를 인정하는 마르크스와 엥겔스의 전제적 입장들은 역사적 유물론을 결정론 혹은 목적론적 편향에 빠지지 않도록 해주는 중요한 세계관적 의의를 갖는 것이었다. 그러나 마르크스주의의 역사에서 구조중심적 편향은 이런 중요한 이론적 전제들을 배제시킴으로써, 역사를 죽어 있는 구조의 자연필연적인 결정론적 과정으로 훼손시키고 온갖 대기론적이고 수정주의적 입장을 초래하는 결과가 되었다. 마찬가지로 김현철은 주체사관을 선험적으로 관념론적인 것으로 규정하고, 몰계급적 이론으로 이해함으로써 주체사상에 대한 객관적 평가는 물론이고 마르크스주의 일반, 심지어는 소련의 마르크스 - 레닌주의에 대한 발전적 이해의 기회를 스스로 포기해 버리는 결과가 되었다.

한편으로 주체사상의 원전에 의거하여 주체의 사회역사적 원리를 비판하는 입장도 나타났다. 김순우는 먼저 다음의 두 가지 결론을 전제하면서 자신의 논의를 이끌어간다(이진경 엮음, 1990 : 14).

첫째, 주체사상은 근원원리에서 마르크스주의와 완전히 다른 독창적인 체계라고 본다. 그는 과학적 사회주의자라면, 유물사관과 잉여가치설을 옹호해야 함에도 주체사상은 변증법적 유물론을 사람위주의 철학적 원리로, 역사적 유물론을 인민대중중심의 주체사관으로 대체시킴으로써 주체사상은 마르크스주의와 체계적으로 단절되었다고 주장한다.

둘째, 이런 원리적 체계의 차이에도 불구하고 주체사상과 마르크스주의의 관계를 옹호계승으로 보려는 입장은 조정주의, 화해주의에 불과하다고 한다. 즉 독창적 사상체계로서의 주체사상에 대한 비판을 시도하는 것이다.

당시 한국에서 주체사상을 수용하는 세력들의 문건을 염두에 둔 듯, "확실히 주체사상의 원전은 수준이 높다. 분명히 '탱자'보다는 '귤'이 좋은성싶다. 그만큼 세련된 원리를 전개하고 있다"(이진경 엮음, 1990 : 29)고 주장한다. 한편으로는 주체사상의 원전이 상당히 정교한 원리를 내세우고 있다고 평가하는 듯하지만, 기실 말하고자 하는 바는 세련됨에도 불구하고 주체사상의 원리가 갖는 문제점 을 논파할 수 있다는 자신감과 함께, 당시 한국에서 주체사상 수용론자들의 천박한 이해 수준에 대한 논쟁적 폄하의 의도가 내재한 것으로 볼 수 있을 것이다.

여하튼 김순우는 주체사상의 원전이 갖는 '세련됨'을 다음의 세 가지로 요약하고 있다. 첫째, 자연과 사회의 구별과 연관에 관해 명시적으로는 주관주 의와 객관주의를 모두 철저히 반대하는 점. 둘째, 자유와 필연의 관계에 대해, 명시적으로는 자유는 필연의 인식을 전제하고 기초로 하는 것으로 보는 과학적 입장을 채택하고 있는 점. 셋째, 마르크스주의와 역사적 유물론을 시인한다고 반복하여 강조하는 점 등이다(이진경 엮음, 1990 : 29 - 31). 즉 한국의 주체사상 수용론자들이 마르크스주의에 노골적으로 대립하는 것과 달리, 주체사상의 원전은 마르크스주의와의 계승성을 강조하는 세련됨을 보여준다는 것이다.

그러나 그 결과 "귤은 이런 무모한 짓을 하지 않는다. 그렇기 때문에 맑스주의 에 관한 이해가 낮거나, 지식이 있어도 소심한 사람들의 비판을 무력화하고 오히려 그것을 동요하게 만든다"(이진경 엮음, 1990 : 31)고 비판한다. 즉 주체사상 이 마르크스주의와의 계승성을 세련되게 위장함으로써 더욱 위험하다는 역설을 주장하는 것이다. 이것은 마르크스주의와 주체사상의 계승성 혹은 옹호계승 부정론에 따른 평가로, 요컨대 주체사상은 명백한 관념론에 불과함에도 세련된 위장으로 이를 은폐하고 있다는 주장이다.

김순우는 주체의 사회역사원리에서 말하는 사회변혁에서 사상의식의 결정적 역할론을 주체사상의 관념론의 증거로 들고 있다.19) 이로 인해 주체사관과 역사적 유물론의 관계를 이해하는 기초적 문제틀이 다음과 같이 형성된다고 본다.

> 역사발전에 있어서 사람, 인민대중이 주동인가, 조건이 주동인가? 좀더 정확하게 표현하자면, 사회발전의 요인 중, 주체적 요인이 결정적인가, 객관적 요인이 결정적인가?
> 우리는 이러한 문제설정이 이른바 철학의 근본문제, 즉 사람과 세계의 관계 문제, 사람과 세계 가운데서 어느 것이 주동적이고 결정적인 작용을 하는가라는 문제를 직접 적용할 것임을 이내 알 수 있다. 그리고 그런 만큼, 주체의 철학적 원리의 문제의식도 계승했음을 금방 확인할 수 있다(이진경 엮음, 1990 : 33).

그러나 이런 문제틀 자체가 결정적으로 잘못된 것으로 규정하면서 주체사상에서 사회적 조건을 인민대중이라는 주체적 요인과 객관적 요인으로 구분하는 것 자체가 성립될 수 없다고 주장한다. 즉 사회발전의 주체적 요인과 객관적 요인을 구분하는 주체사상의 논리 자체가 모순이라는 것이다. 사회발전의 주체적 요인과 객관적 요인을 구분하게 됨으로써 결국 객관적 합법칙성을 결여한 주의주의적 결과를 초래하게 된다고 보는 것이다. 이를 위해 인민대중의

---

19) 주체사상총서 제2권 『주체사상의 사회력사적 원리』에서는 혁명투쟁에서 인민대중의 사상의식이 결정적 역할을 한다고 다음과 같이 주장하고 있다. "사람들의 활동은 다름아닌 그들의 의식성의 발현이며 자연과 사회를 변혁하는 투쟁에서 노는 역할은 결국 그들의 사상의식의 역할인 것이다."(총서 02 : 387)

자주적 요구를 객관적 환경의 단순한 복사가 아니라 인민대중이 일정한 환경조건을 주동적으로 반영하여 형성된 것으로 보는 주체사상의 입장(총서 02 : 115)을 비판적으로 검토한다.

그는 주체사상이 말하는 '기계적·수동적 반영, 단순한 복사' 등은 속류 유물론자의 사고방식에 불과한 것으로 현실에서는 사실상 존재할 수 없는 것이라고 본다(이진경 엮음, 1990 : 37). 즉 마르크스, 엥겔스, 레닌 등은 "객관적 조건의 요구, 역사발전의 합법칙성을 있는 그대로 인식하고 그에 따라 곧이 곧대로 행동"(이진경 엮음, 1990 : 38)함으로써, 혁명을 성공시킬 수 있었다고 주장한다. 요컨대 주체사상이 기계적 반영이나 단순한 복사라는 인식론적 개념을 인민대중의 자주적 요구와 대비시킴으로써, 결과적으로 마르크스, 엥겔스, 레닌까지도 기계적 반영론자의 범주에 포함시키고 있다고 보는 것이다.

그러나 이론적으로 이미 레닌이 『유물론과 경험비판론』에서 유물론적 존재론에 근거하는 절대적 진리의 존재와 인간 인식의 상대성에 관해 언급한 사실을 상기한다면, 반영으로서의 모든 인식이 동질적인 것으로 볼 수 없을 것이다. 또한 현실적으로도 인간 집단들 혹은 개인들 사이에서도 객관적 현실의 반영의 정도에 따라 다양한 인식상의 수준 차이가 존재할 수 있다는 점에서 애초에 속류 유물론적 반영이 성립할 수 없다는 주장은 논거가 없다.

주체사상에서 말하는 자주적 사상의식이나 요구가 객관 대상의 본질에 가장 근접한 상대적 진리일 수도 있다는 점에서 사상의식과 객관적 합법칙성을 이원론적으로 대립시키는 논리는 정당성을 갖기 어렵다. 김순우의 다음과 같은 주장은 이런 이원론적인 사고를 명백히 드러내고 있는 것으로 평가할 수 있다.

그런데 주체사관의 접근법에 따른다면 기계적·수동적 반영이란 이름 아래 이러한 과학성까지도 내버리게되고 맑스, 엥겔스, 레닌도 비속한 속류 유물론자로 처리되어 버린다. 마찬가지로, 이런 방식으로 과학성을 배제해 버린 주체의 주동적 반영 및 자주적 요구란 객관적 합법칙성을 인식하지 못한 자의적 소망과 요구로 될 수밖에 없다. 따라서 주체의 운동으로 파악된 인류의 역사나 사회에는 자연과는 달리 인간의 마음먹기에 따라 합법칙성에 제약되지 않고 이를 거슬러 행동할 수 있는 여지가 있다(이진경 엮음, 1990 : 38).

위 인용문에 따르면, 주체사상의 입장에서는 객관적인 환경조건의 기계적이며 수동적인 반영은 곧 속류 유물론적인 것이고, 마르크스와 엥겔스, 레닌도 그 범주에서 벗어날 수 없다고 본다고 주장한다. 그러나 주체사상이 선행 노동계급 철학의 과학성을 전제하는 한, 주체사상이 그들의 반영을 단순한 속류 유물론적인 것으로 폄하시키고 있는 것은 아니다.

또 하나의 문제로 주동적 반영이나 자주적 요구를 일방적으로 객관적 합법칙성을 배제해 버린 주관관념론적 주의주의로 규정하는 태도이다. 이미 마르크스는 『자본론』 제1권에서 인간 노동의 특성을 "노동과정의 끝에 가서는 그 시초에 이미 노동자의 머리 속에 존재하고 있던 (즉 관념적으로 이미 존재하고 있던) 결과가 나오는 것"(*Capital* I : 174)임을 강조했다. 이런 마르크스의 언급은 인간 노동이 갖는 목적의식성을 말하는 것으로, 주체사상에서 말하는 주동적 반영이나 자주적 요구도 이런 인간의 목적의식성에 기초한 것으로 볼 수 있다. 주체사상에서 주장하는 수동적이고 기계적 반영을 넘어서는 주동적 반영을 객관법칙성의 부정이라고 할 수는 없기 때문이다. 이 문제에 대해서는 전술했던 북한의 박승덕의 주장을 상기할 필요가 있다. 즉 그는 주체라는 범주는 주관과 달리 객관을 포괄한 것으로 보았기 때문이다(김창호, 1989 : 409).

주체사관을 역사적 유물론과 구별되는 독자적인 역사관으로 규정하면서, 주체사관이 역사적 유물론을 문제제기 및 비판의 대상으로 삼는 점을 비판하는 입장도 제기되었다. 신상석은 "자칫 역사적 유물론이 '미완성'된 불완전한 사상으로 치부될 수 있기 때문"(이수창·신상석, 1990 : 87)에 주체사관을 비판한다고 전제한다. 즉 역사의 창조자 문제는 주체사관도 인정하다시피 역사적 유물론에 의해 해명되었음에도 주체사관이 새롭게 제기했다는 주장에 대해 비판적으로 검토하고 있다. 이 문제는 역사를 지배하고 결정하는 것이 사람들인가 아니면 역사적 과정에 작용하는 객관적 환경인가라고 규정한다.

주체사관에서 말하는 주체의 의미를 분석한 결과, '사회적 운동의 담당자, 목적의식적 활동의 담당자'와 '사회적 운동을 주동적으로 벌여나가는 지배자, 결정적인 요인'이라는 두 가지 개념 정의가 가능하다고 한다(이수창·신상석, 1990 : 88 -9). 이 두 가지 정의에서 신상석은 마르크스의『도이치 이데올로기』의 동물과 구별되는 생활로서의 인간의 생산활동 개념에 의거 첫 번째 개념 정의는 주체사관에만 고유한 것이 아니라고 평가한다. 이것은 마르크스와 엥겔스가 인간의 목적의식적인 주체적 활동과 의식을 역사적 유물론의 전제적 해명으로 삼았던 점에서 올바르다는 것이다. 그러나 두 번째 개념 정의인 지배자와 결정적 요인 주장에 대해서는 비판을 가하고 있다. 즉 자연의 운동과 달리 사회적 운동에는 주체가 있다는 주체사관의 입장을 문제로 삼으며, "그리고 사회운동 즉 인간적 활동에는 주체가 있으니 주체와 대상의 상호작용에서 주체는 일방적으로 대상에 대해 주동적이고 능동적이며, 대상은 일방적으로 피동적이고 수동적"(이수창·신상석, 1990 : 91)인 것으로 보는 것은 오류라고 주장한다. 대신 인간의 대상에 대한 활동은 합목적적인 것이지 주동적이고 능동적인 것이 아니라고 주장한다.

이어서 그는 마르크스『자본론』제1판 서문의 "경제적 사회구성의 발전을 자연사적 과정으로 보는"(Capital I : 20) 입장에 따라, "경제적 사회구성의 운동과 발전, 이행은 인간의 의식과 의지 및 능동적 작용을 결정"(이수창·신상석, 1990 :

97)하는 것으로 보는 것이 유물론의 완성이라고 주장한다. 즉 유물론 일반의 입장에서 물질, 즉 경제적 사회구성체가 인간의 의식과 활동을 결정하는 것으로 주장하면서, 인간의 능동적이고 주체적인 의식과 실천의 주동성과 능동성을 상대화시키고 있다.

전술했듯이, 마르크스와 엥겔스는 역사에 관한 유물론적 해명의 전제를 인간에 대한 유물론적 해명에서 시작하였다. 이것은 물질의 통일성인 세계에서 물질들이 갖는 발전수준에 따른 위계성을 마르크스와 엥겔스가 인정하였기 때문이다.20) 즉 경제적 사회구성체의 교체로서의 인간 역사의 합법칙적이고 자연사적인 발전과정은 다른 물질 일반의 운동과 달리 인간의 주체적 의식과 실천의 산물임을 마르크스와 엥겔스는 전제하고 있기 때문이다. 마르크스가 『경제학 철학 초고』에서 인간을 자연존재이자 대자적인 유적 존재로 규정하고 인간의 역사를 자기 생성하는 인간의 자연사로 규정한 것은(*MECW* 3 : 337) 다름아닌 사회역사 운동의 주체로서 인간의 지위와 역할을 염두에 두었기 때문이었다.

이런 마르크스와 엥겔스의 입장에 근거한다면, 역사에서 인간의 주체성과 역사의 객관적 합법칙성은 서로 대립될 수 없다. 즉 역사의 객관적 합법칙성을 의식을 통해 인식하고 이를 능동적으로 실현하는 주체가 인간이기 때문이다. 따라서 신상석처럼 역사의 객관적 합법칙성을 주동적 반영이나 자주적 요구에 대립시키는 것은 양자의 변증법적 관계를 무시하고 기계적으로 대립시키는 것이 된다.

신상석은 사회적 존재가 사회적 의식을 결정한다는 명제는 역사적 유물론에 고유한 것이 아닌 유물론 일반의 특징이고, 역사적 유물론에 고유한 본질은

---

20) 물질 발전의 위계성 인식과 인간의 목적의식성에 근거한 사회역사 운동의 고유한 법칙성의 존재는 이미 마르크스의 『자본론』 2판 후기와 엥겔스의 『루드비히 포이에르바하와 독일 고전 철학의 종말』 등 여러 곳에서 빈번히 발견된다.

생산력과 생산관계의 모순으로 인한 경제적 사회구성의 자기운동과 자연사적 이행을 핵심으로 한다고 본다(이수창·신상석, 1990 : 98). 이런 입장에서 그는 주체사관이 경제적 사회구성체의 자연사적 운동이 아닌 인간의 의식, 의지 및 능동성을 역사의 동력으로 보기 때문에, 변증법을 인정하지 않는다고 주장한다. 즉 주체사관이 경제적 사회구성이 생산력과 생산관계의 내적 모순에 의해 자기능동성을 가지고 운동하는 것을 인정하지 않음으로써, "역사적 유물론에 대립되는 주체사관의 핵심은 변증법의 파기 및 형식논리학적 형이상학에 있으며 이는 루카치식의 주체-객체 변증법(사이비 변증법)으로 나타난다"(이수창·신상석,, 1990 : 99)는 주장이다.

이를 통해 알 수 있는 것은 객관적인 자연과 사회라는 대상과 인간 혹은 인간의 실천을 변증법적 관계로 파악하지 않음을 알 수 있다. 즉 인간의 역사에서 인간을 배제한 채 경제적 사회구성체 내부의 생산력과 생산관계 사이의 모순의 작용에 의한 자연사적 과정으로만 역사의 변증법을 이해하고 있음을 알 수 있다. 인간의 자연사가 아닌 경제적 사회구성체의 자연사만 남는 것이다. 결과적으로 주체사상의 주체 개념 가운데 마르크스주의에 의해 해명된 것으로서 인정한다고 전제했던 '사회적 운동의 담당자, 목적의식적 활동의 담당자라는 정의도 실종되어 버리는 결과가 된다.

사회역사를 경제적 사회구성체의 자연사적 교체의 과정으로 봄으로써, 철학적 개념 정의였던 인간의 능동성과 의식성을 이론에서 추방시켜 버리고 전형적인 구조중심적 입장을 변증법적인 것으로 주장하고 있기 때문이다. 인민대중의 능동적 투쟁에 의해서만 경제적 사회구성이 이행할 수 있다고 보는 주체사관은 경제적 사회구성의 자기운동을 부인함으로써 형이상학적인 논리가 된다는 주장인 것이다. 이 문제는 마르크스와 엥겔스가 역사에 대한 유물론적 해명의 전제를 인간에 대한 유물론적 이해에서 출발했던 점을 상기한다면, 결코 역사적

유물론적 입장이라고 할 수 없다. 역사적 유물론의 이론적 출발점이 된 "포이에
르바하에 관한 테제"와『도이치 이데올로기』등에서 인간의 능동적 의식과
실천의 역할을 중시했을 뿐만 아니라, 경제적 사회구성체를 이전의 인간의
실천, 즉 계급투쟁의 산물로 이해했기 때문이다.

또한 신상석은 주체사관을 루카치의 주 - 객변증법과 마찬가지라고 비판하
고 있다. 그러나 루카치의 입장은 주객동일성을 주장하며, 반영론을 비판하는
등 사실상 변증법적 유물론의 근본원리에 대해 회의를 품었다. 이에 대해
북한에서는 루카치를 인간학적 유물론 혹은 실천적 유물론의 창시자로 기회주
의자라고 비판하고 있다(김창렬, 1988 : 264 - 7). 즉 루카치는 유물론적 입장에서
인간을 내세워 종래의 역사적 유물론을 수정하고 엥겔스의『반뒤링론』과
『자연변증법』이 마르크스의 초기 저작들을 왜소화시킨 것으로 주장했다고
비판한다. 이를 통해 알 수 있듯이, 주체사관이 주장하는 인간의 자주적이고
능동적인 역할은 변증법적 혹은 역사적 유물론의 원칙을 떠난 것으로 성급히
결론내릴 수 없다.

전술했듯이, 이 문제를 마르크스주의와 주체사상의 사상적 연관 속에서
총체적으로 평가하기 위해서는, 사회역사 속에서 인간의 지위와 역할 및 자연과
사회역사적 운동의 차이에 대한 마르크스, 엥겔스의 입장을 신중히 검토해야
한다. 왜냐하면 마르크스와 엥겔스의 변증법적 및 역사적 유물론은 마르크스주
의 역사에서 오랜 기간 동안 구조 혹은 주체 중심적인 일면적 편향성들로
대립해왔고, 이로 인해 과학적 세계관으로서의 역할에 많은 장애가 초래되었기
때문이다. 요컨대 역사적 유물론을 옹호한다는 명분 아래, 역사적 유물론을
경제적 사회구성체의 자연사적 이행과정으로 보는 경제 결정론적이고 구조중
심적 입장은 사실상 실증주의적 편향에 다름아니며, 이것은 변증법과 무관한
기계적 유물론의 형이상학적 오류를 반복하는 결과가 되기 때문이다.

주체사관을 비판하고 역사적 유물론을 옹호한다는 것이 두 사상의 진정한
의도나 내용에 대한 이해에 앞서 선험적으로 유물론과 관념론, 변증법과 형이상
학의 분리로 전제할 경우 생산적인 토론의 가능성은 출발부터 봉쇄된다. 이원론
적이고 기계론적 사고는 "계급투쟁의 근거, 이유는 '적대적인 계급관계'이지
인민대중의 자주성이 아니다"(이수창·신상석, 1990 : 105)라는 단언에서도 되풀
이되고 있다. 그러나 주체사관의 인민대중 개념이 역사발전행정에 따른 제
계급사회의 피억압, 피착취 계급들을 총칭하는 개념(총서 02 : 109)이라는 점을
염두에 두면 이런 이분법적 구분은 성립되기 힘들다. 왜냐하면 주체사관의
입장에서는 자본주의 단계의 인민대중의 자주성은 자본과 노동 사이의 적대적
계급관계를 반영한다고 주장할 수 있기 때문이다.

뿐만 아니라 사회역사운동의 원천이 객관적 모순과 자주성 가운데 어떤
것인지에 관한 주체사관에 대한 물음에 대해서도, 인간의 자주성은 구체적
역사발전 단계에 따라 상이한 형태로 발현하는 것이고 이는 또한 각 역사단계의
객관적 모순이 사람들 사이의 계급성으로 반영된 것이라고 반박할 수 있기
때문이다.

이처럼 1980년대 중·후반 주체사관의 수용을 반대하고 마르크스 - 레닌주의
의 유물사관을 옹호하는 한국의 이론가들은 두 사상의 관계를 기계적으로
분리시켜 이해하는 경향이 지배적이었다. 특히 그들은 당시 소련 등 현실사회주
의 국가들의 공식이념이었던 스탈린식의 구조중심적 마르크스 - 레닌주의
입장을 견지함으로써, 이에 대한 독창성을 주장하는 주체사상과의 생산적
토론의 가능성을 원천 봉쇄하는 태도를 취했다. 구조중심적인 마르크스 - 레닌
주의를 한편으로 하고, 반대편에는 스탈린주의적 마르크스 - 레닌주의의 구조
중심적 편향을 마르크스, 엥겔스의 사상 전반의 한계로 설정한 주체사상과의
이론적 논쟁은 애초에 기대할 수 없는 것이었는지도 모른다. 더욱이 당시

미숙한 이론적 수준에서 도입된 두 사상이론이 실천적인 지침의 역할을 하게 됨으로써 이론적 논쟁 이전에 강력한 분파성을 노정하게 된 것도 생산적 논쟁을 더욱 어렵게 했다.

그러나 한편으로는 보다 추상적인 철학적 원리에 대한 해명이 필요했던 인간본성 등 철학적 논쟁보다는, 낮은 추상 수준의 논쟁이 가능했던 사회역사원리에 대한 논쟁마저 불가능했던 것은 아쉬운 일이다. 특히 역사적 유물론을 정초하는 과정에서 마르크스와 엥겔스가 남겨 놓은 많은 문헌들에 나오는 사회역사에서 인간의 지위와 역할, 사회역사 발전의 추동력에 관한 통찰 등은 상당한 논의의 진전이 가능했던 영역으로 판단되기 때문이다. 이런 아쉬움은 다른 한편으로 당시 주체사상을 수용하고자 했던 세력들의 낮은 이론적 수준과 논쟁에 임하는 소극적 태도에도 많은 책임이 있다고 본다. 다음에는 이런 측면에서 주체사관 수용세력들의 입장을 고찰하도록 한다.

김현철이 비판의 대상으로 삼았던 1987년 10월 발행의 비합법 팸플릿 "맑스 – 레닌주의의 계승과 발전"은 당시 주체사상의 수용을 주장했던 세력들의 안이한 이론적 태도를 전형적으로 보여준다. 즉 팸플릿에서는 세계관의 한계로 인해 마르크스 – 레닌주의의 사회역사관에서는 인간의 실천이라는 중요한 문제가 미흡하게 취급되었다고 주장한다(강동일 엮음, 1989 : 37). 그러나 마르크스 – 레닌주의 세계관이나 사회역사관에 어떤 한계가 있는지에 대한 이론적 논증도 없이, 이런 한계점들이 주체사상에 의해 완전히 해명되었다는 선험적이고 일방적 선언으로 일관한다. 또한 사회계급적 처지는 사상의식을 거쳐 사람의 행위에 영향을 미친다는 주체사관의 주장을 인용한 다음, "확실히 이것은 매우 중요한 원리이다. 사회계급적 처지가 그대로 그의 혁명활동으로 연결되어 버린다면 우리 혁명가가 할 일은 대체 무엇일까? 여기에 대한 몰이해가 러시아에서도 그리고 지금 이 땅에서도 나타나고 있다"(강동일 엮음, 1989 : 38)고 주장한다. 즉 역사적 유물론을 기계론적이고 결정론적인 이론으로 낙인찍은 상태에서 현실 운동에서 이런 편향이 나타나고 있음을 개탄하는 데 그치고 있다.

마르크스주의 내부에서 다양한 입장의 대립이 있고, 그 가운데 극단적인 구조중심적 편향도 노정된 것은 사실이지만, 필자가 개탄하듯이 그렇게 소박한 기계적 유물론이 마르크스주의 이론과 실천에 우려할만한 악영향을 미치고 있는지는 의문이다. 또한 이것은 필자 자신의 마르크스주의에 대한 조잡한 이해 수준을 보여주는 것에 다름아니라고 판단된다. 주체사상의 수용을 정당화 하기 위해 마르크스 - 레닌주의, 심지어는 마르크스주의 일반을 미숙하고 조잡한 기계론이나 결정론으로 공격하는 것은 어떤 생산적인 결과도 될 수 없을 뿐만 아니라, 주체사상 자체에 대한 신뢰도 저하시키는 결과가 되었다.

이와 달리 1980년대 중·후반 한국의 주체사상 수용론자들 가운데, 이정길은 상당히 정교한 이론적 논의를 통해 나름대로 마르크스 - 레닌주의와 주체사상의 관계를 이해하고자 했다. 1989년 12월 출간된 『철학의 새로운 단계』는 이런 이론적 노력을 정리한 것이었다. 마르크스주의 철학의 성립과정과 소련, 동독, 동유럽 및 중국의 주요 마르크스주의 철학논쟁을 개괄한 다음, 철학의 근본문제, 세계관, 인간관, 사회역사원리 및 지도와 대중의 문제에 관한 마르크스 - 레닌주의와 주체사상의 입장을 비교·검토하고 있다.

서문에서 밝히고 있듯이, 필자는 마르크스 - 레닌주의 철학의 성립과 발전 과정에 대한 올바른 이해 없이는 주체사상을 올바로 이해할 수 없다는 전제에서, "여러 형태로 제기된 많은 주체사상에 대한 비판들이 실은 정통적인 맑스 - 레닌주의철학 자체에 대한 잘못된 이해에서 비롯된"(이정길, 1989 : 22) 것으로 본다. 이어서 마르크스 - 레닌주의 대 주체사상이라는 대립구조 자체가 허구적인 것임을 폭로하는 것을 목표로 삼았다고 밝히고 있다.

이런 입장에는 상당히 긍정적으로 평가할 요소들이 많다고 본다. 첫째,

주체사상의 형성 배경과 과정을 마르크스주의 철학논쟁들 속에 위치지움으로써 주체사상의 계승성과 독창성 주장을 마르크스주의와의 관련 속에 객관적으로 판단할 수 있는 근거를 확보하려 했다는 점이다. 둘째, 마르크스 - 레닌주의와 주체사상의 대립구도가 허구적임을 마르크스주의 철학논쟁들의 경과에 근거하여 사고할 수 있게 한 점이다. 셋째, 마르크스 - 레닌주의와 주체사상이라는 변혁사상을 1980년대 후반 한국 사회변혁운동에 어떻게 연결시켜야 할 것인가에 대한 문제제기의 의미를 가질 수 있게 한 점이다.

이러한 의의에도 불구하고 그의 저서에는 상당한 한계점도 발견되는 것이 사실이다.

첫째, 마르크스주의 철학논쟁들이 주체사상의 형성과 구체적으로 어떤 연관을 맺는지가 구체적으로 서술되지 못한 점이다. 즉 마르크스주의 철학에서 다양한 논점을 둘러싸고 서로 대립되는 논쟁들이 야기된 것처럼, 주체사상도 그런 다양한 논점 가운데 하나인지 아니면 주체사상이 다양한 논쟁들을 해결할 수 있는 실마리를 제공한다는 것인지 의도가 명확히 드러나지 않는다는 점이다.

둘째, 마르크스 - 레닌주의를 마르크스, 엥겔스를 포함한 마르크스주의 전통 전반을 지칭하는 용어로 사용함으로써, 다양한 마르크스주의 전통의 존재를 너무 협소하게 보고 있다는 점이다.

셋째, 주체사상이 스탈린주의적으로 재정의된 구조중심적인 소비에트 마르크스 - 레닌주의를 계승하는 과정에서 이를 비판적으로 극복한 사실을 적시하지 않음으로써, 당시 한국의 마르크스 - 레닌주의와 주체사상의 대립구도를 허구적인 것으로 일방적으로 평가하고 있는 점이다. 이 문제점은 당시 한국에 수용되었던 이른바 정통 마르크스 - 레닌주의가 구조중심적인 소련의 스탈린주의적 마르크스 - 레닌주의였다는 점에서 주체사상 수용파와의 논쟁은 허구적 대립구도가 아니라 현실에서 상당히 중요한 근본적인 이론적 논점을 갖는 것으로 평가해야 타당하다고 본다.

이런 문제점은 마르크스 - 레닌주의와 주체사상의 사회역사관을 비교하는 곳에서도 그대로 드러나고 있다. 역사적 유물론과 주체사관의 비교를 위해, 이정길은 각각의 이론적 전제와 출발점을 먼저 검토하고 있다. 이정길은 역사적 유물론의 이론적 기초를 18세기 프랑스 유물론자들의 환경에 의한 인간 견해 및 행동의 결정론, 영국 고전경제학자들의 노동가치론과 경제에서 계급존재의 기초를 찾는 입장, 기조Guizot, 티에리Thierry, 미네Mignet 등 부르주아 역사학자들의 계급과 계급투쟁론 그리고 헤겔의 역사철학의 네 가지로 분류한다(이정길, 1989 : 376 - 7).

이에 기초하여 마르크스는 헤겔의 변증법적인 역사관을 이론적 전제로 삼고, 현실적 인간을 출발점으로 삼음으로써 역사에 대한 유물론적 해명, 즉 역사적 유물론의 기초를 확립했다고 평가한다. 역사적 유물론은 엥겔스와 이후 레닌에 의해 개별 인간들의 개별적인 관계를 지배하는 역사적 힘에 대한 인식으로 발전함으로써 역사적 유물론은 다음과 같은 성격을 가지게 되었다고 본다.

결론적으로 맑스, 엥겔스, 레닌이 사회와 역사를 분석·연구하는 데에 있어서 가장 중심적으로 사고한 것은 개별적 인간의 배후에 있는 동인, 다시 말해 개개인의 지향과 요구를 규정하는 동기를 합법칙적인 것으로 파악하는 것이었다. 그리고 그들은 이러한 지향과 요구의 원천을 경제적 이해관계에서, 물질생활의 객관적 조건에서 구했던 것이다. 그리하여 '사회적 존재'라는 개념이 획득되고, 따라서 '사회적 존재가 사회적 의식을 규정한다'는 역사적 유물론의 기본원리가 창출되어 역사는 하나의 자연사적 과정으로 파악되는 것이다. 레닌에 의하면 역사는 자연사적 과정으로 파악됨으로써 비로소 객관적, 법칙적인 것으로 인식되어 과학의 대상이 되었다(이정길, 1989 : 381).

이정길은 이런 역사적 유물론을 주체사상의 사회역사관이 직접적인 이론적 기초 또는 전제로 삼는다고 본다(이정길, 1989 : 382). 즉 역사적 유물론이 다양한 부르주아적 이론들을 이론적 기초로 했던 것과 달리 주체사관은 역사적 유물론을 기초로 삼음으로써, 인민대중을 사회역사관의 출발점으로 삼을 수 있었다고 주장한다. 역사의 객관적 합법칙성이 역사적 유물론에 의해 과학적으로 해명된 성과 위에서, 주체사관은 역사에서 또 하나의 중요한 문제인 인민대중이 차지하는 지위와 역할 문제를 이론적 출발점으로 제기할 수 있었다고 주장하는 것이다.

역사적 유물론이 역사의 궁극적 원인을 관념적인 동기가 아닌 그 배후에 존재하는 물질적 생활조건에 있음을 강조한 반면, 주체사관은 역사적 유물론의 전제를 시인한 결과 "객관적 환경조건 자체는 왜 변화발전하는가 하는 문제를 새롭게 제기하고 그에 과학적 해명을 시도한"(이정길, 1989 : 384) 것으로 평가한다. 즉 인민대중을 주체사관의 출발점으로 삼음으로써 다음과 같은 결론이 가능하다고 보는 것이다.

> 그 모든 활동근거는 인민대중의 자주적인 요구에 의해 형성·변화되므로 사회·역사운동, 혁명운동에는 주체의 고유한 합법칙성 즉 주체의 운동법칙이 관철된다. 그리고 사회역사의 주체인 인민대중을 사회역사관의 출발적 중심으로 삼음으로써 주체사상은 세계의 지배자, 개조자로서의 인민대중의 속성을 개념화할 수 있었고, 사회역사과정을 주체의 운동과정으로 파악할 수 있게 되었다(이정길, 1989 : 384-5).

이런 설명방식은 역사적 유물론과 주체사관이 발생할 당시의 이론적 상황의 차이를 일정하게 비교한 바탕에서 주체사관이 역사적 유물론의 전제를 시인한다는 문제에 대해 언급하고 있다. 그러나 그도 당시 한국의 주체사상 수용론자들

대부분과 마찬가지로 마르크스와 엥겔스가 역사적 유물론을 기초했던 1840년대 중반 인간의 지위와 역할 문제나 사회역사 운동의 고유한 법칙성을 인정했던 사실을 깊이 있게 고려하지 않고 있다. 그 결과 단순히 역사적 유물론은 관념론적인 것을 타파한 살아 있는 현실적 개인을 이론적 출발점으로 삼았음을 지적하는 데 멈추고, 역사적 유물론 속에 내재한 객관적 합법칙성과 인간의 능동적이고 주체적인 의식이나 실천의 역할에 대한 관심을 경시하고 있다. 그 결과 역사적 유물론은 사회역사 발전의 기초를 물질적 생활조건에서 구하는 원리라고 결론짓고 있다.

사실 역사적 유물론에 대한 이런 평가들은 이미 전술했듯이, 역사적 유물론 나아가서는 마르크스와 엥겔스의 사상 전반을 경제 결정론적 혹은 목적론적으로 해석하는 구조중심적 마르크스주의자들의 고유한 편향성이었다. 이것은 이정길도 역시 스탈린식의 구조중심적 소비에트 마르크스 - 레닌주의를 정통 마르크스주의로 인정하고 있는 것으로 평가할 수 있게 한다. 이정길의 이런 한계는 사회역사에서 법칙의 문제를 논의하면서도 되풀이되고 있다.

이정길은 역사적 유물론이 사회적 존재와 사회적 의식의 관계를 중심으로 하는 것은 철학의 근본문제를 물질과 의식, 존재와 사유의 관계 문제로 삼고 이를 유물론적으로 해명한 결과로 본다. 이에 반해 주체사상은 사람의 지위와 역할 문제를 철학의 근본문제로 삼음으로써, 주체사관에서는 역사의 주체의 문제가 이론적 출발점이 된다고 본다(이정길, 1989 : 385 - 7). 그는 주체사상의 철학의 근본문제가 마르크스주의의 그것을 시인, 전제하고 더욱 발전시킨 것임으로, "따라서 궁극적으로는 사회적 존재와 사회적 의식의 관계는 사람, 인민대중과 사회역사적 환경과의 관계에 종속되는 관계"(이정길, 1989 : 390)가 된다고 주장한다. 이와 직접 관련되는 문제는 사회발전의 법칙에 대한 역사적 유물론과 주체사관의 입장의 차이이다.

이정길은 엥겔스가 『루드비히 포이에르바하와 독일 고전철학의 종말』에서 사회의 역사는 인간의 의식적이고 의도된 목적 없이는 아무 것도 수행되지 않지만, 이것이 역사행정의 내재적 일반법칙에 지배된다는 사실을 변경할 수 없다고 한 주장(MECW 26 : 387)을 사회역사에서 일반적 법칙의 존재와 적용을 거부하는 관념론적 견해에 대한 비판으로 사회역사영역에 대한 과학적 탐구의 길을 개척한 것으로 평가하면서도 그 한계도 지적하고 있다.

> 그러나 엥겔스의 이 언급은 '사회역사의 영역에 작용하는 일반적인 법칙과 개별적인 인간의 지향과 동기의 관계'에 대한 해명은 된다고 할지라도, 의식화되고 조직화된 '인민대중의 역할'과 '일반적인 법칙'과의 관계에 대해서는 명확한 해명이 되지 못한다(이정길, 1989 : 394).

마르크스와 엥겔스가 역사적 유물론의 이론적 출발점을 살아 있는 개별적 인간으로 설정한 것은 사실이지만, 그들이 역사적 유물론에서 이미 '사회적' 존재와 '사회적' 의식의 관계 문제를 핵심적 원리로 삼았던 점에서 이정길의 주장은 문제가 있다. 즉 마르크스와 엥겔스는 사회역사 발전에서 개별적 인간들의 의도나 행동 하나하나가 아닌 그것을 지배하고 규정하는 경제적 사회구성체를 중요한 단위로 설정했다. 따라서 그들이 역사에서 의미있는 행동단위로 보는 것은 개별적 인간이 아니라 그들의 요구와 지향을 규정하는 특정한 경제적 사회구성체에서의 지위에 따른 인간집단, 즉 사회계급이 문제가 되는 것이다. 주지하듯이 1848년 『공산당 선언』에서 인간의 역사를 계급투쟁의 역사로 본 것은 바로 이를 증명하는 것이다. 그럼에도 이정길은 역사적 유물론이 인민대중의 역할과 일반적 법칙의 관계를 해명하지 못했다는 자신의 논거를 정당화하기 위해 소련에서 플레트니코프, 코발손, 켈레 사이의 논쟁과 중국의 주관능동성과 객관적 법칙성의 관계 등의 논쟁들을 사례로 들고 있다(이정길,

1989 : 394). 즉 마르크스주의의 역사적 유물론이 이 문제를 해명하는 데 한계가
있었기 때문에 이론 논쟁들이 발생하였고, 그 결과 사회법칙은 인간의 주체적
행위에 의해서만 가능성이 현실성으로, 즉 진정한 법칙이 될 수 있다는 사실이
밝혀졌다고 주장한다(이정길, 1989 : 395).

그러나 마르크스와 엥겔스의 사회적 존재와 사회적 의식의 개념과 함께,
이정길이 사례로 들고 있는 소련과 중국의 논쟁이 결국 소련의 공식이념으로
인정된 스탈린식의 구조중심적 마르크스 - 레닌주의에 대한 내부 비판적
논쟁으로 발생했다는 점을 염두에 두어야 한다고 본다. 요컨대 전술했듯이
마르크스와 엥겔스는 역사적 유물론의 전제를 인간에 대한 유물론적 해명에서
시작하였고, 마르크스의『자본론』제2판 후기에서 확인되듯이 물질의 발전수
준의 위계에 따라 사회적 운동은 자연의 그것과 구별되는 고유한 합법칙성을
갖는다는 것을 마르크스도 인정했다(*Capital* I : 27). 즉 마르크스와 엥겔스는
역사적 유물론의 근본원리로 인간의 주체성의 작용에 의한 사회역사적 운동의
고유한 합법칙성을 인정했다. 이렇게 본다면 역사적 유물론이 일반적인 법칙성
과 개별적 인간의 관계만을 인정한다는 이정길의 주장은 결코 정당화될 수
없다. 이런 이정길의 오류의 원천은 바로 마르크스주의 전통에서 구조중심적
입장의 편향성을 마르크스주의 일반의 한계로 보는 데서 기인하는 것으로
보아야 할 것이다.

이정길은 역사적 유물론의 법칙 개념을 구조중심적이고 경제 결정론적인
것으로 파악한 다음 주체사관의 법칙관을 정리한다. 주체사관은 사회역사의
운동은 주체의 운동이고, 사회발전 과정은 단순한 사람들의 주관적 의사나
객관적 과정이 아니라 주체의 운동과정, 주체적 과정으로 보는 데 특징이
있다고 규정하는 것이다. 이미 말했듯이 주체사관은 사회역사의 주체를 인민대
중으로 설정하기 때문에, 결국에는 인민대중의 주동적인 작용과 능동적 역할에

의한 목적의식적 과정으로 역사를 보게 된다. 그는 주체사관의 법칙을 다음과 같이 정리하고 있다.

> 사회발전의 주체적 과정이 객관적 합법칙적 과정인 것은 첫째, 주체는 언제나 자기의 근본속성에 맞게 활동하며 주체의 모든 속성은 근본속성에 의하여 제약되고 규정되기 때문에, 둘째 주체는 그 어떤 주관적 욕망에 따라 마음대로 역사를 창조하는 것이 아니라 그들의 준비된 능력에 기초하여 역사적으로 이루어진 주체의 운동능력에 제약되어 사회적 운동이 이루어지기 때문이고, 셋째 자연적 및 사회적 환경조건이 객관적으로 존재하면서 주체의 활동에 영향을 줄 뿐만 아니라 자기발전의 고유한 합법칙성을 가지고 있으므로 사회적 운동의 주체는 객관적 조건의 영향과 그 발전의 합법칙성을 무시하고 주관적 욕망대로 행동할 수 없기 때문이다(이정길, 1989 : 401-2).

주체의 근본속성이란 곧 주체의 철학적 원리에서 정의하는 인간의 본질적 속성, 즉 '자주성, 창조성, 의식성을 갖는 사회적 존재에 근거한 것으로 보인다. 따라서 두 번째와 세 번째의 규정인 인간의 운동능력의 제한과 자연 및 사회적 환경의 영향은 사회적 존재의 제한성을 의미하는 것이 된다.

인간의 자주성, 창조성, 의식성의 발전 정도가 사회적 발전단계에 따라 다른 수준에서 형성 및 작용하는 것으로 보면, 이런 세 가지 논리는 동어반복 이상의 의미를 갖기 힘든 것으로 보인다. 오히려 주체사상을 주관주의적이고 관념론적이라고 비판하는 입장들이 사회적 존재라는 규정을 무시하고 자주성, 창조성, 의식성을 시공간을 초월하는 정의라고 주장한다. 위의 인용문은 이런 입장에 대한 반박이 될 수는 있지만, 과연 이것이 마르크스와 엥겔스의 사회역사적 운동의 합법칙성 문제와 근본적으로 구별되는 것인가는 의문이다. 왜냐하면 마르크스와 엥겔스도 사회역사적 운동의 고유한 합법칙성의 존재와 작용을 인정하고 역사에서 인간의 주체적이고 능동적인 작용에 대해 인정하고 있음은 주지의 사실이기 때문이다. 따라서 이정길이 마르크스주의 혹은 마르크스 - 레닌주의 일반과 주체사상, 역사적 유물론 일반과 주체사관을 비교하는 것이 아니라 구조중심적 역사적 유물론 해석과 주체사관의 관계의 비교라고 한다면 위의 인용문의 요약은 역사에 대한 올바른 유물론적 혹은 주체적 해명이 될 수 있을 것으로 판단된다.

결론적으로 보면, 마르크스 - 레닌주의의 형성 과정에서 주체사상의 이론적 내용이나 체계화 과정을 검토하려는 이정길의 시도는 발전적인 것으로 평가되어야 한다. 그러나 마르크스주의 전반에서 주체사상의 위치에 대한 올바른 평가를 위해서는 마르크스주의 전반에 대한 종합적 검토가 전제되어야 하고, 이런 논점들 가운데 주체사상의 문제의식이 차지하는 위치를 정확히 설정해야 한다. 이미 지적했듯이, 이정길은 마르크스주의 내부의 철학논쟁들 속에서 주체사상을 이해하기 위한 노력에도 불구하고, 개별 논쟁들을 이론적 혹은 실천적 맥락에서 주체사상과 연관시키지 못하고 있는 한계를 노정한다. 특히 역사적 유물론과 주체사관의 관계 문제에서 객관적 법칙성과 인간의 주체적 역할의 관계라는 핵심적인 주제를 다루면서도, 주체사상 원전의 주장을 그대로 인용하여 역사적 유물론이 전반적 제한성으로 다루지 못한 부분을 주체사관에서는 더욱 발전·완성시켰다는 주장만 반복할 뿐이다. 특히 구조중심적인 소련의 마르크스 - 레닌주의의 편향성을 마르크스주의 일반의 그것으로 상정하고, 이에 대한 주체사상의 우월성을 강조하는 것만으로는 설득력을 갖기 어렵다.

한국에서 주체사상을 주관적 관념론으로 평가하는 입장을 비판하면서 마르크스 - 레닌주의와의 동일성을 강조하는 입장도 있었다. 이산은 주체사상이 주관적 관념론이라는 비판을 받게 된 것은 주체사상이 마르크스 - 레닌주의를 계승·발전시켰으면서도 이를 김정일의 논문에서 애매모호하게 처리한 결과로

본다. 따라서 "여기서는 오히려 주체사상의 계승·발전을 마르크스 - 레닌주의
에 기초해서 전면적으로 해명하는 것이"(김창호 엮음, 1989 : 351) 과제라고 전제
한다. 즉 주체사관을 역사적 유물론과의 공통성을 위주로 파악하고자 한다.

먼저 이산은 역사적 유물론과 주체사관이 인간사회의 고유한 운동법칙을
대상으로 하고 있다는 점을 해명한다. 마르크스가 『자본론』 제1권에서 이탈리
아의 역사학자 비코Vico를 인용하면서, 인간의 역사가 자연의 역사로부터
구분되는 것은 전자는 우리가 만든 것(*Capital* Ⅰ : 352)이라고 규정한 부분을
인용하면서 마르크스는 역사 및 사회의 고유한 운동법칙의 존재를 인정했다고
본다. 이어서 김정일의 1982년 논문 "주체사상에 대하여"에서 주체사상의
공적을 물질세계 발전의 일반적 합법칙성을 시인하면서 사회역사의 고유한
합법칙성을 해명한 데 있다는 부분을 인용한다(김창호 엮음, 1989 : 352).

그는 마르크스와 김정일의 언급을 인용한 결과, "김정일의 언명이 만약
사회의 고유한 운동법칙을 밝히는 것이 사적 유물론이고, 그 사적 유물론의
내용을 주체의 관점에서 해석한 것이 '사회역사원리'라는 것을 말하고 있다면
전혀 틀린 말이 아닐 것"(김창호 엮음, 1989 : 353)이라고 주장한다. 즉 마르크스의
역사적 유물론이 물질세계 발전의 일반적 합법칙성을 사회역사 속에서 관철된
것으로 바로 사회역사의 고유한 법칙성을 해명한 것으로 해석하는 것이다.
한편으로 주체사상의 사회역사원리는 역사적 유물론을 주체, 즉 인민대중을
중심으로 해석한 것으로서, 역사적 유물론과 주체사관은 계승·발전의 관계를
갖는다는 주장이다. 그러나 이산이 인용한 김정일의 논문 "주체사상에 대하여"
의 해당 인용 부분을 보면 이 문제가 그리 간단치 않음을 알 수 있다.

맑스주의 이전에는 유물론이나 변증법을 제창한 사람들도 사회력사에 대해서
는 관념론적 립장에 서있었습니다. 맑스주의는 사회도 자연과 같이 물질세계에
속하며 물질세계 발전의 일반적 합법칙성에 따라 변화발전한다는것을 밝힘으로

써 사회력사에 대한 관념론적견해를 타파하였습니다.

주체사상은 사회력사에 작용하는 물질세계발전의 일반적합법칙성을 시인하면서 사회력사에 고유한 합법칙성을 밝혔습니다. 여기에 로동계급의 사회력사관을 완성하는데서 이룩한 주체사상의 중요한 공적이 있습니다(김정일, 1982 : 115).

위 인용문에서 알 수 있듯이 김정일은 역사적 유물론의 의의를 역사에 관한 관념론적 견해의 타파에 있고 주체사관은 그것을 전제로 수용하면서 사회역사의 고유한 합법칙성을 해명했다고 주장한다. 즉 김정일은 사회역사도 유물론적으로 해명한 역사적 유물론을 계승하면서도, 사회역사의 고유한 합법칙성을 비로소 해명할 수 있었던 것은 주체사상으로, 이로 인해 독창성을 갖는 것으로 해석하고 있는 것이다. 그러나 이산은 김정일의 이런 언급을 사실상 역사적 유물론을 계승·발전시킨 것임에도 이를 애매모호하게 처리한 것이라고 주장한다(김창호 엮음, 1989 : 351).

이미 살펴보았듯이, 마르크스와 엥겔스는 한편으로는 이전 유물론들의 대상적이고 관조적 성격을 비판하고 실천적 및 주체적으로 파악하면서 다른 한편으로는 헤겔 변증법의 사변적 체계를 전도시켜 살아 있는 개인을 이론적 출발점으로 삼음으로써 역사에 대한 유물론적 해명이 가능했었다.

이런 역사적 유물론의 형성과정을 이해한다면, 이산의 주장처럼 사회역사의 고유한 합법칙성의 존재는 이미 마르크스와 엥겔스에 의해 인정된 것이고, 이로부터 사회역사에서 인간의 지위와 역할 문제도 그들 이론의 중요한 전제라는 사실은 확인할 수 있다. 그러나 위의 김정일의 인용문은 분명히 물질세계발전의 일반적 합법칙성을 사회역사에도 적용한 것은 역사적 유물론이지만, 이로부터 사회역사에 고유한 합법칙성을 해명한 것은 주체사관이라고 주장한다. 이산의 주장처럼 이 문제를 김정일의 표현상의 애매모호함으로 치부하기는 어렵다. 왜냐하면 김정일의 주장에 따른다면, 바로 이 문제가 역사적 유물론의 시대적 제한성과 사상이론적 미숙성의 근거가 되어 주체사상의 독창성과 우월성 주장의 기초가 되는 것이기 때문이다.

그럼에도 이산이 이 문제를 표현상의 애매모호함 정도로 처리하는 것은 마르크스 - 레닌주의로부터 주체사상의 독창성을 부인하고 계승·발전만을 인정하자는 입장 때문인 것으로 보인다. 만일 이런 주장이 정당하다면, 위의 김정일의 입장은 표현상의 애매모호함이 아닌 다음 두 가지 중의 하나일 것이다. 즉 첫째로는, 김정일이 주체사상의 독창성과 우월성을 정당화하기 위해 고의적으로 마르크스와 엥겔스의 역사적 유물론의 이론적 전제를 경제결정론적으로 곡해하는 것이다. 둘째, 또하나의 가능한 이유는 북한이 당과 국가의 공식이념으로 채택하고 계승·발전시켜 온 마르크스 - 레닌주의 자체가 이런 물질중심의 결정론적 성격을 갖고 있기 때문이다.

거듭 강조해 왔듯이, 북한에서는 소련의 공식이념이었던 스탈린식의 구조중심적 마르크스 - 레닌주의를 수용하였다. 따라서 주체사상은 마르크스 - 레닌주의를 북한의 현실에 창조적으로 적용하였고, 이 과정에서 그 한계를 발견하고 극복함으로써 독창적인 사상이론 체계로 발전한 것이라고 할 수 있다. 따라서 북한에서는 마르크스와 엥겔스가 역사적 유물론을 기초할 당시, 사회역사에서 인간의 지위와 역할 및 사회역사 발전의 고유한 법칙성의 존재를 승인했다고 하더라도, 공식적인 마르크스 - 레닌주의로 발전하는 과정에서 여전히 주체의 문제는 사상된 채 물질중심의 결정론적 성격을 벗어나지 못했다고 평가하는 것으로 보아야 한다.

이 문제를 보다 포괄적이고 정확하게 이해하기 위해서는 마르크스와 엥겔스의 입장과 이후 마르크스주의 전반의 역사적 전개과정에 대한 이해가 필요할 것이다. 그러나 이산은 마르크스주의 내부에서 마르크스 - 레닌주의의 위치를 규정함이 없이 여전히 마르크스주의 일반과 동일한 의미로 사용하고 있다.

대신 이산은 소련 과학아카데미 철학연구소장을 역임한 콘스탄티노프에 의해 1979년 발행된 소련의 새로운 철학교과서를 비판함으로써, 마르크스의 입장 자체가 소련에서 왜곡되었음을 주장한다. 즉 이산은 마르크스 - 레닌주의가 경제 결정론과 주의주의 양자를 모두 극복한 것이지만, 콘스탄티노프 등에 의해 양자가 대립될 빌미를 제공했다는 것이다. 이산은 콘스탄티노프가 역사에서 인간의 의지와 의식과 객관적 법칙의 관계 문제를 제기하면서 다음과 같은 오류를 범하고 있다고 비판한다.

> 그들의 목적을 추구하며 특정한 이해관계, 생각, 소망에 의해 유인되면서도 동시에 그들의 의지나 소망과는 무관하며, 그들의 활동이나 이해관계, 생각, 정감의 방향과 성격을 궁극적으로 규정하는 어떤 객관적인 조건 속에서 항상 살아가고 있다는 점을 상기해보면 쉽게 이해될 수 있을 것이다(콘스탄티노프, 1987 : 18-9).

위 인용문에서 이산은 '무관하며'라는 부분을 마르크스의 1859년 "정치경제학 비판 서문"의 부분인 "인간은 그들 생활의 사회적 생산에서 그들의 물적 생산제력의 일정한 발전수준에 조응하는, 필연적인, 그들의 의지**로부터 독립된** 제관계, 생산관계를 맺는다"(*MECW* 29 : 262)와 비교한다. 그 결과 이산은 '독립된'을 '무관한' 것으로 이해함으로서, 콘스탄티노프가 경제 결정론과 주의주의라는 좌·우 편향의 기회주의의 빌미를 제공한다고 비판한다(김창호 엮음, 1989 : 358 - 9). 즉 역사의 객관적 조건을 구성하는 생산력과 생산관계와 인간의 주체적인 의지나 의식은 이원론적으로 양립되지 않음에도 콘스탄티노프가 마치 이를 이원적으로 대립하는 것으로 이해함으로써 경제 결정론과 주의주의가 나타날 빌미를 제공했다고 비판하는 것이다.

분명 이산의 이런 주장은 타당하다. 그러나 콘스탄티노프의 입장을 당시 소련의 공식이념이었던 스탈린식의 구조중심적 마르크스 - 레닌주의의 편향으로 인정하지 않는 데 문제점이 있다. 콘스탄티노프의 해당 저작이 소련의 공식 철학교과서로 편찬된 점을 고려한다면 이는 분명해진다. 즉 이산이 마르크스 - 레닌주의로 생각하는 것이 사실에서는 그가 올바로 비판했던 콘스탄티노프식의 입장을 포함하는 것이다.

그렇다면 이산이 주체사관이 역사적 유물론을 계승·발전시킨 것으로 본다면, 어떤 마르크스 - 레닌주의적 입장으로부터인가를 해명해야만 한다. 그러나 그는 마르크스의 "정치경제학 비판 서문"에 나오는 언급을 근거로 하여 주체사관과의 연관성을 주장하는 데 멈추고 있다. 따라서 주체사관, 나아가서는 주체사상의 계승성 문제는 이산의 입장에서 보기에는 마르크스와 엥겔스의 원래 입장의 그것으로 국한되어 버리고, 당시 소련의 공식이념이었던 스탈린식의 구조중심적 마르크스 - 레닌주의와는 무관한 것으로 방치되어 버린다.

그 결과 주체사상이 스탈린식 마르크스 - 레닌주의에 대한 계승성과 독창성으로서 갖는 문제점과 의의에 대한 논의는 상실되어 버리고, 주체사상이 마르크스와 엥겔스 원래의 사상을 계승·발전하는 것을 인정하는 것이 되고 만다. 요컨대 이산의 논법을 따른다면, 마르크스 - 레닌주의와 그것의 계승·발전으로서의 주체사상은 올바른 것이지만, 콘스탄티노프식으로 역사에서 주체적 요인과 객관적 요인을 이원론적 대립으로 규정하는 입장은 오류라는 결론이 된다.

이런 입장에서 이산은 위에서 인용한 마르크스의 입장과 콘스탄티노프 주장의 차이는 "사실상은 사적 유물론과 속류 경제 결정론의 대립이며, 이것이 남한식으로 나타난 것이 소위 '교조' 마르크스 - 레닌주의와 '정통' 주사파의 대립인데, 실은 이 둘 다 속류 경제 결정론을 대변하고 있는 것"[21](김창호

---

21) 여기서 이산이 '교조' 마르크스-레닌주의를 경제결정론으로 부르는 것은 이해가 되지만, '정통' 주사파를 그렇게 규정하는 것은 혼동이 아닌가 생각된다. 즉 그의 의도는 정통 주사파는 역사에서 인간의 주체적 의식이나 의지를 절대화한다는 의미에서 속류 결정론(의지결정론)으로 보고 있는 것으로 파악되기 때문이다. 즉 그의 의도는 정통 주사파가 역사에서 객관적 요인과 주체적 요인의 변증법적 통일을 이해하지 못함으로써 경제결정론과 다른 또다른 종류의 결정론으로

엮음, 1989 : 360)이라고 주장한다. 즉 마르크스의 입장과 주체사상은 사회역사 발전의 고유한 합법칙성에 관한 올바른 이론이지만, 당시 한국에서 콘스탄티노프식으로 이원화된 경제 결정론으로서 교조적 마르크스 - 레닌주의와 주의주의적 정통 주사파가 잘못된 대립을 하고 있다는 평가인 것이다.

이산은 인간론에 대해서도 이른바 정통 주사파들이 마르크스 - 레닌주의와 주체사상의 인간관을 "인간학적 유물론으로, 또는 프로이트적, 혹은 진화론적 인간관론으로 격하"(김창호 엮음, 1989 : 365)시키고 있다고 비판한다. 그러나 이런 정통 주사파의 오류를 이산은 주체사상의 내용이 틀린 것이 아니라 주체사상을 제대로 연구하지 않은 이른바 한국의 정통 주사파의 오해의 결과라고 본다.

이산의 주장대로라면 주체사상은 마르크스주의의 창시자인 마르크스, 엥겔스의 문제의식으로의 회귀이며, 이런 측면에서 독창성은 부정되어야 하는 것이 된다. 또한 역사적 유물론의 충실한 계승·발전인 주체사상은 그렇지 않음에도 남한의 이른바 정통 주사파들이 주체사상을 일방적으로 오해하여 주의주의적 편향을 노정한 것이 된다.

이미 살펴보았듯이, 주체사상은 분명히 마르크스 - 레닌주의를 계승하는 한편으로, 이의 시대적 제한성과 사상이론적 미숙성을 극복한 독창적 사상이라고 선언했다. 여기서 주체사상은 마르크스, 엥겔스, 레닌의 사상을 선행 노동계급의 사상으로 일괄되게 규정함으로써 당시 현실사회주의 공식이념으로서의 마르크스 - 레닌주의를 그 대상으로 하고 있음을 알 수 있다. 즉 주체사상은 마르크스주의 일반, 특히 당시의 정통 마르크스 - 레닌주의에 대한 계승성과 독창성을 주장하고 있는 것이다. 그렇다면 이산의 주장처럼 마르크스의 입장과 주체사상의 원리가 일치하는 것이라면 계승성만 인정할 수 있을 뿐 독창성

전략되었다고 보는 것임으로, 이를 '경제결정론으로 표현한 것은 혼동으로 생각된다는 것이다.

주장은 기각되어야 한다. 그러나 전술했듯이 주체사상은 최초의 이론적 체계화
부터 독창성을 주되는 요소로 강조했고 현재 들어서는 이를 더욱 강조하는
경향을 보이고 있다. 요컨대 한국의 정통 주사파의 천박한 이해 수준 때문이
아니라, 북한의 공식 입장에서 주체사상의 독창성이 강조되고 있는 것이다.

주체사상은 현실사회주의의 공식이념인 스탈린주의적 마르크스 - 레닌주의
를 정통으로 인정하고, 그것이 보이는 한계를 시대적 제한성과 사상이론적
미숙성의 결과로 보는 것이다. 따라서 주체사상의 논법대로 한다면, 다음
두 가지 문제를 해결해야만 한다. 첫째, 마르크스와 엥겔스 입장은 필연코
스탈린주의적인 구조중심적 마르크스 - 레닌주의로 귀결될 수밖에 없는 한계
를 가진 것인가의 문제이다. 둘째, 이산의 주장처럼 주체사상은 마르크스의
원래의 입장으로 회귀함으로써 마르크스주의의 경제 결정론과 주의주의적
편향성을 극복했는가의 문제이다.

이 문제에 대한 해답을 얻기 위해서는 전술한 바대로 주체사상이 직접
대상으로 삼았던 스탈린주의적 마르크스 - 레닌주의와 비교해야 한다고 본다.
이산의 주장처럼 마르크스주의 일반을 의미하는 마르크스 - 레닌주의와 주체
사상을 하나의 올바른 이론으로 규정하고, 이에 반해 콘스탄티노프식의 해석이
나 남한의 교조적 마르크스 - 레닌주의와 정통 주사파를 크게 양분하여 잘못된
이론들로 돌리는 방식으로는 마르크스주의 일반에서 주체사상이 의의와 문제
점을 객관적으로 고찰하는 것을 어렵게 한다고 보기 때문이다.

역사에서 인간의 지위와 역할 문제, 사회역사 발전의 합법칙성 존재 문제
등에 대해 이산은 역사적 유물론과 주체사관의 공통점을 추적하는 등 상당히
중요한 이론적 기여를 한 것은 사실이다. 그러나 주체사관 나아가서는 주체사상
일반이 직접 계승과 극복의 대상으로 삼았던 스탈린주의적인 구조중심적
마르크스 - 레닌주의와 비교하지 않음으로써, 이론적 및 실천적 함의를 이끌어

제4장 1980년대 이후 한국에서의 주체사상 수용 • 397

내는 데 실패하고 있다. 따라서 마르크스주의 전통 내부에서 구조와 주체 중심성의 강고한 대립구도를 좌·우 편향성으로만 규정하는 데 그칠 뿐, 그에 대한 문제제기와 대안이 갖는 이론적 및 실천적 함의의 추출에 실패하고 있다.

2-2 혁명이론으로서 주체사상의 수용과 배제 비판

북한에서는 "주체의 혁명이론은 주체의 사상, 이론, 방법의 전일적 체계인 김일성동지의 혁명사상의 중요구성부분의 하나"(총서 04 : 9)로 규정한다. 즉 김일성 혁명사상으로 불리는 넓은 의미의 주체사상의 구성요소의 하나로 혁명이론을 위치지우고 있는 것이다. 1985년 발행된 10권으로 이루어진 '위대한 주체사상 총서' 가운데, 혁명이론은 『반제반봉건민주주의혁명과 사회주의혁명리론』(제4권), 『사회주의, 공산주의 건설리론』(제5권), 『인간개조리론』(제6권), 『사회주의 경제건설리론』(제7권), 『사회주의 문화건설리론』(제8권)의 총 5권으로 이루어져 있다. 즉 자본주의 이후 공산주의 건설까지의 혁명과 건설 이론을 총괄한 것이다.

이 가운데 특히 남한의 혁명과 조국통일 문제는 제4권의 『반제반봉건민주주의혁명과 사회주의혁명리론』과 밀접한 연관을 갖는다. 왜냐하면 북한은 한국에서 제2차 세계대전 이후 미국의 군사적 강점과 식민지 통치 및 이를 위한 반봉건적 파쇼통치가 실시되고 있어, 반제 반봉건 인민민주주의를 과제로 갖는다고 보기 때문이다. 허종호는 1975년 조선로동당 창건 30주년 기념으로 출간된 『주체사상에 기초한 남조선혁명과 조국통일리론』에서 주체사상의 근본원리와 요구에 의해 남조선혁명과 조국통일의 위치 규정, 성격 규정 및 담당자 문세가 독창적으로 구현되었다고 다음과 같이 주장하고 있다.

남조선혁명은 남조선사회의 기본모순으로 하여 생겨난 지역혁명으로서 미제
와 남조선 인민사이의 민족적모순을 해결하기 위한 민족해방혁명이며 미제를
등에 업고있는 국내 반동세력과 남조선인민들사이의 계급적모순을 해결하기 위
한 인민민주주의혁명이다. 그러므로 남조선혁명은 남조선에서 억압자를 반대하
고 자주성을 찾기 위한 남조선인민 자신의 사업이며 그들 자신이 주인이 되어
자기 운명을 개척해나가야 할 혁명위업이다(허종호, 1975 : 4).

주체사상에 의해 남한혁명의 성격과 동력 등이 이렇게 규정됨에 따라,
한국에서 주체사상의 수용을 주장하던 세력들은 한국의 당면 사회성격과
변혁운동의 규정에도 그대로 반영시키게 된다. 따라서 1980년대 중·후반 한국
에서 주체사상을 둘러싼 논쟁은 철학적 논쟁뿐만 아니라 당면한 실천운동의
성격과 동력 및 전략전술 문제를 둘러싸고도 치열한 논쟁으로 나타나게 되었다.
이 당시 한국 사회구성체 혹은 사회성격 논쟁과 변혁운동론을 둘러싼 주체사상
수용과 배제 세력들 사이의 논쟁을 비판적으로 분석·평가하고자 한다.

2-2-1 한국 사회구성체 혹은 사회성격 논쟁의 단계 구분

사회구성체 혹은 사회성격22)에 대한 관심은 변혁 대상인 사회에 대한 과학적

22) 사회구성체와 사회성격이라는 개념은 한국의 진보 이론과 운동에서 주체사상이 하나의 중요한
사상이론적 흐름으로 등장한 이후 본격적으로 구분되게 된다. 박현채는 사회구성체 개념에
대해, "한 사회에 있어서 기본적인 내적 모순을 밝힌다는 것은 사회구성체로서의 한 사회에
존재하는 기본적 모순을 역사적으로 연이어지는 사회발전의 단계에 비추어 제시하는 것"(박현
채, 1985 : 311)으로 정의한다. 즉 사회구성체란 마르크스가 1859년 "정치경제학 비판 서문"에서
말한 아시아적, 고전고대 노예제, 봉건제, 자본주의 등 경제적 사회구성체를 의미한다. 이에
반해 주체사상을 지지하는 김장호는 다음과 같이 말함으로써 사회구성체와 사회성격을 구분하
고 있다. "주체사관이 정립됨으로써 생산양식은 사회역사적 운동의 주재자인 것이 아니라 역사
의 주체인 민중의 사회적 운동의 한 형태, 경제적 활동의 발현이며 생산양식의 교체는 민중의
지위와 역할을 높이기 위한 하나의 중요한 전제임이 명백히 되었으며 사구체론은 민중중심의
독창적인 주체사관의 원리에 기초하여 그 일면성과 한계성이 명백히 새롭게 해석 전개되어
주체사관의 고유한 체계 속에 포섭되게 되었다"(김장호, 1990 : 27)고 주장한다. 즉 그는 사회구
성체론이 경제관계를 중심으로 하는 데 반해 사회성격론은 민중중심의 원리에 기초한 것이라

인식의 기초이다. 이로부터 해당 사회의 발전단계와 모순 등이 추출될 수 있고, 변혁운동의 과제와 주체 및 대상 그리고 보다 구체적인 변혁운동의 전략전술이 과학적으로 정립될 수 있기 때문이다.

한국에서도 1980년대 중반 이후 운동의 실천적 및 이론적 성과가 축적됨에 따라 본격적인 사회구성체 혹은 사회성격 논쟁이 촉발되었던 것은 당연한 과정이었다고 평가할 수 있다.

박현채·조희연은 이 시기 한국 사회구성체 논쟁을 3단계로 분류하고 있다. 즉 1985년경 촉발된 논쟁을 제1단계, 1986년 이후 1988년 말까지를 제2단계의 제1시기, 1988년 말~1989년을 제2단계 제2시기 그리고 1989년 말 이후 현실사회주의 붕괴에 따른 한국 민중운동 진영의 사상적 재편 현상이 나타난 시기를 제3단계 사회구성체 논쟁으로 규정하고 있다.

각 단계의 특징을, "1단계의 논쟁이 비非변혁적 인식 대 변혁적 인식의 대립을 둘러싼 논쟁이었다고 한다면, 2단계의 논쟁은 변혁적 진영 내부의 전략전술적 차이를 둘러싼 논쟁이었고, 3단계의 논쟁은 변혁의 성격 및 전망 자체의 분화를 수반하는 논쟁이라고 할 수 있다"(박현채·조희연, 1991[Ⅲ] : 3)고 분류했다. 특히 2단계는 1986년~88년의 NL 대 CA 논쟁을 제1시기로, 그리고 NL 대 PD 사이의 대립을 제2시기로 세분하고 있다(박현채·조희연, 1991[Ⅲ] : 15).

조희연은 이 책 1권의 서장에서 제1단계 논쟁을 사회운동권과 학계의 논쟁으로 구분한다(박현채·조희연, 1989[Ⅰ] : 19 - 24). 먼저 제1단계 사회운동권의 CNP논쟁(민주변혁논쟁)23)은 소시민적 운동관의 극복 필요성을 인식시키는 계기로

고 주장한다. 이런 주장에 대해서는 옹호와 비판이 사회구성체 혹은 사회성격 논쟁에서 많이 등장했기 때문에 이 책의 서술과정에서 구체적으로 고찰하고자 한다. 다만 김장호의 주장은 주체사상의 사회역사적 원리에서 유물사관이 사회발전단계의 척도를 생산력 발전수준과 사회경제제도의 성격에서 보는 반면, 주체사관은 유물사관의 원리를 시인하면서 사회발전과정을 인민대중의 지위와 역할의 차이에서 보고, 여기서 생산수단과 국가주권의 소유관계가 결정적 징표가 된다는 입장(총서 02 : 161-78)에 근거한 것임을 밝혀 두고자 한다.
23) 1984년 2.12 총선 평가를 둘러싸고 당시 '민주화운동청년연합' 내부논쟁으로 촉발되었다. 변혁

되었고, 학계의 사회구성체 논쟁을 촉발시키는 중요한 계기가 되었다고 평가한
다(박현채·조희연, 1989[I] : 19). 한편 학계의 논쟁은 1985년 『창작과 비평』 복간
1호(통권 57호)에 수록된 박현채의 "현대 한국사회의 성격과 발전단계에 관한
연구(I)"와 이대근의 "한국 자본주의의 성격에 관하여"라는 논문을 통한 지상
논쟁을 한국 사회구성체 논쟁의 시발로 본다.

박현채의 국가독점자본주의론과 이대근의 주변부자본주의론의 논쟁은 결
국 두 입장의 계급적 본질을 해명하려는 시도로 이어져 전자를 노동계급적
이론이고 후자를 소시민적 이론으로 규정함으로써, 국가독점자본주의론의
일방적 승리로 귀결되었다고 평가한다. 그러나 제1단계의 이런 논쟁 구도는
한국사회의 종속성, 즉 제국주의 지배 문제를 본격 제기하지 못한 한계를
노정하며24) 논쟁의 제2단계로 넘어간 것으로 본다(박현채·조희연, 1989[I] : 25).

이에 반해 정민은 사회구성체 논쟁을 1985년 이전, 1985년 하반기~1986년
하반기, 그리고 1987년 이후 1990년까지로 구분한다(정민, 1990 : 84 - 6).25) 정민
은 1984년 서관모의 저서 『현대 한국사회의 계급구성과 계급분화 : 쁘띠부르조
아지의 추세를 중심으로』를 "한국사회구성체 논쟁에서 「정통이론」의 과학성
과 유효성을 구체적으로 보여줌으로써 이후 논쟁에 큰 영향을 미쳤다"(정민,

운동의 주체 설정 문제와 특히 중산층과 야당정치세력과의 관계 설정 문제를 주요 쟁점으로
했다. 논쟁은 CDR(Civil Democratic Revolution)-NDR(National Democratic Revolution)-
PDR(People's Democratic Revolution) 사이에서, NDR과 PDR의 입장이 CDR의 소시민적 낭만적
운동관을 비판하면서 한국의 변혁운동을 민족적 및 계급적 관점에서 사고해야 한다는 공감대
를 확산시켰다. CNP논쟁에 대해서는, 권형철 정리, 1990 : 41-57 ; 박현채·조희연, 1989(I) : 180
-9 ; 김용기, 1990 : 107-8 ; 편집부 지음, 1988 : 57-70 등 참조.
24) 조희연은 이런 한계들을 인식하고 극복하기 위한 노력의 일환으로, 종속적 국가독점자본주의
론, 신식민지 국가독점자본주의론, 국제독점자본주의론, 종속적(식민지적) 관료독점자본주의
론 등이 제기된 이 시기를 제1단계에서 제2단계로 넘어가는 과도기로 규정한다(박현채·조희연,
1989(I) : 25).
25) 정민의 글은 1990년 초에 발표된 글로 1989년 말까지를 분석대상으로 한 것이기 때문에, 대체로
박현채·조희연이 분류한 제2단계까지 해당된다. 그 결과 두 입장의 시기구분은 대체로 일치하
는 것으로 보아도 무방할 것이다.

1990 : 84)고 평가한다. 즉 서관모의 계급연구를 통해 도시비공식부문론이 비판
되고 고전적인 3분법적 계급분석이론이 도입됨으로써 한국사회에 자본주의
일반의 계급구성이 정립되었음을 확인할 수 있게 된 것으로 평가한다.

정민도 역시 박현채·조희연과 마찬가지로 사회구성체 논쟁의 시발을 1985년
박현채와 이대근의『창작과 비평』지상논쟁으로 보고 이 논쟁에서 국가독점자
본주의론이 대체적으로 승리한 것으로 평가한다(정민, 1990 : 85).

조희연에 의해 과도기로 규정된 시기에 대해 정민은 국가독점자본주의론에
대해 일단 방법론적 정당성을 인정하면서 내재적 비판을 통해 수정하려는
시도가 있었던 반면, 또다른 입장이 이 시기 출현하여 위의 양자가 기본적
문제점을 공유하고 있다고 비판하는 새로운 시도가 나타났다고 본다. 즉 그는
"전자는 대체로 신식민지 국가독점자본주의론으로, 후자는 두 가지 정반대의
방향, 즉 한국사회에서 자본주의 운동법칙의 관철을 중심에 놓는 일종의 '자본
논리론'과 제국주의의 전일적 지배를 중심에 놓는 식민지 반봉건사회론 등으로
정식화된다"(정민, 1990 : 85)고 본다. 특히 그는 학계에서는 신식민지 국가독점
자본주의론과 자본논리론이 각각 주류와 비주류로 양분된 반면, 노동운동권을
제외한 대부분의 운동권에서는 식민지 반봉건사회론이 큰 영향을 미치게
되었다고 평가한다.[26] 대체로 이런 논쟁의 단계구분은 타당한 것으로 생각된다.

박현채·조희연과 정민 등의 분류에 따르면, 사회구성체 논쟁의 제2단계는
주체사상의 수용에 따른 식민지 반봉건사회론과 신식민지 국가독점자본주의
론으로 논쟁의 대립구도가 형성된 시기를 의미한다. 따라서 한국에서 주체사상
수용과정을 파악하기 위해서는 이 시기를 집중 분석대상으로 삼아야 한다.

---

26) 이 글을 집필 당시 정민은『사회와 사상』의 기획위원을 맡고 있었는데, 주체사상의 수용을
적극적으로 옹호하여 이를 소개하는 데 힘을 기울이고 있었다. 노동운동권을 제외한 운동권이
당시는 학생운동 대부분이었고 일부 학생운동과 지식인운동 출신으로 구성된 소수의 재야운
동이라는 점에서 그는 주체사상파가 당시 이 부분에서 주류의 위치를 차지하게 되었다고 보는
것이다.

2-2-2 혁명이론으로서 주체사상 수용 연구의 2가지 전제적 논의

이 시기, 즉 2단계의 한국 사회구성체 혹은 사회성격 논쟁의 구체적 과정을
분석하기 전에 먼저 해명되어야 할 다음의 두 가지 문제가 있다.

첫째, 주체사상 수용의 이론적 및 실천적 배경에 관한 문제이다. 즉 주체사상
의 수용이 논쟁에서 식민지 반봉건사회론을 제기하게 된 원인이 되었던가,
아니면 당시 한국의 사회변혁 운동의 실천적 상황이 식민지 반봉건사회론을
요구했는가의 문제이다. 이 문제는 사상이론의 발전과 실천의 관계가 긴밀한
변증법적 통일을 이루고 있다는 대전제에서 보면 사실 닭이 먼저냐 달걀이
먼저냐 식의 우둔한 물음일 수도 있다. 그러나 이 문제는 당시 수용된 주체사상
은 물론 마르크스 - 레닌주의의 성격과 그에 대한 실천운동가와 이론가들의
태도를 객관적으로 고찰하기 위해서는 반드시 해명되어야 할 것으로 생각된다.
만일 여러 논자들의 주장처럼 당시 한국 진보 사상이론의 수용이 '정통에의
열병'이었다고 하더라도, 그것이 실천의 절박한 요구에 의한 것이었던지 아니면
단순한 이론적 정통성을 경쟁하는 현학성에 원인이 있는지에 따라 그 가치는
천양지차를 보이기 때문이다.

둘째, 사회구성체론과 사회성격론의 관계에 대한 해명이다. 이 개념의 구분
은 그 자체로도 중요한 이론적 과제이지만, 특히나 당시의 논쟁이 단순히
한국사회를 과학적으로 인식하고자 하는 의도를 넘어서 구체적인 변혁운동의
실천적 전략전술 설정의 토대로 되었기 때문에 더욱 중요하다.

이 두 가지 문제는 사실상 한국에서 주체사상이 수용되는 원인의 하나이기도
하고, 주체사상의 수용과 배제를 둘러싼 운동과 이론을 평가하는 데 중요한
시사점을 주는 문제이기도 하다.

(1) 혁명이론으로서 주체사상 수용세력 형성의 이론적·실천적 배경

논쟁의 제1단계를 경과하면서 한국에서 주체사상 수용을 주장하는 세력이 형성되는 배경에 대해 살펴보자. 주지하듯이 1980년대 한국 사회운동은 1980년 5월 광주민주화운동의 성과와 실패에 대한 반성에서 출발한다. 즉 1980년 광주민주화운동의 성과는 분단과 한국전쟁 이후 한국의 민주화운동 전반에 대한 정당성을 재확인하는 것이었고, 미국의 책임 문제 등이 거론됨으로써 민주화운동이 협소한 일국적 관점을 벗어나는 계기가 되었다. 즉 이것은 이후 한국 사회운동의 확산과 심화의 출발점이 되었다.

한편으로 광주민주화운동의 실패는 이전의 낭만적이고 소시민적인 민주화 운동의 한계를 극복하고 과학적 인식에 바탕한 변혁운동의 총체적 방향을 설정해야 한다는 자기반성을 요구했다. 1980년 광주민주화운동과 '서울의 봄'의 좌절과 뒤이은 전두환 정권의 억압적 통치는 학생운동을 비롯한 사회운동 일반의 일시적 침체를 야기했다. 그러나 이 시기에도 당시 유일한 조직적 저항세력이었던 학생운동 진영에서는 일부 대학의 학내시위가 발생하여 전두환 정권의 정당성에 도전하는 한편, 한국 사회운동의 방향과 학생운동의 위상 및 당면과제에 대한 심각한 내부 논의가 진행되었다.

1980~1년 '무림과 학림 논쟁'은 그 대표적인 예라고 할 수 있다. 1980년 12월 11일 서울대 시위에서 살포된 유인물 "반제반파쇼투쟁선언"은 당시 서울대 학생운동의 주류의 입장(무림)을 정리한 것이었다. 요점은 근로대중의 역량이 부재한 조건에서 유일한 역량인 학생운동은 전체 투쟁의 주도체가 되어야 하고, 이를 위해서는 시위 만능 투쟁관을 타기하고 민중운동으로의 수렴을 집단화·체계화할 것을 주장하는 것이었다.[27]

이에 반해 학림의 논리는 1981년 6~8월 당국의 검거로 드러난 '전국민주학생

---

27) 무림의 논리와 위 유인물의 내용에 대해서는, 편집부 지음, 1988 : 30-2 참조.

연맹'을 통해 드러난다. 이들은 1980년 5월 투쟁의 실패의 원인을 지도적
조직의 부재에 있다고 보고, 학생운동과 노동운동의 조직화와 함께 학생운동은
선도체로서 시위를 통한 지속적 투쟁을 주장했다.[28]

　1982년 초 무림과 학림의 노선을 각각 계승한 팸플릿 "야학운동비판"과
"학생운동의 전망"을 둘러싼 논쟁[29]도 결국 한국 변혁운동의 전망과 학생운동
의 과제에 대한 것으로, 이 시기 학생운동을 중심으로 자기반성에 기반한
치열한 진로 모색이 이루어지고 있었음을 알 수 있다.

　한편 노동운동도 정부의 가혹한 탄압 속에 1970년대와 1980년대 초에 설립된
민주노조 사수를 위한 선도적 투쟁들이 계속되었다. 1981년 1월 청계피복
노동조합의 점거농성, 1982년 원풍모방 노동조합의 작업장 점거농성과 가두시
위 및 콘트롤데이타 노동자들의 농성·시위 등은 이런 전형적인 사례에 속한
다.[30]

　이 시기의 노동운동도 학생운동의 노선 대립과 마찬가지로 투쟁론과 준비론
으로 양분되어 있었다. 이종오는 당시의 노동운동에 1970년대 민주노조운동의
연장선에 있던 흐름과 1980년대의 변혁적인 새로운 방향을 모색하던 두 그룹이
있었다고 평가한다(한국기독교산업개발원 엮음, 1988 : 224 - 9). 즉 전자는 블랙
리스트 철폐운동을 통해 운동력을 결집시켜 결국 1984년 3월 '한국노동자복지
협의회'라는 공개기구를 결성했고, 후자는 학생운동권의 '전국민주학생연합'
(학림)과 결합된 '전국민주노동연맹' 결성을 시도하던 그룹과 준비론적인 소그
룹 운동 세력으로 분리되었다.

　이처럼 외형적으로는 퇴조했던 것으로 보였던 이 시기에도 한국 사회운동
세력은 과거에 대한 반성과 장래 진로를 둘러싸고 치열한 실천투쟁과 이론적

---

28) 학림의 논리와 평가에 대해서는, 편집부 지음, 1988 : 32-4 ; 박성현, 1990 : 240-3 참조.
29) 위의 두 팸플릿의 전문은 편집부 지음, 1988 : 227-322에 수록.
30) 이 시기 노동운동에 대해서는, 조희연 편, 1990 : 151-6 ; 한국기독교산업개발원 엮음, 1988 :
　　224-9 참조.

논의를 거듭했음을 확인할 수 있다.

외형적 소강상태 아래서도 활발한 모색이 진행되던 한국 사회운동은 1983년 말 이른바 유화국면의 도래와 1985년 2.12 총선을 앞두고 다시 수면 위로 나타나 조직 정비와 함께 운동의 방향과 노선 정립을 위한 논쟁도 공개적으로 확산되게 되었다.

1983년 12월 23일 전두환 정부는 이른바 '국민화합조치'라는 명분으로 학원 자율화, 제적생 복교, 해직교수 복직 등 일련의 유화정책으로 전환한다. 학생운동권을 비롯한 사회운동 진영은 이런 유화국면의 원인과 이에 대한 대응을 놓고 활발한 논쟁과 함께, 공개적인 각 부문운동 단체들의 결성에 이어 결국 1985년 3월과 9월의 2차례 통합대회를 거쳐 결성된 '민주통일민중운동연합'으로 조직적 연대틀을 마련하게 되었다.31)

이런 조직화 작업을 뒷받침하는 이론적 작업으로 이 시기에도 학생운동과 노동운동은 활발한 이론적 논쟁을 전개하고 있었다. 1983년 말 유화조치에 대한 원인 분석과 대응을 위주로 진행된 이 시기 논쟁의 구도는 대체로 이전 시기 무림과 학림 논쟁 이후 형성된 준비론과 투쟁론을 토대로 하면서, 보다 구체적이고 폭넓은 논점을 갖고 진행되었다.

학생운동에서는 1984년 상반기에서 1985년 상반기까지 '깃발과 반깃발'(MT

---

31) 이 시기 공개적 부문운동체 결성 현황을 보면, 1983년 9월 '민주화운동청년연합' 결성을 시작으로, 1984년 3월 '한국노동자복지협의회' 1984년 10월 '민중문화운동협의회'가 뒤를 이었다. 이런 지역·부문운동 단체 결성의 성과와 함께 또한 이와 더불어 조직적 연대틀로 1984년 6월 '민중민주운동협의회'(민민협)와 10월 '민주통일국민회의'(국민회의)가 결성된다. 민민협이 기층 민중운동의 역할 제고를 위해 단체 중심의 조직원리를 주장한 반면, 국민회의는 당면 운동의 효율성 제고를 위해 명망가 중심의 조직을 주장한 차이를 보였다. 그러나 민민협과 국민회의는 운동의 장기적 발전과 당면 민주화운동의 효율적 수행을 위한 통합의 원칙에 합의하고, 1985년 3월 29일 제1차 통합대회를 거쳐 민청련과 개신교를 제외한 거의 모든 공개운동체를 망라하는 '민주통일민중운동연합'을 출범시켰다. 이어 9월 20일에는 민청련과 개신교도 내부 논의를 완료하고 민통련 참여를 결정하게 되었다. 이 시기 공개운동체 결성 과정에 대해서는, 조희연 편, 1990 : 374-7 참조.

-MC) 논쟁이 진행되었다.32) 학생운동 내부의 논쟁과 함께, 사회운동권에서도 민청련의 CNP 논쟁이 진행되어 한국사회에 대한 과학적 인식과 이에 바탕한 변혁운동의 성격 및 올바른 전략전술을 모색하기 위한 시도가 나타났다. 유화국면에 따른 운동공간의 확대는 노동운동에도 변화를 초래했다. 기존의 반합법적인 소그룹 운동에서 벗어나 1984년 3월 '한국노동자복지협의회' 창설로 공개적인 조직활동으로 전환하는 모습을 보여주었고, 신규 노조의 증대와 함께, 1984년 5월 두 차례에 걸친 대학생들의 구로공단지역 시위는 '생산지역 정치투쟁론'을 제기하는 계기로 되기도 했다.

1984년 하반기에는 노동운동에 대한 탄압이 강화되자 해고자 중심의 연대투쟁과 함께 민주노조 방어와 어용노조 민주화 등 현장의 대중성 강화 투쟁의 두 흐름으로 계속되었다. 이 과정에서 1985년 임금인상투쟁의 본격화와 함께 4월 대우자동차 파업에 이어 6월에는 구로지역 노동자연대투쟁이 발생하여 노동운동이 새롭게 고조되었다. 1985년 8월 25일에는 노동운동의 연합체로 '서울노동운동연합'(서노련)이 창립되어 노동운동이 대중정치투쟁을 담당하는 조직적 기반을 구축했다. 1986년 2월 7일에는 '인천지역 노동자연맹'(인노련)이 창설되어 경인지역을 중심으로 강력한 대중적 노동운동의 조직틀을 마련하게 되었다.33)

---

32) '깃발-반깃발' 논쟁은 기존의 학생운동 지도부의 노선에 반대하는 일부 세력이 "깃발"이라는 팸플릿을 발행한 데서 이렇게 불리워지게 되었다. 당시 서울대학교 학생운동의 주류는 유화국면의 원인을 국제정세 변화에 따른 미국의 의도로 보고, '학원자율화추진위원회'(학자추)를 결성하여 단기적 투쟁의 수행을 주장했다(반깃발, Main Current 그룹). 이에 반해 1984년 상반기 '깃발'을 발행한 학생운동 세력은 주류 '학자추' 그룹의 노선인 단계투쟁론을 거부하고 학생회를 중심으로 적극적인 정치투쟁을 전개하는 한편, '민주화투쟁위원회'와 '노동자생존권지원투쟁위원회' 등 상시적 투쟁위원회를 조직해야 한다고 주장했다. 깃발 그룹은 1984년 하반기 '민주화투쟁위원회'(MT)를 조직하고 기관지 「깃발」을 발행했다. 결론적으로 깃발/MT 그룹은 정치적 선도투쟁을 반깃발/MC 그룹은 대중투쟁론을 주장하며 학생회 강화와 이를 발판으로 하는 장기적 민중운동으로의 전환을 주장했다. 이 논쟁은 1985년 7월 '민주화추진위원회' 사건으로 MT의 핵심 지도부가 검거됨으로써 논쟁 자체도 종결되었다. 깃발-반깃발 논쟁에 대해서는, 편집부 지음, 1988 : 76-84 ; 안병용, 1990 : 244-6 참조.

　서노련과 인노련 등 노동자의 대중정치조직의 결성은 기존의 소그룹 운동과 생산지역 정치투쟁론을 발전적으로 계승한 것으로서, 노동자들의 대중정치투쟁과 장기적 변혁운동을 위한 지도적 조직의 구축을 동시에 추진할 수 있는 조직적 준비를 의미하는 것이었다.

　학생운동과 노동운동을 비롯한 이 시기 한국 사회운동의 조직적 발전은 기존의 투쟁론과 준비론의 단순한 이론적 논의 구도를 한국사회에 대한 과학적 인식에 바탕한 올바른 투쟁 노선과 전략전술의 마련을 위한 논의로 보다 심화시킬 필요를 야기했다. 이런 요구에 대응하는 것이 이미 살펴본 '민주화운동청년연합' 내부의 CNP 논쟁과 학계의 박현채 - 이대근 논쟁이었다.

　이 두 논쟁은 한국사회에 대한 과학적 인식과 변혁운동의 계급적 당파성 문제 등 중요한 문제를 제기하고 본격적인 공개적 논의를 시작하는 중요한 계기가 되었다. 그러나 특히 박현채 - 이대근 논쟁에 대해 조희연이 올바로 지적하고 있듯이, "한국사회의 예속성과 자본주의적 특질을 통일적으로 인식하는 것이 현단계의 이론적 과제라고 할 때, 1단계 논쟁은 논쟁의 구도 자체가 잘못된 것"(박현채·조희연 편, 1989[I] : 23)이었다. 즉 주변부자본주의론이 정치경제학적 인식에서 일탈한 이론으로 비판받은 것은 마르크스주의 방법론의 엄격한 적용이라는 점에서 어느 정도 이해되기는 하지만, 한국사회가 안고 있는 종속에 대한 문제의식은 국가독점자본주의론만으로 해결될 수 없는 이론적 과제였기 때문이다. 요컨대 민족모순과 계급모순이 대립되는 것으로 상정된 당시의 논의 구도로는 종속된 위치에서 자본주의적 발전을 수행한 한국사회가 갖고 있는 내부 구조에 대한 인식과 함께, 이로 인해 야기된 한국 변혁운동의 특수성을 고찰하는 데 한계가 있는 것이었다.

　이런 잘못된 대립 구도는 CNP 논쟁에서 NDR(민족민주혁명론)과 PDR(민중민

---

33) 이 시기 노동운동의 진행과정에 대해서는, 한국기독교산업개발원 엮음, 1988 : 234-46 참조.

주혁명론) 사이에도 일정하게 나타나고 있었다.34) 따라서 이런 이론적 문제점들
의 해결은 논쟁의 제2단계에서 제국주의의 지배, 즉 한국사회의 종속이라는
문제를 본격적인 이론적 대상이 되게 한 원인이 되었다. 한국사회의 민족적
모순에 대한 인식은 1980년 5월 광주민주화운동 이후 사회운동의 중요한
관심의 초점으로 부각되었으나, 이를 자본주의의 계급모순과의 총체적이고
유기적 연관 속에 파악하는 이론적 논의는 이 시기에 와서야 비로소 본격화될
수 있었다.

1985년 2월 12일 총선에서 신한민주당의 승리와 민정당의 사실상 참패는
한국 사회운동의 투쟁 강도를 강화시키는 계기로 되었고, 이에 따라 운동세력
내부의 조직적 및 이론적 논의도 더욱 활성화되었다. 1985년 5월 '전국학생총연
합'(전학련)은 산하에 '민족통일·민주쟁취·민중해방특별위원회'(삼민특위)를 설
치하여 민족, 민주, 민중의 이른바 '삼민'을 쟁취해야 할 운동의 목표로 설정했다.

5월 23일에는 서울대 등 서울 시내 5개 대학 73명의 학생들이 서울 미문화원
점거농성 투쟁을 벌여, 광주학살에 대한 미국의 공개사죄와 군사정권 지원
철회를 요구했다. 이 사건은 1985년 2.12 총선 이후 강화되었던 광주학살
진상규명과 책임자 처단 투쟁을 미국에까지 확대하는 의미와 함께, 반미투쟁의
대중화를 촉진하는 계기가 되었다. 민주화와 반미를 결합시킨 학생운동의
양상은 1985년 9~10월 IMF·IBRD 서울 총회를 겨냥한 전학련의 '반외세

34) 조희연은 이런 논쟁 구도의 오류를 극복하기 위한 이론적 노력으로 사회구성체 논쟁의 1단계에
서 2단계로 이행하는 과도기가 존재했다고 본다. 즉 1단계 논쟁의 미해결 쟁점들을 다음의
네 가지로 설명하고 있다. 첫째, 국독자론에서 종속성을 어떠한 이론틀로 수용할 것인가? 둘째,
한국사회의 피지배성과 계급모순을 통일적으로 파악할 수 있는 이론틀은 무엇인가? 셋째, 한국
사회의 자본주의 발전과 계급모순을 반드시 국독자 규정으로 파악해야 하는가의 문제로, 이는
종속적 상황에서 자본축적에 대한 국가개입의 성격 파악 문제이기도 하다. 즉 파시즘을 국독자
규정으로 파악할 것인가 아니면 (신)식민지적 특수성 혹은 관료성으로 파악할 것인가의 문제이
다. 넷째, 종속성의 귀결인 구조적 파행성을 어떻게 위치지울 것인가의 문제이다(박현채·조희
연 편, 1989[I] : 25).

민족자주쟁취투쟁 및 민중민주정부수립투쟁'과 10월 이후의 '삼민헌법쟁취 및 파쇼헌법철폐투쟁'으로 이어지면서, 학생운동을 중심으로 반미문제에 대한 의견대립이 심화되고 있었다.

CNP 논쟁에서 NDR론을 계승한 것으로 평가되는 '삼민혁명론'에 대해 1985년 하반기 투쟁을 거치면서 일부 학생운동 세력이 외세문제를 전면화시키지 못했다는 비판과 함께, 반제 직접투쟁론(AI)을 제기했다. 1985년 하반기 발행된 일명 "해방서사"로도 불리는 김영환의 글 "반제민족해방투쟁의 기수로 부활하자"에서는 한국을 미국의 식민지로 규정하고, 한국파쇼체제의 주체를 미제로 한국현대사를 미제와 한국 민중간의 투쟁의 역사라고 선언했다. 비슷한 시기에 나온 팸플릿 「AIPDR론 II」는 한국사회의 성격을 식민지 반봉건사회로 규정함으로써, 당시 반제 직접투쟁론의 사상적 모델이 북한의 주체사상과 깊은 관련을 맺고 있음을 보여준다.

민족모순과 계급모순의 관계 및 반미투쟁을 둘러싸고 학생운동권 내부는 각각 1986년 4월 11일 반제 직접투쟁론에 기초한 '반미자주화 반파쇼민주화투쟁위원회'(자민투)와 4월 29일 NDR론을 계승한 '반제반파쇼 민족민주투쟁위원회'(민민투)로 대립되게 되었다. 특히 자민투는 기관지 「해방선언」을 통해 반제 직접투쟁론을 민족해방 민중민주주의 혁명론NLPDR으로 선전하고, 이를 정당화하기 위해 한국사회 성격을 식민지 반봉건으로 규정하게 되었다.35) 또한 1986년 4월에 발행된 김영환의 『강철서신』은 품성론과 사상의 중요성을 강조함으로써 한국에서 주체사상 수용을 촉진시키는 계기가 되었다는 평가를 받는다.36)

---

35) 자민투는 기관지 「해방선언 2호」의 사설에서 한국사회의 성격을 "식민성과 반봉건성을 띤 자본주의 사회구성체로서 경제적 토대로서의 예속자본주의와 국가로서의 신식민지 파시즘을 그 내용으로 하고 있다"(편집부 지음, 1990 : 115)고 규정했다.

36) 이에 대해서는 이종오의 글 "80년대 노동운동론 전개과정의 이해를 위하여"(한국기독교산업개발원 엮음, 1988 : 115-2) 참조.

이런 학생운동의 분열은 노동운동을 비롯한 사회운동 전반으로 파급되어 2단계 사회구성체 혹은 사회성격 논쟁의 주요 논점을 형성하게 되었다. 즉 자민투의 식민지 반봉건사회론과 민민투의 신식민지 국가독점자본주의론이 한국의 사회성격 규정의 두 가지의 주요 대립축이 되었다.

이상의 실천적 및 이론적 맥락에서 볼 때, 식민지 반봉건사회론과 신식민지 국가독점자본주의론으로 대별되는 1980년대 중·후반 한국 사회구성체 논쟁은 당시 발전되고 있던 한국 사회운동의 실천적 요구에 부응하는 이론적 작업이었음은 분명하다.

그러나 한편으로 한국사회의 성격규정에 대한 논의가 사회의 계급구조나 미국과의 실제적 지배 - 피지배 관계에 대한 구체적이고 실증적 분석에 기초한 것이 아니었다는 사실도 확인할 수 있다. 즉 한국 변혁운동의 총체적 방향이나 당면의 투쟁방침을 둘러싼 실천상의 필요에 쫓기면서, 한편으로 이런 문제에 대해 입장을 달리하는 정파들간의 이론투쟁의 일환으로서 선험적으로 사회성격을 규정하고 있었다는 점이다. 달리 말하면, 한국사회에 대한 구체적이고 실증적 연구 이전에 변혁운동의 노선과 당면과제의 설정을 위해 선험적으로 수입한 주체사상과 마르크스 - 레닌주의에 입각, 한국사회의 성격을 각각 식민지 반봉건사회와 신식민지 국가독점자본주의로 규정했다는 느낌을 지우기 어렵다는 사실이다.[37]

물론 변혁운동의 사상이론들이 현실에 대한 누적된 경험과 실증적 분석의

---

37) 물론 신식민지 국가독점자본주의론도 마르크스-레닌주의 방법론에 입각하여, 한국 변혁운동의 주체를 노동계급으로 설정해야 한다는 당위성에서 상당히 선험적으로 규정된 것이라는 비판에서 자유로울 수 있는 것은 아니다. 그러나 결과적으로 당시 한국 자본주의의 고도성장이라는 사실과 노동과 자본의 계급모순의 첨예화라는 조건에서 보면 주체사상의 식민지 반봉건사회론보다 현실정합성이 높았다는 결과론적 평가는 무시할 수 없다. 한편으로 이후 비판적으로 평가하겠지만, 신식민지 국가독점자본주의론도 제1단계 사회구성체 논쟁에서 제기되었던 민족모순에 대한 인식을 수용한 것은 사실이지만 이를 계급모순과 유기적으로 결합시키는 데 성공했는가의 평가는 여전히 남아 있다는 점만을 여기서는 지적해두고자 한다.

결과로 도출되기보다는 사회의 총체적 모순구조에 대한 인식을 바탕으로 구체적 실천의 방향을 제시하기 위해 어느 정도 선험성을 갖는 것은 보편적이다. 이런 점을 염두에 두면 당시의 사회성격 규정들에 대해 너무 엄격한 잣대로 구체성과 실증성을 요구하는 것인지도 모른다.

그러나 변혁운동 이론들이 창출되는 다른 여러 나라들의 경험을 돌아보더라도 상당히 축적된 실천 경험들과 심화된 이론적 전통을 토대로 하는 것이 일반적이었다. 그러나 1980년대 중·후반 한국의 상황이 이런 일반적 조건들과 유사한 것이었는지를 되물어 보아야 한다. 당시 한국사회의 진보적 이론과 실천의 영역은 분단과 전쟁이 초래한 극단적인 반공 이데올로기와 억압적인 권위주의 통치에서 이제 막 부활을 시작한 조건이었을 뿐이다. 이런 조건들을 염두에 둔다면, 마르크스주의와 주체사상에 대한 일천한 이론적 수준에서 그것들을 한국 변혁운동의 노선 설정의 근거로 도입하려는 시도는 보다 신중하고 건설적인 논쟁의 과정을 필요로 했다.

사실 1970년대 중반 이후 학생운동 내부를 양분했던 투쟁론과 준비론의 대립은 이런 측면에서는 오히려 재평가될 필요가 있었는지도 모른다. 외부의 진보적 사상이론의 수용을 통한 변혁운동의 실천적 수요에 대응하려던 당시의 노력들이 전혀 무의미하거나 일방적 비판의 대상이 되어서도 안 되겠지만, 당시의 절박한 실천상의 요구에 대한 대응이라거나 과학적 변혁이론 도입의 계기가 되었다고 정당화해서도 안 된다.

1980년대 중·후반 진보이론에 대한 무비판적인 성급한 수용과 이를 통한 정파적 정당화는 결국 사상이론에 대한 교조적 태도와 정파적인 대응을 낳음으로써, 1980년대 말 이후의 세계사적 변화에 대한 진보진영의 이론과 실천 양 측면에서 면역력 결핍을 초래했기 때문이다. 또한 이런 문제점은 현재까지도 진보운동 내부에서 사상이론 투쟁은 부재한 정파적 대립을 남기게 된 원인으로 작용한 것으로 비판되어야 한다고 보기 때문이다.

(2) 사회구성체론과 사회성격론의 관계 문제

혁명이론으로서의 주체사상의 수용을 고찰하기 전에 미리 검토해야 할 두 번째의 문제는 당시 논쟁의 용어에 관한 것으로 사회구성체와 사회성격의 관계를 명확히 하는 일이다.

이미 이 문제는 학계에서 사회구성체 논쟁의 시발로 평가되는 1985년 박현채 - 이대근의 논쟁에서도 문제가 되었다. 박현채는 "한 사회의 기본적인 내적 모순을 밝힌다는 것은 사회구성체로서의 한 사회에 존재하는 기본적 모순을 역사적으로 연이어지는 사회발전의 단계에 비추어 제시하는 것"(박현채, 1985 : 311)이라고 전제한다. 즉 한국의 사회구성체를 논의한다는 것은 한국사회의 기본모순을 자본주의 사회구성체의 내적 모순으로 확인하고, '연이어지는 사회발전 단계' 즉 사회주의로의 이행의 필연성을 해명하는 데 목적이 있는 것으로 전제한다.

이어서 그는 한 사회의 발전단계를 밝히는 작업에는 넓은 의미의 사회구성체에서 각 발전단계를 해명하는 과제도 포괄하는 것으로 본다. 즉 한국사회를 사회구성체로서는 자본주의이지만, 그 구체적 발전단계에서는 역사적으로 차이가 있을 수 있다고 보기 때문이다.

이런 전제 하에서 주변부자본주의론이 자본주의의 서구의 일반적 발전과정과 구별된다는 의미에서 주변부를 독자적인 사회구성체로 보려는 입장을 비판한다. 즉 "전체적으로 주변부자본주의의 구조나 주변부 사회구성체에 대한 이러한 논의는 그것이 아무리 정밀화된다 할지라도 우리가 흔히 말하는 '사회적으로 생산된 경제잉여의 일상적 유출 메커니즘의 정착화로서의 식민지 경제구조' 그 이상은 아니다. 그리고 이것은 굳이 사회구성체라고 생각지을 만한 조건을 지니고 있지 않다"(박현채, 1985 : 322)고 단언한다. 즉 당시 한국에서 상당한 이론적 영향력을 행사하고 있던 주변부자본주의론을 독자적인 사회구성체로 규정하려는 시도를 비판하면서, 사회구성체와 사회의 발전단계 및 사회성격을 추상 수준을 달리하는 개념으로 인식하고 있음을 보여준다.

이에 반해 이대근은 한국사회의 성격 규정에 있어, 국가독점자본주의론이 한국사회를 서구사회와 동일한 자본주의 사회구성으로 변모되어 가는 사회로 보고, 사회구성체론적 시각에서 어떤 부정이나 수정도 거부하는 입장이라고 규정한다. 반면에 주변부자본주의론은 한국사회를 자본주의적 가치법칙이 관철되고 있기는 하지만 서구 자본주의 사회와 동일시할 수 없는 특수한 성격의 자본주의로 파악하는 입장이라고 정의한다(이대근, 1985 : 347). 그는 국독자론의 비판이 아닌 그것의 인식론상의 한계를 찾는 것을 집필 의도라고 하는 신중한 태도를 취하면서도, 결국 한국사회를 서구 자본주의와 동일한 경로를 겪는 것이 아닌 주변부자본주의로 규정하고자 한다.

특히 일제하 한국의 자본주의화론을 비판하면서, 식민지 반봉건사회론의 의의를 평가하고 있다. 즉 "식민지 한국사회를 자본주의 사회구성으로 보고자 하는 것을 거부하고, 식민지·반봉건사회라고 하는 새로운 하나의 역사발전단계로 파악해야 한다는 이 입장은 바로 그 점만으로도 획기적인 의미를 갖는다고 아니할 수 없다"(이대근, 1985 : 357)고 주장한다. 그는 적어도 식민지 반봉건사회 규정을 자본주의 사회구성과 다른 하나의 독자적인 발전단계, 즉 사회구성체 차원에서 보고 있음을 암시한다.

나아가 그는 (반)식민지 반봉건사회의 새로운 발전단계로의 이행 문제를 정치적 독립 등 정치권력의 변화와 전면적 토지개혁을 통한 주변부자본주의 사회구성체로의 변화라고 주장한다.[38] 그러나 주변부자본주의에 대한 다음과

---

38) 이대근 자신이 식민지 반봉건사회나 주변부자본주의로의 이행이 보편적 규정성인가의 문제는 남는다고 함으로써 역시 이 문제에 대해서도 신중한 태도를 취하지만, 명시적으로 자신의 입장

같은 규정을 통해 주변부자본주의를 자본주의 사회구성체로 이해하는 듯한
모습을 보여줌으로써 혼동을 더하고 있다.

주변부자본주의도 발생사적으로는 자본주의 성립 이후의 산물이며 사본주의
사회구성이 갖는 기본적인 규정성은 자기도 갖추어야 된다고 보는 것이다. 단지
세계자본주의에 편입되고 상품생산과 외국무역이 행해진다고 하여 전자본제 사
회구성이 곧장 자본주의 사회구성으로 돌변한다고 볼 수는 없기 때문이다. 따라
서 전자본제 사회에서 주변부자본주의 사회로의 이행을 위해서는 반드시 중간단
계의 설정이 요구되기에 이른다. 여기에 앞서 거론된 바의 (반)식민지·반봉건사
회론이 그를 위한 하나의 시론試論격으로 제기되는 바이다(이대근, 1985 : 367).

위 인용문에서 알 수 있듯이, 이대근은 식민지 반봉건사회를 독자적인
사회구성체에 가까운 하나의 과도적 사회형태로 인식하면서, 주변부자본주의
는 자본주의 사회구성체의 특수한 형태로 보고 있었음 알 수 있다. 박현채가
국가독점자본주의론을 통해 현재 한국사회 자본주의의 특수성을 발전단계의
차이로 이해하는 반면, 이대근은 특수한 형태로 파악하고 있는 것이다.[39]

을 밝히고 있지는 않다(이대근, 1985 : 375).
39) 한 사회의 성격을 이해하는 데 있어서, 사회구성체보다 낮은 추상 수준에서 '단계'와 '형태'로
보는 것은 결코 사소한 문제가 아니라고 본다. 특정 사회구성체 아래 특수한 발전 단계로
한 사회의 성격을 규정하려는 노력은 역동적인 과정을 파악할 수 있게 하지만, 형태로 보는
경우 상당히 정태적인 특성만을 강조하게 된다고 보기 때문이다. 그 결과 자본주의 사회구성체
의 특정 형태로서 주변부자본주의론을 설정하게 되면, 주변부자본주의가 자본주의 사회구성체
의 또다른 형태로 됨으로써 사실상 별개의 사회구성체로 해석될 여지를 남길 수 있다고 본다.
이대근이 주장했듯이, 식민지 반봉건사회는 특수한 사회구성체인 것과 달리 주변부자본주의는
자본주의적 규정성을 갖는다는 점에서 자본주의 사회구성체의 또다른 형태라는 주장은 그런
의미에서 혼동만을 조장할 뿐이다. 왜냐하면 자본주의의 규정성을 자본과 노동의 계급모순을
기본모순으로 하고 자본축적의 논리의 관철이라고 했을 때, 주변부자본주의를 특수한 형태로
고집한다는 것은 결국 자본주의 발전법칙의 작용을 부인하는 결과가 되기 때문이다. 이런 문제
점은 결국 이대근이 주장하는 바와 같이 주변의 중심으로의 진입의 원천적 차단 등을 선험적으
로 주장하게 되는 오류와 직결된다고 본다. 주변부자본주의론이 자본주의 사회구성체라는 사
실을 인정한다는 것은 결국 자본축적의 일반적 법칙의 관철로 한 사회가 자본과 노동의 계급모

따라서 이대근의 주변부자본주의론에 따른다면, 결과적으로 한국사회는 이행에 있어서도 서구의 자본주의사회와 구별되는 특수한 이행의 형태가 될 수밖에 없는 것이다.

주변부자본주의론이 한국사회를 자본주의 사회구성체의 특수한 단계가 아닌 형태로 보는 이유는 결국 이대근의 다음과 같은 결론에서 잘 드러난다. 즉 그는 사회과학에서 일반성, 즉 추상적 일반성을 강조하는 것의 무의미함을 주장하며, "사회이론의 궁극적 목표란 자기가 속한 특정 사회의 실천적 요구에 답하는 것에 주어지는 것 아닌가"(이대근, 1985 : 371)라고 반문한다. 이어서 그는 주변부자본주의론이, 첫째 서구적 편견에 빠진 사회과학 방법론 비판, 둘째 변경혁명론의 의의, 셋째 주변부사회의 중심부로의 진입의 원초적 차단을 강조하는 것임을 주장한다(이대근, 1985 : 371 - 2).

이런 주변부자본주의론이 한국사회의 민족적 모순과 종속의 문제를 제기한 점에서 긍정적 의의를 인정할 수는 있지만, 자본주의사회의 기본모순에 대한 인식의 부족 등은 문제로 남는다. 특히 식민지 반봉건사회를 독자적인 사회구성체로 보고 주변부자본주의를 자본주의 사회구성체의 특수한 형태로 파악하면서, 이를 서구적 편견에 물든 사회과학에 대한 비판이라고 주장하는 것은 특수성의 문제를 보편성과 사실상 분리시켜 사고하는 범주상의 오류라고 할 수밖에 없을 것이다.[40]

순의 기본모순화를 불가피하게 경험하게 된다는 의미로 되며, 주변부자본주의론이 주변부의 특수성으로 주장하는 여러 현상들은 결국 이런 본질이 다른 현상형태로 관철된 결과 이상의 의미를 가질 수 없다. 달리 말하면, 주변부의 특수한 계급관계도 주변부자본주의의 발전에 따라 노동과 자본의 일반적 계급모순의 특수한 변형태로 볼 수 있을 뿐이다.

40) 박현채는 1986년 한국산업사회연구회의 월례토론회에서 안병직의 발표 "식민지반봉건사회론의 쟁점"의 토론에서 식민지반봉건을 하나의 사회구성체로 보는 시각에 신랄한 비판을 퍼부으며, "여러 가지 경제제도, 즉 생산양식 또는 경제 우클라드가 자기에 알맞은 상부구조를 가질 때, 그것이 기본적인 생산양식이 되고 그것이 바로 사회구성체를 규정하는 것"(한국산업사회연구회 편, 1986 : 299)이라고 못박았다. 즉 사회구성체란 가장 높은 추상 수준의 사회의 기본적 토대와 상부구조의 결합을 말하는 것으로 본다. 따라서 자본주의 사회구성체의 다양한 발전단

1985년 박현채 - 이대근의 논쟁은 계급적 입장, 특히 마르크스주의의 역사적 유물론의 방법론적 타당성을 둘러싼 것으로 사회구성체의 엄밀한 정의와 관련된 것이었다. 즉 1859년 마르크스가 "정치경제학비판 서문"에서 단초를 제기하고, 1938년 스탈린이 "변증법적 및 역사적 유물론"에서 도식화한 역사발전의 5단계설을 보편적인 인류역사의 발전법칙으로 인정하고, 이를 한국사회의 규정으로 차용할 것인가를 둘러싼 논쟁이었다고 할 수 있다.

이 논쟁은 한국사회의 분석과 변혁운동의 노선 정립에 과학적 관점을 확립하게 했지만, 한국자본주의의 예속성, 즉 제국주의 지배로부터의 민족모순은 새로운 중요한 논점으로 남아 있게 되었다. 이른바 사회구성체 논쟁의 2단계로 들어가면서 이 문제가 핵심 쟁점으로 부각되게 되었다. 이와 함께 논쟁이 과연 사회구성체와 사회성격 가운데 어떤 것을 대상으로 하는 것인지와 양자의 관계는 어떤 것인지에 대한 논의로부터 시작되었다. 특히 사회성격 논쟁으로의 정립에 식민지 반봉건사회론의 문제제기가 중요한 역할을 한 것으로 평가된다.

1986년 8월 28일과 9월 30일자 「한신학보」에 연속 게재된 "한국자본주의의 성격규정—식민지 반봉건성 규정의 방법론을 중심으로"라는 글에서 정민은 사회구성체와 사회성격을 구분하고 있다(박현채·조희연 편, 1989[I] : 353 - 65). 이 글에서 정민은 사회구성체론의 분석을 인류사회의 5단계 법칙론 가운데 어떤 사회구성체에 속하는가와 그 발전단계에서 어떤 소단계와 유형에 속하는가를 해명하는 문제로 본다. 나아가 당시 식민지 반봉건사회론에 대해 "사회구성체상으로는 자본주의이지만 그 성격은 식민지 반봉건성이라고 주장하는 논리"(박현채·조희연 편, 1989[I] : 353)라고 규정한다.

그러나 그는 다음의 이유들에서 사회구성체론만으로는 당면한 한국 변혁운동의 구체적 조건의 파악에 불충분하다고 주장하며 사회성격론으로의 전환을

계에서 나타나는 특수한 사회들의 구체적 성격이 사회구성체 개념 자체를 대체하거나 수정하는 것은 아니라고 본다.

주장한다. 첫째, 사회구성체론만으로는 한 사회의 모순과 그것들의 상호관계 포착에 제한적이라는 점, 즉 한국사회의 경우 민족모순의 규정성을 위치짓는 데 난점이 존재한다는 점이다. 둘째, 그 불충분성이 논의상황의 기형성에서 비롯되는 측면이 크다는 점이다. 즉 자본주의 중심성을 부각시키려는 의도에서 제기되는 사회구성체론은 공식주의적이며 노동자주의적인 것으로 형식만 강조할 뿐, 내용(식민성)을 보지 못하는 오류를 갖는다는 주장이다(박현채·조희연 편, 1989[I] : 360). 요컨대 식민지 반봉건사회론이 논쟁의 구도를 사회구성체에서 사회성격으로 전환하자는 주장은 결국 계급모순 중심론의 한계를 극복하고 민족모순의 주요모순화라는 현실에 대응하자는 것이다.

이처럼 식민지 반봉건사회론이 사회구성체 차원에서 한국사회를 자본주의로 규정하면서도, 사회성격 차원을 강조하는 이유는 결국 한국사회의 본질과 그에 따른 당면 변혁운동의 성격에서 제국주의에 의한 지배가 일차적 요인이라는 점을 강조하기 위한 것이었다.

논쟁의 2단계로 들어서면서 사회구성체와 사회성격의 관계에 대한 보다 엄밀한 이론적 검토가 이루어지게 된다. 1987년 5월 15일 『창작과 비평』 주관으로 개최된 토론회 "현단계 한국사회의 성격과 민족운동의 과제"에서는 이 문제에 대한 심도깊은 논의가 진행되었다. 여기서 윤소영은 한국사회를 자본주의 사회구성체로 이해하고, 한국의 사회구성체를 분석하는 이유는 "운동에서 변혁의 주체가 되어야 하는 계급 내지는 계층을 명확하게 부각시켜야 하는 것"(『창작과 비평』 1987년 부정기 2회[통권 58회] : 26)이라고 본다. 이런 전제하에 그는 박현채가 사회구성체와 발전단계, 사회의 성격, 경제의 구조 내지 유형을 한국사회 분석의 세 가지 이론 수준으로 구분한 것의 의의를 수용한다. 한편 사회성격 논쟁에 대해서는 다음과 같이 규정함으로써 사회구성체와 사회성격의 관계를 명확히 할 것을 요구한다.

예컨대 우리가 사회성격논쟁이라는 말을 사용할 때 주로 중국의 사회성격논 쟁, '사회성질논전'을 염두에 두고 있다고 생각하는데, 중국의 논쟁은 적어도 그 귀결의 역사적 교훈에 있어서는 엄밀하게 말해서 변혁의 성격과 나아가 주체 의 성격에 대한 논쟁으로 해석되어야 한다고 봅니다. 엄밀한 의미에서 사회구성 체논쟁은 아니라는 거지요. 그러므로 우리의 경우에도 사회구성체논쟁이라는 건 논쟁이라기보다도, 아까 제가 말씀드렸듯이, 바로 객관적으로 실존하고 당분 간 우리가 상실했던 그런 이론적 전통을 복원하는 문제이고 그것을 우리의 것으 로 만드는 그런 문제라고 봅니다. 그래서 한국사회를 자본주의라는 사회구성체 로 이해하고 그것이 예컨대 특정한 단계에 돌입했다는 식의 이론적 태도를 획득 하면 되는 것이지 더 이상의 논쟁이라는 것이 필요없다는 생각입니다(『창작과 비평』 1987년 부정기 2회[통권 58회] : 26-7).

즉 윤소영에 따르면, 한국사회를 자본주의 사회구성체로 이해한다는 것은 '당분간 상실했던' 역사적 유물론의 방법론을 다시 획득한다는 것이고, 사회성 격을 논의한다는 것은 한국사회의 구체적 변혁운동의 방법과 전략전술을 설정하는 문제로 다른 추상 차원의 문제라는 것이다. 이에 따라서 그는 자본주의 사회구성체의 발전의 특정한 단계로 한국사회를 국가독점자본주의로 볼 것을 제안하는 것이다. 이런 그의 견해는 논쟁의 1단계를 토대에 대한 논쟁이라고 한다면, 2단계는 운동의 과제 또는 성격에 대한 논쟁으로 보고 둘을 매개하기 위해 현대 한국사회에서 국가, 국가권력의 성격에 대한 논쟁으로 가져갈 것을 제안했다(『창작과 비평』 1987년 부정기 2회[통권 58회] : 18).

나아가서 윤소영은 박현채의 주장처럼 사회구성체나 그 발전단계를 국가독 점자본주의로 이해하고, 그 경제의 유형이나 사회의 성격을 식민지 반봉건성으 로 이해하려는 시도를 어느 정도 수긍할 수 있지만, 이 경우에도 해방 이후 한국의 독립적인 국민국가의 실존을 인정하지 않는 점에서, 식민지 반봉건사회론을 수용하기 어렵다고 주장한다(『창작과 비평』 1987년 부정기 2회[통권 58회] : 52). 즉 그의 주장은 식민지 반봉건사회론이 국민국가의 실존을 인정하지 않는 것은 한국사회에서 사실상 독자적인 자본주의 사회구성체의 형성을 부정하는 것으로 해석하는 것이다.

정민의 주장처럼 식민지 반봉건사회론이 한국사회를 자본주의적 사회구성 체로 인정한다고 주장하더라도, 국민국가의 실존을 부정하는 것은 결국 과거의 식민지 반봉건 사회구성체론의 오류를 반복하는 것에 불과하다고 본 것이다.

이런 입장의 차이에도 불구하고, 제1단계 논쟁이 한국사회를 자본주의 사회 구성체로 설정하는 과학적 인식의 토대를 확립한 것으로 평가하는 데는 대체로 합의가 이루어진 것으로 보인다. 그러나 2단계 논쟁을 사회성격 논쟁으로 전환하자는 근본 이유에 대해서는 결정적인 입장 차이가 존재하는 것으로 평가된다. 즉 그것은 사회성격에 대한 두 입장의 결정적 차이에서 유래하는 것으로 보이기 때문이다.

윤소영은 제1단계의 사회구성체 논쟁으로 변혁의 최고강령은 이미 결정되었 고, 사회성격 논쟁은 과거 중국의 '사회성질논전'처럼 변혁운동의 당면 과제와 주체의 성격 획정을 위한 것으로 파악하고 있다. 그러나 위의 글에서 정민은 사회성격 논쟁을 당면 변혁의 성격과 주체 설정을 뛰어넘는 보다 근본적인 최고강령의 문제와 연결되는 것으로 다음과 같이 주장한다.

오늘 우리 앞에는 한국자본주의의 성격에 관한 다양한 주장들이 개진되고 있다. 그리고 그것들은 한국사회가 사회구성체상으로는 자본주의단계라는 공통 의 전제하에서 그 발전의 소단계와 유형파악을 둘러싸고 대립되고 있다. 이는 현재의 한국자본주의 성격 논쟁이 당면 변혁운동의 단계설정에 목표를 두는 것이 아니라 대체로 2단계론적 구도를 가지고서 최고강령을 확정짓는 데 중점을 두고 있음을 의미한다(박현채·조희연 편, 1989[I] : 353).

윤소영의 입장과 달리 정민의 주장은 사회성격 논쟁 자체가 당면 투쟁을 넘어서는 변혁운동의 궁극적 목표와도 직결되는 것으로 주장하는 것이다. 그렇다면 과연 양자 사이에서 사회성격 논쟁을 바라보는 입장의 차이는 어디에서 유래한 것인가?

문제의 핵심은 바로 사회구성체와 사회성격 규정에 대한 양자의 차이에서 발견될 수 있다. 윤소영의 주장과 달리, 당시 한국에서 진행된 2단계 사회성격 논쟁의 한 축인 식민지 반봉건사회론의 사회성격 규정은 중국의 경우가 아닌 북한의 주체사상의 그것에 기반한 것이라는 점이다. 북한의 주체사상에서는 다음과 같이 사회경제구성체와 사회성격을 일정한 연관 속에서도 구분하여 규정하고 있다.

선행한 노동계급의 사회역사관은 사회경제구성태에 대한 이론을 내놓음으로써 사회제도에 대한 유물론적 이해를 확립하였다. 그리하여 매개 사회에는 생산력발전의 일정한 단계에 상응하는 생산관계가 있으며 생산관계의 총체를 토대로 하여 그 위에 상부구조가 서 있다는 것이 밝혀지게 되었으며 사회와 사회제도를 경제관계를 기본으로 하여 구조적으로 이해할 수 있게 되었다.

주체사상은 사회제도를 사회역사관의 중요한 범주로 내세우고 사람의 지위와 역할에 기초하여 그 본질을 심오히 밝혀준다(총서 02 : 73-4).

사회경제구성체가 역사적 유물론의 범주라면 주체사상은 사회제도를 매개로 하여 사람의 지위와 역할을 중심으로 사회를 파악한다는 것이다. 여기서 사회제도는 국가주권과 생산수단에 대한 소유관계를 기본으로 하고, 사회성격은 바로 이런 사회제도에 의해 규정된다는 것이다(총서 02 : 77). 즉 사회경제구성체가 사회의 경제적 관계를 중심으로 한다면, 사회성격은 생산수단뿐만 아니라 역사적 유물론에서는 상부구조의 한 계기에 불과한 국가주권의 소유관계까지 망라하게 된다고 보는 것이다.

역사적 유물론적 시각에서는 사회구성체가 가장 높은 추상 수준의 사회에 대한 이해라면, 주체사상에서는 국가주권의 소유관계를 포함하는 사회성격이 그 자리를 대신하게 되는 것이다. 따라서 정민의 주장에 따르면, 한국사회를 자본주의 사회구성체로 보는 것만으로는 한계가 있고, 국가주권의 소유관계인 제국주의의 지배 문제를 포함하는 사회성격론이 변혁운동의 최고강령 문제가 될 수밖에 없다. 이처럼 2단계 논쟁을 사회성격 논쟁으로 동일하게 이해함에도 불구하고, 사회성격이라는 개념에 대한 근본적 시각의 차이는 논쟁 과정에서 서로 화해할 수 없는 입장 차이와 혼란의 원인이 되었다.

이상의 문제를 염두에 두면서 식민지 반봉건사회론의 전개과정을 신식민지 국가독점자본주의론과의 논쟁 속에서 비판적으로 고찰하도록 한다.

2-2-3 식민지 반봉건사회론의 내용과 비판적 고찰

1986년 상반기를 기점으로 한국 사회성격을 둘러싼 논쟁은 대체로 식민지 반봉건사회론과 신식민지 국가독점자본주의론을 양대 축으로 하여 진행되었다. 이런 논쟁 구도의 확립은 한국자본주의의 예속적 성격에 대한 인식과 함께, 한국사회의 발전단계에서 이의 극복을 위한 한국 변혁운동의 성격과 주체 설정 문제와 깊은 관련을 맺고 있는 것이었다.

정민이 올바로 지적했듯이, 이런 논쟁 구도에서 특징적인 것은 신식민지 국가독점자본주의론이 대체로 진보적 학술운동 진영에서 호응을 받은 반면에 식민지 반봉건사회론은 노동운동권을 제외한 대부분의 운동권에 큰 영향을 미쳤다는 사실이었다(정민, 1990 : 85). 이런 특징은 당시는 물론이고 현재의 한국 진보적 운동과 이론 진영에도 상당한 영향을 미치는 것으로 평가할 수 있는데, 그것의 원인으로는 다음의 몇 가지 점들을 지적할 수 있다고 본다.

첫째, 당시 한국에서 진보적 운동의 상황과 수용된 진보이론의 종류와 밀접한 연관성이 있는 것으로 볼 수 있다. 전술했듯이 1985년 하반기까지 한국에서는 운동적 측면에서 민족모순에 대한 인식이 심화되는 한편, 이론적 측면에서는 마르크스 - 레닌주의 이론이 복권되고 있던 상황이었다. 운동과 이론의 수용세력이 엄격히 구분될 수 있는 것은 아니지만, 대체로 운동이 학생운동과 노동운동을 중심으로 일부 재야운동 세력이 주축을 담당했다면, 마르크스 - 레닌주의의 수용은 운동과 밀접한 관련을 가진 학자들, 특히 새로운 세대의 소장 학자들을 중심으로 이루어졌다.

둘째, 이와 관련된 것이지만, 학생운동을 중심으로 하는 일부 운동에서는 1985년까지의 운동의 한계를 민족모순의 본격적 제기가 미흡했던 점에 있다고 보고 향후 투쟁의 과제를 반제 직접투쟁론으로 설정하려는 입장이 상당히 큰 세력을 형성하고 있었던 점이다.

이런 세력들은 현실적 실천과제와 보다 밀접한 형태의 이론적 틀을 요구하게 되었고, 반미투쟁에서 원칙적 입장을 견지한다고 평가된 북한의 주체사상에 대한 관심이 급격히 높아졌다. 그 결과 북한이 한국의 사회성격으로 규정하는 식민지 반봉건사회론이 엄밀한 이론적 검토 이전에 하나의 완성된 한국사회 분석틀로 수용될 수 있는 근거가 되었다.

반면에 학계를 중심으로 과학적 방법론의 도입을 주장하는 세력은 주로 당시 정통으로 인정받던 현실사회주의의 공식이념으로서의 마르크스 - 레닌주의를 수용하여 한국사회의 성격을 규정하고자 했다. 거듭 강조한 바 있지만, 당시의 정통 마르크스 - 레닌주의는 스탈린식으로 재정식화된 구조중심적인 소비에트 마르크스 - 레닌주의였다. 따라서 그들은 주체사상 및 식민지 반봉건 사회론을 주의주의적이고 관념론적인 것으로 비판할 수밖에 없었다.

애초에 주체사상이 구조중심적인 소비에트 마르크스 - 레닌주의에 대한 비판으로 출현한 것임을 상기한다면, 당시 한국에서 주체사상과 마르크스 - 레닌주의 나아가 이의 사회성격 규정들인 식민지 반봉건사회론과 신식민지 국가독점자본주의론 사이에는 생산적 논쟁보다는 격렬한 정통성 시비로 흐를 위험성을 내장한 것이었다.

셋째, 당면한 민주화운동에서 가장 큰 세력을 형성하고 있던 학생운동과 일부 재야운동은 이른바 '최소 강령 최대 단결'에 순기능적인 식민지 반봉건사회론을 수용할 수 있었던 반면에, 과학적 인식론에 기반한 노동계급 중심성을 선호하는 노동운동의 지도부와 학계는 공통적으로 구조중심적 마르크스 - 레닌주의를 선호할 수 있는 근거를 갖고 있었다. 그러나 노동계급 중심론으로 인정되던 신식민지 국가독점자본주의론이 사실은 구조중심적 편향성을 갖는 것임으로, 신식민지 국가독점자본주의론 내부에서는 식민지 반봉건사회론에 비해 상대적으로 분열된 다양한 입장들이 존재했다.[41]

신식민지 국가독점자본주의론이 내장한 구조편향성은 윤소영의 '독점강화 - 종속심화 테제'(윤소영, 1988 : 169 - 80)와 이병천의 '독점강화 - 종속약화 테제'(이병천, 1988 : 186 - 208)에서 각각 다음과 같은 문제점을 노출하는 것으로 평가할 수 있다. 즉 '독점강화 - 종속심화' 테제는 구조편향성에서 낙관적 입장으로 규정할 수 있는 바, 한국자본주의의 구조적 모순의 심화로 결국 계급모순의 악화를 예상하고 이를 이행의 불가피성의 근거로 인식함으로써 실천에서는 상당히 무능한 대기주의적 입장으로 빠지기 쉽다.

반면에 구조편향성에서 비관적 입장이라 할 수 있는 '독점강화 - 종속약화' 테제는 한국의 국가독점자본주의의 성장의 결실을 사회개량의 물적 기초로

---

41) 신식민지 국가독점자본주의론 내부에는, 외세의 규정력을 결정적인 것으로 보는 입장부터, 독점강화-종속약화, 독점강화-종속심화론 등 다양한 입장이 존재했다. 이에 대한 개략적 소개와 이론적 문제점에 대해서는, 손호철, 1991 : 238-43 참조.

활용할 가능성을 예상케 함으로써, 수정주의적으로 전락할 위험성을 내장하는 것이었다.42)

반면에 주체사상에 기반한 식민지 반봉건사회론은 과학적이고 실증적 분석에 앞서 한국사회의 성격을 실천상의 목적에 맞춰 선험적으로 규정함으로써, 실천적 유용성은 인정되지만 최고강령으로의 접근 경로에 대해서는 침묵함으로써 실용주의적이고 개량주의적 한계를 노정했다고 평가할 수 있을 것이다.43)

이런 문제들을 염두에 두면서, 당시의 식민지 반봉건사회론의 내용과 신식민지 국가독점자본주의론과의 논쟁의 진행과정 및 문제점들을 비판적으로 살펴보도록 한다.

사회구성체 혹은 사회성격을 규명하는 목적은 한 사회의 모순된 현실을 극복하는 변혁의 주체와 동력 및 대상을 올바로 설정하는 데 있다. 식민지 반봉건사회론은 한국사회의 모순구조를 미국의 제국주의 지배에 의한 식민성과 반봉건성에 있다는 인식에 기초하여 그에 따른 나름의 주체, 동력, 대상을 설정하고 있다.

당시 한국에서 제기된 식민지 반봉건사회론은 정민이 명시적으로 주장했듯이 대체로 주변부자본주의론이 일제시대를 규정했던 식민지 반봉건 사회구성체론44)을 거부하는 데 공통적이다(박현채·조희연 편, 1989[I] : 354). 즉 한국의

---

42) 1990년대 초 탈냉전과 함께, 윤소영을 중심으로 하는 이론가들이 강한 원칙적 이론주의적 경향성을 보이면서도 실천에 상대적으로 무능함을 노정한 것과, 이병천 등이 포스트마르크스주의로 급격히 전환해 간 결과론적 사실은 이런 구조편향성의 한계로부터 야기된 것으로 평가할 수 있을 것이다. 여기서 낙관과 비관의 의미는 변혁에의 전망을 기준한 것이다. 즉 독점강화·종속심화론이 계급모순의 악화로 인한 이행의 불가피성을 전제하는 점에서 변혁운동의 전망에 낙관적이라면, 독점강화·종속약화론은 결과적으로 개량의 물적 토대 구축과 이를 활용한 사회통합 가능성을 전제한다는 의미에서 이행에 비관적이라는 의미이다.
43) 후술하겠지만, 주체사상을 실용적 실천의 이론으로 받아들이지 않고 최고강령적 원칙으로 수용했던 주체사상파의 주류 일부가 탈냉전 이후 북한의 현실에 대한 환멸 등으로 뉴라이트운동으로 전향한 것은 사상이론의 교조적 수용이 갖는 위험성을 보여주는 또다른 증거로 평가할 수 있을 것이다.
44) 식민지 반봉건 사회구성체론은 주변부자본주의론이 개발한 이론이 아니라, 1920년대 중반

사회성격 규정에 있어서 한국사회를 사회구성체상으로는 자본주의로 규정하는 것이다. 그러나 식민지 반봉건 사회구성체론과 식민지 반봉건사회론의 차이에 대해서 식민지 반봉건론자 내부에서도 상당한 혼동이 존재했음을 알 수 있다.

1987년 겨울 '서울지역대학생대표자협의회'에서 발행한 문건에서는 이런 혼동이 잘 드러나고 있다. 문건에서는 자본주의사회와 식민지반봉건사회의 차이점을 다음의 7가지로 비교하고 있다. 첫째, 혁명의 핵심문제인 국가주권 문제에서, 전자는 국내 부르주아가 장악하는 반면에 후자는 제국주의와 그 앞잡이가 장악하고 있는 것으로 두 사회의 가장 중요하고 본질적 차이라고 본다. 둘째, 전자가 생산력 발전의 동력을 부르주아지의 자본축적 요구에 두는 반면 후자는 제국주의의 착취의 질적·양적 강화 요구에 둔다는 점이다. 셋째, 전자에서는 봉건적 및 소생산 경제형태가 소멸 과정에 있는 반면 후자에서는 확대·온존된다는 점이다. 넷째, 전자에서는 산업구조와 수요와 이윤율 등 자본의 발전법칙에 의해 결정되지만 후자에서는 제국주의의 식민지 경제정책에 의해 결정되는 점이다. 다섯째, 전자에서는 민중에 대한 일정 한계 이상의 착취가 공황을 야기하는 등 자본 이윤법칙의 지배를 받는 반면에 후자에서는 경제수준과 무관한 제국주의의 무한정한 착취가 진행된다는 점이다. 여섯째, 전자에서는 정치, 경제, 군사, 문화 등 사회의 모든 면을 부르주아지가 장악하는 반면, 후자에서는 이를 제국주의가 장악한다는 점이다. 일곱째, 전자에서는 경제활동인구에서 노동자 비율이 80 - 90%까지 증가하는 반면 후자에서는

이후 국제노동운동에서 일정하게 영향력을 행사했던 봉건파적 편향을 수용한 것으로 보아야 한다. 이런 봉건파적 편향은 1928년 제6차 코민테른 대회에서 채택된 '쿠시넨 테제'에 의거한 것으로 식민지 반봉건사회가 자본주의 발전과 양립할 수 없다고 전제한다. 따라서 식민지 반봉건 사회구성체론과 구분되는 식민지 반봉건사회론은 사회구성체상으로 자본주의를 인정하는 바탕 위에서 자본주의 법칙의 관철에서 나타나는 특수한 형태의 사회성격을 갖는 사회를 지칭하는 것으로 보아야 한다.

자본주의적 착취와 봉건적 착취의 결합으로 노동자의 수적 증가가 일정 한계를 보인다는 점 등이다(박현채·조희연 편, 1989[I] : 403 - 4).

이 문건이 정교한 이론적 검토에 기초한 것이 아닌 학생운동권의 선전물이라는 점을 감안하더라도 상당한 문제점이 발견된다. 그것은 식민지 반봉건사회를 자본주의 사회구성체라 인정한다는 전제에도 불구하고, 사실상 주변부자본주의론과 마찬가지로 식민지 반봉건성을 사회발전의 단계가 아닌 특수한 형태로 파악하고 있다는 점이다. 결국 국가주권을 비롯한 사회의 모든 부문을 장악한 제국주의에 의해 한 사회의 자생적인 발전의 길이 봉쇄됨으로써, 사실상 자본주의 발전의 보편적 경로로부터의 이탈과 이로 인한 이행의 특수성을 가정할 수밖에 없기 때문이다.

이론적으로나 경험적으로 자본주의 사회구성체를 인정한다는 것은 다양한 조건들 속에서도 궁극적으로는 자본축적의 법칙이 관철되고 이에 따라 노동과 자본의 대립을 중심으로 하는 자본주의 계급관계가 형성된다는 의미이다.

자본주의 사회구성체를 이런 질적 의미로 규정하지 않고, 제국주의에 의한 자본주의 발전의 양적 지체나 비정상적 왜곡으로 주장하는 것은 사실상 식민지 반봉건사회를 사회구성체로 보는 봉건파적 편향이나 주변부자본주의론과 다를 바 없기 때문이다. 요컨대 식민지 반봉건 사회구성체론과 식민지 반봉건사회론을 구분치 못하는 이런 주장은 "한국사회의 성격과 노동자계급의 임무"라는 제목의 글인 신식민지 국가독점자본주의론의 다음과 같은 비판에 무능할 수밖에 없는 한계를 노정하는 것이었다.

일반적으로 'NL'파들의 이론은 한국의 신식민지적 자본주의의 발전을 '제국주의 자본의 운동과정의 일환으로 규정해버린다. 이것은 기본적으로 한 사물에 대한 과학적 인식이 결여되어 있기 때문에 생기는 오류이다. 그들은 한국자본주의가 내적 운동법칙에 따라 제국주의 세계체제에 순응하면서도 예속적인 형태로

나마 축적을 계속하는 사실을 애써 부정함으로써, 예속적 자본가와 노동자계급
의 대립이 갈수록 격화되고 있다는 점을 간파하기보다는 미국의 도덕적 사악함
에 대한 분노, 즉 쁘띠부르조아적 민족감정에 영합하는 쪽으로 나아가게 되는
것이다. 제국주의의 신식민지적 지배질서란 본질적으로 신식민지국 내의 자본주
의로의 사회적 진보를 용인하되, 그것이 혁명으로 나아가지 않는 범위내에서
자본주의화의 길을 터주는 것일 뿐이다(박현채·조희연 편, 1989[Ⅰ] : 425).

이런 비판은 자본주의 사회구성체에 대한 질적 규정, 즉 왜곡과 지연 등의
문제와 상관없는 자본축적 논리의 관철과 노동과 자본의 계급대립의 필연적
심화 등을 올바로 인식하고 있다. 그러나 이 비판은 예속자본주의의 형성과
발전이 갖는 사회 전반의 구조적 특수성을 무시하고 보편성만을 강조하는
편향을 보이고 있는 것도 사실이다. 즉 이 입장은 신식민지 규정이 하나의
외적 규정력 이상으로 한국사회의 성격 형성에 유기적으로 연관되어 설명되고
있지 않다는 문제점을 가진다.

일반적인 노동과 자본의 대립의 특수태인 예속자본과 노동의 계급대립은
착취와 억압의 양적 강화 이상으로 이의 해소를 위한 투쟁의 질적 성격을
규정할 수도 있기 때문이다. '미국의 도덕적 사악함에 대한 분노'가 단순히
쁘띠부르주아의 감정이 아니라, 한국사회에 대한 미국의 신식민지적 지배가
초래한 구조적 모순에 대한 정당한 반응일 수도 있다는 말이다. 자본주의
사회구성체에서 사회의 기본모순의 해결을 위한 노동계급의 운동이 무엇을
대상으로 하고 어떤 형태를 갖게 되는가는 특정 발전단계의 주요모순의 배열에
의해 결정되는 것이고 사회성격에 대한 논의의 필요성은 바로 이 문제를
올바로 이해하기 위한 것이기 때문이다.

그럼에도 불구하고 위 인용문의 비판은 식민지 반봉건론을 식민지 반봉건
사회구성체론과 혼동하는 입장에 대한 비판으로서의 의의는 인정될 수 있을

것이다. 이처럼 당시의 식민지 반봉건론과 신식민지 국가독점자본주의론의 논쟁은 상대방에 대한 정확한 이해는 물론이고 자신들의 주장에 대한 정교한 이해도 부족한 상태에서 진행된 것이 사실이었다.

이미 인용했던 1986년 8월 28일과 9월 30일자 「한신학보」에 게재된 정민의 글 "한국자본주의의 성격규정—식민지반봉건성 규정의 방법론을 중심으로" 는, 식민성과 반봉건성이라는 정의를 통해 식민지 반봉건 사회구성체론과의 차별화을 시도하고 있다. 그는 "한국사회를 사구체상으로 자본주의라는 것과 그 성격이 식반성이라는 규정은 아무런 모순이 없다"(박현채·조희연 편, 1989[I] : 354)고 전제하면서, 한국자본주의의 식민성과 반봉건성을 논의하고 있다.

정민은 당시 한국에서 이론 발전의 전망에 대해, 일국자본주의론은 국가독점 자본주의론을 넘어 독점자본주의론으로 내용을 풍부히 해가고, 세계자본주의 론은 주변부자본주의론을 중심으로 단일화되는 방식으로 여러 절충적 이론들 은 양극분해될 것으로 본다(박현채·조희연 편, 1989[I] : 354). 그는 당시 한국자본 주의 성격논쟁이 노동계급 주도성의 사회적 근거를 해명한 긍정성과 함께, 생산력주의적·노동자주의적인 문제의식에 한계가 있다고 주장하며, 한국자본 주의의 식민지성과 반봉건성에 대한 이해에서 이런 한계가 분명히 드러난다고 주장한다(박현채·조희연 편, 1989[I] : 355).

한국사회의 반봉건성에 대해 일국자본주의론과 세계자본주의론 모두가 농업부문의 사회적 성격에 대응시켜 파악하는 문제점을 보인다고 두 입장 모두를 비판한다. 즉 세계자본주의론이 사회발전을 외적 규정, 그것도 외세의 주관적 정책의지 관철의 결과로 보는 문제점과 함께 외세의 침략적·반동적 성격에 대한 불철저함을 보인다고 비판한다. 반면 일국자본주의론은 전형적인 공식주의적 역사해석에 빠져, 농지개혁을 계급투쟁의 결과로만 바라보는 오류 를 범하고 있다고 비판한다(박현채·조희연 편, 1989[I] : 356). 즉 그의 주장에

따르면, 일국자본주의론과 세계자본주의론이 반봉건성 문제를 농지개혁의
수행에 의해 청산되는 것으로 오해하고 있다는 것이다.

반봉건성은 계급투쟁의 실패에 따른 토지문제 해결의 농민적 길이 봉쇄됨으
로써 비단 농업문제만 아니라 사회 전반에 잔존하는 현상으로 파악해야 한다고
주장하는 것이다. 즉 8.15 이후 한국사회가 일련의 정치적 결과로 온존된
반봉건성으로 인해 자본주의의 양적 성장에도 불구하고 여전히 기형적 특성을
가질 수밖에 없다고 보는 것이다.

정민은 한국자본주의의 반봉건성과 자본주의 성장에 대한 잘못된 입장들이
근본적으로는 식민지성에 대한 인식의 결함에 문제가 있다고 본다. 그는 당시
한국에서 식민지성을 바라보는 문제의식과 이론 수준의 취약함을 다음의
네 가지로 요약하고 있다.

첫째, 식민지성의 규정력에 대한 이론화의 미흡이다. 이 문제는 식민지성과
반봉건성, 자본주의 문제 등이 발생론적 인과관계나 주요한 측면과 부차적
측면의 설정없이 병렬적으로 나열되는 데 그치고 있다는 것이다. 둘째, 그
결과 식민지성이 총체적 관계 또는 구조로 부각되지 못한 점이다. 셋째, 식민지
성 나아가 제국주의 일반에 대한 이론적 파악의 오류이다. 넷째, 한국자본주의
분석에서 제국주의론의 이론적 성과 도입의 부재이다(박현채·조희연 편, 1989[1] :
358 - 9).

정민은 식민지성과 반봉건성은 상호규정적 관계를 가지며 식민지성이 단순
한 상부구조적 현상만이 아닌 한 사회의 성격을 근본적으로 규정하는 역할을
한다는 것이다. 즉 사회구성체 범주만으로는 생산양식의 기본적 모순을 규명할
수 있을 뿐 보다 복잡한 사회성격의 전반을 해명할 수 없는 이론적 한계가
있다고 주장한다. 이와 함께 한국의 사회구성체 논쟁의 문제의식이 자본주의의
성장에 기초한 공식주의적·노동자주의적 편향을 가짐으로써 더욱 한계를

가진다고 주장한다. 즉 사회성격 논쟁을 신식민지 국가독점자본주의론에서처럼 자본주의 발전단계에 관한 논쟁으로 보는 입장과 일정한 차이를 보인다. 왜냐하면 정민은 식민지성과 반봉건성을 단순히 자본주의 발전단계의 특정 현상이 아니라, 한국자본주의의 특성을 규정하는 본질적 요소로 보기 때문이다.

결국 정민의 식민지 반봉건사회론도 식민성과 반봉건성 개념을 통해 한국사회를 사회구성체로서 자본주의로 전제하고 있지만, 여전히 발전단계가 아닌 특수한 형태로 보고 있음을 알 수 있다. 식민지성에 대한 그의 다음과 같은 정의는 이를 확인할 수 있게 한다.

> 그러면 한국사회의 식민지성의 본질은 무엇인가? 한국사회의 식민지성이란 한국민족 전체가 외세의 침략성에 의해서 피압박민족의 상태에 놓여 있는 것 그 자체이다. 따라서 식민지성은 외세에 의해서 민족전체가 두 지역으로 분단되는 상태로 민족형성이 저지되고 자주적 국민국가와 자립적 국민경제 건설을 방해받고 있다는 것이 그 본질과 특수성이다. 그리고 그 본질에서 비롯되어 한국사회는 군사화=근대적 '총력전 체제화가 사회변동의 내용이 되며, 파시즘과 자본수출이 식민지성을 실현시키는 도구가 된다(박현채·조희연 편, 1989[I] : 362).

식민지성은 한국자본주의 전개의 조건일 뿐만 아니라 정상적인 자본주의 발전을 원천적으로 가로막는 요인으로 작용하는 것으로 인식되고 있음을 알 수 있다. 민족형성은 물론 자주적 국민국가와 자립적 국민경제의 건설을 방해하는 식민지성이 작용하는 조건에서 자본주의 성장은 어떤 의미도 없게 되는 것이다. 즉 한국사회에서 식민지성은 자본주의 발전과 이에 따른 계급모순의 심화라는 조건에서도, 그것이 극복되지 않는다면 사회의 어떠한 이행도 원천적으로 봉쇄되는 결정적 요인이라는 것이다.

정민은 신식민지와 식민지의 일정한 차이를 인정하면서도, 다음의 근거들에

서 한국사회는 일반적인 국제적 상황과 달리 전후에도 여전히 식민지성을
강하게 갖고 있다고 주장한다. 첫째, 정치적 병합에 가까운 국토분단, 둘째,
분단 고착이 민족역량의 소멸과정이었음으로 외세의 간접지배가 아닌 직접
지배, 셋째, 체제모순에 대한 국내 물적 기반의 취약성으로 인한 외세 지배의
직접성 강화, 넷째, 군사동맹, 미군주둔, 정책결정의 자율성 지표에서의 지배의
직접성, 다섯째, 분단에 따른 민족의 결집·조직화, 민족운동 성장의 불리함으로
인한 민족국가 건설의 미완성 등이다.

결국 정민의 주장은 한국사회의 식민지성은 외세의 정치군사적 직접지배에
의한 민족형성의 미완성이고, 이것이 사회의 반봉건성을 온존·강화하는 한편
으로, 반봉건성에 기생하는 토착 지배집단이 더욱 식민지성을 강화하는 도구로
활용된다는 것이다. 따라서 만일 한국자본주의가 성장했고 이에 따라 노동계급
이 강화되었다고 할지라도 운동의 주요 목표는 제국주의에 대한 민족해방운동
일 수밖에 없다는 것이다.

이런 입장에 대해 강력한 신식민지 국가독점자본주의론의 입장에서, "NL론
자들은 세계사적 보편성을 '말로만 인정하고 실제로는 특수성을 거의 전부로
취급하기 때문에 그 이론이 지극히 현상적·주관적일 수밖에 없다"45)(박현채·조
희연 편, 1989[I] : 464)라고 한 비판은 상당한 설득력을 갖는다. 신식민지 국가독점
자본주의론 가운데 한국사회의 신식민지성을 주요한 분석대상으로 삼는 입장
을 비판하는 극단적인 보편성 우위론에 입각한 이 글의 식민지 반봉건성에
대한 비판이 공정한 것인지는 논의의 여지가 있다. 그러나 식민지 반봉건사회를

---

45) 1987년 9월경 발표된 필자 미상의 논문 "「한국사회의 성격과 노동자계급의 임무」 비판—신식민
지 국가독점자본주의론에 대한 비판"이란 제목으로 NL파의 식민지 반봉건사회론과 CA파의
신식민지 국가독점자본주의론 모두를 비판하는 입장이다. 즉 CA파의 신식민지 국가독점자본
주의론이 자본주의를 선진국형과 후진국형으로 이분법적으로 사고함으로써, 자본주의로서의
보편성을 상실케 되어 버린다고 비판한다. 즉 이 논문은 보편성과 특수성의 올바른 결합을
강조하면서도 정작 자신은 보편성을 거의 배타적으로 강조하는 편향을 보이는 문제점을 노정
한다.

하나의 사회구성체로 보는 것을 명시적으로 비판하는 정민까지도 식민지 반봉건 규정을 자본주의의 발전단계가 아닌 사실상의 특수한 형태로 이해하고 있음을 감안한다면, 식민지 반봉건론 전체가 특수성 편향을 보인다는 지적으로부터 자유롭기는 어렵다.

그렇다면 식민지 반봉건사회론이 한국사회의 성격을 특수성을 중심으로 파악하게 된 실천적 및 이론적 배경은 어디에 있는가?

첫째, 식민지 반봉건사회론이 제기된 실천적 맥락에서 그 이유를 찾을 수 있다. 이미 전술했듯이, 식민지 반봉건사회론은 1980년대 중반까지의 한국 진보운동이 제국주의 문제, 즉 민족모순을 전면에 제기하지 못했다는 자기반성에 기초한 반제 직접투쟁론의 이론적 근거로 제기되었다는 점이다. 따라서 식민지성은 한국사회 성격을 규정하는 가장 결정적 요인으로 인식되고 반봉건성에서 파생하는 변혁운동 주체의 범위는 엄밀한 계급적 분류보다 훨씬 광범위하게 설정될 수 있게 되었다. 이런 실천상의 실용성이 식민지 반봉건사회론을 보다 엄격하게 규정하여, 자본주의 발전의 특수한 단계가 아닌 사실상의 특수한 형태로 식민지 반봉건사회를 규정하게 했다.

둘째, 이상의 실천적 맥락과 밀접하게 관련된 문제이지만, 식민지 반봉건사회론은 한국사회에 대한 구체적이고 실증적 분석의 결과라기보다는 반제 문제에서 보다 원칙적인 자세를 견지하고 있다고 평가된 북한의 이론을 그대로 차용한 것이었다는 점이다.46)

1973년 사회과학출판사가 발행한 『정치사전』과 1985년 사회과학원 철학연구소에서 간행된 『철학사전』 등에는 식민지 반봉건사회의 항목을 두고, 그것의

---

46) 식민지 반봉건 혹은 식민지 반자본주의론이 북한의 남한 사회성격 규정을 그대로 수용한 것임은 이 당시 논자들의 글에서 거의 여과없이 드러난다. 그 가운데서도 이병호는 북한의 1973년판 『정치사전』의 '식민지 반봉건사회' 항을 인용한 다음 서울의 그 정의도 동일하다고 명시적으로 언급하고 있다(이병호, 1989 : 80).

일반적 특징을 설명함과 동시에 일제하 조선과 해방 이후 남한사회가 그것에
해당된다고 규정하고 있다. 즉 식민지 반봉건사회는 "몹시 기형적으로 발전하
는 자본주의적관계와 봉건적관계가 뒤엉켜"(사회과학출판사, 1973 : 663) 있는
사회로, "제국주의자들의 식민지예속화정책으로 말미암아 자본주의적발전을
억제당하고 봉건적잔재를 다분히 가지고 있는 사회. 식민주의정책의 산물이
다"(사회과학원 철학연구소 지음[1985], 1988 : 422)라고 정의한다. 이처럼 북한의
식민지 반봉건사회 규정은 그것이 제국주의 지배의 직접적 산물로 인식됨으로
써, 1986년 이후 한국의 진보운동의 일부 세력에 의해 제기된 반제 직접투쟁론
의 중요한 이론적 근거가 될 수 있는 요건을 갖추고 있었다.

한국의 식민지 반봉건사회론자들이 공통적으로 미국의 정치군사적 강점에
의한 한국사회의 식민지성을 전제하는 것은 실천적 효용에서 북한의 남한
사회성격 규정을 이론적으로 그대로 수용한 결과였던 것이다. 허종호는 한국사
회의 기본모순과 이에 따른 변혁운동 과제에 대해 다음과 같이 주장하고
있다.

남조선사회의 기본모순은 남조선사회의 식민지반봉건적성격에서 흘러나온것
이며 이 기본모순은 민족적 및 계급적 모순으로 표현되여 남조선혁명의 현 전략
적단계의 전기간에 걸쳐 작용한다. 따라서 이 기본모순이 해결되면 남조선의
식민지반봉건적사회정치경제체제는 붕괴되며 적대적계급들간의 불상용적모순
관계도 소멸된다.
현시기 남조선사회의 기본모순에서 주요한것은 미제침략자와 남조선인민들
사이의 모순이다(허종호, 1975 : 39).

즉 북한의 공식입장에 따르면, 미국의 제국주의 침략과 강점이 남한사회를
식민지 반봉건 사회로 고착시키고, 이로 인해 봉건적인 것과 자본주의적인

것이 착종된 계급모순을 낳게 된다고 보는 것이다. 이처럼 북한의 식민지 반봉건사회론은 미국의 제국주의 지배를 축으로 한국 변혁운동의 전략적 단계 전체를 관통하는 특수한 사회형태로 해석될 수 있다. 이에 따라 북한의 이론적 규정을 그대로 수용한 한국의 식민지 반봉건론자들은 식민지 반봉건성을 자본주의의 발전 단계가 아닌 제국주의의 지배에 따라 식민지에서 나타나는 사실상의 특수한 형태로 보게 된 것이다.

주변부자본주의론이 주변부자본주의를 하나의 특수한 형태로서 사회구성체로 보는 것은 이미 전술했다. 따라서 식민지 반봉건사회를 하나의 형태로 보는 것은 주변부자본주의론과 동일한 오류에 빠지게 될 위험성이 존재한다. 사실 신식민지 국가독점자본주의론이 식민지 반봉건사회론을 비판하는 중요한 논거의 하나도 바로 이 특수성에의 편향이었던 점에서도 식민지 반봉건사회론은 나름의 이론적 대응이 불가피했다.

식민지 반봉건사회론은 이런 이론적 문제점을 해결하기 위하여, 전술했다시피 사회구성체와 사회성격을 구분한다. 신식민지 국가독점자본주의론이 사회성격을 사회구성체의 발전단계에 관한 논의로 추상 수준이 낮은 것으로 파악하는 것과 달리, 식민지 반봉건사회론은 사회성격을 사회구성체론으로는 해명이 불가능한 구체적인 역사적, 구조적 특징을 해명하는 범주라고 주장한다. 이병호는 두 범주의 차이를 다음과 같이 분류하고 있다.

사회구성체의 방법론은 사회역사운동을 자연사적으로 파악하였기에 사람의 지위와 역할을 중심에 놓고 사고할 수 있는 방법론이 되지 못하고, 지배적인 경제제도의 측면에 주목하기 때문에 한 사회의 구체적인 역사적, 구조적 특징을 밝히는 데 일정한 한계를 갖는다(이병호, 1989 : 81).

즉 1920년대의 조선도 사회구성체상으로는 자본주의라고 인정하지만, 정상

적인 자본주의와 상이한 (신)식민지적 한국사회 분석에서 일차적으로 중요한
것은 제국주의와의 관계라고 주장한다. 제국주의는 식민지에 외적 모순이
아니라 식민지 사회의 내재적 발전 자체를 규정하는 요인이 된다고 주장한다.
따라서 사회구성체 개념은 제국주의와 식민지의 관계를 고려하는 사회성격
개념보다 구체성이 떨어지기 때문에, 오히려 사회성격 개념이 적절하다는
것이다.

그러나 한국의 식민지 반봉건론자들이 사회구성체 개념을 구체성이 부족한
것으로 사회역사의 구체적 해명에 부적절하다고 주장하는 논리는 다음과
같은 북한의 입장에 비추어 보아도 과도한 것임을 알 수 있다. 주체사상총서
제4권 『반제반봉건민주주의혁명과 사회주의혁명리론』에서는 반제반봉건 민
주주의혁명에서 노동계급의 영도성을 다음과 같이 강조하고 있기 때문이다.

> 물론 식민지, 반식민지 나라에서는 전자본주의적 사회관계를 유지하려는 제
> 국주의자들의 식민지정책에 의하여 노동계급이 자본주의나라들에서처럼 양적
> 으로 빨리 장성하지 못한다. 일부 나라들을 제외하고는 대다수 나라들에서 노동
> 계급은 주민구성에서 매우 적은 비중을 차지하고 있다. 그러나 아무리 적은 비중
> 을 차지하고 있다 하더라도 노동계급은 반제반봉건민주주의혁명의 주력군으로,
> 영도계급이 된다. 노동계급이 수적으로 적다고 하여 그들의 힘을 과소평가하는
> 것은 혁명역량편성에서 근본오류로 된다(총서 04 : 147).

자본주의적 관계 확립의 질적 규정을 노동과 자본의 계급관계의 형성 여부에
서 찾아야 한다면, 위의 인용문에서 노동계급의 영도성을 강조하는 것은 몇
가지 점에서 중요한 함의를 갖는다.

첫째, 북한에서는 반제반봉건 민주주의혁명의 과제를 갖는 식민지 반봉건사
회를 사회구성체로는 자본주의로 규정하고 있음을 알 수 있다. 따라서 이병호의

주장처럼 사회구성체 범주가 낮은 구체성을 갖는다고 하여, 사회성격이라는 범주보다 중요성이 떨어지거나 사회성격 규정과 무관한 것일 수 없다는 점이다. 즉 반제반봉건 민주주의혁명은 기본적으로 노동계급이 영도하는 인민민주주의혁명이라는 사실은 다름아닌 사회구성체 수준에서 식민지 반봉건사회는 자본주의라는 것을 의미하기 때문이다.

둘째, 식민지 반봉건사회가 사회구성체상으로 자본주의 사회라는 것이 확인되었다면, 식민지 반봉건성은 사회주의로 이행의 과정에 있는 특수한 단계로 규정되어야지 자본주의의 일반적 보편법칙이 관철되지 않는 특수한 형태의 사회가 아니라는 점을 알 수 있다. 즉 식민지 반봉건사회는 자본주의의 보편적 법칙이 특수한 조건에 따라 특수한 혁명의 과제를 갖기는 하지만, 의연히 그것은 자본주의의 법칙성이 관철되는 한도 내에서라는 점이다.[47]

이상의 함의들을 고려한다면, 식민지 반봉건사회론이 주장하는 반제국주의 문제, 즉 민족모순 우위론과 신식민지 국가독점자본주의론의 계급모순 우위론으로의 대당은 불합리한 것이 된다. 즉 식민지 반봉건사회론이 한국사회를 자본주의 사회구성체로 보고 노동계급의 영도성을 인정한다면, 민족모순과 계급모순은 결코 서로 다른 주체에 의해 극복될 수 있는 것이 아니기 때문이다.

그러나 정민은 1970년대 한국 자본주의의 발전이라는 객관적 조건과 반외세

---

47) 이 문제와 관련해서는 쿠바 혁명의 성격에 관한 우디스Jack Woddis의 연구에 주목할 필요가 있다. 일반적으로 1950년대 말 쿠바 혁명에서 쿠바 공산당이 카스트로의 무장봉기를 반대한 것으로 알려져 있다. 그러나 우디스는 실증적 연구를 통해 카스트로가 지휘한 반군의 대다수를 노동자들이 차지했고, 노동계급의 전위적인 마르크스-레닌주의 공산당의 수십년의 투쟁이 없었으면 결코 무장봉기가 승리할 수 없었을 것이라고 본다. 달리 말하면 일반적인 주장과 달리 쿠바 혁명은 쿠바 공산당의 끈질긴 투쟁이 카스트로의 무장봉기의 조건을 만들었고 반군의 주력은 노동계급이었음을 강조한 것이다. Woddis, Jack, 1972 : 197 참조. 이처럼 현대에 들어서 (반)식민지에서 민족해방투쟁도 외견상으로는 노동계급의 중심성과 무관한 것처럼 보일지라도 본질은 의연히 노동계급이 주력을 차지하는 반자본주의 투쟁임을 알 수 있다. 식민지 반봉건사회를 하나의 독자적인 사회구성체로 보는 입장은 이런 역사의 현실을 무시하는 자의적인 해석에 불과한 것임을 알 수 있다.

투쟁의 상대적 약화로 인해 민족현실에 대한 개량주의적이고 기회주의적
왜곡이 생겨났다고 주장하며, "민족전체적 차원에 대한 인식으로부터의 역행,
변혁의 국제적 관련성이나 제국주의단계의 운동의 조건으로서 자본주의 발전
의 중요성에 대한 과도한 강조, 외세·국가권력·국내독점자본간의 '상대적
자율성론' 등"(박현채·조희연 편, 1989[Ⅰ] : 355)을 비판한다.

이런 그의 주장은 한국사회의 식민지성을 과도하게 강조한 나머지, 한국자본
주의의 발전에 따른 국내계급관계의 변화가 야기하는 변혁운동의 역량편성
문제 등 핵심문제들을 도외시하는 결과를 낳았다. 물론 이에 대한 이론적
반발로서 신식민지 국가독점자본주의론에 속하는 일부 세력들이 자본주의
발전의 보편성만을 강조하고 민족문제가 가진 중요성을 과소평가하는 경향은
또 하나의 편향으로서 비판받아야 한다. 그러나 식민지 반봉건성을 국내의
자본주의 발전과 그에 따른 계급관계 변화와 밀접히 결합시키지 못한 점은
우선 식민지 반봉건론의 큰 오류라고 할 수밖에 없을 것이다.

1988년에 들어서면서 식민지 반봉건사회론 내부에서는 일정한 변화가 나타
나기 시작했다. 식민지 반자본주의론이 등장하여 기존의 식민지 반봉건사회론
을 대체하기 시작했던 것이다.

이런 이론적 입장의 변화는 결국 1960년대 이후의 급속한 한국자본주의의
발전에 대한 이론적 정리의 결과로 보인다. 또한 1986~7년 동안 신식민지
국가독점자본주의론과의 논쟁에서 이론적 비판의 대상이 되었던 반봉건성의
지표로서의 지주적 토지소유의 비중과 역할 등에 대한 대응의 필요성에서
기인하는 것으로도 평가된다. 그러나 식민지 반봉건사회론의 경우와 마찬가지
로, 식민지 반자본주의사회론도 북한의 입장을 그대로 수용한 것이었다.

북한에서는 이미 1985년 7월 27일 '통혁당'을 '한국민족민주전선'으로 개칭
하면서, 남한 사회의 성격을 기존의 식민지 반봉건사회론에서 식민지 반자본주

의사회론으로 대체했었다.48) 따라서 한국에서 식민지 반봉건사회론자들은
이미 2년여 전에 변화된 북한의 식민지 반봉건사회론을 한국에 기계적으로
적용한 셈이 되었다. 북한의 이론적 입장의 변화 원인에 대해서는 명시적으로
확인하기는 어렵지만, 대체로 부인할 수 없는 한국자본주의의 양적 성장과
한국의 진보진영의 논쟁에서 식민지 반봉건사회론이 갖는 이론적 및 실증적
취약성을 보완하기 위한 의도임은 어렵지 않게 추측할 수 있다.

한국사회의 성격을 식민지 반자본주의로 규정하는 글들은 거의 공통적으로
사회성격에 대한 주체적 시각의 중요성을 강조하고 있다.49) 한기영은 사회의
성격을 정확히 파악하기 위해서는 사람을 중심에 놓는 주체적 시각이 중요하다
고 주장하며, "사회의 성격은 주권의 소재와 생산수단의 소유형태에 따라
규정"(한기영, 1989 : 10)된다고 한다. 즉 식민지 반봉건론과 마찬가지로 식민지
반자본주의론도 북한의 주체사상에 입각한 것임을 알 수 있다.

이상민은 나아가 북한이 한국사회를 식민지 반봉건사회라는 일반적 규정을
유지하면서도 세 단계의 변화를 거치게 된다고 평가한다. 첫째는, 한국사회를

---

48) 이병호에 따르면, 1974년 통일혁명당의 '당면투쟁 강령'에서 한국사회를 '식민지 반자본주의사
   회구조'로 표현하고 있다고 한다. 이 시기는 한국의 경제구조의 자본주의화가 급속히 진전되었
   던 시기로, 한국사회의 변화에 대해 통일혁명당 나아가서는 북한은 이를 이론적으로 정리할
   필요성을 느끼고 있었음을 알 수 있다. 그러나 북한의 공식적 입장이라 할 수 있는 1980년
   10월 조선로동당 제6차 대회의 김일성의 중앙위원회 사업총화보고, 1985년 발행된『철학사전』
   등 여러 곳에서 한국사회를 여전히 식민지 반봉건사회로 규정하고 있음을 알 수 있다. 그러나
   1985년 7월 '통혁당'의 '한국민족민주전선'으로의 개칭은 적어도 북한의 대남 인식과 구체적
   정책의 변화와 상당한 연관성을 갖는다는 점, 그리고 이 시기가 대체로 한국에서 사회구성체
   논쟁이 본격화되었던 시점이었음을 고려한다면 한국사회의 성격을 식민지 반자본주의로 규정
   한 것은 상당한 이론적 및 실천적 의미를 갖는 것으로 볼 수 있을 것이다. 따라서 이 책에서는
   1985년 북한의 입장 변화가 한국의 사회성격 논쟁에 미친 영향을 주목하고자 한다.
49) 이 시기 식민지 반자본주의론을 소개하는 대표적인 글들로는 다음을 들 수 있다. 편집부 엮음,
   1988b,『민족과 경제』(서울 : 대동) ; 한기영 지음, 1988,『한국사회성격 논의』(서울 : 대동) ; 이
   상민, 1988, "한국사회성격과 식민지 반자본주의"(박현채·조희연 편, 1989[I] : 501-9) ; 이민호,
   1991, "식민지반자본주의론과 한국사회변혁운동의 몇 가지 문제,"(박현채·조희연 편, 1991[III]
   : 47-57 ; 강원주, 1991, "신식민지국가독점자본주의의 이론구조에 대한 비판적 고찰"(박현채·
   조희연 편, 1991[III] : 143-63) ; 김장호 지음, 1990,『한국사회성격논의의 재조명』(서울 : 한).

사회구성체상으로 자본주의로 보면서, 사회성격에서 식민지 반봉건사회로 보는 이중적 규정의 시기. 둘째, 1980년대 들어 이중적 규정이 갖는 문제점이 제기됨에 따라 사회성격 규정으로, 즉 식민지에서 보편적으로 성립되는 특수한 사회유형으로서의 식민지 반봉건사회 이론화 시기. 셋째, 8.15 이후 식민지 반봉건성이 유지되면서도 미국의 신식민지 지배로 인한 일련의 변화를 반영한 식민지 반자본주의론 시기로 구분한다(박현채·조희연 편, 1989[I] : 501 - 2).

이로부터 알 수 있듯이 식민지 반자본주의론은 식민지 반봉건사회론의 일반적 규정의 연장에 있는 것이며, 제2시기에서 알 수 있듯이 사회구성체 개념이 아닌 사회성격으로서의 식민지 반봉건사회론은 특수한 단계가 아닌 하나의 보편적인 사회유형으로 인식되고 있다. 이것은 한국사회를 자본주의 사회구성체로 보는 규정과 모순되는 측면을 갖고 있는데, 북한의 공식 입장과 달리 한국의 식민지 반봉건사회론자들이 노동계급의 중심성을 비판하는 편향은 이로부터 유래하는 것으로 보인다. 정민의 다음과 같은 주장은 이런 편향을 잘 보여준다.

> 우리는 이같은 사회분석의 원칙을 충족시키기에는 사회구성체보다 사회의 성격이란 범주가 훨씬 적합하다. 사구체가 일반성이라면 사회의 성격은 그 일반성하의 특수성이고, 사구체가 형식이라면 사회의 성격은 그 내용이다. 그리고 사구체가 기본모순의 대립·투쟁을 강조하는 개념이라면 사회의 성격은 민족모순이 주요모순인 경우의 사회를 분석하기 위해 고안된 개념이다(박현채·조희연 편, 1989[I] : 361).

사회구성체의 추상 수준이 높다는 점에서, 구체적인 현실을 설명하는 데 사회성격 규정이 유리한 것은 틀림없는 사실이다. 그러나 높은 추상의 사회구성체 개념이 한 사회의 성격 규명이나 이에 따른 변혁운동의 과제 설정에서 결정적인 중요성을 갖는 것은 무엇 때문인가? 그것은 사회구성체 수준에서만 기본모순에 대한 인식이 가능하기 때문이다. 즉 한국사회가 자본주의 사회구성체라면 한국이 직면한 구체적이고 특수한 조건이 어떤 것이든 변혁의 과제와 성격 및 주체는 자본주의가 갖는 모순과 계급관계에 의해 규정될 수밖에 없는 것이다. 북한이 반제 반봉건 민주주의혁명에서 노동계급의 영도성을 강조하는 것도 바로 이 때문이다.

한국사회가 식민성과 반봉건성을 갖는다 해도 이의 극복을 위한 변혁운동의 주력군, 영도계급은 다름아닌 노동계급이 되어야만 하는 것이다. 이렇게 본다면 사회구성체는 정민의 주장처럼 형식이 아닌 본질이고, 한국사회 변혁운동의 특수성을 만들어내는 사회성격은 그것의 현상이 되어야 하는 것이다. 또한 '일반성하의 특수성' 즉 한국사회가 처한 식민지성과 반봉건성이란 특수성은 결국 자본주의적 모순의 산물임과 동시에 발전된 자본주의 계급관계에 기초하여 해소되어야 한다는 의미일 것이다. 식민지 반자본주의론으로의 전환은 바로 이 문제에 대한 해결을 시도한 것으로 일단 평가될 수 있다고 본다.

식민지 반자본주의론자들은 이것이 식민지 반봉건사회론과 근친성을 갖지만, 이 이행은 하나의 명백한 질적 전환이라고 한다(한기영, 1989 : 13). 식민지에서 발생한 사회체제라는 점에서는 동일하지만, 봉건제 형태와 자본제 형태의 비중에서 근본적으로 차이가 있다는 주장이다. 즉 "식민지반봉건사회는 자본주의의 제국주의 단계에서 식민지에 발생한 사회체제이면서 봉건제적 경제형태의 비중이 자본제적 경제형태의 비중을 압도하는 사회성격을 표현하며, 식민지반자본주의사회는 식민지라는 규정성 속에서 자본주의적 경제형태의 발전을 표현하는 개념으로 양자 모두 자본주의 발전단계의 식민지 사회체제의 성격을 갖는다는 것"(이병호, 1989 : 87 - 8)이라고 규정한다.

이어서 식민지 반자본주의 사회는 식민지 반봉건 사회로부터 이행하는 것으로, 식민주의자들과 그 주구들의 완강한 시책의 결과이며, 낡은 국제경제질서 유지를 위한 미국의 시도의 산물이라고 본다(한기영, 1989 : 14 - 6). 즉 식민지 반자본주의 사회는 식민지 반봉건 사회에서 변혁의 주체역량의 약화 등에 의해 자연발생적으로 혹은 필연적으로 이행하는 것이 아니라, 제국주의의 고도의 정책적 의지와 실행의 결과로 나타난 것으로 보는 것이다.

이런 전제 위에서 식민지 반자본주의론은 한국 사회성격 변화 고찰에서 견지해야 할 두 가지 기준점을 다음과 같이 규정한다. 첫째, 미국의 자기이해에 따른 식민지 예속화정책의 실현과정에서 정치와 경제 체제를 비롯한 한국사회의 총체적인 성격이 변화된 점 둘째, 한국 사회성격 변화를 경제적 측면만 아닌 정치적 측면을 종합적으로 보고, 특히 정치적 측면을 우위에 놓고 보는 시각의 견지이다(한기영, 1989 : 17).

정치적 측면을 우위에 두어야 한다는 입장은 1980년대 중반 이후 한국의 사회구성체 논쟁이 경제적 토대의 규정적 역할을 강조하는 마르크스주의의 유물사관에 입각한 한계 때문이라고 주장한다(한기영, 1989 : 23).

이에 따라 한국사회의 식민지 성격의 징표를 정치와 경제의 두 측면에서 다음과 같이 규정한다. 첫째, 정치체제면에서 주권국가, 독립국가의 징표인 정치적 자주권이 미국의 식민주의적 팽창전략에 의해 전면적으로 유린되고 있는 점. 둘째, 경제체제 면에서 식민지적 종속성으로 기본생산수단이 외국 독점자본과 국내의 매판가본가들의 수중에 장악된 점을 들고 있다(한기영, 1989 : 25 - 6). 특히 "한국사회의 식민지성은 군사적 예속성을 배경으로 하여 정치체제가 미제에게 완전히 예속화되어 있다는 사실"(김장호, 1990 : 79)이라고 주장함으로써, 정치적 측면의 식민지성의 징표로 군사적 주권의 상실을 강조하고 있다. 즉 한국사회가 미국의 세계전략 및 경제적 이해관계에 따라 미국의 지배가 신식민지적 간접통치 형태로 변화되었고, 국내의 지배계급 구성에서 기존의 매판적이고 봉건적 지주에서 매판자본가로 주도세력이 변화되었으나 여전히 식민지 지배에 본질적 변화는 없다고 주장한다.

요컨대 한국사회가 갖는 식민지성이 본질적 변화없이 엄존하는 조건에서 자본주의적 관계가 국민경제의 지배적 지위를 차지했음에도 여전히 자본주의 관계 발전이 심각히 왜곡되고 있다는 점에서 반자본주의에 불과하다는 주장이다. 식민지 반봉건사회론과 마찬가지로 식민지 반자본주의론이 핵심적 요소로 강조하는 것은 여전히 식민지성이다. 식민지 반자본주의론자들은 이를 신식민지 국가독점자본주의론과의 차이점이라고 다음과 같이 주장하고 있다.

식민지반자본주의론과 신식민지국가독점자본주의론의 근본적인 차이는 한국 사회체제의 본질적 특성을 미국에 예속된 식민지로 보느냐, 아니면 일정한 측면에서 종속적인 특성은 있겠지만 자율성을 가지고 있는 독립국가로 보느냐 하는 데 있다 하겠다.

신식민지국가독점자본주의론은 국가독점자본주의를 정치경제적 기초로 하는 현대제국주의의 침략적 약탈적 본성을 묵살해 버리고 있고 신식민지주의하의 예속국의 상대적 자율의 형식적 기반을 절대화해서 만들어 낸 스펭크스적 사회체제론이라 하겠다(한기영, 1989 : 35).

즉 신식민지 국가독점자본주의론이 한국사회의 성격을 근본적으로 규정하는 식민지성을 도외시하면서, "국민경제의 내재적 발전논리에 따라 한국자본주의의 특수성, 일반성을 해명하겠다는 것"(한기영, 1989 : 44)에 근본적 결함이 있다고 주장한다.

물론 신식민지 국가독점자본주의론 내부에 다양한 입장 차이들이 존재하고, 이 가운데 생산력주의적 관점에 입각하고 있거나, '독점강화 - 종속약화 테제' 등 한국자본주의의 보편적이고 정상적 발전을 주장하는 편향들이 없는 것은 아니었다. 그러나 신식민지성을 한국자본주의 전개의 중요하고도 특수한 조건으로 상정하는 것이 신식민지 국가독점자본주의론에서 주류의 위치를 차지했던 점을 감안하면, 위의 주장은 너무 이분법적이라는 비판을 면하기 어렵다.

식민지 반자본주의론이 한국자본주의의 급속한 발전을 인정하는 점에서 식민지 반봉건사회론에 비해 구체적이고 실증적인 상황에 보다 부합되는 점은 평가되어야 한다. 그러나 식민지성을 근본적 결정요인으로 절대화시킨 점에서는 여전히 식민지성과 반자본주의적 성격을 식민지에 보편적인 특수한 유형 내지 형태로 파악하는 정태성을 극복했다고 보기는 어렵다.

당시 한국 사회구성체 혹은 사회성격 논쟁이 진정으로 목표로 삼아야 했던 점은 한국사회가 안고 있는 민족모순에 대한 정당한 자리매김과 함께, 예속적 조건에서도 발전을 거듭한 자본주의 경제구조가 초래한 노동과 자본의 계급모순과 어떻게 결합시킬 것인지에 있었다. 즉 한국자본주의의 발전에 따른 국내 계급관계의 변화는 결국 식민지성의 극복을 위한 변혁운동의 주체역량의 편성에서 중요한 변화를 초래한다는 사실을 인식하고, 이를 기초로 올바른 변혁운동의 노선을 결정하는 것이어야 했다. 그러나 반제 직접투쟁론이라는 현실 운동의 목표를 미리 설정하고 이에 합당한 이론틀로 주체사상을 수용하려 한 식민지 반봉건사회론 혹은 식민지 반자본주의론의 태도는 결국 구체성과 실증성에서 많은 한계를 노정할 수밖에 없었다.

주체사상 자체가 구조중심적인 소비에트 마르크스-레닌주의의 창조적 적용과 이 과정에서 한계를 극복한 것이라는 주장처럼, 당시의 한국의 조건에서는 한국사회의 구체적이고 실증적 조건에 대한 인식에 기초하여 주체사상을 창조적으로 적용해야 한다는 원칙이 필요했던지 모른다.

신식민지 국가독점자본주의론에게도 식민지성의 극복은 식민지 반자본주의론자들의 주장처럼 한국사회의 올바른 발전을 위해 반드시 해결되어야 할 과제였다. 한편으로 이 과제의 수행은 다른 어떤 요인이 아닌 한국사회에서 형성된 계급대립 관계에서 발생한 변혁 주체역량의 노력에 의해서만 가능한 것이다.

주체사상의 비주체적 수용이라는 일견 형용모순과 같은 식민지 반봉건 혹은 식민지 반자본주의론자들의 태도는 결국 구체적 상황에 대한 실증적 분석보다 진보적이라 생각되는 사상이론, 즉 주체사상의 교조적 수용으로 한국사회의 현실적 문제를 해결할 수 있다고 믿은 주의주의적 오류를 범했다는 비판으로부터 자유로울 수 없다고 본다.

서로 상대방을 각각 민족 내지 특수성 환원론과 계급 내지 일반성 환원론적 편향이라 주장하는 신식민지 국가독점자본주의론과 식민지 반봉건(반자본주의)론의 이론적 대립 구도는 애초에 잘못 설정된 대당이었을지도 모른다. 한국사회에는 민족모순과 계급모순이 중첩되어 있고, 자본주의 사회구성체로서 갖는 계급관계를 축으로 형성되는 변혁의 역량들로 민족모순을 극복해야 하는 과제를 안고 있었기 때문이다. 따라서 올바른 변혁운동의 노선을 설정하기 위한 이론적 전제였던 사회구성체 혹은 사회성격 논쟁도 이런 현실의 모순구조를 실제로 반영하는 것이어야 했기 때문이다.

2-2-4 민족해방 민중민주주의혁명론(NLPDR)의 내용과 비판적 평가

1985년 하반기 민족문제를 부각시키는 데 실패했다는 사기반성에서 학생운동의 일부 세력들에 의해 '반제 민중민주주의혁명론(AIPDR)'이 제기되었다. 이것은 기존에 학생운동에서 주도권을 장악하고 있던 삼민혁명론의 NDR적 경향을 직접 공격하고 나선 것이었다. 특히 1986년 4월 서울대에서 결성된 '반미자주화와 반파쇼민주화 투쟁위원회'(자민투)는 기관지 「해방선언」 제2호 사설에서 한국사회를 식민성과 반봉건성을 갖는 자본주의 사회구성체로 규정

하고, 한국사회 변혁운동의 이념을 다음과 같이 '민족해방 민중민주주의
론'(NLPDR)으로 설정했다.

> 반미자주화란 한국을 강점하고 있는 미제국주의를 몰아냄으로써 민족해방을
> 달성하고 조국통일을 지향한다는 이념이며 반파쇼민주화란 미제와 미제의 앞잡
> 이들에 지배당하는 민중이 이들의 지배체제를 타도하고 계급해방을 이룬다는
> 이념이다. 따라서 우리 변혁운동의 총체적 이념성은 민족해방 민중민주주의로서
> 이는 제3세계 변혁운동으로 일반화된 민족(NL)의 주체적 정립이다. 반미자주화
> 와 반파쇼민주화투쟁을 통한 민족해방 민중민주주의의 구현은 자유, 정의, 인간
> 해방을 향한 한국 역사의 합법칙적 발전을 의미하며, 이를 통해 한국민중은 사회
> 적 억압과 예속이 사라진 진정한 민주주의 사회를 건설할 것이다(편집부 지음,
> 1988 : 117에서 재인용).

즉 반미자주화와 반파쇼민주화를 내용으로 하는 민족해방 민중민주주의
혁명론(NLPDR)은 제2차 세계대전을 전후하여 국제공산주의운동에서 새로운
혁명전략으로 나타난 인민민주주의 혁명론이라는 것이다. "인민민주주의 혁명
은 우선 본질적으로 소비에트 혁명과 같이 사회주의로의 이행의 길, 곧 사회주의
혁명이며 본질적인 계급적 성격은 프롤레타리아 독재이다. 그러나 형태상으로
볼 때는 소비에트 사회주의 혁명과는 구별"(정희영, 1990 : 54)된다. 따라서 민족
해방 민중민주주의론은 부르주아지의 취약 혹은 매판성이라는 조건에서 민중
이 주체가 되어 민족해방과 민주주의 혁명의 과제를 수행하고 이를 사회주의
혁명으로 연결시키는 인민민주주의 독재의 형태인 것이다.

  NLPDR론은 CA파의 민족민주혁명론(NDR)을 전면 비판하면서 제기된
것인데, NDR은 당면 민주주의 변혁과 사회주의 혁명의 단계를 계급적 차별성
을 갖는 것으로 보는 레닌의 2단계 혁명론에 입각해 있기 때문이다.

1987년 7월 발표된 CA파의 "한국사회의 성격과 노동자계급의 임무"라는 글에서는 "한국의 당면 민족민주변혁이 급격히 성장전화해 갈 것임을 정확히 이해하고 있는 혁명적 인자가 제시해야 할 최소강령은, 부르조아적 생산관계를 파괴하지 않는 범위 내의 최대한의 요구, 철저한 민주주의적 개조를 제시해야 한다"(박현채·조희연 편, 1989[II] : 198)고 주장하고 있다. 사실 이런 측면에서 본다면, NDR론은 이미 반세기 전에 국제공산주의 운동의 주요한 이론적 성과인 인민민주주의 혁명에 대한 무지와 함께, 제2차 세계대전 이후 혁명에 성공한 거의 대부분의 나라들이 수행한 인민민주주의 혁명의 경험도 알지 못하는 것임이 폭로되었다.

이에 따라 NLPDR론은 한국사회 변혁운동의 이념으로 급속히 영향력을 확대하게 되었다.50) NLPDR의 확산은 NDR에 의거했던 기존 CA파 내부의 일부 세력들에 의해서도 수용되는 양상을 보였다. 1988년 통칭 CA(PP)파로 불리던 '노동자해방투쟁동맹'(노해동) 그룹은 자기반성을 통해 기존의 2단계 혁명론을 철회하고 당면의 혁명의 성격을 '부르조아민주주의 혁명'으로 규정한 것을 오류라고 비판한다. 그들은 "남한 내부는 물론이거니와 전민족적 변혁운동의 가일층의 발전을 위해서는 주사와 비주사그룹 양자의 통일전선이 긴요"(김영수 엮음, 1988 : 4)하다고 전제, 다음과 같이 기존의 NDR을 자기비판한다.

그러나 신식국독자를 극복하는 성격을 가진 우리 혁명은 자본주의를 폐지하지는 않지만 지배적 부문이 민중적 소유로 환원되고 또한 신식민지국가가 자주적 국가로 재편됨으로써 이미 사회주의로의 첫걸음을 내딛은 것이다. 여기서는 이미 부르조아가 결정적으로 약화되었기 때문에, 새로운 어떤 격렬하고 폭력적

---

50) NLPDR에 대해 실천을 통한 전략 수립을 주장하는 서노련과 인노련, 그리고 대중을 지도하는 전위조직 건설을 주장했던 CA파는 반대했으나, 노동운동 내부에도 NLPDR의 영향력은 상당히 파급되었다. 편집부 지음, 1988 : 262 참조.

인 계급투쟁에 의해서 2단계혁명이 준비되고 수행되는 것이 아니라고 볼 수 있다.

바로 이 점이 우리의 당면 혁명을 러시아의 1단계 혁명과 동일하게 파악할 수 없게 하는 특수성이며, 따라서 이행의 측면에서도 당면 혁명의 성격을 부르조아민주주의혁명이라 규정하는 것은 이론적 오류로 될 수밖에 없다(김영수 엮음, 1988 : 30-1).

1905년 레닌이 『사회민주주의자의 두가지 전술』에서 정식화했던 2단계혁명론에 기초했던 NDR을 폐기하고 인민민주주의 혁명론인 NLPDR의 문제의식을 수용하고 있음을 알 수 있다. 그러나 이 입장은 한국사회의 성격에 관해서는 여전히 신식민지 국가독점자본주의론을 견지하고 있었고, 따라서 식민지 반봉건사회론에 입각한 NLPDR과는 민중민주주의 혁명의 주체역량 편성과 구체적 타격방향 등에서 여전히 차이를 갖고 있었다. 즉 NLPDR론의 영향력이 확대됨에 따라 NLPDR 자체가 다양한 입장들로 분화되었음을 알 수 있다.

신식민지 국가독점자본주의론적 입장에서 한국자본주의를 예속독점자본주의로 규정하며 반제반독점 NLPDR을 주장하는 김형기는 "반독점우위의 반제반독점과는 달리 사회구성체론으로서 반제우위의 반제반독점론이 한국사회의 변혁론으로서 올바른 실천을 담보할 수 있다"(박현채·조희연 편, 1989 [II] : 213)고 주장한다.

학계뿐만 아니라 학생운동과 노동운동권에서도 'NL I' 혹은 'NL 주사파'와 'NL II' 혹은 'NL 비주사파'로 불리는 입장으로 구분되었다. 'NL 주사파'가 식민지 반봉건사회론을 견지하면서 학생운동의 주도권을 장악하고 있었다면, 한국사회의 성격을 신식민지 국가독점자본주의로 규정했던 'NL 비주사파'는 노동운동을 중심으로 일정한 세력을 형성하고 있었다.[51] 이 두 입장이 연합하여

1987년 6월 26일 '인천지역민주노동자연맹'(인노련)을 결성함으로써, 범NL세력의 단결을 도모하고자 했다.[52] 그러나 인노련은 1987년 6월 투쟁 평가, 6월 투쟁 이후의 전술계획 및 대통령선거전술 등을 둘러싸고 갈등을 야기하다가,[53] 결국 NL 주사파 세력이 '인천지역 민주노동자연합 준비위원회'(인준위)로 분리됨으로써 연대는 와해되고 말았다(편집부 지음, 1988 : 210-11).

CA파 내부에서 NLPDR의 문제의식을 수용하는 문제를 놓고 논쟁을 벌이는 과정에서, 개헌투쟁의 슬로건을 '헌법제정민중회의(Constituent People's Conference/CPC) 쟁취'로 내세우는 일단의 세력이 등장했다.

그들은 한국사회의 성격을 신식민지적 예속독점자본주의 단계로 규정하고, 중첩된 계급모순과 민족모순이 남한의 파시즘체제에 의해 동시적으로 나타나고 있다고 본다(박현채·조희연 편, 1989[II] : 283). 또한 남한사회의 민족모순은 부르조아 혹은 소부르조아적 민족모순이 아니라 민중적 민족모순으로 남한사회의 내적 계급모순의 해결의 연장선상에서만 해결이 가능한 것으로 보고, 남한 변혁의 성격을 반제반파쇼 민중민주주의 변혁(AIAFPDR)으로 규정짓는다(박현채·조희연 편, 1989[II] : 284). 즉 CPC는 한국에서 반제반파쇼 투쟁이 프롤

---

51) 'NL 비주사파'는 서노련과 인노련 내부의 많은 성원들이 NL론을 수용하면서 형성되었다. 편집부 지음, 1988 : 208-9 참조.

52) 인노련은 범NL의 연대조직으로서 다음과 같은 절충적 목표를 강령에 채택하고 있다. 즉 "인노련은 당면한 민족해방과 민중민주주의를 위한 투쟁에 있어 인천·부천지역의 노동자 계급의 정치적 구심이 되며, 노동자들의 정치의식을 발전시키고, 여러 형태의 대중조직을 촉진시키며, 노동자들의 모든 투쟁을 발전시켜 스스로를 해방시킬 수 있는 정치부대화하는 것을 목적으로 한다. 또한 노동자들의 전국적인 정치적 통일과 노동자 정당의 건설을 위해 모든 힘을 다할 것이다. 한편으로, 인노련은 파쇼 정권에 반대하여 싸우는 모든 계급·계층 및 정치 세력과 적극 연대할 것이며, 특히 전민중의 정치적 통일 조직을 형성해 나아가기 위해 모든 노력을 다할 것이다."(인천지역민주노동자연맹 엮음, 1991 : 37) 즉 NL 주사파의 요구인 민족해방 민중민주주의를 당면의 목표로 NL 비주사파가 강조하는 노동계급 중심성이 절충적으로 관철되어 있다.

53) 인노련에서 'NL 주사파'와 'NL 비주사파'가 가장 첨예하게 대립하였던 것은 '정치적 대중조직'이라는 조직 위상 규정을 둘러싼 것이었다. 즉 'NL 주사파'가 이 규정을 대중조직 혹은 노동조합과 동일한 위상의 조직으로 인식한 반면, 'NL 비주사파'는 이를 준전위조직으로 생각하였다. 인천지역민주노동자연맹 엮음, 1991 : 11 참조.

레타리아트 자체의 역량만으로는 불가능한 조건에서 농민 및 반프롤레타리아
트와의 동맹이 불가피한 점에서 민중민주주의 변혁의 성격을 갖지만, 민중국가
권력은 파시즘과 제국주의의 완전타도 이후가 아닌 반제 및 반파쇼 투쟁의
궁극적 시기에 성립될 것이라고 주장한다.

이런 입장에서 그들은 민족민중변혁(NPR)이나 민족해방 민중민주주의
(NLPDR) 모두 잘못된 것이라고 주장하며, 특히 NLPDR에 대해서는 "남한의
반제반파쇼 민중민주주의변혁의 전략적 대치관계에서 나타날 민족해방적
성격의 전면적 부각"(박현채·조희연 편, 1989[II] : 285)일 뿐이라고 주장한다. 달리
말하면 CPC는 남한자본주의의 고도한 발전에 따라 프롤레타리아트와 농민
및 반프롤레타리아트 동맹에 의한 민족해방혁명이라도 과거와는 전혀 다른
형태의 변혁이 일어날 것이라고 주장하는 것이다. 그러나 CPC는 당시의 전체적
인 운동역량을 고려하지 않은 좌편향적 입장으로 실천적 의미를 갖기 힘든
것이었다. 민중의 헌법제정을 요구하는 과격한 슬로건에도 불구하고 실제
1987년 대통령선거 국면에서는 의미있는 전술적 단위로 활동하는 데 실패한
것은 바로 이 때문으로 평가할 수 있을 것이다(편집부 지음, 1988 : 216 - 7).

이처럼 NLPDR이 한국사회 변혁운동의 노선으로 영향력을 확대해감에
따라, 과거 CA파의 NDR이 갖는 2단계 변혁론은 크게 퇴조하게 되었다.
따라서 논쟁의 핵심적 쟁점은 한국사회의 성격에 관한 각 입장들의 차이와
NLPDR이 어떻게 결합될 수 있는가의 문제로 정리되어 갔다. 그 결과 1986~7
년 NL - CA의 대립으로 형성된 논쟁의 구도는 1987년 12월 대통령선거를
거치고 1988년 초반의 총선투쟁, 공동올림픽 성사 및 조국통일촉진운동 등을
거치면서 대체로 식민지 반봉건 혹은 식민지 반자본주의론의 NLPDR - 식신민
지 국가독점자본주의론의 NDR - 신식민지 국가독점자본주의론의 PDR로
정립되었다. 특히 이 시기 이후 NDR의 상대적 왜소화를 반영하여 NL - PD의

대립구도로 양분시켜 이해해도 무난할 것으로 보인다.54)

주체사상 수용이 한국사회 변혁운동론에 미친 영향을 분석할 때, 특히 문제가 되는 것은 식민지 반봉건 혹은 식민지 반자본주의론에 기초한 NLPDR에 대한 이해이다. 먼저 전제해야 하는 점은 한국에서 식민지 반봉건(반자본주의)론이 한국의 변혁운동의 성격을 NLPDR로 규정한 공적을 인정해야 한다는 것이다. 학생운동과 노동운동을 비롯한 한국사회 진보 운동 및 이론 진영 일반이 당면의 민주변혁의 성격을 두고 혼란에 빠져 있을 때, 그들이 제기한 NLPDR은 국제진보운동의 경험은 물론이고 그 과정에서 개발된 이론적 자원인 인민민민주의 혁명론을 한국사회 현실에 적용할 수 있게 하였다.

그러나 한편으로 식민지 반봉건(반자본주의)론은 사회성격 규정에서 이미 살펴보았듯이 북한의 규정을 교조적으로 한국사회 상황에 적용함으로써, 상당한 혼동과 경직성을 야기했다. 식민지 반봉건사회론의 변혁론인 민족해방 민중(인민)민주주의 혁명론도 마찬가지였다. 한국사회 성격규정에서 주체적 시각을 중시했던 그들의 주장은 역설적이게도 북한의 주체사상의 규정에 따른 남한사회 성격규정과 변혁운동론을 남한의 조건에 교조적으로 적용시켰던 것이다.

정민은 1988년 11월 『사회와 사상』 제3호에 게재한 글 "민족해방 민중민주주의변혁의 이론"에서 NLPDR이 민족·식민지 문제의 성격 변천에 성립근거가 있다고 전제하면서, '현시대'의 특징으로 말미암아 "민족·식민지 문제는 선진국 사회주의 혁명에 종속된 민족해방·독립의 문제를 넘어서서 식민지·반식민

---

54) 이 시기 한국사회 변혁론을 둘러싼 대립구도에 대해, 이민호는 "식민지반자본주의론과 한국사회변혁운동의 몇 가지 문제"에서 당시의 논쟁의 대립구도를 식반자/NLR–신식국독자/NDR–신식국독자/PDR의 삼분으로 보고, 이와 함께 현실사회주의 몰락 이후 사민주의적 전망을 표방하는 세력들이 나타나는 양상을 보인다고 진단한다(박현채·조희연 편, 1991[III] : 49~50). 최형익은 1987년 6월 민주화투쟁과 연이은 노동자 총파업 이후 '민족해방'(NL) 진영과 '민중민주주의'(PD) 진영으로 양분되어 오늘에 이르고 있다고 본다(최형익, 2002 : 1).

지 나라의 '노동계급'과 민중 '자산'의 민족적 사회적 해방을 위한 혁명문제로 그 본질을 달리하게 된"(박현채·조희연 편, 1989[II] : 181)다고 주장한다. 즉 북한이 주체사상 창시의 근거로 내세우는 '주체시대' 규정에 의해 민족·식민지 문제는 본질을 달리하게 됨으로써, 이전의 인민민주주의 혁명론 일반과도 구별되는 것처럼 서술하고 있다.

그는 이를 반제반봉건 민주변혁론과 NLPDR론이 역사적 시기를 달리하는 개념으로 전자가 1920~30년대 형성 발전된 것이라면 후자는 1960~70년대에 들어서서 정식화되었다고 주장한다(박현채·조희연 편, 1989[II] : 184). 이어서 반제반봉건 민주변혁론에 비해 NLPDR론의 풍부하고 체계화된 내용으로 다음의 여섯 가지를 들고 있다.

첫째, 개념의 외연에서 NL은 반제를, 그리고 PDR에는 반봉건과 함께 반파쇼를 담을 수 있게 넓은 점. 둘째, 변혁의 기본임무만 아니라 변혁 성공 이후의 전취물까지 포함할 수 있는 점. 셋째, 주체와 주도권의 소재가 명확한 점. 넷째, 반제와 반봉건의 불가분성만 아니라 결합의 내용까지 밝혀 주는 점. 다섯째, 변혁단계의 성격이 본질상 프롤레타리아적 범주이고 이행의 급속성과 방도도 알려 주는 점. 여섯째, 1919년 3.1운동을 전후로 주도계급의 변천에 따른 질적 변화를 명확히 개념화할 수 있는 점 등이다(박현채·조희연 편, 1989[II] : 185).

정민이 NLPDR을 1960~70년대에 정식화된 이론이라고 주장하는 이유는 반제반봉건 민주주의혁명을 김일성이 주체사상에 기초하여 정식화했다는 북한의 주장을 그대로 따른 것임을 알 수 있다.

1975년 조선로동당 창건 30돌을 기념하여 발행된 사회과학원 주체사상연구소 집필의 『주체사상에 기초한 사회혁명리론』에서는, 김일성이 식민지·반식민지에서 자주성을 옹호하기 위한 혁명은 "새로운 유형의 반제반봉건민주주의

혁명이라고 정식화하시였다"(사회과학원 주체사상연구소 집필, 1975 : 100)고 주장한다. 또한 1985년 간행된 주체사상 총서 4권『반제반봉건민주주의혁명론과 사회주의혁명리론』에서도 김일성에 의해 식민지와 반식민지의 혁명에 '반제반봉건 민주주의혁명'이라는 고전적 정식화가 주어졌다며, "주체의 혁명이론에 의하여 반제반봉건 민주주의혁명의 역사적 필연성이 과학적으로 밝혀짐으로써 식민지, 반식민지 나라들의 혁명은 비로소 자기 궤도를 따라 힘있게 전진할 수 있게 되었다"(총서 04 : 135)고 주장한다.

이런 북한의 입장에 따라, 정민은 NLPDR론을 북한의 주체사상에 의해 정식화된 것으로 보면서, 이전의 인민민주주의 혁명론과 일정하게 구분되는 것으로 주장한다.

한국을 미국의 식민지로 규정하는 북한은 바로 이런 내용의 반제반봉건 인민민주주의 혁명을 한국사회 변혁운동의 과제로 제시하고 있다. 허종호는 다음과 같은 남조선혁명의 기본임무를 김일성이 교시하였다고 서술하고 있다.

남조선혁명은 미제를 남조선에서 내쫓고 식민지통치를 청산하며 그들의 군사 파쑈통치를 뒤집어엎고 새 사회제도를 세우는것을 자기의 기본임무로 하고있다. 따라서 이 임무는 사회주의혁명이 해결할것이 아니며 하물며 부르죠아혁명이 해결할수 있는 것도 아니다. 민족해방의 임무와 사회의 민주주의적발전의 과업을 동시에 해결할수 있는 혁명은 오직 민족해방인민민주주의혁명뿐이다. 민족해방인민민주주의혁명만이 남조선사회발전의 객관적요구와 남조선혁명의 기본임무를 철저히 해결하고 남조선사회의 민주주의적발전을 보장할수 있으며 남조선인민들을 민족적억압과 계급적착취에서 해방할수 있다(허종호, 1975 : 41).

1980년 조선로동당 제6차 당대회에서 수정된 당 규약의 전문에도 조선로동당의 당면목적을 "전국적 범위에서 민족해방과 인민민주주의의 혁명과업을 완수"(국토통일원 조사연구실, 1988 : 133)로 규정하고 있는 점을 감안하더라도 한국 변혁운동의 과제가 민족해방 인민민주주의 혁명이라는 것은 북한의 공식입장임을 알 수 있다. 특히 북한에서는 '반제반봉건 민주주의혁명'이 식민지, 반식민지 나라들 자체의 사회경제관계와 계급관계에 바탕을 둔 "독자적 성격의 혁명"(총서 04 : 129)임을 강조하고 있다.

이를 기초로 정민은 식민지 반봉건사회는 식민지, 반식민지, 신생독립국에서 보편성을 지니는 "자본주의사회와 구별되는 별개의 사회"이며, 식민지 반자본주의는 식민지 반봉건사회의 발전단계이고, 따라서 독자적 사회유형으로서 이 사회는 하나의 기본모순을 갖지만, 그것은 제국주의·예속자본가·상층관료 대 노동자·농민·청년학생·지식인·도시소자산가계급·민족자본가라는 민족적·계급적 내용으로 복잡하게 이루어진다고 주장한다.55)(박현채·조희연 편, 1989[II] : 187 - 8)

따라서 식민지 반봉건(반자본주의)론에서 주장하는 NLPDR은 마르크스 - 레닌주의에서 발생한 인민민주주의 혁명론과 일정한 차이를 갖게 된다. 북한에서 이렇게 주장하는 것은 결국 식민지성과 반봉건성이 갖는 식민지, 반식민지 사회의 고유한 사회경제관계나 계급관계가 자본주의 일반과 다르고 따라서 변혁운동의 임무와 성격도 달라지게 된다고 보기 때문이다.

이로부터 초기 한국의 식민지 반봉건사회론이 한국사회를 자본주의 사회구성체로 규정했던 것에서 1988년 하반기로 들어서면서부터는 자본주의 사회구성체의 특수태로서가 아닌 독자적인 사회유형으로 식민지 반봉건(반자본주의) 사회를 인식하게 된 배경을 알 수 있다.

---

55) 정민의 이런 입장은 앞에서 살펴본 1986년 8월 26일과 9월 30일자 「한신학보」에 게재했던 자신의 글 "한국 자본주의의 성격 규정-식민지 반봉건성 규정의 방법론을 중심으로"의 주장과 정반대의 것이다. 1986년의 글에서 정민은 식민지 반봉건사회를 자본주의 사회구성체로 인정하고 그것의 특수한 한 단계라고 주장했기 때문이다.

식민지 반자본주의론과 NLPDR이 본격화되던 시점에 나타난 이런 시각의 변화는 결국 한국자본주의의 발전을 인정한다손치더라도 변혁운동의 노동계급 중심성을 받아들일 수 없다는 의미로 해석된다. 왜냐하면 복잡한 기본모순의 설정에서 나타나듯이, 기본대립관계에서 주되는 측면을 '미국 – 한국민중'으로 설정하는 식민지 반자본주의적 NLPDR의 입장에서 '예속자본가·지주·상층관료 – 민중'의 관계는 부차적인 대치관계로 설정되기 때문이다(박현채·조희연 편, 1989[II] : 188). 결국 식민지 반자본주의적 NLPDR은 미국의 제국주의 지배, 즉 식민지성이 한국사회를 규정하는 결정적 요인이고, 반봉건 혹은 반자본주의라는 성격은 부차적 요인으로 격하되고 있는 것이다.

식민지 반자본주의론 입장에서도 정민의 입장을 비판하는 견해가 있다. 이병호는 "정상적인 자본주의사회와 식민지사회가 질적으로 서로 다른 고유한 사회구조와 모순구조를 지니고 있다는 것이 서로 다른 '사회유형'으로 분류할 수 있다는 것은 좀더 검토하여야 할 이론적인 문제"(이병호, 1989 : 82)라고 신중한 입장을 취한다. 이어서 그는 1960년대 북한 역사학계의 논쟁을 검토하면서, 북한이 식민지사회를 독자적 사회유형이 아닌 자본주의 사회유형에 귀속시키는 듯하다고 결론짓는다. 그리고 그는 이 문제의 고찰에서 다음 세 가지를 염두에 둘 것을 제안함으로써, 사실상 정민의 입장을 비판하고 식민지 반봉건 혹은 식민지 반자본주의 사회를 자본주의의 발전단계로 설정하고 있음을 보여준다.

첫째, 식민시사회는 일국적 차원에 고찰될 수 없다는 점. 둘째, 자본주의 사회유형에 포괄된다는 것이 자본주의사회와 등치되는 것은 아니라는 점. 셋째, 식민지 반봉건 혹은 식민지 반자본주의사회가 자본주의 발전단계의 사회라면, 혁명의 성격은 부르주아 혁명이 아닌 노동자계급의 영도 하의 민족해방 혁명이고, 변혁 이후 민족자주 정권의 계급적 성격도 본질적으로 프롤레타리

아 독재의 범주에 속하고 새로운 사회로 이행하는 과도기 단계가 될 수 있다는
점 등이다(이병호, 1989 : 83).

북한에서도 반제 반봉건 민주주의 혁명에서 노동계급의 영도성을 강조하고
있는 사실(총서 04 : 147)에 비추어보면, 반제 반봉건 민주주의 혁명은 다름아닌
자본주의사회에서 발생하는 혁명운동이라는 사실을 인정하는 것으로 보아야
한다. 나아가서 북한에서는 "식민지나라에서 자본에 의한 착취와 억압이 강화
되는 필연적 결과로 노동계급이 독자적인 정치세력으로 등장함에 따라 이
나라들의 혁명투쟁은 급속히 발전한다"(총서 04 : 135)고 규정하는 점에서 이런
주장은 더욱 뒷받침된다. 따라서 이병호의 견해가 오히려 북한의 입장을 충실히
반영하는 것으로 보인다.

사정이 이렇다면, 정민이 1986년의 입장과 달리 식민지 반봉건 혹은 식민지
반자본주의 사회를 자본주의 사회와 구분되는 독자적인 사회유형으로 주장하
는 이유는 무엇인가?

첫째, 정민은 NLPDR을 1920~30년대 국제공산주의운동 내부에서 논의되
고 제2차 세계대전을 전후하여 출현한 새로운 성격의 혁명, 즉 인민민주주의
혁명과 일정한 차별성이 있는 것으로 보기 때문이다. 즉 북한의 주장대로
1960~70년대 주체사상의 이론적 체계화와 더불어 주체사상에 의해 정식화된
반제 반봉건 민주주의 혁명론으로 NLPDR을 규정하고자 하는 것으로 볼
수 있다. 그러나 이런 그의 견해는 결국 북한의 공식입장과도 일치될 수
없는 것임을 확인할 수 있었다.

둘째, 당시 한국에서 변혁운동론으로서 NLPDR의 영향력이 확대됨에 따라,
신식민지 국가독점자본주의론에서도 이를 수용하게 됨으로써 식민지 반봉건
론이 강조했던 반제 문제에 대한 관심이 상대적으로 퇴조하게 되자 이에
대한 이론적 대응일 가능성도 있다. 사실 그는 인용된 글의 첫머리를 '식민지반

봉건사회론'에 반대하는 '신식민지국가독점자본주의론' 연합진영의 형성을
경계하며 이에 대한 대응의 필요성을 주장하고 있다.56)(박현채·조희연 편, 1989
[II] : 179)

식민지 반봉건(반자본주의)론은 제국주의 침탈에 의한 식민지성과 이에 따른
반제 자주화를 최우선의 목표로 하는 데 공통적이다. 식민지 반봉건(반자본주의)
사회를 독자적인 사회구성이 아니라 자본주의의 발전단계로 보고 심지어는
한국사회의 반봉건성까지도 일정 정도 약화된 것으로 보는57) 이병호도 이
문제에 대해서만은 원칙적 입장을 견지한다. 즉 이병호는 "신식국독자론의
그것이 반독점 민주주의변혁의 일 과제로 반제민족해방의 지위를 상정한다면
식민지반자본주의사회론의 NLPDR은 반제민족해방의 성격을 본질로 한다"
(이병호, 1989 : 103)고 그 차이를 분명히 하고 있다.

이처럼 식민지 반봉건(반자본주의)론에서 민족해방은 양보할 수 없는 원칙이
라는 점에서, 정민은 사실상 민족해방의 과제를 차요시한다고 본 다양한 신식민
지 국가독점자본주의적 NLPDR과의 차별화를 위해 주체사상으로 정식화된
새로운 NLPDR을 제기하고자 한 것으로 볼 수 있다.

이상의 사실들을 종합하면, 정민의 주장은 자신들이 한국 변혁운동의 주되는
과제로 설정한 반제 자주화를 견지하기 위해 북한의 인민민주주의 혁명 이론을
교조적으로 적용했다는 평가를 면할 수 없다. 특히 북한 주체사상의 일부

---

56) 이에 대해 윤소영은 정민이 자신들의 '신식국독자/반제반독점NLPDR'을 김형기의 'NL적 신식
국독자론'(김형기, 1988 참조)이나 이병천의 '순수 국독자/순수PDR론'(이병천, 1988 참조)과
의도적으로 혼동하고 있다고 비판하며, 이런 의미에서 정민이 주장하는 '신식국독자 연합진영'
은 사실은 "식반사회론의 프락숀 투입에 의한 그 내분임이 분명하다"(윤소영, 1988 : 179)고
반박하고 있다.
57) 이병호는 1961년 조선로동당 제4차 대회에서 남조선혁명의 성격의 하나로 '봉건세력에 반대하
는 민주주의혁명'이라는 표현이 1970년 제5차 대회에서는 '미제의 앞잡이들인 지주, 매판자본
가, 반동관료배들과 놈들의 파쇼통치를 반대하는 인민민주주의혁명'으로 변경된 점을 주목한
다. 이로부터 그는 '반봉건'이라는 수식어의 탈락은 소소한 것이 아닌 사회성격의 변화를 반영
한 것이라고 주장한다(이병호, 1989 : 103-4).

공식문건에 대한 과도한 해석으로 결과적으로 북한의 공식입장과도 다른 주장을 하게 된 셈이다.

그 결과 그는 이미 비판되고 폐기된 상태인 주변부자본주의론과 마찬가지로 식민지 반봉건사회를 자본주의의 발전단계가 아닌 하나의 독자적인 사회유형으로 설정함으로써, 한국사회 변혁운동의 올바른 방향설정을 위한 논의 자체도 어렵게 하는 오류를 범할 수밖에 없게 되었다. 왜냐하면 식민지 반봉건사회가 하나의 독자적 사회유형으로 설정되는 순간, 한국사회의 변혁을 위한 다양한 모색은 이미 하나의 선험적으로 설정된 목적인 식민지성의 극복이라는 문제로 협애화될 수밖에 없기 때문이다. 문제는 식민지성의 극복을 강조한다고 해서 해결되는 것이 아니라, 식민지성의 발생 원인과 결과는 물론이고 그것의 작용 속에서 발생한 한국사회의 다양한 변화들을 종합적으로 판단할 때, 올바른 변혁운동의 진로가 수립될 수 있기 때문이다.

1988년 하반기 이후 한국에서 사회성격은 식민지 반봉건 혹은 식민지 반자본주의론 대 신식민지 국가독점자본주의론, 그리고 변혁운동의 성격을 둘러싸고는 NL 대 PD의 대립 구도로 대략 고착되어 갔다. 물론 이 과정에서 NDR론이 일정한 세력을 유지하고 각각의 입장을 대변하던 『노동해방문학』과 『현실과 과학』 지상을 통한 'ND - PD 논쟁'도 있었지만,[58] 두 입장은 공통의 이론적

---

58) 이 시기 NDR의 입장을 보여주는 대표적인 글로는 1989년 『노동해방문학』 8월호에 게재된 이정로의 "'PD'파의 오류와 'NDR'론의 복권"을 들 수 있다. 이 글에서 이정로는 당시의 변혁운동 내부 대립구도를 NL-PD-NDR로 설정하고, 식민지반자본주의론과 NLPDR을 보다 심각한 실천상의 대립물로 보고 NDR과 보다 가까운 입장인 PD에 대한 비판을 목적으로 한다고 전제한다. 그는 사회구성체 측면에서 한국사회를 신식민지 국가독점자본주의로 보는 PD의 입장에 동의하면서도, PD론이 제국주의가 남한의 자본주의 발전을 질곡하는 측면을 전혀 보지 않는다고 비판한다. 결론적으로 그는 다음 네 가지 점에서 PD론을 비판하고 있다. 첫째, 제국주의 지배전략에 대한 정면대결의 회피. 둘째, 제국주의 지배하 남한 내 계급대립관계 분석의 포기. 셋째, 남한 자본주의의 국제분업구조상의 지위 파악 실패. 넷째, 남한의 계급분해 지연을 외면하는 점 등이다. 요컨대, NDR의 주장은 한국의 독점자본은 낮은 생산력 수준으로 인해 제국주의의 예속을 스스로 받아들일 수밖에 없는 신식민지적 특수성에 대한 인식이 PDR에는 결여되어 있고 따라서 즉각적인 사회주의 변혁의 가능성을 주장한다는 것이다(박현채·조희연

상대였던 식민지 반봉건(반자본주의)론의 NLPDR과의 대결과 이후 현실사회주의 붕괴 이후 한국에 나타난 사민주의적 경향에 대한 이론적 투쟁에서 공동보조와 협력을 추구하는 방향으로 나아갔다.59) 따라서 현재에 이르기까지 한국사회 변혁운동 논쟁의 기본 대립축은 NL(PDR) - PD로 양분되어 있다.

NL - PD로의 대립구도의 확립은 한마디로 한국 변혁운동의 성격을 인민민주주의 혁명(PDR)으로 합의하게 된 것을 의미한다. 즉 NDR론으로 대표되던 2단계 혁명론이 퇴조하고 당면 민주화투쟁의 목표를 한국사회의 근본변혁과의 연관 속에서 파악하게 되었음을 의미한다. 그러나 한편으로 애당초 NLPDR이 제기된 계기가 되었던 제국주의 지배의 문제는 대립되는 양측의 첨예한 논쟁의 대상으로 남아 있게 되었다.

또한 신식민지 국가독점자본주의론적 PDR론이 사회운동 진영에서 학계로 논의의 주도체가 이동하면서 발생한 이론주의적 편향은 이론과 실천의 정합성에 대한 문제를 주요한 과제로 남겨 놓는 결과가 되었다. 이런 점을 염두에 둔다면, NDR론의 입장에서 PD론을 비판한 이정로의 지적은 그의 입장 전체의 옳고 그름을 떠나 상당히 중요한 지적으로 받아들일 필요가 있다. 즉 그는 신식민지 국가독점자본주의에 입각한 PDR론에 대해 계급투쟁의 실천적 문제와 무관한 '이론지상주의의 반란'(박현채·조희연 편, 1991[III] : 178)이라고 비판하면서 PDR론의 이론적·실천적 문제점을 다음과 같이 지적하기 때문이다.

'PDR'론의 사회성격 인식론은 전반적으로 남한사회의 내적 구조분석에는 관심을 갖고 있지만, 남한사회가 제국주의의 신식민지적 지배를 받는 지위에 있다는 점을 끊임없이 간과하고 있다. 바로 이러한 사회구성체론에 있어서의 일국적

편, 1991[III] ; 175-96). 이에 따라 NDR은 '근본적 변혁으로 성장전화하는 민족민주변혁론'을 당면 투쟁의 목표로 제시하고 있다.
59) 이 시기 이론적 논의의 구도와 쟁점에 대해서는, 이민호, 1991 : 50-1 참조.

관점이 'PDR론자'들로 하여금 반제투쟁을 간과하게 만들고 통일투쟁의 긍정적 의의를 부정하게 만드는 근원이 되고 있으며, 나아가 남한사회의 변혁운동 전략에 '선진국가독점자본주의' 이론을 조건도 고려하지 않고 끌어대는 경향을 만들어내는 것이다(박현채·조희연 편, 1991[III] : 182).

레닌의 2단계 연속혁명론을 교조적으로 계승한 NDR의 단계론적 사고는 NLPDR론에 의해 이론적으로나 실천적으로 철저히 비판되었다. 그럼에도 이정로의 주장은 신식민지 국가독점자본주의론적 PDR이 자본주의 발전의 보편성에 경도되어 신식민지적 특수성을 상대적으로 경시하는 관점을 경계하는 의미는 충분히 가질 수 있다고 본다.

양원태는 "신식민지 국가독점자본주의론/PDR론은 마르크스 - 레닌주의적 방법을 한국사회분석을 통해 구체화하는 과정에서, 자본주의 발전이라는 보편적 합법칙성이 한국사회에서 관철되는 특수성에 대한 해명"(박현채·조희연 1991[III] : 96)이라고 강조한다. 물론 이론적으로 올바른 규정이다. 그러나 식민지 반봉건(반자본주의)론도 정민처럼 극단적인 경우가 아니라면, 동일한 인식에 기초한 것으로 평가할 수 있다. 즉 자본주의 사회구성체인 한국이 식민지라는 특수한 조건에서 반봉건성 혹은 반자본주의성을 띠게 되고 이로 인해 특수한 변혁의 과제를 지니게 된다고 보기 때문이다.

특히 식민지 반자본주의론이 한국사회에서 자본주의적 요소의 발전을 단지 양적 지표의 변화만이 아니라, 계급관계 구성인 질적 차이로까지 인정하게 된다면 사회성격 측면의 유사성은 더욱 높아지게 된다. 다만 두 입장이 근본적으로 구분되는 지점은 식민지 반자본주의론이 반제 민족해방을 인과적 관계의 우선에 놓는다면, 신식민지 국가독점자본주의론은 반제·반독점을 인과적 관계가 아닌 동열의 과제로 설정하는 것이 될 것이다. 이럴 경우 신식민지 국가독점자본주의론의 PDR은 반제의 위상을 변혁운동의 실천에서 어떻게 규정해야 할 것인지를 해명해야 하는 과제를 갖는다.

1989년 3월 13일자 「연세춘추」에 게재된 글 "신식민지국가독점자본주의론의 이론구조"에서 이진경의 다음과 같은 주장은 이 문제를 여실히 보여주는 사례가 될 것이다.

> 국내독점자본은 제국주의와 함께 한국사회 전체를 지배하는 명확한 실체로서 존재하며, 따라서 혁명은 제국주의와 함께 독점자본을 동시에 제거하지 못하는 한 성립되지 않는다. 이런 점에서 신식국독자론은 필연적으로 제국주의와 독점자본을 동시에 제거하는 반제반독점의 민주주의혁명을 요구한다. '본질론'을 빌어 제국주의로 혁명의 대상을 환원하고 제한하는 소위 '민족해방혁명론'은 이처럼 분명히 존재하는 독점자본이란 실체를 보지 못하는 것이다(박현채·조희연 편, 1991[III] : 332).

신식민지 국가독점자본주의론적 PDR의 주류라 할 수 있는 '독점강화 - 종속심화의 테제를 지지하는 세력들이 분명히 한국자본주의의 보편적인 합법칙적 발전과 함께 신식민지적 특수성을 동시에 사고하고 있는 것은 분명하다. 왜냐하면 이병천이 주장하는 '독점강화 - 종속약화 테제'[60]에 대해 비판하는 데서 분명히 확인할 수 있기 때문이다. 그러나 한편으로 김형기의 반제 우위의 신식민지 국가독점자본주의론[61]을 동시에 비판함으로써 반제를 인과적 우위에 두는 입장도 비판하고 있음을 알 수 있다.[62]

---

60) 이병천, 1988 참조.
61) 김형기, 1988 참조.
62) 윤소영은 '독점강화-종속심화 테제'에 기초한 신식민지 국가독점자본주의 PDR론을 옹호하면서, '독점강화-종속약화 테제'를 주장하는 이병천과 반제 우위의 신식민지 국가독점자본주의론을 주장하는 김형기를 동시에 비판하고 자기 이론과의 차별성을 강조한다. 즉 "우리는 이미 본문 중에서 김교수와 같은 'NL적 신식민국독자론'-그의 사구체론과 변혁론은 전혀 이질적인데, 특히 후자는 놀라우리만치 정민씨의 것을 그대로 모방하고 있다-이나 이교수와 같은 'PD적 신식국독자론'-그의 사구체론이나 변혁론은 김교수가 비판하는 바와 같이 절충적이며 '순수국

그렇다면 반제반독점이라는 이중적 과제는 어떻게 해결될 수 있는지를 설명해야 한다. 반제와 반독점이 다같은 중요성을 갖는 한국 민중민주주의 변혁운동의 과제라는 설정만으로는 만족스런 실천적 대안을 발견하기 어렵기 때문이다. 또한 제국주의의 신식민지 지배가 더욱 은폐되고 교활한 방법을 취하게 된 현실을 감안하면, 결과적으로 반제·반독점이 눈앞에 실체를 적나라하게 드러내고 있는 국내의 예속독점에 대한 투쟁으로만 환원될 위험성이 상존하기 때문이다.

식민지 반자본주의 NLPDR론이나 반제 우위의 'NL 신식민지 국가독점자본주의론'의 민족편향성을 제대로 비판하기 위해서는 또하나의 계급편향성으로 귀결될 위험이 있는 반제반독점의 병렬적 나열만으로는 충분치 않다는 사실이다. 따라서 두 편향성의 극복을 위해서는, 한국사회의 구체적 현실에 대한 분석에 기초하여 구체적 국면에서 두 과제의 비중을 올바로 계량해내고 이에 기초해 당면의 주타격 방향을 끊임없이 재조정해내는 노력을 기울여야 한다. 그러나 불행히도 당시 이런 논쟁의 분위기는 조성되지 못했다.

굳이 책임 소재를 따진다면, 주체사상의 교조적 수용을 통해 식민지 반봉건사회를 독자적 사회유형으로 규정한 NLPDR의 잘못과 함께, 신식민지 국가독점자본주의 PDR론의 이론주의적 경향성도 적지 않은 역할을 했던 것으로 본다. 특히 반제·반독점 PDR론의 경우 두 과제의 이론적 관계의 해명을 넘어서는 실천적 관계를 정확히 설정하지 못할 경우 사실상의 '자본파적 편향'에서 벗어나기 힘들기 때문이다. 이런 이론주의적 편향은 신식민지 국가독점자본주의 PDR론이 사회운동 진영보다 학계에서 더욱 주도적으로 다루어지게 됨으로써 더욱 심화된 것으로 보인다.63)

독자/순수PDR론적 경향성을 갖는다ㅡ이 역사적으로도 논리적으로도 그 전거나 논거가 없음을 밝힌 바 있지만, 문제는 양자가 명시적·암시적으로 전제하고 있는 우리의 입장의 '절충성'이다"(윤소영, 1988 : 175)라고 주장하고 있다.

사실 인민민주주의 혁명론(PDR)의 정립은 한국 사회변혁운동에서 과학적 인식과 올바른 실천을 위한 획기적인 계기였다. 당면한 민주화운동과 궁극적인 사회변혁을 유기적으로 연관시켜 사고하고 실천할 수 있게 했기 때문이다. 물론 동일하게 인민민주주의 혁명론에 동의한다고 해서, 반제민족해방론 대 반제반독점론이 절충적으로 화해할 수 있는 이론적 대립구도가 아닌 것은 분명하다. 왜냐하면 당면 변혁운동의 과제 설정의 차이는 사회성격을 바라보는 관점뿐만 아니라 궁극적으로 세계관의 차이를 반영하는 것이기 때문이다.

그러나 당시 진보진영의 이론이나 실천 수준에서 평가한다면, 원칙적이지만 열린 논쟁을 통해 건설적인 대안을 모색해야 할 단계에 있었다. 식민지 반봉건론에서 식민지 반자본주의론으로의 변화가 반제민족해방운동에서 노동계급 중심성을 더욱 강화할 수 있는 여지는 없는지, 그리고 반제반독점운동에서 반제의 적절한 역할과 기능은 무엇인지를 도출하려는 노력은 항상 시도되어야 했다. 무원칙한 절충과 타협에 대한 경계는 당시의 교조적 주체사상파와 이론주의적인 PD론자들의 정파적 이해관계가 아니었는지도 진지하게 물어야 했다.

반제민족해방 대 반제반독점의 대당은 이런 측면에서 잘못된 것이었다. 이 문제가 인과적 선후이든 동렬관계이든 당면의 인민민주주의 변혁(PDR)에서 기본과제라고 한다면 선험적인 주장들의 대립으로 나타나서는 안 되었다. 올바른 전략과 전술 획정을 위한 구체적 실천 조건의 정확한 파악을 위한 노력과 세계관의 차이를 극복할 수 있는 진지한 이론투쟁으로 해결되었어야

---

63) 신식민지 국가독점자본주의론이 학계에서 전개된 과정에 대해, 조희연은 다음의 세 단계를 경과한 것으로 본다. 즉 첫째, 주변부자본주의론과 국가독점자본주의 논쟁에서 박현채의 국독자론의 수용 단계. 둘째, 박현채의 민족경제론을 NL이 제기한 제국주의 지배와 민족해방의 과제와 조응 재해석한 단계. 셋째, 국제변혁론사를 수용하면서 반제반독점 NLPDR론에 근거한 신식국독자론 정립 단계 등이다. 특히 NL-PD로의 정립 단계는 세 번째 단계와 직접 관련되는 것으로 평가할 수 있는데, 이 과정에서 기존 사회운동권의 논의 가운데 특히 식민지 반봉건론을 소부르조아적이고 민족주의적 편향으로 비판하면서 엄밀한 마르크스-레닌주의적 방법론의 적용을 강조했다(박현채·조희연 편, 1989[II] : 23).

할 문제였기 때문이다.

오히려 교조주의 대 이론주의라는 대당이 현실을 정확히 표현한다고 본다. 교조주의와 이론주의는 극복될 수 있고 또한 당연히 그러해야 하는 편향이지 현실이 아니다. 실재하는 진리는 현실 그 자체에 내재하는 것이라는 유물론적 입장을 견지한다면, 교조주의와 이론주의는 그것의 발견을 가로막는 장애일지 언정 서로 다른 세계관을 대표할 수는 없다.

이런 측면에서 마르크스 - 레닌주의가 실재하는 현실의 진리에 도달하는 과학이고 주체사상이 구조중심적 마르크스 - 레닌주의에 대한 비판과 극복으로 보는 입장에서는, 이런 교조주의와 이론주의의 대당은 세계관의 차이가 아닌 극복해야 할 정파적 입장들의 대립으로 볼 수밖에 없기 때문이다.

2-3 영도 방법으로서 주체사상의 수용과 비판

김정일은 1983년 5월 3일 발표한 논문 "맑스 - 레닌주의와 주체사상의 기치를 높이 들고 나아가자"64)에서 주체사상을 다음과 같이 규정하고 있다.

---

64) 이 논문은 마르크스 탄생 165주년과 사망 100주기를 맞아 김정일이 발표한 논문이다. 이 논문에서 김정일은 특히 마르크스의 혁명사상적 업적을 부각시키며, 레닌과 김일성 등 이른바 혁명의 수령들의 혁명사상 부문의 업적을 강조하고 있다. 주체사상의 체계화와 더불어 북한에서 마르크스-레닌주의를 평가절하하고 있다는 일부의 주장은 이로써 타당치 않음을 확인할 수 있다. 즉 북한에서 마지막 당대회였던 조선로동당 제6차 대회에서 채택된 당 규약 개정 전문에는 "조선로동당은 오직 위대한 수령 김일성동지의 주체사상, 혁명사상에 의해 지도된다"고 규정하고 있다. 이를 근거로 한국의 많은 연구자들은 1970년 11월 제5차 당대회 규약에 나와 있는 '마르크스-레닌주의의 창조적 적용'이 삭제된 점을 들어 북한의 마르크스-레닌주의 평가절하 주장의 근거로 삼고 있다. 그러나 1980년의 당 규약 개정의 전문 서두에 조선로동당을 '주체형의 혁명적 맑스-레닌주의 당'으로 규정하고 '수정주의, 교조주의를 비롯한 온갖 기회주의를 반대하고 맑스-레닌주의의 순결성을 고수하기 위하여 견결히 투쟁한다는 목표를 제시하고 있다(국토통일원 조사연구실, 1988[IV] : 133). 이미 앞에서 살펴보았듯이 주체사상의 마르크스-레닌주의에 대한 독창성과 계승성 문제와 관련하여 앞으로 보다 많은 연구가 필요한 문제이지만, 이런 여러 문건들을 통해 우선 확인할 수 있는 것은 북한이 주체사상과 마르크스-레닌주의를 어떤 경쟁적 관계로 설정하고 있지 않음은 분명하다고 평가할 수 있다. 이정길이 인용하고

위대한 수령 김일성동지께서는 조선혁명을 령도하시는 과정에 주체사상에 기초하여 혁명과 건설에 나서는 모든 문제에 과학적인 해답을 주시였으며 주체의 사상, 리론, 방법을 전면적으로 체계화하시였다. 위대한 수령 김일성동지께서 밝히신 사상, 리론, 방법은 모두 주체의 원리로부터 출발하고 그것을 구현한것이다. 이런 의미에서 우리는 김일성동지의 사상, 리론, 방법을 주체사상이라고 말한다(김정일, 1983 : 167).

북한에서는 철학적 원리, 사회역사적 원리, 지도적 원칙으로 구성되는 좁은 의미의 사상과 함께, 혁명과 건설의 이론에 영도의 방법을 포괄한 이른바 '김일성동지의 혁명사상'을 바로 주체사상으로 보는 것이다.65) 여기서 말하는 방법이 바로 영도의 문제를 다루고 있다.

1985년 출간된 '위대한 주체사상총서' 전10권 가운데 제9권인 『영도체계』와 제10권의 『영도예술』이 이에 해당한다. 북한에서는 "주체사상이 영도방법에 관한 이론을 독창적으로 확립함으로써 노동계급의 혁명사상은 그 구성체계에서 혁신이 일어나게 되었으며 필수적인 구성부분을 완벽하게 갖춘 혁명사상으로, 지도사상, 지도이론, 지도방법의 전일적인 체계"(총서 01 : 49)가 되었다고 주장한다. 즉 이전의 마르크스 - 레닌주의와 달리 영도의 방법을 이론적으로 체계화시킴으로써 주체사상은 완전한 전일적 체계를 갖춘 혁명사상이라는 주장이다.

북한에서는 "영도방법은 근로인민대중의 혁명운동을 승리적으로 이끌어나

있는 『사회와 사상』 1989년 11월호에 실린 "김일성종합대학방문기"에 나오는 재미언론인의 보고에 따르면, 김일성종합대학교 일반교양과목 교과시간 1,050시간 가운데 '맑스-레닌주의 철학이' 200시간(남한 대학의 4학기 과정에 해당) '정치경제학이' 110시간(남한 대학의 2학기 과정에 해당)씩 배정되어 있다고 한다. "이것은 주체사상이 맑스-레닌주의를 대체한 것이 아니라, 시인하고 전제로 하고 있다는 사실에 비춰볼 때 지극히 당연한 것이다."(이정길, 1989 : 22-3)
65) 이종석은 이런 의미에서 사상에 해당하는 부분을 좁은 의미의 주체사상, 사상, 이론, 방법의 체계를 망라한 것을 넓은 의미의 주체사상으로 분류한다. 특히 후자를 김일성동지의 혁명사상= 김일성주의로서 현재의 북한 주체사상으로 규정한다(이종석, 2000 : 127-39).

가는 방법, 수법"(총서 09 : 25)으로 정의하고 있다. 따라서 영도방법 문제는
주체사상의 사회역사원리에서 직접 파생된 것으로 볼 수 있다. 주체사상의
사회역사원리에서는 인민대중이 역사의 주체이지만, 주체로서의 지위와 역할
을 할 수 있기 위해서는 지도와 대중이 결합되어야만 한다고 주장한다(총서
02 : 179).

김정일은 "주체사상에 대하여"에서 "혁명운동, 공산주의운동에서 지도문제
는 다름아닌 인민대중에 대한 당과 수령의 영도문제"(김정일, 1982 : 77)라고
하여, 영도의 주체를 당과 수령으로 규정하고 있다. 특히 "당의 영도가 수령의
영도로 되는 것은 수령이 근로인민대중의 지도적, 향도적 역량인 당의 최고영도
자로서 혁명과 건설에서 최고의 지위를 차지하고 결정적 역할을 하기 때문이
다"(총서 09 : 34)라고 하여, 수령의 유일적 영도를 실현하는 것을 영도의 원칙으
로 내세우고 있다(총서 09 : 47).

주체사상은 수령과 후계자의 유일적 영도를 실현하는 과학적 영도체계로
수령의 유일적 영도체계를 내세운다. 수령의 유일영도체계의 확립을 위한
방도로는 전당과 인민의 수령의 혁명사상으로의 무장, 수령을 중심으로 한
전당과 전체 인민의 통일단결의 실현, 그리고 전당과 온 사회에 혁명적인
사업체계와 질서를 확립해야 한다고 주장한다(총서 09 : 77 - 88).

주체사상은 이런 영도체계에서 당과 국가정권 및 근로단체들의 지위와
역할을 규정하고 있다. 즉 당은 영도체계에서 노동계급의 최고형태의 조직으로
혁명의 향도적 역량이라는 지위를 갖고, "혁명과 건설을 전적으로 책임지고
모든 사업을 조직지휘하는 혁명의 참모부"(총서 09 : 111)로서의 역할을 하는
것으로 규정된다.

국가정권은 당과 대중을 연결시키는 가장 포괄적인 인전대로서, "주권적,
행정적 기능을 통하여 사회주의, 공산주의 건설에 대한 수령의 영도를 확고히

보장"(총서 09 : 146)하는 역할을 한다고 본다.

그리고 근로단체는 당과 대중을 연결시키는 인전대로서 당의 방조자, 후비대라는 지위를 갖고, "당의 외곽단체로서 각계각층의 군중을 조직화, 의식화하여 당과 수령의 두리에 묶어세운다"(총서 09 : 175)라고 규정된다.

결국 북한의 영도체계는 수령과 후계자의 유일적 영도를 보장하는 체계로서 당을 혁명의 참모부로 하고 국가정권과 근로단체들을 통해 당과 인민을 연결시키는 것이다.

주체사상에서는 "영도예술이란 인민대중을 움직이는 방법이다. 다시 말하여 노동계급의 당이 대중을 혁명과 건설에 조직동원하는 방법, 묘술의 총체"(총서 10 : 11)로 정의한다. 이를 위한 구체적 방식으로는 전투적 구호의 제시와 공산주의적 대중운동의 전개를 내세우고 있다. 특히 대중운동의 전형으로 '천리마작업반운동' '3대혁명 붉은기쟁취운동' '숨은 영웅들의 모범을 따라 배우는 운동'의 세 가지를 제시함으로써, 사회주의 건설에서 대중 지도의 모범으로 평가하고 있다(총서 10 : 42 - 71).

영도예술에서 가장 중요한 문제로 혁명적 사업방법을 제시하고, 항일유격대식 사업방법과 청산리방법을 전형으로 내세우면서 다음의 일곱 가지를 혁명적 사업방법의 기본내용으로 제시한다. 첫째, 위가 아래를 도와주는 방법. 둘째, 실정을 요해하고 대책을 세우는 방법. 셋째, 정치사업을 앞세우는 방법. 넷째, 중심고리를 갖고 거기에 힘을 집중하는 방법. 다섯째, 일반적 지도와 개별적 지도를 결합하는 방법. 여섯째, 모든 사업을 격식과 틀이 없이 창조적으로 하는 방법. 일곱째, 사업을 대담하고 통이 크게 벌이는 방법 등이다. 일반적으로 청산리방법 등 기존 대중운동의 방식과 성과를 집대성한 것으로 볼 수 있다.

영도예술에서는 혁명가적 기풍과 인민적 품성에 기초한 인민적 사업작풍을 중요시하면서, "사업작풍은 일꾼들의 사업능력이나 성격에 의하여 좌우되는

것이 아니라 사상에 의하여 규정되고 사업방법에 의해 제약된다"(총서 10 : 175)
고 본다. 즉 주체사상에서는 간부들의 능력이나 타고난 성격보다는 올바른
사상을 먼저 가져야 한다는 점을 강조하는 것이다. 또한 인민적 사업작풍의
주요내용으로 혁명가적 기풍과 인민적 품성을 들고 있다.

혁명가적 기풍이란 "한마디로 말하여 당과 수령을 위하여, 노동계급과 인민
을 위하여 모든 것을 다 바쳐 헌신적으로 싸우는 투쟁정신, 사업기풍을 가진다는
것"(총서 10 : 182)으로, 수령의 교시와 당의 방침에 대한 절대성·무조건성,
혁명의 주인다운 태도, 이신작칙(실지 행동을 통한 대중에의 모범), 불요불굴의
투쟁정신, 원칙성과 노숙성 견지 및 자기 사업에 대한 검토총화 등을 요구하고
있다.

또한 "인민적 품성은 일꾼들이 혁명과 건설의 주인인 인민대중을 가장
귀중히 여기고 그들을 끝없이 존경하고 사랑하며 인민대중의 이익을 실현하기
위하여 모든 것을 다하는 관점에서 인민대중을 대하는 고상한 정신도덕적
품성"(총서 10 : 200)으로 규정한다. 이런 인민적 품성의 주요한 내용으로 어머니
다운 품성, 겸손하고 소박한 품성, 인간성과 문화성을 겸비할 것을 요구한다.
이처럼 인민적 사업작풍은 당의 간부가 지녀야 할 기본적 품성으로서, 이를
뒷받침하는 가장 중요한 요소를 사상으로 보고 있는 것이다.

당 간부의 자질로서 강조된 주체사상의 품성의 문제는 1980년대 중반 한국에
주체사상이 수용되는 과정에서 중요한 역할을 담당했다. 이종오의 주장처럼
한국에서 주체사상을 수용하는 중요한 계기를 마련한 김영환의 『강철서신』[66)
은 주체사상을 중심으로 한 사상적 단결과 신념과 의리의 중시 및 간부 선발의
기준으로 품성과 경험을 강조하였기 때문이다(한국기독교산업개발원, 1988 : 259
-60). 당시의 분열된 학생운동과 노동운동 내부에서 품성의 강조는 운동가들의

---

66) 1986년 4월경 학생운동 내부 문건으로 발행되어 유포되다가, 1989년 도서출판 눈에서 편집부
편으로 『강철서신―올바른 생활을 위한 지침서』로 출판되었다.

자세를 되돌아보게 했고, 이를 통해 주체사상의 대중적 수용 과정에서 사상 그 자체에 대한 거부감을 줄일 수 있게 했다.

1986년 상반기 주체사상의 수용과 1988년 이후 NLPDR론의 확산은 실천운동 차원의 조직 문제에 대해서도 일정한 영향을 미친 것으로 평가된다. 즉 품성론을 중심으로 한 주체사상의 영도의 방법 문제가 심각하게 논의되게 되었고, NLPDR의 실현을 위한 조직의 틀과 방식에 대한 검토가 더 이상 미룰 수 없는 과제로 제기되었기 때문이다.

품성론이 운동가의 자세에 관한 문제로서 별 무리없이 수용될 수 있었다면, 변혁운동의 조직 건설 문제는 매우 첨예한 입장 차이를 반영하는 것으로 각 정파들간 치열한 논쟁의 대상이 될 수밖에 없는 문제였다.

NLPDR론이 민족해방의 과제를 갖는 인민민주주의 혁명이라고 했을 때, 전위당과 통일전선의 문제는 당면한 논의의 대상이 된다. 시바타柴田政義는 "인민민주주의란 노동자계급이 지도적 위치를 차지하는 노동자의 혁명적 권력의 새로운 정치체제 또는 정치조직 형태"(어현덕·김창진, 1987 : 255)라고 규정했다. 따라서 인민민주주의를 지향하는 인민민주주의 혁명은 노동자계급의 전위로서 혁명적 당의 지도가 필수적으로 전제되고, 농민을 비롯한 반제반봉건 혹은 반제반파쇼의 통일전선을 필요로 하게 된다.

주체사상도 반제 반봉건 민주주의 혁명의 주력군을 노동자와 농민으로 설정하고, "노동계급의 혁명적 당을 창건하고 그것을 끊임없이 강화하는 것은 혁명의 주력군을 튼튼히 꾸리기 위한 선결조건"(총서 04 : 151)임을 강조하고 있다. 특히 식민지, 반식민지 나라들에서는 혁명의 주력군만 아니라 보조역량의 조직화가 중요하다고 보고, 지주, 예속자본가, 민족반역자, 반동관료배를 제외한 모든 계급·계층을 적극적으로 쟁취하여 혁명의 주인으로 만드는 통일전선의 중요성을 강조하고 있다(총서 04 : 154 - 5).

주체사상은 항일유격대식 사업방법을 영도방법의 원형이라고 주장한다(총서 09 : 17). 즉 김일성의 항일유격대 시절의 사업방법을 수령의 유일적 영도와 함께 인민적 사업작풍을 실천에 옮긴 역사적 사례로 들고 있는 것이다.

그러나 주체사상에서 설명하고 있는 영도 체계와 방법은 전반적으로 혁명 성공 이후 북한의 실정에 기초한 것으로 한국의 아직 초보적인 변혁운동에 그대로 적용되기에는 많은 문제점을 갖고 있다. 그 결과『강철서신』에서 강조된 품성론이 한국의 진보운동에 미친 영향 만큼 영도의 체계와 방법의 문제는 한국의 실정과 상당히 동떨어진 것으로 직접적인 관련성이 그다지 많지 않았다고 평가할 수 있다. 이런 실정을 반영하듯 주체사상의 영도방법의 문제는 일부 주체사상 수용세력의 문건 속에서 원칙적 내용만 요약적으로 서술되고 있을 뿐 한국의 구체적 조직문제와의 관련성 속에서 검토되지는 못했다.[67]

이 시기 주체사상 수용세력들의 전위당에 대한 관심은 통일혁명당에 관한 소개로 나타났다. 통일혁명당은 북한의 지시로 결성된 남한 혁명운동의 전위당이었다.

통일혁명당의 창당은 1961년 조선로동당 제4차 대회에서 행한 김일성의 중앙위원회 사업총화보고에서 비롯된다. 이 보고에서 김일성은 남한에서 4.19 혁명 실패의 원인을 지적하면서, 남한의 반제 반봉건 혁명의 수행과 승리를 위해서는 "맑스 - 레닌주의를 지침으로 하며 로동자, 농민을 비롯한 광범한 인민대중의 리익을 대표하는 혁명적인 당을 가져야 합니다"(국토통일원 조사연구실, 1988[II] : 63)라고 주장했다. 이는 해방 직후 북한의 일관된 대남정책 기조였던 민주기지노선과 차별성을 갖는 것으로, 남한에 독자적인 마르크스 - 레닌주의 전위당 건설의 필요성을 최초로 인정한 것으로 평가할 수 있다. 이것은 남조선혁명의 독자성을 인정한 것으로 볼 수 있는데, 국제공산주의운동에서는

---

67) 이런 대표적인 사례로는 조진경, 1988(1) : 344-70 참조.

일국 일당을 공인된 원칙으로 하기 때문이다.

한국에서 독자적인 전위당 건설에 대한 구상은, 1958년 8월 북한에서 생산수단 소유의 사회주의적 개조 등으로 남북한이 실제 서로 다른 체제로 이행했음을 인정한 것과 동시에, 1960년 4.19 혁명으로 남한 내 민족민주역량이 일정 정도 성장했음을 인정한 것으로 평가할 수 있을 것이다. 특히 1964년 2월에 개최된 조선로동당 중앙위원회 제4기 8차 전원회의에서는 "대남사업에 무력을 병행시킬 것, 남한혁명역량을 급속히 구축할 것을 결의하고 이를 실행하기 위하여 기존의 연락국을 대남사업총국으로 개편·강화하였다."(편집부 엮음, 1988c : 54)

조선로동당 대남사업총국의 지휘 아래 1965년 11월 초 김종태, 김질락, 이문규 등이 지도부를 구성하고 창당 준비에 나섰다. 그러나 1968년 8월 중앙정보부에 의해 지도부가 대거 검거됨으로써 사실상 남한 내 지하 전위당으로서의 위상은 상실되게 되었다.

한국에서 통일혁명당 지도부의 와해에도 불구하고, 1969년 8월 25일 '남조선해방 민주민족연맹 방송'을 통해 통일혁명당 선언과 투쟁강령이 발표되고 통일혁명당 중앙위원회 창당이 선언되었다. 그러나 이 방송은 1967년 3월 15일 평안남도 순안에 만든 대남방송국이었는데, 1970년 6월 1일부터 '통일혁명당 목소리 방송'으로 개칭하고 해주 송신소로 이전한 것으로 알려져 있다. 통일혁명당은 1985년 7월 27일 '한국민족민주전선'으로 개칭하고, 기존의 '통일혁명당 목소리 방송'을 '구국의 소리 방송'으로 변경하였다(편집부 엮음, 1988c : 165‐7).

통일혁명당의 궤적을 추적해보면, 창당 준비가 북한의 대남사업과 밀접한 연관을 가지고 있으나, 김종태 등 최초의 지도부는 해방 직후 한국에서 좌익운동을 했던 인물들이 중심이었다. 그러나 1968년 통일혁명당 사건으로 조직이

와해된 이후는 북한에 소재를 두고 조선로동당의 실질적 지도를 받는 조직이었다. 그럼에도 북한에서 통일혁명당과 1985년 이후 한국민족민주전선을 한국에 소재하는 한국의 지하 전위체로 주장하는 것은 다음 두 가지 이유들과 밀접한 연관이 있다고 추측할 수 있다.

첫째, 통일혁명당을 한국에 존재하는 지하 전위당으로 규정함으로써 한국 내부의 혁명운동의 존재를 부각시키려는 대외 및 대남 선전의 목적이다. '통일혁명당 목소리 방송'이나 '구국의 소리 방송'의 주요 내용들이 한국 실정 비판이나 김일성의 사상이나 혁명전통의 해설 등으로 구성되었던 것에서 확인할 수 있다.

둘째, 단순한 선전의 목적을 넘어 1961년 9월 조선로동당 제4차 대회 이후 일관된 북한의 대남정책인 한국에서 독자적인 혁명적 전위정당 구축을 위한 노력의 일환이라는 점이다. 즉 '통일혁명당' '한국민족민주전선' 등을 통해 한국 내부에 있던 동조세력들을 규합하고, 확보된 역량들을 통해 원래 의도했던 한국 내 지하 전위당 구축의 조직 모델로 삼고자 하는 의도로 볼 수 있다. 이것은 방송을 통해 남조선혁명 투쟁 방법론이나 사상교양 및 한국의 구체적인 정치정세에 대한 입장들이 계속 발표되는 데서 알 수 있다.

1980년대 중·후반 한국에서 진보운동의 조직틀 건설 문제를 둘러싼 논쟁은 크게 두 갈래로 나누어졌다. NLPDR론에 입각한 세력의 '반미구국통일전선론'과 PDR과 NDR론의 '반제반파쇼(반독점) 민중통일전선론'으로 대별되는데, 이런 통일전선의 전위체로서 전자는 애국적 전위대론을, 후자는 노동자계급정당 건설론을 제시했다. 이 가운데 한국민족민주전선과 관련을 갖는 것이 바로 반미구국통일전선 결성을 위한 애국적 전위대론이었다. 애국적 전위대론은 다시 한국민족민주전선의 위상과 수령의 지도 문제를 둘러싸고 민족해방 정치조직론과 반제청년동맹·민족해방 학생동맹론으로 구별되었다(김광 외,

1991 : 157).

　조진경으로 대표되는 민족해방 정치조직론은 당시 한국 NLPDR론의 전위체 조직론의 주류이자 다수파로 평가되는데, 각계 각층의 대중단체 확대강화, 민족해방 정치조직의 구성 및 변혁운동 차원의 지도력 형성을 순차적 과제로 제시하고 있다. 전위체 조직을 위한 첫 단계는 대중조직의 확대·강화로 "그중에서도 중심축은 계급·계층별 기본대중단체의 형성·강화"(조진경, 1988[1] : 319)로 하여 주력군을 중심으로 조직을 강화해야 한다고 본다.

　두 번째 단계는 민족해방 정치조직의 구성인데, "기본대중조직의 강화와 동시에 그에 기반하면서도 별도의 조직원리와 체계를 갖는 민족해방 정치조직을 각 계급·계층별로 형성해 나가야 한다. 각 부분운동의 정치조직은 장차 통일전선체의 직접 산하단체로 된다"(조진경, 1988[1] : 319)고 한다.

　마지막 단계인 변혁운동 차원의 지도력 형성에서는 지도적 역량이 광범한 부분에서 성장해나와야 한다는 사실을 강조하는 것과 함께 상당히 흥미로운 부분이 발견된다. 즉 지도력은 배후의 권위나 특정 권위에 대한 충성을 통해 보장되지 않는다고 강조하면서, "현실과 대중에 대한 투철한 책임성, 오로지 이것만이 지도력의 원천이 될 것이다"(조진경, 1988[1] : 320)라고 주장한다.

　이를 통해 조진경 등 민족해방 정치조직론자들은 주체사상을 수용하고 민족해방을 제일의 과제로 설정하지만, 한국 변혁운동에서 수령의 지도나 한국민족민주전선과의 연관을 배제해야 한다고 보고 있음을 알 수 있다.

　NLPDR론 내부에서 이런 주류의 입장과 달리 반제청년동맹과 반미청년회 등은 한국민족민주전선과 수령의 지도를 인정하고 있는 분파로 민족해방 정치조직론과 첫 번째와 두 번째 단계는 동일하지만, 별도의 전위체에 대해서는 소극적인 태도를 보였다. 왜냐하면 그들의 입장에서는 조선로동당의 총체적 지도 하에 있는 한국민족민주전선을 한국 변혁운동 수행을 위한 조직틀로 인식했기 때문이었다.

이들은 1985년 7월 27일 통일혁명당의 한국민족민주전선으로의 개칭 이후에도 '반제청년동맹' '반미청년회' 등의 명칭을 사용하다가, 1990년 1월 김영환등을 중심으로 '민족민주혁명당'(민혁당)을 결성한 것으로 알려져 있다.[68] 즉이들은 조선로동당과 한국민족민주전선을 사실상의 전위체로 인식하면서, 대중단체의 강화와 함께 전위체의 기능과 역할을 제고하기 위한 조직체만이 한국에서 필요한 것으로 인식한 것으로 평가된다.

NLPDR론에 속하는 위의 두 입장 가운데 수령이나 조선로동당 그리고 통일혁명당(한국민족민주전선)의 지도를 수용하는 세력들의 전위체와 통일전선 건설론에 대해서는 별다른 검토가 필요없을 것으로 판단된다. 왜냐하면 이들의 견해에 따르면 한국 변혁운동의 전위체나 통일전선은 이미 구축되어 있기 때문이다. 따라서 어떤 방식으로 이런 전위당의 지도와 통일전선을 한국의 상황에서 강화시킬 수 있는 조직을 형성할 것인가의 문제만 남기 때문이다.

달리 말하자면 북한의 대남정책의 일환으로 한국 변혁운동의 조직문제가 나타날 뿐, 한국의 특수한 사회경제상황이나 계급관계 등에 대한 세밀한 검토는 중요치 않기 때문이다.

따라서 여기서는 사실상 북한의 대남사업의 일환인 북한의 통일혁명당과 한국민족민주전선의 존재가 한국의 진보운동에 미친 영향을 어떻게 평가해야

---

68) 한국민족민주전선 서울대표부 혹은 민족민주혁명당 등의 명칭은 2005년 1월 경부터 현재까지는 '반제민족민주전선'으로 개칭되어 사용되고 있는 것으로 알려져 있다. 민혁당은 1995년 10월 검거된 최정남 부부간첩사건과 1998년 12월 남해상 침투 북한 반잠수정에서 발견된 전화번호 등을 통해 국정원이 내사에 착수, 김영환, 조유식, 하영옥, 김경환 등이 체포됨으로써 조직이 드러났다. 김영환은 1999년 10월 4일 국정원에서 반성문 형태의 전향서를 쓰고 공소보류로 석방되었다. 이 사건으로 전향자 17명은 공소보류 조치를 받았으나, 하영옥 등은 사법처리되었다. 김영환의 국정원 반성문에 따르면, 1991년 월북 이후 1994~5년 북한의 실상에 회의를 느끼다가, 황장엽 망명 이후인 1997년 7월 민혁당 중앙위원회를 개최 민혁당의 해산을 결정했다고한다.

할 것인가의 문제만 지적하고자 한다. 여기서 검토의 기준은 1961년 9월 조선로동당 제4차 대회에서 한국에서 '독자적인 맑스 - 레닌주의적 혁명정당'의 필요성을 인정한 사실과 1968년 8월 통일혁명당이 사실상 와해된 사실에 근거해야 한다고 본다.

1961년 9월 조선로동당 제4차 대회에서의 대남정책의 변화는 한국에서 4.19 혁명의 좌절과 5.16 쿠데타 발발 이후 변화된 남한의 정세에 대한 북한의 대응으로 판단된다. 또한 여기에는 북한의 전후 인민경제복구사업의 성과와 1958년 8월 완수가 선언된 생산수단 소유의 사회주의적 개조라는 북한 내부의 사회성격의 변화도 상당한 영향을 미친 것으로 평가할 수 있다. 즉 북한의 입장에서도 이미 인민민주주의 혁명을 완수하고 사회주의 단계로 이행하기 시작한 북한사회와 전혀 이질적인 남한사회를 이전의 민주기지 노선만으로는 대응할 수 없음을 인정한 것으로 보아야 한다.

북한의 남조선혁명에 대한 보다 분명한 입장은 1964년 2월 27일 조선로동당 중앙위원회 제4기 제8차 전원회의 결론인 김일성의 "조국통일 위업을 실현하기 위하여 혁명력량을 백방으로 강화하자"에 나타나고 있다. 김일성은 여기서 조선혁명의 승리를 위한 세 가지 역량을 북조선의 혁명역량, 남조선의 혁명역량, 국제적 혁명역량으로 규정하고, 이미 북한에서는 해방 직후부터 민주기지 노선에 따라, 혁명기지를 굳게 다지게 되었다고 평가하며 다음과 같이 3대 혁명역량 강화론을 주장했다.

그러나 북반부에서 혁명력량을 강화하는 것만으로는 안됩니다. 지금 미국제국주의자들의 직접적인 압박과 착취를 받는 것은 남조선 인민들입니다. 그러므로 남조선에서 미제국주의자들을 몰아내기 위하여서는 먼저 남조선 인민들이 주동이 되어 일떠서야 합니다. 이렇게 해야 남조선에 대한 미제의 식민지통치제도에 직접타격을 줄수있으며 남조선혁명이 인민 대중의 힘에 의하여 더 빨리 추진될 수 있습니다(김일성, 1964 : 247).

물론 김일성은 북한의 인민들의 적극적 지원이 있어야 한다고 했지만, 남한혁명의 일차적 주체를 분명히 남한 인민들로 규정하고 있다. 이후 1968년 말까지 지하 전위당 통일혁명당 창당 지원 및 다양한 군사적 지원 등을 통해 적극적인 대남정책을 추진했다. 그러나 이미 살펴보았듯이, 1968년 통일혁명당 준비를 하던 지도부의 일망타진으로 사실상 남한에서 지하 전위당 구축사업은 실패로 돌아갔다. 이후 북한 지역에 거점을 둔 통일혁명당은 한국 내부에 존재하는 조직임을 표방했지만, 사실상 남한의 진보운동에 실질적인 지원을 할 수 없는 상태였다. 물론 인혁당 재건위 사건이나 남민전 사건 등 이후 1970년대 말까지의 다양한 한국 내 조직사건들에서 밝혀졌듯이, '통일혁명당 목소리 방송'을 통한 사상교양과 정세와 관련된 다양한 입장 표명 및 대남 공작원의 남파를 통한 지하 혁명당 창설을 위한 지원사업이 있었던 것은 사실이다.

1960년대 중·후반 이후 1970년대 말까지 한국에서 강력한 박정희 군부 권위주의 정권 아래서 북한의 대남정책은 물론 한국 내부의 진보적 사상운동과 통일운동은 그다지 국민들의 지지를 받지 못했던 것이 사실이다. 뿐만 아니라 1968년 1.21 청와대 기습 기도와 10~11월 울진·삼척지역의 무장게릴라 침투사건 등은 북한의 군사적 모험에 대한 한국 국민들의 경각심만을 자극했을 뿐이다. 이런 사태들은 오히려 박정희 군부정권의 반공주의 정책과 선전에 역이용된 측면이 강했다. 1969년 1월 제4기 4차 조선인민군 당위원회에서 김창봉, 허봉학, 최광 등 군부 및 대남사업 책임자들을 군사모험주의로 숙청한 데서 알 수 있듯이, 이 시기 북한의 대남정책의 실패는 북한 스스로 인정한 것이었다고 볼 수 있을 것이다.

1969년 통일혁명당 지도부의 사형집행 등 사법처리 이후 북한에서 치러진 추모식 등은 북한의 입장에서는 충분히 이해될 수 있는 일이었을지라도, 분명한 것은 한국의 진보운동의 발전에는 아무런 도움이 되지 않았다는 점이다. 따라서 만일 남한 내부 지하당을 통해 북한에 대한 지지 여론의 형성이나 북한의 명령과 지시를 성실히 수행하는 공작원을 양성하는 것이 목적이 아니고, 한국의 광범한 민중들 속에 반미 자주화와 반독재 민주화를 위한 역량을 확대·강화하는 것이 목적이었다고 한다면 명백히 비판받아야 했다.69)

이 시기 실패한 북한의 대남정책은 위의 김일성의 인용문과도 분명히 차이를 보인다. 즉 김일성은 1964년 당시의 시점에서 남한혁명의 주체가 남한 인민임을 분명히 지적했고, 따라서 남한의 혁명적 전위정당은 그들의 지지를 받아야만 했기 때문이다. 김일성의 이런 기본 취지는 1980년 조선로동당 제6차 대회에서 제의한 사상과 제도의 차이를 불문한 고려민주연방공화국 창설방안에도 그대로 유지되는 것으로 평가할 수 있다. 따라서 조선로동당이나 수령 혹은 한국민족민주전선의 지도를 전제한 한국 변혁운동의 조직구상은 그것이 한국 내 일부 운동세력의 오류였든 아니면 북한의 정책상의 실수였든 분명히 잘못된 것으로 비판받아야만 한다고 본다.

사상과 이론으로서의 주체사상의 교조적 수용보다도 조직·영도 문제에서의

---

69) 주체사상을 교조적으로 수용한 한 책자에서는 통혁당의 창립이 한국민중의 정치의식과 대중운동에 획기적 변화를 가져왔다고 주장하면서, 그 근거로 다음의 두 가지를 들고 있다. 첫째, 당 창건 이후 한국 각지에 주사연구회, 김일성주의 연구서클의 조직을 통한 주체사상의 보급 둘째, 통혁당 창립 이후 한국민중의 대중투쟁의 조직화와 목적의식성의 강화 등이다(김태호, 1990 : 231-2). 통일혁명당이 1961년 9월 조선로동당 제4차 대회와 특히 1964년 2월 당 중앙위원회 제4기 8차 전원회의에서 남한내 마르크스-레닌주의적 당 건설 필요성이 강조된 후, 1964년 3월 한국내 김종태 등에 의해 탄생한 것은 사실이다. 따라서 통혁당이 한국내 일부 선진적 혁명가들에 의해 주체사상을 지도사상으로 하여 생겨난 전위적 비합법 조직임을 인정할 수 있다고 하더라도, 그것이 곧바로 대중적인 사상의식화와 조직화에 기여했다는 증거는 발견되지 않는다. 특히 위의 책자에서 주장하는 남한의 주체사상의 보급 현황이 북한에서 발간된 서적과 「로동신문」에서 인용한 것이라는 점에서도 문제는 드러난다.

교조적인 입장은 더욱 큰 위험성을 내포한다. 왜냐하면 조직과 영도의 문제의 오류와 실패는 사상과 이론처럼 학습이나 논쟁으로 해소될 수 없는 보다 직접적이고 더욱 치명적인 결과를 가져 오기 때문이다.

이런 사례를 1980년대 후반 학생운동의 주도권을 장악했던 '전국대학생대표 자협의회'(전대협)나 '한국대학총학생회연합'(한총련) 등의 조직활동에서 어렵 지 않게 발견할 수 있다. 즉 주체사상의 혁명적 수령관을 교조적으로 수용하여 한국 국민대중의 정서와 유리된 김일성과 김정일에 대한 공공연한 찬양뿐만 아니라, 나아가서는 정연한 조직생활체계의 확립을 명분으로 의장과 조직 중앙을 중심으로 하는 지도체계의 수립을 강조했다. 그 결과 의장들과 조직중앙 에 대한 사실상 회원대중의 절대적 존경과 지지만 요구됨으로써, 합법 혹은 반합법적 위상을 갖는 학생운동 조직으로서의 건강한 조직활동을 저해하는 결과가 되었다.

비합법 전위조직이 아닌 학생운동의 대표조직으로서의 위상을 갖는 전대협 과 한총련은 당연히 보다 공개적이고 민주적인 절차를 통한 조직운영이 요구되 었다. 그럼에도 불구하고 당시 이런 조직들이 보여주었던 의장의 소小수령화나 조직중앙의 사실상의 영도체화 현상은 주체사상의 영도 체계와 방법에 대한 교조적 수용의 결과로 판단된다.

김태호의 다음과 같은 주장은 이를 뒷받침하는 것으로 평가된다. 즉 그는 조직중앙은 정책의 협의가 아닌 지도의 보장을 목적으로 하기 때문에, 조직중앙 의 구성에서는 사람의 질에 대한 고려가 우선되어야 하고 "풍부한 대중운동에 대한 경험, 높은 조직적 수완, 사상이론에 대한 폭넓은 이해 등으로 조직성원들 의 존경과 신뢰를 받는 그런 사람들로 조직중앙이 꾸려질 때 보다 힘있는 조직으로 될 것"(김태호, 1990 : 295)이라고 주장했다.

합법적 대중조직의 조직중앙 구성에서 지도를 위한 사람의 질에 대한 강조는

사실상 민주적 절차성보다는 합의에 의한 과두적 절차에 의존할 수밖에 없게
한다. 특히 이 문제는 학생운동이 직업적 사회운동 일반과 달리 일정한 활동
시기의 제한을 갖는 인력들로 구성된다고 했을 때, 조직의 정파화를 초래할
수밖에 없게 된다.

사회주의 혁명과 건설에 대한 북한의 영도 체계와 방법의 적실성 문제는
차치하고서라도, 조건이 전혀 다른 한국의 상황, 특히 학생운동의 조직과
지도 문제에 이를 교조적으로 수용함으로써 초래된 문제점은 결국 전대협과
한총련에 대한 학생대중으로부터의 외면은 물론이고, 일반 국민들의 학생운동
에 대한 신뢰도 철회케 하는 중요한 원인이 되기도 했다.

한편으로 NLPDR론에서도 한국 변혁운동의 지도와 관련된 문제에서 북한
과의 일정한 독자성을 주장한 민족해방 정치조직론은 전위체와 통일전선
문제 등에서 이론적으로 검토할 여지가 있다. 물론 이 입장도 주체사상의
강력한 영향을 보여주는 것으로, 통일전선 문제의 올바른 해결을 위해서는
사상철학의 근본관점에 군건히 의거해야 한다는 점을 강조하고 있다(조진경,
1988[1] : 305). 또한 통일전선의 목표를 반미 자주화에 두고 있음은 물론이다.
이미 언급했듯이, 민족해방 정치조직론은 근로대중 단체의 강화, 민족해방
정치조직의 구성 및 지도력의 형성 등 3단계를 순차적으로 사고하고 있다.
그리고 "기본대중단체가 직접 전선체로 편입되는 것은 아니며 민족해방 정치조
직이 전선체로 구성"(조진경, 1988[1] : 316)된다고 함으로써, 통일전선 구성을
2단계이 괴제, 그리고 선위체를 3단계의 과정으로 보고 있다. 전위체와 통일전
선의 관계에 대한 그의 입장은 PDR론이나 NDR론에서 제기하는 방식과
일정한 차이가 있는 것이었는데, 먼저 이 차이를 비교해보자.

채만수·김장한은 1980년대 후반 한국의 통일전선논쟁의 기본 대립구도를
사회구성체론의 식민지 반자본주의론과 신식민지 국가독점자본주의론으로의

대립 및 그와 중복된 모순 규정상의 논점과 계급배치 등을 기준으로 민족해방론과 민중민주변혁론으로 양분한다. 이어서 그들은 당면의 민족민주변혁론에 대한 내포의 차이를 반영하는 민족민주전선론의 제 유형들을 양분된 기존 대립구도와 연관지어 설명한다(채만수·김장한, 1990 : 179 - 80).

이런 분류에 따르면, 조진경의 반제 민족통일전선론은 민족해방론에 속하고, 당이 공식 상급조직의 위치에 있지 않는 한 "통일전선체는 그 자체로 완결된 지도력과 조직계통을 보유해야 하며, 전략·전술에 대한 최종적 책임을 지고 민족해방운동을 지도·실천해 나가야 하는 것"(조진경, 1988[1] : 315)으로 규정된다.

민족해방운동에서 전략적 통일전선의 이러한 위치는 민족해방운동의 역량 편성을 총괄하는 개념이고, 변혁 이후 수립되는 권력이 통일전선 권력이라는 두 가지 의미에서 규정된다(조진경, 1988[1] : 307). 이와 함께 특정 시기 지배세력의 최대한 고립화와 다수의 조직을 위한 통일전선 전술의 구사를 주장한다. 즉 전략으로서의 통일전선과 전술로서의 통일전선의 기계적 분리와 무원칙한 혼합이라는 양극단을 비판한다.

조진경은 조직론 차원에서 문제가 되는 것은 전략적 통일전선으로, "통일전선체는 민족해방 총역량의 결집이며, 전체 민중의 정치적 대표체이고, 대체권력의 담보체"(조진경, 1988[1] : 311)이기 때문이라고 본다. 이런 입장에서 전위정당과 통일전선체의 관계를 반드시 양자의 결합 속에서 파악하지 않는 입장을 보여준다. 즉 그는 무장근거지가 확보되었거나 완전 혹은 상당한 합법상황이 아닐 경우 당이 보편적으로 공식화되지 않는 경우가 많고, 쿠바, 니카라과, 1930년대 조선의 항일무장투쟁 등의 경우에도 당이 공식적으로 존재하지 않았던 역사적 사례들을 근거로 들고 있다.[70](조진경, 1988[1] : 314 - 5) 그리고

---

70) 쿠바의 경우 공산당이 부재했다는 조진경의 주장은 쿠바혁명에 관한 일반적 평가인 쿠바 공산당의 카스트로 무장봉기에 대한 비판적 입장을 염두에 둔 것으로 보인다. 그러나 우디스Jack

만일 당이 존재하는 경우라면, 통일전선에서 당의 높은 수준의 지도력과 활동력을 관철시켜내면 될 것이라고 본다.

한편 통일전선체를 애국적 전위조직과 동일시하는 것은 통일전선체의 구성요건을 너무 엄격하게 적용함으로써, 통일전선의 의미를 상실케 할 것이라고 경계하고 있다(조진경, 1988[1] : 315 - 6). 요컨대 조진경의 반제 민족통일전선론은 전위정당의 존재 여부와 상관없이 민족해방운동 역량의 총 집결체이자 향후 수립될 권력의 기초가 되는 전략적 통일전선체인 것이다. 이런 민족해방론적 통일전선론은 노동자계급의 정치세력화·전위정당 건설을 중시하는 민중민주변혁론의 통일전선론과 이 점에서 분명히 구분된다.

PDR론에 입각한 '인천지역민주노동자연맹'은 1988년 8월 1자로 발행한 기관지『노동자의 길』제29호의 김철순의 글 "남한 사회의 계급 구성과 노동자계급의 전략"에서 전위정당이 부재한 상태에서도 통일전선이 가능하다고 본 조진경의 입장을 정면으로 반박하고 있다. 즉 제3세계에서 민족민주전선이 당의 역할을 대신했다는 주장 등을 비판하면서, "어느 나라에서도 노동자계급의 정당 혹은 그 역할을 대신할 수 있는 혁명적 조직이 없이, 프롤레타리아 헤게모니의 관철 없이 혁명에 승리하고 보다 높은 단계의 혁명에까지 나아가는 데 성공한 경우는 없다"(인천지역민주노동자연맹, 1991 : 63 - 4)고 단언했다.

또한 이 글에서는 통일전선의 문제를 정세의 전개에 따라 "구체적 조건 속에서 검토되어야 할 문제이며, 당위적·무조건적으로 주어지는 것은 아니다"(인천지역민주노동자연맹, 1991 : 66)라고 선언하여, 전위정당의 결성을 통일전선 구축의 선행조건으로 인식하고 있음을 분명히 한다.

또다른 비주사 NL 계열의 '민족통일민주주의 노동자동맹'(인노맹)도 1989년

Woddis의 실증적 연구에 따르면, 일반적 평가와 달리 카스트로의 무장봉기에 많은 노동계급 출신들이 주력으로 참가했고, 쿠바 공산당의 수십년에 걸친 투쟁의 성과로 인해 무장봉기를 가능케 하는 조건이 전국적으로 성숙되었다고 한다. Woddis, 1972 참조.

상반기에 발표된 글 "현시기 우리의 전략적 과제와 조직상 과업의 실현을 위한 기본방침"에서 민중민주변혁론의 입장이지만 위의 인노련과 다른 관점에서 민족해방론적 통일전선론을 비판하고 있다. 즉 이 글에서는 "전위조직 건설의 실천적 토대이자, 정치적 목표와 전략방침에 대한 사상적 통일의 현실적 근거로서 민중통일전선을 설정"(채만수·김장한, 1990 : 288)함으로써, 전위조직과 통일전선의 동시 결성을 주장하고 있다. 먼저 전위조직 건설의 실천적 방도로 노동운동 내 정치연합의 구성을 제의하면서, 이런 전위 건설자들은 민중통일전선 속에서 자신들의 정치적 계획과 전략·전술의 타당성과 실천적 책임성을 검증할 수 있을 것이라고 주장한다(채만수·김장한, 1990 : 289).

전위조직의 건설을 위한 정치연합이 가지는 임무에 대해, 첫째, 전위조직의 강령의 정식화 둘째, 공동의 반反주체사상 정치활동의 수행 셋째, 위 두 임무를 민중통일전선 건설을 위한 공동대응 임무와의 결합을 내세우고 있다.

전위정당의 존재와 무관한 조진경의 전략적인 민족통일전선론은 이처럼 노동운동 세력을 중심으로 많은 비판들에 직면했다. 사실 이론적으로나 역사적으로 인민민주주의 혁명이 주력군의 전위정당이나 그에 필적하는 정치적 중심이 없는 경우가 없었다는 점에서 조진경의 주장은 상당히 파격적인 것이었다. 심지어는 북한의 주체사상에서도 반제반봉건 민주주의 혁명에서 통일전선 문제를 전략적인 문제로 취급하지만, 기본 전제로 "통일전선운동에서 견지하여야 할 원칙은 무엇보다도 노동계급의 당의 독자성과 영도를 확고히 보장하는 것"(총서 04 : 159)임을 강조하고 있다.

물론 조진경이 변혁운동 차원의 지도력 형성 문제를 소홀히 하지 않고 있다는 점에서 그에 대한 비판은 너무 가혹한 것일 수도 있다. 특히 "지도력은 배후의 권위를 업거나 특정한 권위에의 충성을 자처한다고 하는 주관적 특성으로 보장되는 것이 아니다"(조진경, 1988[1] : 320)라고 강조했다. 이것은 한국

변혁운동의 지도권을 북한의 조선로동당이나 수령의 권위 혹은 한국민족민주
전선과의 연관으로 해결하려는 NLPDR 주사파 일부에 대한 비판이라는 의미
에서 보면 오히려 이 문제에 대한 그의 창조적 입장을 긍정할 수도 있다고
본다. 그러나 주체사상에 대한 교조적 수용에 대한 비판이 이론적 과학성과
역사적 경험 자체를 자의적으로 구성한다고 해서 가능한 것은 아니다. 오히려
전위체의 존재 여부에 상관없이 전략적 의미를 담보하는 민족통일전선체가
가능하다고 보는 조진경의 입장은 이런 의미에서 다음 두 가지 혐의로부터
자유로울 수 없다고 본다.

첫째로는, 주체사상의 창조적 수용이라는 명분으로 명시적이지는 않지만,
암묵적으로는 반제청년동맹과 마찬가지로 한국 변혁운동의 지도 전위체를
사실상 북한의 수령이나 조선로동당 혹은 한국민족민주전선으로 전제하는
것은 아닌가 하는 점이다. 이 점과 관련해서는 사상, 이론의 차원에서 주체사상
에 대한 그의 신념에서 군이 영도의 문제에까지 교조성을 유지하지 않더라도
한국의 상황에 성실히 창조적으로 적용하면 언젠가는 진리성이 입증될 것으로
보는 것은 아닌가 하는 점이다. 달리 말하면 '군이 권위를 업거나 충성을
자처'하지 않더라도 의연히 한국 변혁운동의 지도전위는 이미 정해져 있다는
신념의 결과가 아닌가 하는 의구심이다.

둘째, 이런 의구심으로부터 자유롭기 힘들다고 보는 또하나의 이유는 통일전
선체의 근간이 될 민족해방 정치조직의 구성에 관한 그의 절충적이고 타협적인
태도 때문이다. 그는 대국적 견지에서 각 부문운동 역량들의 통일과 단결의
중요성을 강조할 뿐, 원칙적인 논쟁과 비판과 자기비판을 언급하지 않고 있기
때문이다.

사실 민족해방 통일전선의 결성을 전망하는 데는 NLPDR론 내부의 대북의
존론은 물론 다양한 PDR론자들의 주관적인 노동계급 중심성 등 당시의 이론

적·실천적 수준에서 많은 문제점들을 안고 있는 것이 정확한 현실이었다. 따라서 이런 여러 편향들을 극복하기 위해서 그리고 그가 강조하듯이 전략적 의미를 갖는 통일전선의 구축을 위해서도 원칙적인 입장의 논쟁과 상호비판이 필수적이었다. "민족해방 투쟁에의 헌신하려는 의지"(조진경, 1988[1] : 320)만으로는 결코 해소될 수 없는 차이들이 존재했다는 점을 인식하고 이를 해소하려는 노력만이 진정한 민족해방운동의 발전을 위한 유일한 길이었다.

앞에서도 강조했거니와, 사상과 이론 차원의 주체사상의 교조적 수용보다 영도나 조직의 문제의 교조적 수용은 더욱 위험하다. 왜냐하면 이 문제는 이론적인 것이기에 앞서 실천적 문제이고 이미 사회적 구성원리를 달리하게 된 남북한에서 더욱 차이가 두드러지는 문제이기도 하기 때문이다. 마찬가지로 이 문제에 대한 주체사상의 교조적 수용에 대한 비판도, 어떤 자의적인 이론으로 가능한 것이 아니라 반제 인민민주주의 혁명의 이론과 실천의 성과들을 올바로 파악한 상태에서 객관적이고 과학적 기초에 의거해야만 한다.

이미 고도로 첨예한 제국주의 모순의 시기인 현시점에서, 한국의 민족모순을 강조하기 위해 국내 계급모순을 가벼이 여기는 것이나, 반대로 계급모순의 우선성을 강조하기 위해 민족모순을 사실상 외면하는 입장은 모두 주관주의적 이고 관념론적 편향으로 비판받을 수밖에 없다.

한국의 진보 운동과 이론의 영역에 주체사상이 기여할 수 있는 측면은, 바로 구조중심적인 마르크스 - 레닌주의적 편향에 대한 주체사상의 문제제기일 것이다. 이런 점을 도외시하고 주체사상의 합리성을 이유로 영도와 조직의 문제까지 북한을 그대로 추종하거나, 반대로 그런 추종을 비판하면서도 자의적 이론으로 자신을 정당화하는 것은 한국의 변혁운동에 도움이 되지 않을 뿐 아니라, 주체사상이 갖는 합리성마저 폐기시키는 결과가 될 것이다.

반대로 국내의 계급적 모순을 강조하기 위하여 주체사상의 이론적 체계화

과정을 마르크스 - 레닌주의의 발전과정에서 연구하지 않은 채, 몇몇 구절을 구조편향적으로 해석하면서 관념론이나 주의주의 내지는 실용주의라고 낙인 찍는 반지성적인 자세도 비판되어야 마땅하다고 본다.

이런 측면에서 사상, 이론, 영도의 차원에서 한국의 주체사상 수용은 교조적이 아닌 한국의 구체적이고 특수한 현실에 바탕한 창조적인 것이어야 했다. 이런 조건이 충족되지 않음으로써, 현재까지 한국 진보 이론과 운동 진영에서는 주체사상의 실제 내용에 대한 엄격한 이론적 검토와 마르크스 - 레닌주의의 이론적 전개 속에서의 주체사상의 위치에 대해 올바른 이해가 정립되지 못한 것으로 본다.

제5장
탈냉전 이후 한국의 주체사상 연구

1980년대 중반 이후 한국의 진보 운동과 이론 지형은 "1970년대 이후 세계에 서 마르크스주의그룹이 성장했던 유일한 나라"(박현채·조희연, 1992[IV] : 47)라 는 평가에 부합되는 것이었다.

1960년대 이후 종속적 자본주의 발전을 뒷받침했던 군사독재의 정치적 억압성과 민중생존권 박탈은 1980년 5월 광주민주화운동을 거치면서 계급모순 과 민족모순을 일거에 폭발적으로 노정시켰다. 이런 객관적인 구조적 모순과 이에 저항하던 민주화운동의 성장 및 자생적인 민중투쟁들의 빈발은 진보이론 진영으로 하여금 한국사회의 과학적 인식을 위한 방법론적 이론틀을 모색하도 록 요구했다.

결국 한국사회의 종속성과 내적인 구조적 모순은 자본주의의 일반적 운동법 칙의 산물임을 인식케 함으로써, 분단과 한국전쟁 이후 철저히 금압되었던 마르크스주의에 대한 관심으로 나타날 수밖에 없었다. 마르크스주의는 자본주의의 일반적 운동법칙에 관한 가장 과학적인 이론적 분석틀이자, 자본주의의 궁극적 극복을 지향하는 실천의 이념이었기 때문이다.

그러나 상대적으로 일천한 한국의 마르크스주의적 실천과 이론은 손쉽게 접근이 가능했던 현실사회주의의 공식이념인 스탈린주의적 마르크스 - 레닌주의를 수용하는 조건이 되었다.

한편으로 자본주의의 제국주의 단계에 일제의 식민지로 근대세계에 편입되었고, 해방 이후 분단과 한국전쟁 및 냉전을 거쳐 여전히 미국을 중심으로 하는 자본주의 진영에 종속적으로 편입된 한국사회는 민족모순까지 중층적으로 안고 있었다. 민족모순에 대한 예민한 감수성은 상대적으로 민족자주성을 실현한 것으로 인식된 북한의 주체사상에 대한 관심으로 나타났다.

1987년 말에서 1988년 상반기를 기점으로 한국변혁운동 논쟁의 구도가 NL 대 PD로 나타나게 된 것은 바로 이런 실천적 조건과 필요를 반영한 것이었다.

그러나 한국의 진보이론 진영이 한국사회의 과학적 인식과 변혁을 위한 이론틀로 수용했던 스탈린주의적 마르크스 - 레닌주의는 이미 1950년대 서유럽의 비판적 마르크스주의로부터 비판을 받아왔고, 한국에 본격적으로 수용되기 시작했던 1980년대 중반에는 소련의 페레스트로이카 등 현실사회주의 국가들 내부로부터도 심각한 도전에 직면했다. 한편으로 현실사회주의 내부의 변화는 주체사상을 지도이념으로 하는 북한사회주의에도 어떤 식으로든 압박으로 작용할 수밖에 없는 구조적 조건을 갖는 것이었다.

이렇게 보면 한국의 주체사상과 스탈린주의적 마르크스 - 레닌주의를 대표하는 NL과 PD는 이미 국제사회주의 진영의 기본흐름과 역방향을 보이는 것이었다. 즉 1970년대 이후 국제적 마르크스주의 위기와 달리 한국에서는 단절되었던 마르크스주의 전통이 복원되고 있었던 것이다. 진보이론 지형에서 한국적 상황과 국제적 상황의 상반된 흐름은 결국 극도로 취약하고 유아기적인 이 시기 한국 진보이론 진영1)에 조만간 커다란 시련과 압력으로 작용할 것임을 예고하는 것이었다. 결국 1980년대 말 현실화된 소련과 동유럽 사회주의 진영의 급변은 1980년대 막바지에서 1990년대 초에 이르는 한국 진보이론 진영의 동요로 이어졌다.

소련의 페레스트로이카의 성격을 둘러싼 논쟁에서 시작된 이 시기 한국 진보이론 진영의 논의 지형에는 이전의 사회구성체론과 변혁운동론에 대한 재검토로 이어지면서 다양한 청산주의적 및 수정주의적 편향들이 출현하였다. 한국 진보이론 진영으로서는 1980년대 중반 이후 짧은 마르크스주의 전통 복원 과정의 치열성 만큼이나 그에 대한 발본적 부정이라는 도전에 직면하게 되었던 것이다.

마르크스주의 자체에 대한 풍부한 이론적 축적도 부족한 상태에서 탈마르크스주의적 도전에 직면했던 한국 진보이론 진영으로서는 수용된 진보이론을 한국의 구체적 상황에 적용하기도 전에 또다른 외래의 새로운 진보사상에 대응해야 하는 상황으로 내몰린 셈이었다. 그 결과 짧지만 치열했던 마르크스주의 전통 복원의 시기에 노정했던 교조적 편향성을 채 극복하지도 못한 상태에서, 새롭게 유행하는 외래사상들의 수용 여부를 둘러싼 이념편향적 논쟁을 되풀이하게 되었다.

이런 상황을 전제로 하면서, 이 장에서는 탈냉전이 초래한 한국 진보이론 진영의 논의 지형 변화를 비판적으로 고찰하고자 한다. 또한 이런 논의 지형의 변화 속에서 주체사상에 대한 연구 경향의 변화를 반성적으로 고찰할 것이다.

---

1) 1980년대 중·후반 한국 사회구성체 혹은 사회성격 논쟁을 비롯한 이 시기 진보이론 진영의 치열한 문제의식과 이론적 노력들이 결코 아무런 성과가 없었다는 의미는 아니다. 그러나 이론적 축적이 부재한 상태에서 변혁운동 실천의 긴박한 요구에 답해야 했던 한국 진보이론 진영은 정통에 대한 교조적 집착 등 많은 편향을 낳았다는 점에서 냉철한 비판적 평가를 피할 수 없다는 의미이다.

특히 이 과정에서는 탈냉전 이후 한국에서의 주체사상 연구가 변혁론적 차원을 벗어나 북한의 사상과 체제 연구와 결합되는 방향으로 초점에 변화가 발생한 점에 주목할 것이다.

주체사상이 스탈린주의적 마르크스 - 레닌주의에 대한 계승성과 독창성을 주장하는 것을 생각한다면, 동일한 대상을 비판하는 소련의 페레스트로이카와 어떤 관계인가를 고려해야만 한다. 이미 앞에서 살펴보았듯이 주체사상은 페레스트로이카를 현대사회민주주의로 비판한다. 그 이유는 주체사상이 스탈린주의적 마르크스 - 레닌주의를 마르크스주의 창시자들의 사상과 동일시하는 데서 생긴 것으로 보인다. 달리 말하자면 주체사상은 인간해방의 사상이자 가장 높은 추상 수준의 자본주의 일반에 대한 비판적 과학인 마르크스의 사상과 생산력주의적이고 구조중심적인 스탈린주의적 마르크스 - 레닌주의를 구분하지 않음으로써 현실사회주의의 모순을 마르크스주의적 방식으로 극복할 수 있는 대안을 선험적으로 배제하고 있다.

마르크스 - 레닌주의에 대한 계승성과 독창성을 주장하는 주체사상의 이런 이론적 난점들에 대한 진지한 토의는 한국 진보이론 진영의 몫일 수밖에 없다. 왜냐하면 스탈린주의적 마르크스 - 레닌주의를 공식이념으로 채택했던 현실사회주의 국가들은 물론이고, 주체사상을 지도이념으로 하는 북한 스스로 새로운 상황에서 주체사상의 이론적 문제점들에 대한 진지한 학문적 성찰은 애당초 불가능하기 때문이다. 또한 통치구조만을 배타적으로 강조하면서 주체사상을 스탈린주의의 아류로 보는 서구 마르크스주의자들이나 일부 한국의 연구자들에게 주체사상의 사상사적 위치와 특징에 관한 논의를 기대하기도 어려운 상황이었다.

그럼에도 한국에서 주체사상의 수용을 주장했던 세력들은 물론이고, 주체사상에 대한 연구자들까지 이 문제를 등한시한 이유는 무엇 때문이었던지 고찰할 필요가 있다. 이런 점을 염두에 두고 이 장에서는 탈냉전기 한국에서 주체사상 연구와 논의의 현황을 황장엽 망명 이전과 이후로 구분하여 비판적으로 고찰할 것이다. 이와 함께 1980년대 중반 한국에서 주체사상의 수용에 가장 적극적이었던 세력 일부가 뉴라이트 운동으로 전향해간 과정을 사상의 교조적 수용 태도가 초래한 부정적 결과로 보고 이를 비판적으로 고찰할 것이다.

제1절 탈냉전 이후 한국 진보이론 논의 지형의 변화

1-1 페레스트로이카 평가와 포스트주의 담론의 수용과 비판

한국에서 사회구성체 논쟁이 시작되었던 1985년은 소련에서 페레스트로이카를 주도한 고르바초프가 소련공산당 서기장에 선출된 해이기도 했다. 스탈린주의적 마르크스 - 레닌주의가 야기한 내적 모순을 극복하려는 현실사회주의 국가들의 개혁이 본격화된 시점에 한국에서는 잠복 혹은 소멸되었던 마르크스주의 전통이 본격적으로 복원되었던 것이다. 이로 인해 1980년대 중·후반 한국 진보이론 진영은 매우 유동적이고 복잡한 대외적 환경의 영향을 받을 수밖에 없는 조건에 놓여 있었다.

이 시기 한국 진보이론은 김동춘의 지적대로 '정통주의 열병'(김동춘, 1997 : 288)으로 불릴 정도로, 스탈린주의적 마르크스 - 레닌주의를 기본원리로 수용하고자 했다. 변혁운동의 대립구도가 NL과 PD 사이에 설정됨으로써, 변혁운동의 과제와 성격은 물론이고, 목표라는 차원에서도 현실사회주의는 지향해야할 이념형으로서의 역할을 했다. 이런 조건에서 페레스트로이카를 기점으로한 현실사회주의 진영 내부의 개혁과 관련된 혼란과 동요는 한국 진보이론 진영에 새로운 과제를 제기하게 되었다.

이 시기 한국 진보이론 진영이 이상적 이념형으로 삼고 있었던 현실사회주의의 실상에 대한 정보의 획득은 이상적인 사회주의 구상 자체에 심각한 의문을 제기하도록 했다. 식민지 반자본주의론이나 신식민지 국가독점자본주의론을 한국사회의 구체적 분석을 통해 심화·발전시키는 대신, 이념형으로 삼고 있던 현실사회주의의 동요와 붕괴를 해석하고 마르크스 - 레닌주의 자체의 이론적 적실성에 대한 평가를 우선해야 하는 상황으로 내몰렸다. 이런 과정에서 한국 진보이론 진영에서는 스탈린주의적 마르크스 - 레닌주의는 물론이고 마르크스 사상과 이론 자체의 타당성을 부인하려는 견해들이 제기되기 시작했다.

이제 막 체계를 형성해 가려던 한국의 변혁이념에 대한 이런 도전과 '자기해체' 조짐의 원인에 대해 박현채·조희연은 외인설과 내인설로 구분한 후 내인론에서 궁극적 원인을 찾아야 한다고 주장했다.

외인설이 소련·동유럽 사회주의 몰락에서 사태의 원인을 찾는다면, 내인설은 1980년대 한국 변혁운동론이 외형적으로 눈부신 발전에도 불구하고 다음과 같은 심각한 한계를 갖는 데서 찾는 입장이라는 것이다. 즉 내인설은 "소수의 예외는 있지만, 그같은 발전은 사회주의 국가 현실에 대한 놀랄만한 무지, 서구사회에서 마르크스주의적 실천의 무기력성에 대한 일관된 외면, 더 나가서 현대에 대한 분석틀로서의 마르크스 - 레닌주의 자체의 부적합성 혹은 그 현대화의 필요성에 대한 심각한 불감증 속에서 진행되었던, 아주 불완전하고 취약한 발전에 불과했다는 것"(박현채·조희연, 1992[Ⅳ] : 48)에서 원인을 찾는 것이다.

내인설은 당시 한국 진보이론 진영의 문제점을 올바로 파악한 바탕 위에 보다 현실적이고 정교한 변혁운동론을 구축해야 한다는 당위적 차원의 타당성이 인정된다. 그럼에도 소련과 동유럽 현실사회주의의 동요와 붕괴라는 외인이 압력은 한국 진보이론 진영에게 너무나도 막대한 것이었다.

이로 인해 한국의 진보이론 진영은 1970년대 이후 역방향의 경로를 보여주었던 국제적 흐름과 동일한 방향으로 나갈 수밖에 없게 되었다. 달리 말하자면 정통에의 집착에 대한 내재적 반성이 아니라 국제적 조류였던 마르크스주의 혹은 진보운동 전반의 위기를 인정하고, 이에 대한 대안의 모색을 불가피하게 요구받게 되었던 것이다. 따라서 이 시기 한국 진보이론 진영에서 변화의 조짐이 소련의 페레스트로이카를 어떻게 볼 것인지를 둘러싸고 나타난 것은 당연한 일이었다고 할 수 있다.

당시 한국 변혁운동론을 대표했던 NL, PD, ND 세력들은 대체로 페레스트로이카에 대해 마르크스 - 레닌주의에서 일탈이자 사회주의 진영의 약화를 초래할 것으로 보는 부정적 입장이 일반적이었다. 반면에 마르크스주의 자체에 이론적 문제점이 있다고 주장하는 일부 이론가들에 의해 페레스트로이카를 긍정적으로 평가하는 견해들이 제출되고 있었다.

페레스트로이카를 '더 많은 사회주의'를 향한 개혁으로 보는 황태연은 사회주의의 한계로 보는 자본의 시각보다 더욱 반역사적인 왜곡은 극좌 기회주의 내지 사이비 혁명세력의 페레스트로이카에 대한 비판이라고 주장한다(황태연, 1988 : 275). 황태연은 페레스트로이카는 사회주의의 '점진적 진화론'의 환상을 분쇄하고 사회주의의 발전을 위한 이름 그대로의 혁명임을 주장하면서, 소련에서 소유관계 및 생산관계, 즉 토대의 혁명을 통해 마르크스, 엥겔스, 레닌의 기업민주주의 이상에 접근하기 위한 시도라고 평가한다. 즉 페레스트로이카의 경제적 측면의 특징은 다름아닌 '기업민주화'에 있다고 보고, 소련의 새로운 국영기업법에 의해 "지금까지 한정치산자화되어 있던 노동공동체가 기업소장을 밀치고 기업자율권의 주체가 되는데, 그 법적 지위는 소유자가 아니라 점유자"(황태연, 1988 : 298)가 되었다고 주장한다.

황태연은 당과 국가권력에서도 민주화가 진전되었다고 평가하며, 특히 1988 년 6월에 개최된 소련공산당 제19차 당대표자대회의 민주적 분위기와 무제한 적인 반대의 자유를 근거로 제시하고 있다.

결론으로 그는 국영기업법이나 정치의 민주적 변혁이 경제과정의 집단적 노동자 아래로의 '형식적 포섭'만을 가능하게 해 주는 데 불과하지만, "그러나 이러한 '형식적' 공산주의(=사회주의)는 근본적인 새로운 기술토대(완전자동화) 의 발전과 함께 정신노동과 육체노동의 차별·대립을 해소하고 '실질적인' 공산주의(=진정한 공산주의)를 준비해 주는 것으로 이해된다"(황태연, 1988 : 307) 고 평가한다. 달리 말하자면 페레스트로이카를 통한 기업과 국가권력의 민주화 를 생산력의 발전과 노동의 차별 극복을 통해 진정한 공산주의로 가는 필연적인 중간 단계로 보고 있음을 알 수 있다.

페레스트로이카에 대한 황태연의 이 논문은 상대적으로 관심이 적었던 한국에서 소련과 동유럽 현실사회주의 국가들의 개혁에 관한 본격적인 이론적 논의를 촉발시키는 역할을 했다. 그러나 황태연의 논문은 소련 사회 내부의 정치, 경제 개혁에 논의를 집중했을 뿐, 페레스트로이카가 갖는 마르크스 – 레닌 주의나 사회주의 운동에 관한 함의에까지 논의를 진전시키고 있지는 않았다. 그러나 상당한 혼란과 동요 속에 진행된 현실사회주의 개혁은 한국의 진보이론 진영에서 페레스트로이카의 세계를 보는 인식과 변혁이론 차원에 대한 본격적 연구를 불가피하게 했다. 박형준·이미숙은 페레스트로이카의 이른바 '새로운 사고'를 몇 가지 이론적 영역들로 분류하여 검토하고 있다(박형준·이미숙, 1989 : 44 - 69).

첫째, 현존하는 사회주의의 질적 쇄신 문제이다. 박형준 등은 페레스트로이 카를 "스탈린주의의 유산을 극복함으로써 질 높은 생산력에 기초한 인간주의적 이고 민주주의적인 사회주의를 건설하는 데 목표"(박형준·이미숙, 1989 : 45 - 6)

를 둔다고 전제한다.

구체적인 개혁의 이론과 정책들로 경제적 측면에서 사회주의 생산력과 생산관계 사이의 모순 발생의 승인, 기업과 조합의 독립채산제와 근로자들의 경영 참여 인정 등 경제관리 메커니즘의 혁신을 들고 있다. 또한 경제관리 메커니즘을 뒷받침하는 사회주의적 민주주의의 실현과 함께 정치적 다당제 및 문화와 이데올로기 분야의 민주화와 개방을 포함한다.

둘째, 과학기술혁명을 중심으로 한 현대자본주의의 변화와 양대 체제의 상호작용에 대한 페레스트로이카의 인식 문제이다. 박형준 등은 과학기술혁명으로 현대자본주의의 사회경제적·정치적 구조변동이 야기되었다고 보는 페레스트로이카의 견해를 소개하면서, 이런 변화는 결국 '자본주의의 전반적 위기론'에 대한 전면적 재해석을 요구하게 되었다고 본다. 특히 레닌의 전반적 위기론, 즉 제1차 세계대전과 러시아 혁명으로 초래된 자본주의 소멸의 장기적 과정으로서가 아닌 붕괴론적 뉘앙스의 속류화된 전반적 위기 단계론이 문제라고 주장한다. 즉 전반적 위기 단계론은 "자본주의 생산관계의 생산력 발전에의 적응 가능성(특히 과학기술혁명 시대에서 생산력 발전의 합법칙성과 현대자본주의 경제 메커니즘의 조응 가능성)을 과소평가하는 비변증법적·형이상학적 견해로 귀착"(박형준·이미숙, 1989 : 53)된다고 비판한다.

또한 현대자본주의의 변화를 인정하는 페레스트로이카의 입장은 양대 체제 간의 관계에서도 자본주의 전반적 위기론보다는 현대세계의 상호의존과 통일성 심화 테제의 적실성이 높아진 것으로 본다. 페레스트로이카의 이런 인식 변화의 근거는 세계대전의 필연성의 원인이었던 제국주의 상호간 모순도 사회주의 체제에 대한 공동대응의 필요성과 생산의 국제화 및 경제통합의 강화로 파국적 결말로 이어질 가능성이 낮아졌다는 점에서 찾는다는 것이다.

이런 국제관계 인식에 대한 변화는 결국 평화공존론과 이행의 문제에서도 기존 입장의 변화를 초래하는 바, 박형준 등은 페레스트로이카의 평화공존론을 과거의 그것과 비교하여 다음의 세 가지 특징으로 요약한다. 첫째, 주기적이고 단기적 성격이 아닌 평화공존의 장기성 승인 둘째, 계급투쟁에 유리한 조건의 창출이 아닌 전인류적 문제 해결을 목표로 하는 독립적이고 전략적 목표의 평화공존 셋째, 체제는 물론 국가간 이데올로기 계급투쟁 성격의 제거와 인류, 민족, 계급 집단 공동의 이해에 기초한 평화공존 등이다(박형준·이미숙, 1989 : 59).

박형준 등은 계급모순과 민족모순이 보다 격렬하게 표출되는 발전도상국에서는 전인류적 이익과 계급적 이익이 보다 복잡한 형태로 발현된다는 점을 인정하면서도, 모든 혁명을 부인하는 극우세력과 함께 외인을 도외시하는 극좌세력의 입장도 경계해야 한다고 주장한다.

셋째, 서구 자본주의 변혁론에 대한 페레스트로이카의 입장 변화 문제이다. 박형준 등은 페레스트로이카의 '새로운 사고'가 제기한 기존의 서구 자본주의 변혁이론이었던 반독점민주주의 변혁론에 대한 비판적 재검토를 소개하고 있다.

페레스트로이카의 '민주적 대안'은 구성이 과거와 확연히 구별되는 노동자계급, 중간층과의 이익의 합성을 목표로 한다고 주장하며, "거기서 합성의 근거를 제시해 주는 것은 전인류적 이익과 과학기술혁명의 성과를 평화적으로 또 근로대중의 이익에 맞게 이용하는 시스템의 확보, 정신적 생활의 충실화와 문화적 다양성의 추구"(박형준·이미숙, 1989 : 63 - 4)를 내용으로 한다고 주장한다.

'민주적 대안'의 주체를 민주대연합으로 보는 페레스트로이카는 결국 과학기술혁명이 초래한 변화에 따라 프롤레타리아트 헤게모니와 프롤레타리아트 독재라는 정식의 재검토를 불가피하게 요구한다고 주장한다.

황태연의 논문이 페레스트로이카를 '더 많은 사회주의'를 위한 개혁으로 명시적으로 긍정하는 반면, 박형준 등의 논문은 보다 중립적인 입장에서 페레스트로이카의 새로운 세계 인식과 변혁이론을 소개하는 형태를 취하고 있다. 그러나 그들의 논문도 평가의 기준을 "기존의 정형화된 테제들로 삼는 것은 온당치 못하다"(박형준·이미숙, 1989 : 44)라고 전제하는 점에서 페레스트로이카 를 긍정적으로 평가하고 있음을 알 수 있다.

또한 그들은 과학기술혁명에 따른 현대자본주의의 정치 및 사회경제 구조적 변화와 노동자 계급의 분화 그리고 이에 따른 프롤레타리아트 헤게모니와 프롤레타리아트 독재론에 대한 재검토를 강조함으로써, 향후 마르크스주의 혹은 변혁이론 논의의 중요한 주제를 짐작할 수 있게 한다.

약 2년 후인 1991년 발표된 박형준의 논문 "계급분석의 지위에 대한 재론"은 페레스트로이카의 문제의식에 공감하는 그의 이론적 행로의 귀결점을 잘 보여준다. 이 논문에서 박형준은 마르크스주의의 지적 전통이 객관주의와 본질주의에 경도된 측면을 비판하면서, 전통적 계급이론이 전제했던 '객관적 계급이익'의 존재를 부인한다(박형준, 1991 : 393 - 400). 나아가 그는 쉐보르스키, 부르디외, 라클라우 등 계급이론의 객관주의적 편향의 극복을 지향하는 논자들 을 소개한 다음, 이를 다음과 같이 노동자계급 헤게모니에 대한 부정의 근거로 삼고 있다.

이러한 방법론의 급진적 혁신을 통해 왜 노동자들이 노동자의 '객관적 이익'을 중심으로 해서만 결합하지 않고, 다양하게 분화된 쟁점들과 관련하여 불균등하 고 복합적인 실천적 응집을 경험하며, 그러한 복수의 실천적 응집들을 접합할 수 있는 헤게모니적 실천에서 노동자계급의 객관적 이익이 선험적 특권의 지위 를 차지할 수 없는가가 설명된다(박형준, 1991 : 399).

위의 인용문은 가장 높은 추상 수준의 자본주의의 사회구조적 구성과 기본 적대관계를 표상하는 계급의 존재라는 문제와 다양한 현실적 조건에서 그런

계급적 대립의 현상 형태라는 낮은 추상 수준을 혼동하고 있음을 보여준다. 현실의 상이한 조건들로 인해 계급의 객관적 이익이 다양한 형태로 표출된다는 것과 객관적 계급이익의 존재 자체를 부정한다는 것은 논리적으로나 현실적으로 별개의 문제이다. 또한 객관적 이익의 선험적인 특권을 무시하는 헤게모니적 실천은 결국 상대주의적 편향으로 나타날 수밖에 없다.

　나아가 박형준은 노동과정의 변화로 나타난 지식임노동자 개념을 통해 계급론과 계층론을 혼합시켜 버림으로써 노동자계급 헤게모니론을 완전히 부정하고자 한다. 즉 그는 노동과정의 변화로 인해 다음의 세 가지 현상이 나타나게 되었다고 주장한다. 첫째, 포스트 포드주의로의 진행으로 지식노동자 집단의 형성은 주변적 결과가 아닌 중심적 구성요인이자 결과라는 점 둘째, 지식노동자 내부에서도 계층화가 형성되는 경향이 나타나고 있는 점 셋째, 지식노동자 하층과 일반적 육체노동자들 사이의 전통적인 계층적 경계는 재생산되고 있지만, 포스트 포드주의적 선진적 기업들에서는 그런 경계가 희석화 또는 유동화되는 경향이 있다는 점을 들고 있다(박형준, 1991 : 405).

　이런 지식노동자의 역할을 사회세력의 응집인자로 보면서, 신보수주의의 득세를 지식노동층에 대한 담화투쟁에서 성공한 결과라고 주장한다. 계급론을 부정한 다음 박형준은 진보세력의 실패의 원인을 "국민적 설득력을 얻을 수 있는 '지혜로운' 담화적 실천을 수행하지 못한 것"(박형준, 1991 : 406)에 원인이 있다고 주장한다.

　지식인과 화이드갈라를 지식노동자로 총칭하는 박형준은 노동계급을 이른바 손노동에 종사하는 직업군으로 축소시킴으로써 전통적인 계급론으로부터 벗어나 있음을 보여준다. 또한 계급투쟁 대신 담화적 실천을 강조함으로써, 포스트 마르크스주의로의 전환을 예고하기도 했다.

　이 논문의 결론부에서 박형준은 이런 자신의 입장에 대해 예상되는 세

가지 비판을 지적하면서 각각에 대한 자신의 반비판을 제기하고 있는데, 이를 통해 그의 입장 변화의 방향이 어디에 있는지를 명확히 엿볼 수 있게 한다.

첫째로, 마르크스주의로부터의 이탈이라는 비판을 예상하면서, 이런 비판은 합리적 토론을 어렵게 하는 것이라고 불평한다. 즉 이탈에 함의된 배반이라는 의미는 특정한 진리 또는 합리적 핵심이 마르크스주의 내부에 있다는 것을 전제하는 것인데, "결국 이러한 논법은 혁명과 과학의 유일한 담당자가 한 분파의 견해임을 입증하는 데 사용되곤 했다고"(박형준, 1991 : 407) 주장한다. 결국 객관적인 계급이익의 존재를 부인하는 그의 입론은 진리의 객관성을 비판하는 상대주의를 불러들이는 데 있음을 분명히 보여준다.

둘째로, 자신의 주장에 대해 화석화된 마르크스주의를 비판하기 위해 그런 마르크스주의와 다른 마르크스마저 왜곡했다는 비판이 예상된다고 주장한다. 이에 대해 박형준은 스탈린의 사고가 마르크스의 의도와 크게 다른 내용을 갖는 것은 자신도 알지만, "맑스의 사고 내에서 그와같이 발전할 요소들이 없었다고는 믿지 않는다"(박형준, 1991 : 408)고 함으로써, 현실사회주의의 위기를 곧바로 마르크스 사상과 이론의 문제점과 연관시키고 있음을 보여준다.

셋째로, 자신의 계급론 재론이 베버주의적 계급론으로의 회귀라는 비판이 예상되지만, 베버주의가 '원자론적 개인주의'에 의존하는 반면, 자신은 현대자본주의의 역사성을 충분히 고려하는 점에서 차이가 있다고 주장한다. 나아가서 그는 "결국 법칙실재론이나 '추상적 개안'을 상정하는 원자론 등에서 공통으로 보이는 형이상학적 틀을 제거해 버린다면 우리에게 떠오르는 것은 특수한 역사적 조건 하에서 접합되거나 탈구되는 사회적 관계들"(박형준, 1991 : 409)이라고 주장한다.

이것은 박형준이 마르크스주의의 위기를 극복할 수 있는 대안을 마르크스주의도 베버주의도 아닌 포스트 마르크스주의적 문제의식에서 찾고 있음을

보여주는 것이다. 법칙실재론으로 표현하는 것이 다름아닌 객관적인 사회적
관계이자 실재로서의 계급이라는 점에서, 박형준은 현실 속에서 나타나는
현상만을 실재로 보고 현상의 배후의 본질에 대해서는 외면해 버리기 때문이다.

　현실사회주의의 위기와 개혁으로 촉발된 한국의 마르크스주의 위기 현상에
대해 황태연과 박형준 등은 결국 이를 마르크스의 사상과 이론에까지 소급시키
고, 이의 극복의 대안을 서구에서 발생한 다양한 포스트주의적 담론들에서
찾고 있음을 알 수 있다. 현실사회주의의 위기와 개혁의 원인을 스탈린주의의
문제점에서 찾으면서도, 스탈린주의와 전혀 다른 형태의 사회주의적 실천이
과연 가능한 것인지에 대해서는 이미 1990년 이병천에 의해서도 주장되었다.

　이병천은 소련과 동유럽의 현실사회주의가 개혁의 수준을 넘어 자본주의의
복귀의 방향으로 나아가고, 서구에서는 현대자본주의의 성격 변화의 결과인
신사회운동이 마르크스주의를 위기로 몰아가고 있다고 주장하면서 마르크스
주의의 창조적 발전을 통한 사상이론적 혁신의 가능성을 다음과 같이 매우
회의적으로 평가하고 있다.

　　역사적 유물론에 의한 자본주의의 역사성, 그 한계의 발견은 실로 '위대한
　발견'이며 맑스의 불후의 공적입니다. 그러나 현대자본주의의 새로운 현실에
　비추어 볼 때 결국 맑스는 진정으로 자본주의의 역사, 역사적 자본주의를 분석해
　낼 수 없었다고 말하지 않을 수 없습니다.
　　오늘처럼 실천을 통한 이론의 진리성 검증이라는 테제가 강조되어야 할 때는
　없습니다. 실천을 통해 그 진리성을 검증받지 못한 이론은 적어도 이론을 교조가
　아니라 '행동의 지침'으로 삼고자 하는 사람들에게는 쓸모가 없습니다. 저는 우리
　인식의 코페르니쿠스적 전환을 촉구하고 싶습니다(손호철·이병천·김수길·조희연,
　1990 : 52).

결국 이병천은 현대자본주의의 변화를 마르크스가 분석한 자본주의와 질적으로 변화된 어떤 것으로 인식하면서, 노동자계급을 특권적인 해방의 주체로 보고 계급투쟁의 중심성을 주장하는 입장에 비판의 초점을 집중한다.

현대자본주의의 질적 변화를 전제한 이병천의 '인식의 코페르니쿠스적 전환'의 구체적 내용은 1991년을 기점으로 보다 분명하게 드러난다. 1991년『사회경제평론』에 게재한 이병천의 논문 "맑스 역사관의 재검토"는 포스트주의로의 전환을 공공연하게 보여준다.

이 글에서 이병천은 마르크스의 역사적 유물론을 "객관주의적·합리주의의 역사철학, 목적론적·결정론적 역사철학, 결국 초월론적·본질주의적 역사관"(이병천, 1991 : 114)으로 규정한 다음, 이런 근본주의적 해방관은 이미 전반적 위기에 봉착했다고 주장한다. 나아가 그는 이른바 포스트 자본주의 사회를 보다 현실적이고 구체적인 사회형태라고 주장하며 대안으로 제시하고 있다.

> 우리는 포스트자본주의사회를 공산주의도, 공산주의로의 이행기사회도 아닌, 자본주의사회에 고유한 적대가 제거된 독자적인 새로운 진보적 사회, 그렇지만 또 하나의 새로운 적대사회로 정의한다. 이 사회에도 자연과 인간의 관계에서 뿐 아니라, 인간의 사회적 관계에서 적대, 착취와 지배, 그리고 '소외'의 온갖 형태들이, 따라서 필연적으로 부자유와 불평등에 기인한 고통이 존재하며 여전히 보다 나은 삶을 위한 인간의 투쟁도 존재할 것이다. 그러나 포스트자본주의가 자본주의보다 더 질높은 인간의 삶의 양식을 성취한 사회인 한에서 이 사회의 적대는 자본주의사회와 비교하여 상대적으로 약화될 것이다. 개량주의와 명백히 구분되는 자본주의에 대한 우리의 래디칼한 비판은 공상적 공산주의가 아니라 이처럼 자본주의와 비교하여 적대가 상대적으로 약화된, 새로운 현실적 포스트자본주의사회의 형성 가능성에 근거를 두지 않으면 안 된다(이병천, 1991 : 160).

하나의 사회를 구분하는 기준을 사회역사적으로 특정한 생산양식과 이에 근거한 계급적 대립에서 찾는 한, 공산주의도 이행기 사회도 자본주의도 아닌 포스트 자본주의 사회가 과연 무엇을 의미하는지는 명확하지 않다. 또한 이병천 자신은 계급이나 계급투쟁의 중심성을 부정한 전제 위에서 개량주의와 구분된다고 주장하지만, 자본주의의 고유한 적대의 제거가 무엇을 의미하는지도 의문스럽다. 그는 라클라우, 무젤리스, 기든스 등의 주장에 기대어 적대의 다원성과 복합성에 기초한 집합적·복합적 주체형성을 강조하고 있다(이병천, 1991 : 164). 그러나 이병천의 주장이 설득력을 갖기 위해서는, 먼저 자본주의 사회의 다양한 적대와 이에 기초한 다양한 주체의 형성은 어떻게 그것이 자본주의의 고유한 모순으로서의 역사성을 가질 수 있는지를 우선 명확히 설명해야만 한다.

자본주의의 고유한 적대란 초역사적으로 존재했던 인간과 자연 및 인간의 사회적 관계들에서 존재할 수 있는 다양한 적대와 차별 및 지배가 자본주의적 특수성으로 현상한 것으로 보아야 할 것이다. 이 경우 자본주의적 사회구성체가 내포하는 기본적인 계급적 모순은 바로 제거되어야 할 자본주의 적대에 다름아니기 때문이다.

이 문제와 관련하여 같은 좌담회에서 손호철은 현대자본주의의 질적·구조적 변화의 문제와 관련하여 자본주의의 기본모순의 폐기가 아닌가 하는 의문을 제기한다(손호철·이병천·김수길·조희연, 1990 : 56). 이에 대해 이병천은 마르크스주의가 현내자본수의의 새로운 현실에 적극적으로 대응하고 있지 못하다고 주장하면서, 이 문제를 민주주의의 문제로 우회해 버리고 만다.

이병천은 1992년 7월 한국사회과학연구소 주최의 토론회에서 발제문을 통해 한국사회의 현단계 기본특징을 "중진적 자본주의와 모순적으로 결합되어 있는 후진적 민주주의"(김용기·박형준·이병천·이종오·정태인·최장집, 1992 : 6)로

규정하고, 한국의 특수성에 맞는 포스트 마르크스주의적 정치의 적용 가능성을
주장하고 있다. 즉 그는 민주주의의 문턱을 넘어 새로운 전환을 모색하는
서구사회의 훨씬 이전 단계에 있는 한국사회에서는 서구가 "자유민주주의적
복지국가자본주의 형태로 달성한 정치·사회·경제적 차원의 시민권의 기본목
록을 압축적으로 획득"(김용기·박형준·이병천·이종오·정태인·최장집, 1992 : 7)해
야 하기 때문에, 새로운 사회운동은 이런 과제에 부차적으로 결합되어야 할
것으로 본다.

그러나 이런 민주주의적인 시민권의 기본목록을 획득하는 주체와 전략에서
는 노동자계급의 헤게모니와 프롤레타리아 독재 및 전위당 노선의 폐기를
전제로 해야 한다고 봄으로써 포스트 마르크스주의 정치의 기본원리에 입각한
다고 주장한다.

포스트 마르크스주의의 수용을 주장하는 이병천의 논리적 근거는 한 때
자신도 주요한 논객으로 참가했던 1980년대 한국 마르크스주의 운동에 대한
근본적 비판을 전제로 한다. 그는 1980년대 한국 진보운동의 조류가 서구에서
지배적인 포스트 마르크스주의나 포스트 레닌주의가 아닌 마르크스 - 레닌주
의를 수용한 것이 일정하게는 당시 한국사회의 정치적 및 경제적 상황의
반영이기도 했으나 근본적으로는 사고와 이념적 지평이 정통의 굴레에 속박되
었던 결과였다고 주장한다(김용기·박형준·이병천·이종오·정태인·최장집, 1992 : 5).
나아가 그는 "NL과 PD 양자 간의 그 모든 차이에도 불구하고, 노동계급
헤게모니론, 프롤레타리아 독재론·전위당론, 국유계획경제론을 공유하고 있
었다는 바로 그 점에서 그들은 하나였다"(김용기·박형준·이병천·이종오·정태인·최
장집, 1992 : 5)고 비판한다.

이병천은 자신도 한 때 신식민지 국가독점자본주의론을 주장했다는 측면에
서 자기비판이기도 하다고 전제하면서, 신식민지 국가독점자본주의론을 다음

세 가지 측면에서 비판하고 있다. 첫째, 목적론적 역사철학을 견지한 점 둘째, 한국사회의 발전단계를 과장한 점 셋째, 신식민지론과 국가독점자본주의론이 모순적으로 결합된 점을 들고 있다. 특히 세 번째 문제점과 관련해서는 원래 NL적 문제의식인 신식민지주의론을 수용함으로써 "신식국독자론은 NL조차도 충분히 극복하지 못한 셈"(김용기·박형준·이병천·이종오·정태인·최장집, 1992 : 10)이라면서, '독점강화 종속심화' 테제를 비판한다.

이런 그의 주장을 종합해보면, 한국사회는 압축적인 고도 자본주의의 발전에도 불구하고 민주주의 발전의 후진성으로 인해 특수한 포스트 마르크스주의적 정치의 실천을 과제로 갖고 있고, 여기서 가장 중요한 것은 민주주의의 진전이라고 보는 것이다.

비록 발전단계를 과장해서는 안 되지만, 압축적인 자본주의 발전은 서구의 현대자본주의의 질적 변화에서 유래된 포스트 마르크스주의 정치의 실현을 한국사회에도 요구하게 되었다고 주장하는 것이다. 달리 말하자면 이병천은 과거 신식민지 국가독점자본주의론 입장에서 주장했던 '독점강화 종속약화' 테제를 변화된 내용이기는 하지만 여전히 견지하고 있는 셈이다. 즉 압축적인 한국자본주의의 발전은 서구사회와 경로에서는 다르기는 하지만, 동일한 포스트 마르크스주의 정치의 실천을 요구할 정도의 보편성을 공유하게 되었다고 보기 때문이다.

이런 측면에서 본다면, 이병천의 포스트 마르크스주의로의 전환을 지식인으로서 책임있는 자세가 아니라는 이재현의 비판은 사태의 본질을 벗어난 것으로 평가할 수 있다고 본다.[2] 왜냐하면 이병천의 포스트 마르크스주의로의 전환의

---

2) 이재현은 포스트 마르크스주의를 비판하는 글 "포스트 증후군에 관하여-소위 맑스주의 위기론을 중심으로"에서 포스트 마르크스주의를 마르크스주의 변혁기획의 실패에 대한 역사적 알리바이에 지나지 않는다고 비판하면서 이의 수용을 주장하는 이병천을 다음과 같이 비판하고 있다. "이런 맥락에서, 예컨대 이병천 교수는 이미 사구체 논쟁의 주도를 통해서 손에 피를 묻힌 오델로인 셈이다. 기왕에 이루어진 논의를 책임있게 끌고나가면서 문제의식을 심화시키는 것이 아니

근저에는 '독점강화 - 종속약화' 테제에서 보이는 자본주의의 압축적 발전에 따른 한국사회의 서구 현대자본주의의 보편적 경로에의 추수라는 이론적 기제가 작동된다고 볼 수 있기 때문이다. 요컨대 이병천의 포스트 마르크스주의 로의 전환은 사회구성체 논쟁에서 그가 견지했던 한국사회의 신식민지성(종속 성)에 대한 비판적 문제의식이 그대로 연장된 것으로, 한국사회도 현대자본주의 의 질적 및 구조적 변화와 동일한 경로에 따라 포스트 마르크스주의로 이행해야 한다고 주장하는 것이기 때문이다. 따라서 이병천에게 책임있는 지식인의 자세를 요구하기에 앞서 먼저 현대자본주의로의 구조적 변화와 한국사회의 발전 경로 및 마르크스주의에 대한 그의 이해 자체를 문제로 삼아야 한다고 본다.

이병천은 1992년 『사회평론』 9·10월호의 특집 "포스트맑스주의와 한국사 회"의 발제문을 통해 마르크스주의와 포스트 마르크스주의에 관한 자신의 기존 주장들을 요약적으로 제시하고 있다. 이 글에서 이병천은 마르크스주의의 역사성과 현재성 문제를 마르크스의 마르크스주의로 소급하여 검토하고자 한다고 전제하고, 주의(ism)로서 역사적 유물론 차원과 자본주의에 대한 비판이 론으로서 포스트 역사적 유물론적인 정치경제학의 두 차원으로 구분해야 한다고 주장한다.

이 두 가지 차원 가운데 역사적 유물론에 대해서는 비판적 극복이, 그리고 정치경제학 비판은 비판적 보존과 전환이 필요하다고 주장했다(이병천, 1992 : 96). 그는 역사적 유물론이 합리주의적 전통에 입각한 목적론, 진화주의 및 경제주의적 한계를 갖고 있다고 주장한다. 이로 인한 마르크스주의의 또하나의 맹점으로 자본주의의 거대한 생산력 발전과 노동계급의 혁명적 계급의식의 형성으로 공산주의를 향한 객관적이고 주체적 조건이 마련될 것으로 보는

라, 이제 '맑스주의란 너무 더럽혀져서 여기에다 더 이상 무엇인가를 끄적거리는 것은 지겹다는 태도를 보이고 있는데, 이는 책임있는 지식인의 도리가 아니다."(이재현, 1992 : 58)

근대성에 대한 편협하고 왜곡된 이해를 들고 있다(이병천, 1992 : 101). 특히
정치적 근대성에 대한 마르크스 이해의 취약성으로 인해 근대민주주의의
혁명적 성격을 제대로 파악하지 못하고 프롤레타리아 독재론을 주장하게
되었다고 비판한다.

한편으로 이병천은 비판적 보존과 전환의 대상으로 주장하는 마르크스의
정치경제학 비판에 대해서는, 가치론이나 잉여가치론이 아니라 자본주의에
대한 질적 구조이론으로서의 가치를 평가한다. 즉 그의 주장에 따르면, 마르크
스가 "직접생산자가 생산수단으로부터 분리되어 상품으로 전환되고, 이들이
대공장에 집중되어 노동과정에서 자본가의 지휘 감독하에 놓이게 된 상황,
그리고 전통사회와 달리 정치가 경제에서 분리됨으로써 갖추어진 자본주의
경제의 자율적 동학을 체계적으로 서술"(이병천, 1992 : 103)한 성과를 높이
평가한다는 것이다.

그러나 이병천은 마르크스의 이런 이론적 업적은 보통선거권이나 노동기본
권도 없던 당시의 자본주의 분석에 타당할 뿐, "민주주의의 확대 심화와 생산력
의 발전 및 구조변화의 귀결로서 전후 서구사회는 두 번에 걸친 큰 전환을
겪었으며, 지금도 겪고 있다"(이병천, 1992 : 104)는 점에서 현재 타당성을 가질
수 없다고 주장한다. 그는 구조적 변화를 겪은 현대자본주의를 포스트 산업자본
주의 사회로 규정하면서, 그 특징에 대해 다음과 같이 정의하고 있다.

포스트신업자본주의의 이같은 새로운 구조는 맑스의 노동과정 중심모델, 손
노동중심 모델을 벗어나고 있는 것이다. 포스트산업자본주의는 여전히 시장경제
와 임노동경제적 성격을 유지하고 있으며, 이 점에서 맑스의 자본주의 생산양식
론은 포스트산업자본주의에 대해서도 설명력을 보존하고 있다고 할 수 있다.
그러나 그의 노동과정 중심모델의 전환은 불가피하다. 우리가 지금 보고 있는
것은 겨우 포스트산업자본주의의 흐릿한 윤곽일 뿐이며, 앞으로 전개될 '제2의

전환이 얼마나 심대한 것일지 알기 어렵다(이병천, 1992 : 106).

포스트 마르크스주의로의 전환을 주장하는 이병천의 입론의 근거는 바로 극소전자혁명으로 불리는 생산력 발전의 결과인 서비스 노동과 연구·개발 노동 등으로의 전환이 초래한 자본주의의 질적 및 구조적 변화임을 알 수 있다. 그는 포스트 마르크스주의를 바로 포스트 산업자본주의 사회의 변화에 조응하는 진보적 대안이라고 주장하는 것이다.

이병천은 포스트 마르크스주의에 대해, 마르크스의 역사적 유물론과 단절한 다는 의미에서 이미 마르크스주의가 아니지만, 비판이론으로서의 정치경제학 비판을 보존, 전환시킨다는 의미에서 여전히 마르크스주의 전통 속에 위치한다고 주장한다(이병천, 1992 : 107).

이런 전제 하에 그는 포스트 마르크스주의를 구성하는 명제를 다음의 여섯 가지로 정의하고 있다. 첫째, 포스트 마르크스주의는 근대 계몽적 합리주의에 내재하는 절대적 해방을 공유하는 마르크스주의와 구별되는 포스트 근본주의 적인 급진민주주의라는 점이다. 둘째, 여전히 재생산되는 계급분할에도 불구하고 그것이 지식분할, 성분할, 인종분할 등과 접합된다는 점에서 계급정치 중심모델을 고집하면 안 된다는 것이다. 셋째, 노동계급 헤게모니에 반대한다는 점이다. 넷째, 소유의 사회화가 아닌 자본 기능의 사회화를 추구하는 임노동자 민주주의를 추구한다는 점이다. 다섯째, 국가는 계급지배의 도구가 아니라 사회통합을 유지하고 시민권을 보장하는 독자적 역할을 수행한다는 점이다. 여섯째, 국민국가의 충돌은 여전히 존재하지만, 상호의존적 세계에서 국민국가 의 활동은 국제적 협력과 조정과 깊이 접합되어 있다는 점을 인정한다(이병천, 1992 : 107 - 8).

이런 명제들에 기초하여, 이병천은 자본주의 경제가 언젠가는 소멸될 역사적 질서이지만 "지금은 궁극적 목표가 아니라 과정으로서의 중간적 대안이 문제이며, 자본주의 경제의 소멸은 이같은 중간적 대안이 거듭되고 오랜 과정을 거친 후에야 비로소 역사의 일정에 오를 수 있을 것"(이병천, 1992 : 109)이라고 주장한다.

한국사회에서 포스트 마르크스주의의 수용에 대해, 이병천은 마르크스주의와 마찬가지로 포스트 마르크스주의도 보편성과 특수성의 측면이 있음을 인정한다(이병천, 1992 : 115). 즉 민주주의의 한 문턱을 넘은 서구사회와 달리 민주주의의 문턱에 있는 한국사회에 기계적 적용은 문제가 있지만, 압축적 자본주의화를 통해 중진적 자본주의를 달성한 한국사회는 현대자본주의의 질적 변화를 공유한다는 점에서 포스트 마르크스주의의 보편성을 공유한다는 주장이다. 즉 포스트 마르크스주의 정치적 실천을 통해 민주주의의 문제를 해결하는 것을 현단계 한국사회의 기본과제로 보고, 이의 실현을 위한 주체를 노동계급, 지식노동자 및 학생으로 구성되는 민중연합이 담당해야 한다고 주장한다(이병천, 1992 : 112 - 4).

이상의 내용을 가진 이병천의 포스트 마르크스주의 수용 주장은 다음의 몇 가지 점에서 비판적 평가가 가능하다고 본다.

첫째, 마르크스의 역사적 유물론이 과연 이병천의 주장처럼 결정론·목적론 및 진화론적이고 경제주의인가의 문제이다. 이미 전술했듯이, 마르크스주의 전통에는 구조 결정론적이고 경제주의적 편향이 존재했던 것은 사실이다. 그러나 이와 반대로 인간의 실천을 중시하는 경향도 마르크스주의 전통의 중요한 구성부분이었다. 마르크스주의 전통에서 이런 두 경향의 대립의 원천이 마르크스와 엥겔스의 사상과 이론에 내재하는 모호성과 불확실성에서 유래한 것은 분명하다. 그러나 마르크스는 애초 포이에르바하 등의 형이상학적 유물론을 비판한 것에서 알 수 있듯이, 실증주의적이고 결정론적 관점을 비판했었다.

그럼에도 이병천은 마르크스의 사상 자체를 근대의 합리주의의 전통 속에 위치시켜 구조중심적 편향을 가진 것으로 일방적으로 비판하고 있는 것이다. 이에 관해서는 이병천의 마르크스주의 이해가 "매우 부실하고 속류화되어 있다"(유팔무, 1992 : 118)는 비판이 정확하다고 본다. 즉 유팔무는 이병천이 마르크스 이론과 실천적 운동 및 현실사회주의 체제 문제를 구분치 않고, 마르크스주의와 현실사회주의의 특성을 마르크스 이론에까지 소급시켜 속류화한 마르크스를 비판하고 있다는 것이다.

둘째, 이병천이 포스트 마르크스주의 출현을 정당화하는 근거로 삼는 현대자본주의의 질적이고 구조적 변화에 관한 문제이다. 이병천은 현대자본주의가 생산력의 획기적 발전과 민주주의의 확대와 심화의 결과로 1960년대 말에서 1970년대 초까지의 자유민주주의적 포드주의적 복지국가자본주의와 현재의 포스트 산업자본주의로의 두 차례의 새로운 전환을 경험했다고 본다(이병천, 1992 : 104).

나아가서 그는 "서구사회가 어떠한 사회보다 더 많은 민주주의의 길로 나아간 것은 특히 그 경제원리가 사회의 심대한 민주화와 양립 가능했기 때문"(이병천, 1992 : 108)이라고 주장함으로써, 자본주의 경제원리와 민주주의의 친화력을 승인하고 있다. 그러나 제2차 세계대전 이후 서구의 케인즈주의적 복지국가가 계급적 역관계에서 전후 노동계급의 우세와 이를 바탕으로 한 계급적 타협의 결과였다는 사실을 감안하면 이병천의 주장은 유지되기 어렵다.

민주주의의 확대가 바로 계급투쟁의 성과였다는 점을 감안한다면, 자본주의의 경제원리와 민주주의의 관계를 친화적인 것으로 보는 이병천의 주장은 오히려 자신이 비판하고 있는 구조중심적 편향에 스스로가 빠져 있음을 보여주는 것이 되기 때문이다. 민주주의의 확대와 심화의 원인에 대해 구조중심적 편향을 보일 뿐만 아니라, 생산력 발전 및 구조변화를 현대자본주의의 질적이고 구조적 변화의 원인으로 보는 이병천은 이 점에서도 역시 구조중심적 편향이라는 비판을 면하기 어렵다고 본다.

더욱이 이병천의 주장에 대한 보다 발본적인 비판은 과연 현대자본주의가 정치적 및 경제적 변화의 결과로 마르크스가 『자본론』에서 분석한 산업자본주의와 질적으로 다른 사회가 되었는가 하는 점이다. 이 문제에 대해서는 앞에서 살펴보았듯이, 손호철이 1990년 『창작과 비평』 여름호에 게재된 토론회에서 이병천에 비판을 가한 바 있지만, 『자본론』의 독해에 기초한 김수행의 다음과 같은 마르크스주의 개념 정의는 매우 적확한 포스트 마르크스주의 비판으로 평가될 수 있다고 본다.

> 그렇지만 자본주의에 관한 마르크스이론을 풍부하게 하거나 개선하는 경우, 자본주의의 기본적인 적대관계는 자본과 임금노동 사이의 계급관계라는 점에서 확고하게 유지되어야 한다. 새로운 개념들과 관계들이 도입됨에 따라 자본과 임금노동 사이에는 어떤 새로운 모순과 대립이 발생하는가를 명확히 지적하여야 하고, 또한 노동해방을 위한 조건들은 어떻게 변경되는가를 해명해야 할 것이다. 만약 이러한 관점과 과제를 포기한다면 그것은 마르크스이론의 풍부화나 개선이 되지 못하고 마르크스이론의 수정이나 포기가 될 것이다(김수행, 1991 : 74).

김수행의 주장은 자본주의 사회구성체의 가장 근본적인 역사특수적 규정을 자본주의적 계급관계에서 찾는다는 점에서 올바르다. 따라서 현대자본주의의 질적 구조의 변화를 주장하는 이병천식의 포스트 마르크스주의는 역사적 유물론을 극복한다는 의미에서가 아니라 사실상 마르크스의 정치경제학 비판까지 부인한다는 점에서 마르크스주의로 분류되기 어렵다고 해야 할 것이다.

나아가서 김수행은 마르크스의 『자본론』에 관한 세밀한 독해를 통해 마르크스의 이론을 결코 경제 결정론으로 볼 수 없다는 점을 강조한다. 즉 그는 마르크스 이론의 경제 결정론적 독해의 근거로 빈번히 주장되는 노동자계급의 궁핍화 경향을 다음 세 가지 점에서 비판적으로 검토하고 있다.

첫째, 마르크스는 『자본론』에서 자본주의적 축적이 노동자계급을 부유하게 만들기도 하고 궁핍하게 만드는 경향을 동시에 갖고 있다고 보았다는 점 둘째, 마르크스가 궁핍화 경향을 주장하는 경우에도, 그것이 실질임금의 동향 등 단순한 요소에 근거한 것이 아니라는 점 셋째, 노동자계급의 생활수준 하락이 혁명을 가능하게 한다고 보지 않았던 점 등이다(김수행, 1991 : 70 - 1).

특히 세 번째 특징과 관련해서 김수행은 마르크스가 "혁명은 노동자계급의 목적의식적 활동에 의존하며 호황의 시기에도 발생할 수 있다고"(김수행, 1991 : 71) 보았다고 함으로써, 마르크스의 사상과 이론을 결정론 내지 경제주의로 보는 포스트 마르크스주의를 정면에서 비판하는 것으로 평가될 수 있다.

셋째, 한국사회가 압축적인 자본주의적 발전을 통해 현대자본주의의 질적 및 구조적 변화를 경험함으로써, 포스트 마르크스주의의 보편성이 관철된다는 이병천 주장의 문제점이다. 물론 이병천은 민주주의의 확대와 심화 수준에서 서구사회에 못미치는 한국사회의 특수성을 지적하고 있는 것은 사실이다. 그러나 중진적 자본주의에 후진적 민주주의라는 특성을 갖는 한국사회도 압축적 자본주의화의 결과 포스트 마르크스주의적 정치의 실천을 필요로 하는 보편성을 갖고 있다는 것이 그의 주장의 요지임을 이미 확인하였다.

이병천은 이런 입장에서 현단계 한국사회의 주요과제를 민주주의 문제로 규정하면서, 기존 한국사회 변혁이론인 NL과 PD 모두가 노동계급 헤게모니와 프롤레타리아 독재 및 전위당론이라는 마르크스 - 레닌주의의 정통에 집착하고 있는 점을 비판한다. 즉 그의 주장에 따르면, NL과 PD 모두 한국사회의 현대자본주의로의 전환을 인식하지 못하고 정통에 집착하고 있다고 비판한 것이다. 특히 이병천은 신식민지 국가독점자본주의론의 '독점강화 - 종속심화 테제를 집중 비판하고 있는데, 이것은 그가 한국사회의 특수성을 민주주의의 수준 문제로만 인식하고 있음을 보여주는 것이다. 즉 자본주의 발전이 초래하는 보편적인 결과에만 집착할 뿐, 한국 자본주의의 종속성(신식민지성)을 경시했던 과거의 '독점강화 - 종속약화' 테제를 여전히 견지하고 있음을 보여주는 것이다.

이런 그의 견해는 자본주의에 대한 비판이라는 그의 전제에도 불구하고, 세계자본주의의 불균등발전 등 구조적 특징을 도외시한 것으로, 결과적으로는 부르주아의 근대화론이나 수렴론적 입장과 큰 차이가 없다는 비판을 면하기 어렵다고 판단된다. 달리 말하자면 그의 포스트 마르크스주의 수용론은 한국사회의 종속성이라는 구조적 특징을 소홀히 하고, 자본주의 발전의 보편적 결과로 한국사회가 결국에는 서구사회의 발전 경로를 추수할 수밖에 없다고 보고 있음을 의미하기 때문이다.

이와 관련하여 PD적 입장이 레닌주의와 러시아 전통의 기계적 수용이라는 한계가 있음에도 불구하고, PD라는 경향을 남한사회의 독자적인 사회구성체에서 배태된 사회적 모순을 반영한 "사회운동의 이념과 문제의식이 맑스적인 혹은 레닌주의적인 언술체계로서 표현된 것"(김용기·박형준·이병천·이종오·정태인·최장집, 1992 : 12)으로 보아야 한다는 이종오의 주장에 주목할 필요가 있다.

또한 노동계급의 헤게모니를 부인하는 이병천의 견해에 대해서는 계급중심성이 아닌 민중연합이라는 이병천식의 주체론을 미분화되고 속류화된 계급론이라고 비판하는 유팔무의 비판도 유효하다고 판단된다. 결국 자본주의 모순이 존재하는 조건에서는 계급의 객관적 이해는 존재하기 마련이고, "라클라우/무페식의 다원적 주체론과 관련해서 제시되는 문제점은 운동에 있어서의 무정부성과 민주적 연대의 가능성과 현실성이 얼마나 있겠는가의 문제"(유팔무, 1992 : 119 - 20)가 제기되기 때문이다.

결론적으로 포스트 마르크스주의는 한국사회의 기본적인 모순구조는 물론이고 세계자본주의 체제의 종속성 문제 등을 경시한다는 비판을 피하기 힘들다고 본다. 오히려 현실사회주의의 개혁으로 본격화된 마르크스주의의 위기에 대응하여 한국의 진보이론 진영은 과거 변혁운동론의 두 대립축이었던 NL과 PD의 긍정성을 발전시키면서, 동시에 각각이 가진 주체중심성과 구조중심성의 편향들을 어떻게 극복할 수 있는지를 고민해야 했다. 각각 북한의 주체사상과 스탈린주의적 마르크스 - 레닌주의의 교조적 수용에 기초했던 NL과 PD의 대립구도가 많은 문제점에도 불구하고, 한국의 변혁운동 이론과 실천에 기여할 수 있는 점은 바로 여기에 있기 때문이다.

특히 마르크스주의의 전반적 위기론은 과거의 교조적이고 정파적인 사상의 수용을 반성하고, 한국사회는 물론 자본주의 세계체제의 현실에 대한 실증적이고 구체적 분석을 통해 이론적으로나 실천적으로 적실성 있는 변혁이론의 형성을 가능하게 하는 근거일 수도 있었다. 그러나 서구사회의 현대자본주의 변화를 근거로 하는 포스트 마르크스주의의 수용은 결국 한국사회의 특수성에 기초한 모순구조와 이를 반영하는 변혁운동론의 진지한 모색의 기회를 가로막는 결과가 되었다. 기존의 변혁운동론을 청산주의적 태도로 부인해 버림으로써 이론의 교조적 수용이라는 과거의 악습으로부터 벗어날 수 없게 했기 때문이다.

이병천식의 포스트 마르크스주의에 대해서는 포스트 모더니즘의 수용 가능성을 주장했던 이론가들로부터도 비판이 제기되었다. 김성기는 마르크스주의냐 포스트 마르크스주의냐가 문제가 아니라, 마르크스주의에 대해 포스트 모던의 조건이 부과하는 영향이 문제라고 전제한다.[3] 즉 그는 "흔히 말하는 포스트 모던의 조건이란, '계몽주의의 프로젝트'에서 배태된 규범적 인식론과 보편적 담화론들이 이론적/실천적으로 무너지는 상황"(김성기, 1992 : 122)으로

---

3) 김성기는 1990년 라클라우와 무페의 저서 『사회변혁과 헤게모니』를 번역함으로써, 한국에서 최초로 포스트 마르크스주의 이론을 소개했고, 이후에도 포스트 모더니즘의 문제의식을 강조했다. 라클라우·무페/김성기 공역, 1990, 『사회변혁과 헤게모니』(서울 : 터) 참조.

규정한다.

이런 전제 아래 김성기는 이병천이 제기하는 포스트 마르크스주의에 대해 다음 네 가지 점에서 비판을 가하고 있다. 첫째, 포스트 마르크스주의의 보편성과 특수성을 구분하지만, 한국 현실의 특수성의 내용이 상술되지 않고 있는 점 둘째, 마르크스주의의 합리적 핵심을 너무 쉽게 재단하여 마르크스주의 해석에 일관성이 부재한 점 셋째, 마르크스주의의 비판적 극복과 보존이라는 이병천의 포스트 마르크스주의 개념의 모호성 넷째, 민주주의를 위한 새로운 유기적 동맹의 최소한의 윤곽도 제시되지 않는 점 등이다(김성기, 1992 : 123-4).

결국 한국적 특수성에 대한 세밀한 연구에 기반하지 않는 포스트 마르크스주의의 한국적 수용에 대한 문제점과 마르크스주의의 합리적 핵심에 대한 일방적 규정이 문제점이라는 비판이다. 이병천의 이런 한계는 과거 사회구성체 논쟁에서 견지했던 '독점강화 - 종속약화' 테제가 갖는 자본주의 발전의 단선적이고 보편적 결과에 대한 강조와 연관되는 것으로 보인다. 포스트 마르크스주의 출현의 근거가 되는 포스트 모던이란 조건도 특정 사회의 특수성와 무관하게 관철되는 것은 아닐 것이다.

결국 이병천의 포스트 마르크스주의는 자신이 그토록 비판하는 정통과 교조주의에 대한 청산주의적 대응에 다름아님을 알 수 있다. 또한 마르크스주의를 목적론·결정론이고 경제주의 및 진화주의라고 비판하면서도, 정작 자신이 자본주의 생산력 발전과 구조 변화에서 현대자본주의의 질적 및 구조적 변화를 유추하는 단선론석이고 구조중심적 편향에 빠져 들고 있음을 알 수 있다.

이런 측면에서 "결국 이것은 마르크스주의 프로젝트 자체를 폐기하여 해체하는 것이며, 이로써 마르크스주의에 대한 오해나 몰이해에서 출발한 포스트 마르크스주의의 논의가 궁극적으로는 전통적 마르크스주의를 부인하고 또 별개의 탈마르크스주의적 지평을 열어가는 것과 다름없는 것"(윤건차, 2000 :

136)이라는 윤건차의 평가가 적실한 것으로 판단된다. 달리 말하자면 이병천의 포스트 마르크스주의로부터 알 수 있는 것은, 청산주의가 교조주의에 대한 비판이 될 수 없고 상대주의가 목적론과 결정론에 대한 비판이 될 수 없다는 사실이다.

1-2 사회민주주의적 대안의 제기와 비판

포스트 마르크스주의와 함께 마르크스 - 레닌주의를 비판하면서 한국 변혁 운동의 대안으로 사회민주주의의 수용을 주장하는 경향도 나타났다. 제2인터 내셔널 시대의 수정주의 논쟁에 기원을 두고 있는 사회민주주의는 소련의 페레스트로이카와 함께 현실사회주의 국가들에서 새로운 각도에서 조명을 받게 되었고, 이런 경향에 따라 한국 진보이론 진영의 일부 세력에 의해 대안적 이념으로 주목을 받게 된 것이다.

이 시기 한국에서 사회민주주의에 대한 관심은 1990년 『사상문예운동』 여름호(통권 4호)에 게재된 김수길의 논문 "사회민주주의의 재평가와 민주적 대안"에 의해 최초로 나타났다. 이 논문에서 김수길은 소련과 동유럽 개혁과정 에서 사회민주주의에 대한 관심의 제고를 설명한 다음, 현대자본주의의 변화가 사회민주주의를 자본주의에서 실현가능한 변혁의 대안으로 등장하게 했다고 주장한다.

그는 마르크스 - 레닌주의와 구별되는 사회민주주의의 인식상의 분기점을 다음 세 가지로 요약한다. 첫째, 자본주의의 혁명적 붕괴 전망을 부정하고 혁명적 계급투쟁 대신 건설적 개혁주의를 이념으로 한다. 둘째, 자본주의의 국유화와 계획화 등을 지표로 하는 새로운 사회구성체로의 필연적 이행을 주장하는 결정론적 명제를 부정한다. 셋째, 민주주의를 개혁의 수단일 뿐

아니라 자체를 하나의 목적으로 보고, 인간다운 사회의 본질적 요소로 본다는
점이다(김수길, 1990 : 346 - 7).

그는 이런 사회민주주의 명제의 정당성이 현대자본주의의 변화, 즉 혁명적
변혁 전망의 상실과 자본주의적 모순에 대한 부르주아 민주주의 국가들의
통제 능력 강화 그리고 도시 중간계급으로의 계급구성의 변화 등을 통해
확인되었다고 주장한다.

이런 전제 위에서 김수길은 발전도상국가들 가운데서도 신흥공업국인 한국
에서 민중운동은 다음의 세 가지를 염두에 두어야 한다고 주장한다. 즉 첫째,
전통적 사회주의론은 자본주의 모순 해결의 대안이 아니라는 점 둘째, 자본주의
에서 혁명적 위기의 발생 가능성이 감소한 점 셋째, 노동계급을 비롯한 민중의
실제적 능력과 의식에 기초한 민중운동 노선의 필요성 등이다(김수길, 1990 : 360 - 1).

김수길은 "현단계 민중운동이 추구해야 할 노선은 장기적 전망을 가진
민주주의적 개혁노선"(김수길, 1990 : 361)이며, 이런 차원에서 사회민주주의의
경험을 연구할 필요성이 있다고 주장한다.

현대자본주의의 변화와 이에 따른 마르크스주의의 자본주의 혁명적 붕괴론
의 부정 나아가서는 민주주의에 대한 강조 등은 사회민주주의와 포스트 마르크
스주의를 상당한 친화성을 갖는 것으로 보이게 한다. 그러나 이 시기 한국에서
사회민주주의 수용을 주장하는 세력들의 입장과 포스트 마르크스주의 사이에
는 미묘한 차이가 발견된다.

김수길은 『창작과 비평』 1990년 여름호의 좌담에서 이병천의 문제의식에
부분적으로 동조하면서도 다음과 같은 차이를 보여주고 있다. 그는 마르크스주
의의 중심적인 이론적 전제를 계급투쟁으로 보면서도, 계급간의 공존과 타협의
측면을 인정한다. 즉 마르크스는 "국가기구가 사회계급들의 투쟁의 장이 되고
노동자계급에 의해 장악되어서 혁명은 아니라 하더라도 계급모순을 완화하고

노동자의 사회적 생활과 지위를 현저히 향상시킬 수 있는 가능성을 내다
보지 못한'(손호철·이병천·김수길·조희연, 1990 : 58) 결과로 단선적인 도식주의에
빠졌다고 주장한다.

　김수길의 이런 주장은 객관적 계급이해의 존재를 부정하고 주체를 담화적
실천에 의해 구성되는 것으로 보는 포스트 마르크스주의, 특히 이병천의 입장과
분명히 구별되는 것이다. 포스트 마르크스주의가 마르크스의 사상과 이론에
내재하는 근대적 합리주의 경향으로 결정론, 목적론, 진화주의, 경제주의가
될 수밖에 없는 것으로 보는 반면, 사회민주주의는 객관적 계급의 존재를
인정하는 전제 위에서 계급간의 타협과 공존의 가능성을 주장하는 것이다.

　이렇게 본다면 이병천식의 포스트 마르크스주의가 마르크스에 대한 우회
없는 비판이라면, 사회민주주의는 마르크스의 사상과 이론을 부분적으로 견지
하면서도 마르크스 - 레닌주의적 실천에 비판의 초점을 맞추는 것으로 해석할
수 있을 것이다.

　사회민주주의 정치에서 계급정치의 중요성에 대해서는 정태석도 강조하고
있다. 즉 정태석은 사회민주주의 정치를 부르주아적인 선거정치의 틀 내에서도
계급정치를 가능하게 하는 대중정치운동과의 결합을 강조한다(정태석, 1991 : 31
-8). 또한 사회민주주의에 입각한 합법적인 진보정당 결성을 추구하던 '민주개
혁과 사회진보를 위한 협의회'(민사협)의 운영위원 유인렬은 이병천의 기본적인
문제의식에 동의하면서도 사회민주주의의 실패 규정에는 동의할 수 없음을
명시적으로 밝히고 있다.

　그는 급진민주주의가 사회주의를 대체할 수 없다고 전제하면서, "사회민주
주의는 기왕의 국가주의적 전략의 실패와 신사회운동과의 분리 속에서 위기를
맞고 있지만 아직 기회가 주어져 있다"(유인렬, 1992 : 130)고 주장한다. 즉 그는
마르크스 - 레닌주의는 비판받아 마땅하지만, 마르크스와 레닌의 평가에는

보다 신중할 것을 요구하고 있다.

이처럼 포스트 마르크스주의가 계급의 부정에 기초한다면, 사회민주주의는 계급의 존재를 인정한 바탕 위에서 공존과 타협의 가능성을 모색하고 있음을 알 수 있다. 그러나 계급간 공존과 타협은 일정한 제도적 조건을 필요로 한다는 점에서, 당시 한국사회에서 사회민주주의의 수용 가능성에 대해 회의적으로 보는 입장이 우세했다.

박호성은 1991년 당시 한국사회에서 사회민주주의에 대한 관심 고조의 원인을 사회주의 붕괴에 대한 대안 내지는 동구권 사회체제가 지향하는 것이 사회민주주의가 아닌가 하는 심정적 판단에 있다고 보고, 사회민주주의 대안론에 대해 상당히 유보적 입장을 견지한다. 그는 사회민주주의 세력의 형성과 정치과정을 고찰한 다음, "한마디로 자본주의의 안정적 발전, 체제내적 노동운동의 제도적 정착, 부르주아 민주주의적 제반 원칙의 확립 등이 서유럽 지역에서 사회민주주의를 성사시킨 중요한 요인"(박호성, 1991 : 77)이라고 지적한다. 즉 그런 조건이 부재한 소련과 동유럽에서 주관적 지향과 상관없이 사회민주주의의 가능성을 매우 회의적으로 보면서, 동시에 당시 한국사회에서 대안적 변혁이론으로서의 가능성에 대해서도 신중한 입장을 보여주는 것이다.

이 문제와 관련해서는 손호철도 1990년 『창작과 비평』 여름호 좌담에서 사회민주주의의 위기를 신중산층 증대와 조세부담 위협 등 사회민주주의의 물적 토대의 문제와 그로 인한 사회민주주의적 계급동맹의 와해에서 찾으면서, 대안으로서의 사회민주주의에 부정적 태도를 보여주고 있다(손호철·이병천·김수길·조희연, 1990 : 43 - 4).

이로 미루어 보면, 포스트 마르크스주의에 근거한 급진민주주의론과 달리, 역사적 현실의 운동과 정치로 존재했던 사회민주주의는 그 성립조건과 위기의 원인이 상대적으로 분명함으로써 이후 한국 진보이론 진영에서 대안적 이념으로서의 수명이나 영향력에서 제한적이었던 것으로 평가된다.

1-3 시민사회론과 급진민주주의론의 제기와 비판

현실사회주의의 붕괴 이후 한국 진보이론 진영의 또 하나의 대안으로 제기된 것은 시민사회론과 포스트 마르크스주의의 급진적 민주주의론이다. 이 시기 시민사회와 민주주의론에 대한 관심의 고조는 1987년 6월 민주대항쟁과 정치적·형식적 민주주의의 진전이라는 내적 요인과 함께 곧이은 현실사회주의의 위기와 붕괴라는 외적 조건이 복합적으로 결합된 결과로 평가된다(김세균, 1992a : 130 ; 윤건차, 2000 : 124).

전자가 제한적이나마 민주화의 진전이라는 긍정적 요인이라면, 후자는 기존 변혁운동과 진보이론에 대한 광범한 회의와 재검토를 요구하는 부정적 요인으로 작용한 것으로 볼 수 있을 것이다. 따라서 단순화의 위협을 무릅쓰고 도식적으로 분류한다면, 자유주의적 시민사회론이 전자를 강조한다면 좌파적 시민사회론은 후자의 충격에 보다 민감한 대응으로 볼 수 있을 것이다.

두 경향의 시민사회론에 대해 김세균은 포스트 마르크스주의적 입장이 "마르크스주의를 폐기하고 자유주의적, 부르주아 민주주의적 관점을 받아들이고 있는 점에서 양자의 차이란 결코 크지 않다"(김세균, 1992a : 130)고 평가하지만, 자유주의적 시민사회론이 한국에서 현실사회주의 붕괴의 충격이 본격화되기 전에 이미 이론이나 실천의 측면에서 태동되었다는 점에서 일정한 구분이 필요하다고 본다.

이미 1988년 한상진은 신중간층을 중심으로 하는 '중민론적 개혁'을 주장한 바 있고(한상진, 1988), 1989년 11월에는 경제정의를 지향하는 개량주의적인 시민운동단체인 '경제정의실천시민연합'이 창립되어 다방면에 걸친 활동을 전개하였기 때문이다. 즉 자유주의적 시민사회론은 한국에서 변혁적 진보운동의 이론과 실천에 대한 근본적 성찰이 시작되기 전에 이미 이론과 실천의 측면에서 일정한 영향력을 획득하기 시작했던 것이다. 이런 현상은 1987년 6월 민주대항쟁에서 노동계급이 아닌 학생, 지식인 및 화이트칼라 노동자들로 구성된 이른바 신중간층이 주도적 역할을 했던 것과 무관치 않은 것으로 판단된다.

탈냉전 초기 한국의 대안적 변혁이념으로 제시된 시민사회론을 둘러싸고 두 가지의 대표적 논쟁들이 제기되었다. 첫 번째 논쟁은 그람시의 시민사회와 헤게모니론을 둘러싼 해석과 시민사회론의 계급적·이데올로기적 성격을 둘러싼 김세균 - 강문구의 논쟁이고, 두 번째의 주요 논쟁은 시민사회를 행위자로 볼 것인가 아니면 하나의 투쟁 공간으로 볼 것인가를 둘러싼 김성국 - 손호철 사이의 논쟁이었다.

한국 진보이론 진영에서 시민사회에 대한 이론적 논의는 현실의 시민운동의 성장과는 반대로 이 두 논쟁을 거친 후 상당 기간 잠복기에 접어들었다. 그 이유는 유팔무·김정훈이 적절히 지적했듯이 1994년부터 본격화된 김영삼 정부의 이른바 세계화에 관한 관심과 특히 1997년 말 IMF 사태로 신자유주의 문제로 진보이론 진영의 관심이 옮겨갔기 때문이라고 할 수 있을 것이다(유팔무·김정훈, 2001 : 5). 따라서 탈냉전 직후 한국에서 대안적 변혁이념의 하나로 논의된 시민사회론을 이해하기 위해서는 위의 두 논쟁을 개괄하는 것이 도움이 될 것으로 생각된다. 왜냐하면 2000년대 이후 최근까지 논의의 대상으로 다시 주목받는 시민사회와 시민운동에 관한 이론이나 민주주의론 등은 사실상 위의 두 논쟁에서 확인된 기본적 시각차이를 전제로 하면서 전개된다고 할 수 있기 때문이다.

먼저 김성국의 문제제기로 시작된 김세균 - 강문구의 논쟁부터 살펴보도록 한다.

마르크스주의와 관련된 시민사회론이 한국 진보이론 진영에서 본격적으로 논의된 것은 대략 1991년 김성국이 그람시의 헤게모니론을 시민사회론의 이론적 기초로 수용하면서 본격화된 것으로 볼 수 있다.

김성국은 1980년대 초 한국에 소개된 그람시의 이론이 사회구성체 논쟁 등 한국 진보이론 진영의 정통에의 경쟁에 밀려난 상태로 있다가 내외 상황의 변화로 다시 주목받게 되었다고 본다. 즉 국내적으로는 사회구성체 논쟁이 야기한 속류 기계론적이고 결정론적 경향에 대한 반성의 필요에 의한 것이고 국외적으로는 소련 및 동유럽 사회주의 개혁에 따른 민주적 사회주의에 대한 관심의 확산에 원인이 있다고 본다.

특히 김성국은 라클라우와 무페의 견해를 수용하여, 그람시 사상의 핵심적 특성을 "정통맑시즘에서 (경제적) 토대로서만 취급되던 시민사회의 영역을 재구성하여, '사회적인 것에 관한 새로운 논리'a new logic of the social를 개발하였는 데 있다고 본다"(김성국, 1991 : 213).

김성국은 그람시가 헤게모니론을 통해 노동자계급을 혁명의 주체로 보는 계급환원주의를 반대했으며, 이는 '역사적 블록'이라는 개념에 의해 잘 드러난 다고 주장한다(김성국, 1991 : 224 - 5). 또한 상부구조 영역과 관련된 시민사회론 등 "그람시의 창조적 개념들에 깊이 침윤되어 있는 민주주의적 혹은 자유주의적 가치들은 이데올로기적 도그마를 뚫고 여전히 그 빛을 발하고 있다"(김성국, 1991 : 243)고 평가함으로써, 그람시의 사상을 마르크스 - 레닌주의와 단절된 것으로 파악하고 있다.

이에 반해 유팔무는 마르크스의 시민사회가 상부구조의 지하층인 토대에 위치하는 반면, 그람시의 그것은 상부구조의 1층에 위치하는 점에서 구별된다 고 전제한다(유팔무, 1991 : 40). 결국 그람시의 시민사회는 적나라한 폭력 대신

문화적이고 정신적인 지배를 의미하는 헤게모니가 형성, 작용하는 영역으로 규정하고 있다고 본다(유팔무, 1991 : 43).

그러나 유팔무는 그람시의 헤게모니론을 계급환원주의에 대한 비판으로 보는 김성국과 달리, 시민사회의 주체는 계급적이기도 하고 비계급적이기도 하다고 본다(유팔무, 1991 : 47). 서구는 물론 국내에서도 마르크스주의적 관점에서 시민운동의 중요성을 강조하는 사람들은 한결같이 그람시의 시민사회론과 헤게모니론을 근거로 내세운다고 본다. 유팔무는 이런 입장을 갖는 세력들을 마르크스주의적 관점에서 그람시를 계승하는 부류와 탈마르크스주의적 관점에서 그람시를 원용하는 그룹으로 나누면서, 이병천의 경우를 후자의 대표적 예로 들고 있다(유팔무, 1991 : 47 - 8). 이런 관점에서 유팔무는 그람시를 마르크스주의를 비판하고 해체시키는 무기로 악용하는 경향을 경계함으로써(유팔무, 1991 : 50 - 1) 이병천이나 김성국의 관점과 차별성을 보여주고 있다.

김성국은 한국사회에서 시민을 지배계급에 대립되는 세력이자 계급주의 세력과도 대립되는 세력으로 규정함으로써(김성국, 1992 : 19 - 20), 김세균에 의해 "부르주아 개혁론이 특권층에 대해서 뿐만 아니라 민중운동에 대해서도 대립전선을 치는 일종의 '이중전선론'"이라는 비판을 받게 된다(김세균, 1992 : 132).

김세균은 이 논문에서 그람시의 시민사회론은 사회주의 이행 문제에서 상부구조 영역의 결정적 중요성을 강조하기 위한 것이라고 전제하면서도 그람시의 시민사회론 자체의 문제섬을 시적한다.

첫째로, 토대에 대해 상대적 자립성을 갖는다 해도 자본주의 시민사회는 자본주의 사회구성체의 구성요소로서의 역사특수적 성격을 갖는다. 따라서 김세균은 자본주의 시민사회를 "국가에 의해 보호되고 규제받는 자본주의 사회의 이데올로기적 상부구조 영역이자 광의의 의미에서는 부르주아 국가의

한 구성 부분''(김세균, 1992 : 112)으로 규정해야 한다고 주장한다.

둘째로, 유통과정이 자본주의의 착취적 성격을 은폐하는 경제적 외피라면, 시민사회는 부르주아의 계급적 지배를 은폐하는 정치적·이데올로기적 외피에 불과하다고 본다.

결론적으로 김세균은 당시 쟁점이 되던 시민사회론과 관련되는 핵심적인 문제는 계급적 입장의 차이를 반영하는 것이라고 주장한다(김세균, 1992 : 135).

강문구는 김세균의 시민사회론 비판에 대해, "개량주의 대 이데올로기적 계급투쟁의 이분법이 소련 및 동구공산주의의 위기국면과 국내에서 전개되어 온 의사민주화과정 및 보수주의 공고화의 현실에 대한 엄밀한 검증 없이 원칙만 강조하는 입장이라면 그 비판이 유의미한 설득력을 갖기는 힘들다''(강문구, 1992a : 90)고 전제한다. 따라서 김세균의 시민사회에 대한 관점은 다음과 같은 편향적 문제점들을 갖는다고 비판한다.

첫째, 시민사회가 자본주의 체제 내에 존재한다는 것만으로 필연적으로 탈계급적이고 시민사회 내부 운동으로 전환될 수밖에 없다고 보는 문제점이다.

둘째, 그람시의 시민사회 분석이 역사특수적 성격을 갖지 않는다고 보는 문제점이다.

셋째, 그람시의 이론구조가 혁명적 계급투쟁 이론을 점진주의적 개량화 전략으로 전락시킨다고 보는 문제점이다(강문구, 1992a : 94 - 5).

요컨대 강문구는 그람시의 이론이 변혁과 개량의 어느 방향으로도 이용될 소지가 있으나 그람시의 노선은 분명히 총체적 변혁을 지향하는 것임에도, 김세균이 그람시를 개량주의적 시민사회론의 근거로 보는 편향성을 가진다는 비판이다.

또한 김세균이 부르주아 개혁론적 시민사회론으로 규정하는 한완상이나 김성국의 입장이 그람시의 시민사회론이나 변혁이론과 상관성이 발견되지 않는다고 주장한다(강문구, 1992a : 96). 즉 강문구는 김세균의 시민사회론 비판이 개량적인 시민사회론과 그람시의 변혁론적 시민사회론을 구분하지 않는다고 비판하는 것이다.

강문구의 비판에 대해 김세균은 자신의 그람시 시민사회론에 대한 비판은 그람시의 사상을 곧바로 개량주의라고 비판하는 것이 아니라 그람시의 사상에 내재하는 개량주의적 해석의 소지를 지적하고, 특히 그람시의 시민사회론이 이런 해석을 낳는 근거가 된다고 주장한다. 요컨대 김세균은 그람시 사상이 갖는 개량주의적 해석의 소지로 인하여 현재의 진보이론의 위기를 극복하는 데는 일정한 한계가 있는 바, "그람시 사상의 재전유만으로는 부족하고 그람시를 넘어서 나아가는 것"(김세균, 1992b : 98)이 요구된다는 것이다.

시민사회 대신 김세균은 민중사회를 대안으로 제시하는데, 민중사회란 자본주의 사회에서 맹아적으로 발생하여 사회주의에서 완성되는 새로운 사회유형이라는 것이다(김세균, 1992b : 100).

또한 김세균은 변혁운동의 위기와 보수진영의 이데올로기 공세가 강화되는 조건에서 다양한 대안적 변혁론들의 추구를 긍정적으로 보는 강문구의 주장에 반대하며, 개량의 누적이 아닌 "질적 단절의 계기를 요구하는 변혁의 관점에서 개량을 파악하는 관점을 폐기해서는 안 된다"(김세균, 1992b : 103)고 강조한다.

김세균과 강문구의 논쟁에 대해 백욱인은 시민사회론이나 시민운동론을 옹호하는 입장에서 논쟁에 개입하였다. 그는 김세균의 비판이 시민사회론에 기댄 개량주의적 운동론의 발호에 대한 대응이라고 전제하면서(백욱인, 1993 : 168), 김세균과 강문구의 입장을 각각 '그람시를 넘어서'와 '그람시의 재전유'로 규정한다. 나아가 "이들 입장간의 갈림점은 변혁론의 고수나 계급적 입장의 고수 여부에 있는 것이 아니라 현실의 변화에 대한 인식과 대응방법상의 차이"(백욱인, 1993 : 170)에 있다고 본다.

한편 그는 개량주의 이론의 발호 원인을 개량주의의 물적 토대의 형성에 있는 것으로 보고, 시민사회 내부의 운동영역을 시민사회의 부르주아적 성격 때문에 거부한다면 결국 유효한 민중운동의 실천 근거를 상실케 될 것이라고 주장한다(백욱인, 1993 : 172). 이런 입장에서 그는 김세균의 민중사회 개념의 모호성을 비판하면서, "시민사회의 바깥으로부터 투쟁만이 이를 감당할 수 있다고 주장하는 것은 현실성을 결여한 이론적 선명성의 재확안"(백욱인, 1993 : 173)이라고 비판한다.

또 한편으로 그는 김세균의 민중사회론이 1980년대 민중론의 연속성을 유지하는 중요한 문제의식을 갖는다고 평가하면서도, "시민사회 자체가 갖는 역사특수적이며 변화한다는 가정을 받아들일 때만이 시민운동론의 우경화에 대한 민중론의 개입과 사회발전"(백욱인, 1993 : 173 - 4)이 가능할 수 있다고 주장한다. 달리 말하자면 백욱인의 주장은 개량주의적 시민사회론이 형성될 수 있는 물적 토대가 이미 한국사회에 구축되었다고 보고, 시민사회 내부에 적극적으로 개입하여 변혁적 민중론을 관철해야 한다는 것이다.

강문구는 백욱인의 개입 이후 재반론의 형태로 김세균의 입장을 다시 비판한다. 먼저 김세균의 시민운동의 개량성 비판에 대해 시민사회 운동의 개량화의 조건과 동학에 관한 지적이 없음을 지적하고, 이어서 자신은 혁명과 개혁의 상호관련성을 중시한다고 주장한다.

또한 민중사회 개념의 모호성에 관한 백욱인의 비판에 동의하면서, 개량적인 시민사회와 구분되는 변혁적 시민사회를 민중운동에 위치시키기를 제안하고 있다(강문구, 1993 : 103).

강문구는 시민사회운동에 변혁적인 것과 개량적인 것이 혼재하는 것을 인정하면서, 민주화과정에서 구조 혁신 가능성이 낮은 것은 피지배 블록의 약화에 원인이 있다고 본다(강문구, 1993 : 104). 결국 강문구는 의사민주화과정에서 시민사회가 국가에 포섭되고 국가 주도권이 강화되는 경향을 시민사회에 대한 변혁운동의 적극적 개입의 이유로 보고 있다고 할 수 있다.

이런 전개과정을 거친 논쟁은 백욱인의 주장(백욱인, 1993 : 170)과 달리 계급적 입장 고수 여부의 문제이지 현실 변화에 대한 인식이나 대응방식의 차이를 의미하는 것은 아니다. 즉 김세균의 입장은 시민사회론이나 시민운동론이 내장하고 있는 개량주의적이고 탈계급적 함의를 비판하는 것이라면, 강문구는 계급운동과 다른 비계급적 사회운동 사이의 연관과 접합을 강조하면서 사실상 계급중심성을 비판하는 것으로 보이기 때문이다.

이런 점은 강문구가 분류하는 개량적인 것과 변혁적인 시민사회의 요소에서 계급성이 탈각되어 있기 때문이다. 즉 강문구는 계급운동의 위상을 여타 사회운동과 위계적으로 생각치 않고, 연관과 접합이라는 사실상 동등한 위치에 놓는 것으로 보이기 때문이다. 이런 평가는 강문구가 변혁의 정의를 명확히 하고 있지 않는 점에서 잘 드러난다.

이런 입장은 김세균과 강문구의 논쟁을 변혁운동의 계급성 문제로 보지 않는 백욱인의 주장에서도 드러난다. 즉 그는 "원칙론적 계급적 입장의 확인과 변혁론적 관점의 재정리만으로는 사태의 흐름을 쉽게 바꿀 수 없을 것이다"(백욱인, 1993 : 174)라고 주장하는데, 이것은 운동의 계급적 성격 규정을 부차화하고 결과적으로 실용적인 실천의 효율성과 지배력의 문제를 헤게모니론으로 정당화시키려는 것으로 보이기 때문이다. 이런 점에서 김세균이 변혁이념상의 단절이라고 한 비판은 적절한 것으로 생각된다.

강문구는 시민사회를 "특히 민주화과정에서 국가를 견제, 비판하고 궁극적으로 국가 그 자체를 민주화시킬 수 있는 토양"(강문구, 1993 : 103)으로 규정하는데, 민주주의는 탈역사적인 것일 수 없다는 점에서 어떤 역사특수적 민주주의여야 하는가를 이야기하지 않는다는 점에서 문제가 있다고 본다. 물론 강문구는 다른 글에서 정치적 민주화를 넘어서는 사회적·경제적 민주화에서 노동자계급의 역할을 중시하고 있다. 즉 그는 노동자계급이 이전의 피지배연합에서 획득한 "(부르주아) 민주적 제가치와 진보적 민주주의를 통하여 피지배연합을 유지·강화시키는 원칙을 견지한다면 사회적·경제적 민주화로의 심화를 추진하는 데 결정적 역할을 수행해 갈 수 있을 것"(강문구, 1992b : 346)으로 평가한다.

그러나 그는 사회적·경제적 민주화를 자본주의 사회와의 연속인지 단절인지에 대해 여전히 애매한 태도를 취하고 있음을 알 수 있다. 요컨대 강문구는 노동자계급 운동의 목표가 자본주의를 넘어서는 것인지 그 한계 내에 있는 것인지를 명시적으로 표현하지 않는다. 종합해 보면, 백욱인은 김세균에 대해 "80년대 민중론의 연속성을 유지한다는 중요한 문제의식을 갖고 있다"(백욱인, 1993 : 173)고 평가하는데, 1980년대 민중론이란 다름아닌 운동의 계급성에 대한 강조라는 점에서 김세균 - 강문구 논쟁을 계급성과 변혁론을 둘러싼 것이 아니라는 자신의 평가와는 부합되지 않는다.

김세균과 강문구의 논쟁은 역설적이게도 두 사람 모두 부르주아적 개량론이라고 비판하는 김성국의 그람시론과 시민사회론을 근거로 촉발되었다. 이런 측면에서 보면 한국의 시민사회론 논의는 자유주의적 입장에서 먼저 시작되어 좌파적 입장의 시민사회론으로 나아갔고, '전통 마르크스주의' 입장에서는 시민사회론이라는 이론의 전개과정 자체에 이의를 제기했다는 윤건차의 평가가 타당한 것으로 보인다(윤건차, 2000 : 124).

그러나 윤건차의 평가처럼 '전통적 마르크스주의' 입장에서 시민사회론 자체를 무시하거나 이론적 전개를 방관한 것만은 아니었다. 전통적 마르크스주의자로 분류되는 손호철은 1995년 5월에 발표한 논문에서 탈냉전 이후 국가론 대신 시민사회론의 유행에 주목하면서 국가 - 시민사회 이분법이 사회적 동학의 핵심 부분을 은폐하는 측면에 비판을 가한다(손호철, 1995 : 20). 이에 대해 김성국은 손호철의 시민사회론 비판에 대한 반비판을 제기하고 국가 - 시민사회 이분법을 옹호하면서(유팔무·김정훈, 2001 : 50 - 102) 손호철 - 김성국의 논쟁이 성립되었다.

손호철은 시민사회 개념의 모호성을 지적하면서, 일단 외연의 측면에서 '국가를 뺀 모든 것'을 의미하는 잔여범주로서의 시민사회와 그람시의 경우처럼 '두 개의 주된 상부구조 수준들 중의 하나'로 '사적 조직체의 총체'로서의 시민사회로 분류한다. 전자가 국가 - 시민사회의 이분법적 이론틀과 관련된다면, 후자는 국가 - 시민사회 - 토대의 삼분법을 기본틀로 한다고 본다(손호철, 1995 : 21 - 2). 또한 이 두 학파 외에도 한국사회 분석을 위한 세 입장, 즉 국가 - 계급 혹은 국가 - 토대 분석틀, 국가 - 정치사회 - 시민사회의 삼분법, 국가 - 정치사회 - 시민사회 - 토대의 사분법 등이 있다고 분류한다. 이 가운데 생산관계를 다른 사회적 관계와 동일시하는 국가 - 시민사회 이분법보다는 "하나의 생산양식으로서의 자본주의의 규정과 계급관계를 등한시하지 않는 '국가 - 시민사회 - 토대의 삼분법이 보다 설명력이 있다고'"(손호철, 1995 : 23) 평가한다. 이와 함께 손호철은 시민사회를 "사회계급을 중심으로 한 행위자로서의 사회세력이 각축하는 '계급정치의 지형'"(손호철, 1995 : 23)으로 간주한다.

요컨대 손호철의 주장은 당시 한국 시민사회론의 주류를 이루었던 국가 - 시민사회론이 토대의 자본주의적 계급관계를 추상시키고 있는 점과 시민사회를 국가나 자본에 저항하는 하나의 행위자로 보는 관점을 비판하면서, 시민사회를 사본주의적 생산관계에서 발생하는 계급을 비롯한 제반 사회적 세력들이 갈등하는 정치적 공간으로 보아야 한다는 것이다.

행위자가 아닌 정치적 공간으로서의 시민사회 규정은 부르주아적 시민사회론이 전제하는 국가에 대항하는 시민사회라는 관념을 극복할 수 있을 뿐만 아니라, 강문구와 백욱인으로부터 개념상 모호성이 비판된 김세균의 민중사회론에 대한 대안으로서의 의미도 있는 것으로 평가된다.

손호철도 지적하듯이, 국가 - 시민사회 이분법은 시민사회를 독자적인 사회적 행위자로 인식함으로써 시민사회의 성장을 민주화의 원인으로 주장하게 된다(손호철, 1995 : 34 - 7). 결국 이런 입장은 시민사회를 토대나 국가로부터 독립된 것으로 간주케 됨으로써, 토대에서 비롯된 사회적 갈등관계를 은폐시키는 이데올로기 역할을 하게 된다.

손호철은 민주화와 시민사회 성장 사이의 인과관계는 모호하고 양자를 잇는 구체적 동학은 '실종된 고리'로 남아 있다면서, "단도직입적으로 말하자면 쟁점은 다시 한국의 민주화가 빚지고 있는 것이 '시민사회의 성장'이냐 아니면 '민중운동 내지 민중부문의 성장'이냐"(손호철, 1995 : 34)는 것이라고 주장한다. 즉 시민사회를 계급정치의 지형으로 보는 손호철의 입장에서 보면, 시민사회 내부에 있는 민중운동 내지 민중부문의 성장이 시민사회 내부에 존재하는 지배연합과의 힘관계에서 우위나 최소한 균형을 달성함으로써 민주화가 가능한 것으로 볼 수 있게 된다.

시민사회의 개념을 이렇게 이해하게 되면 김세균의 민중사회론에 대해, 강문구나 백욱인이 민중사회가 시민사회의 외부 어디에 존재하는가라는 물음에 대해서도 대답이 가능해진다. 결국 백욱인이 주장했듯이, 변혁지향과 개량적인 시민사회를 구분하고 민중운동을 변혁지향의 사회운동에 위치시키는 것이 보다 타당할 것(백욱인, 1993 : 103)이라는 문제제기와 유사하다고 할 수 있을 것이다.

국가 - 시민사회 - 토대 삼분법의 설명력 우위와 계급정치 지형으로 시민사회를 보는 손호철의 입장은 결과적으로 자본주의적 계급관계를 배제하는 부르주아적이고 개량주의적인 시민사회론에 대응하는 마르크스주의적 시민사회론의 구축을 목표로 하는 것으로 보인다.

국가 - 시민사회 이분법의 적실성을 강조하는 김성국은 손호철에 대한 반비판을 통해, 시민사회는 억압적·착취적 국가로부터의 저항적 - 자율적 시민사회의 분리라는 민주주의 발전과 관련된 역사적 경험에 기반을 두고 있고, "시민은 계급만큼이나 역사적으로 실체성을 갖는 존재"(유팔무·김정훈, 2001 : 54)임을 주장한다. 이에 따라 시민사회를 하나의 사회적 행위자로 볼 수 없다는 손호철의 견해를 반박하면서, 시민사회의 구성요소를 자본 등 지배블럭과 노동자 등 민중으로 양분하는 손호철의 분류에 대해 "그렇다면 시민사회를 표상하는 시민은 어디에 숨어 있는가?"(유팔무·김정훈, 2001 : 55)라고 반문한다.

나아가서 그는 시민의 범주를 강압적 국가체제에 대한 비판적·저항적 속성을 지닌 것에서 찾고 있다. 시민사회를 행위자가 아닌 계급투쟁을 비롯한 사회적 충돌의 공간으로 보는 손호철에 대해 김성국은 시민사회를 "(행위자로서) 역학 관계를 형성하는 '역학적 공간'으로 파악"(유팔무·김정훈, 2001 : 58)할 것을 주장한다. 그러나 그가 말하는 역학적 공간이란 결국 국가와 대립되는 시민사회 내부, 즉 피지배블럭 내부의 구성이나 성격과 관련된 것에 불과하다. 요컨대 그는 국가 - 시민사회 이분법을 통해, 강압적인 국가와 이에 대항하는 집합적 행위자로서 시민으로 구성되는 시민사회의 적실성을 주장한다.

김성국의 주장의 요체는 결국 시민사회 내부에서 계급중심성을 비판하는 것으로 판단된다. 왜냐하면 시민의 실체성을 주장하는 김성국의 입장에서 보면, 노동자계급도 국가에 대립되는 '시민사회의 표상'인 시민의 한 구성요소로서 다른 사회적 집단과 동등한 집단에 불과한 것이 되기 때문이다.

자본주의의 역사특수적 성격이 평등한 교환의 당사자로서 형식적·법적인 평등에 기초하는 시민권의 인정과 함께 생산과정의 위치에 따른 계급대립의 존재라는 점을 염두에 둔다면, 김성국의 국가와 대립되는 시민사회론은 결국 시민권의 인정만을 특권화시킨다는 비판을 면하기 어려운 것으로 보인다.

김성국의 반론을 "아나키스트 내지 자유해방주의"(유팔무·김정훈, 2001 : 105)로 규정한 손호철은 그의 비판이 속류 자유주의적 시민사회론보다 훨씬 이론적으로 세련되고 정치적으로 급진적임을 인정한다. 그러나 김성국의 시민사회 개념은 지배연합을 시민사회의 구성요소에서 배제해 버림으로써, 사실상 민중사회와 동일한 내용에 불과하다고 비판한다. 그 결과 "시민사회=계급투쟁의 장, 이에 따른 시민사회 내의 진지전이라는 그람시의 탁월한 문제의식이 사라져 버리고 만다"(유팔무·김정훈, 2001 : 108)고 본다. 즉 시민사회를 자유주의적 입장과 달리 사실상 민중으로서의 시민으로 구성되는 사회적 행위자로 보더라도 협의의 국가와 지배계급으로 구성되는 광의의 국가와 민중 사이의 역관계와 시민사회 내부의 계급투쟁을 비롯한 사회적 적대를 보지 못하게 된다는 것이다.

또한 손호철은 근대국가 성립과정의 민중과 근대국가의 정치적 억압에 저항하는 민중이라는 김성국의 분류를 개념상의 오류로 비판하고, 보다 근본적인 문제는 '다차원적 정체성' 주장이라고 지적한다(유팔무·김정훈, 2001 : 109 - 10). 이와 관련하여 손호철은 계급환원론에 대한 비판의 중요한 계기를 주는 것이기는 하지만, 다차원적 정체성에서의 계급중심성까지 포기하는 데 문제가 있다고 본다(유팔무·김정훈, 2001 : 110 - 1). 국가 - 시민사회 - 토대 삼분법을 코헨과 아라토의 '자기 제한적 급진주의'라는 개량주의를 초래하는 것으로 비판하는 김성국의 주장에 대해, 손호철은 그람시의 삼분법을 반증의 예로 들며, 삼분법이 반드시 자기 제한적 급진주의를 야기치 않으며, 오히려 국가 - 시민사회 이분법이 자본이라는 주적을 은폐하고 토대의 변혁 문제를 시민사회의 문제로 해소시켜버리게 된다고 반론한다(유팔무·김정훈, 2001 : 112).

김성국은 재반론을 통해 손호철의 민중과 자신의 시민 개념은 화이부동한 것으로, 계급중심성에서 차이가 있다고 주장한다. 즉 자신의 시민 개념은 초계급적이라고 공언하는 것이다. 김성국은 "신흥(시민)사회세력으로서 봉건

체제에 저항하였던 부르주아는 '자본가'라는 지배계급으로 변모하면서 민주적 저항의 거점인 시민사회를 떠나 국가라는 지배체제의 구성원이 된다'(유팔무·김정훈, 2001 : 125)고 함으로써, 시민사회를 피지배세력인 시민의 집합으로 본다.

그러나 그는 아나키스트 입장에서 "시민사회=민주세력만의 영역"(유팔무·김정훈, 2001 : 126)임을 주장한 바가 없다며, 교양인과 이기적 탐욕의 장사꾼의 공존 영역으로 시민사회 자체의 폭력성과 부패성이 존재한다고 주장한다. 즉 그는 시민사회의 폭력성과 부패성을 사회적 인간의 도덕적 품성의 문제로 환원시키고 있다.

또한 손호철의 시민과 민중 개념에 대한 혼동 주장에 대답하면서 김성국은 민중 개념은 계급론적 함의를 강하게 내포하면서 1980년대 군부독재체제에 저항하는 세력을 지칭하는 실체성과 상징성을 부여받았으나, 한국 민주화 세력 가운데 상당수는 계급론적 내지 반자본주의적 민중론자가 아니었기 때문에, 시민사회의 정착과 함께 시민으로서의 집합적 정체성을 부여받았다고 주장한다(유팔무·김정훈, 2001 : 131). 즉 김성국에 따르면, 시민이란 계급적 실체가 아니지만 민주적 시민사회의 구성요소로서의 실체성을 갖는다고 주장하는 것이다.

이처럼 김성국은 손호철의 지적대로 아나키스트적 혹은 자유해방주의적 입장에서 자유주의적이고 개량주의적인 시민사회론자보다는 분명 급진적이다. 그러나 그의 견해는 자본주의적 시민사회를 국가로 표상되던 지배연합에 대항하는 집합적 행위자 차원으로 이해하고, 그 내부에 있는 갈등과 대립을 인간의 도덕적 문제로 치환시킴으로써, 손호철의 지적대로 낭만성과 모호성을 노정하고(유팔무·김정훈, 2001 : 112), 다차원적 정체성이 보장되는 '자유연합의 공동체'는 마르크스의 '자유로운 생산자 연합'을 중핵으로 하지 않는 탈계급적이고 초역사적인 구상이라는 비판을 모면하기 어려운 것으로 평가된다.

이것은 김세균이 민주화의 수준을 시민사회 발전 수준에서 파악하는 이론적 조류를 '자유주의적, 부르주아적 민주주의 개혁론'과 '포스트 마르크스주의적 개혁론'으로 나누고 김성국을 '자유주의적, 부르주아적 민주주의 개혁론'을 대표하는 사람들 중 하나로 지적한(김세균, 1992 : 130 - 1) 원인이 된 것으로 보인다.

1990년대 초반 시민사회 논쟁은 1980년대 후반의 사회구성체 논쟁만큼이나 큰 규모였다(윤건차, 2000 : 124). 그럼에도 위에서 살펴본 김세균 - 강문구 논쟁과 손호철 - 김성국의 논쟁만으로도 당시의 논쟁의 기본구도와 핵심 쟁점들을 이해하는 데 충분하다고 평가된다. 무엇보다 당시의 시민사회 논쟁은 시민사회가 갖는 계급적 성격과 변혁론적 함의 그리고 시민사회 자체에 대한 개념적 정의를 둘러싼 것이었기 때문이다.

김세균은 위의 논문에서 시민사회론이 제기된 배경을 서구에서 사민주의 실천과 동유럽 현실사회주의의 위기로부터 초래된 것으로 본다. 이에 따라 시민사회론은 동서 유럽을 막론한 사회의 국가화 내지 대중으로부터 분리된 국가에 의한 사회의 흡수에 대한 반성으로 제기되었다는 것이다.

서유럽에서 부흥기를 맞고 있던 시민사회론을 이념적 성격에 따라, 신보수주의적 시민사회론, 마르크스주의적 시민사회론, 포스트 마르크스주의적 시민사회론의 세 가지로 분류하고 있다(김세균, 1992 : 120 - 2). 특히 김세균은 마르크스주의적 시민사회론이 동유럽 몰락의 원인을 그람시적 의미의 시민사회의 부재에서 찾는 것인데, 그 결과 자신이 규정한 그람시 시민사회론의 문제점을 공유한다고 주장한다. 그가 말하는 그람시의 시민사회론의 문제점은 그의 이론의 혁명적 성격에도 불구하고 "점진주의적 개량화 전략으로 전락시킬 위험성이 내포되어"(김세균, 1992 : 118) 있는 것인 바, 서구의 마르크스주의적 시민사회론도 동일한 위험, 즉 점진주의적 개량화의 위험성이 있다고 경계하는 것이다.

또한 손호철은 시민사회를 '계급정치 지향' 즉 계급을 중핵으로 서로 대립되는 사회적 세력들의 갈등의 공간으로 규정함으로써 시민사회를 김세균보다는 더욱 적극적으로 긍정하는 입장을 보인다. 따라서 윤건차의 주장처럼 전통적 마르크스주의자들 입장이 시민사회론 논의 자체를 회피하는 것(윤건차, 2000 : 124)이 아니라, 시민사회론이 제기되는 객관적인 사회적 조건을 승인하는 가운데 시민사회론의 개량주의화의 위험성을 경계하거나(김세균, 1992) 시민사회 내부의 계급정치의 실천을 주장하는 것(손호철 : 1995)으로 이해하는 것이 타당하다고 본다.

반대로 김성국, 강문구 등 시민사회론을 적극적으로 전개하는 이론가들은 모두 마르크스주의의 계급중심성의 한계를 지적하고, 시민사회론을 통해 다양한 정체성을 갖는 주체들의 운동으로 확대하려는 지향성을 보인 것을 알 수 있다. 특히 그람시 이론을 근거로 하는 좌파적 시민사회론은 노동계급중심의 운동의 한계를 지적하고 질적 변화를 겪은 것으로 상정되는 현대자본주의의 산물인 다양한 새로운 변혁의 과제나 과거 정통 마르크스주의가 소홀히 취급했던 전통적인 사회균열에 대한 적극적 대응을 주장하는 특징이 있다.

국가-시민사회론에 대해 손호철이 "국가-계급 내지 국가-토대론이 주목하지 못했던 비계급관계적인 사회적 관계와 제도적, 사회적 그물망을 부각시킴으로써 그 동안 인식하지 못했던 사회적 다이내믹을 인식하게 하는 긍정적 측면"(손호철, 1995 : 20)을 평가하는 것은 바로 이것과 관련된다. 김세균 역시 "그람시의 사상이 특히 변혁을 말하면서 실제로는 변혁-자본주의 체제의 극복-의 관점을 폐기하고 있는 여타의 '개량주의적' 시민사회사상이 맑스주의의 인식의 지평을 넓히고 풍부화하는 데 크게 기여하였다는 점을 인정한다"(김세균, 1992b : 98)고 하였다.

요컨대 전통 마르크스주의적 입장을 견지하는 이론가들도 당시 제기되었던 시민사회론을 통해 보다 다양한 사회적 모순에 대한 관심을 제고할 수 있었다는 점에는 동의하는 것이다. 그러나 문제는 김성국의 반비판에 대한 반론에서 손호철이 강조했듯이, 계급환원론적 입장을 비판하는 데 동의하더라도, "다차원적 정체성 중 계급이 중심적이라는 계급중심성까지 포기"(유팔무·김정훈, 2001 : 111)해서는 안 된다는 점이고, 시민사회론과 관련되어 핵심적인 문제는 "계급적 입장의 차이에 따라 달라진다"(김세균, 1992a : 135)는 것이다.

달리 말하자면 1990년대 탈냉전 이후 제기된 한국 변혁운동론의 대안적 이념 논쟁에서 핵심적인 문제는 1980년대 사회구성체 논쟁 등에서 확인된 변혁적 관점, 즉 자본주의의 극복이라는 목표를 유지할 것인가 아니면 현대자본주의의 질적 변화를 인정하고 탈계급적인 운동으로 전환해야 하는가의 선택이었다.

1980년대 사회구성체 혹은 사회성격 논쟁은 이미 전술했듯이, 외래 진보사상의 교조적 및 정파적 수용 등 많은 문제점을 갖고 있었다. 그럼에도 한국사회의 변혁의 방향과 전략·전술 설정의 기초가 되는 한국사회에 대한 과학적 인식의 제고 등 많은 성과를 보인 것도 역시 사실이다. 특히 논쟁을 통하여 잠정적으로 합의된 한국사회의 종속성(식민지 혹은 신식민지성)과 이에 기반한 (NL)PDR론의 확립은 더할 수 없는 소중한 성과였다. 그러나 이제 막 단절된 전통이 복구되어 이론적 체계화 과정에 있던 한국 진보이론 진영에 닥친 현실사회주의 붕괴와 마르크스주의 위기론의 확산은 감당하기에 간단치 않은 도전이었다.

한국사회의 구체적 현실에 착근된 사상과 이론보다는 외부의 진보적 사상과 이론에 의존했던 전통 복구 초기의 불가피한 현실 속에서 그 도전이 야기하는 어려움은 배가되었다. 특히 외래 이론의 교조적 수용에 길들여진 태도는 대안적 이념의 추구에서도 그대로 반복되는 경향을 보였다. 청산주의 세력들이 의존했던 것은 서구에서 마르크스주의의 위기에 대응하여 제출된 잡다한 포스트 마르크스주의 이론들이었고, 이미 서구에서는 정당성의 위기에 처한 사회민주주의의 수용을 주장하는 세력들까지 나타나게 된 것은 이를 보여주는 것이다.

다양한 이념적 스펙트럼을 갖는 시민사회론도 이런 한계에서 크게 자유로운 것은 아니었다. 김세균이 적절히 지적했듯이, 마르크스주의적 시민사회론까지도 동유럽 현실사회주의의 실패를 서구형의 시민사회의 부재에서 원인을 찾는 입장이었고(김세균, 1992a : 120 - 1), 그 결과 계급중심적 변혁운동론에 대한 회의와 개량주의로의 전락의 위험을 내장하는 것이었다.

이런 측면에서 특히 시민사회론에 대한 마르크스주의적 개입은 대단히 중요한 것으로 평가될 수 있다고 본다. 왜냐하면 변혁운동의 계급중심성에 대한 주의를 환기시킬 뿐만 아니라(김세균, 1992a : 135 ; 손호철, 1995 : 20) 시민사회 내부에서 계급정치의 실현을 추구하는 적극적 대안을 제시할 수 있었기 때문이다.

특히 탈냉전 이후 한국사회에서는 1990년 '전국민주노동조합총연맹'의 창립 등 노동계급 운동의 조직화와 함께, 1989년 11월 '경제정의실천시민연합' 그리고 1994년 9월의 '참여연대' 창립 등 다양한 이념에 기반한 시민운동도 발전하고 있었다.[4] 이로 인해 한국사회 진보운동 영역에서 계급운동과 비계급적 시민운동과의 연대의 원칙이나 방식에 대한 이론적 모색을 절실히 요구하고 있었기 때문이었다.

1-4 마르크스주의의 전화 또는 재구성론의 제기와 비판

실천지형의 변화에 따른 이론적 요구에 대응하기 위하여 한국 마르크스주의

---

4) 이 시기 시민운동 단체의 현황에 대해서는, 윤건차, 2000 : 139-40 참조.

진영에서는 1992년 윤소영 등의 마르크스주의 전화론과 이어서 1997~8년 마르크스주의 재구성에 대한 논의가 활성화되었다.

분단과 종속의 특수성을 갖고 있고 고도의 압축적 자본주의 발전을 이룩한 한국사회에서 포스트 마르크스주의가 비판하는 계급과 민족 등 거대담론의 유효성이 소멸되지 않았지만, 한편으로는 한국자본주의의 발전에 따른 사회의 다원화와 함께 자본주의적 지구화의 진전 등 새로운 외적 환경의 변화에 동시에 대응해야 하는 이중적 과제를 갖게 되었다. 이 시기 활성화된 마르크스주의 재구성 논의는 바로 이런 과제에 대응하려는 노력의 산물이었다.

현실사회주의 붕괴 이후 마르크스주의에 대한 근본적 점검은 1992년 윤소영 등 '서울사회과학연구소'의 연구원들에 의해 마르크스주의 위기와 전화론으로 나타났다. 윤소영 등은 현실사회주의 붕괴, 서유럽 노동자운동의 퇴조 및 제3세계 민족해방운동의 약화와 함께 거론된 마르크스주의의 위기에 대응하여, "고전적 마르크스주의로 돌아가 이론적 정통을 재구성함으로써 위기를 극복하려는 시도는 이제 가능하지 않다"(윤소영 외, 1992 : 45)고 선언하고, 기존의 지배적 형상의 전화와 기존의 순환 중심의 전위를 주장했다.

윤소영 등은 마르크스주의의 위기가 마르크스주의 이론과 노동자운동의 정치적 실천의 융합의 제도적 틀인 당 형태의 문제라는 알튀세르의 문제제기를 수용한다(윤소영 외, 1992 : 46). 그들은 이론과 운동의 융합의 모순인 마르크스주의의 모순이 "마르크스주의의 위기로 전화되는 것은 이론과 실천이 특정한 조직 형태를 매개로 결합되는 독자적 정세 하에서일 뿐이다"(윤소영 외, 1992 : 54)라는 알튀세르의 전제를 공유한다.

또한 한국에서 1980년대 마르크스주의는 과학적 분석방법으로서 사회구성체론의 재영유를 통해 가장 과학적 운동으로 복원되었고, 그것이 신식민지 국가독점자본주의론으로 표상되는 한, 한국의 마르크스주의 전화의 출발점은 신식민지 국가독점자본주의론에서 시작해야 한다고 전제한다(윤소영 외, 1992 : 55). 결론적으로 서유럽과 다른 특수성을 갖는 한국에서 마르크스주의 위기에 대응하는 마르크스주의 전화의 방향에 대해 다음과 같이 규정한다.

> 유럽의 문제가 제국주의적인 국가 및 자본 형태의 전화라는 역사적 맥락 속에서 비계급적인 '탈근대적' 정치적 과제들을 계급적인 '근대적' 정치의 과제와 접합하는 것이라면, 한국의 문제는 그러한 상황의 도래에 '예비'하면서도 아직 주요하게는 '근대적' 정치의 맥락 속에서 또다시 비계급적인 문제인 민족문제에 대한 계급적 대응을 발견함으로써 또다른 차원에서 '연대의 새로운 형태들, 공동의 목표들을 정식화 하기 위한 인민들간의 교통의 새로운 형태들을 발명하고자 노력하는 것이 될 것이다. '한국화된' 마르크스주의적 이론형태로서의 신식국독자/민중민주주의론이 이제까지 남한 사회에서 '정통'에 의해 왜곡되었던 마르크스주의에 대한 '비판적 정정'으로서의 의미를 가질 수 있었다면, 앞으로 그것은 '정통'의 위기와 붕괴를 마르크스주의적으로 설명해낼 뿐만 아니라 '정통'에 대한 '비판적 대안'을 발명해냄으로써 스스로를 전화시킬 수 있어야 한다(윤소영 외, 1992 : 61-2).

윤소영은 이 논문에서 신식민지 국가독점자본주의가 발견한 핵심적 범주들을 종속과 독점으로 규정했다(윤소영 외, 1992 : 55). 즉 한국자본주의의 발전단계로서의 국가독점과 세계사적 위치로서의 종속적 지위를 통일적으로 파악하기 위한 한국사회 변혁이념의 성과가 신식민지 국가독점자본주의론이있다는 것이다.

한국의 마르크스주의의 전화는 서유럽의 탈근대적 과제와 달리, 분단으로 인한 민족문제를 해결하면서 향후 도래하게 될 탈근대적 과제를 동시에 고려해야 한다는 것이다.

　윤소영 등은 1980년대 남한 사회 마르크스주의 내부의 대립을 NL의 '민족주의적 공산주의'와 PD의 '사회주의적 공산주의' 사이의 모순(윤소영 외, 1992 : 57)으로 규정하고, 이런 전통의 혁신 속에서 마르크스주의 전화의 현실적 계기가 발생될 것으로 본다. 달리 말하자면 현실사회주의의 위기라는 조건에서 북한이 직면하게 될 국가공산주의의 위기와 이로 인해 남한에서 민족해방운동론적 (NL) 위기가 대중운동의 창조력을 고갈시킬 수 있는 가능성을 미리 예비해야 한다는 주장이다. 그러나 윤소영 등의 주장에는 간과할 수 없는 몇 가지 문제점이 발견된다.

　첫째, 당시 윤소영 등이 주장했던 북한의 장래에 대한 전망의 타당성이 과연 현재 확인되었는지는 논란의 대상이기는 하지만, 당시의 조건에서 어느 정도는 수긍이 가는 주장이기도 했다. 그러나 윤소영 등이 한국의 민족문제를 비계급적인 과제라고 보는 것은 문제가 있다고 본다. 즉 윤소영 등도 인정하는 레닌의 제국주의론의 유효성을 감안한다면, 한국의 민족문제는 단순히 한반도의 통일국가 건설이라는 근대적 과제일 뿐만 아니라, 종속으로 표현되는 제국주의와의 관계 문제를 포함하는 것으로 보아야 한다.

　그럴 경우 한국에서 과연 민족문제가 비계급적이고 근대의 과제에 불과한 것인가는 의문이기 때문이다. 즉 제국주의 시대 민족문제는 바로 계급적 지배와 긴밀히 연관되는 것이고, 이것이 변혁운동론으로서 PDR의 기본 전제가 된다. '민족주의적 공산주의'와 구분되는 '사회주의적 공산주의'라는 윤소영 등의 표현은 사실상 그들도 지적했던 '1과정 2단계론'의 인민민주주의(PDR)를 부정하는 '연속 2단계론'을 은연중에 끌어들이는 결과가 되는 것은 아닌지 의문이다.

　둘째, 윤소영은 위의 공저 논문을 기초로 한 토론회의 발제문에서 마르크스주의를 세 가지 차원, 즉 현실사회주의 체제와 서구의 운동 및 이론으로 구분한다(윤소영, 1992 : 103). 이런 구분은 마르크스주의 위기의 차원을 확인하기 위해 매우 유용한 분류로 보인다. 윤소영은 현재의 마르크스주의의 위기를 이 세 차원 모두에 관련된 것으로, '하나의 순환의 결과로 본다. 이에 기초하여 마르크스주의 위기의 극복과 궁극적 강화를 위해 마르크스주의 전화의 필요성을 강조한다.

전술했듯이, 이런 마르크스주의 전화를 필요로 하는 마르크스주의의 위기를 윤소영은 알튀세르의 견해에 기초하여, '이론과 정치적 실천의 융합의 모순에서 찾는다(윤소영, 1992 : 113 - 4). 이에 기초하여 윤소영은 한국 마르크스주의 전화를 위해 이론으로서는 정치경제학 비판의 결과로서 프롤레타리아 독재론을 견지할 것과 실천에서는 남한사회 운동적 현실을 NL과 PD로 나누어 사고하는 것을 절대 양보 불가한 명제로 제시한다(윤소영, 1992 : 118 - 20). 이것은 전술했듯이, 비계급적 탈근대적 정치를 예비하면서 비계급적인 민족문제에 대한 대응을 신식민지 국가독점자본주의론/민중민주주의론의 과제, 즉 한국 마르크스주의 전화의 내용으로 제시한다.

그러나 윤소영의 마르크스주의 전화론은 김형기가 적절히 지적했듯이, 세계사의 변화, 현대자본주의의 구조적 변화와 현실사회주의 붕괴의 추동력에 대한 구체적 분석이 결여됨으로써 또하나의 관념론으로 귀결되는 것은 아닌지 의문이다(김형기, 1992 : 139). 마르크스주의 위기를 알튀세르의 마르크스주의 전화라는 개념을 통해 극복하자는 윤소영 등의 이론주의적 태도는 "알튀세르를 다시 읽으며 마르크스주의의 위기를 생각할 것이 아니라 한국의 현실, 대중의 실생활을 다시 보며 마르크스주의의 위기를 생각하라"(김형기, 1992 : 143)는 김형기의 충고가 적절한 것으로 생각된다.

셋째, 윤소영은 신식국독자론/민중민주주의론이 이른바 마르크스주의 정통에 대한 '비판적 정정'의 의의를 갖는다고 평가한다. 그러나 주지하다시피 1980년대 후반 사회구성체 논쟁에서 PD의 이론적 기초는 정통 마르크스 - 레

닌주의였다. 알튀세르의 견해를 차용하여 윤소영이 비판하는 정통이 현실사회
주의와 서구 사민주의의 '당 형태'라는 점을 감안한다면, 신식국독자/민중민주
주의론이 전통적인 진보적 당 형태의 비판적 정정에 어떤 기여를 했는지가
설명되어야만 윤소영의 주장의 정당성이 입증될 수 있을 것이다. 그러나 윤소영
의 위 인용 논문 가운데서는 이에 대한 적절한 설명을 찾을 수 없고, '연대의
새로운 형태' '인민들간의 교통의 새로운 형태' 등 다분히 추상적인 대안만이
제시되고 있을 뿐이다.

넷째, 한국 사회에서 민족문제가 과연 비계급적인 문제인지와 함께, 윤소영
이 향후 도래를 예비해야 한다고 주장하는 탈근대적, 비계급적 정치적 과제들의
구체적 내용이 무엇이고 현재 서구가 경험하는 것과 동일한 것인지 아니면
한국의 특수성에 의해 그것들마저 다른 형태와 비중을 갖고 나타날 수 있는
것인지에 대한 설명이 부재하다는 점이다. 즉 전근대 - 근대 - 탈근대라는 연속
적 계기들이 독점과 종속이라는 한국 자본주의의 보편성과 특수성에 의해
구체적으로 어떻게 발현될 것인지에 대해 최소한 이론적 차원의 검토라도
요구된다는 점이다.

물론 윤소영 등이 마르크스주의 전화를 제기했던 1992년이라는 시점이
마르크스주의 위기와 이에 대한 대응이 아직 본격화되기 이전의 태동기에
불과하다는 점을 염두에 두어야 한다. 포스트 마르크스주의, 사회민주주의론,
시민사회론과 신사회운동 등 다양한 대안들이 막 제기되던 시기로 구체적인
대안적 운동의 형태를 제기하라는 것은 너무 엄격한 요구일지도 모른다.

그러나 윤소영이 체제, 운동, 이론 차원의 마르크스주의의 위기와 마르크스
주의의 전화를 주장한다면, 당연히 신식민지 국가독점자본주의/민중민주주의
론에 대한 엄격한 자기 점검과 그것이 가진 마르크스주의 위기 극복의 잠재성의
구체적 방향성은 제시되어야 한다. 이론주의로의 침잠을 통해 현실적 대안이

도출될 수 있다는 생각은 과거의 교조적이고 정파적인 오류를 반복할 수 있다는 점에서 경계되어야 한다.

1994년 윤소영은 PD론이 대중적 사상으로 발전할 물질적 조건이 의문시되는 시기에 체계화된 것을 역사의 아이러니로 규정했다. 이런 조건에서 윤소영은 1992년 이후 마르크스주의 위기 속에서 정치경제학 비판의 유효성을 확인하는 것에서 마르크스주의의 전화로 자신의 관심사가 이동하고 있다고 말했다(윤소영, 1994b : 287). 마르크스주의 전화의 대상에 대해, 윤소영은 생산양식 문제설정을 주체화양식의 문제설정과 인간학적으로 접합하는 것으로 정의한다. 즉 현실에서 경제라는 구조형태로 추상되는 계급적대의 재생산은 경제주체를 넘어서는 시민적 수체의 형성을 요구한다고 보고, 지적 및 성적 차이 등 인간학적 분할에 대한 존재론적 접근의 필요성을 주장한다(윤소영, 1994a : 108). 달리 말하자면, 윤소영의 마르크스주의 전화론은 계급적대의 구조론에서 주체형성론으로의 변화를 통해 투쟁의 다차원성을 확보하자는 것으로 요약될 수 있다.

1997~8년 활성화된 마르크스주의 재구성 논의는 1992년 윤소영 등의 마르크스주의 전화론보다는 구체적이고 현실적인 관점에서 마르크스주의를 변화된 상황에 따라 창조적으로 적용하려는 모습을 보여준다는 점에서 보다 발전된 것이었다.

이것은 진보이론 진영의 동요와 혼란에도 불구하고, 노동운동 및 민중운동이 지속적으로 성장하고 있었고 특히 1996년 12월 정부와 여당의 노동법 개악에 대한 1997년 벽두의 노동총파업 등 노동자계급의 전투력과 조직력이 세계에서 유례없는 발전을 하고 있던 한국 상황의 반영이기도 했다. 또한 이런 민중운동의 발전과 함께 다양한 시민운동의 발전과 민중운동과의 연대 가능성도 제고됨으로써, 한국 변혁운동의 새로운 이론적 구상을 요구하게 되었던 점도 작용했다.

1990년대 한국 마르크스주의의 대표적 이론지 역할을 했던 『이론』은 폐간호
가 된 1997년 여름호에 「오늘의 마르크스주의」라는 주제의 특집을 통해 마르크
스주의 재구성에 대한 본격적 논쟁을 게재했다.5)

발제문을 통해 김세균은 노동자계급과 기층 민중들의 투쟁이 세계적으로
다시 소생하면서 마르크스주의가 다시 시대의 진리를 대변하는 시기가 도래했
다고 주장했다. 이에 따라 "그간의 마르크스주의적 실천을 위기에 빠뜨린
기존 마르크스주의 이론의 해체와 재구성이 요구"(김세균, 1997 : 98)된다고
전제한다. 그러나 마르크스주의의 재구성의 전제가 되어야 하는 사상적·이론
적 근거점을 계급문제와 노동운동에 있음을 분명히 한다. 즉 김세균은 마르크스
주의 이론이 시대적 상황의 변화에 따라 해체·재구성되어야 하지만 이런
근거점을 상실해서는 안 된다고 전제하는 것이다.

마르크스주의 재구성을 위한 김세균의 전략은 알튀세르 이론과 탈근대적
마르크스주의에 대한 비판적 평가를 통해 다음 몇 가지의 내용으로 이루어진다.

첫째, 마르크스주의적 사회과학의 기본틀인 토대 - 상부구조론 대신 상호작
용하면서도 상대적 자율성을 갖는 심층적인 것과 표층적인 것으로 나누는
것은(김세균, 1997 : 106) 초기의 알튀세르만 아니라 마르크스와 엥겔스에게도
발견되는 경제인 토대와 정치 및 이데올로기의 상부구조를 분리된 것으로
나타나는 것을 극복하려는 의도이다.

둘째, 헤겔의 '표출적 총체성론'에 기초하는 기존의 속류화된 마르크스주의
의 '본질주의적·환원주의적 총체성론'과 탈근대주의의 '탈중심화된 총체성론'
을 동시에 비판하는 '중심성을 인정하는 비본질주의적·비환원주의적 총체성

---

5) 『이론』 1997년 여름호의 특집 「오늘의 마르크스주의」의 토론에 참가한 논자들의 입장을 윤건차
는 구좌파 마르크스주의(김세균, 정성진, 최갑수), 알튀세르적 마르크스주의(김성구), 신좌파적
마르크스주의(강내희)의 세 입장으로 분류하는데, 대체로 무리가 없는 분류로 생각된다. 윤건차,
2000 : 199-215 참조.

론'을 대안으로 제시한다(김세균, 1997 : 112).

　여기서 김세균은 알튀세르의 '환원불가능한 제모순들의 중층결정론'이 갖는
문제점을 지적하면서, "결정관계의 위계성 등을 인정한다고 해서 그것이 '본질
주의적·환원주의적인 파악'이라고 비난받을 이유는 없다"(김세균, 1997 : 111)고
주장한다. 즉 계급중심성의 인정과 비계급관계 등의 중층결정이나 상호작용
인정은 배타적이지 않을 수 있다는 것이다.

　셋째, 알튀세르의 '우발적 유물론' 내지 '마주침의 유물론'의 유효성을 인정한
다고 해서, "단지 우연적인 계기들의 작동을 통해 끊임없이 유동하고 변화하는
가장 표층적인 수준의 정세의 흐름만을 중시해서는 안 된다"(김세균, 1997 : 116)
고 강조한다.

　넷째, 알튀세르의 이데올로기론이 갖는 '무역사성 - 물질성 테제'와 '상상성
테제'의 문제점을 지적하면서, "실재조건과 개인 및 호명하는 '대주체'와 주체로
서 호명당하는 '개안'과의 관계만을 문제삼고 있을 뿐, 이데올로기를 '초개인적
인 것'으로 접근하지 못하고 있는 문제점을 지닌다"(김세균, 1997 : 117)라고
비판한다.

　김세균은 알튀세르의 이런 문제점을 이데올로기적 관계를 관통하는 계급적
적대 등을 사고하지 못한 결과로 본다. 즉 계급적 적대가 존재하는 사회에서
피지배계급은 결코 지배이데올로기에 온전히 포섭되지 않고, 피지배이데올로
기나 저항이데올로기의 담지자로 나타나게 된다고 보는 것이다.

　다섯째, 마르크스주의 위기의 핵심을 당 형태 문제에서 찾는 발리바르의
입장을 비판적으로 검토하면서, 변혁을 촉진하고 대중정치를 활성화시키는
비제도적 투쟁정당으로서의 측면과 대중정치를 부르주아 정치 속에 포섭시키
는 국가장치로 전락될 수 있는 당의 이중적 측면에 대한 인식을 강조한다.
즉 노동자 계급투쟁의 '정세적 형태'로서의 당 형태만 인정하고 투쟁의 '본질적

형태'로서의 그것을 부인하는 발리바르의 주장에 대해, 사회변혁 운동에서 원칙적으로 요구되는 당 형태가 지니는 이중적 측면 가운데, "긍정적인 측면을 최대화하고 그 부정적 측면을 최소화해 나가는 것"(김세균, 1997 : 121)이 중요한 것이라고 강조한다.

마르크스주의 재구성의 내용에 관한 김세균의 주장은 결국 자신이 전제한 마르크스주의의 계급중심성을 견지하면서, 다양한 비계급적 운동들을 포섭할 수 있는 방도를 강구해야 한다는 것이다. 김세균의 발제에 대한 토론들은 이 시기 한국에서 마르크스주의 재구성을 통한 변혁이념으로의 소생 가능성을 다양한 관점들에서 제기하고 있다.

김성구는 마르크스주의 재구성의 핵심 쟁점은 계급적 모순과 비계급적 모순의 관계 문제에 있다고 지적하면서, 이에 대한 세 가지 입장이 존재한다고 본다. 첫째, 최종심의 계급모순에 의한 결정을 주장하는 교조적 입장 둘째, 최종심 혹은 중심적 모순에 의한 결정을 부정하는 '앰허스트 학파 혹은 후기 발리바르의 입장 셋째, 계급모순의 적대적 성격과 부차적 지위를 주장하는 포스트 마르크스주의 입장들이다(김성구, 1997 : 124 - 5).

김성구 본인은 계급모순으로 환원되지 않는 비계급적 모순의 존재는 인정하지만, 세계를 하나의 통일물로 조직하는 것은 계급모순, 즉 생산관계라고 본다(김성구, 1997 : 125). 그러나 토대 - 상부구조론의 재구성 주장에는 동의하지만, 상대적 자율성과 중층결정 및 최종심급에서 경제의 결정이라는 알튀세르의 주장을 넘어서는 것은 아니라고 주장한다. 즉 그는 자본주의 법칙의 상이한 관철과 최종심의 결정에 대해, "양자 사이에는 비결정적인 많은 정치, 경제, 이데올로기적 매개관계가 존재하며 그러한 매개관계를 통해서 비로소 최종적으로 기본적인 경제관계가 관철된다"(김성구, 1997 : 129)고 주장한다.

김세균의 심층 - 표층 구조론에 따르면 자본주의의 단계적 이행에 따른 국가의 성격변화의 위치 규정에 문제가 발생한다는 비판이다. 달리 말하자면, 김세균이 경제적 토대에 기초한 계급관계의 엄밀한 위계적 상위를 인정해야 한다고 주장한다면, 김성구는 경제에 의한 최종 결정에도 불구하고 정치, 경제, 이데올로기 등 자본주의 사회구성체를 구성하는 각 심급들의 상대적 자율성과 중층결정의 효과를 보다 중시하는 차이를 보이는 것으로 평가할 수 있다.

김성구가 생산양식 혹은 계급중심성에 대해서 김세균과 일정 정도 공유하는 것과 달리 신좌파 마르크스주의적 입장의 강내희는 계급중심성 자체를 문제로 삼는다. 마르크스주의와 비마르크스주의, 계급모순과 비계급모순 사이에서 마르크스주의와 계급문제가 여전히 중심이라면 과거와 달라진 것은 무엇인가 라고 반문한다(강내희, 1997 : 133). 강내희는 토대 - 상부구조론이나 알튀세르의 중층결정론이 '건물의 비유'라면 김세균의 심층 - 표층론은 '양파의 모델'이라 고 규정하고, 이 '양파의 모델'이 알튀세르의 우발성의 유물론이나 푸코의 권력 개념에 과연 적절한 대답을 할 수 있는 것인지 의문을 제기한다(강내희, 1997 : 134).

나아가서 그는 계급문제와 구분되는 사회적 문제와 사회적 문제로 환원되지 않는 미학적 문제들의 중요성을 거론하면서, 결국 김세균의 계급중심성은 계급 이외의 사회적 의의를 인정하는 데 인색하고 자본주의적 사건을 단순화하 는 것이 아닌가라고 비판한다(강내희, 1997 : 136).

이상의 논쟁에서 알 수 있듯이 1990년대 말 마르크스주의 재구성을 둘러싼 논쟁은 몇 가지의 특징들로 요약될 수 있고, 이런 특징들은 오늘날까지 마르크스 주의의 이론적 과제로서 여전히 미해결의 상태로 남아 있는 것이라 할 수 있을 것이다.

첫째, 현실사회주의는 물론이고 서구의 사회민주주의적 실천의 위기가 초래

한 마르크스주의 이론의 위기는 계급중심성에 대한 재고를 요구하게 했다는
점이다.

김세균도 지적했듯이 현실사회주의와 서구 마르크스주의 정당 운동에서도
공히 발견되는 '대중에 대한 당의 우위 및 '당의 국가로의 전화'는 마르크스주의
의 계급중심성이 갖는 환원주의적·본질주의적 경향의 결과라는 비판이 제기되
게 했다. 이로 인해 마르크스주의 재구성의 핵심 쟁점은 계급문제와 비계급문제
의 관계 설정문제로 나타날 수밖에 없었다.

둘째, 마르크스주의 위기의 주요 원인의 하나가 마르크스주의 실천과정에서
나타난 당 형태의 경직성·비민주성이라는 점에서, 변혁운동 과정에서 당의
기능과 역할 및 바람직한 형태에 관한 문제는 또하나의 중요 쟁점이 될 수밖에
없게 했다. 그러나 이 시기 한국에서 새로운 당 형태에 대해서는 원론적
수준의 문제제기에 머물렀다.

셋째, 신좌파적 마르크스주의적 입장이 강조하듯이, 계급문제와 비계급문제
사이의 관계만 아니라 사회적인 것과 비사회적인 것, 생산과 문화 등 다양한
삶의 영역에 대한 요구들을 마르크스주의가 어떤 방식으로 담아낼 수 있는지에
대해 생각해야 했다. 이런 문제들은 이미 페레스트로이카 시기부터 제기된
문제로서 계급적 문제와 전인류적 문제의 결합이기도 하고, 현대자본주의의
물질적 풍요와 탐욕에 대응하는 대안적 삶의 방식의 모색에 마르크스주의가
어떤 역할을 할 수 있고, 또 해야만 하는가의 문제이기도 하다.

이상과 같은 내용과 과제를 갖는 1990년대 말의 마르크스주의 재구성 논의는
보다 엄밀한 이론적 검토와 성과를 낳기 전에 현실적 조건의 변화에 의해
조금은 관심에서 벗어난 것으로 평가될 수 있다. 1997년 말 외환위기를 전후하
여 한국의 진보이론 진영은 탈냉전 이후 세계정치경제의 지배적 패러다임으로
등장한 신자유주의에 대한 비판을 요구받게 된 것이다.

이런 급박한 현실상황은 사상이론적 정교화에 앞서 현실문제에 대한 이론적 개입을 요구하였다. 당위적인 이야기지만 사상이론적 발전은 현실의 실천을 통해 가능하지만, 이 시기 마르크스주의 위기에 대응하는 마르크스주의 재구성 논의의 이론적 심도는 당시의 세계경제의 현황 분석과 이에 기초한 신자유주의·신보수주의 비판을 넘어서는 발본적인 것이었다. 따라서 현실에 대한 예리한 감수성으로 구체적인 실천적 대안을 모색하는 작업과 동시에 마르크스주의 사상이론에 대한 검토는 여전히 현재 진보이론 진영에 요구되는 과제라 할 수 있을 것이다.

이미 앞에서 검토한 바 있듯이, 서구에서 1970년대 말 이후의 역사적 유물론 혹은 마르크스주의 재구조화론이 갖는 의미는 이런 측면에서 1990년대 말 한국의 경우와 상당히 긴밀한 상황적 유사성을 갖는 것으로 볼 수 있다. 왜냐하면 마르크스주의 체제와 실천이 야기한 마르크스주의 이론의 위기는 역으로 마르크스주의 이론에 대한 발본적인 점검을 통해 극복의 계기를 찾아야 하는 점에서 공통적이기 때문이다.

그러나 사상이론, 즉 역사적 유물론 차원의 마르크스주의 재구성 논의와 신자유주의에 대한 정치경제학적 비판의 전개와 더불어 한국 진보이론 진영에서는 1980년대 중반 이후 사회구성체 혹은 사회성격 논쟁의 중요한 성과의 하나였던 종속성 문제가 상대적으로 소홀히 취급되는 경향이 나타났다.

이런 경향은 이론적 차원의 문제일 뿐만 아니라, 신자유주의적 세계화와 정보통신혁명이라는 조건에서 상호의존론의 득세 등 현실적 요인의 영향도 적지 않았던 것으로 볼 수 있다. 그러나 한편으로는 한국 진보이론 진영에서 (신)식민지성(종속성), 즉 제국주의 문제를 전면에 제기했던 NL 진영의 상대적 퇴조도 그런 경향을 야기한 커다란 원인이 된 것으로 볼 수 있다. 이런 관점에서 다음 절에서는 1990년대 초·중반 한국의 주체사상 및 NL 진영의 이론적 연구 경향을 고찰하고자 한다.

제2절 1990년대 초·중반 한국의 주체사상 연구동향

1990년대 들어서면서 불가역적인 사실로 판명된 현실사회주의 체제의 붕괴
는 북한의 장래에 대한 다양한 전망을 낳았다. 북한 자체가 현실사회주의
진영의 일부였을 뿐만 아니라, 대외관계의 거의 대부분을 현실사회주의 진영과
맺고 있기도 했기 때문이었다.

그러나 한편에서 주체사상의 수용을 주장하는 세력들은 북한 사회주의의
사상과 체제가 현실사회주의 국가들과 구별된다는 점을 강조하면서, 현실사회
주의 붕괴와 북한의 장래를 별개의 문제로 보는 주장들도 나타났다. 이런
주장은 동구의 사회주의가 주체사상에 기초한 북한의 사회주의와 달리 많은
문제점을 가진 것이었다고 주장하면서, 오히려 북한의 주체사상과 북한 사회주
의 혁명과 건설의 정당성을 반증하는 사례로 내세우는 입장이었다.

1992년 상반기에 발행된 것으로 추정되는 통일문제연구원 자료편집부 편의
비합법 팸플릿 『(90~91) 평가와 전망』에 수록된 "동구 사태의 올바른 이해를
위하여"는 이런 입장의 대표적인 사례라 할 수 있다. 즉 이 글에서는 동구
사태의 발생 배경과 직접적 원인에 대해 독자적인 시각에서 해석하고 있다.

제국주의 단계에 이른 자본의 국제화와 생산 및 기술의 발전이 마르크스 - 레
닌주의 이론의 타당성을 의심하는 죽어가는 자본주의가 아니라 번영하는
자본주의라는 환상을 낳게 되었다고 본다. 뿐만 아니라 이런 자본주의 발전에
따른 사회계급 구성의 변화는 계급투쟁과 프롤레타리아 독재론에 대한 회의를
초래하게 된 것으로 본다. 이 글은 동구 사회주의 나라들에서 사회주의 근본이념

과 제원칙의 포기를 의미하는 개혁·개방의 물결은 바로 이런 정세에 따른 것으로 수정주의라고 비판한다.

특히 자주성을 결여한 동구 국가들은 소련의 이른바 '새로운 사고방식'에 추종한 결과 자본주의 복구의 길로 나서게 되었다는 것이다(박현채·조희연, 1992[Ⅳ] : 357 - 8). 또한 동구 사태의 보다 직접적인 원인에 대해서는, 마르크스주의 유물사관의 제한성을 고려하지 않고 생산력 발전의 필요성만을 강조하고, "인간개조사업, 특히 사람들의 사상의식을 개조하는 사업을 경시"(박현채·조희연, 1992[Ⅳ] : 362 - 3)함으로써, 인민대중의 열의와 창조성을 동원할 수 없었다고 본다. 즉 현실사회주의의 이런 오류는 사회주의적 요구에 인민대중들의 사상의식이 미치지 못하게 함으로써, 위기에 대한 대응을 불가능하게 했다고 주장한다.

또 하나의 오류는 마르크스주의 변증법의 제한성과도 관련되는 문제로, 정치를 계급투쟁의 무기나 통치수단으로만 인식한 점에 있다고 주장한다. 사회주의 정치는 체제 수립 이후 사회관계를 사회주의적으로 개조·완성하는 것으로, 모든 사람들이 민주적 권리를 향유하고 동지적 집단을 이룰 수 있도록 이끌어주는 것이라고 주장한다. 이런 정치에 대한 인식의 부재가 결국 관료주의를 초래하고 경제발전에도 부정적인 영향을 미치게 했다고 본다(박현채·조희연, 1992[Ⅳ] : 364 - 5).

이상과 같은 동구 사태의 배경과 원인에 대한 인식은 북한의 시각과 정확히 일치된다. 1990년대 초 북한에서는 특히 김정일의 담화들을 통해 현실사회주의 붕괴의 원인을 나름대로 진단하고, 북한사회주의의 독자성과 우월성을 강조함으로써 현실사회주의 붕괴와 북한의 무관함을 주장했다.

김정일은 1991년 5월 5일 당 중앙위원회 책임일꾼 담화 "인민대중중심의 우리식사회주의는 필승불패이다"를 발표하여, 현실사회주의의 위기가 진행되는 가운데 북한의 특수성과 우월성의 부각을 시도하고 있다. 이 담화는 1990년

5월 24일 개최된 최고인민회의 제9기 1차 회의에서 김일성의 시정연설 "우리나라 사회주의 우월성을 더욱 높이 발양시키자"에서 제기된 북한식 사회주의의 우월성을 이론적으로 체계화시킨 것으로 볼 수 있다.

여기서 김정일은 인민대중중심의 사회주의 건설을 위해서는 인민대중이 혁명과 건설에서 주인의 지위와 역할을 가질 수 있도록 해야 하며, 북한의 인민정권이 이런 역할을 하고 있다고 주장한다. 즉 그는 "우리나라 사회주의 정권은 단순한 권력기관이 아니라 근로인민대중의 자주적 권리의 대표자, 창조적 능력과 활동의 조직자, 인민생활을 책임진 호주, 인민의 리익의 보호자로서 인민을 위하여 복무하는 정권"(김정일, 1991 : 220)이라고 주장한다.

동구 국가들의 자본주의 복귀와 소련 사회주의의 해체가 초읽기에 들어간 조건에서 북한은 그런 나라들과 달리, 인민대중이 혁명과 건설의 주인이고, 이를 정권이 보장하고 있는 점에서 차별성을 갖는다고 주장하는 것이다.

1991년 12월 소 연방의 해체 이후 1992년 1월 3일 김정일의 당 중앙위원회 책임일꾼 담화 "사회주의 건설의 력사적 경험과 우리당의 총로선"에서는 보다 솔직히 현실사회주의의 붕괴 사실을 공개하면서, 붕괴의 원인을 다방면에 걸쳐 분석하고, 북한사회주의 건설방식과 당의 총노선의 정당성을 강조했다. 즉 김정일은 다음과 같이 현실사회주의의 혁명과 건설방식의 한계를 비판하고 있다.

맑스주의를 지도적지침으로 하여 사회주의를 건설한다고 하면서 선행리론의 력사적 제한성을 보지 않고 그것을 교조주의적으로 적용하였는가 하면 다른 한편으로는 맑스주의의 혁명적 전술을 부정하고 수정주의적인 정책을 실시하는 길로 나갔습니다.

…… 그런데 일부 나라들에서는 국가주권과 생산수단을 틀어쥐고 경제건설만 내밀면 사회주의를 건설할 수 있다고 생각하면서 사람들의 사상의식 수준과

문화수준을 빨리 높이고 인민대중을 혁명과 건설의 주체로 튼튼히 준비시키기 위한 인간개조사업에 선차적인 힘을 넣지 않았습니다. 그 결과 사회주의사회의 주인인 인민대중이 주인으로서의 역할을 다할 수 없게 되었으며, 결국은 경제건설도 잘되지 않고 사회의 모든 분야가 침체상태에 빠지게 되었던 것입니다.

…… 일부 나라들에서는 사회주의정권은 섰다고 하지만 실지로는 낡은 사회의 정치방식을 그대로 답습하다 보니 국가와 사회를 관리하는 사업이 그 주인인 인민대중과 동떨어져 특정한 사람들의 사업으로 되게 되었습니다. 그런데로부터 관료주의가 자라나 사람들의 창발성을 억제하고 당과 국가에 대한 대중의 신뢰를 떨어뜨리게 되었으며, 인민대중의 통일단결을 파괴하는 엄중한 결과를 가져오게 되었습니다.

…… 력사적 사실은 강한 군사력과 방대한 경제적 잠재력을 가진 큰 나라라 하더라도 사회주의 건설에서 주체를 강화하고 주체의 역할을 높이지 못할 때는 제국주의자들과 반동들의 반사회주의 공세를 이겨내지 못하고 붕괴될 수밖에 없다는 것을 보여줍니다(김정일, 1992 : 281-4).

김정일은 북한이 다른 현실사회주의 국가들과 달리, 주체사상에 기초하여 인민대중에 대한 사상사업을 앞세움으로써, 관료주의의 폐해를 막고 인민대중의 열의와 창발성을 동원하고 있다고 주장했다. 이런 북한의 주장은 동구 사태와 북한의 무관함을 주장함과 동시에, 사회주의 건설에서 주체사상에 기초한 올바른 일반원리를 북한에서 실천했다고 주장하는 것이다.

위의 비합법 팸플릿에서 볼 수 있는 것처럼, 당시 한국의 주체사상 수용세력들은 동구 사태에 대한 북한의 주장을 거의 그대로 받아들이고 있음을 알 수 있다. 사회주의 혁명 성공 이후 사회주의 건설과정의 문제점을 지적하고 있는 위의 김정일의 담화들은 동구 사태의 원인과 관련하여 나름의 의미를 인정할 수도 있다.

전술했듯이, 소련과 동유럽이 스탈린주의적인 생산력주의 혹은 구조중심적 마르크스 - 레닌주의를 공식이념으로 채택했고, 이 과정에서 인민대중의 혁명적 열의나 창발성 대신 당 - 국가의 관료적 지도에 의존했던 것은 일정 정도 사실이다. 반면에 북한은 주객관적 조건의 산물이었겠지만, 생산력주의 대신 인간의 의식개조를 우선시했고, 주체사상이라는 일면 극단적인 주체중심적 지도이념에 기초했음도 사실이기 때문이다.

그러나 동구 사태의 원인을 사회주의 건설과정에서 생산력주의적이고 관료주의적 편향에서 찾는 주체사상의 진단을 당시 한국의 상황에 그대로 수용하는 것은 상당한 문제를 야기하게 된다. 왜냐하면 한국은 사회주의 혁명 이후 사회주의 건설방식을 둘러싼 비교를 준거점으로 동구 사태를 보는 북한과는 전혀 다른 상황에 처해 있었기 때문이다.

당시 한국의 진보적 이론과 운동에 요구되는 것은 동구 사태를 통해, 사회주의 건설방식의 문제만이 아니라 세계자본주의의 발전 현황과 계급적 구성의 변화 및 이에 따른 다양한 대안적 변혁운동의 방식을 모색해야 하는 과제를 안고 있었기 때문이다. 또한 소련과 동구가 사회주의 혁명 시기에 가졌던 특수한 객관적이고 주체적인 조건이 동구 사태에 미친 영향에 관한 함의도 파악함으로써, 한국 변혁운동의 대안적 이념과 운동방식을 창안해야 했다.

그리고 무엇보다도 동구 사태를 자본주의의 일방적 승리로 주장하는 부르주아적 선전에 대응하기 위해서는, 보다 심층적이고 다각적인 측면에서 마르크스주의나 사회주의의 의미를 근본적으로 성찰하는 계기가 되어야 했다.

그럼에도 불구하고 동구 사태의 배경과 원인에 대한 북한의 입장을 교조적으로 수용하게 됨으로써, 이런 폭넓은 이론적 과제들에 대한 성찰을 방기하는 결과가 되었다. 물론 주체사상의 입장에서 사회주의 건설뿐만 아니라 혁명과정에서도 사상사업의 중요성을 강조해야 한다는 주장이 가능할 수도 있으나,

문제는 운동의 주·객관적 조건이 다른 한국에서는 이런 사상사업의 내용을 마련하기 위해서도, 자본주의의 상황과 현실사회주의의 붕괴에 대한 보다 다면적이고 심층적인 이론적 파악이 전제되어야 했다.

전체 사회를 당과 국가가 강력히 조직·통제하고 있는 북한 사회주의 체제의 독자성과 우월성을 선전하는 것만으로는 당시 한국의 진보적 이론과 운동의 발전에 필요한 교훈을 찾을 수는 없다.

이미 살펴보았듯이, 현실사회주의 붕괴 이후 한국 진보이론 진영에서 대안적 이념의 형성을 위한 다양한 논쟁과정에서 주체사상 수용세력의 참여가 거의 눈에 띄지 않았던 것은 바로 동구 사태에 대한 북한의 입장을 교조적·기계적으로 수용한 결과로 보인다. 동구와 다른 북한식 사회주의의 독자성과 우월성 주장은 결국 당시 긴요하게 요구되었던 한국 진보운동의 주·객관적 조건에 대한 파악과 부르주아적 선전에 대응할 수 있는 독자적 관점의 형성을 등한시하게 한 것으로 보인다. 그 결과 1990년대 초 한국 진보이론 진영에서 주체사상 수용세력들의 영향력이 급속히 퇴조하게 된 것으로 보인다.

이로 인해 1988년을 기점으로 한국 진보이론과 운동 진영을 양분했던 NL - PD의 구도는 대략 1992년을 경과하면서 이전과 다른 양상으로 나타나게 된다. 즉 실천운동의 측면에서는 여전히 이런 대립 구도가 유지되었지만, 이론적 논쟁의 측면에서는 PD적 경향 내부의 활성화와 대조적으로 NL론 특히 주체사상파의 개입은 거의 발견되지 않게 되었다. PD와 NL 사이의 이론적 논쟁의 불균형은 다음의 몇 가지 요인에 의한 것으로 보인다.

첫째, NL 주사파의 북한의 주체사상에 대한 교조적 수용의 결과이다. 이미 살펴보았듯이, 주체사상 수용세력들은 동구 사태 등 탈냉전세계의 변화에 대해 주체사상의 입장을 그대로 수용했다. 따라서 여러 문제들에 대한 자체의 이론적 모색 대신 북한의 입장을 교조적이고 기계적으로 소개하는 데 머물고 말았다.

이런 주체사상 수용세력들의 교조적 태도는 당시 북한의 주체사상연구소 소장이었던 박승덕도 지적한 바 있다. 박승덕은 주체사상이 남한 혁명의 독자성 을 인정한다고 주장하며, "남한 내의 반파쇼민주화운동과 반미자주화운동의 발전단계에 합치되도록 주체사상은 그 자신의 이론적 틀을 발전시켜 나가도록 하고 있습니다"(박승덕·김민웅, 1991 : 268)라고 했다. 이로부터도 알 수 있듯이, 설령 주체사상을 한국 변혁운동의 이념으로 수용한다고 하더라도 이를 주체사 상이나 북한 입장의 교조적 수용으로 혼동해서는 안 된다는 점을 알 수 있다. 주체사상의 교조적 수용은 결국 한국이 처한 상황에 대한 생산적 변혁이론의 개발을 등한히 하는 결과가 되어, 진보이론 진영에서 기존에 누렸던 영향력을 상실케 되었다.

둘째, 한국의 진보적 학계에서는 한국 사회성격론과 변혁이념으로 신식민지 국가독점자본주의론과 PDR론을 대체로 정설로 받아들이게 된 것과 관련된다. 조희연의 평가처럼, 이 시기 학계의 주류는 "국제변혁론사 - 소비에트 및 남미의 논의 -의 논쟁 성과 -'종속적 국독자론'-를 수용하면서 '반제반독점 NLPDR'론에 근거한 '신식국독자론을 재정립'"(박현채·조희연, 1989[II] : 23)하였다.

『현실과 과학』, 『이론』 등 이른바 '강단 PD' 학술지를 통해, 국제 사회주의 운동과 이론들에 대한 소개와 독자적인 이론 전개 및 토론이 가능했던 PD와 달리, NL 주사파들은 체계적인 이론적 논쟁을 전개할 수 있는 매체도 없었을 뿐만 아니라, 제도 학계에 진출하는 것도 상대적으로 어려웠다. 분단과 냉전에 따른 지배세력의 반공·반북 이데올로기와 정책의 영향도 있었지만, 우선 과학 적 개념과 범주 및 방법론적 엄밀성을 요구하는 마르크스 - 레닌주의에 대한 이해가 학계의 특성상 보다 수용되기에 용이했던 것으로 생각된다.

학계에 안정된 근거지가 취약했던 NL 주사파의 경우, 주체사상에 대한 철학적 전제의 검토나 마르크스 - 레닌주의와의 비교 등 중요한 이론적 작업이 안정적으로 진행될 수 있는 여건이 마련되기 어려웠던 것으로 보인다. 그 결과 주체사상의 교조적 수용이 품성의 문제나 사상의식에 대한 헌신성의 문제와 혼동됨으로써, 실천의 발전에 상응하고 또한 그것을 선도할 수 있는 이론적 작업이 소홀히 되는 결과가 되었던 것으로 평가할 수 있다.

셋째, 1987년 이후 정치적 민주주의의 진전과 특히 1990년대 초 탈냉전에 따른 사상통제의 상대적 이완에도 불구하고, 여전히 강력한 반북 이데올로기와 정책은 상대적으로 강고하게 잔존하고 있었다.

이런 조건에서 변혁운동의 이념으로서 주체사상에 대한 연구는 여전히 정부의 주요한 탄압 대상이 될 위험성이 높았고, 이에 따라 자유스런 논쟁이 사실상 불가능했다. 이런 상황적 조건은 비합법 팸플릿 등을 통한 주체사상과 북한의 입장의 교조적 선전만 양산하는 결과가 되었고, 책임있는 논쟁의 형식을 갖출 수 없게 했다.

넷째, 이론적 구성에서나 내용에서 주체사상은 마르크스 - 레닌주의 혹은 마르크스 사상이론에 대한 충분한 이해를 전제할 때만이 생산적 검토가 가능하다. 전술했듯이, 주체사상은 마르크스 - 레닌주의에 대한 계승성과 독창성을 주장할 뿐만 아니라, 마르크스 - 레닌주의를 포함한 마르크스주의 자체도 다양하기 때문이다.

이 점에서 당시 남한의 변혁운동 진영의 주사파와 반주사파로의 분열의 원인을 마르크스 - 레닌주의에 대한 이해의 불충분성에 있다는 박승덕의 주장은 어느 정도 타당성을 갖는 것으로 평가된다(박승덕·김민웅, 1991 : 270). 마르크스주의 전반에 대한 이해의 불충분성이 반주사파가 주체사상을 민족주의의 아류 내지는 스탈린주의의 변종으로 보게 한 반면, 주사파의 입장에서는 주체사상의 정당화 근거로 마르크스의 유물론이나 변증법 자체의 제한성만을 강조하며, 사실상 실용주의적이고 주의주의적으로 수용하는 편향을 낳게 한 것으로 보인다.

대략 위의 몇 가지 이유들이 작용한 것으로 보이는 1990년대 초반 이후 한국의 주체사상에 대한 이론적 논의의 정체와 이에 따른 진보이론 내부에서의 영향력 쇠퇴는 한국에서 주체사상에 대해 과거와 전혀 구별되는 다음과 같은 특징적인 연구 경향들이 나타났다.

첫째, 주체사상을 남한 변혁운동과의 연관에서가 아니라, 주체사상 자체의 기원과 이론적 체계화 과정 및 내용 등에 대한 연구로 한정되는 경향이 나타났다.

둘째, 첫 번째 것과 관련되는 것이지만 마르크스 - 레닌주의와 주체사상의 관계나 주체사상의 철학적 원리와 사회역사적 원리 등은 철학 연구의 주요한 대상이 되고, 주체사상의 기원, 체계화 과정 등은 정치학에서 북한 체제의 권력투쟁이나 권력승계 과정과 연관되어 주로 다루어지는 경향을 보였다.

셋째, 주체사상의 형성과정을 북한 사회주의 건설 문제와 연관시키는 연구 경향도 나타났다.

넷째, 현실사회주의 붕괴 이후 탈냉전과 관련하여 주체사상의 지도사상으로서의 지위에 관한 연구들이 상대적으로 활성화되었다.

다섯째, 현실사회주의 붕괴와 관련되어 주체사상과 스탈린주의의 유사성에 대한 논의와 연구가 상대적으로 증가되었다.

이런 연구 경향의 변화는 한국의 변혁운동 이념 및 실천과의 연관성을 배제함으로써, 주체사상에 대한 보다 객관적이고 중립적인 연구가 가능해질 수도 있다는 점에서 긍정적 측면이 없는 것은 아니다. 그러나 이런 연구는 여전히 강력한 반북 정서와 정치사회적 분위기의 지배로부터 자유로운 것은 아니었다는 점에서 북한의 사상과 체제에 대한 객관적 연구의 전제를 충족시키지는 못했다는 점에서 한계가 있는 것이었다.

더욱이 북한에 대한 연구가 단순히 학문적 엄밀성의 충족은 물론이고, 통일이나 한국 나아가 한반도 전체의 보다 나은 사회로의 진보를 위한 실천적 요구를 충족시키는 것이기도 해야 한다는 점에서 한국 변혁운동과의 절연은 문제가 된다고 할 수 있을 것이다. 이런 대강의 경향과 문제점들을 염두에 두고, 한국에서 주체사상 연구 경향에 또다른 변화의 계기를 제공한 1997년 2월 황장엽 망명 이전까지의 주체사상 연구 현황을 고찰해보고자 한다.

2-1 기존 제도 학계의 주체사상 연구 경향

한국의 진보이론 진영에서 주체사상이 소개된 것은 대략 1986년을 시점으로 하고 철학적 원리나 사회역사적 원리, 지도적 원칙 등 사상이론적 전모에 대한 이해와 한국 변혁이론과의 연관성 속에서 본격 논의된 것은 1987년 이후의 일로 판단된다.

그러나 진보이론 진영의 주체사상 논의 이전에도 반공교육의 일환으로 주체사상에 관한 산발적 연구들이 없었던 것은 아니다. 대표적으로는 1972년 1월호를 창간호로 하여 2008년 8월 현재 통권 440호에 이르는 북한연구소 발행의 『월간 북한』은 이미 1970년대부터 반북적 입장에서 주체사상에 대한 개괄적 소개나 비판을 꾸준히 게재했다.

또한 관변 연구기관이었던 한국정신문화연구원은 1984년 연구보고서 84 - 01호『북한통치이데올로기 연구』를 발표하여 각 전문가들의 주체사상에 대한 비판적 소개 논문을 발표했다.

이 연구보고서에서 김갑철은 "북한 통치이데올로기(주체사상)의 형성과 그 기능에 관한 연구"라는 논문에서 북한 주체사상을 마르크스주의 혹은 마르크스 - 레닌주의의 변형의 하나로 규정하고(김갑철, 1984 : 47), 주체사상 형성을 탈스

탈린화의 국제적 배경과 김일성 권력강화의 국내적 배경으로 나누어 고찰했다
(김갑철, 1984 : 81 - 9). 이어 그는 북한 통치이데올로기로서 주체사상의 기능을
김일성 일인체제 합리화, 전체주의적 동원, 대남혁명전략 합리화 및 중소와
제3세계에 대한 선전 기능 등으로 나누어 설명했다(김갑철, 1984 : 90 - 4).

김갑철의 이 논문은 한국에서 아직 주체사상에 대한 본격적인 이론적 관심이
제기되기 전에 다각적인 측면에서 고찰했다는 점에서 의의를 갖는다. 그러나
그는 철학적 논의를 거의 생략한 채 권력정치적 관점에서만 주체사상을 분석하
는 한계를 극복하지 못했다.

백종천은 "주체사상 비판연구의 동향 : 계량적 분석"에서 『월간 북한』에
게재된 주체사상 관련 글들을 계량적으로 분석하여, 당시까지 한국에서 주체사
상 연구의 동향과 주제 및 연구 주체에 대해 상세히 논의하고 있다(백종천,
1984).

박상섭은 "주체사상 비판연구에 관한 비판적 내용분석"이라는 논문에서
주체사상 형성의 국내외적 배경과 함께, 주체사상의 발전과정에 관한 간략한
소개도 하고 있다. 그러나 박상섭은 사상이론적으로 자세한 검토는 생략한
채, 주체사상의 학술적 또는 사상적 체계성의 부재를 비판하면서, 사회정치적
변동에 대한 변명에 불과하다고 비판한다(박상섭, 1984 : 292 - 3). 그러나 그는
주체사상의 체계적인 연구를 위한 자료의 체계적 수집과 공유 및 마르크스주의
이론들에 대한 보다 활발한 연구의 필요성을 제안하고 있다(박상섭, 1984 : 310).

이 연구보고서에 수록된 논문들은 주체사상에 대한 이데올로기적 편향성과
권력정치적 요소에 대한 지나친 강조 등 문제점이 없는 것은 아니었지만,
이미 북한 연구에 결여될 수 없는 중요한 주제인 주체사상에 관한 본격적인
연구라는 점에서 가치를 인정할 수 있다고 본다.

1986년 이후 한국의 진보이론 진영의 일각에서 주체사상의 수용을 주장하는

목소리와 함께, 기존의 학계에서도 비판적 관점에서 주체사상에 관한 연구들이 제출되었다.

신일철은 1987년에 반마르크스주의 입장에서 북한 주체사상과 소련의 철학 논쟁의 관계에 관한 연구를 발표했다. 신일철은 1950년대 소련의 토대 - 상부구조 논쟁과 1955~58년의 사회주의하의 모순 논쟁을 개괄하고, 이런 철학 논쟁들이 북한의 주체철학에 미친 영향을 추적한다.

그는 소련의 철학적 논쟁을 통해, '철학의 당파성 원칙'에 입각한 소련의 철학이 당적 실천을 위한 주의주의적이고 실용주의적 성격을 가진 프로파간다에 불과하다고 비판한다(신일철, 1987 : 38). 또한 북한의 마르크스 - 레닌주의가 스탈린주의적 교조에서는 벗어났으나, 수정주의적인 소련의 '철학 교정'을 수용할 수 없는 딜레마에 대응하기 위해 1970년대 초 김일성의 일인 사상으로 주체철학을 급조했다고 주장한다(신일철, 1987 : 39).

특히 그는 1973년 간행된 김일성방송대학 강의록 『철학강좌』를 주목하는데, "여기서 처음으로 '주체 철학'이란 용어가 사용되고 이 강론 전체가 소위 '김일성 주체철학의 내용임을 공식적으로 확인"(신일철, 1987 : 42)할 수 있기 때문이라고 한다. 즉 신일철은 소련의 1950년대 철학 논쟁들이 마르크스주의, 특히 역사적 유물론에서 발견되는 문제점들로 인해 일어난 것으로 비판적으로 파악하면서 이것들과 북한의 주체철학의 관계를 다음과 같이 정의하고 있다.

이와 같은 소련 철학 과정의 수정주의적 경향은 1970년대 북한의 소위 '주체철 학'의 철학 교정을 만들어 내는 데 큰 영향을 주었다. 특히 토대·상부구조 도식에 있어서 북한의 '철학 강좌'는 역사적 유물론 분야의 '상부구조의 상대적 독립성' 테제를 철학적 유물론 분야에까지 확대 적용하여 유물론을 '의식의 능동성'의 철학으로 통속화했으며 철학 이데올로기를 김일성 일인 우상화의 '사상교양과 강력한 집난적 의식 동원의 도구로 사용함으로써 '정치권력의 시녀'로 만들고 있음을 보여준다. 이와 같은 철학의 시녀화 현상은 북한 학계의 철학 연구와 이론의 불모성과 진정한 철학의 부재 사실을 폭로한 것이 된다(신일철, 1987 : 93-4).

요컨대 신일철의 주장은 북한의 주체철학이 소련의 철학논쟁에서 드러난 마르크스주의의 이론적 문제점을 그대로 계승하면서도, 이를 김일성의 권력 유지를 위한 일인 사상 체제로 통속화시킨 것이라는 것이다. 마르크스주의와 이의 확대로서 소련의 마르크스 - 레닌주의가 갖는 철학사상으로서의 한계, 즉 주의주의적이고 실용주의적 경향이 주체철학에 와서는 더욱 강화되었고, 철학이라기보다는 개인 우상화와 집단 동원의 수단으로 전락했다는 비판이다.6)

신일철의 이 연구는 주체철학을 마르크스주의, 특히 1950년대 이후 소련의 철학논쟁들과 비교한 점에서, 아직 주체사상에 대한 본격적 연구가 진행되지 않은 시점이었음을 감안하면 대단히 의미있는 것으로 평가할 수 있다. 그러나 소련의 '토대 - 상부구조 논쟁'이나 '사회주의하의 모순 논쟁' '사회주의적 휴머니즘론' 등에 대해 철학적 이론 연구라기보다는 정치적 상황에 과도하게 초점을 맞추고, 반마르크스주의적 입장에서 외재적 비판에만 치중하는 한계를 갖는다. 또한 마르크스 - 레닌주의와 주체철학의 관계에 대해서도 철학원리 등에 대한 논의가 거의 없다는 점에서 더욱 치명적인 한계를 갖는다.

---

6) 이미 1980년대 초·중반 한국의 제도 학계의 주체사상 연구의 주요 특징의 하나는 주체사상을 철학적 세계관이기보다는 북한 사회주의 건설과 김일성 체제의 권력 유지의 정당화 이데올로기 및 정치적 도구의 하나로 인식하는 경향이었다. 전인영은 1983년 한 논문에서 "주체사상은 마르크스-레닌주의와 비교할 때 많은 이론상의 약점을 지닌다. 주체사상은 확고한 세계관에 의하여 이론으로 정립된 것이 아니라, 김일성의 통치를 합리화하거나 약소국으로서 주변환경에 적응하지 않을 수 없는 북한의 입장을 정당화하기 위한 실용적인 측면이 강한 통치사상이다"(전인영, 1983 : 172)라고 주장했다. 즉 전인영은 슈만의 이데올로기 분류에 따라, 마르크스주의를 순수 이데올로기, 주체사상을 실천 이데올로기로 본다. 김동욱도 주체사상을 통치 이데올로기로 분류하면서, "물론 주체사상의 내용은 철학적 기초에 의거해서 정립되었다고 하기 보다는 북한체제가 처해 있던 상황의 필요에 의해서 점차로 그 형태를 갖추게 되었다"(김동욱, 1986 : 16)고 본다.

신일철의 연구가 갖는 의의 및 한계와 대조적인 주체사상 비판 연구로는 1988년 번역된 재일 조총련계 철학자 하수도의 저서 『유물론과 주체사상』이 있다. 원래 1980년 일본에서 출간된 이 연구서에서 하수도는 마르크스주의 입장에서 주체사상을 마르크스 - 레닌주의로부터 일탈한 관념론이라고 비판한다. 하수도는 마르크스 - 레닌주의적 입장에서 주체사상의 세계관, 역사관을 비판하고, 특히 개인숭배의 문제점을 강조했다.

하수도는 이런 비판적 검토에 기초하여 다음과 같은 이유에서 마르크스 - 레닌주의와 김일성주의는 근본적으로 다르다고 결론내린다. 첫째, 마르크스 - 레닌주의의 이론적 기초는 변증법적 유물론인 반면, 김일성주의의 이론적 기초·토대는 주체사상이기 때문이다. 둘째, 주체사상에서 인류사상 최초라고 주장하는 인간중심주의는 올바르지 않다. 특히 현대의 인간중심주의는 마르크스 - 레닌주의를 공격하고 수정하는 특징이 있다. 셋째, 주체사상에 기초해서만 자기 나라 운동을 수행할 수 있다는 주장은 올바르지 않다. 마르크스 - 레닌주의에 기초해 각국들은 자기 혁명을 수행하는 것이 현실이기 때문이다. 넷째, 김일성주의가 마르크스 - 레닌주의를 물질중심으로 보는 것은 잘못이다. 물질중심론과 유물론은 근본적으로 다르기 때문이다(하수도, 1988 : 190 - 1).

이 책의 서문에서도 밝히고 있듯이, 하수도는 1960년대 말에서 1970년대 초에 걸쳐 조총련 내부에서 주체사상화를 위한 한덕수, 김병식 등 조총련 지도부의 전횡을 비판하는 의도에서 집필한 것이다(하수도, 1988 : 10 - 2). 특히 조총련 기관지 『조선신보』에 1974년 8월 중순에서 말까지 연재된 "위대한 김일성주의는 현시대와 공산주의 미래의 역사적 시대를 대표하는 유일한 과학적 혁명사상이며 혁명과 건설의 진정한 지도사상이다"는 논문을 통해, 김일성주의, 즉 주체사상이 마르크스 - 레닌주의로부터 일탈한 것이라는 결론에 도달했다고 한다(하수도, 1988 : 12).

하수도의 연구는 마르크스 - 레닌주의를 기존 소련의 공식이념과 동일시하면서, 이를 기초로 주체사상을 비판한다는 점에서 대단히 편파적이라는 비판을 벗어나기 어려운 것으로 판단된다. 신일철의 연구가 편향에도 불구하고 주체사상을 스탈린주의적 마르크스 - 레닌주의의 내부 비판과 연관시킨 것보다 더욱 교조적 성격을 보이기 때문이다.

마르크스 - 레닌주의를 극복한 보다 발전된 세계관이라는 주체사상의 주장을 비판하는 견해는 국내의 연구들에서도 발견된다. 이 가운데 유초하의 연구는 탄탄한 철학적 논리에 입각한 것으로 주목할 필요가 있다.

그는 주체사상의 객관적이고 전면적 연구를 위해서는, 북한의 역사적 현실과의 관련, 텍스트 내용과 체계 구성에 관한 의미론적·통사론적 분석 및 남한 사회 변혁운동에의 가능적·현실적 기능과 역할의 세 차원을 망라해야 한다고 본다(유초하, 1989 : 48).

이어서 유초하는 주체사상에 대한 텍스트 분석을 통해 주체사상의 체계가 갖는 비약과 왜곡을 다음의 다섯 가지 점에 있다고 주장한다. 첫째, 새로운 철학의 근본문제 규정으로 초과학적·초철학적인 상식의 세계·이론 영역을 구성하며, 새 철학에 대한 인민의 요구를 수령의 요구로 환원시킨다. 둘째, 인민대중을 최소한의 의식화 무장으로 조직·동원되는 단순 동력 대상으로 간주한다. 셋째, 실질적 해명을 회피하는 논리적 순환 등의 비약으로 실질적 왜곡이 발생한다. 넷째, 마르크스 - 레닌주의 계승 주장에도 불구하고, 인간과 사회에 대한 구체적 이론 및 사상 체계 전반적 성격 규정에서 마르크스 - 레닌주의를 부정한다. 다섯째, 이론적 해결이 불가능한 문제들을 수령의 절대성을 통해 해결해 버린다(유초하, 1989 : 55 - 69).

이런 치명적인 철학적 문제점들에도 불구하고 주체사상의 명제들은 매우 세심하고 치밀한 작업의 산물이며, 현실적 맥락에서 사회주의 혁명과 건설에 인민대중의 효율적 조직, 동원을 위한 목적을 갖는 것으로 평가한다(유초하, 1989 : 69 - 70). 즉 유초하에 따르면, 주체사상은 철학적 함량은 미달할지라도 북한 내부의 문제를 해결하기 위한 지도 이데올로기로서의 기능을 수행한다고 보는 것이다.

그러나 이런 이론적 문제점들로 인해 주체사상은 구조와 역동적 실천 관점의 현실론·변혁론으로서는 치명적 허점을 갖는데, 특히 주체사상을 한국 변혁운동의 실천지표로 수용할 경우 더욱 문제가 된다고 주장한다(유초하, 1989 : 76). 즉 한국의 국가독점자본주의의 파쇼적 지배를 보지 못함으로써, "개량주의적이고 소부르조아적인 관념론적 민족주의 이상일 수 없다"(유초하, 1989 : 77)는 주장이다.

요컨대 북한의 지도 이데올로기로서만 유효성이 인정될 뿐인 "주체사상을 실천도구로 수용한 남한의 주체주의자들의 일방적인 인식과 투쟁 실천"(유초하, 1989 : 77)이 문제라는 것이다.

나아가서 그는 현재 한국의 상황에서 주체사상에 대한 비판을 마르크스 - 레닌주의적 관점에서 진행하는 것은 대중적 수용이 어려운 조건임을 감안하여, 주체철학 내부의 모순, 전도, 비약, 불일치를 밝히는 것이 유효하다고 주장한다(유초하, 1989 : 80). 대안으로 유초하는 방법론적인 세계관적 일반원리와 실증과학적 분석의 결합과 실천의 결합을 통한 "주체사상이 아닌 주체적 사상의 정립"(유초하, 1989 : 83)을 제안한다.

한국 변혁운동과 관련된 주체사상의 수용과 비판 모두가 이론적 검토라기보다는 정파적인 주장과 선전으로 일관하는 것에 비해, 철학적 비판의 대상으로 주체사상을 취급하는 것은 진일보한 것으로 볼 수 있다. 그러나 신일철의 경우처럼 반공주의 시각이나 하수도와 유초하처럼 마르크스 - 레닌주의 입장의 주체사상 비판은 모두 마르크스 - 레닌주의, 더욱 나아가서는 마르크스주의 논쟁사에서 주체사상의 위치 문제에 이르지는 못한 한계를 가진 것으로 보인다. 따라서 이 역시 또하나의 당파적 혹은 정파적 입장이라는 비판으로부터 자유롭기는 힘든 것으로 본다.

진보이론 진영의 주체사상 논의가 본격화되기 전후 진전된 기존 학계의 주체사상에 대한 비판적 연구는 한국 변혁운동 이념과의 관련성이 배제된 1990년대 이후 한국의 주체사상 연구와 상당한 유사점을 갖는다는 점에서 흥미롭다. 즉 1980년대 후반 한국의 주체사상 수용세력들이 대체로 북한의 입장을 교조적으로 수용하여 주체사상의 원리와 내용을 마르크스 - 레닌주의의 역사적 제한성을 전제로 논하였다면, 1990년대 이후는 북한 체제의 작동방식, 권력관계, 권력승계 등의 주체사상 기능 연구나 마르크스 - 레닌주의로부터 일탈된 주체사상의 주의주의적 성격과 관념성 등을 비판하는 경향이 주류를 형성하게 되었기 때문이다.

1990년대에 들어서면서 한국에서 주체사상 연구의 새로운 방향을 모색하고자 하는 문제의식이 등장했다. 이것은 과거 한국 변혁운동론 논쟁의 과정에서 마르크스 - 레닌주의와 주체사상의 관계 문제가 일정한 이론적 성과와 함께 문제점을 가진 것이었다는 반성에서 제기된 것이었다.

김재현은 변혁운동론 논의과정에서 주체사상에 대한 연구가 마르크스 - 레닌주의와 주체사상의 객관적 비교에 한계와 왜곡이 있었음을 지적하고, "당파적 입장을 최소화하고 마르크스 - 레닌주의와 주체사상의 관계"(김재현, 1990 : 37)를 검토한다. 이런 전제에서 김재현은 두 사상체계 전반이라기보다는 철학의 관점에서 비교한 결과, 주체사상의 형성, 발전, 체계화는 마르크스주의에 기초했지만, 점차 그 문제틀로부터 벗어난 것으로 결론짓는다. 즉 "특히 철학의 근본문제 전환과 철학의 근본원리에 토대해서 연역적으로 체계화하려는 시도 때문에 주체사상이 본래 갖고 있던 마르크스 - 레닌주의의 창조적 적용이라는

요소가 변질되었고 이 과정에서 논리전개의 순환성과 애매성 등이 나타나고
독창성이 강조되면서 북한의 특수성이 더 반영된다는 것을 짐작할 수 있다'(김
재현, 1990 : 61)는 것이다.

그러나 그는 주체사상이 여전히 마르크스 - 레닌주의를 부정하지 않는다는
점에 주목하면서, 주체사상을 단순하고 절충주의적이며 평면적이고 단조롭다
고 쉽게 결론내려서는 안 된다고 본다. 또한 그는 주체사상을 한국의 민족적
상황에서 그 유효성을 인정하면서도, 제3세계의 인민을 위한 순수 이데올로기
로의 격상을 불가능한 것으로 비판하는 서대숙의 주장에 대해서도 냉정한
검토가 필요한 문제라고 유보적 입장을 취한다.

나아가서 김재현은 주체사상을 마르크스 - 레닌주의의 창조적 적용으로서,
지도자와 민족주의 등 마르크스주의적 요소가 아닌 것을 포함하고 있지만
전반적 범주에서는 어떤 다른 철학보다도 마르크스 - 레닌주의에 가깝다고
보는 맥크라스의 평가(맥크라스, 1990 : 65)가 어느 정도 타당하다고 주장한다(김
재현, 1990 : 62). 요컨대 김재현은 한국 변혁운동론 논쟁 속에서 교조적 수용과
맹목적 배척의 오류를 극복하고 주체사상과 마르크스 - 레닌주의의 관계 혹은
주체사상 자체의 이론을 객관적으로 연구할 필요성을 제기한 것이다.

나아가서 앞으로의 문제는 주체사상과 마르크스 - 레닌주의의 관계가 어떻
게 변화되어 가고, 궁극적으로 주체사상이 민족통일에 어떤 방식으로 기능할
것인지를 정확히 이해하는 것이 될 것이라고 주장한다(김재현, 1990 : 62).

보다 객관적이고 학문적 관점의 주체사상에 대한 포괄적인 연구로 1993년
한국학술진흥재단 공모과제의 연구비 지원을 받은 프로젝트의 성과가 1994년
한국철학사상연구회가 간행하는『시대와 철학』제9호를 통해 발표되었다.
물론 이 프로젝트는 주체사상만 아니라 북한 철학 전반을 대상으로 한 것이었지
만, 북한 철학에서 주체사상의 위치를 감안하면, 사실상 주체사상의 형성과

체계화 및 그 이후의 북한 철학의 현황까지 알 수 있게 하는 것이었다.

이훈은 논문 "북한철학의 흐름"에서 수집한 자료를 바탕으로 1955~1992년까지 북한 철학 연구기관, 연구자, 주제 등을 실증적으로 분석했다. 그는 북한 철학사의 시기를 1955~67년, 1968~76년, 1977~85년, 1986년 이후의 네 시기로 구분한다. 이훈의 북한 철학사 시기구분은 북한 사회주의 건설과정과 주체사상의 체계화과정을 기준으로 한 것이었다.

먼저 제1기로 규정한 1955~67년은 1955년 사회과학원 력사연구소 이론지로 창간된『력사과학』을 중심으로 철학 연구가 진행된 1955~61년과 1962년부터 철학연구소 명의의『철학연구』를 중심으로 하는 1962~67년의 소시기로 구분한다. 첫 번째 소시기에 해당하는 1955~61년 시기 동안 1950년대 중반에는 통일문제가 철학의 중심 주제였다가 1950년대 말 이후는 북한 사회주의 건설문제, 특히 생산력과 생산관계 사이의 관계에서 생산관계의 능동성을 강조하는 입장으로의 변화가 있었다고 본다(이훈, 1994 : 21 - 3). 그리고 두 번째 소시기인 1962~67년에는 주체사상이라는 용어가 철학에서 본격 등장하고, "마르크스 - 레닌주의의 주체적 적용이라는 틀 속에서 마르크스주의와 주체사상 사이의 긴장을 유지"(이훈, 1994 : 24)했던 시기로 특징짓는다.

두 번째 시기인 1968~76년은 1967년 5월 조선로동당 중앙위원회 제4기 15차 전원회의에서 갑산파 숙청 이후 김정일이 본격적으로 사상사업을 시작했던 시기였다. 이훈은 1972년 4월 김일성 탄생 60주년 기념 전국사회과학자대회에서 양형섭의 "사회과학자의 임무" 연설을 기점으로 다양한 주체사상 관련 서적들이 간행되면서 주체사상의 이론적 체계화가 시작된 것으로 평가한다. 특히 1976년『사회과학』에 실린 박승덕의 논문 "주체사상은 자연과 사회에 대한 가장 올바른 견해와 세계를 인식하고 개조하는 강력한 무기를 주는 위대한 사상"을 "주체철학의 정립의 대장정을 위한 서곡"(이훈, 1994 : 28)으로 평가한다.

이훈은 세 번째 시기로 구분한 1977~85년 시기를 1977~81년의 주체철학 모색기와 1982~85년의 주체사상 체계 완성의 두 소시기로 구분한다. 이 가운데 첫 번째 소시기에서는 1977년 박승덕과 리성준 등의 논문들에 의해 주체사상이 철학적 원리를 갖춤으로써 철학사상의 체계 형성이 시작된 해로 본다. 또한 두 번째 소시기는 1982년 김정일의 "주체사상에 대하여"라는 논문에 의해 주체사상 체계의 골격이 제시되고 1985년 '위대한 주체사상 총서' 10권이 완간되는 시기로 규정한다(이훈, 1994 : 28 - 30).

마지막 시기인 1986년 이후는 주체사상의 전문화가 진행된 시기로 주체사관과 유물사관의 대비, 주체철학의 인간중심의 세계관 나아가서는 특히 심리철학에서 자아 및 자아의식 등 개인주의적 개념이 사라지고 집단주의적 개념이 확립된 것을 특징으로 본다.

결론부에서 이훈은 흥미롭게도 개인의 주체성을 부정하는 점에서 주체사상과 포스트 모던적 사고의 유사점을 지적한다. 그러나 주체사상은 수령이라는 제1원리로부터의 연역을 강조하는 반면, 포스트 모던적 사고에서는 민주적·자연발생적 귀납과정을 중시하는 본질적 차이가 있다고 보면서, 개인의 주체성과 집단의 주체성의 매개 방법을 찾을 수 있다면 인간론에 기반한 마르크스주의의 개조 작업이 또다른 국면을 맞을 수도 있을 것으로 주장한다(이훈, 1994 : 34 - 5).

그러나 이미 전술했듯이, 주체사상에서는 '사회적 존재'를 인간의 본질적 속성의 전제로서 강조한다. 또한 '사회정치적 생명체론'은 사회적 존재로서의 인간집단의 형성 원리로서 수령과 인민대중을 연결하는 핵심적 개념이다. 이렇게 집단적 정체성 속에서만 인간 개인의 정체성을 확인할 수 있는 것으로 보는 주체사상의 입장은 주체성의 추방을 전제하는 포스트 모던적 사고와 화해할 수 없는 상극을 형성하는 것으로 보아야 할 것이다.

동일한 연구 프로젝트에 참가했던 이상훈은 "북한의 서양철학"이라는 논문에서 1960년대 이후 북한의 서양철학 연구 현황을 고찰하여 문제점과 의의를 평가한다. 이상훈은 북한의 서양철학 연구의 특징을 한국에 영향을 미치고 있는 현대 서양철학에 주로 관심을 보인다는 점에 있다고 본다(이상훈, 1994 : 76).

이런 특징을 전제한 다음, 1960년대, 1970년대 및 1980년대 북한 철학계에서 한국에서 유행하던 현대 부르주아 철학에 대한 특징 규정을 각각 다음과 같이 요약한다. 즉 1960년대 한국에서 유행하던 현대 서양철학의 특징은 첫째, 실용주의와 실존주의에서 집중적으로 나타나는 비관주의 둘째, 주의설적 주관주의와 불가지론 셋째, 마르크스주의 철학을 헤겔주의나 속류 유물론으로 파악하면서 경제학으로 치부하는 반공주의로 비판한다.

이어 1970년대에는 극단적 관념론, 비합리주의, 종교적 경향의 세 가지를 특징적 현상으로 보면서도, "비판의 무게가 실존주의와 실용주의에서 종교철학으로 옮아가는 점"(이상훈, 1994 : 76)에 주목한다. 이런 조류의 대표적인 것으로 실용주의, 실존주의, 신토마스주의, 철학적 인간학, 신실증주의, 인격주의, 생철학 등을 비판적으로 연구하는 경향을 보인 것으로 평가한다.

또한 철학계를 비롯한 사회 전체가 주체사상으로 일색화된 1980년대 북한의 서양철학 연구의 특징을 다음 두 가지에 있다고 본다. 첫째, 모든 철학이론이 외형적으로는 주체사상의 기본원리에 의해 조명되는 점 둘째, 종전의 한국 현실 비판을 위한 몇몇 대표적인 서양철학 사조 비판에서 특정 주제를 중심으로 한 서양철학사 전반에 대한 고찰도 등장하고 있는 점 등이다(이상훈, 1994 : 77).

이상훈은 북한 서양철학 연구의 이런 특징들을 북한 철학자들의 연구를 통해 분석한 결과 문제점과 의의를 각각 다음과 같이 정리하고 있다. 먼저 문제점으로는 서양철학사를 마르크스주의 이전과 이후로, 그리고 마르크스주의 이후를 다시 주체사상을 기준으로 나눔으로써, "형식적으로는 마치 주체사상이 서양철학 일반에 대한 비판의 궁극적인 기준으로 적용되는 듯이 서술하지만 실제로는 마르크스주의 철학의 기준 이상을 넘어서지 못하는 것"(이상훈, 1994 : 90)이라는 점이다. 한편으로 의의에 대해서는 "서양철학의 이론 내적 문제들을 당대의 시대적 과제를 해결하고자 하는 정치적·실천적 요구와 결합시켜 이해하고자 하는"(이상훈, 1994 : 91) 노력으로 평가한다. 특히 이상훈은 북한 철학 연구의 성과도 이런 문제점과 의의를 염두에 두면서 전체적으로 한국철학의 일부로서 인정할 것을 요구하고 있다.

결국 이상훈의 이런 제안은 북한의 서양철학 연구가 주체사상을 기준으로 이루어진 것임을 고려한다면, 주체사상에 대한 보다 객관적이고, 특히 마르크스주의와의 관계를 온전히 파악할 것을 전제로 할 수밖에 없을 것이다.

"해방 이후의 북한 철학사 - 의식, 문화, 도덕, 심리에 관한 철학을 중심으로"라는 논문에서 이병창은 해방 이후 북한 철학사를 이데올로기적 상부구조를 중심으로 고찰한다.

이 논문에서 이병창은 북한철학사를 북한사회의 발전과 철학적 의식변화를 기준으로, 사회주의 개조 시대(1950년대), 사회주의 완전승리로의 전진 시대(1960년대) 및 주체철학 형성시대(1970년대 - 1985년)의 세 시기로 구분하고 있다(이병창, 1994 : 96). 이병창의 시기구분은 북한사회의 발전 정도와 철학적 의식의 변화를 연관지어 설명하는 데 장점이 있으나, 주체사상이라는 하나의 철학체계의 형성과 발전과정을 정교한 이론으로 추적한 것은 아니라는 한계를 갖는다.

첫 번째 시기에서 주체사상이 제기되는 원인에 대해, 이병창은 사회주의 개조 방식을 둘러싼 소련파와 연안파의 반대 및 특히 1956년 2월 제20차 소련공산당 대회의 스탈린 격하운동과 뒤이은 북한의 1956년 8월 종파사건, 그리고 대중의 열의와 창발성 제고 필요성 등에 주목한다. 이런 현실적 요구에 대응하기 위해 주체사상이 제기된 것으로 보면서, 이 시기 주체사상의 주요 내용을 마르크스 - 레닌주의의 창조적 적용, 사상개조와 공산주의 교양의 강조 및 혁명적 군중노선 등으로 규정한다(이병창, 1994 : 99 - 100).

두 번째 시기인 사회주의 완전승리로의 전진 시대에서는 가장 우선적 문제로 제기된 문화혁명의 난제에 대응하고, 사회주의 제도하의 건설 방식에 관한 이론적 과제를 해결하는 것을 목적으로 했던 것으로 본다. 이를 위해 1960년대 북한에서 대대적으로 전개되었던 도덕논쟁과 공산주의 교양과 관련된 심리 문제에 관한 북한 내부의 철학적 흐름을 개괄한다.

세 번째인 주체사상의 체계화 시기에는 1973년 2월 조선로동당 정치위원회 확대회의에서 결의된 3대혁명소조운동을 중심으로 북한이 직면했던 위기 극복 노력과 주체사상의 철학적 체계화의 관련성을 고찰하고 있다. 특히 이병창은 북한철학사의 특징을 철학이 사상에 의해 지배되는 경향에 있다고 보면서, "북한의 철학은 주체사상이 제기하는 문제들을 이론적으로 분석하는 데 주력을 두고 있을 뿐만 아니라, 철학적 관심 자체가 사상적 문제—이데올로기적 상부구조—에 집중"(이병창, 1994 : 126)된 점에 있다고 평가한다. 이런 이병창의 평가는 마르크스 - 레닌주의와 달리, 주체사상이 세계에서 차지하는 사람의 지위와 역할문제로 철학의 근본문제를 전환시킨 점에서 당연한 것이라 할 수 있다고 본다.

이 연구 프로젝트로 제출된 논문들 대부분이 다양한 방법으로 주체사상의 형성과 체계화 과정에 대해 서술하고 있지만, 이를 직접적 대상으로 하는 것은 이병수의 논문 "주체사상의 보편화 및 체계화 과정에 대한 분석"이었다.

이병수는 주체사상의 적용범위와 관련되는 보편화의 개념에 대해 언급하면서, 북한현실에 국한되었던 주체사상이 국제공산주의운동의 노선으로까지 확장시키려는 '보편화'의 계기를 1967년 12월 16일 최고인민회의 제4기 1차회의로 본다(이병수, 1994 : 134 - 5). 즉 여기서 주체사상에 대해 '가장 정확한 맑스 -

레닌주의적 지도사상'으로 규정되었다는 점을 중시하는 것이다.

나아가 이병수는 주체사상의 보편화 과정에서 북한 내부의 수정주의 비판이 갖는 의미를 중시하면서, 1967년 5월 당 중앙위원회 제4기 15차 전원회의의 갑산파 숙청에 주목한다. 즉 권력투쟁의 성격을 지녔던 1950년대의 반종파투쟁과 달리, 이 시기 수정주의 비판은 사회주의 건설노선과 관련된 것으로 본다. 이 시기 김일성의 글들을 중심으로, 이병수는 이 시기에 경제발전 전략, 프롤레타리아 독재와 과도기론, 당의 지도체계에 대한 수정주의 비판이 주체사상 보편화의 계기가 된 것으로 평가한다(이병수, 1994 : 140 - 1).

"주체철학의 수립을 핵심으로 하는 주체사상의 체계화는 마르크스 - 레닌주의 세계관의 이탈을 의미"(이병수, 1994 : 148)하는 것으로 규정하는 이병수는 기존 세계관의 한계를 주장하는 글들이 발표된 1973년을 주체철학 체계화의 시점으로 보고, 1년 전인 양형섭의 "사회과학자의 임무"에서 변증법적 유물론과 역사적 유물론의 새로운 체계화 대신 주체철학의 체계화가 제기된 원인을 다음과 같이 추적한다(이병수, 1994 : 149).

첫째, 김정일의 후계자 부상과의 관련성이다. 둘째는, 마르크스 - 레닌주의를 공식이념으로 하는 소련과 중국의 사회주의 현실에 대한 북한의 부정적 인식이다. 셋째, 북한 사회주의 건설의 최고강령인 '온사회의 주체사상화'의 제시이다(이병수, 1994 : 149 - 50). 특히 이병수는 주체철학의 체계화 과정에서 실천문제가 마르크스 - 레닌주의와의 차별성을 부각시키는 데 중요한 문제로 취급되었다고 본다.

주체사상의 형성·발전 과정을 '대외적 자주성을 이념적 기반으로 한 1960년대 중후반까지의 시기, 중소분쟁과 당내 수정주의론을 등장 배경으로 한 '우리 시대의 마르크스 - 레닌주의' 주장 시기, 김정일 부상 이후의 '독자적 세계관 지향 시기 및 전일적 체계화'의 세 시기로 구분하고, 한국의 연구에서 두 번째 시기가 상대적으로 소홀히 다루어졌다고 한다. 그리고 한국의 주체사상 연구관점에 대해서, "주체사상을 완전히 권력의 산물로 보고 권력관계를 정당화하는 차원에서만 고려하는 것은 사회주의 건설에 따르는 불가피한 산물로서 체계화를 정당화하는 것 못지않게 한쪽으로 치우친 이해방식"(이병수, 1994 : 160)이라고 비판하며, 복합적 원인을 고려할 것을 주장한다.

이병수의 논지는 주체사상의 보편화와 체계화를 개념적으로 구분하고, 복합적 원인을 고려할 것을 주장하는 점에서 생산적으로 평가된다. 그러나 이미 여러 차례에 걸쳐 전술했듯이, 주체사상이 마르크스 - 레닌주의에 대한 독창성 못지않게 계승성을 강조한다는 점에서, 주체철학의 체계화를 곧 마르크스 - 레닌주의 세계관으로부터의 이탈로 규정하는 것은 성급한 것으로 본다.

소련과 중국의 사회주의 현실에 대한 북한의 부정적 인식 등이 곧바로 그 나라들의 공식이념 마르크스 - 레닌주의에 대한 부정적 인식으로 연결된다는 것은 상당한 논리적 비약일 수 있기 때문이다. 주체사상의 독창성과 계승성에 대한 올바른 해명이 더욱 중요한 것은 바로 이 때문이다.

"주체사상 체계 확립 이후의 북한철학—철학적 원리와 사회역사적 원리를 중심으로"라는 논문에서 홍건영은 논문 제목 그대로, 주체철학 체계화 이후 북한의 논문들을 비판적으로 검토한다. 그 결과 그는 지도이념을 정당화, 풍부화하는 북한 철학의 과제를 염두에 둔다면, "결국 주체철학의 진리성의 최종심급은 그 논리적 정합성이나 마르크스주의 철학의 엄격한 계승 여부라기보다는 궁극적으로 주체사상에서도 강조하고 있듯이 (북한 사회주의 건설이라고 하는) 실천이 아닐까?"(홍건영, 1994 : 182)라고 반문한다.

그러나 철학에 대한 이런 실용적인 검증 기준만으로는 특정 철학의 체계를 온전히 파악하는 데 한계가 있고, 마르크스주의 철학과 주체철학의 이론적 연관의 내용을 다면적으로 파악하는 것 자체가 주체철학의 실천정향성을 제대로 파악할 수 있게 하는 것은 아닌가라고 되물어야 한다고 본다.

1993년에 수행된 이 연구 프로젝트는 해당 논문들에서 여러 가지 문제점들이나 원론적 차원의 연구 방향의 제시에 머무는 등 한계가 없는 것은 아니다. 그러나 1980년대 중후반 한국 변혁운동론과 관련해 교조적 수용과 맹목적 비판의 양 편향에 머물렀던 주체사상의 전모를 파악하고자 하는 시도는 높이 평가되어야 한다고 본다. 사실 이후 현재까지도 한국에서 이 연구 프로젝트를 능가하는 주체사상에 대한 포괄적, 집단적 연구성과가 제출되지 않고 있다는 점에서도 그것이 갖는 의의는 반증된다고 하겠다.

위의 김재현의 제안과 이 연구 프로젝트에서 보이는 객관적이고 학문적인 주체사상 연구의 필요성에 대한 인식은 한국에서 거의 실현되지 못한 것으로 보인다.

대신 주체사상에 대한 한국의 연구의 동향은 북한학, 정치학, 사회학, 행정학 등에서 각각의 학문적 실용성에 조응하는 방식으로 산개되어 진행된 것으로 평가할 수 있다. 특히 북한학을 포함한 정치학의 주체사상 연구는 주체사상의 철학적 내용에 대한 비판과 함께 주체사상이 북한의 권력정치나 사회주의 건설 과정 및 소련, 중국 등 현실사회주의 국가들과의 대외적 관계 등과 갖는 관련성에 초점을 두는 경향이 많았다.

또한 탈냉전 이후에는 주체사상의 변용 가능성이나 붕괴된 현실사회주의와 북한체제의 권력구조의 유사성을 기초로 주체사상의 스탈린주의적 요소에 대한 논의도 증가하는 경향을 보였다. 한편으로 많은 비중은 아니지만 철학연구의 일환으로 주체사상과 유교나 불교 등 한국 전통철학과의 연관이나 모택동사상과의 비교 연구 등도 제출되었다.

2-2 주체사상의 철학적 내용에 관한 연구 경향

마르크스주의와 주체사상의 관계 등 주체사상의 철학적 내용에 대한 이 시기의 연구들을 살펴보자. 정파적 입장을 벗어난 1990년대 주체사상에 대한 비판적 연구에서 우선 주목되는 것은, 주체철학의 원리들에 대한 철학적 검토에 기초하고 있다는 점이다. 이것은 어떻게 보면 지극히 당연함에도 불구하고, 이전 시기와 구분되는 특징이라고 굳이 표현하는 것은 1980년대 중·후반 시기의 주체사상 수용론 혹은 비판론이 얼마나 교조적이고 맹목적인 반철학적 태도였던가를 반증하기 때문이다.

주체사상의 새로운 철학적 원리와 마르크스주의에 대한 계승성과 독창성 주장에 대한 비판적 검토에서 중요한 위치를 차지하는 것은 '새로운 철학의 근본문제'였다.

김재기는 '철학의 근본문제'의 변화에 대한 주체사상의 주장을 반박하기 위해, '철학' '근본' '문제'의 세 가지의 정의를 먼저 검토한다. 즉 철학이란 "개별 과학 및 실천과 통일된 보편적 세계관"(김재기, 1990 : 186)이고, 철학에서 '근본'이란 "철학사의 내적 발전 법칙을 이해하는 열쇠"(김재기, 1990 : 189)라는 의미로 규정한다. 또한 양자의 관계에 대해서는, 철학의 본성을 모르면 철학의 근본문제가 왜 근본적인가를 이해할 수 없고, "근본문제가 근본문제로서 정식 화되고 자각되어 가는 과정, 즉 철학의 본성이 밝혀지는 과정을 추적하지 않는 한 철학의 본성을 알 수 없다"(김재기, 1990 : 189)고 한다. 또한 '문제' 혹은 '물음'이란 의미는 철학의 근본문제가 철학의 주제나 대상, 내용도 목표나 사명도 아님을 알게 하는 것으로, '물질이 의식보다 근원적이며 일차적이다'는 유물론 명제의 검토를 통해 잘 이해된다고 전제한다(김재기, 1990 : 190 - 1).

변증법적 및 역사적 유물론의 유물론 기본원리의 네 가지, 즉 물질의 선재성,

물질 발전의 산물로서의 의식, 의식 내용의 물질세계로부터의 유래 및 물질세계 변혁의 필수 요소로서의 의식 가운데, 김재기는 문제가 되는 것은 마지막 네 번째의 것으로 본다. 그러나 김재기에 따르면, 의식의 물질세계 변혁 가능성을 부정하는 것은 철학적 원리로부터 구체적 내용을 연역하는 사변적 형이상학인 반면, 마르크스의 새로운 철학은 현실로부터 원리와 개념을 수정한다는 점에서 이해되지 못할 것이 없다고 주장한다(김재기, 1990 : 191). 따라서 물음은 결국 철학적 범주와 구체적 현실과의 관계, 즉 방법의 문제가 되는 것으로 본다(김재기, 1990 : 206).

김재기는 이런 철학의 본성, 철학사의 발전 법칙, 철학적 범주와 현실의 관계에 관한 '철학의 근본문제'의 해명에도 불구하고, 여전히 유물론과 관념론의 투쟁은 해결되지 않았고, 그 결과 마르크스주의의 철학의 근본문제는 유효하다고 주장한다. 특히 김재기는 '철학의 근본문제'에 의해 철학적 사유 자체를 규정하는 방법이 있다고 주장하며, 주체사상이 "철학과 방법을 분리시키기 때문에, 철학이 자의적으로 이러저러한 방법을 선택할 수 있는 것처럼 설명"(김재기, 1990 : 198)한다고 비판한다.

나아가서 그는 실천과 인식의 상호연관, 의식의 능동성, 인간의 세계 개조 등 주체사상이 새로운 철학의 근본문제 제기로 해결하려던 과제가 이미 마르크스주의 철학에 의해 해명된 것이라고 주장하며, "주체사상과 마르크스주의 철학은 내용상 동일하다. 다른 점이 있다면 주체사상이 '양자가 다르다'고 우기는 것이며, 사실상 문제는 바로 여기에 있다"(김재기, 1990 : 200)고 주장한다. 김재기는 주체사상이 혁명적이고 진보적 측면과 당면 실천 문제 해결에 유익한 내용 등 합리적 핵심이 분명 있지만, 철학의 근본문제의 전환을 제기함으로써 관념론으로 흐를 가능성과 그것의 현실화가 나타났다고 비판한다(김재기, 1990 : 207 - 8).

철학의 근본문제는 주체사상이 마르크스주의에 대해 독창성을 주장하는 핵심적 개념이다. 물론 주체사상은 마르크스주의의 철학의 근본문제인 물질과 의식의 문제를 전제로 한다고 함으로써 계승성을 동시에 주장하는 것은 주지의 사실이다. 이런 측면에서 김재기의 문제제기는 이전의 주체사상 비판론자들과 달리 철학적 이론의 토대에서 비판하고 있는 점에서 진일보한 것으로 평가된다. 그러나 김재기의 주장이 보다 설득력을 갖기 위해서는 물질과 의식의 관계 문제를 근본문제로 하는 마르크스주의 철학의 전통 내부에서 항상 구조와 주체 중심성의 대립이 상존했던 이유를 함께 해명할 수 있어야 한다.

특히 김재기는 마르크스주의의 철학사적 의의와 철학의 근본문제의 의의도 방법에 있다고 주장한다. 그러나 이 입장은 전술했듯이 루카치의 마르크스주의 파악과 동일함으로써, 존재에 대한 반영론적 인식을 비판하는 결과를 초래하기 쉽다. 철학적 반성의 역할을 강조하는 김재기의 주장(김재기, 1990 : 208)은 이런 우려를 낳기에 충분한 것으로 보이기 때문이다.

전술했듯이, 주체사상의 철학의 근본문제 전환은 이런 문제들에 대한 나름대로의 대응일 수 있다. 사실 철학은 물론 사회과학 전반에서도 해결되지 않은 구조와 주체의 관계를 김재기의 논문 하나를 통해 완벽한 해명을 요구하는 것은 부당하다. 그러나 김재기의 견해가 마르크스 - 레닌주의의 관점에서 일방적인 주체사상 비판이 아니라면, 이 문제에 대한 단정적인 결론에는 보다 신중해야 했던 것으로 본다.

철학의 근본문제만 아니라 주체사상과 마르크스주의 철학의 관계에 대해서도 이론적 천착보다는 성급한 결론에 기초한 연구들이 많았다. 최용섭은 주체사상과 마르크스 - 레닌주의의 관계를 직접 대상으로 하는 연구 논문에서, 주체사상이 독창성과 함께 계승성을 주장하는 측면에서, "북한에서는 주체사상을 맑스레닌주의와는 근본적으로 다른 독창적인 사상으로 간주하고 있지는 않다"(최용섭, 1992 : 269)고 일방적이고 주관적인 판단을 내린다. 그러나 북한에서는 주체사상의 독창성을 주되는 측면으로 내세우는 점에서 이런 주장이 정당화되기 위해서는 계승성과 독창성에 대한 근본적 고찰이 필요하다. 또한 "주체사상은 통치이념적 이데올로기로서의 기능면을 볼 때는 하나의 독립적이고 창조적인 이데올로기로서 볼 수 있으나 그 이론상 내용적인 측면에서는 맑스레닌주의의 고유의 틀을 넘어서지 못한 변형이론"(최용섭, 1992 : 271)이라고 주장한다. 그러나 사상의 계승성과 독창성 주장은 결코 이데올로기적 차원에 한정되지 않는 세계관 수준의 문제임을 생각한다면, 이런 성급한 예단은 철학적 혹은 과학적 결론이라 할 수 없을 것이다.

심지어는 주체철학의 문제점을 지적하기 위해, 마르크스주의의 변증법적 유물론의 근본원리와도 어긋난 철학적 개념까지 동원하는 경향도 나타났다. 이런 대표적인 사례로 주체사상의 인간관을 비판적으로 검토한 안신호의 논문을 들 수 있다. 즉 그는 김정일의 담화에서 인간의 자주성을 '진화론적 고찰방법'에 반대하는 것을 두고, 이는 인간에 대한 현대적 지식체계와 어긋난다고 주장한다(안신호, 1990 : 99 - 100).

인간에 대한 진화론적 고찰에 대한 반대는 주체사상만 아니라 이미 마르크스와 엥겔스의 기계론적 및 실증주의적 유물론 비판에서 나타나듯이, 사회적 존재는 이 두 사상의 인간 규정의 출발점이다. 특히 그는 주체사상이 진화론적 인간 개념을 거부하는 원인을 수령과 사회정치적 생명체론을 정당화하기 위한 것으로 보는데(안신호, 1990 : 104 - 6) 그렇다면 이것은 결과적으로 주체사상 비판이 아닌 마르크스주의 일반에 대한 비판이 되는 것이다.

더욱더 문제가 되는 것은 주체사상과 마르크스 - 레닌주의의 관계에 대한 다양한 주관적 판단들이 확인되지도 않은 잘못된 사실들에 근거했다는 점이다. 이 가운데 대표적인 것은 북한에서 주체사상의 체계 확립과 함께 마르크스 - 레

닌주의에 대한 연구가 사실상 금지되었다는 주장일 것이다(안신호, 1990 : 106 -
7 ; 김종옥, 1991 : 98). 이런 사실이 잘못된 것임은 이미 1989년 이정길의 연구에
의해서도 드러난 사실이었다(이정길, 1989 : 22 - 3). 주체사상의 철학적 내용이나
마르크스 - 레닌주의와의 관계에 대해서는 최소한의 사실에 기초하여, 마르크
스주의 전통 내부에서 진행된 논쟁사 속에서 파악하는 것이 절실히 요구된다.
그러나 이상의 개괄에서도 드러나듯이 북한연구 전반의 문제점이기도 한
최소한의 사실 확인도 결여된 연구들이 질적 수준의 고하를 막론하고 결코
적지 않았다는 점에서 주체사상에 대한 객관적 이해와 비판에 오히려 방해가
된 측면이 강했다.

2-3 북한의 권력정치적 요인과 주체사상의 상관성 연구 경향

탈냉전 이후 한국의 주체사상 연구의 또다른 특징의 하나는 북한의 권력정치
적 상황과 주체사상의 연관성 및 통치 이데올로기로서의 기능에 대한 연구가
압도적으로 많았다는 점이다. 사상이 구체적 현실과 무관할 수 없고, 특히
지배집단의 사상이 권력의 정당화를 위한 이론적 수단이라는 점에서 주체사상
의 권력정치적 성격은 불가피한 것이라 할 수 있다. 그러나 문제는 전술했듯이,
북한이 권력 안정화와 승계를 위해 다른 사회주의 국가들과는 달리 기존의
지도이념이었던 마르크스 - 레닌주의의 제한성을 주장하며 주체사상을 제기
했다는 주장은 이런 일반론으로는 설명될 수 없다는 점이다.
주체사상 형성의 원인에 대한 한국의 많은 연구들은 대체로 여러 요인들을
복합적으로 나열하는 경향이 강했다. 즉 체제 정당화 기능, 사회주의 건설을
위한 동원 명분으로서의 기능, 대남혁명전략의 합리화 기능 등으로 주체사상의
이데올로기적 기능에 기초하여 주체사상의 형성과 체계화 과정을 연구하는

방식이었다(김시완, 1989 : 182 - 3). 또한 이를 보다 간략히 실천이념과 체제의 정당화 이념으로 분류하기도 했다(최성철, 1998 : 133 - 7).

북한에서 최초로 주체라는 개념이 등장한 1955년 12월 28일 김일성의 사상사업 부문 일꾼과의 담화 "사상사업에서 교조주의와 형식주의를 퇴치하고 주체를 확립할 데 대하여"를 주체사상 형성의 기원으로 보고, 이 시기에 대내외적으로 변화된 상황을 주체사상이 형성된 원인으로 본 것이다. 즉 1953년 스탈린 사망 이후 1956년 2월 소련공산당 제20차 대회에서 스탈린 개인숭배 비판과 이를 계기로 한 소련파와 연안파의 1956년 8월 종파사건에 대응하기 위해 김일성은 사상의 주체를 강조하게 되었다는 것이다. 또한 주체사상은 자원과 기술이 부족한 상태에서 사회주의 건설의 유일한 생산자원인 노동력을 동원하기 위해 사람의 자주성, 창조성, 의식성을 강조하는 동원 이데올로기로서 형성된 것이기도 하다는 것이다.

하나의 사상이 형성되는 과정에는 복합적인 요인들이 관련된다는 점은 의심의 여지가 있을 수 없고, 특히나 주체사상처럼 지배 이데올로기일 경우 권력정치적 요소가 강할 수밖에 없다.

1990년대 탈냉전 이후 한국에서 주체사상 형성 배경에 관한 연구에서 두드러진 특징의 하나는 일정한 시점을 기준으로 초기와 후기의 주체사상으로 구분하고 이를 북한 내부의 권력승계와 연관짓는 연구들이 많았다는 점이다. 이종석의 연구는 이런 대표적인 경우라 할 수 있을 것이다. 이미 이종석은 1989년 김일성 중심의 지도집단과 이를 뒷받침하는 유일사상화(주체사상화)를 단순한 파벌투쟁이 아닌, 반종파투쟁 혹은 현안을 둘러싼 정책상의 대립과 갈등으로 이해할 것을 주장했다(이종석, 1989 : 238). 이 시기 이종석의 이런 주장은 북한 지도집단과 지도사상의 형성을 권력정치적 시각에서 벗어나 북한 사회주의 건설 과정과 결부시켜 파악하고자 한 것으로 진일보한 것이었다.

그러나 이종석은 1960년대 후반을 기점으로 김일성의 개인숭배와 상승작용을 일으키면서 주체사상의 보편적 이론화로 나아가게 되었다고 봄으로써, 이후의 주체사상을 다시 권력정치적 관점에서 파악한다(이종석, 1995a : 86).

이를 더욱 상세히 분류하여, 이종석은 주체사상을 이론과 역사에서 하나가 아닌 두 가지의 주체사상이 존재한다고 주장했다. 즉 이론으로서의 주체사상은 "좁은 의미의 주체사상과 김일성주의를 의미하는 넓은 의미의 주체사상"(이종석, 1995b : 52)이 존재한다는 것이다.

좁은 의미의 주체사상은 철학적 원리, 사회역사적 원리, 지도적 원칙으로 구성되며, 김일성주의란 현재 주체사상총서 10권을 망라하는 사상, 이론, 방법의 전일적 체계로서 이른바 '김일성주의'라는 것이다.

또한 역사적으로도 1967년을 기점으로 하는 '이전의 주체사상'은 북한사회주의 발전전략 차원에서 제시된 이른바 4대 원칙(주체, 자주, 자립, 자위)으로 상당한 합리성을 갖는 것으로 평가한다. 그러나 1967년 '이후의 주체사상'은 유일체제 구축을 위한 지배권력의 통치담론적 성격으로 변질된 마르크스 - 레닌주의를 대체한 보편적 사상이론으로 평가한다(이종석, 1995b : 53 ; 이종석, 2000 : 127 - 40). 즉 1967년 이전의 주체사상이 북한사회주의 건설과정에서 상당한 합리성을 갖는 것인 데 반해, 1967년 이후의 주체사상은 권력정치적 필요에 따른 사상적 도구에 불과하다는 비판이다.

이종석이 1967년을 기점으로 삼는 것은 1967년 5월 조선로동당 제4기 15차 전원회의의 갑산파 숙청과 다음 달에 열린 당 중앙위원회 제16차 전원회의의 유일사상체계 확립 결의를 염두에 둔 것으로 보인다. 결국 이종석의 주장에 따르면, 주체사상이 북한사회주의 건설과 국제공산주의 운동의 내부분열에 대한 대응으로 제시된 1950~60년대의 경우에는 상당한 합리성을 가지지만, 이를 이론적으로 체계화하면서 권력정치적 도구로 전락한 것이 된다.

이종석이 이론적으로 좁은 의미와 넓은 의미의 주체사상으로 분류한 것은 사상·이론·방법의 전일적 체계임을 주장하는 주체사상에서 사상과 이론·방법을 구분하려는 의도로 보인다. 그러나 이런 분류는 주체사상이 마르크스 - 레닌주의와 구성요소를 달리하는 독창성 주장의 근거로 사상·이론·방법의 전일적 체계(총서 01 : 41)를 내세우는 점에서 개념상 의미가 없는 것으로 보인다. 즉 사상과 이론·방법은 개념적으로 구분되는 것이 아니라, 양자는 상호 구성하는 관계에 있기 때문이다.

따라서 이종석이 넓은 의미의 주체사상만을 김일성주의로 보는 것은 문제가 있다. 현실적으로도 북한의 사회주의 혁명 및 건설과 국제공산주의 운동의 내부 변화에 대응하기 위해 고안된 이론·방법들이 마르크스 - 레닌주의 철학에 대한 북한 나름의 연구성과와 결합되어 이론적으로 체계화된 것을 현재의 넓은 의미의 주체사상으로 이해해야 한다. 따라서 철학적 원리와 사회역사적 원리 및 지도적 원칙으로 구성되는 좁은 의미의 사상은 '주체의 사상' 혹은 '주체철학'으로 파악하는 것이 올바른 것으로 본다.

김일성의 혁명사상에서 핵심적 지위를 차지하는 사상을 굳이 좁은 의미의 주체사상으로 부르는 것은 불필요한 오해를 낳을 가능성도 있다. 이럴 경우 마치 주체사상에서 사상과 이론·방법이 구분되는 것으로 오해될 수 있고, 심지어는 사상으로부터 이론·방법이 연역된 것으로 추론될 수 있기 때문이다. 이종석 자신이 이미 1989년 논문에서 지적했듯이, 북한의 유일사상, 즉 주체사상은 단순한 파벌투쟁이 아니라 반종파투쟁과 현안에 대한 정책 논쟁의 결과(이종석, 1989 : 238)임을 염두에 둔다면, 주체의 사상은 북한사회주의 혁명과 건설에서 확인된 이론·방법으로부터 귀납적으로 형성된 것으로 볼 수 있다.

또한 이종석 자신이 추측하듯이, 북한에서 김일성주의라는 용어가 공식적으로 등장한 것은 1974년으로 생각되는데, 이 시기는 아직 넓은 의미의 주체사상이라는 사상·이론·방법의 전일적 체계가 형성되기 전이었다. 따라서 이종석이 넓은 의미의 주체사상을 김일성주의로 규정하는 것은 사실 측면에서도 무리가 있다. 굳이 이런 분류의 유효성을 인정할 수 있다면, 주체사상이 사상·이론·방법의 전일적 체계임을 주장함으로써 생길 수 있는 용어상의 혼동을 제거할 수 있다는 점일 것이다. 그러나 이론상 두 가지의 주체사상으로 분류하는 이종석의 의도가 이런 용어상의 혼동을 피하기 위한 것이 아님은 역사적으로 주체사상의 기능을 두 가지로 구분하는 데서 확인된다.

1967년을 기점으로 이전과 이후의 주체사상으로 분류하는 이종석은 이후의 주체사상을 이전의 사회주의 발전전략과 구분되는 보편적 혁명사상으로 굴절된 것으로 본다. 즉 1960년대 후반에 와서 주체사상은 "당시 수정주의 혐의를 받고 있던 소련공산당의 이론이나 좌경으로 인식되던 모택동사상과 '가장 정확한 마르크스 - 레닌주의'를 두고 경쟁하기 시작했다"(이종석, 2000 : 162)고 주장한다. 이후 주체사상은 1974년을 기점으로 마르크스 - 레닌주의에 대한 계승성보다는 독창성이 강조된 김일성주의로 천명되고, "이 과정에서 주체사상의 사회역사 원리가 '지도와 대중의 결합테제'를 매개로 유일체제의 이론적 틀인 혁명적 수령관과 결합함으로써 이 사상은 결정적으로 유일체제의 통치담론으로 전락"(이종석, 2000 : 170)되었다고 주장한다.

이를 통해 알 수 있듯이, 이종석은 1967년을 기점으로 주체사상이 사회주의 발전전략이라는 초기의 합리성을 상실하고, 마르크스 - 레닌주의와 대립되는 보편적 이론으로서 김일성의 유일체제를 정당화하는 통치 이데올로기로 변질되었다고 본다.

주체사상의 권력정치적 도구로의 전락에 대한 이종석의 주장은 우선 무엇보다도 북한에서 김일성 유일체제를 정당화하는 사상을 다른 사회주의 국가들의 경우와 달리, 마르크스 - 레닌주의의 창조적 적용이 아닌 새로운 세계관임을 표방하는 주체사상으로 내세우는 이유를 설명하기 어렵다. 즉 북한에서 굳이 사회주의 국가들과의 외교적 및 사상적 마찰의 우려가 있는 마르크스 - 레닌주의의 제한성 주장을 내세운 이유를 김일성의 권력정치적 요구로는 온전히 설명할 수 없다는 것이다.

따라서 전술했듯이 중소분쟁 등 국제공산주의 운동의 분열에 대한 북한의 비판적 시각과 사회주의 건설 과정에서 북한이 획득한 경험과 자신감 등이 바탕이 되어 사상·이론·방법의 전일적 체계로서 주체사상이 이론적으로 체계화된 것으로 보아야 한다. 즉 1967년 이전의 주체사상이 이론적 체계화가 되지 않은 상태에서 주체를 강조한 것이라면, 1967년 이후의 주체사상은 실천의 반성 및 경험과 함께 마르크스 - 레닌주의, 특히 스탈린주의적인 구조중심적 입장에 대한 이론적 비판과 재구성이 결합된 것으로 파악해야 한다.

이런 구조중심적 입장에 대한 주체사상식의 비판이 과연 이론적으로 타당한지의 문제와 특히 모든 마르크스주의가 구조중심적인 것으로 시대적 제한성을 갖는다는 주체사상의 주장이 타당한지는 의문이다. 달리 말하면, 주체사상의 비판의 대상은 스탈린식의 마르크스 - 레닌주의이지 마르크스주의 일반이 될 수 없다는 점은 이미 전술한 바 있다. 이 문제는 주체사상에 대한 비판적 연구의 과제가 되어야 하는 문제라고 보지만, 이종석의 주장처럼 1967년 이후 이론적으로 체계화된 주체사상을 권력정치적 도구로서 마르크스 - 레닌주의와 대립되는 어떤 사상으로 보는 것은 전혀 별개의 문제이다.

주체사상의 사상과 이론·방법을 인위적으로 구분하여 좁은 의미와 넓은 의미의 주체사상으로 규정하는 이종석의 주장을 역사적으로 존재하는 두 가지의 주체사상이라는 주장과 연결지어 보면 결국 권력정치적 도구로의 주체사상의 변질이라는 주장을 정당화하기 위한 것임을 알 수 있다.

하나의 사상이 진공 상태에서 형성되는 것이 아니라, 실천의 경험과 반성의 결과라는 점에서도 사상과 이론·방법의 인위적 구분은 문제가 된다. 따라서 주체사상의 형성과 발전 과정은, 내외적 조건에서 북한 사회주의 건설의 경험과 마르크스 - 레닌주의 이론에 대한 북한 나름의 문제제기의 결과로 보는 것이 타당하다 할 것이다. 1967년 이론적 체계화 이전까지의 주체사상이 마르크스 - 레닌주의를 북한 상황에 창조적으로 적용하려는 시도였다면, 이론적 체계화는 그런 창조적 적용과정에서 북한의 실천적 경험과 이론적 반성이 집대성된 것으로 파악해야 한다는 것이다.

만일 1967년 이후 주체사상이 권력정치적 도구가 되었다는 이종석의 주장이 타당성을 갖기 위해서는 다음의 몇 가지 점이 검증되어야 한다. 첫째, 유일사상 체계 확립과 남조선 혁명을 둘러싼 이견으로 갑산파 숙청이 있었던 1967년 5월 조선로동당 중앙위원회 제4기 15차 전원회의나 군사모험주의에 대한 숙청이 단행된 1969년 1월 조선인민군 당 제4기 4차 전원회의 등이 김일성의 권력체제에 심각한 도전이 되었는가 하는 문제이다. 즉 국내의 권력 정당성에 대한 비판이 김일성으로 하여금 주체사상의 이론적 체계화를 통한 김일성주의로의 격상을 요구했는가 하는 문제이다.

이에 대해서는 이종석 자신이 1989년 논문에서 1960년대 후반의 북한 내부 갈등은 이전 시기의 것과는 달리, "기본적으로 하나의 방향으로 공고화된 지도집단이 이미 틀이 잡힌 자신의 성격을 강화 발전시키는 과정에서 나타난 내부 논쟁적 성격"(이종석, 1989 : 269 - 70)으로 규정했다. 즉 그는 북한에서 항일무장투쟁 출신의 지도집단이 분명히 드러난 것은 1961년 9월의 조선로동당 제4차 당대회라고 올바로 지적했다(이종석, 1989 : 263). 따라서 1967년 이후의 주체사상을 김일성의 권력정치적 도구로 보는 이종석의 입장은 이런 자신의 연구와 모순되는 것이다. 왜냐하면 이미 권력기반을 공고히 한 김일성의 입장에서 다른 사회주의 국가들과의 마찰까지 예상되는 주체사상의 이론적 체계화를 시도할 국내정치적 요구는 없었던 것이 되기 때문이다.

둘째, 이론적으로 체계화된 주체사상이 과연 김일성의 권력을 강화하는 데 얼마나 기여했는가의 문제이다. 달리 말하자면 1967년 이후 유일사상체계의 확립이 이미 공고한 기반을 가진 김일성의 권력체제의 실질적 추인인지 아니면 그로 인해 과거에 부족했던 권력안정성이 강화되었는지의 문제이다. 이종석의 위의 1989년 논문에 의해 밝혀졌듯이, 이미 1967년에는 김일성의 유일지도체제가 강고히 확립되었다는 점에서, 주체사상의 이론적 체계화와 유일사상체계의 확립은 이미 공고화된 권력체제를 추인한 것으로 보아야 한다.

전술했듯이, 권력정치적 관점에서 주체사상의 이론적 체계화 과정을 설명하는 입장의 이런 한계를 고려하면, 이 시기 주체사상의 이론화 및 체계화의 원인을 다른 것에서 찾아야만 한다. 이 문제를 해결하는 데 주목해야 할 것은, 1960년대 전반기의 북한과 소련의 갈등과 1960년대 후반기 중국 문화혁명 시기의 북한과 중국의 갈등이다. 북한식의 사회주의 발전전략에 대한 소련과 중국의 간섭과 압력에 대해, 1960년대 중반 이후 김일성의 국내 권력기반이 공고화됨으로써 소련과 중국의 사회주의 발전전략의 근거가 되는 마르크스 - 레닌주의에 대한 소련과 중국의 해석권에 대한 도전으로 나타날 수 있었다는 추론이 가능하다. 이종석도 "김일성의 사상 영역을 주체사상에서 구체적인 사회주의 공산주의 이론영역까지 확장시키는 데 결정적 역할"(이종석, 2000 : 165)을 한 것으로 평가하는 이 시기 김일성의 두 편의 논문은 주목할 가치가 있다. 즉 그 논문들은 1967년 5월 25일 발표된 "자본주의로부터 사회주의에로의 과도기와 프롤레타리아 독재문제에 대하여"와 1969년 3월 1일 발표된 "사회주의경제의 몇가지 리론적 문제에 대하여"이다. 이 두 논문에서 김일성은 이론적 문제에서 소련과 중국과 분명한 차이를 보임으로써, 마르크스 - 레닌주의에 대한 독자적 해석의 길을 열었다.

따라서 이 시기 주체사상의 이론적 체계화는 권력정치적 관점이 아니라 대외적 자주 문제와 북한식 사회주의 발전전략에 대한 정당화에 근원이 있음을 알 수 있다. 따라서 이종석의 주장인 사회주의 발전전략과 김일성주의로의 주체사상의 분류는 작위적인 것임을 알 수 있다. 달리 말하면 북한식 사회주의 건설의 경험의 성숙과 자신감의 이론적 표현으로서, 주체사상의 사상·이론·방법의 전일적 체계화가 1960년대 후반 김일성의 공고화된 권력기반을 토대로 추진된 것이기 때문이다.

권력정치적 관점에서 1967년 이후 주체사상을 파악하는 이종석은 자주성 테제와 사상론을 실천적 측면에서 주체사상의 결정적 문제점으로 지적한다(이종석, 2000 : 139). 즉 사회역사원리에서 지도와 대중의 결합 문제에 대해, "수령의 지도를 강조하는 한, 이 사상이 주장하는 인민대중의 '자주성 실현' 테제는 허구화될 가능성이 높다"(이종석, 2000 : 140)고 주장한다. 또한 사상론에 대해서는 "대중의 사상의식을 극단적으로 강조하는 주의주의적 관점에서 출발하고 있다는 데 문제가 있다"(이종석, 2000 : 140)고 평가한다. 한국에서 혁명적 수령관에 대한 비판은 보편적이고, 북한체제의 경직성의 원인으로 지적되고 있다. 따라서 "이는 마르크스 - 레닌주의에서 말하는 민주집중제의 완전한 실현을 의미하는 것은 분명히 아니며 주체사상의 핵심이 오히려 수령론에 있다는 많은 지적과 비판은 세습문제와 함께 주체사상의 한계를 잘 보여주며 이 점에서 마르크스 - 레닌주의와 본질적 차이가 있다고 생각된다"(김재현, 1990 : 60)는 지적은 타당한 것으로 보인다.

주체사상에서 대중과 영도의 관계 문제를 이해할 수 있는 핵심적 개념은 사회정치적 생명체론이다. 고유환은 사회주의 사회가 기초하는 집단주의는 다음 두 가지 측면에 의해 규정된다고 본다. 즉 "그 하나는 모든 생산수단이 사회화됨으로써 사회경제적 차이가 없어진다는 것이며, 다른 하나는 논리적으로 볼 때 사회발전의 지향성과 그 집단주의 성원들이 추구하다는 목표가 동일하다는 것"(고유환, 1991 : 125)이다. 따라서 이런 집단주의 체제는 그에 상응하는 권력구조와 사회발전 방법론을 가지게 된다고 본다.

북한에서는 이런 집단주의에 기초하여 수령, 당, 대중의 통일체를 역사발전의 주체로 규정하고, 이를 사회정치적 생명체로 본다. 고유환의 연구에 따르면 1986년 7월 15일 김정일의 당 책임일꾼 담화 "주체사상교양에서 제기되는 몇 가지 문제에 대하여"에서 체계적으로 제시된 사회정치적 생명체론은 1960년대 이후 주체사상의 형성과정에서 제기된 '정치적 생명'에서 발전된 것이다 (고유환, 1993 : 118). 즉 1964년 조선로동당 중앙위원회 제4기 10차 전원회의에서 김일성이 최초로 '정지적 생명'을 언급했고, 이어 1974년 4월 김정일의 '유일사상체계 확립 10대 원칙'의 제7항에서 반복되었으며 1982년 3월 31일 "주체사상에 대하여"에서는 '사회정치적 생명'이라는 용어를 사용했다.

사회정치적 생명체에서는 수령을 뇌수로 함으로써 결국 수령의 유일적 영도와 나아가서는 개인숭배를 합리화하게 된다는 비판이 보편적이다. 즉 사회정치적 생명체론은 "새로운 것이라기보다는 전통적 봉건적 개념과 사회주의 도덕률을 착종시킨 것"(이종석, 1995b : 79 - 80)이라는 주장과 "수령중심의 전체주의적 독재체제를 확립하고, 수령의 계승 즉 김일성 - 김정일 권력승계를 정당화"(고유환, 1991 : 128)하는 개념이라는 비판이 제기되었다.

그러나 이런 비판들은 사회정치적 생명체론을 집단주의에 기초하는 북한사회의 특수성에 대한 고려와 결합시키지 않을 경우 일면적이라는 비판을 벗어나기는 힘들다고 본다. 즉 박승덕이 주장하듯이, 사회주의사회의 운동방식은 자본주의사회의 그것과 달리 집체적인 목적의식에 토대를 두고, 노동계급의 당의 영도를 통해 그것을 실현하고자 한다(박승덕·김민웅, 1991 : 265). 즉 고유환도 지적했듯이, 사회주의사회인 북한에서는 구성원들이 동일한 목적을 추구하고 있다는 전제에 바탕해 있는 것이다(고유환, 1991 : 125). 따라서 수령과 당, 대중은 동일한 목적을 공유하면서도 경험과 지식에서 우열의 관계를 갖는 것으로 상정된다. 따라서 주체사상에서 주장하는 수령·당·대중의 통일체로서의 사회정치적 생명체는 논리적으로 모순관계가 존재하지 않는 것이 된다. 따라서 사회정치적 생명체론을 올바로 평가 혹은 비판하기 위해서는 이상인 목표와 현실을 구분하여 검토할 필요가 있다.

이상인 목표라는 차원에서는 주체사상이 주장하듯이, 권력관계가 아닌 사회 운영의 원리로서 동질적 목표를 갖는 동등한 인간의 집단으로 기능적 분화만 존재하는 것이 사회정치적 생명체일 것이다. 그러나 현실에 있어서는 이상과 달리 사회정치적 생명체가 하나의 권력관계로서 대중에 대한 수령과 당의 일방적 지배가 관철되는 것으로 드러나기 쉽다. 그것은 목표로 삼은 동질적 사회가 아직 구축되지 않았음을 의미하는 것이다. 따라서 주체사상의 사회정치적 생명체론을 정당하게 평가하기 위해서는, 북한사회가 아직 완전한 공산주의적 동질 사회가 아닌 조건에서 수령의 유일적 영도가 초래하는 결과를 대상으로 삼아야 한다. 달리 말하자면, 목표로서의 사회정치적 생명체를 현재의 북한 권력구조를 통해 과연 실현시킬 수 있는 것인가에 대한 질문으로 나타나야 한다.

물론 북한이 우리식 사회주의론 등을 통해 다른 현실사회주의와의 차별성과 정당성을 주장한다는 측면에서 사회정치적 생명체론이 권력정치적 장치로 전락할 위험성이 높은 것은 사실이다. 그러나 다른 한편으로 북한이 아직 사회주의의 완전승리를 지향하는 단계로 스스로 규정하고 있는 측면을 감안한다면, 사회정치적 생명체론의 적용의 한계도 스스로 인식할 수 있는 여지가 있다. 왜냐하면 최소한 무계급사회의 실현을 의미하는 사회주의의 완전승리는 사회정치적 생명체의 최소한의 조건이기 때문이다.

따라서 한국의 일반적 비판처럼 사회정치적 생명체론을 곧바로 권력정치를 정당화하는 개념으로 볼 수 없고, 목표와 현실을 구분하지 않는 북한의 정치실태가 이런 결과를 낳은 것으로 비판하는 것이 타당하다고 본다. 이런 관점은 마르크스주의나 주체사상에 대한 철학적 검토와 북한의 현실정치에 대한 비판적 평가를 구분하기 위해 반드시 견지되어야 할 것으로 본다. 요컨대 지향해야 할 목표로서의 사회정치적 생명체론이 현실의 권력정치적 상황으로 인해 매도되어서도 안 되고, 북한의 수령 신격화가 사회정치적 생명체론에 의해 정당화되어서도 안 되기 때문이다.

2-4 주체사상의 변용 가능성과 스탈린주의적 요소에 관한 연구 경향

이 시기 한국의 주체사상 연구의 또다른 특징은 탈냉전 이후 주체사상의 변용 가능성과 스탈린주의적 요소에 대한 관심이 점증한 것이다.

주체사상의 변용 가능성에 대한 논의는 탈냉전과 특히 1994년 7월 김일성 사후 북한의 식량난 등 총체적인 경제적 위기와 함께 북한에서 일련의 구호 등이 제시됨으로써 더욱 힘을 얻게 되었다. '붉은기 철학' '고난의 행군' '강성대국론' '선군정치' 등 김일성 사후 북한에서 제시된 이런 구호들이 주체사상을 대체하는 김정일 정권의 새로운 철학이 아닌가 하는 관심이 나타났던 것이다.

서재진은 김일성 사후 북한이 통치이념을 붉은기 사상, 강성대국론 등으로 전환하고, 특히 강성대국론이 주체사상을 대체하는 새로운 이념이 되었다고 주장했다. 그는 이런 주장의 근거로 다음 네 가지를 들고 있다. 첫째, 붉은기 사상이나 강성대국론이 김일성 사후에 나온 것이라는 점 둘째, 식량난으로 국제사회에 식량지원을 요청함으로써 반사대주의 개념인 주체사상의 대외적 설득력이 약화된 점 셋째, 1990년대 중반 대내적 위기로 인한 주체사상의 기능부전 넷째, 황장엽 망명 등이다(서재진, 2001 : 7). 그러나 이미 앞에서 개관했듯이, 주체사상의 변용 가능성에 대한 이러한 주장은 북한에서 주체사상의 철학적 지위에 관한 과소평가나 오해에서 비롯된 것으로 보인다. 이미 1970년대 이론적 체계화를 거친 주체사상은 북한에서 순수 이데올로기 내지 목표문화로 기능하고 있으며, 위기에 대응하기 위한 실천 이데올로기나 전이문화의 기초를 이루는 것이기 때문이다.

한국에서 주체사상의 변용 가능성에 대해서는 부정적 입장을 가진 논자들도 있었다. 김남식은 현실사회주의 국가들이 붕괴되고 있던 시점에 주체사상의 변화 가능성에 부정적 입장을 제출했다. 즉 그는 북한에서는 사회주의와 공산주의 건설에 이론적 뒷받침을 해 주지 못하는 마르크스 - 레닌주의 대신 주체사상을 내세우게 되었다고 평가하면서, "모든 부분을 주체사상이라는 이론으로 정당화·합리화시키고 있다"(김남식, 1990 : 23)고 평가한다.

따라서 주체사상에 대한 이론적 보완작업은 김정일을 중심으로 계속될 것이지만, 동구의 충격으로 사상이나 체제에 대한 영향은 크지 않을 것으로 전망했다. 즉 "동구 개혁에 대한 대응은 수령 중심의 지도체제의 유지 또는 당의 영도적 역할의 보장, 주체사상이라는 이데올로기 우선정책의 견지라는 그러한 한도 내에서 점진적이고 신축성 있게 추진될 것으로"(김남식, 1990 : 29) 예상했다. 김남식의 예측은 김일성 사망 이전에 제시된 것으로서, 북한에서 붉은기 사상 등 위기에 대한 북한 나름의 사상적 대응을 주체사상과 관련하여 설명할 수는 없는 것이었다.

북한에서 위기 극복을 위한 구호들이 제시된 이후 주체사상의 변용 가능성에 대한 주장을 비판한 것은 김영수의 연구였다. 김영수는 주체사상의 이데올로기적 특성으로 마르크스 - 레닌주의적 특성, 전제적 권위주의 특성, 민족주의적 특성을 갖는 것으로 본다(김영수, 1994 : 153 - 5). 1980년대 중반 이후 북한은 현실사회주의의 붕괴에 대응하기 위해, 주체사상의 민족주의적 특성을 강화하게 된 것으로 평가한다. 즉 조선민족제일주의론이나 우리식 사회주의론 등을 사례로 들면서, 주체사상에서 사회주의적 색채와 계급적 관점을 완화 내지는 은폐시키는 대신 민족적 요소를 강화하려는 통치 이데올로기의 전략적 활용으로 본다.

그러나 그는 이런 민족주의적 특성의 강화나 김일성 사후의 '붉은기 사상'의 강조에도 불구하고, "이것 또한 그 시대 상황에 맞는 이데올로기적 '기치'이며 '구호'라고 할 수 있다. 즉 주체사상을 대신하는 이데올로기가 아니라 주체사상의 체계 속에서 작동하는 일종의 '시대적 구호'라고 볼 수 있다"(김영수, 2001 : 109)고 결론짓는다. 오히려 이런 구호들로부터 주체사상이 가지고 있는 이데올로기적 가변성을 확인할 수 있다고 주장한다(김영수, 2001 : 111).

이런 입장들은 북한에서 주체사상이 갖는 철학적 세계관으로서의 지위를 감안한 것으로 올바른 판단이었음이 입증되었다. 2006년 10월 13일 북한의 「로동신문」에 게재된 개인필명의 글 "더 높이 들자 혁명의 붉은기"는 이런 사실을 확인해준다.

이 글에서는 김일성의 항일유격대 시절 라자구등판의 일본군과의 고투를 붉은기 수호 의지로 칭송하면서, 김일성과 김정일의 통치를 붉은기 사상에 기초한 것이라고 주장한다. 여기서 붉은기 사상이나 선군정치와 주체사상의 관계를 확인할 수 있게 하는 다음의 구절이 주목된다. 즉 "우리는 주체사상의 기치를 높이 들고 사회주의완전승리와 조국통일을 이룩하여야 하며 주체혁명위업을 끝까지 완성하여야 한다! 경애하는 김정일동지의 위대한 선군정치는 붉은기수호의 생명선이다." 이를 통해 선군정치나 붉은기 사상 등의 등장에도 불구하고 주체사상은 여전히 북한의 지도이념으로서 다른 통치 이데올로기들의 기초를 이루고 있음을 확인할 수 있다.

주체사상의 변용 가능성 주장들이 점차 설득력을 상실함과 동시에, 북한 주체사상의 스탈린주의적 요소에 대해 강조하는 입장들이 다수 제기되었다.

주체사상의 스탈린주의적 성격에 관해서는, 이미 1980년대 재일 조총련계 마르크스주의자 임성굉에 의해서도 주장된 바 있다. 그는 1956년 2월 소련공산당 제20차 대회를 기점으로, 국제공산주의 운동에서 개인숭배가 비판되고 있음에도 북한에서는 김일성에 대한 신격화가 진행되고, 주체사상은 바로 이를 위한 사상이라고 비판했다(林誠宏, 1980 : 27). 주체사상을 스탈린주의적 사상으로 보는 임성굉의 주장은, 결국 북한 권력구조에서 근거를 찾는 것이었다.

이병천도 해방 이후 북한에 수입된 스탈린주의적 마르크스 - 레닌주의가 특수한 변모를 겪었음에도 여전히 스탈린주의로부터 벗어난 것은 아니라고 주장한다. 즉 "그러나 그 특수화는 비록 주체적이기는 하다고 하더라도 종래의 스탈린주의적 성격을 결코 벗어나는 것은 아니었다. 주체사상은 탈스탈린주의가 아니라, 그것의 민족주의적 형태, 스탈린주의의 최고형태와 민족주의의 기묘한 결합물이며, 전인민을 한 사람의 수령의 종속물로 전락시키고 있는, 지구상에서 더 없는 폐쇄적 전체주의사회를 변호하는 국가이데올로기"(이병천, 1992 : 109)라고 주장한다. 이병천 역시 수령제 등 북한의 권력구조를 근거로 주체사상의 스탈린주의적 성격을 주장하고 있음을 알 수 있다.

주체사상을 스탈린주의적 입장과 동일시하는 대표적인 논자는 정성장이다. 정성장은 북한에 도입된 마르크스주의는 스탈린적 마르크스 - 레닌주의이고 단 한번도 북한에서는 탈스탈린화를 추진한 적이 없었다는 점에서, 북한에서 말하는 마르크스주의는 스탈린적 마르크스 - 레닌주의라고 주장한다(정성장, 1999 : 254).

그는 주체사상이 스탈린적 마르크스 - 레닌주의의 '조선현실에의 창조적 적용'을 목적으로 했으나, 김일성의 권력강화와 함께 새로운 이념적·정치적 요소들이 포함됨으로써 외형상으로는 마르크스 - 레닌주의와 다르게 보이는 이론체계를 구축했다고 본다(정성장, 1997 : 56). 중국이 1950년대 대약진운동 시기 스탈린주의를 긍정적으로 평가하면서도 사회주의 건설의 '소련식 길'과 구분되는 '중국식 길'의 옹호를 위해 스탈린 이론을 부분적으로 비판한 반면, 북한에서는 스탈린 비판이 진행된 사실이 없다고 본다.

또한 김정일이 1982년 "주체사상에 대하여"에서 사람과 인민대중의 역할을 강조하지만, 집단이 우선시되고 국가로부터 자율적인 시민사회가 존재치 않는 북한에서는 당과 수령만이 주체가 될 뿐이라고 주장한다. 그 결과 "주체사상의 철학적 원리와 사회역사원리는 현실적으로 정치의 객체인 '인민대중'을 당과 수령이 설정한 목표에 '자발적으로' 참여시키기 위해 고안해낸 명제들이라고 볼 수 있다. 주체사상의 이같은 특성은 근본적으로 프롤레타리아 독재를 당의 독재로 치환시켜버린 레닌주의와 당독재를 수령독재로 바꾸어버린 스탈린주의의 논리와 동일"(정성장, 1997 : 64)하다고 주장한다.

특히 정성장은 1967년을 기점으로 "민족주의적 요소의 복권이 후퇴하고 수령의 개인독재를 절대화하는 스탈린주의적 요소가 급속도로 강화"(정성장, 2000 : 326)되었다고 본다. 다만 정성장은 주체사상과 스탈린주의 사이에는 의미있는 차이가 존재하기는 하지만, 그것은 개인독재를 정당화하는 이론화의 정도 등에서 발견되는 것에 불과하다고 본다. 즉 그는 "물론 스탈린주의적 '개인 권력'의 논리가 주체사상의 핵심적 요소로 자리잡고 있는 것은 분명하지만, 스탈린주의와 주체사상간에는 어느 정도 의미있는 차이가 존재한다. 스탈린 시대의 소련에서도 몇몇 이론가에 의해 마르크스 - 레닌주의와 '지도자' 개인의 절대 독재를 정당화하는 나치즘의 '지도자의 원리'를 결합시키려는 시도가 행해지기는 했었지만 이데올로기를 수정하는 방향으로까지 발전하지 못하였던 것에 반해, 북한에서는 수령의 절대독재를 정당화하는 '수령론'이 주체사상의 핵심적 요소로 자리잡았다"(정성장, 1999 : 270 - 1)고 한다.

요컨대 주체사상이 스탈린주의와 구별되는 차이점은 동일한 개인독재를 이론화시킨 점에서 찾고 있는 것이다. 그리고 스탈린주의와 주체사상의 또하나의 차이는 "수령독재를 정당화하는 데 있어서 전자가 프롤레타리아 계급으로부터 출발하고 있다면, 후자는 '인민대중'으로부터 출발하고 있다는 것"(정성장, 2000 : 335)에 있다고 본다. 이처럼 주체사상을 스탈린주의와 동일한 것으로 보는 정성장의 주장의 근거는 결국 수령독재라는 권력구조에 입각하고 있음을 알 수 있다.

서재진도 권력구조의 유사성을 기준으로 주체사상의 스탈린주의적 요소를 강조하고 있다. 그는 북한의 마르크스 - 레닌주의는 스탈린주의판 마르크스 - 레닌주의를 수용한 것으로 보면서, "스탈린 사후 소련의 맑스 - 레닌주의는 스탈린 격하운동에 따라 스탈린주의의 구각을 벗어던지는 방향으로 복귀했지만, 북한의 맑스 - 레닌주의는 스탈린주의를 그대로 온존시켰다는 차이가 있다"(서재진, 2006 : 43)고 주장한다. 북한이 소련으로부터 마르크스 - 레닌주의를 수입했지만, 소련보다 더욱 스탈린주의적인 근거를 북한의 '전체주의적이고 집단주의적' 성격 때문이라고 본다(서재진, 2006 : 56).

이처럼 1990년대 이후 한국의 주체사상 연구에서 스탈린주의적 요소를 강조하는 입장은 거의 공통적으로 수령론으로 대표되는 권력구조에서 근거를 찾고 있다. 그러나 주체사상을 스탈린주의와 공통점을 갖는 것으로 보는 이런 입장들은 다음의 몇 가지 점에서 정당화되기 어렵다고 본다.

첫째, 권력구조의 동일성을 근거로 사상이론들을 동질적으로 분류할 수 없다는 점이다. 현실사회주의 국가들의 권력구조가 당이나 지도자의 독재가 거의 일반적이었음에도, 스탈린주의와 티토이즘의 대립, 중소분쟁 등 많은 내부적 갈등과 차이가 존재했음은 주지의 사실이다. 따라서 권력구조 하나만으로 주체사상과 스탈린주의를 동일시하는 것은 대단히 협애한 관점이라는 비판을 모면할 수 없다.

둘째, 사상이론들의 비교는 궁극적으로 철학적 세계관과 방법론 등에 기초해야 한다. 전술했듯이 스탈린주의적 마르크스 - 레닌주의는 생산력주의 내지 구조중심적 입장임을 확인했다. 따라서 스탈린의 사회주의·공산주의 건설방식은 생산력 발전을 우선시하는 관료주의적 방식을 채택했다. 이와 달리 주체사상은 극단적이라고 할 정도의 주체중심적 입장에 기초하여, 사상의식의 역할을 중시한다. 따라서 주체사상에 입각한 사회주의·공산주의 건설방식은 스탈린주의와 거의 전면적으로 대비된다. 따라서 주체사상은 스탈린주의적 마르크스 - 레닌주의의 구조중심성 혹은 생산력주의를 비판하면서 형성된 것으로 보아야 한다.

탈냉전 시기 주체사상의 변용 가능성을 제기하면서도(서재진, 2001 : 7), 주체사상을 스탈린주의와 동일한 것으로 보는(서재진, 2006 : 43) 서재진의 입장은 특히 모순적이다. 왜냐하면 그의 논리대로라면 탈냉전을 맞아 스탈린주의적인 개인숭배를 정당화하는 주체사상은 이미 내외적으로 기능부전에 빠져, 새로운 통치 이데올로기를 필요로 하는 것이 되기 때문이다. 이 경우 주체사상을 대체하는 새로운 통치이념은 스탈린주의적인 것이 아닌 다른 어떤 것이 되어야 한다. 붉은기 사상이나 강성대국론 등 북한의 통치 이데올로기들에 명백히 부정적인 그의 주장을 감안하면, 오히려 스탈린주의적 주체사상을 대체하는 이런 이데올로기들이 오히려 탈스탈린주의적인 어떤 것이 되어야 하는 역설이 발생하기 때문이다.

물론 탈냉전기 주체사상을 대체한다고 주장하는 통치 이데올로기들이 오히려 스탈린주의를 더욱 강화한 것이라고 반론할 수도 있을 것이다. 그러나 그럴 경우 더욱 스탈린주의가 강화된 새로운 통치 이념 역시 스탈린주의적인 주체사상과 질적으로는 다른 사상이 아니라는 점에서, 주체사상의 변용 혹은 대체라는 개념 자체가 애당초 성립되지 않는 역설에 봉착한다.

이처럼 권력구조를 근거로 한 주체사상과 스탈린주의의 동일시는 결국 주체사상에 대한 철학적 검토를 외면하게 한다. 그 결과 탈냉전 시기 주체사상의 변용 가능성에 대한 성급한 예측을 낳아, 위기에 대응하는 북한의 입장과 실천을 파악하기 어렵게 한다. 체제로서 북한이 존속하는 한, 순수 이데올로기 혹은 목표문화로서의 주체사상의 지위는 여전히 북한에서 압도적일 것이다. 북한체제에 대한 비판의 일환으로 제기된 것으로 보이는 권력구조에 기초한 주체사상과 스탈린주의의 동일시는 결국 북한에 대한 올바른 인식은 물론, 탈냉전기 생산적인 대북정책의 수립도 불가능하게 하는 것으로 비판되어야 한다고 본다.

2-5 주체사상과 한국 전통사상 및 모택동사상 등과의 비교 연구 경향

탈냉전 시기 주체사상 연구에서 보인 또다른 특징은 주체사상을 한국의 전통사상이나 모택동사상 등과 비교하는 경향들이 나타났다는 점이다. 주체사상과 모택동사상 사이의 유사성에 관해서는 이미 1970년대에도 활발히 연구된 바 있다. 이 시기는 주체사상의 이론적 체계화가 이루어지던 초기로 아직 이론적 차원의 비교라기보다는 정책상의 유사성에 초점을 맞춘 것이었다.

최영은 주체사상과 모택동사상의 유사성을 '변형된 아시아적 근대화 발전론'이라는 관점에서 조명한다. 그는 물질적 자극을 강조하는 리베르만 이론에 기초한 소련식의 유럽형 공산주의 건설과 대비되는 중국과 북한의 공통점에 근거하여 사상의 유사성을 유추한다. 즉 유럽형과 '변형된 아시아적 근대화 발전론'의 차이를 테크노크라트 관리 대 노동자관리, 기술도입 대 기술의

자기개발, 공업화 템포에 있어서의 점진주의 대 약진주의, 기술제일주의 대
정치제일주의, 기술자 양성에 있어서의 '정규교육 위주 정책' 대 '정규교육+업
여業餘교육'의 다섯 가지에서 찾는다(최영, 1975 : 131 - 2). 물론 아시아적 방식은
후자를 강조하는 것으로 이를 통해 주체사상과 모택동사상의 유사성을 발견할
수 있다고 주장한다. 그러나 탈냉전 이후 모택동사상과 주체사상 비교연구는
사상이론적 측면의 비교로 강조점이 이동하는 경향을 보인다.

주체사상과 모택동사상의 공통점을 이강석은 '인간중심론'에 있다고 본다.
즉 그는 모택동의 인간중심론을 "인력동원정책이며 인간의 사상개조로 산업화
없이도 공산주의 사회의 실현이 가능하다"(이강석, 1995 : 56)고 보는 것이며,
대약진운동이나 문화혁명기 일종의 군중노선으로서 '하방'으로 정책화되었다
고 주장한다. 그는 북한의 천리마운동이 중국의 대약진운동을 모방한 것이며,
청산리 정신과 청산리 방법은 북한식의 군중노선으로, 이 또한 중국의 경험을
따른 것이라고 주장한다(이강석, 1995 : 57 - 8). 그러나 중국이 전반적인 효율성
증대와 기술적 진보를 필요로 하는 현대경제의 요구에 맞게 인간중심론을
포기하였으나, 북한에서는 여전히 주체사상에 기초한 인간중심론에 매달리고
있다고 비판한다(이강석, 1995 : 63).

주체사상과 모택동사상의 관계를 유삼열은 김일성의 과거 행적과 개인적
경험이라는 미시적 수준에서 고찰하고 있다(유삼열, 1995 : 167 - 192). 즉 그는
항일무장투쟁 시기 김일성이 모택동의 이론에 매우 큰 영향을 받아, 인민대중을
중시하고 사대주의와 교조주의에 대한 반대를 강조하게 되었다고 본다. 그러나
그는 문화혁명기 홍위병의 비정상적이고 급진적인 태도에 반대함으로써, 모택
동의 견해와 다른 입장을 표명하게 되었다고 평가한다. 즉 김일성은 1967년
5월 25일 교시인 "자본주의로부터의 사회주의에로의 과도기와 프롤레타리아
독재 문제에 대하여"에서 과도기를 공산주의의 높은 단계로까지 보는 모택동의

견해와 달리, 사회주의의 완전 승리, 즉 무계급사회 실현까지로 제한하게
된 사실을 들고 있다.

이종석은 주체사상에 대한 모택동사상의 영향은 외삽적인 것이 아니라
북한의 혁명주체들에 의해서 내면화된 특징을 갖는다고 평가한다. 즉 김일성을
비롯한 북한의 핵심지도부와 중국의 사상문화적 공통성과 혁명상황의 유사성
등에 의해 중국적 영향력은 조선적인 것으로 응용되어 내면화되었다고 본다(이
종석, 1995b : 90). 그러나 1960년대 중반 일련의 계기들을 통해 주체사상은
모택동사상과 대립하면서 발전했다고 본다. 즉 1966년 베트남 전쟁에 대한
중국과의 이견과 문화혁명과 함께 김일성을 수정주의로 비난한 사건 등으로
인해, 1968년경부터 "모택동사상과 '가장 정확한 맑스 - 레닌주의'를 두고 경
쟁"(이종석, 1995b : 92)하게 되었다고 평가한다.

주체사상과 모택동사상 사이의 유사성과 이후 경쟁적 관계로 돌아서면서
드러나게 되는 두 사상 사이의 내용, 구성체계, 당내 위상의 차이 등에 대해
이종석은 다음과 같이 비교하고 있다. 먼저 주체사상과 모택동사상은 다음의
두 가지 측면에서 인식론적 공통성을 갖는 것으로 본다.

첫째는, 혁명과 건설의 과정에서 사상을 유난히 강조하고 사람의 역할을
특히 중시한다는 점이다. 이것은 후진적 상황에서 혁명과 건설을 할 수밖에
없었던 두 나라의 특수성에서 유래된 것으로 본다. 다만 현재에 와서 중국이
사상의 역할에 '의미 축소로 나간 반면, 북한에서는 여전히 사상에 대한 '극단적
인 강조'로 나타나는 차이점을 보인다고 평가한다(이종석, 1995b : 93 - 5).

둘째는, 주체사상과 모택동사상이 대중적 실천 속에서 형성되고 실천을
이론적 기초로 삼고 있다는 점에서 공통점이 있다고 본다(이종석, 1995b : 96).

반면에 주체사상과 모택동사상은 구성체계와 당내 위상 및 해석 수준에서
차이점을 갖는다고 본다.

첫째, 구성체계상의 차별성이 존재한다는 것이다. 주체사상은 사상·이론·방법의 김일성주의의 3대 구성이 마르크스주의의 3대 구성인 철학, 정치경제학, 과학적 사회주의의 대안으로 나온 것으로 주장하며, 이를 김일성의 혁명사상이 마르크스 - 레닌주의의 하위 개념이 아닌 근거로 본다. "그러나 모택동사상은 독자적인 구성체계를 갖춘 주체사상과는 대조적으로 자신을 맑스 - 레닌주의의 중국의 운용과 발전으로 제한시켜 규정하고"(이종석, 1995b : 98) 있다고 평가한다.

둘째, 당내 위상과 해석 수준에서 차이를 보인다고 평가한다. 즉 당내 위상에서 주체사상이 1970년 조선로동당 제5차 대회에서 개정된 당 규약에 당의 지도사상으로 규정된 반면, 중국공산당에서 모택동사상은 마르크스 - 레닌주의를 대체하려는 시도를 하지 않았다는 점에서 "맑스 - 레닌주의의 기본원리를 중국혁명의 구체적 실천과 서로 결합한 산물이라는 정의를 넘어선 적은 없었다"(이종석, 1995b : 100)고 평가한다. 또한 해석 수준에서도 주체사상이 사상형성의 주체를 김일성 개인으로 보는 데 반해, 중국에서는 모택동사상을 중국공산당 사람들의 집체적 지혜의 결과로 보는 점에서 차이가 있다고 본다(이종석, 1995b : 101).

결론적으로 이종석은 주체사상과 모택동사상이 많은 유사성에도 불구하고 적지 않은 이런 차이점들이 실천적으로 중국과 북한 두 체제를 차별화시키는 것으로 나타난다고 보고, 다음과 같이 주장한다.

결국 우리가 지금까지의 모택동사상과 비교 검토해서 내릴 수 있는 결론은 현재의 주체사상으로는 북한사회주의의 궁극적 생존과 장기적 발전을 보장할 수 없다는 것이다. 따라서 주체사상은 변화하지 않으면 안 된다는 것이 필자의 판단이다. 물론 이 변화의 요체는 주체사상의 체제규정력을 약화시키는 상대화이다. 즉 북한이 현재의 위기를 사상적인 측면에서 극복하는 길은 북한사회주의 발전전략으로 제시되었던 초기의 문제의식으로 주체사상을 회귀시키거나 아니면 완전히 추상화시킴으로써 현실과의 고리를 약화시키는 방식이 아니면 안 될 것이다. 만약 이 작업이 시작된다면 그 첫 번째 과제는 주체사상을 절대화시킨 김일성주의를 폐기시키는 일이 되어야 할 것이다(이종석, 1995b : 105).

요컨대 이종석의 주장에 따르면, 주체사상은 모택동사상과 달리 김일성의 권력 정당화를 위한 보편적 세계관으로 나타나게 됨으로써, 북한사회의 경직성을 야기했다는 것이다. 따라서 합리성을 가졌던 초기의 사회주의 발전전략으로 돌아가거나 권력정치적 현실과의 단절을 통한 순수한 이념의 차원으로 남아 있어야 한다는 주장이다.

이미 전술했듯이, 주체사상이 이종석의 주장처럼 초기의 합리적인 것과 후기의 권력정치적 도구로 확연히 구분될 수 있는 것인지 의심스럽고, 또한 북한사회의 경직성이 과연 사상으로서의 주체사상이 갖는 필연적 결과인지도 의문스럽다. 오히려 철학적 세계관으로서의 주체사상이 갖는 의의와 문제점을 논하고, 다른 측면에서 수령제 등 북한 권력구조의 문제점의 원인을 찾는 것이 더욱 바람직하다고 본다.

달리 말하자면, 이종석의 주장처럼 초기 주체사상이 사회주의 발전전략으로서 합리성을 갖는다면 마르크스 - 레닌주의에 기반했던 현실사회주의의 실천적 오류에 대한 대응 및 마르크스 - 레닌주의의 이론적 문제점에 대한 주체사상의 철학적 의의를 북한의 권력구조와 구분하여 논의할 필요가 있다는 것이다.

또하나의 논의해야 할 문제점은 과연 1978년 12월 중국공산당 제11기 3중전회 이후 현재까지의 중국의 실용주의적 사상이나 정책이 모택동사상과 어떤 관계에 있는 것인지도 해명되어야 한다.

이종석의 주장에 따르면, 마치 모택동사상의 유연한 측면이 현재의 중국 실용주의 정책을 가능하게 한 것으로 평가하는 듯한 인상을 준다. 이미 주지하듯이, 문화혁명 시기 등소평을 비롯한 실용주의 세력들은 비판과 하방을 경험했고, 그것을 정당화한 것이 다름아닌 모택동사상이었다. 뿐만 아니라 1976년 모택동 사망 이후 실용주의 세력의 득세는 결코 만만치 않은 노선 및 권력투쟁의 결과였다는 점이다. 이런 점을 고려치 않고 모택동사상과 주체사상이 갖는 차이들이 결국 중국과 북한의 두 체제 사이의 차이를 낳은 것으로 결론지어서는 안 된다.

이와 더불어 현재 중국의 사회주의적 실천이 과연 마르크스주의의 입장에서 가장 바람직한 것인지에 대한 평가 문제도 소홀히 할 수 없다. 현재의 중국식 사회주의는 실현 수단에서는 정반대이지만 생산력 우선주의라는 원칙에서는 스탈린주의적 마르크스 - 레닌주의와 다를 바 없다. 생산력주의적인 스탈린식 실천은 소련과 동유럽에 관료주의를 초래하여 인민대중의 자발성과 창의성을 고갈시켰다. 이에 반해 시장화와 개방화를 통한 생산력주의를 실천하는 중국공산당의 실험은 결국 빈부격차 등 제반 사회적 문제를 야기시킴으로써 시장에 의한 인민대중의 배제를 야기하지 않을 것이라는 확신을 가질 수 있을 때까지는 보다 신중한 평가가 필요하다.

또한 주체사상이 모택동사상과 달리 구성체계에서 차이를 보인다는 이종석의 평가는 결국 주체사상이 마르크스 - 레닌주의로부터 독창성을 갖는다는 주장과 일맥상통한다. 즉 주체사상은 이종석이 합리성을 갖는 것으로 평가하는 사회주의 발전전략에서 획득한 경험을 북한의 독자적인 철학적 사유와 결합시킴으로써 새로운 세계관을 만들어낸 것이 되어, 여전히 마르크스 - 레닌주의의 중국상황에의 창조적 적용임을 주장하는 모택동사상과는 근본적으로 구별되기 때문이다.

이종석의 주장인 발전전략으로서 합리성을 갖는 사상이 이론적 체계화 과정에서 완전히 권력정치적 도구로 전락했다는 평가는 결국 사상이론의 발전과정에 대한 과도한 주의주의적 입장에 다름아니다. 특정한 사상은 사상형성의 주체들의 주관적 의도가 반영되지만, 수용자들의 바램이나 실천적 경험과 상응되지 못할 경우 생명력을 가질 수 없다. 주체사상이 갖는 철학적 의의나 마르크스주의 전통에서의 위치에 관한 문제를 북한의 권력정치적 현실과 일정한 거리를 두고 검토, 평가해야 하는 이유는 여기에 있다고 본다.

전술한 연구들에서도 확인되듯이, 주체사상과 모택동사상은 분명히 정치문화적 전통이나 혁명상황의 유사성 등에서 많은 공통점을 가진 것은 사실이다. 그러나 내용이나 구성체계의 차이는 더 이상 용어나 정책상 두 사상이 갖는 유사성만으로는 이해될 수 없는 세계관적 차이로 이해되어야 한다. 이런 측면에서도 권력정치적 관점만이 아니라 북한 사회주의 건설의 경험이나 국제공산주의 운동에 대한 북한의 인식과 대응 등을 총체적으로 고려하는 주체사상 형성 과정에 대한 포괄적인 연구가 필요하다.

이 시기에는 모택동사상만 아니라 유교, 불교 등 한국의 전통사상들과 주체사상의 관련성에 대한 연구들도 많이 제출되었다. 정영순은 주체사상에서 나타나는 전통철학의 내용을 자연관, 사회역사관, 도덕관으로 구분해 검토한다.

먼저 자연관에서 북한은 인간의 내적 상태를 연구하는 부르주아 반동철학을 비판하면서도, "주체사상이 바로 '인간의 내적 상태를 연구하는 데로 복귀'"(정영순, 1997 : 490)하고 있다고 평가한다. 주체사상은 사람의 본질적 특성을 자주성, 창조성, 의식성으로 규정함으로써, 스스로가 반동적 사상으로 비판하는 유학사상과 일치한다고 본다. 유교, 즉 공자철학의 가장 큰 의의는 귀신의 지배라는 미신적 관념을 타파하고 인도 즉 인본주의 사상을 전파한 것이고, 주자학에서는 인간을 본성과 기질 또는 성과 정을 지니며 주체적인 존재로 보는 점에서 주체사상의 사람관과 유사성이 있다고 주장한다(정영순, 1997 : 491-2).

사회역사관에서는 사회정치적 생명체론에서 종교적 요소를 내포하고 있다고 주장하면서, 이는 불교의 영원한 정신적 안식처와 비교될 수 있고, "불교에서 말하는 해탈의 경지는 주체사상에서 김일성 혁명사상으로 무장함으로써 어떠한 고난과 역경도 이겨나갈 수 있다고 하는 것과 같은 맥락에서 이해할 수 있다"(정영순, 1997 : 494 - 5)고 본다. 또한 사회정치적 생명체론은 유교사상의 제도적 구현의 하나인 가족중심주의와도 관련된다고 본다.

도덕관에서도 북한에서는 '공산주의 도덕'을 강조하면서 유교도덕을 반동적인 것으로 비판하지만, '수령에 대한 충실성'은 "유교에서 조화를 강조하는 것과 일치한다고"(정영순, 1997 : 497) 주장한다. 특히 김일성이 회고록에서 자신의 좌우명을 '이민위천'으로 내세운 점을 들어, "유교의 '민본사상'과 '덕치'를 김일성 자신이 강조"(정영순, 1997 : 498)한다고 평가한다.

김성보는 주체사상의 사회정치적 생명체론을 유교의 충효 개념과 연관지어 설명하고 있다. 그는 사회정치적 생명체론에서 상호관계의 원리인 혁명적 의리와 동지애는 "소수 권력집단 안의 유대관계일 뿐, 일반 대중들이 권력 지도부와 하나의 혈연적 유대의식을 가지게 되는 현실적 계기는 아니다"(김성보, 2000 : 246)는 점에서 사회통합의 기제로 유교적 전통, 즉 충효 개념이 작동하는 것으로 본다.

특히 북한에서는 "효라고 하는 전근대적, 유교적 용어는 어머니 조국, 그 조국을 이끄는 수령, 당에 대해서만 사용되며, 따라서 충과 효는 사실상 동의어인 셈이다"(김성보, 2000 : 247)라고 평가한다. 그는 북한에서 이런 유기체적인 가족국가관이 성립될 수 있었던 역사적 맥락을 한말의 민족적 위기와 해방 이후 사회주의적 집단주의 문화에서 찾고 있다(김성보, 2000 : 250).

박노자는 반동적 근대성 비판이라는 관점에서 주체사상과 특히 사회정치적 생명체론의 형성 배경과 기능을 고찰한다.

주체사상과 사회정치적 생명체론을 특수역사적 상황의 산물로 보는 박노자는 1970년대 북한이 처했던 위기 상황에 주목한다. 1970년대 오일쇼크 등으로 채무 불이행 사태에까지 직면했던 북한의 지배자들은, "대개 과거의 지배체제에서 이미 사용된 적이 있어 그 효능이 검증된, 그리고 피지배자들에게 이미 익숙해진 '확실한 사상적 무기'"(박노자, 2007 : 196)로 선택하게 된 불교의 교리와 특히 대중이 쉽게 이해할 수 있는 개신교 교리 등을 기초로 사회정치적 생명체론을 만든 것으로 주장한다(박노자, 2007 : 198). 또한 안창호 등의 영향으로 김일성이 접했을 가능성이 있는 양계초 등의 유기체론의 영향도 있었을 것으로 추측한다(박노자, 2007 : 208). 그는 생명체론 등 주체사상의 후기적 변용을 "한국 근대 '규율사회' 이념의 종합적인 결정판, 그리고 근대의 전체주의적 국가관의 '복고적 대중화'로"(박노자, 2007 : 209) 부정적으로 평가한다.

결론적으로 이런 반동적 근대 사상으로서의 주체사상과 사회정치적 생명체론은 북한이 미일과의 수교 등으로 세계자본주의 체제에 편입됨으로써, "총동원의 분위기를 녹이는 한편 북한 지배계급의 착취적·반동적 본질을 노골화시켜 북한 주민들에게 억압 정권에 대한 계급적인 투쟁을 길을 열어줄 수 있을"(박노자, 2007 : 213) 경우 극복될 수 있을 것이라고 주장한다.

유교, 불교 등 한국 전통철학과 나아가서는 근대 초기의 계몽사상이나 개신교 등과 주체사상의 연관성에 대한 이 시기 연구들의 대부분은 주체사상을 권력정치적 관점에서 부정적으로 파악하는 것이 보편적이었다. 탈냉전 이후 북한의 식량난 등 경제적 위기와 대량 탈북 사태 등으로 북한에 대한 부정적 이미지가 보편화된 시점에서 이런 경향은 당연할 수도 있다.

그러나 사회주의적 집단주의를 전근대적인 가족국가관과 평면적으로 동일시하거나, 주체사상에서 사람의 본질적 속성으로 규정하는 자주성, 창조성, 의식성을 그 전제인 사회적 존재로서의 속성으로 고려하지 않는 점 등 문제들이 많은 것도 사실이다. 특히 사회정치적 생명체론을 집단주의에 근거하는 사회구

성 원리로서 검토하지 않고, 전통 사상의 가족관이나 근대적 유기체론과 동일시
하는 것은 사회주의 사회에 대한 구상 자체를 선험적으로 불가능하게 하는
것이다.

사회정치적 생명체론에 내재된 수령관을 비판하는 것과 사회정치적 생명체
의 현실적 실현 가능성을 탐구하는 것은 일정하게 구분되어야 한다. 마르크스와
엥겔스가 『공산당선언』에서 밝힌 "자유로운 생산자 연합"으로서의 공산주의
구상이 여전히 인간해방의 목표로서 검토되어야 하듯이, 사회정치적 생명체론
도 이와 관련하여 정치사상적으로 먼저 검토되어야 한다고 보기 때문이다.

결국 주체사상에 대한 권력정치적 관점의 비판이 마르크스주의 자체를
선험적으로 거부하는 입장이 되어서는 안 된다는 측면에서도, 주체사상에
대한 철학적 검토는 여전히 중요한 과제로 남아 있다고 본다. 이상의 탈냉전
이후 한국의 주체사상에 대한 연구 동향들을 통해 확인할 수 있는 것은 바로
이것이라고 할 수 있을 것이다.

제3절 1997년 황장엽 망명 이후 한국의 주체사상 연구현황

1997년 2월 황장엽 조선로동당 국제담당 비서의 망명은 탈냉전 이후 한국의
주체사상 연구에서 큰 변화의 계기로 작용했다. 황장엽은 북한의 최고위 간부였
을 뿐만 아니라 한국에서 "유일사상체계에 의해 대중을 일원적으로 사상관리,
사상통제하던 주체사상의 대부"(신일철, 1997 : 71)로 알려진 인물이었기 때문이다.

그러나 망명 초기 황장엽에 대한 한국의 평가는 미묘한 차이를 보였다.
황장엽의 망명을 계기로 한국 주체사상 연구에서 일어난 변화된 주제는 대체로
주체사상의 형성에서 그의 역할 및 망명 배경 문제와 이른바 황장엽식 주체사상

에 대한 철학적 평가, 망명 이후 한국에서 그의 역할 문제의 두 가지로 나누어 볼 수 있다. 왜냐하면 주체사상 형성에서의 그의 역할 문제는 망명 동기와 긴밀한 상관성을 갖는 문제이고, 황장엽식 주체철학, 즉 인간중심철학에 대한 평가 문제는 향후 한국에서 그의 역할 문제와 직결되기 때문이다.

3-1 주체사상 형성에서 황장엽의 역할과 비중 및 망명 동기 연구

주체사상의 형성에서 황장엽의 주도적 역할에 대해서는 대체로 공통적으로 인정하는 경향을 보인다. 황장엽을 '주체사상의 대부'로까지 평가하는 신일철은 그의 망명으로 붕괴 도상에 있던 북한체제의 붕괴 가속화를 점칠 정도로 비중있게 평가한다. 그러나 망명한 황장엽을 평가하기를 계급주의적인 주체사상을 버렸지만 인간중심의 세계관이라는 자신의 주체사상적 발상은 여전히 유지함으로써, "수정된 주체사상가로서 과격주의적 사회변혁 이념이 아닌 온건한 사회주의 신봉자"(신일철, 1997 : 72)로 규정한다.

이와 함께 학문적 연구는 아니지만, 황장엽의 망명을 보는 탈북자와 언론기자들의 평가도 대체로 일치한다. 즉 탈북자 김승철은 북한에 있었을 때, 김일성에게 주체사상을 이론적으로 정립하고 만들어 준 사람이 황장엽이라는 사실을 1988년에야 선배를 통해 들었다는 경험을 소개하면서, "황장엽은 김일성의 1인독재를 정당화하고 오늘의 북한이 있기까지 진짜든 가짜든 주체사상이라는 이데올로기를 만들어낸 장본인"(김승철, 1997 : 74)으로 규정한다. 그러나 그는 신일철의 주장과는 달리 자신의 경험에 근거하여, 황장엽의 망명에도 불구하고 북한에서 주체사상은 건재할 것으로 예상한다. 즉 "수십년에 걸쳐 북한 주민들의 뇌리에 강하게 각인된 김일성과 김정일에 대한 우상화와 독재의 공포 아래 있는 북한에서 자유와 민주주의의 싹이 자라나기에는 그 힘이 너무나도

강하다"(김승철, 1997 : 74)는 것이다. 그러나 김승철은 황장엽의 망명을 통해
북한의 실상이 한국에 알려지는 계기가 되어 통일의 준비로 나가야 한다고
주장한다.

　망명을 결심한 황장엽이 1993년 이후 해외로 밀반출했다는 논문들을 편집한
『월간 조선』의 기자 김용삼도 그를 "주체사상의 정신적 지주를 창조한 사람"(김
용삼, 1997 : 16)으로 평가한다. 김용삼은 황장엽이 주체사상의 국제적 보급,
김일성 사상의 주체사상으로의 집약 및 김정일 후계자 옹립 등을 주도하기는
했지만, 그가 원래 의도했던 주체사상은 현재 남북한에서의 그것과는 구분되는
것으로 본다. 그럼에도 황장엽의 주체사상도 "현실적 적용이 가능한 실용주의
적 관점이 아니라 지극히 관념적이고 추상적인 이론상의 수사학"(김용삼, 1997 :
17)에 불과한 것으로 평가한다. 그는 황장엽의 비밀 파일이 공리공론의 이론투
쟁, 사상투쟁으로 일관하는 북한의 지도이념과 한국의 주사파의 "시대풍경을
보여주는 내용증명이라는 의미"(김용삼, 1997 : 17 - 8)를 가진다면서, 그의 망명
이 우리 사회의 북한에 대한 왜곡된 인식을 바로잡는 계기가 될 것으로 주장한다.
　이처럼 보수적인 반북적 논자들은 주체사상의 형성에 황장엽이 결정적
역할을 했고, 미묘한 차이는 있지만 황장엽의 망명은 북한체제의 위기를 증명하
는 사례로 본다. 특히 흥미로운 것은 극우주의자 조갑제의 황장엽 평가인데,
그는 북한에서의 황장엽의 역할 등을 불문에 부친 채, 황장엽·김덕홍의 저서의
발문에서 "김정일이 황장엽 선생을 그렇게도 미워하는 것은 황선생의 핵심을
찌르는 말과 글이 두려운 때문일 것"(황장엽·김덕홍, 2001 : 13)이라고 주장하면
서, 이를 김대중 정부의 햇볕정책과 2000년 6.15 남북정상회담 비판으로 확장시
킨다. 즉 조갑제는 한국으로 망명 이후 마르크스주의와 김정일 체제에 대한
황장엽의 비판만을 부각시키는 특징을 보여준다.
　이런 보수적 입장들과 구분되는 학문적 연구들에서도 대체로 주체사상

형성에서 황장엽의 역할은 인정하는 것이 보통이었다. 다만 이런 연구들은 망명으로까지 이어진 북한 내부의 황장엽을 둘러싼 이데올로기적 갈등의 가능성을 여러 측면에서 추론하는 점에 특징이 있다.

김연철은 1967년 5월 조선로동당 중앙위원회 제4기 15차 전원회의에서 김일성종합대학 교수들을 비롯한 많은 학자들이 수정주의로 숙청되었음에도 당시 총장 황장엽은 살아남아 이후 당의 사상담당 비서로 주체사상의 정당화 작업에 참여한 사실에 주목한다(김연철, 1997 : 153 - 4). 이 과정에서 황장엽은 혁명적 수령관과 후계체제 형성의 이데올로기도 제공했으며, 철학적 원리와 혁명적 수령관의 관계는 망명 이후 공개된 황장엽의 논문에서도 명확히 구분되지 않고 있다는 점에서, "수령제의 현실적 운용은 비판하고 있지만, 수령의 영도 자체를 부정하고 있는 것은 아닌 것으로 판단된다"(김연철, 1997 : 154)고 본다.

그럼에도 황장엽이 망명할 수밖에 없었던 이유를 1990년대 북한이 직면했던 상황, 즉 사회주의권 위기와 김일성 사망 및 경제위기에 따른 발전전략을 둘러싼 내부갈등에서 추론한다. 이런 추론을 위해, 김연철은 1995년 말에서 1996년 초에 북한에서 다음 두 가지의 이데올로기 비판이 진행된 점에 주목한다. 즉 하나는 자본주의 요소 도입 비판과 사회주의 고수이며 다른 하나는 경제우선 논리 비판과 사상우선 논리의 강조이다. 이런 상황들을 종합하여, "김일성 사후 북한에서 개혁개방을 둘러싼 당내 입장 차이가 벌어졌고, 이 과정에서 주체사상의 재해석이 문제될 수 있다. 크게 보면 황장엽식 해석과 체제고수에 무게를 둔 재해석이 충돌했을 수 있다. 후자는 이른바 붉은기 사상으로 나타났다"(김연철, 1997 : 156)고 추론한다.

김연철은 황장엽의 망명으로 북한 이데올로기에 큰 변화가 있지는 않을 것으로 예상하면서, 오히려 북한의 정치적 상황의 변화에 따라 붉은기식 주체사상 해석이 퇴조될 수 있다고 본다(김연철, 1997 : 159). 또 한편으로 김연철은 황장엽의 사상이 한국에 생존할 수 있는 가능성에 대해서도, 주체사상과 사회주의 사상의 고수라는 측면과 외부세계에 대한 인식의 한계로 인해 가능성이 낮을 것으로 평가한다.

주체사상의 스탈린주의적 요소를 강조하는 정성장도 1999년 한국에서 출판된 황장엽의 자전적 저서를 근거로 '주체사상의 철학적 원리'가 1960년대 말부터 황장엽에 의해 체계화되었다고 본다(정성장, 1999 : 256 ; 황장엽, 1999 : 156). 특히 그는 황장엽에 의해 체계화된 '주체사상의 철학적 원리'에는 "기본적으로 마르크스 - 레닌주의의 계급적 관점 또는 입장을 부정하는 경향성을 가지고 있는 것"(정성장, 1999 : 256)으로 평가한다. 즉 황장엽의 주장에 근거하여, 원래 인본주의적인 철학적 원리가 김정일에 의해 스탈린주의적 요소가 강한 현재의 주체사상으로 변질되었다고 주장하는 것이다.

요컨대 김연철의 입장이 황장엽식 주체사상을 현재 북한의 지도이념인 주체사상의 해석의 하나로 보는 반면, 정성장은 두 사상 사이에 본질적 차이가 존재하는 것으로 보는 것이다. 이런 커다란 입장 차이에도 불구하고, 주체사상의 형성에서 황장엽의 중요한 역할에 대해서는 거의 이견이 없다.

황장엽이 철학을 전공한 학자로서 김일성대학 총장과 사상분야의 요직을 두루 거쳤으며, 특히 주체사상의 이론적 체계화에 결정적 시기였던 1980년 제6차 당대회에서 당의 사상담당 비서로 선출된 점을 고려하면 주체사상 형성에서 상당한 역할을 했음은 분명하다. 그러나 황장엽 망명 이후 자신 스스로의 언명이나 1970년대 이후 주체사상과 관련된 김정일의 주요 담화와 논문 등을 통해서 볼 때, 주체사상의 형성에서 그의 역할에 대한 한국에서의 상식적 평가는 상당히 신중한 검토가 필요한 문제임이 드러나게 된다.

따라서 이 문제에 대한 사실에 근접하는 추론을 위해서는 다음의 몇 가지 문제들이 해명되어야 한다.

첫째, 황장엽이 자전적 저서들에서 상세히 밝히고 있듯이, 1966~7년 북한에서 있었던 과도기와 프롤레타리아 독재의 계선을 둘러싼 논쟁의 전모를 파악해야 한다. 황장엽은 1966년 10월 김일성대학 창립 20주년 기념 논문집에 발표한 논문 "사회발전의 동력"에서 독자적인 과도기론과 프롤레타리아 독재론을 발표했다가, 당시 당 조직부장 김영주와 중앙당학교 교장 양형섭으로부터 수정주의라는 비판을 받은 사실을 상세히 묘사하고 있다(황장엽, 1999a : 146 - 9 ; 1999b : 138 - 9).

이 문제를 둘러싼 북한 내부의 논쟁은 결국 1967년 5월 25일 김일성의 논문 "자본주의로부터 사회주의에로의 과도기와 프롤레타리아 독재 문제에 대하여"(5. 25 교시)로 일단락되었는데, 논문의 내용은 주로 황장엽 자신의 논지를 반박하는 것으로, 계급투쟁과 프롤레타리아 독재론을 옹호하여 "북한 사회를 특이한 형태의 극좌로 몰아가는 하나의 전환점"(황장엽, 1999a : 148)이 되었다고 주장한다. 이 논쟁의 과정에서 반당수정주의 이론가로 비판되었지만, 황장엽은 이 기간 마르크스주의 계급투쟁론을 근본적으로 재검토하여, "1960년대 말에는 계급주의적 관점과 결별하고 인간중심의 철학적 원리를 개척하게 되었다"(황장엽, 1999b : 139)고 한다.

1968년 경 분명치 않은 경위이기는 하지만, 김일성의 신임을 회복한 황장엽은 1970년 10월 20일 김일성 집무실에서 3년 동안의 사상적 과오에 대한 반성과 마르크스주의의 오류와 주체사상의 본질을 철학적으로 확고히 파악했다고 하여, 연구에 전념할 것을 승낙 받았다고 회고한다(황장엽, 1999a : 162).

연구의 성과는 1972년 9월 17일 김일성의 「마이니치 신문」 서면 질의에 대한 김일성의 답변 "우리당의 주체사상과 공화국정부의 몇 가지 대내외정책에 관하여"로 발표되었다고 한다. 여기서 황장엽은 주체사상에 대한 정의, 즉

"주체사상이란 혁명과 건설의 주인은 인민대중이며 혁명과 건설을 추동하는 힘도 인민대중에게 있다는 사상"(황장엽, 1999b : 139 - 40)을 최초로 제시했다고 한다.

물론 황장엽은 자신의 인간중심 원리가 특히 김정일에 의해 수령절대주의론으로 변질되었다고 주장한다. 그러나 이미 1974년 4월 2일 김정일의 당 선전일꾼들과의 담화 "주체철학의 리해에서 제기되는 몇가지 문제에 대하여"에서는 한 사회과학자가 보낸 편지를 소개하면서 학계에 주체철학에 대한 정확한 이해가 확립되지 않았음을 질타하고 있다. 즉 "일부 사람들은 세계가 사람을 중심으로 이루어졌다거나 물질세계의 모든 변화발전이 사람에 의하여 이루어진다고 말하고 있으며 이것이 마치 선행철학과 구별되는 주체철학의 새로운 견해인듯이 이해"(김정일, 1974 : 61 - 2)하고 있다고 비판했다.

이것은 정확히 마르크스주의의 계급주의적 관점과 대립되는 황장엽의 인간중심론의 내용임은 어렵지 않게 추론된다. 따라서 황장엽의 회고대로 그가 철학적 원리의 연구를 주도했을지라도, 처음부터 주체사상의 이론적 체계화 과정에서는 배제되었을 가능성이 높다.

둘째, 황장엽은 1984년 김일성을 수행하여 중국을 방문한 사실을 회고하면서, "나는 북한도 하루빨리 개혁·개방으로 나가야겠다는 강한 충동을 받았다. 나는 중국이 제2의 혁명을 수행하고 있다는 것과, 덩샤오핑이 위대한 공적을 쌓았다는 것을 강조했다"(황장엽, 1999a : 218 - 9)고 한다. 즉 그는 국제부 요원들과 주체사상연구소 연구원들에게 중국의 실상을 소개하고 그들을 일깨우려 했다고 한다. 중국의 개혁·개방에 고무되고, 주체사상을 수령절대주의론으로 파산시킨 북한 권력에 실망한 황장엽은 1987년 새 청사가 완공된 주체과학원으로 "사회과학원에서 이론적으로 잘 무장된 학자들을 뽑아 그들의 사상개조를 실현해야겠다고 결심했다"(황장엽, 1999a : 220 - 1)고 한다. 달리 말하면 1984~87

년에 이르는 기간 황장엽은 자신의 인간중심론을 기초로 중국식의 개혁·개방론을 전파하려는 이론적 작업에 몰두했음을 알 수 있다.

황장엽이 사상분야에서 차지한 비중을 감안하면 이런 황장엽의 노력은 쉽게 포착되었을 가능성이 높다. 이 시기 김정일의 두 가지 당 중앙위원회 책임일꾼 담화는 이와 관련하여 보면 대단히 흥미로운 내용을 담고 있다.

1986년 6월 27일 김정일의 담화 "주체사상은 인류의 진보적 사상을 계승하고 발전시킨 사상이다"에서는 주체사상의 마르크스주의로부터의 계승성을 부정하는 일꾼들이 주체사상을 마치 민족자주성이나 강조하는 사상인 것처럼 잘못 이해하고 있다고 비판한다(김정일, 2005 : 2 - 3). 담화 말미에서 김정일은 주체사상의 교양은 선전부, 그리고 이론문제는 사회과학 연구기관들이 책임지고 행정적 방법이 아닌 집체적 토론으로 해결하라고 지시하고 있다. 이것은 북한 내부에서 당시 주체사상의 해석을 놓고 이견이 존재했고, 이런 이견들이 일반대중의 사상적 혼란을 일으키지 않도록 교양을 선전부로 집중시키려 했음을 알 수 있다.

또한 1986년 7월 15일 김정일 담화 "주체사상교양에서 제기되는 몇가지 문제에 대하여"에서는 더욱 강도 높게 주체철학을 사람중심의 철학이기 때문에 유물변증법의 일반적 원리와 무관하다고 보는 견해를 질타하고 있다. 즉 그는 "주체철학은 유물론과 변증법의 원리를 버린 것이 아니라 그것을 전제로 하여 물질세계에서 인간이 차지하는 인간의 특출한 지위와 역할을 과학적으로 밝힘으로써 유물변증법도 더욱 완성하였다고 볼 수 있습니다"(김정일, 1986 : 312)라고 강조했다. 마르크스주의 혹은 유물변증법으로부터의 계승성을 강조하는 것은 북한이 이해하는 마르크스 - 레닌주의의 계급적 입장과 혁명적 원칙을 견지해야 한다는 것을 의미하는 것으로 볼 수 있다. 따라서 이 시기 김정일의 담화들이 겨냥하는 비판의 표적은 다름아닌 황장엽을 중심으로 하는 인간중심론과 중국식의 개혁·개방론이었다는 추론이 가능할 것이다.

셋째, 황장엽의 망명 직전인 1996년 7월 26일 김정일은 당 중앙위원회 이론지 『근로자』에 준 담화 "주체철학은 독창적인 혁명철학이다"에서 위의 1970년대와 1980년대 담화들에서 주체사상의 마르크스주의에 대한 계승성을 강조하던 입장에서 독창성을 강조하는 입장으로 변화를 보인다. 전술했듯이, 이런 입장 변화는 북한이 처한 내외적 요인들에서 기인하는 것으로 판단된다.

이 담화에서 김정일은 일부 사회과학자들이 주체철학을 변증법적 유물론을 새롭게 발전시킨 철학이라는 점을 납득시킨다는 명분으로, "주체철학의 기본 원리들을 해석하는데서 사회적운동의 고유한 합법칙성을 해명하는데로 지향 시키지 못하고 그것을 물질세계의 일반적 합법칙성의 견지에서 해석"(김정일, 2005 : 1)한다고 비판했다. 나아가 그는 일부 사회과학자들이 혁명실천의 요구 로부터 철학적 문제를 탐구하지 않고, 대외선전의 특성에 맞게 한다는 구실로 주체철학을 선행철학의 틀에 맞추어 해설하거나 선전하는 오류를 범하고 있다고도 비판했다(김정일, 2005 : 14 - 7).

황장엽 자신이 술회하고 있듯이, 그는 자신의 인간중심론을 해외에 선전하기 위해 일본의 좌익 지식인이나 중국공산당원들과 상당히 긴밀한 접촉을 가졌다 고 한다(황장엽, 1999a : 224 - 37). 당시 황장엽의 직책이 당 국제담당 비서였고, 주체사상의 국제적 선전을 주도했다는 점에서도 위 김정일 담화의 비판 대상이 황장엽임을 쉽게 간파할 수 있다. 따라서 이 담화에서 김정일이 주체철학의 독창성을 강조한 것은 현실사회주의 붕괴 이후 더 이상 대외적 사상이론적 마찰을 두려워하지 않아도 되는 조건에서 북한식 사회주의의 지도이념인 주체사상의 독창성을 전면에 내세울 수 있다고 보았기 때문일 것이다. 또한 중국식 개혁·개방론을 지지하는 황장엽이 대외선전을 구실로 사상우선이 아닌 중국식의 생산력우선 입장을 옹호하고 이를 마르크스주의적 입장에서 정당화한 것을 비판한 것으로 추론된다.

황장엽이 사상이론적 혹은 정치적으로 곤경에 직면했던 시기들을 전후하여 발표된 김정일의 이 담화들에 대해 황장엽은 언급하고 있지 않다. 1999년 출간한 자전적 저서 『나는 역사의 진리를 보았다』에서 1991년 5월 "인민대중중심의 우리식 사회주의는 필승불패이다"나 1992년 1월 "사회주의건설의 력사적 경험과 우리당의 총로선" 등 1980~90년대 김정일의 이름으로 발표된 주요 논문이나 담화를 자신이 작성한 것이라고 주장하는 황장엽이 이 담화들에 대해서는 침묵하는 것은 가벼이 넘길 문제가 아닌 것으로 보인다. 왜냐하면 1970~90년대 주체사상의 이론적 체계화와 관련하여 위에서 인용한 김정일의 담화들은 대단히 중요한 문건으로 인정되고 있기 때문이다.

이를 통해 추론할 수 있는 것은 김정일이 대내외 정책과 관련된 이론적 작업들은 일정 정도 황장엽에게 일임했지만, 주체사상의 이론적 문제와 관련된 중요 문건들의 작성에서는 그를 배제했을 가능성이 높다는 것이다. 위의 담화들이 비판의 대상으로 하는 '어느 사회과학자'나 '일부 사회과학자'가 바로 황장엽일 경우, 그는 주체사상의 이론적 체계화 과정에서는 철저히 배제되거나, 아니면 항상 소수자 입장에 처했을 것이었기 때문이다.

그렇다면 이념이나 관점의 차이에도 불구하고, 주체사상 형성에서 황장엽의 주도적 역할을 보편적으로 인정하는 한국 연구자들의 입장은 재검토되어야 한다. 물론 황장엽의 회고처럼 주체사상의 철학적 원리를 확립하는 과정에서 그의 인간중심론이라는 아이디어는 분명히 적지 않은 역할을 했음에 틀림없다. 그러나 자신의 술회처럼 이미 1960년대 중반 이후 마르크스주의의 계급주의적 입장을 반대한 그의 견해가 북한에서 수용될 수 없었을 것이라는 것도 명백한 사실일 것이다.

1970~80년대 김정일의 담화들에서 주체사상의 마르크스주의에 대한 계승

성을 무시하는 사회과학자를 비판하는 사실은 이를 증명한다. 또한 현실사회주의의 붕괴 위기 상황에서 중국식의 개혁·개방론을 옹호하고 외국인들에게 자신의 인간중심론을 설득하기 위해 주체철학의 독창성을 무시한 황장엽에 대해 비판이 있었던 것도 1996년 7월 26일 김정일의 담화를 통해 확인된다. 이런 점들을 종합해보면, 주체사상의 철학적 체계 구축에서 일정한 역할을 했던 황장엽은 그의 반마르크스주의적 입장으로 인해 주체사상의 이론적 체계화에서는 배제되었을 가능성이 매우 높다. 황장엽이 저서를 통해 명확한 과정이나 계기를 밝히지 않은 채, 자신의 인간중심론이 김정일에 의해 수령절대주의론으로 변질되었다고 주장하는 데서도 이를 짐작할 수 있다.

주체사상 형성에서 황장엽의 역할에 대한 이런 추론들이 사실이라면, 황장엽의 망명 동기는 저절로 밝혀질 수 있다. '수정된 주체사상가로서 온건한 사회주의자'(신일철, 1997 : 72)의 사상적 좌절이나 1990년대 중반 이후 위기에 처한 북한 사회주의의 대응책을 둘러싼 이데올로기 논쟁의 패배(김연철, 1997 : 156)가 황장엽 망명의 부분적 동기일 수도 있다. 그러나 이상의 추론이 맞다면, 망명의 동기는 1960년대 중반 이후 사상분야의 요직을 두루 거치면서도 항상 사상적 비판의 대상이 되었던 황장엽의 사상적 전향에 보다 깊은 원인이 있는 것으로 보아야 할 것이다.

물론 김연철의 추론처럼 1984년 중국 방문 이후 황장엽에게 강하게 각인된 중국식 개혁·개방론 옹호가 1990년대 중반 북한의 위기 극복 해법을 둘러싸고 갈등을 빚은 것이 직접적 원인일 가능성은 매우 높다. 그러나 이런 직접적 원인에만 초점을 맞추게 되면, 주체사상 형성에서 황장엽의 역할을 부당하게 과도 평가하게 되고, 1970년대 이후 북한에서 주체사상에 대한 잘못된 이해에 대해 끊임없는 비판이 제기되었다는 사실이 묵살될 수 있다. 또한 이런 이유들로 인해 북한에서 주체사상이 논란의 여지없는 이론체계로 존재했다는 오해를 야기하기 십상이다.

주체사상은 이로부터 알 수 있듯이 다른 모든 사상들과 마찬가지로 과거도 그랬고 현재 또는 미래에도 북한이 처하는 정치적 상황에 따라 항상 새로운 각도에서 해석되고 새로운 내용이 첨가될 수도 있는 유동적인 것으로 보아야 한다.

1960년대 중반 이후 마르크스주의의 계급주의적 입장을 비판한 황장엽이 망명 이전 약 30년 가까이 북한에서 사상분야의 요직을 차지할 수 있었던 것이 북한의 사상적 포용성 때문인지, 아니면 황장엽의 철학적 명석함 혹은 영민한 처세술 덕분이었든지는 다름아닌 황장엽 자신의 입으로 설명해야 할 일이라고 생각한다. 달리 말하면, 주체사상의 형성에서 황장엽의 역할에 대한 한국의 기존 연구의 과도한 평가는 황장엽 망명의 원인은 물론이고, 주체사상에 대한 전면적 이해에도 방해가 되는 것이다.

3-2 황장엽의 '인간중심철학'과 망명 이후 황장엽의 역할 문제

망명 이후 한국에서 그의 역할 문제와도 관련되는 것으로 황장엽 망명 이후 한국에서 주체사상 연구의 주제 변화, 특히 황장엽식의 주체사상에 대한 평가의 문제이다.

황장엽 망명 직후 한국에서 주체사상 연구는 망명 이전 황장엽이 해외로 반출시켰다는 논문들을 평가하는 작업을 중심으로 진행되었다. 이 글들은 망명 직후『월간 조선』1997년 4월호 별책부록『황장엽 비밀파일』에 7편이 수록되어 한국에 공개되었다. 이 글들에 대한 서평 형식으로 발표된 신일철의 글에서는 황장엽의 사상적 기초와 주체사상의 발상에 대하여 다음과 같이 전제하고 있다.

황장엽 씨가 모스크바대학에서 배운 것은 스탈린철학이었으므로 그 안에 깃들여 있는 레닌주의적 사고가 그의 평생을 지배하여 오히려 맑스주의 수정에 도움이 되는 준거점이 되기도 했다. 그러나 황 씨 자신이 깨달았다는 '인간중심'의 세계관으로서의 주체철학은 스탈린 사후 스탈린 격하운동과 중·소 이데올로기 논쟁을 비롯한 국제공산주의운동 속에서 벌어진 사상논쟁의 소용돌이 속에서 싹텄다고 하겠다. 사회주의 각 국의 독자노선 추구경향을 보고 이데올로기의 다원화, 국가별 독자화의 기운에 따라 북한형의 대안으로 '주체사상'이 발상되었다고 볼 수 있다(신일철, 1997 : 78).

황장엽의 사상적 배경에 대한 신일철의 견해는 북한에 수용된 마르크스주의의 스탈린적 마르크스 - 레닌주의 성격을 간파하고 있고, 마르크스주의 수정의 준거점을 레닌주의, 즉 전위당론에 있음을 지적하고 있는 점에서 평가할만하다. 또한 황장엽의 회고인 1960년대 중반 이후 마르크스주의에 대한 면밀한 검토의 결과 계급주의적 입장의 문제점을 깨달았다는 주장과 달리, 주체사상의 발상을 국제공산주의 운동 내부의 분열에서 찾고 있는 점도 객관성 있는 견해로 보인다.

또한 신일철은 논평 대상이 된 1993년 이후의 황장엽의 글들이 "사회주의 해체 후의 사상적 고민의 산물이고 자본주의 시장경제의 용인과 중국식 개혁·개방의 표방을 담고 있다고 볼 수 있다"(신일철, 1997 : 84)고 평가함으로써, 1993년 이전 황장엽의 인간중심론과 이후의 논문들 사이에 인식상 단절이 있음을 암시한다. 이런 신일철의 주장은 북한에서 주체사상의 형성 및 권력 정당화와 후계체제 구축 등에서 황장엽의 역할을 강조하고자 한 의도로 보인다.

이런 입장에서 신일철은 인간중심 세계관에 대해 관념론이라는 비판에 대응하기 위해 황장엽이 유물론으로 복귀했고, 그 근거를 1986년 7월 15일 김정일 담화 "주체사상 교양에서 제기되는 몇 가지 문제에 대하여"를 황장엽이 작성한 글일 것으로 추측하고 있다. 그러나 이미 전술했듯이, 김정일의 이 담화는 내용이나 황장엽이 회고한 바에 따르더라도 당시의 황장엽의 입장에 대한 비판으로 보는 것이 타당한 것으로 생각된다. 즉 신일철은 주체사상 형성에서 황장엽의 결정적 역할을 인정했기 때문에 1993년 논문 이전의 황장엽의 입장을 북한의 공식이념인 주체사상과 동일시하고, 1993년 이후의 황장엽의 논문들을 "가히 그 나름의 사상적 전향"(신일철, 1997 : 93)으로 평가하고 있는데, 이는 오류로 생각된다.

1960년대 중반 이후 주체사상의 철학적 원리 확립에서 황장엽의 역할과 한계를 조명하면서, 신일철은 "황 씨의 철학적 사색이 정치권력에 의해 왜곡되어 이용되었다는 사상적 삭탈감"(신일철, 1997 : 89)이 사상적 망명으로 이어졌을 가능성이 있다고 본다. 즉 그는 1964년 마르크스주의 극복이 가능한 인간중심적 세계관을 발견했다는 황장엽의 주장에 근거하여, 인간중심 명제만 보면 당시의 동유럽의 사회주의적 휴머니즘 운동과 비교될 수 있는 것이 되어야 했다고 본다. 그러나 주체철학의 인간중심의 세계관이나 사회정치적 생명체론 등이 북한의 주체사상에서는 황장엽의 의도와 달리 "수령중심의 개인우상화의 독재철학을 만드는 데 이용"(신일철, 1997 : 88)되었다는 것이다.

다른 측면에서 신일철은 북한의 정치권력에 이용되어 수령개인숭배주의로 전락한 북한의 주체사상과 다른 이른바 황장엽의 인간중심철학이 갖는 한계에 대해서도 비판을 가한다. 그는 1993년 이후의 황장엽의 논문들에 나타난 사상을 다음과 같이 인간중심철학으로 분류한다. 즉 "황장엽 씨는 북한의 관용 이데올로기인 주체사상과 자기의 사상을 차별화하기 위해 오늘의 자기사상을 '인간중심철학'으로 명명하기를 원하는 것 같다. 1993년 이후 해외로 밀송된 그의 논문들도 모두 '인간중심철학'의 테두리에 들어간다"(신일철, 1997 : 102)고 전제한다.

신일철은 황장엽의 인간중심철학이 갖는 한계를 다음의 세 가지 측면에서 비판하고 있다.

첫째, 인간중심의 제1명제가 갖는 문제점이다. 황장엽의 인간중심주의는 집단주의적 인간에 근거함으로써 사회적 존재에 근거하는 마르크스 철학과 다름없기 때문에, "그의 논술에는 '인간주체의 새 진리'를 독자에게 납득시킬 수 있는 논증적 근거가 희박하며 그 논술설명도 통속적임을 면치 못한다"(신일철, 1997 : 103)고 주장한다. 나아가 신일철은 이런 황장엽의 인간중심은 "소박한 근대성의 사고에 갇혀 있는 형편"(신일철, 1997 : 104)으로, 사회적 생명 테제로부터는 개인주의적 이성철학에 기반하는 인권 개념도 도출될 수 없다고 비판한다.

둘째, 인간관리를 정치로 보는 인간관리관의 문제이다. 따라서 "그의 '사상혁명' 발상에서 보이는 바와 같이 통치이념은 국민적 합의에 의해 얻어내는 '국가목표'라는 자유민주주의적 개념을 기대하기는 힘들다"(신일철, 1997 : 107)고 주장한다.

셋째, 이데올로기 철학으로서의 문제점이다. 황장엽의 철학은 과학적 지식이 아닌 이데올로기적 지식에 기반한 것으로, 자유주의적 정치제도나 다원주의를 수용할 수 없다고 비판한다(신일철, 1997 : 107 - 8).

이처럼 신일철은 황장엽의 철학은 자유주의 철학이 부재함으로써 진정한 인간중심철학이 되기에는 한계가 있다고 주장한다. 결국 신일철은 황장엽 철학에 대한 비판을 통해, 북한의 주체사상은 물론 마르크스주의 자체를 부정하고 있다. 그러나 자유주의 철학의 중요성에 대한 그의 언명에도 불구하고, 자유주의와 다원주의적 가치의 진정한 미덕인 사상적 관용이 부재한 역설을 드러내고 있는 것으로 평가할 수 있을 것이다.

한국에서 주체사상 연구의 문제점에 대해, 정성장은 남한중심주의 시각과 북한의 주장을 그대로 수용하는 내재적 접근법에 있다고 전제한다. 나아가 그는 이 접근법들이 대립에도 불구하고 공통적인 약점인 비교 연구의 경시는 주체사상의 지적 기원에 대한 무관심에서 기인한 것인데, 황장엽의 망명으로 이 문제에 대한 흥미로운 해석들이 제공되었다고 전제한다(정성장, 1999 : 252).

정성장은 북한 통치이념으로서의 주체사상이 갖는 세 가지 측면을 전체주의와 계급주의 및 봉건주의를 결합시킨 수령절대주의 사상, 마르크스 - 레닌주의를 계승한 흔적인 계급투쟁과 무산계급독재이론, 인간중심사상을 왜곡한 부분으로 보는 황장엽의 주장(황장엽, 1999a : 374)을 인용한다. 나아가 정성장은 "그 동안 주체사상의 성격에 대한 많은 오해가 주체사상의 이론적 체계를 구성하는 요소들 중 어느 것이 핵심적인 요소이고 어느 것이 비핵심적 요소인지를 명확하게 구분하지 못한 데서 비롯하였으므로 주체사상의 이론적 체계에 대한 분석은 특별한 주의를 요한다고 하겠다"(정성장, 1999 : 253)고 주장한다.

이미 전술했듯이 주체사상의 스탈린주의적 요소를 강조하는 정성장은 주체사상을 구성하는 다양한 요소들 사이의 위계관계를 구성함으로써 자신의 입론을 강화시키려는 것이다. 그는 황장엽의 회고에 기초하여 1966년 소논문이 수정주의로 비판받은 것을 계기로 황장엽에 의해 마르크스주의 계급투쟁론과 프롤레타리아 독재론과 결별한 인본주의적 주체사상의 철학적 원리가 체계화된 것으로 본다(정성장, 1999 : 256). 이처럼 주체사상의 철학적 원리는 마르크스 - 레닌주의적 계급적 관점을 부정하는 경향성을 가졌으나. 김정일의 1982년 3월 논문 "주체사상에 대하여"에서 민족주의적 요소가 약화되고 혁명적 수령관이나 주의주의 등 다른 요소들이 강화된 것으로 본다(정성장, 1999 : 257). 즉 초기 주체사상의 주요 요소였던 스탈린주의와 민족주의적 요소 가운데 후자가 약화되었다는 것이다.

이어서 정성장은 주체사상의 본질과 성격을 해명하기 위해 주체사상과 마르크스 - 레닌주의의 관계, 주체사상과 민족주의의 관계 및 주체사상과 수령절대주의와 스탈린주의의 관계를 차례로 논한다.

먼저 주체사상을 마르크스 - 레닌주의에 대한 계승발전이 아닌 것으로 보는 입장에 대해서는, 양자가 계승과 이탈의 두 측면을 갖고 있다는 점과 주체철학과 마르크스 - 레닌주의 철학이 각각 주체사상과 마르크스 - 레닌주의에서 차지하는 실제적 위상이 근본적으로 다르다는 데서 두 철학의 관계에 대한 단순한 평가는 문제가 있다고 본다(정성장, 1999 : 261). 즉 "황장엽이 체계화한 주체철학이 마르크스 - 레닌주의 철학으로부터 이탈한 것으로 보일지라도, 황장엽의 '인간중심철학'이 스탈린주의와 민족주의의 결합이라는 형태로 출발했던 초기 주체사상의 본질을 근본적으로 바꾸지는 못했다"(정성장, 1999 : 262)고 강조한다. 철학적 원리에서는 이탈처럼 보일지라도, 민족주의와 결합된 스탈린주의적 요소로 인해 여전히 마르크스 - 레닌주의와 계승성을 갖는 것으로 보는 것이다.

또 한편으로 두 사상의 계승성 주장을 부정하는 입장이 갖는 한계는 주체철학은 주체사상에서 비핵심적인 것인 반면, 마르크스 - 레닌주의 철학은 마르크스 - 레닌주의에서 핵심적인 것이기 때문에, 두 철학만을 비교해서 주체사상과 마르크스 - 레닌주의가 근본적으로 다르다고 주장하는 것은 오류라고 주장한다. 특히 그는 주체사상의 혁명이론 부분은 마르크스 - 레닌주의 원칙을 상당 부분 계승하고 있기 때문에 두 사상은 단절성보다는 연속성이 크다고 본다(정성장, 1999 : 262 - 3). 이런 주장 역시 정성장이 주체사상의 스탈린주의적 요소를 강조하기 위한 것이다.

주체사상과 민족주의의 관계에 대해서도, 정성장은 주체사상을 민족주의 사상으로 보는 것은 오류라고 주장하면서, "북한당국이 구소련에서 스탈린이 '민족'을 제한적으로 복권하면서 사용한 '애국주의'라는 개념을 옹호하면서도 '민족주의'라는 개념에 대해서 부정적 입장을 보인 것은 주체사상이 기본적으로 '민족주의 사상'이 아니라 스탈린주의적 사상임을 입증해주는 것이다"(정성장,

1999 : 264)라고 주장한다.

주체사상을 황장엽이 주장하는 수령절대주의나 스탈린주의와의 관계에서
논의하면서, 정성장은 수령절대주의 개념이 갖는 의의와 한계를 지적한다.
먼저 황장엽의 수령절대주의 개념이 "그 동안 학계에서 흔히 간과되어 온
주체사상의 지적, 역사적 기원에 대한 체계적 설명을 시도하고 있어 주체사상의
본질에 대한 심층적 이해에 기여"(정성장, 1999 : 267)하고 있는 측면을 들고
있다.

그러나 정성장은 황장엽의 이 개념은 다음의 두 가지 점에서 한계가 있다고
주장한다. 첫째는, 황장엽이 마르크스주의가 북한에서 수령의 개인독재사상으
로 전환되었다고 주장하는 데서 알 수 있듯이, 스탈린적 마르크스 - 레닌주의와
비스탈린적 마르크스 - 레닌주의를 구분치 못하는 점 둘째로, 황장엽은 수령절
대주의를 전체주의와 봉건주의의 결합으로 보는데, 스탈린주의 체제를 비롯한
20세기 전체주의는 봉건군주제와는 분명히 구분된다는 사실을 무시하는 점이
라고 본다(정성장, 1999 : 268).

이런 입장에서 그는 북한의 마르크스 - 레닌주의는 스탈린적 마르크스 - 레
닌주의라는 점에서, "'인간중심사상과 마르크스 - 레닌주의를 수령절대주의
사상에 억지로 복종시키고 있다'는 황장엽의 주장을 '인간중심사상을 스탈린적
마르크스 - 레닌주의와 봉건적 충효사상에 복종시키고 있다'는 주장으로 대체
하는 것이 논리적으로 더욱 적절할 것"(정성장, 1999 : 269 - 70)이라고 주장한다.
요컨대 정성장은 주체사상의 기본적인 핵심 구성요소를 바로 스탈린주의에
있다고 주장하는 것이다.

황장엽 망명 직후 주체사상 연구는 이처럼 주체사상의 권력정치적 측면에
관한 논의들이 주종을 이루었다. 그것은 황장엽 망명이 북한 내부의 사상
및 권력 갈등을 반영한 것으로 보였고, 망명 후 황장엽의 비판의 초점이

자신이 구상한 인간중심철학의 권력정치적 오용에 집중되었기 때문이기도 했다.

그러나 한편으로는 거의 추측 수준에 머물러 있던 주체사상의 기원과 형성 과정에 대한 사실적 증언을 확보할 수 있었다는 점에서는 주체사상 연구에 실증성을 강화할 수 있는 발판을 마련한 셈이기도 했다. 물론 북한의 지도이념으로서의 주체사상에 대한 황장엽의 일방적 비판과 주체사상의 형성과정에 대한 황장엽의 자기중심적 술회가 갖는 문제점을 극복할 수 있는 보다 과학적이고 객관적인 방법론에 대한 필요성이 더욱 요구되었다는 점을 염두에 두어야 했음은 물론이었다.

그럼에도 불구하고 이 시기 주체사상 연구에서 황장엽의 진술과 북한의 각 시기별 문건들과의 정밀한 대조를 통한 주체사상 형성에 관한 연구들은 별로 제출되지 않았다. 이것은 한편으로 황장엽의 회고에 의거해 주체사상의 형성에서 그의 역할을 거의 절대적인 것으로 보거나, 그의 인간중심론을 북한의 권력정치적 필요에 따라 수령독재론으로 개악했다는 그의 주장을 액면 그대로 받아들인 결과로 보인다.

이런 이론적 측면의 원인에 더하여, 당시 북한체제의 위기가 심화됨에 따라 북한연구의 대부분이 북한의 사상보다는 북한의 위기대응 방식이나 심지어는 북한의 체제붕괴 가능성에 대한 논의로 집중된 현실적 차원의 원인도 있었을 것이다.

이런 상황에서 황장엽은 활발한 저술 작업을 통해 인간중심철학에 관한 연구들을 발표하였다. 2000년 6월 『인간중심철학의 몇 가지 문제』라는 저서를 발간, 마르크스주의를 물질중심의 철학으로 규정하면서 마르크스의 계급중심적 입장을 비판했다. 대체적인 서술구조에서는 주체사상과 유사하지만, 노동계급의 영도성과 노동계급의 독재를 통한 사회주의 건설을 주장하는 마르크스주의를 그릇된 사상이라고 비판한다(황장엽, 2000 : 198). 이 저서는 망명 직후 발표된 그의 논문들의 주장과 유사한 내용으로, 그의 이른바 '인간중심철학'에 대한 총론적 성격을 가진 것이었다.

2001년에는 『인생관』, 『사회역사관』, 『세계관』의 3권을 한 질로 하는 『맑스주의와 인간중심철학』이라는 제목의 전집을 발행했다. 여기서 두드러지는 것은 주체사상의 철학적 원리에 해당하는 『세계관』이 제3권으로 편집되고, 대신 『인생관』이 제1권을 차지하고 있는 점이다. "인생관은 인간의 참다운 삶의 목적과 방법을 밝혀주는 학설"(황장엽, 2001[I] : 11)로 규정하고, 우주에서 인간의 자주적 지위와 창조적 역할 및 우주의 운명의 주인으로서의 사명에 대하여 논하고 있다(황장엽, 2001[I] : 15 - 30). 주체사상의 철학적 원리에서는 인간의 본질적 속성을 사회적 존재로서의 속성에서 찾는 것과 달리 인간중심철학의 인생관에서는 우주 속의 인간의 지위와 역할 및 사명으로 설정하고 있는 특징이 있다. 또한 개인과 사회의 관계에서 개인주의적 이익과 집단주의적 이익의 통일을 추구해야 하지만, "양자가 도저히 양립될 수 없는 경우에 직면하게 되는 경우에는 개인의 이익을 희생시키고 사회집단의 이익을 실현하도록 하는 것이 옳은 삶의 태도"(황장엽, 2001[I] : 56)라고 주장함으로써, 인간중심철학도 집단주의를 근간으로 삼고 있음을 보여준다.

『사회역사관』에서는 마르크스주의 유물사관을 계급투쟁론과 무산계급독재론으로 비판하고, 인간중심철학은 사회적 운동을 인간의 목적의식적 운동으로 본다고 주장한다(황장엽, 2001[II] : 103). 또한 황장엽은 인간중심의 사회역사관을 정립하는 데서 중요한 지도적 지침이 되는 사상을 다음과 같이 규정한다. 즉 "인간이 진행하는 사회적 운동에는 살아있는 인간과 함께 참가하는 존재는 모두 사회적 운동의 물질적 담당자로 보아야 하며, 따라서 자연적 존재가 아니라 사회적 존재에 속하는 것으로 보아야 한다는 사상"(황장엽, 2001[II] : 104)

624 · 한국의 변혁운동과 사상논쟁

이라는 것이다.

철학적 원리에 해당하는『세계관』에서는 물질중심적 존재론과 운동론을 비판하고, 인간중심의 세계관을 강조한다. 여기서도 대체로 주체사상의 철학적 원리와 유사한 구조와 내용을 갖고 있는데, 다만 변증법을 중요한 항목으로 다루고 있는 점이 특징적이다.

황장엽은 변증법을 한마디로 발전의 기본특징을 밝혀주는 이론으로 규정하면서, "지금까지 변증법을 해설하는 데서 크게 부족했던 점은 변증법을 세계관의 견지에서 보지 않고 논리학으로 취급한 것이며, 변증법을 형식논리와 대치시키면서 보통상식으로는 이해할 수 없는 것처럼 신비화하거나 정正 반反 합合과 같은 간단한 공식으로 도식화한 것이다"(황장엽, 2001[III] : 130)라고 주장한다. 특히 인간중심철학의 변증법은 선행철학들과 달리 주체의 변증법이라는 특징을 갖는다고 주장한다.

황장엽은 엥겔스에 의해 정식화된 변증법의 법칙들을 검토하면서 자신의 변증법과 마르크스주의와의 차이점을 주장한다. 즉 양질의 법칙에서 "마르크스주의는 헤겔과는 달리 인간의 실천을 귀중히 여겼으나 인간의 실천의 논리를 개발하려고 하지 않고 헤겔이 개척한 추상적 사유의 발전논리를 실천에 적용하려고 하였다"(황장엽, 2001[II] : 146)고 비판한다. 또한 대립물의 투쟁과 통일의 법칙에 대해서도 일부 마르크스주의자들이 투쟁을 절대시하고 또다른 일부는 통일을 절대시하는 경향을 비판하면서, "인간의 주동적 노력에 의하여 대립의 수준과 통일의 수준을 다같이 높여나갈 수 있다는 점을 고려"(황장엽, 2001[II] : 155)하면, 통일도 투쟁도 상대적인 것이라고 주장한다.

망명 이후 현재까지 체계적으로 제시되고 있는 황장엽의 인간중심철학의 기본적 내용들은 이미 1997년 망명 직후 한국에 공개되었던 그의 논문들의 내용과 크게 다르지 않다. 마르크스주의의 계급투쟁론과 프롤레타리아 독재론 비판, 그리고 북한에서 인간중심철학이 정치권력에 의해 수령절대주의론으로 변질된 것에 대한 비판이 주조를 이루고 있다.

따라서 황장엽 망명 이후 인간중심철학에 대한 국내 연구자들의 부정적 평가는 여전히 유효하다고 본다. 즉 김연철은 망명 직후 공개된 황장엽의 논문들을 분석한 결과, 이상주의적 경향에 개인숭배와 관료주의 비판에도 불구하고 여전히 주체사상을 논리의 근거로 삼고 있는 점, 특히 철학적 원리의 경우 북한의 공식담론과 거의 동일하며 사회정치적 생명체론 등이 그대로 반복되고 있는 점을 비판한다(김연철, 1997 : 159). 또한 이미 지적했듯이 신일철은 황장엽의 인간중심철학에 대해 인간중심론 명제의 논증적 근거 빈약, 인간관리론의 정치관, 이데올로기 철학으로서의 한계 등을 지적한 바 있다(신일철, 1997 : 102 - 8).

이런 비판들이 갖는 유효성과 함께, 황장엽의 마르크스주의에 대한 인식이 대단히 빈약하다는 점이 가장 큰 문제가 된다고 생각한다. 사실 북한, 특히 황장엽이 수용한 마르크스주의는 스탈린주의적인 마르크스 - 레닌주의라는 점은 이미 여러 연구자들에 의해 확인된 바 있다(신일철, 1997 : 78 ; 정성장, 1999 : 254). 변증법을 설명하는 황장엽의 『세계관』에서 확인되듯이, 그는 마르크스주의 철학에서 실천의 의의와 사회역사발전에서 인간의 주체적 역할 등에서 구조중심적 편향성이 나타난다고 주장한다.

그러나 앞에서 상세히 고찰하였듯이, 마르크스주의 전통 내부에서 구조중심성과 주체중심성이 오랜 기간 대립해왔고, 스탈린주의적 마르크스 - 레닌주의는 구조편향적인 것으로 이미 1950년대 중반 이후 동구와 서구의 마르크스주의자들로부터 비판을 받아왔다. 그러나 황장엽은 마르크스주의 일반과 스탈린주의적 마르크스 - 레닌주의를 동일시하여, 구조편향성을 마르크스주의 일반에 귀착시키고 있다.

이런 측면에서 마르크스주의의 계급투쟁론을 부정하면서 인생관과 종교적 영생의 문제에 철학적 관심을 기울이고, 사랑과 조화, 동지애 등을 강조하는 황장엽의 입장은 결국 포이에르바하의 인간주의적 종교철학에서 힌트를 얻은 것 같다는 신일철의 주장(신일철, 2000 : 215 ; 2004 : 172 - 4)이 타당하다고 본다. 이 문제와 관련해서는 마르크스를 넘어선다고 하는 주장의 최악의 경우는 마르크스주의 이전으로 복귀일 뿐이라는 사르트르의 경구(Sartre, 1968 : 7)가 황장엽의 경우에 그대로 해당하는 것으로 보인다.

황장엽의 인간중심철학은 이상의 문제점들에도 불구하고 한국의 일각에서 학문적 연구의 대상이 되고 있다.

국가정보원 산하인 통일정책연구소에서는 '남과 북의 철학적 만남의 모색'이라는 목표하에 황장엽과의 장기간에 걸친 학술 토론의 성과를 묶어(통일정책연구소, 2003 : 5) 『주체사상과 인간중심철학』이라는 제목의 저서를 발간했다. 통일정책연구소 연구진을 중심으로 일부의 외부 연구 인력들이 참여한 이 책은 제1부 주체사상과 인간중심철학, 제2부 인간중심철학의 내용과 체계, 제3부 주체사상과 인간중심철학에 대한 평가와 모색으로 구성되어 있다.

선우현이 집필을 맡은 제1부 제2장의 제목 "주체사상의 두 판본—통치이데올로기로서의 주체사상과 인간중심철학"이 시사하듯이, 필진들은 황장엽의 인간중심철학이 북한의 공식이념과 동일한 뿌리를 가지면서도 구분되는 사상으로 인정하고 있다. 즉 그들은 "북한의 주체사상은 인간중심의 세계관과 마르크스주의적 계급주의 그리고 수령주의라는 세 가지 이질적 요소의 결합체라고 할 수 있다. 황장엽의 인간중심철학은 이러한 세 요소 중 계급주의와 수령주의가 지닌 한계와 이데올로기적이고 정치적 왜곡을 비판하면서, 인간중심의 세계관이 본래적으로 담고 있었던 철학적 구상들을 체계적으로 서술하고 있다"(통일정책연구소, 2003 : 6)는 점에 동의한다.

이로부터 황장엽이 망명 이후 일관되게 주장해 온 인간중심철학이 이미 그 자신을 넘어 한국사회에서 보수적이고 관변적인 일부 연구자들의 관심의 대상이 되고 있음을 알 수 있다. 그러나 위에서 지적한 인간중심철학에 대한 문제점들을 고려한다면, 향후 한국의 주체사상 연구는 북한의 지도이념인 주체사상뿐만 아니라, 반마르크스주의적으로 개작된 황장엽의 인간중심철학도 비판적 연구의 대상으로 삼아야 함을 알 수 있다.

이런 연구과제에 올바로 대응하기 위해서도 마르크스주의와 주체사상의 관계 및 스탈린주의적 마르크스 - 레닌주의와 주체사상의 관계, 그리고 나아가서는 마르크스주의 전통 내에서 마르크스 - 레닌주의의 위치를 올바로 파악하는 이론적 작업이 긴요하다고 본다. 왜냐하면 주체사상과 인간중심철학 모두 마르크스주의 일반과 스탈린주의적 마르크스 - 레닌주의를 혼동하는 공통점이 있기 때문이다. 이 작업은 결국 마르크스주의에 대한 주체사상의 계승성과 독창성 문제를 올바로 이해하기 위한 엄밀한 비판적 연구를 필요로 한다고 생각된다.

주체사상의 철학적 원리와 상당한 공통점을 가지면서도, 마르크스주의의 계급적 입장과 수령주의를 반대한다고 주장하는 인간중심주의는 과거 주체사상의 교조적 수용을 주장하던 세력들에게 또하나의 사상이론적 도피처를 제공할 수도 있다. 과거 북한의 지향적 목표를 담은 주체사상과 북한의 정치사회적 현실을 기계적으로 동일시했던 교조주의적 주사파가 북한의 정치사회적 현실에 대한 주관적 실망에서 황장엽의 인간중심주의 철학으로 과거의 오류를 정당화하려고 할 수 있다. 북한의 공식적 지도이념인 주체사상의 체계화에 어떤 방식 혹은 비중으로든 참가했던 황장엽이 망명을 사상적으로 정당화하는 이론으로 내세우는 인간중심철학은 그들에게도 역시 동일한 기능을 할 수 있기 때문이다.

이런 측면에서 본다면, 황장엽의 주체사상, 즉 인간중심철학에 대한 한국의
해석은 한국사회 그리고 나아가서는 남북관계에서 황장엽이 차지하는 역할
문제와 직결될 수 있다. 달리 말하자면 황장엽의 반마르크스주의적이고 반북적
인 인간중심철학이 한국사회 내부의 북한인식을 둘러싼 이념갈등을 첨예화시
키고, 나아가서는 남북관계 자체에 부정적인 결과를 가져올 수도 있기 때문이다.
사실 위에서 인용했던 김용삼이나 조갑제 등 극우 보수논객들의 황장엽 망명과
황장엽 사상에 대한 평가는 이를 증명하는 것이라 할 수 있을 것이다.

이처럼 단순한 철학이론적 문제를 넘어서 현실적으로도 중요한 함의를
갖는 황장엽의 인간중심철학과 한국사회에서의 역할에 대해 대응하기 위해서
도 우선 무엇보다 마르크스주의, 주체사상, 인간중심철학의 관계에 대한 이론적
문제의 해결이 필요하다고 본다.

제4절 일부 주체사상파의 뉴라이트 운동 전향에 관한 비판적 고찰

4-1 '강철서신' 김영환의 사상적 전향과 황장엽의 '인간중심철학'

1997년 2월 황장엽의 망명과 함께 1990년대 후반 한국에서 이른바 '주체사상
의 대부'로 알려졌던 『강철서신』 저자 김영환 등의 사상전향과 반북운동으로의
전환은 한국에서 주체사상 연구에 변화를 초래한 또하나의 계기였다.

1982년 서울대학교 공법학과에 입학했던 김영환은 1986년 서울대학교 '구국
학생연맹(구학련)'을 조직하고 이른바 『강철서신』이라는 시리즈 팸플릿을 발행
하여 학생운동권을 중심으로 주체사상을 확산시킨 인물이었다.[7] 1986년 구학

<hr>

7) 김영환의 전향 이전 활동에 대해서는, 그가 민족민주혁명당 사건으로 체포되었다가 전향하여
풀려나면서 작성한 "반성문"과 『신동아』 1999년 11월호의 "독점인터뷰 : 전향한 주사파 대부

련 사건으로 구속된 그는 1988년 12월까지 약 2년간 수형생활을 하고 출소한 직후인 1989년 2월 '반제청년동맹'에 가입하여 활동하던 중, 그 해 7월 북한의 남파 공작원 윤택림(대외연락부 과장)에게 포섭되어 북한과 연계를 맺고 활동하게 되었다.

1991년 반잠수정으로 북한에 가서 김일성을 두 차례 면담하고, 각종 교육을 받고 돌아와 북한과 연계를 갖고 활동했다고 한다. 김영환은 1990년 1월 민족민주혁명당(민혁당)을 조직하여 활동하다가, 황장엽의 망명 직후인 1997년 7월 민혁당 중앙위원회를 개최하여 해산을 결정했다고 한다. 북한의 대남 공작기관인 통일혁명당이 1985년 7월 27일 '한국민족민주전선'으로 개칭한 이후, 일본에 '일본대표부'를 설치한 것과 달리, 한국에서는 '반제청년동맹' '반미청년회' '민족민주혁명당' 등으로 호칭되었던 것은 김영환의 조직활동과 밀접한 관련이 있었던 것으로 보인다. 2005년 1월경부터 한국대표부를 '반제민족민주전선'으로 개칭한 것은 민혁당 와해 이후의 나름대로의 대응인 것으로 볼 수 있을 것이다.

이처럼 민족민주혁명당은 한국의 학생운동권 내부에서 자생적으로 형성된 주사파들로 구성된 조직임을 알 수 있다. 민족민주혁명당의 지도부 가운데 김영환은 1991년 방북 당시 조선로동당에 입당하였고, 하영옥, 조유식, 김경환 등은 김영환을 통해 한국에서 현지 입당한 것으로 알려진다. 김영환은 '전국민족민주운동연합'(전민련)의 조국통일위원과 '나라사랑청년회'의 비상임직을 역임하는 등 공개활동에도 참여했다.

이런 활동 과정에서 김영환은 『말』지의 1995년 4월호의 인터뷰에서 주체사상과 북한에 대한 심경의 변화 조짐을 드러냈다. 『말』지 기자 안철홍과 가진 두 차례에 걸친 12시간의 인터뷰에서 김영환은 공자에 관심을 보이며, "사람의

'강철' 김영환의 육성고백," 2006년 11월 28일 CBS의 "공지영의 아주 특별한 인터뷰"의 김영환의 진술 등을 토대로 재구성한 것이다.

변화 발전을 중심으로 사회를 바라보았다는 것 자체만으로도 그는 현대사회에
서 중요한 의미"(안철흥, 1995 : 72)를 지닌다고 평가했다. 또한 그는 이미 1980년
대 중반 현실사회주의의 실패를 예감했었다고 주장하며, 1980년대를 "계급투
쟁론을 그대로 받아들여 노자간의 극한적인 투쟁을 선동한다든지, 일거에
모든 것을 뒤엎으려는 조급한 혁명주의를 선동한다든지 하는 오류"(안철흥,
1995 : 74)를 범했다고 주장한다.

그의 이런 비판은 곧 주체사상에 대한 나름의 해석과 연관된 것이었다.
그는 북한의 담론들을, "순수한 주체사상, 김 주석의 민족주의적 담론, 마르크
스·레닌주의적 요소"(안철흥, 1995 : 76)로 나누어 볼 것을 주장한다. 또한 그는
주체사상의 이론화를 위해서는 김일성의 항일투쟁 과정에서 중요한 역할을
했던, 마르크스 - 레닌주의적 요소와 민족주의적 요소를 엄격히 분리시켜야
한다고 주장했다(안철흥, 1995 : 77). 이런 입장에서 집권당의 공식적 지도이념으
로 자유로운 연구 풍토가 불가능한 북한이 아니라, "남한의 상황은 다릅니다.
나는 개인적으로 수년 전부터 주체사상이 남한에서 오히려 더 바르게 발전할
수 있는 가능성이 많다고 주장"(안철흥, 1995 : 77)했다. 그는 단도직입적으로
순수한 주체사상은 "철학적인 부분만이 남습니다"(안철흥, 1995 : 77)는 결론에
도달했다고 주장했다. 즉 그는 사람의 의식의 개조를 통한 이상사회로의 이행
가능성을 신뢰하면서, 마르크스 - 레닌주의의 계급투쟁론이나 주체사상의 민
족주의적 경향이 갖는 위험성을 경고했다.

이런 김영환의 입장은 훗날 자신의 입으로 언급했듯이, 1991년 북한으로
가서 김일성 등과 면담할 때, 자신의 생각에 이미 상당한 변화가 있었음을
알게 한다. 그러나 민혁당 사건에서 공소보류로 석방된 직후 김영환은 『신동아』
1999년 11월호 "독점인터뷰 : 전향한 주사파 대부 '강철' 김영환의 육성고백/김
일성도 주체사상 모르더라"에서는 1989년 이후부터 북한 체제에 대한 자기

확신이 없는 상태에서 실천상의 우유부단함 때문에 쉽게 결론을 내리지 못하다가 1991년 방북 경험에서 전향을 결심한 것으로 주장했다. 즉 북한 방문 이전부터 북한의 사회주의에 비판적이었고, 특히 동유럽 사회주의 체제 붕괴 이후 본격적으로 비판적 입장이 되어 1990년경에는 부정일변도의 생각을 갖고 있었다고 주장했다.

그러나 주체사상을 통한 기존 사회주의 체제 극복 가능성에 대한 기대와 마르크스 - 레닌주의를 대체할 새로운 이론에 대한 관심에서 북한을 방문했지만, 김일성은 아예 주체사상에 대해서 모르고 만났던 북한의 학자들도 자유로운 연구 분위기를 갖지 못한 것을 확인하고 실망했다고 주장했다.

북한권력과 주체사상에 대한 김영환의 비판은 『말』지의 1998년 5월호에 게재된 "강철 김영환의 북경서신 : 북한의 수령론은 완전한 허구이자 거대한 사기극"에서 최초로 공개되었다.

이 글에서 김영환은 자신의 사상에 변화를 초래한 세 가지 원인에 대해 다음과 같이 주장했다. 첫째, 남한의 진보운동권을 고려하지 않는 북한의 태도와 정책에서 느낀 배신감 둘째, 1990년대 초부터 탈북자들의 증언을 통한 북한 실상에 관한 정보 셋째, 주체사상과 북한의 실상을 연구한 결과 북한이 주체사상의 기본원리들을 전혀 지키지 않고 독재의 도구로 사용할 뿐이라는 점에 대한 자각이다(김영환, 1998 : 72 - 3).

민혁당 사건8)으로 국정원의 조사를 받는 과정에 전향서로 제출한 1999년

---

8) 민혁당 사건은 1997년 10월 울산에서 검거된 남파간첩 최정남·강연정 부부사건과 1998년12월 18일 남해안으로 침투했다 격침된 북한의 공작 반잠수정에서 나온 김영환에 관한 물증을 토대로 국정원이 내사하면서 드러난 사건으로, 1980년대 중후반 학생운동 출신의 주사파들이 조선로동 당에 입당하여 북한의 지시에 따라 한국의 지하공작을 목표로 했다. 1997년 10월 최정남 사건으로 북경으로 도피했다가 극우인물 조갑제의 주선과 김중권 당시 청와대 비서실장의 보증으로 귀국한 김영환은 국정원에서 전향하여 1999년 10월 7일 공소보류 조치로 조유식 등 다른 전향한 조직원들과 함께 석방되었다. 1997년 7월 김영환의 민혁당 해산 지시에 불복하여 독자적으로 북한과 연계를 갖고 계속 활동하다가 체포되어 전향을 거부한 하영옥, 김경환, 연락책 심재춘

10월 4일자의 "반성문"에서 김영환은 다시 위의 세 요인을 자신의 전향의 원인으로 지적한다. 또한 자신의 과거 오류에 대해서 다음의 세 가지를 들고 있다. 첫째, 운동권 전반에 친북적 분위기를 확산시킨 점 둘째, 북한의 대남전략에 말려들었던 점 셋째, 북한에 대한 잘못된 정보의 유포와 친북 분위기를 확산시킴으로써 북한 주민들의 인권문제에 대한 남한과 국제사회의 관심을 지체시킨 점 등이다.

이상의 내용들을 종합해보면, 김영환을 중심으로 하는 1980년대 중반 학생운동권의 주사파들은 1980년대 말에서 1990년대 초반에 걸쳐 북한과 연계를 맺고 한국 내부에 지하공작망 구축을 시도했다. 그러나 이 시기 현실사회주의 체제의 붕괴, 북한의 한국 운동권의 현실과 요구에 대한 일방적 무시 및 특히 1990년대 중반 이후 탈북자들을 통해 입수되는 북한의 실상들로 인해 그들은 상당한 사상적 갈등을 겪었고, 이로 인해 그들 내부에서도 분열이 있었음을 알 수 있다.

그러나 민혁당 사건으로 알 수 있듯이, 한국의 NLPDR 내부에서 북한과 직접 연계를 맺고 활동한 세력은 상대적으로 소수임을 알 수 있다. 김영환은 『말』지 1998년 5월호의 "강철 김영환의 북경서신 : 북한의 수령론은 완전한 허구이자 거대한 사기극"과 1999년 10월 4일자 "반성문" 등에서 북한에 대해 '조국통일 범민족연합'(범민련)의 문제점을 지적하며 이의 해산과 새로운 대중적 통일운동 단체의 결성을 지원해 줄 것을 요청했으나 거절당한 내용을

등은 구속되어 징역형을 선고받았다. 김영환은 1999년 8월 귀국한 후 8월 9일부터 13일까지 네 차례에 걸쳐 국정원으로부터 전향 심사를 받던 중, 『말』지와 인터뷰하여 『말』지의 1999년 9월호에 "김영환 긴급인터뷰 : 국정원, 대규모 간첩단 사건조작을 위해 나를 회유 협박"이란 제목으로 보도되기도 하여 혼선을 빚기도 했다. 민혁당 사건에 대한 비교적 객관적이고 상세한 보도는 월간 『신동아』 1999년 10월호에 실린 김당 기자의 "심층추적 : 민혁당 사건의 진상/김영환은 김일성을 만난 후 전향을 결심했다"와 "심층추적 : 민혁당 사건의 진상/국정원 대공수사단장/앞으로 자수자 줄줄이 나올 것" "심층추적 : 민혁당 사건의 진상/민혁당 피의자 4인 접견록" 등 참조.

중요하게 진술하고 있다. 이것은 바로 민혁당과 다른 입장을 취하는 NLPDR 세력이 한국에 다수 존재하고 있음을 증명하는 것이다. 범민련은 상대적으로 광범한 계층의 인사들이 망라되어 있고 한국에서 정부로부터 이적단체로 규정되었음에도 공개 사이트 운영과 기관지 발행 등 공개적으로 활동하고 있는 데서 민혁당과 분명한 차이가 있기 때문이다.

한국의 주체사상 연구와 관련하여 김영환의 입장 변화에서 발견되는 흥미로운 점은 주체사상과 북한의 현실을 일정하게 구분하여 파악하려는 경향을 보여준다는 점이다. 이미 김영환은 공식적으로 전향을 선언하기 전인 『말』지 1995년 4월호 인터뷰에서 다음과 같이 주체사상을 북한의 현실과 관련된 이론들, 즉 민족주의적 요소나 마르크스 - 레닌주의적 요소와 구분하고 있다.

실제로 주체사상의 핵심적이고 철학적인 문제와 민족주의적 입장에서 제기되는 현실의 이론들과는 직접적인 관련성이 별로 없습니다. 예를 들어 주체사상의 지도원칙에서 '정치의 자주, 경제의 자립, 국방의 자위, 사상의 주체'라는 것이 있습니다. 이런 것들은 그 자체만을 원론적인 차원에서 보면 옳은 이야기일 수 있습니다. 그런데 그것이 주체사상의 가장 기본적이고 핵심적인 철학적 내용인 '사람이 모든 것의 주인이고 모든 것을 결정한다' '사람은 자주성·창조성·의식성을 가진 사회적 존재이다'라는 명제하고 어떤 관련성이 있습니까. 예를 들어 '경제의 자립'이란 원칙은 현실에서는 폐쇄적인 자립경제 노선으로 나타나는데, 민족주의적인 것은 될지언정 이것과 철학의 자주성 문제하고 무슨 연관이 있습니까(안철흥, 1995 : 76).

이 인터뷰에서 김영환은 민족해방운동의 통일전선을 위해 김일성이 민족주의적 관점을 중시했고, 마르크스 - 레닌주의가 당시의 시대적 상황을 지배했기 때문에 김일성의 사상 형성에 두 요인이 큰 역할을 했음을 인정한다. 그러나 김영환은 주체사상이 마르크스 - 레닌주의의 사적 유물론과 변증법적 유물론을 부정하기 때문에, 마르크스 - 레닌주의는 주체사상의 모태가 될 수 없다고 주장했다(안철홍, 1995 : 77). 따라서 그는 순수한 주체사상에 남는 것은 '철학이라고 주장했다. 즉 김영환은 주체사상을 마르크스 - 레닌주의와 근본적으로 다른 것으로, 달리 말하자면 주체사상의 독창성을 강조하는 것으로 볼 수 있다. 요컨대 김영환의 주체사상에 대한 규정은 순수한 철학적 세계관을 의미할 뿐이고, 정치, 경제 및 국방의 실천과 관련된 이론들은 민족주의나 마르크스 - 레닌주의적 요소를 반영한 것으로 구분하려는 것이다.

이와 관련하여 주목해야 할 것은 주체사상의 이론적 체계화에서 중요한 역할을 한 것으로 평가되는 김정일의 다음 두 담화의 내용이다. 그것은 1974년 4월 2일 김정일의 당 선전일꾼들과의 담화 "주체철학의 리해에서 제기되는 몇가지 문제에 대하여"와 1986년 7월 15일자 당 중앙위원회 책임일꾼 담화 "주체사상 교양에서 제기되는 몇가지 문제에 대하여"이다.

이 두 담화에서 김정일은 서두에서 일부 사회과학자 혹은 일꾼들이 주체철학의 계승성을 이해하지 못하고, 유물변증법과 무관한 인간철학인 것처럼 잘못 이해하고 있다고 비판했다(김정일, 1974 : 60 - 2 ; 1986 : 312).

이 두 담화를 읽었음에 분명한 김영환이 사적 유물론과 변증법적 유물론을 부정하는 점에서 주체사상이 마르크스 - 레닌주의와 무관하다고 주장하는 것에 주목해야 한다. 즉 그는 북한 일부에서 주체사상을 마르크스 - 레닌주의와 무관한 인간철학으로 해석하려는 경향이 있음을 알고 김정일 등 북한의 공식적인 주체사상 규정과 다른 그런 견해에 동조하려 했던 것으로 보아야 한다.

국정원에서 반성문을 제출하고 검찰의 공소보류 조치로 석방된 직후『신동아』1999년 11월호의 "독점인터뷰 : 전향한 주사파 대부 '강철' 김영환의 육성고백/김일성도 주체사상 모르더라"에서 밝힌대로, 이미 전향을 결심한 것이

1990년대 초반이라면 1995년 무렵에 김영환은 훗날 황장엽의 것으로 밝혀진 인간중심적 주체사상 해석을 수용한 것으로 볼 수 있다.

전술했듯이 한국의 학계의 1990년대 초반 이후 주체사상 연구가 국제정치적 요인이나 권력정치적 관점에만 관심을 집중한 것과 달리, 김영환의 연구는 훨씬 심도깊은 철학적 문제로 확장되어 있었음을 알 수 있다. 황장엽 망명 이후이자 김영환의 최초의 공식적인 북한 비판으로 평가되는『말』1998년 5월호의 "강철 김영환의 북경서신/북한의 수령론은 완전한 허구이자 거대한 사기극"에서는 자신의 북한관이 바뀌게 된 가장 중요한 요인으로 주체사상 연구, 주체사상과 북한의 관계에 관한 연구였다고 주장했다.

그는 "이데올로기의 핵심을 이루는 것이 바로 주체사상의 수령론이고, 바로 주체사상의 수령론이 북한 이데올로기의 허구를 이해하는 핵심"(김영환, 1995 : 75)이라고 전제한다. 주체사상의 수령론이 실현되기 위해서는 완전한 언론의 자유가 핵심이지만, 북한의 실상은 전혀 그렇지 못하다는 점에서 북한에서는 주체사상 수령론, 나아가서는 주체사상 자체가 해당되지 않는 나라라고 주장한다. 여기서 그가 말하는 주체사상과 수령론은 바로 인간중심의 인본주의적 이상사회를 지배하는 원리로서 황장엽의 인간중심철학과 동일한 것으로 생각된다.

위의『신동아』1999년 11월호 인터뷰에서 밝힌 것처럼 1999년 민혁당 사건으로 국정원에서 조사를 받던 중 황장엽을 면담한 사실이나, 2006년 11월 28일자 CBS "공지영의 특별한 인터뷰"에서 주체사상 혹은 인간중심철학을 만든 황장엽을 20세기 최고 사상가로 말한 것은 바로 이 때문으로 보인다. 이미 한국에서 황장엽이 '인간중심철학'이라는 명칭으로 여러 권의 저서를 출간했고, 국정원 산하 통일정책연구소 주도로『주체사상과 인간중심철학』이 2003년 간행된 사실을 보더라도, 전향을 전후한 김영환의 '새로운 21세기 대안적 사상'이란 바로 황장엽의 인간중심철학임을 확인할 수 있다. 또한 위의 2006년 11월 28일 CBS 인터뷰에서 주체사상의 좋은 점이 무엇이냐는 질문에, 절대적 휴머니즘으로 자연과학과 응용과학의 시대를 넘어 인간과학으로 나가야 하는 인류는 인간중심의 사상철학을 중심으로 삼아야 하고, 대중의 정서를 고려해서 주체사상이라고 부르지 않고 주로 인간중심철학으로 부르고 있다고 대답함으로써 이런 사실을 확고히 뒷받침하고 있다.

북한의 주체사상을 절대적 인본주의나 인간중심철학으로 보는 황장엽이나 김영환의 주장은, 전술했듯이 주체사상이 형성되는 과정에 작용했던 국제적 요인, 국내의 혁명과 건설과정의 특수성 및 권력과 후계체제 확립과의 연관들을 무시하고, 오직 하나의 철학적 사색의 결과로 보는 점에서 오류이다. 모든 철학적 세계관들과 마찬가지로, 주체사상도 특정한 역사발전 단계의 구체적 현실의 요구와 특정 수준의 사상이론적 발전을 반영한 것이다.

반일 민족해방운동과 사회주의 혁명과 건설의 경험과 실천적 요구에 대응하면서, 기존의 사상이론적 성과들을 토대로 주체사상은 현재의 체계와 내용을 갖춘 것이다. 달리 말하면 북한의 특수한 경험이 마르크스 - 레닌주의나 민족주의적 요소들과 상호작용하면서 나온 것이다. 북한 사회주의 건설의 특수한 실천적 경험이 주체사상이라는 특정한 세계관을 생겨나게 했고 또한 이에 기초하여 새로운 이론과 방법이 형성되는 과정을 거친 것이다.

이런 점에서 '순수한 주체사상' '인간중심철학과 이론과 방법을 포괄하는 북한의 공식적 주체사상을 구분하는 것은 애초부터 불가능한 일이다. 이런 측면에서 김영환의 사상적 전향을 바라보는 한홍구의 다음과 같은 입장은 핵심을 지적하는 것으로 평가된다.

김영환이 공부한 주체사상은 황장엽 등이 당의정을 입힌 주체사상이다. 자주성이니, 창조성이니, 의식성이니 하는 용어들이 그런 당의정이다. 그러나 주체사상의 핵심이 되는 내용들은 항일무장투쟁과 이북 사회주의 건설과정에서 나온 것이다. 어떤 약을 보고 당의정만 기억해서 노란 약, 주황색 약 등등 색깔을 이야기할 수는 있겠지만, 그런 색깔은 약의 본질과는 전혀 다르다. 황장엽 등 이론가의 역할은 약에 당의정을 입히고, 포장을 하고, 설명서를 단 것이지, 약을 만든 것이 아니다. 주체사상의 창시자로 잘못 알려진 황장엽의 역할은 당의정 입힌 정도로 수정되어야 한다. 다음 기회에 자세히 설명하겠지만, 주체사상은 항일무장투쟁과 이북의 건설과정에서 교조주의와의 투쟁 속에서 생성된 것이다. 북에서 주체사상의 핵심 내용을 마르크스-레닌주의를 대체할 사상체계로 너무 뻥튀기하지 않고 하나의 삶의 태도로 설명했더라면 오히려 설득력이 있었을지도 모른다. 그러나 김영환은 황장엽 등이 화려한 당의정을 입혀 놓은 주체사상을 가장 반주체적인 태도로, 대단히 교조적으로 집어삼켰다. 그러고는 끝내 소화하지 못한 채 토해 버렸다(한홍구, 2004 : 90).

북한을 남한의 대안이자 절대선으로 보았다가, 북한의 실상을 접한 다음 극단적 반북으로 돌아선 김영환의 사상적 전향에 대해 매우 적절한 지적이다. 특히 주체사상을 현실과 유리된 사상이론적 사색의 산물로만 보는 황장엽이나 김영환의 주장을 비판하고 주체사상을 북한의 현실적 경험과 연관지으려는 태도가 돋보인다. 물론 한홍구의 주장은 학술 논문이 아닌 잡지의 칼럼이 갖는 한계와 함께, 주체사상의 철학적 세계관 측면을 경시하는 문제점이 없는 것은 아니다. 따라서 한홍구의 위의 지적은 황장엽류의 인간중심철학이 갖는 관념적인 측면에 대한 비판으로서, 또한 한국에서 주체사상의 교조적 수용이 북한의 현실이라는 벽에 부딪혔을 때 드러낸 사상과 현실의 분리를 통한 자기정당화를 비판한다는 점에서 올바르다. 그러나 한편으로 사회주의 건설에서 북한의 경험과 주체사상 형성과의 연관성만 배타적으로 강조하고, 철학적 세계관으로서의 주체사상에 대한 연구의 중요성을 지적하지 않는 점에서 한계를 갖는 것으로 볼 수 있다.

4-2 '전향 주사파'와 뉴라이트 운동

현실사회주의와 북한에 회의를 품은 과거 주사파 일부는 1996년부터 구해우, 김영환 등을 중심으로 21세기 대안적 사상을 모색한다는 목적의 '푸른 사람들'이라는 모임을 결성했다. 1997년 울산의 최정남 부부간첩 사건으로 북경으로 피신한 상태에서 김영환은 1998년 11월 한기홍, 홍진표 등 전향한 과거 주사파들과 협력하여 격월간 『시대정신』을 창간하고 편집위원을 맡았다. 『시대정신』은 2003년 초 통권 22호까지 격월간으로 주로 사회주의와 북한에 대한 비판적 내용들을 게재했다.

이것은 1999년 10월 4일 김영환이 "반성문"에서 약속했던, 북한 인권실상의 국내외 선전, 김정일 체제의 붕괴와 북한 민주화라는 과제를 실천하기 위한 것으로 사실상 김영환 등은 공식 전향 이전에 이미 사실상 전향한 셈이 된다. '푸른 사람들' 출신들을 중심으로 1999년 12월 '북한민주화네트워크'(북민넷)를 결성 본격적인 북한민주화운동에 나서게 되었다.

『시대정신』과 '북한민주화네트워크'를 통해 김영환 등 '전향 386 주사파'들은 북한 인권탄압 실상의 폭로나 신자유주의 등 새로운 사상들을 기존 사회주의에 대한 대안으로 검토하는 등 나름대로 활발하게 활동했다.

전향한 주사파들의 반북운동이 전개되는 것과 동시에, 김대중 정부 말기부터 보수주의 단체의 결집과 목소리가 높아지기 시작했다. 특히 이들은 2003년 3.1절에 114개의 보수단체들이 동원한 10여만 명이 '반핵반김 자유통일 3.1절 국민대회'를 개최 세를 과시하였다. 이런 보수단체들의 정치화 현상은 현상적 차원에서는 최근의 정치변동, 특히 김대중 정부의 남북화해정책에 대한 반대의 성격이 강한 것이었고, 직접적으로는 진보적 시민단체들의 낙선운동이 촉발의 직접적 계기가 되었다(강정인, 2008 : 18 ; 엄한진, 2004 : 84).

한기총 등 기존의 보수적 기독교 세력과 '대령연합회' '반김반핵국민회의' 등 보수단체들이 중심을 형성했다. 엄한진의 연구에 따르면, 이 시기 보수운동의 주도권이 보수언론에서 이들 단체들로 이전된 원인은 2002년 대선에서 메이저 언론들의 동원력과 사회적 영향력의 위축이었다고 한다(엄한진, 2004 : 85). 보수운동의 양적 활성화와 함께 2004년 후반에 들어서면서 질적 변화도 생겨나게 되었다.

2004년 11월 23일 '자유주의연대'의 창립을 기점으로 2005년 1월 '교과서 포럼' 3월의 '뉴라이트 싱크넷' 및 11월 '뉴라이트 전국연합'의 창립으로 이어진 이른바 뉴라이트 운동의 등장이 그것이었다(정해구, 2006 : 215). 강정인은 이전 시기의 보수운동과 달리 "뉴라이트운동은 '잃어버린 10년'이라는 구호 아래 이른바 '친북좌파' 세력의 재집권을 저지하기 위해 나름대로 체계적인 사상과 조직적인 운동을 전개한 본격적인 보수주의 운동"(강정인, 2008 : 18)으로 정의한다.

1998년 이전의 한국 보수운동은 군부독재 정권의 반동적 통치를 지원하거나 관변단체의 형태로 극우 반공 이데올로기를 강화하는 역할에 머물렀다. 한국의 보수주의를 "국가 이데올로기 또는 권력을 장악한 보수세력의 지배이데올로기"(정해구, 2006 : 217)로 규정할 수 있는 것은 이 때문이었다. 그러나 1980년대 후반을 거쳐 특히 1998년 김대중 정부 출범 이후 새로운 개혁적 시민운동의 등장으로 기존의 보수운동은 시민사회 내부에서 입지가 극도로 위축되었다.

이런 상황에서 2003년 노무현 정권의 등장, 즉 개혁적 정부의 재집권은 보수세력 전체에 커다란 위기감을 불러일으켰고, 2003년 4월부터 시작된 보수 단체들의 집단행동은 바로 이에 대한 대응으로 볼 수 있다. 그러나 보수적인 기독교 세력을 중심으로 한 2003년 반김반핵국민회의 등의 보수운동은 기존의 수구적인 반공, 반북 이데올로기에 기초한 것으로 기존의 개혁적 시민운동에 대한 반대 이상의 독자적인 의제를 제시할 수는 없었다.

2004년 말을 기점으로 등장한 이른바 '뉴라이트 운동'은 기존 보수운동의 한계를 나름대로 인식한 보수적 지식인들과 전향한 과거 학생운동 출신자들을 중심으로 여야를 막론한 정치세력 전반을 비판하면서 등장했다. 이런 측면에서 우파운동은 '새로운 것'일 때 활력을 얻을 수 있다는 사실에 착안하여 등장한 것이 바로 '뉴라이트'였던 것이다(정해구, 2006 : 220).

특히 2004년 말 뉴라이트 운동이 형성된 배경과 원인에 대해서는 대체로 다음 세 가지를 들고 있다(강정인, 2008 : 20 - 1 ; 정해구, 2006 : 219 - 20). 첫째, 김대중 - 노무현으로 이어지는 개혁적 정부로 보수진영의 '잃어버린 10년'의 권력 상실감 둘째, 북한의 핵과 미사일 문제로 인한 북미관계의 악화와 IMF 사태 이후 한국의 신자유주의적 세계화 추세의 본격화 셋째, 17대 총선 이후 노무현 정부의 경기침체와 사회적 양극화 대응 실패로 인한 지지도 하락 등이다. 이런 국내적 요인과 함께 극우현상이 전세계적으로 강화되는 국제상황도 무관치 않은 것으로 생각된다. 엄한진은 세계적으로 강화되는 최근의 극우현상의 원인을 "전반적 우경화와 '정치적인 것the political'의 위기"(엄한진, 2004 : 89)에서 찾고 있다. 동구권 붕괴와 신보수주의 득세로 인한 전반적 우경화와 이질적 집단들의 대화와 갈등인 '정치적인 것의 쇠퇴로 정쟁의 시대가 도래했기 때문이라는 것이다.

이런 국내외적 배경에 기반한 2004년 말 이후 한국의 뉴라이트 운동은 보수적인 학자, 개혁성향의 기독교 세력 일부를 중심으로 전향한 '386 운동권' 출신 인물들을 주요 구성원으로 하고 있다.

한국 뉴라이트 운동은 대체로 자유민주주의와 시장경제를 근본이념으로,

노무현 정부를 포퓰리즘과 친북좌파 정부로 그리고 보수야당 한나라당을 기득권 유지에 급급한 기회주의 세력으로 규정하면서 동시에 비판하고 나섰다 (강정인, 2008 : 21 - 31 ; 정해구, 2006 : 221 - 8).

특히 전향한 과거 '386 주사파'들은 자신들의 과거 주사파 경력과 반북으로의 전환을 내세우면서, 노무현 정부에 포진한 386 세력들을 근거로 정부의 성격을 '친북좌파' 정부로 규정했다. 즉 뉴라이트 운동에서 전향한 주사파들은 북한민주화운동에 특화하면서 개혁정부에 대한 이념공세의 선두에 서 있는 셈이다.

김영환의 사례에서 잘 드러나듯이 전향한 '386 주사파'들은 황장엽류의 주체사상인 '인간중심철학'을 지지함으로써 과거 자신의 이념의 정당성을 유지하고자 한다. 또 한편으로는 그런 인본주의적 사상을 권력 유지를 위해 왜곡한 북한을 비판하고 전향적인 대북정책을 채택한 한국의 개혁적 정부들을 친북좌파 정권으로 규정하는 이념공세로 자신들의 전향을 정당화한다. 뉴라이트 운동에 참가한 386 학생운동권 출신자들 대부분이 주사파였다는 사실은 뉴라이트 운동의 반북운동적 성격을 더욱 강화시킬 수 있게 한 원인이 된 것으로 보인다. 뉴라이트 운동에서 지도적 역할을 하고 있는 학생운동 출신자들을 살펴보면 다음의 표와 같다.

성명	출신학교	경력	현직
신지호	연세대, 81학번	한국사회주의노동당 중앙위원 겸 울산지역 책임자, 자유주의연대 대표	한나라당 국회의원
김영환	서울대, 82학번	'강철서신' 저자, 서울대 구학련, 반제청년동맹, 민족민주혁명당 중앙위원장, 조선로동당 입당,	『시대정신』 편집위원. 북한 민주화네트워크의 Nk - Daily 논설위원
홍진표	서울대, 83학번	서울대 총학생회 사무국장, 전국 민족민주운동연합 부장, 민족민주혁명당 중앙위원	자유주의연대 집행위원장,
구해우	고려대, 84학번	주사파 '자주민주통일그룹' 책임자, 선진화정책운동 사무총장	미래재단 상임이사
하태경	서울대, 86학번	전대협 5기 조통위원장, 칠천만겨레모임 상근 연구원	열린북한방송 사무총장
최홍재	고려대, 87학번	고려대 총학생회장, 한총련1기 조통위 정책실장, 전민련 부장	자유주의연대 조직위원장

한국사회주의노동당 창당에 참여했던 신지호를 제외한 모든 주요 인물들은 과거 NL 주사파에서 활동했던 사람들이다. 그들은 과거 북한을 한국 변혁운동의 모델로 설정했을 뿐만 아니라, 북한과 직접 연계를 맺기도 했다. 김영환이 1996년 만들었던 '푸른 사람들'이라는 모임을 모체로 과거의 마르크스주의, 계급주의, 민족주의, 통일지상주의 등을 비판하고 새로운 대안적 이념으로 제안한 것이 바로 뉴라이트였음을 알 수 있다.

뉴라이트의 기관지 역할을 하고 있는『시대정신』의 발행인 안병직은 2006년 5월 15일자 발행인 인사말 "뉴라이트 사상운동을 시작하며"에서 이들이 추구했던 이념적 모색을 다음과 같이 밝히고 있다. 즉 1998년 11월 창간호부터 2003년 초 제22호까지는 사회주의와 북한을 재검토했고, 2003년 말 계간으로 복간한 이후에는 신자유주의 등 새로운 사상을 모색했다고 한다. 그러나 이런 사상적 대안 모색에 성공하지 못했다고 자평하면서도, 그런 모색 과정을 통해 뉴라이트라는 새로운 사상을 착상했다고 주장한다.[9]

뉴라이트로 전향한 과거 386 주사파들의 입장이 비교적 솔직히 드러난 것은 2005년 3월 31일 『민중의 소리』에 실린 당시 자유주의연대 운영위원 홍진표의 인터뷰이다. 홍진표는 전향의 계기로서 북한을 보는 시각의 변화를 들면서, 범민련 해체와 민족회의 창립에 대한 북한의 방해 등으로 북한의 정치적 판단력에 대한 회의가 생겼고 식량난과 탈북자의 수기를 접하면서 북한의 실상을 직시하게 되었다고 한다.

또한 1999년 민혁당 사건으로 국정원에 협조한 문제에 대해서는 자신들의 전향은 이미 민혁당 사건 이전 수년 전에 이루어졌고, 민혁당에서 자신이 아는 사람들은 자신과 행보를 같이 했기 때문에 국정원에 관련 정보를 제공할 위치에 있지 않았다고 주장했다.

뉴라이트의 이념적 지향에 대해서는, 이념으로서가 아니라 사회운영방식으로서 자유주의가 상당히 유효하다는 입장을 갖고 있으며, 작은 정부, 감세 그리고 교육평준화의 부작용 치유 등 자유주의적 요소의 부족함을 극복하자는 것이라고 주장했다. 노무현 정부에 대해서는 상당히 무능하다는 점과 함께 좌파적 성향에 치우쳐 북한에 대한 유화정책 일변도로 나가 북핵문제를 야기시켰다고 주장한다.

또한 2007년 대선에서 한나라당과의 정치적 연대설에 대해서는 현재는 거리를 두고 있지만 자유주의연대의 가치나 사회개조의 대안과 뜻을 같이 한다면 원칙적으로 배제하지 않는다고 했다. 즉 '자유주의연대'는 노무현 정권의 연장을 저지하기 위한 범보수진영의 공감대와 '자유주의연대'의 가치와 동일한 후보를 지원할 수 있다는 입장을 갖고 있다고 했다.

북한 인권문제에 대해서는 이념적 접근이 아님을 주장하면서, 『시대정신』

9) 뉴라이트 재단 단독으로 발행되었던 『시대정신』은 2007년 6월부터는 기획은 재단이 맡고 사업 전반은 현재 한나라당 국회의원인 홍정욱의 '헤럴드 미디어'가 책임을 맡는 체제로 개편되어 탄탄한 재정적 기반과 보급망을 갖게 되었다.

초기의 북침을 통한 김정일 정권타도 주장은 북한 인권문제에 대한 긴급성 강조가 와전된 것이라고 주장했다.

황장엽의 인간중심사상은 구체적 이론화가 부족하지만 상당히 참고할 만한 가치가 있다고 평가하고, 좌우의 이념과 무관하게 사람중심이나 인간의 본질적 속성에 관한 명제들은 중요하다고 주장했다. 또한 민족주의는 세계화 시대에 맞게 이성적 차원에서 약화되어야 한다고 주장했다.

2007년 1월 24일『오마이 뉴스』와의 인터뷰에서 김영환은 뉴라이트가 올드라이트와 자유주의를 공유하지만, 올드라이트의 경우 자유주의보다는 국가주의에 경도된 측면이 강하다고 주장했다.

이처럼 뉴라이트로 전향한 386 주사파들의 핵심적 주장은 자유주의와 북한 인권 및 민주화 문제로 집약될 수 있다. 또한 사상이념적 대안으로서는 황장엽의 인간중심철학을 상당히 중요한 준거로 수용하고 있음을 알 수 있다. 그렇다면 1980년대 중반 이후 한국 변혁운동의 이념적 모델로 주체사상의 수용을 주장했던 이른바 '386 주사파'의 핵심이 뉴라이트 운동, 특히 북한 인권과 민주화 문제로 관심을 전환시킨 원인과 논리적 근거는 무엇이며, 또한 그런 논리들이 갖는 문제점들은 무엇인지를 비판적으로 고찰해보자.

첫째, 1999년 10월 4일 김영환이 국정원에 제출한 "반성문"과 위의 2005년 3월 31일자『민중의 소리』홍진표 인터뷰에서 나오듯이, 자신들의 사상적 전향의 주요 계기를 북한과 연계를 맺고 활동하는 과정에 깨닫게 된 북한의 한국 운동권에 대한 무시와 탈북자들을 통해 드러난 북한의 비인간적 실상에서 찾고 있다. 따라서 그들은 과거 자신들이 확산시켰던 북한에 대한 환상에 대해 반성하고 북한의 비인간적인 독재의 본질을 폭로해야 하는 사명이 있음을 자임하는 것이다.

그러나 과거 자신들의 과오를 반성한다는 것이 북한 정권을 악마시하는 것으로 정당화될 수 없다. 또한 북한의 인권과 민주화 문제는 다른 누구의 문제도 아닌 북한 주민 스스로가 인식하고 주체적으로 해결해야 할 문제이다. 한국 내부에서 반북 이데올로기의 확산을 통해 그들이 의도하는 것은 자신의 과거와의 단절을 통한 한국 주류로의 복귀가 아닌가 하는 의구심을 지울 수 없게 하는 것은 이 때문이다.

둘째, 전향한 '386 주사파'들이 북한 민주화운동을 통해 공격하는 대상은 과거 자신들과 뜻을 같이 했다가 참여정부에 들어가 있는 386 정치세력으로 이를 통해 노무현 정부를 친북좌파 정부로 규정하려는 의도를 갖고 있다. 즉 그들은 한국사회 전반, 특히 청와대와 여당인 열린우리당에 친북좌파적 성향이 짙게 스며들어 있다고 주장하려는 것이다.

2006년 11월 10일자 『동아일보』에 게재된 "주사파 출신 386 정치인 '사상전향 고백을'"은 이런 그들의 모습을 잘 보여주고 있다. 2006년 11월 9일 '자유주의연대 주최의 토론회 "일심회 사건의 교훈과 올바른 대응"에서 김영환은 자신의 과거 민혁당과 달리 일심회는 외곽조직도 없는 왜소하고 확장 능력도 없는 조직이라고 평가절하하면서도, 이것이 오히려 사회에 위협적으로 보일 수 있다고 주장했다. 즉 사회 전반에 과거 주사파 운동을 했던 사람들이 진출해 있기 때문이라는 것이다. 사건의 주범인 장민호가 운동권 기반이 거의 없기 때문에 조직 규모가 커지지 않았지만, 정치권에 있는 386들은 이번 사건을 계기로 과거 자신의 주사파 운동 경력을 고백하라고 주장했다. 과거 자신의 민혁당에 말단직을 맡았던 그들이 사상고백도 없이 정치권으로 진출한 것이 문제라는 것이다.

그러나 현실에서 사회의 다른 부분으로 진출한 과거 운동권 세력의 대부분은 사회의 정상적 일원으로 생활하고 있고, 정치권으로 진출한 경우에도 현행의 법률에 저촉된 과거 활동의 경우는 모두 정상적인 사법처리를 받았으며 무엇보다 유권자들의 민주적이고 합법적 선택을 받은 사람들이었다. 자신들과 같은 요란한 전향 선언을 거치지 않으면 과거의 행적을 고의로 은폐하는 것으로 보는 시각이 오히려 반민주적일 뿐이다.

셋째, 역사 속의 대부분의 전향자들이 그랬듯이, 그들도 자신들의 사상적 전향을 쉽사리 인정하기보다는 합리화하려는 행태를 보여준다. 『시대정신』 2007년 여름호에 실린 최홍재의 "뉴라이트는 反제, 反수령, 자유와 민주주의 원칙뿐/『역사비평』 2007년 봄호의 '반일민족주의와 뉴라이트'에 대한 反論"은 바로 이런 모습의 전형을 보여준다.

이 글에서 최홍재는 한신대 교수 하종문의 "뉴라이트는 '전향자'라는 굴레를 벗어나기 위해서라도 북한인권과 민주화를 강조해야 했고, 반일민족주의는 일본과의 공조를 약화시킨다고 비판했을 법하다"(하종문, 2007 : 190)는 주장에 반론을 편다. 최홍재는 "전향자란 본래 권력에 의하여 동료를 배신하고 억지로 사상 전향을 한 사람을 지칭하는 말이다. 따라서 이 단어는 과거의 잘못을 스스로 극복한 사람들을 지칭하기에는 적당하지 않다. 굳이 명명한다면 '進化人'이라고 할 수 있겠다"(최홍재, 2007 : 117)라고 주장했다. 전향의 조건에 동료에 대한 배신과 권력이라는 외압이 반드시 요구되는지는 차치하더라도, '진화인'이라는 생경스런 용어까지 만들어 전향자라는 굴레에서 벗어나고자 한다. 오히려 김영환의 전향서 제목을 따라 '반성인'으로 자임하는 것이 더욱 어울릴 듯하다. 왜냐하면 북한의 실상을 모른 채 북한을 이상화하고 미화분식했던 자신들의 과거를 반성한다는 것은 충분히 납득이 되지만, 반성의 결과로 한국에서 반북운동을 강화하고 신자유주의를 수용하는 것을 진화로 보기는 어렵기 때문이다.

넷째, 전향한 '386 주사파' 출신 뉴라이트 운동가들은 자신들이 1996년 '푸른 사람들'과 1998년 이후 『시대정신』을 통해 대안적 이념을 모색해왔고 뉴라이트 사상은 바로 그 결실임을 강조했다. 또한 2007년 1월 24일 「오마이뉴스」와의 인터뷰에서 김영환은 뉴라이트를 자유주의에 근거한 것으로 주장했다.

한편으로 2005년 3월 31일자 『민중의 소리』 인터뷰에서 홍진표와 2006년 11월 28일 CBS "공지영의 아주 특별한 인터뷰"에서 김영환도 황장엽의 인간중심철학을 높게 평가하고 있다. 황장엽은 개인의 이익과 집단의 이익이 도저히 양립될 수 없는 경우에는 "개인의 이익을 희생시키고 사회적 집단의 이익을 실현하도록 하는 것이 옳은 삶의 태도"(황장엽, 2001[I] : 56)로 보고 사회적 협조생활의 수단을 사랑과 도덕에 있다고 본다(황장엽, 2001[I] : 221 - 4). 즉 황장엽의 인간중심사상의 핵심은 자유주의와 양립되기 어려운 집단주의적 경향이 강하다.

자유민주주의와 시장경제를 근본이념으로 하는 뉴라이트의 자유주의와 황장엽의 집단주의적 사상 사이에는 결코 간단치 않은 긴장이 존재한다. 단적으로 2005년 3월 31일자 『민중의 소리』 인터뷰에서 홍준표가 주장한 작은 정부, 감세 등 신자유주의 정책들이 어떻게 이기심을 억제하고 사회적 이익을 우선시하는 황장엽의 인간중심사상과 결합될 수 있는지 미지수이다. 자유주의의 '보이지 않는 손'이 인간의 심성을 아름답게 만들지 않는 한 양자의 결합은 현실적으로 생각하기 어렵기 때문이다.

'무능한 좌파와 부패한 우파'의 대안이 뉴라이트라면 그에 합당한 일관성 있는 세계관과 사회역사관이 필요할 것인 바, 김영환 등은 포이에르바하적으로 복귀한 황장엽류의 인간중심사상이 어떻게 그런 역할을 할 수 있을 것인지를 대답해야 한다.

다섯째, 뉴라이트로 전향한 '386 주사파'들의 반북운동의 강화와 관련하여 주목해야 할 것은 한국사회에서 주사파에 대한 관용도가 아직 낮다는 점이다. 2008년 제18대 총선에서 과거 PD계열로서는 거의 유일한 뉴라이트 운동가

신지호가 과거 전력과 상관없이 한나라당의 공천을 얻어 서울 강북에서 재야출신의 김근태 후보를 누르고 국회의원에 당선되었다. 이에 반해 2008년 6월 청와대에 신설된 시민사회비서관에 홍진표 '자유주의연대' 사무총장이 내정되었다가, 여론의 극심한 비판에 몰려 백지화되었다.

이 두 사례를 보더라도 현재 한국사회에서는 과거 민주화운동 과정에서 마르크스 - 레닌주의에 근거한 PD계열보다 주체사상에 근거한 NL 주사파에 대한 관용도가 낮다는 것을 알 수 있다. 이런 측면에서 전향한 '386 주사파'들은 보다 철저한 과거와의 단절, 즉 북한에 대한 최악의 저주를 담은 신앙고백을 강요당하고 있다고 할 수 있다. 그들의 반북 목소리가 높아져 가는 것은 이런 사회의 요구에 부응하여, 결국 자신들이 과거를 은폐하고 있다고 비판하는 세력들이 차지하고 있는 권력중심부로 진출할 수 있는 통로를 찾기 위한 것일 수도 있다.

2007년 1월 24일 「오마이 뉴스」와의 인터뷰에서 김영환에게 과거의 오류에 대한 치열한 반성적 대안 대신 반공·반북으로 최대한의 보상을 얻으려는 것은 아닌가라는 질문이 있었다. 이에 대해 김영환은 북한민주화운동에 보상이 있냐고 반문하면서, "보상을 받으려면 남한에서 빛나고 폼나는 일을 했지, 대단히 적은 월급을 받는 이 일을 하겠냐"고 반문했다. 김영환이 착각 혹은 숨기고 있는 것은 다름아닌 바로 이 문제이다. 전향한 '386 주사파'들은 철저한 북한민주화운동을 통해 과거와의 단절을 더욱 확실히 입증하지 않는 한, 한국에서 '빛나고 폼나며 많은 월급을 받는 일'을 하기 어려운 것이 현실이라는 것이다. 홍진표의 청와대 시민사회비서관 내정 백지화 사건은 바로 이를 증명하는 것이다.

2004년 11월 23일 창립된 '자유주의연대'가 보수언론과 일반국민들의 비상한 관심을 모은 데는 신지호, 홍진표, 최홍재 등 과거 운동권 출신 전향자들이 중심적 역할을 했던 점이 커다란 원인이 되었다(강정인, 2008 : 22). 이처럼 전향한 '386 주사파'들은 뉴라이트 운동의 확산과 이론적 체계화 등에서 중요한 역할을 하고 있다.

그러나 한편으로 그들이 사회의 주류로 복귀할 통로는 북한에 대한 강력한 반대를 통한 사회적 용인이라는 점에서 뉴라이트 내의 그들의 역할은 북한 인권과 민주화 문제로 특화되었고, 이런 경향은 앞으로 더욱 강화될 것으로 예측된다. 주체사상의 교조적 수용이라는 그들의 원죄는 다시 북한에 대한 비이성적 비판이라는 대가를 요구받고 있는 셈이다. 북한의 실상은 물론이고 주체사상에 대한 이론적 이해 수준에서도 한국에서 가장 앞선 것으로 평가될 수 있는 그들이 철저한 이론적 재검토와 반성 대신 실천적인 반북운동으로 치닫는 것은 한국에서 주체사상을 비롯한 진보적 사상 연구에 역기능으로 작용할 것이다.

이상의 제4, 5장에서 고찰한 1980년대 중반 이후 한국 진보 운동과 이론 진영의 흐름을 그림으로 표시하면 다음과 같다.

<80년대 중반 이후 한국 진보운동·이론 계보도>

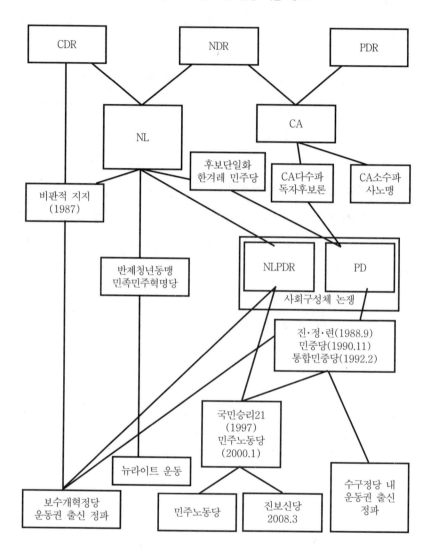

제6장

사상과 현실의 주체적 만남은 불가능한가

사상은 현실을 반영하지만, 일단 체계를 갖춘 다음에는 현실을 주체의 의지에 따라 개조하는 실천의 무기가 된다. 이처럼 사상은 현실과 분리불가능한 형태로 접합되어 있다.

사상의 교조적 수용은 실재하는 현실 속에서 사상을 보지 못하고, 현실을 사상에 맞게 재단하여 인식하게 한다. 이런 측면에서 사상의 교조적 수용은 특정 사상이 갖는 생명력 자체를 잃게 하고 만다.

이 책에서는 1980년대 중반 이후 한국 진보이론 진영의 마르크스 - 레닌주의와 주체사상 수용의 교조적 성격에 대한 비판을 목적으로 했다. 이런 목적을 설정한 것은 탈냉전 이후 신자유주의적 세계화가 득세하는 상황에서 여전히 마르크스주의와 그에 대한 계승성과 독창성을 주장하는 주체사상이 갖는 이론적 및 실천적 유효성이 있다고 보았기 때문이다.

이런 목적을 달성하기 위해, 마르크스주의 전통을 역사적 맥락 속에서

652 · 한국의 변혁운동과 사상논쟁

검토하고 구조중심성과 주체중심성의 대립이 지배했음을 확인하였다. 이런 마르크스주의 전통 내부의 핵심적 대립이 북한에서는 주체사상의 형성으로 나타났음을 확인하고자 했다. 달리 말하자면 주체사상을 마르크스주의 전통 속에 위치짓는 한편, 주체사상의 마르크스주의에 대한 계승성과 독창성 주장이 갖는 문제점을 확인하고자 했다.

결국 마르크스주의 전통 내부의 쟁점과 주체사상의 형성에 대한 이런 연구는 1980년대 중반 이후 한국에 수용된 진보이론들의 있는 그대로의 내용을 확인하기 위한 시도였다. 즉 사상의 교조적 수용을 비판하기 위한 예비적이고 전제적인 연구로서의 의미를 갖는 것이다.

마르크스의 사상은 실천의 철학이자 자본주의 사회의 구조와 역사발전의 법칙에 관한 과학이다. 마르크스 사상의 이런 두 가지 구성요소는 마르크스 이후 마르크스주의 내부에서 긴장을 촉발시킨 원인이 되었다. 마르크스주의 전통을 지배했던 핵심적 쟁점이 주체중심적 입장과 구조중심적 입장으로 양분되었던 것은 바로 이 때문이었다.

마르크스주의 내부에서 이런 두 입장의 대립이 발생하게 된 원인은 한편으로는 마르크스 사상의 방대함과 심오함으로 인해 해석을 둘러싼 이견에 있는 것은 분명하다. 그러나 더욱 중요한 것은 마르크스주의 자체가 현실의 변혁을 지향하는 실천의 무기가 됨으로써, 변혁운동들이 직면했던 시대적 혹은 지역적 조건의 차이가 마르크스 사상의 두 구성요소 가운데 하나를 더욱 강조할 수밖에 없게 한 것이라는 점이다.

마르크스주의에서 구조중심적 입장과 주체중심적 입장은 이론적으로나 역사적으로 전자가 선행했다. 주기적인 공황과 독점단계로 이행하던 19세기 말에서 20세기 초의 자본주의는 내재하는 모순으로 인한 필연적 붕괴에 관한 마르크스의 예견이 당장 실현되는 과정으로 인식되게 했다. 제2인터내셔널의 경제 결정론적인 붕괴론은 바로 이런 시대적 상황을 반영한 것이었다.

또한 사회주의 건설 초기의 난관을 극복한 스탈린도 낙관에 찬 생산력주의적 구조중심적 입장을 채택하였다. 이처럼 혁명에의 전망이 낙관적인 시기에 출현한 마르크스주의의 구조중심적 입장은 룩셈부르크의 대중의 자생성론이나 스탈린의 당 혹은 지도자 개념에서 알 수 있듯이 주체에 대한 적절한 관심을 배제하지 않는 특징을 보였다.

반면에 제2차 세계대전 이후 장기적 성장의 시기를 보낸 자본주의를 경험한 1960년대의 알튀세르의 경우처럼 혁명에의 전망이 불투명한 시기의 구조중심적 마르크스주의는 주체를 배제하고 마르크스 사상의 과학성에 천착하는 특징을 보여주었다.

주체중심적 입장을 취하는 경우에도, 레닌의 경우처럼 혁명의 전도가 낙관적인 시기에는 자본주의 발전의 구조적 형태에 대한 이해를 중시하고 선행적으로 연구하는 경향을 보였다. 그러나 1910년대 말에서 1920년대 초반까지 혁명의 파고가 실패한 중유럽 지역의 마르크스주의자들인 루카치, 코르쉬, 그람시 등의 주체중심적 입장은 구조에 대한 관심을 소홀히 하고 주체적 요인, 그리고 이를 위한 실천의 개념에 집착하는 편향을 노정했다. 이를 통해서도 마르크스 사상의 이해에서 구조와 주체의 관계에 대한 올바른 이해가 얼마나 중요한 것인지를 확인할 수 있다.

구조와 주체를 둘러싼 대립적 이해로 인해 마르크스주의는 마르크스주의들 Marxisms로 불리는 것이 더욱 실상에 부합할 것이다. 이로 인해 마르크스주의에 대한 계승성과 독창성을 주장하는 주체사상의 경우, 어떤 마르크스주의에 대한 그것인가를 먼저 해명해야 한다.

1917년 러시아 혁명 이후, 특히 1924년 레닌 사후 스탈린에 의해 마르크스-레닌주의로 명명된 소비에트 마르크스주의는 국제공산주의운동의 유일 정통 마르크스주의의 지위를 차지했다. 또한 제2차 세계대전 이후 성립된 각국의 집권 공산당들도 공식 지도이념으로 마르크스 - 레닌주의를 채택했다. 북한 역시 마르크스 - 레닌주의를 기초로 초기의 민주혁명과 사회주의 건설을 진행했다. 1961년 9월 제4차 조선로동당 대회를 북한에서는 마르크스 - 레닌주의의 승리의 대회로 명명할 만큼, 스탈린식의 소비에트 마르크스 - 레닌주의는 북한의 초기 지도이념이었다.

스탈린에 의해 확립된 마르크스 - 레닌주의는 생산력주의적 입장에 기초한 구조중심적 성격이 강했다. 혁명 이후 내전과 제국주의의 무력간섭을 극복한 스탈린 시대의 소련은 농업집단화와 중공업 우선정책에 입각한 생산력 발전으로 혁명의 성과를 공고히 하려 했고, 사회주의 우월성의 지표를 급속한 생산력의 발전에 두었기 때문이었다.

스탈린 사후에도 흐루시초프나 브레즈네프로 이어진 소련의 지도부도 정치 외교적 운영방식의 차이에도 불구하고 생산력주의적 입장을 일관되게 견지했으며, 여전히 구조중심적 마르크스 - 레닌주의는 공식 지도이념의 지위를 유지했다. 이런 생산력주의적 마르크스 - 레닌주의는 생산의 기반이 지극히 취약했던 중국이나 북한 등 아시아의 구식민지·반식민지 국가들에 적용되기에는 한계가 있는 것이었다. 인간의 노동력이 유일한 가용자원인 조건에서 사회주의적 생산관계로의 개조는 이를 효과적으로 조직 동원할 수 있는 유일한 방도였고, 인적 자원의 창의성과 적극성은 곧 사회주의 건설의 성패를 좌우하는 요인이었다. 모택동사상이나 북한의 초기 주체의 강조 등은 소비에트 마르크스 - 레닌주의를 공식 지도이념으로, 즉 순수 이데올로기로 유지하면서도 이런 자국의 실정에 적용하기 위한 실천 이데올로기로서의 기능을 했다.

1972년 9월 17일 김일성이 「마이니치 신문」 기자들이 제기한 물음에 대한 서면 답변 "우리 당의 주체사상과 공화국정부의 대내외정책의 몇가지 문제에 대하여"에서 주체사상을 마르크스 - 레닌주의의 창조적 적용이라고 주장한 점에서(김일성저작집 27, 1984 : 390 - 1), 적어도 이 시기까지는 북한에서도 마르크스 - 레닌주의가 공식 지도이념의 지위를 유지했음을 알 수 있다.

그러나 1973년 김일성방송대학 강의록 『주체철학』이 발행된 이후 북한에서는 주체사상의 이론적 체계화가 본격화된다. 주체사상의 이론적 체계화와 더불어 마르크스 - 레닌주의에 대한 계승성과 독창성이 주장되고, 마르크스, 엥겔스, 레닌, 스탈린의 사상을 선행 노동계급의 혁명사상으로 규정하게 되었다. 요컨대 이 시기에 들어 주체사상은 북한의 공식 지도이념의 지위를 차지하고, 마르크스 - 레닌주의는 선행 노동계급의 사상으로 밀려난 것이다.

그러나 이 과정에서도 선행 노동계급의 사상과 주체사상의 관계문제는 북한에서도 완전한 해결을 보지 못한 문제로 남아 있었다. 이런 상황은 1974년 4월 2일 김정일의 담화 "주체철학의 리해에서 제기되는 몇가지 문제에 대하여"에서 북한의 어떤 사회과학자가 주체사상의 마르크스 - 레닌주의에 대한 계승성을 이해하지 못하고 마치 인본주의 사상인 것처럼 오해하고 있다고 비판한 데서도 알 수 있다. 요컨대 주체사상은 이론적 체계화와 함께 마르크스 - 레닌주의를 순수 이데올로기가 아닌 선행 노동계급의 사상으로 규정함으로써, 주체사상이 계승성을 갖기는 하지만 시대의 높이를 반영한 독창성을 갖는 사상으로서 순수 이데올로기의 지위로 격상되었음을 알 수 있다.

그렇다면 주체사상이 주장하는 마르크스 - 레닌주의에 대한 계승성과 독창성의 내용은 무엇인가? 전술했듯이 스탈린식의 소비에트 마르크스 - 레닌주의는 생산력주의에 기반한 구조중심적 마르크스주의이다. 따라서 주체사상이 주장하는 마르크스 - 레닌주의에 대한 계승성은 이런 구조중심적 입장일 수밖에 없다. 사실 주체사상은 마르크스를 포함한 마르크스주의 일반이 혁명 발전의 초기라는 시대적 제한성과 함께, 관념론에 대한 유물론의 투쟁이라는 이론적 과제의 한계를 갖는 것으로 본다.

이를 통해서도 알 수 있듯이 북한에서는 마르크스를 포함하는 마르크스주의 자체를 구조중심적이고 물질중심적 세계관에 입각한 것으로 본다. 따라서 주체사상이 주장하는 마르크스 - 레닌주의로부터의 계승성은 유물론적 세계관이 갖는 과학성과 구조중심적인 역사의 법칙적 이해를 승인한다는 의미로 해석할 수 있다.

반면에 주체사상이 주장하는 독창성이란 마르크스주의의 물질중심적이고 구조중심적 편향이 갖는 한계를 극복한 주체중심적 세계관이란 의미가 될 것이다. 이렇게 보면 결국 주체사상은 마르크스 사상을 둘러싼 마르크스주의 내부의 핵심적 쟁점인 구조와 주체의 관계문제에 대한 나름의 해법을 제시한 것으로 볼 수 있다.

그러나 전술했듯이 마르크스의 사상은 실천의 철학과 자연과 사회역사의 법칙에 관한 과학의 두 구성요소로 이루어져 있고, 이로 인해 마르크스주의 전통 내부의 두 대립적 경향이 생겨났다. 달리 말하자면 주체사상은 구조중심적인 마르크스 - 레닌주의를 곧바로 마르크스의 사상과 동일시함으로써, 마르크스주의 전통 전반에서 자신의 위치를 규정하기보다는 새로운 세계관으로서 그 독창성을 주장하는 방향으로 나가버린 것이다.

이런 이론적 위상 규정에서 주체사상이 갖는 오류는 상황의 변화에 따라 계승성과 독창성 주장의 상대적 비중을 달리하게 되는 원인이 된 것으로 보인다. 즉 마르크스 사상 전반을 마르크스 - 레닌주의의 구조중심적 입장으로 오해하게 됨으로써, 북한 내부에서 계승성과 독창성 문제를 두고 오해와 편향이 일어났기 때문이다.

1974년 4월 2일 김정일 담화 "주체철학의 리해에서 제기되는 몇가지 문제에 대하여"에서와 마찬가지로 1986년 7월 15일 김정일의 담화 "주체사상 교양에서 제기되는 몇가지 문제에 대하여"에서도 역시 일꾼들 사이에 주체사상의 마르크스 - 레닌주의에 대한 계승성을 보지 못하는 오류가 있음을 지적한다. 이런 지적과 비판은 결국 1997년 황장엽 망명 이후 주장하는 반마르크스주의적인 '인간중심철학'이 북한 내부에서 배태되고 있었음을 보여주는 것이다.

한편으로 1996년 7월 26일 김정일이 당 기관지 『근로자』에 준 담화 "주체철학은 독창적인 혁명철학이다"에서는 위의 두 담화에서와 달리 독창성을 강조하고 있다. 이런 변화의 원인은 여러 가지로 추측될 수 있지만, 가장 중요한 것은 탈냉전과 고난의 행군 이후 북한의 사회경제적 난관의 타개책으로 생산력주의적 입장이 대두했을 가능성을 생각할 수 있다. 황장엽이 망명 이후 주장했듯이, 중국식의 발전전략에 대한 기대감은 결국 생산력주의적이고 구조중심적 마르크스 - 레닌주의로의 회귀 주장과 연관성이 높기 때문이다.

주체사상이 주장하는 계승성과 독창성 주장은 이처럼 북한 내부의 사상적 편향을 폭로하고 수정하는 개념적 도구가 될 수 있는 반면, 이론적 일관성과 안정성에서 그만큼 불안의 요소를 안고 있음을 보여주는 것이기도 하다. 오히려 마르크스 사상의 전반적 구도 속에서 스탈린식의 소비에트 마르크스 - 레닌주의가 갖는 제한성을 부각시키고, 이를 주체와 실천의 역할을 강조하는 이론적 구성으로 나가는 것이 보다 올바른 방식으로 생각된다.

이론적 측면에서 마르크스 사상을 마르크스 - 레닌주의와 혼동하는 주체사상의 이론적 전제의 오류에도 불구하고, 북한에서 주체사상이 갖는 나름대로의 건설적 역할은 무엇인가? 또한 마르크스 - 레닌주의의 창조적 적용은 레닌을 포함한 모든 집권 공산당들의 공통적 지향이었음에도 불구하고, 이런 창조적 적용의 결과가 유독 북한에서만 새로운 세계관으로서 주체사상을 창시하게 된 원인은 무엇인가? 이런 두 문제에 대답하기 위해서는, 주체사상이 형성된 실천적 맥락을 검토할 필요가 있다.

북한에서 '주체'를 강조하기 시작한 것은 스탈린 사후 국제공산주의운동의 내분 조짐과 이에 따른 국내의 소련파와 연안파의 김일성에 대한 도전과 관련된다. 1955년 12월 28일 김일성의 당 사상일꾼 담화 "사상사업에서 교조주의와 형식주의를 퇴치하고 주체를 확립할 데 대하여"는 주체의 확립을 통한 국제공산주의운동의 분열에 대응하고 국내 반대파들의 사대주의를 경계하고자 한 것이었다. 이처럼 주체사상의 형성은 우선 국제적 환경 변화와 국내에서 김일성의 권력체계 확립과 연관성을 갖는다. 현재 북한에서는 흐루시초프 시대를 현대수정주의, 고르바초프 시대를 현대사회민주주의로 비판하고 있다. 주체사상의 형성은 북한이 비판하는 위의 두 시기에 주체, 자주를 내세워 북한식의 혁명적 대응을 정당화하려는 의도와 관련이 있다.

그러나 이런 국제적 요인과 권력정치적 요인만으로는 마르크스 - 레닌주의에 대해 독창성을 주장하는 새로운 세계관으로 주체사상을 창시해야 했던 절박한 이유가 발견되지 않는다. 왜냐하면 이런 목적을 위해서라면 북한에서 이미 권력과 마르크스 - 레닌주의의 해석권을 장악한 김일성이 기존의 마르크스 - 레닌주의 내용을 필요에 맞게 수정하는 편이 훨씬 효과적이었을 수 있기 때문이다. 이런 방식이 다른 나라의 공산당과 정부들과의 이념적, 외교적 마찰을 야기하지 않는다는 점에서 보다 안전하기도 했을 것이다.

이런 측면에서 새로운 세계관으로서 주체사상의 창시는 대단한 자신감이 뒷받침되고 나름의 절박한 필요성이 요구되었던 것으로 보아야 한다. 국제적인 이념논쟁이나 외교적 마찰도 예상해야 했기 때문이다.

이런 측면을 염두에 두면서, 1950년대 중반 이후 북한의 사회주의 건설방식과 이로부터 얻은 성과 및 경험에 주목할 필요가 있다. 한국전쟁 이후 폐허 위에서 북한은 유일한 자원인 노동력의 효과적 동원을 위해서 사회주의적 생산관계로 급속히 전환하고, 천리마운동 등 다양한 대중동원 방식으로 상당한 경제적 성과를 달성했다. 현재 북한의 헌법에도 규정되어 있는 '대안의 사업체계'나 '청산리 정신·방법' 등은 혁명적 군중노선으로 불리는 북한의 대중동원 사업들을 효과적으로 보장하기 위한 지도체계였다. 또한 망명 이후 황장엽도 지적했듯이, 천리마운동은 소련의 스타하노프 운동 등 사회주의 국가들의 일반적 노력동원 운동과 달리 생산과 정치사상 학습을 결합시킨 것으로 북한의 특징적인 대중사업 방식이었다.

결국 주체사상이 사람중심의 세계관임을 표방한다는 점에서, 이런 혁명적 군중노선을 통해 획득한 자신감은 주체사상의 이론적 체계화에 상당한 영향을 미친 것으로 볼 수 있을 것이다. 대중의 자발성과 창발성에 대한 강조와 지도와 대중의 결합에 대한 주체사상의 강조는 결국 사회주의 건설과정에서 북한이 획득한 경험과 자신감에 근거한 것으로 볼 수 있을 것이다. 또한 유일한 가용자원인 노동력의 효과적인 조직·동원을 뒷받침하는 사상적 명분도 필요했을 것이다.

하나의 사상이 형성되는 과정에는 국제적 요인, 국내의 권력정치적 요인, 그리고 국내의 정치사회적 조건과 경험 등 다면적 요인이 결합된 것임은 분명하다. 그러나 그 사상의 핵심적 주장과 내용은 작용한 여러 요인들 가운데 가장 중요한 요인의 효과가 반영된 것이라 할 수 있을 것이다. 이런 측면에서 주체사상 형성에서 북한의 독특한 대중동원 방식과 사회주의 건설 노선이라는 요인을 가장 중시해야 한다고 본다. 그렇게 해야만 생산력주의적이고 구조중심적인 마르크스 - 레닌주의로부터의 독창성의 근거가 분명해지기 때문이다. 또한 마르크스 - 레닌주의의 창조적 적용에 머문 대부분의 집권 공산당들과 달리 새로운 세계관으로서 주체사상을 내세우게 된 북한 특유의 현실이 여기서 도출되기 때문이기도 하다.

구조와 주체를 둘러싼 마르크스주의 내부의 대립되는 입장들과 마르크스주의에 대한 계승성과 독창성을 주장하는 주체사상도 각각이 직면했던 특정 상황을 반영하여 나온 것이었다.

제2인터내셔널 시기의 마르크스주의가 주기적 공황에 시달리고 독점으로 치닫던 시대를 반영한 것이라면, 레닌의 사상은 후진적 러시아의 혁명 요구에 반응한 것이었다. 마찬가지로 주체사상은 식민지로부터 해방된 신생 북한의 사회주의 혁명과 건설을 효과적으로 수행하기 위한 필요에 부응하고자 한 것이었다.

이처럼 사상은 현실의 조건을 반영하면서도, 새로운 삶의 방식을 위한 운동 지침의 역할을 하기도 한다. 교조적으로 수용된 사상은 사상이 갖는 바로 이런 역동성을 사상한 박제화된 것에 불과하다.

1980년대 중반 이후 한국사회는 분단과 한국전쟁 이후 오랜 세월 잠복했던 진보운동과 진보이론의 복원으로 특징지워진다. 오랜 잠복만큼이나 이 시기 한국에서 진보이론들의 재생은 질적으로 날카롭고 양적으로 폭발적이었다.

그러나 한국 진보이론의 부활은 당시의 세계사적 시침과는 역방향을 취하는 것이었다. 이미 서구에서는 1970년대 후반 마르크스주의의 위기가 운위되고 있었고 신자유주의가 득세했으며, 1985년 고르바초프 집권 이후 동구의 현실사회주의도 우경적 개혁의 태풍에 직면했기 때문이다. 한국 진보이론 진영이 처했던 역방향의 시침은 그다지 오래가지 못했다. 1980년대 말에서 1990년대 초에 걸친 현실사회주의 붕괴는 곧바로 한국도 마르크스주의 전반에 대한 외부의 회의적 이론들의 홍수에 휩쓸리게 하고 말았다.

이 시기 한국 진보이론 진영의 상황을 김동춘은 재치있게 "정통주의 열병과 성급한 탈맑스주의화"(김동춘, 1997 : 288)로 요약했다. 즉 정통을 둘러싼 날카로운 대치는 자신과 상대 이론들에 대한 진지한 검토의 과정도 없이 탈마르크스주의적 외래사상들에 다시 자리를 내주게 되었다.

이의 원인으로 김동춘은 분단체제의 경직성과 취약한 노동운동과 활발한 학생운동이라는 실천상의 기형과 함께, 권위있는 자유주의 이론의 빈곤에서 찾고 있다(김동춘, 1997 : 289 - 293). 마르크스주의를 포함한 모든 사상들이 대립적인 사상들과의 이론적 전투 속에서 더욱 세련되고 현실에 착근되어 간다는 점에서 김동춘의 지적은 분명 옳다.

그러나 한편으로 한국에는 정통을 다투었던 마르크스 - 레닌주의와 주체사상이 수용되기 이전에 네오마르크스주의, 종속이론, 루카치와 그람시 그리고 마르크스주의 이해에 필수적인 헤겔 등이 이미 소개된 바 있다. 이런 사상들은 권위있는 자유주의 이론은 물론이고 다양한 부르주아 철학과 이론들과 대면을 거친 것들이었고, 이런 이론들에 대한 심층적 연구는 마르크스주의에 대한 우리의 지평을 확대시킬 수 있는 것들이었다.

이런 측면에서 권위있는 자유주의 이론의 부재보다는 수용한 진보이론들에 대한 진지한 검토와 주체적 소화 과정의 부재가 더욱 문제가 된다고 보아야 할 것이다. 즉 1980년대 중반 이후 한국 진보이론 수용의 가장 핵심적 문제점은 사상의 교조적 수용으로 보아야 한다는 것이다.

당시 한국에 수용되어 정통을 다투던 마르크스주의의 두 경향은 다름아닌 마르크스 - 레닌주의와 주체사상이었다. 전술했듯이 주체사상은 스탈린식의 구조중심적 소비에트 마르크스 - 레닌주의를 대상으로 계승성과 독창성을 주장했다. 따라서 한국에서 이 두 경향이 도입되어 서로 정통을 다투게 됨으로써 화해하기 힘든 이론적 대립선이 설정되어 버렸다. 이론적 전제의 오류에 입각한 주체사상의 마르크스주의관은 결국 계승성과 독창성의 두 개념으로 편향적 해석을 방지할 수 있음을 확인하였다. 그러나 한국에서는 마르크스 - 레닌주의와 주체사상이 교조적인 경쟁적 이론으로 수용됨으로써 이런 편향의 제거 기제 자체가 작동하기 어려운 조건이 조성되었다.

1986년을 기점으로 주체사상에 기초한 NL과 레닌주의에 기초한 CA의 짧은 대립기를 거쳐, 한국 진보이론 진영은 1987년 6월 민주항쟁을 전후하여 사회구성체 혹은 사회성격 논쟁을 통해 점차 NL과 PD의 대립구도로 굳어졌다.

사회구성체 혹은 사회성격 논쟁을 통해 한국의 진보이론 진영은 반제의 문제의식과 PDR(People's Democratic Revolution)론을 정립하게 됨으로써 올바른 변혁운동의 방향을 설정하는 성과를 거두기도 했다. 그러나 논쟁과정에서 이론에 대한 교조적 집착과 논쟁 상대에 대한 최소한의 예의도 갖추지 않은 정파적 논쟁 자세 등은 서로에 대한 깊은 감정의 골을 남기게 했다.

또한 변혁운동의 방향에 대한 관심의 지속에도 불구하고 1990년대 중반 이후 마르크스주의에 대한 이론적 연구의 소홀과 또다른 외래 이론 수용에 재빠른 이론 장사치 근성이 도입한 다양한 포스트주의적 이론들의 혼재는 정파적 갈등은 깊어짐에도 이론적 해석 능력은 퇴조하는 양상을 노정했다. '주체사상을 모르는 NL과 마르크스 - 레닌주의를 모르는 PD'와의 대결은 정파성을 제외하면 감정적 대립 이상의 어떤 것도 아니었다.

1990년대 중반을 넘어서면서 한국에서 주체사상에 대한 연구 경향에 커다란 변화가 나타났다. 1993년 한국철학사상학회의 주체사상에 대한 다면적인 철학적 연구의 성과를 제외한다면, 주체사상 연구는 북한학계의 정치학적 연구의 대상으로 넘어가 버리게 되었다. 이와 함께 주체사상을 사상적 차원이 아니라 정치권력적 도구라는 차원에서만 관심의 대상으로 삼는 경향이 지배하게 되었다. 즉 김일성 권력 강화와 후계체제 구축과 주체사상의 이론적 체계화의 관계나 권력구조 측면에서 주체사상의 스탈린주의적 경향성만이 배타적으로 강조되었다.

또한 1994년 김일성 사망과 북한의 사회경제적 난국 및 대량의 탈북자 발생 등으로 북한체제의 붕괴 가능성이 제기되면서, 주체사상의 변용 여부에 관심이 높아졌다. 붉은기 사상, 강성대국, 선군정치론 등이 주체사상을 대체하는 김정일의 새로운 통치 이데올로기라는 주장들까지 나타나게 되었는데, 이런 주장들은 북한에서 지도사상 혹은 순수 이데올로기로서 주체사상이 갖는 철학적 위상에 대한 무지나 오해의 결과임이 곧 판명되었다.

1997년 2월 조선로동당 국제담당 비서 황장엽의 망명은 한국에서 주체사상 연구에 새로운 경향을 예고하는 것이었다. 원래 철학자로 주체사상의 이론적 체계화에 상당히 깊게 관여한 것으로 알려진 황장엽의 망명은 "주체사상의 대부" "주체사상의 망명" 등 자극적인 용어들을 남발되게 했고, 그의 주체사상 해석이 상당한 영향을 미칠 수 있는 조건을 조성했다. 국정원 산하 통일정책연구소가 황장엽과 토론을 거쳤다는 『주체사상과 인간중심철학』을 2003년 발행한 사실에서 알 수 있듯이, 한국의 관변 일각에서 주체사상을 반마르크스주의적이고 반계급적인 인간중심철학으로 개조하려는 시도들이 나타나고 있다.

1990년대 후반에 들어서는 1986년 『강철서신』을 작성하여 한국에 주체사상을 확산시키는 데 결정적 역할을 했던 김영환 등 이른바 '386 주사파' 일부가 공개적으로 사상전향을 선언하고 반북활동의 선두에 서는 일이 발생했다. 그들은 운동과정에서 알게 된 북한의 한국 운동권에 대한 인식과 태도 및 탈북자들을 통해 북한의 실상을 알게 되면서, 북한에 대한 환상이 깨졌다고 주장했다.

또한 그들은 황장엽의 인간중심철학이 김일성 - 김정일의 권력의 도구로서의 주체사상과 다른 위대한 사상이라 주장하며, 이를 적극 수용하는 모습을 보이고 있다. 그러나 신일철이 올바로 지적했듯이, 황장엽의 인간중심철학이란 내용에 있어 포이에르바하적인 인본주의 철학에 다름아니라는 점에서(신일철, 2000 : 215 ; 2004 : 172 - 4) 마르크스의 과학적 사고를 관념론으로 후진시키는 것에 불과하다는 비판을 면하기 어려울 것으로 본다.

김영환 등 전향한 '386 주사파'들은 과거 주체사상의 교조적 수용에서 나아가 조선로동당에 입당, 40만 달러에 달하는 공작금까지 수령하고 민족민주혁명당을 조직하는 등 북한을 사실상 혁명의 지도세력으로 수용했다. 그런 그들의 전향은 그 자체로 관심의 대상이 되기에 충분하다. 뿐만 아니라 그들은 청와대나 정치권에 진출한 '386' 학생운동 출신자들에게 사상고백을 강요하고, 이런 세력들이 참여한 노무현 정부를 '친북좌파'로 규정하는 등 보수적 공세의 선두에 서 있다.

그들은 1996년 새로운 이념적 대안 모색을 명분으로 조직한 '푸른 사람들'이나 1998년 11월 창간한 『시대정신』을 통해 사회주의와 북한 재검토, 신자유주의 등 새로운 사상적 대안을 모색하는 과정에 '뉴라이트'라는 새로운 사상을 발견했다고 주장한다.

2004년 11월 '자유주의연대' 결성 이후 급속히 세를 늘려가고 있는 뉴라이트 운동에서 그들은 북한 인권 및 민주화 문제를 제기하며 반북운동의 특화된 역할에 집중하고 있다. 주체사상의 교조적 수용이라는 원죄의 대가를 비이성적인 반북운동으로 치루겠다는 의도로 보인다.

그러나 북한의 인권과 민주화를 위해서는 김대중 정부 이후의 '정치'적 방식으로 해결해야지, 현재의 뉴라이트적 반북운동'의 방식은 오히려 역효과이다. 진정 그들이 반성할 것이라면 주체사상의 교조적 수용이라는 자신들의 과거가 되어야지 북한을 대상으로 삼아서는 안 된다.

이런 측면에서 전향한 '386 주사파'의 뉴라이트 반북운동은 결국 주사파에 대해 아직 낮은 사회적 관용도를 고려하여, 철저한 반북운동을 통해 사회적 용인을 얻음으로써 한국사회의 주류로 복귀하려는 의도가 아닌가라는 의구심을 지울 수 없다.

전지구적 세계화와 탈근대가 주장되는 현재의 조건에서 아직 마르크스주의는 유효한가? 또한 주체사상은 현시기 마르크스주의의 발전에 어떤 역할을 할 수 있을 것인가? 이 책은 이 문제에 대한 대답을 위해 구상되었다.

또한 주체사상의 교조적 수용론자들의 사상적 전향이 마무리된 현재의 시점이, 그리고 권력정치적 굴레로부터 자유로운 한국이 마르크스주의 전통에서 주체사상이 차지하는 위치를 확인하는 연구에 최적의 조건을 갖고 있다.

그러나 시공간적 조건의 최적이 곧바로 현단계 주체사상에 대한 철학적 검토를 요구하는 것은 아니다. 한국에서 1980년대 중·후반의 교조적 수용과 1990년대 탈냉전 이후 북한의 권력정치적 산물로 본 인식이 주체사상을 철학적 검토의 대상이 아닌 일방적 추종과 선험적 비판의 대상으로 삼았던 점에 대한 반성도 이유가 될 수 없다. 바로 주체사상을 철학사상적 검토의 대상으로 삼는 것은 다음의 몇 가지 문제들에 대한 해답을 줄 수 있다고 보기 때문이다.

첫째, 현재의 세계화와 탈근대가 여전히 자본주의의 테두리 속에 있는 것이라면 마르크스주의는 여전히 유효하다. 마르크스주의는 자본주의의 내부 구조와 역학에 대한 과학적 이론이자 대안적 삶의 실현을 지향하는 실천의 사상이기 때문이다. 그러나 마르크스주의가 이런 임무를 감당할 수 있기 위해서는 마르크스주의를 괴롭혀온 구조와 주체에 대한 편향적 해석들을 해결해야 한다.

주체사상이 마르크스의 사상이 아닌 스탈린식의 구조중심적 마르크스 - 레닌주의를 비판적 극복의 대상으로 삼고 그에 대한 계승성과 독창성을 주장한다면, 마르크스주의에 대한 구조중심적 편향을 교정하는 데 상당히 중요한 기여를 할 수 있다.

둘째, 마르크스의 사상에 대한 구조중심적 및 주체중심적 편향은 마르크스 사상에 내재했던 구조와 주체의 변증법적 관계를 도외시했다. 주체사상은 스탈린식의 구조중심적 마르크스 - 레닌주의를 마르크스 사상과 동일시하는

전제의 오류를 범했다.

주체사상에 대한 맹목적 수용과 선험적 비판이 아닌 철학사상적 검토는 이런 전제의 오류를 확인할 수 있도록 함으로써 원래의 마르크스 사상을 복원하는 이론적 기초를 제공할 수 있다. 주체사상에 대한 철학사상적 검토는 마르크스주의의 구조중심적 입장 뿐만 아니라 주체중심적 입장이 갖는 편향성에 대한 문제점을 발견할 수 있게 하기 때문이다.

셋째, 주체사상에 대한 철학사상적 검토는 주체사상의 창시를 정당화하는 '새로운 철학의 근본문제'가 갖는 의의와 한계를 발견할 수 있도록 한다. 특히 '세계에서 사람이 차지하는 지위와 역할'이라는 주체사상의 '새로운 철학의 근본문제'로부터 사람의 본질적 속성에 관한 주체사상식의 규정[1]이 나온다.

사람의 본질적 속성에 관한 주체사상의 규정은 마르크스의 1844년『경제학 철학 초고』나 1845~1846년의 "포이에르바하에 관한 테제"『도이치 이데올로기』등의 인간 규정과 비교될 필요가 있다. 주체사상이 고대에서 현대에 이르는 '인간중심철학'의 반동성을 주장한다는 점에서도(총서 01 : 56 - 60) 마르크스의 인간 규정과의 비교는 필수적이 된다. 이 문제는 곧바로 주체사상이 관념론과 유물론의 어느 진영에 귀속되는지 판단하는 기준이 되는 문제이기도 하다.

넷째, 주체사상은 북한의 공식 지도이념이다. 즉 슈만이 말하는 '순수 이데올로기'로서의 위상을 차지하고 있는 것이다. 1990년대 중반 이후 한국에서 주체사상의 변용 가능성에 대한 논의에도 불구하고 주체사상의 이런 사상적 지위는 여전히 유지되고 있는 것으로 판명되었다.

순수 이데올로기의 실현은 많은 실천 이데올로기들로 뒷받침된다 (Schurmann, 1970 : 18 - 24). 현재 북한이 당면한 위기와 주체사상의 위상을 감안한다면, 북한에서는 많은 실천 이데올로기들이 제기되어 주체사상을 뒷받침할

1) 주체사상은 사람의 본질적 속성을 '자주성, 창조성, 의식성'을 갖는 사회적 존재로 규정한다(총서 01 : 153)

것으로 예상된다. 따라서 주체사상에 대한 철학사상적 검토는 이를 뒷받침하는 통치 담론들에 대한 분석을 가능케 함으로써, 위기에 대응하는 북한의 현실 정책적 방향을 예측할 수 있게 한다.

다섯째, 혁명적 수령관과 이를 뒷받침하는 사회정치적 생명체론은 주체사상의 사회역사적 원리와 영도방법에서 핵심적 위치를 차지하는 개념이다. 주체사상에 대한 철학사상적 검토는 이런 개념들의 사상적 원천을 이해하게 함으로써, 북한체제의 실제 작동원리와 지향점 사이의 괴리를 발견할 수 있도록 한다.

하나의 사상은 현실의 일정한 반영임과 동시에 일단 형성된 이후에는 현실 개조의 지침이 되기도 한다. 따라서 미래의 지침으로서의 주체사상의 혁명적 수령관과 사회정치적 생명체론은 현재 위기에 처한 북한의 권력정치적 경직성을 비판적으로 검토하는 준거가 될 수도 있다. 요컨대 현재 위기에 처해 사회통합에 문제점을 보이는 북한에서 미래의 지향이 아닌 현실의 사회정치적 생명체론이나 수령체제가 갖는 문제점을 발견할 수 있기 때문이다.

달리 말하자면 주체사상을 통한 북한에 대한 내재적 접근은 현재 북한이 당면한 정치, 경제, 사회적 문제점을 비판적으로 평가하는 데 도움이 된다는 것이다.

이상과 같이 주체사상을 맹목적 수용이나 선험적 비판이 아닌 철학사상적 검토의 대상으로 삼음으로써 진보이론으로서 주체사상이 갖는 장점과 한계에 대한 객관적 평가가 가능해진다. 뿐만 아니라 다양한 입장들로 대립되어온 마르크스주의 전반에 대한 비교연구를 가능케 함으로써 사회역사에 관한 과학적 이론이자 인간해방의 사상이기도 한 마르크스 사상의 진면목을 발견하는 데도 도움이 될 수 있다.

따라서 자본주의의 구조적 모순이 심화되는 조건에서 마르크스 사상의 유용성이 인정되는 한 주체사상에 대한 철학사상적 검토는 필요하다고 본다.

이런 측면에서 최적의 시공간적 조건을 지닌 현재의 한국에서 북한 주체사상에 대한 철학사상적 검토는 한국 진보이론 진영이 감당해야 할 당면 과제라고 본다.

신자유주의적 이념과 정책이 막다른 한계에 봉착한 현재, 그것이 야기한 사회적 균열과 고통은 이미 인내의 한계를 넘어서고 있는 것으로 보인다. 게다가 탈냉전을 전후하여 제기된 다양한 포스트주의적 담론들은 기존의 진보와 보수의 경계를 모호하게 함으로써, 현재의 난국을 극복할 수 있는 방향의 설정을 어렵게 하고 있다. 그들이 주장하듯이, 현재의 고통과 분열의 원인이 과연 근대적 이성이 내장한 도구성과 억압성에 있는가? 만일 그것이 사실이라면 근대적 이성을 극복할 수 있는 대안은 이성이 아닌 무엇에 근거해야 하는가? 이성의 억압성과 도구성은 자본주의가 야기한 것임으로, 자본주의의 극복을 통해서 근대적 이성의 목표였던 해방과 자유의 실현은 가능할 수 없는가?

이런 세계관적 질문들에 대한 대답을 찾기 위해서는 과거의 사상과 이론에 대한 발본적 검토에서 시작되어야 할 것이다. 이를 위해서도 1980년대 중반 이후 한국 진보이론 진영의 흐름을 반성적으로 고찰하는 것은 긴요한 과제가 된다. 한국에 수용되었던 마르크스 - 레닌주의와 주체사상에 대한 비판적 평가를 목적으로 하는 이 책에서는 이런 과제의 시급함을 환기시킴으로써, 향후 이에 대한 전면적 연구에서 문제제기의 역할을 기대한다.

【참고문헌】

| 외국어 전집 |

MECW : *Karl Marx Frederick Engels Collected Works* (Moscow : Progress Publishers)
LCW : *Lenin Collected Works* (Moscow : Progress Publishers)

| 국내 단행본 |

강동일 엮음, 1989, 『남한의 주체사상 논쟁』(서울 : 밝은글)

까갈리츠끼 외 지음/이성형 엮음, 1991, 『사회민주주의 연구 1』(서울 : 새물결)

경남대학교 극동문제연구소, 1991, 『북한자료집 김정일 저작選』(서울 : 경남대학교 극동문제연구소)

국사편찬위원회 편, 2002, 『북한의 역사학(1)』(서울 : 국사편찬위원회)

국사편찬위원회 편, 2003, 『북한의 한국사 연구동향(2)』(서울 : 국사편찬위원회)

국사편찬위원회 편, 2004, 『북한의 한국사 연구동향(3)』(서울 : 국사편찬위원회)

그람시 (안토니오) 지음/이상훈 옮김, 2004, 『그람시의 옥중수고』 1, 2(서울 : 거름)

기무라 히데스케 지음/이윤희 옮김, 1997, 『20세기 세계사』(서울 : 가람기획)

김광 외, 1991, 『학생운동논쟁사 2』(서울 : 일송정)

김동춘 지음, 1997, 『한국 사회과학의 새로운 모색』(서울 : 창작과 비평)

김수행 외 공저, 1995, 『1980년대 이후 한국의 맑스주의 연구』(서울 : 과학과 사상)

김승일 옮김, 1994, 『등소평 문선 上』(서울 : 범우사)

김승일 옮김, 1994, 『등소평 문선 下』(서울 : 범우사)

김영수 엮음, 1988, 『한국사회 변혁운동론의 모색 - 노해동그룹의 자기비판과 새로운 전망』(서울 : 백산)

김장호 지음, 1990, 『한국사회성격 논의의 재조명』(광주 : 한)

김재현, 2002, 『한국 사회철학의 수용과 전개』(서울 : 동녘)

김창호 엮음, 1989, 『한국사회변혁과 철학논쟁』(서울 : 사계절)

김태호 저, 1990, 『90년대의 도약 청년학생운동』(서울 : 조국)

노중선 엮음, 1996, 『연표 남북한 통일정책과 통일운동 50년』(서울 : 사계절)

라카토슈 (임레) 저/존 워럴·그레고리 커리 편/신중섭 옮김, 2002, 『과학적 연구 프로그램의 방법론』(서

울 : 아카넷)

라클라우··무페/김성기 공역, 1990, 『사회변혁과 헤게모니』(서울 : 터)

레닌 지음/김용철 옮김, 1988, 『국가와 혁명』(서울 : 논장)

레닌 지음/남상일 옮김, 1988, 『제국주의론』(서울 : 논장)

루카치 (게오르크) 지음/박정호·조만영 옮김, 1997, 『역사와 계급의식』(서울 : 거름)

마르쿠제 지음/문현병 옮김, 2000, 『소비에트 마르크스주의 : 비판적 분석』(서울 : 동녘)

문영호 지음, 1989, 『반제반파쇼운동론』(청주 : 온누리)

박경욱 엮음, 1991, 『철학의 정립 2』(서울 : 대동)

박채용 저, 1991, 『북한의 주체사상과 통일정책』(서울 : 문우사)

박현채·조희연 편, 1989(I), 『한국사회구성체논쟁 I』(서울 : 죽산)

박현채·조희연 편, 1989(II), 『한국사회구성체논쟁 II』(서울 : 죽산)

박현채·조희연 편, 1991(III), 『한국사회구성체논쟁 III』(서울 : 죽산)

박현채·조희연 편, 1991(IV), 『한국사회구성체논쟁 IV』(서울 : 죽산)

박호성 지음, 1997, 『남북한 민족주의 비교연구』(서울 : 당대)

발리바르 (에티엔) 지음, 1992, 『역사유물론연구』(서울 : 푸른산)

백두연구소 엮음, 1989a, 『주체사상의 형성과정 1』(서울 : 백두)

백두연구소 엮음, 1989b, 『북한의 혁명적 군중노선』(서울 : 백두)

백인우 지음, 1988, 『변혁운동의 방법론 비판 – 맑스 – 레닌주의와 변혁운동』(서울 : 벼리)

사르트르 지음/방곤 역, 1987, 『실존주의는 휴머니즘이다』(서울 : 문예출판사)

사회와 사상, 1989, 『80년대 한국사회운동논쟁』(서울 : 한길사)

사회와 사상, 1990, 『90년대 한국사회의 쟁점』(서울 : 한길사)

서대숙 편, 2004(I), 『북한문헌연구 제1권』(서울 : 경남대학교 극동문제연구소)

서대숙 편, 2004(III), 『북한문헌연구 제3권』(서울 : 경남대학교 극동문제연구소)

서대숙 편, 2004(IV), 『북한문헌연구 제4권』(서울 : 경남대학교 극동문제연구소)

서동만, 2005, 『북조선사회주의체제성립사(1945~1961)』(서울 : 선인)

서재진, 2001, 『주체사상의 형성과 변화에 대한 새로운 분석』 통일연구원 연구총서 01 - 13(서울 : 통일
연구원)

서재진, 2006, 『주체사상의 이반』(서울 : 박영사)

세계경제·국제관계연구소 편/정기화 옮김, 1988, 『전반적 위기론』(서울 : 백산서당)

소련공산당 중앙위원회 프로그레스출판사 편/김정민 옮김, 1990, 『페레스트로이카의 기본전략 --소련
공산당 제27차 당대회 토론자료집』(서울 : 이성과 현실)

손호철 지음, 1991,『한국 정치학의 새구상』(서울 : 풀빛)

손호철 지음, 1995,『해방 50년의 한국정치』(서울 : 새길)

손호철 지음, 2002,『근대와 탈근대의 정치학』(서울 : 문화과학사)

스탈린 지음/서중건 옮김, 1988,『스탈린 선집 1』(서울 : 전진)

신일철, 1987,『북한 '주체철학'의 비판적 분석』(서울 : 사회발전연구소)

신일철 지음, 2002,『북한정치의 시네마폴리티카』(서울 : 이지북)

신일철 지음, 2004,『북한 주체사상의 형성과 쇠퇴』(서울 : 생각의 나무)

아담 샤프 지음/박성숙 옮김, 1986,『싸르트르냐 마르크스냐』(서울 : 인간사)

양동주 지음, 2000,『20세기 대사건 100장면』(서울 : 가람기획)

앤더슨 (페리) 지음/장준오 옮김, 1990,『서구 마르크스주의 연구』(서울 : 이론과 실천)

여현덕·김창진 편역, 1987,『민주주의 혁명론』(서울 : 한울)

오이저만 (T. I.) 지음/윤지현 옮김, 1994,『맑스주의철학성립사』(서울 : 아침)

오진혁 지음, 1989,『주체철학비판 1』(서울 : 전진)

유팔무·김정훈, 2001,『시민사회와 시민운동 2』(서울 : 한울)

윤건차, 2000,『현대 한국의 사상흐름』(서울 : 당대)

이선일 편역, 1989,『마르크스 레닌주의의 실천논쟁—1960년대 동독의 실천 논쟁』(서울 : 거름)

이수창·신상석 지음, 1990,『철학의 근본문제와 실천·사람』(서울 : 일송정)

이정길 저, 1989,『철학의 새로운 단계』(서울 : 녹두)

이종석 지음, 1995a,『조선로동당연구—지도사상과 구조변화를 중심으로』(서울 : 역사비평사)

이종석 지음, 1995b,『현대북한의 이해—사상·체제·지도자』(서울 : 역사비평사)

이종석 지음, 2000,『새로 쓴 현대북한의 이해』(서울 : 역사비평사)

이주현 지음, 1991,『한국 전위조직운동사』(서울 : 동해)

이진경 엮음, 1989,『주체사상비판 1』(서울 : 벼리)

이진경 엮음, 1990,『주체사상비판 2』(서울 : 벼리)

이진경 편, 1991,『한국사회와 변혁이론 연구』(서울 : 민맥)

인천지역민주노동자연맹 엮음, 1991,『87~88년 정치위기와 노동운동—인노련 선집』(서울 : 거름)

전현준, 1999,『북한의 '강성대국'건설 실태 평가』연구총서 99-21(서울 : 통일연구원)

정영태, 2000,『북한의 국방위원장 통치체제의 특성과 정책전망』연구총서 2000-24(서울 : 통일연구원)

조진경 지음, 1988 (1),『민족자주화운동론 I』(서울 : 백산서당)

조진경 지음, 1988 (2),『민족자주화운동론 II』(서울 : 백산서당)

조희연 편, 1990,『한국사회운동사』(서울 : 죽산)

중국공산당 중앙문헌편집위 엮음/이희옥 옮김, 1989, 『모택동선집 1』(서울 : 전인)

중국공산당 중앙문헌편집위 엮음/이희옥 옮김, 1990, 『모택동선집 2』(서울 : 전인)

차문석 지음, 2002, 『반노동의 유토피아』(서울 : 박종철출판사)

채만수·김장한 편, 1990, 『한국사회통일전선논쟁』(서울 : 죽산)

최성 지음, 1997, 『북한정치사』(서울 : 풀빛)

최인호 외 번역, 1993, 『칼 맑스 프리드리히 엥겔스 저작선집 제VI권』(서울 : 박종철출판사)

카우츠키 (칼) 지음/이상돈 옮김, 1991, 『사회민주주의 기초』(서울 : 백의)

코르쉬 (칼) 지음/송병헌 옮김, 1986, 『마르크시즘과 철학』(서울 : 학민사)

코솔라포프 (I. J.) 외 지음/송주명 편역, 1990, 『페레스트로이카(1)』(서울 : 새날)

카렐 코지크 지음/박정호 옮김, 1985, 『구체성의 변증법』(서울 : 거름)

콘스탄티노프 (F.) 외 지음/편집실 편역, 1986, 『토대/상부구조론 입문』(서울 : 학민사)

콘스탄티노프 (F. V.) 지음/김창선 옮김, 1987, 『사적 유물론』(서울 : 새길)

쿤 (토마스 S.) 저/김명자 역, 1992, 『과학혁명의 구조』(서울 : 두산동아)

통일원, 1993, 『김정일 주요 논문집』(서울 : 통일원)

통일정책연구소 편, 2003, 『주체사상과 인간중심철학』(서울 : 예문서원)

편집부 엮음, 1988a, 『팜플렛 철학논쟁 1』(서울 : 일송정)

편집부 엮음, 1988b, 『민족과 경제』(서울 : 대동)

편집부 엮음, 1988c, 『통일혁명당』(서울 : 나라사랑)

편집부 지음, 1988, 『학생운동논쟁사』(서울 : 일송정)

편집부 편역, 1988, 『코민테른과 통일전선—코민테른 주요문건집』(서울 : 백의)

편집부 엮음, 1989, 『철학의 정립』(서울 : 청년세대)

편집부 편, 1989, 『강철서신—올바른 생활을 위한 지침서』(서울 : 눈)

페쳐 (I.) 지음/황태연 옮김, 1985, 『마르크스에서 소비에트 이데올로기로』(서울 : 중원)

프롬 (에리히) 편저/사계절 번역실 역, 1982, 『사회주의 인간론』(서울 : 사계절)

한 (에리히)·알프레드 코징 저/김성환·이병창 역, 1989, 『청년·세계변혁·철학』(서울 : 천지)

한국기독교산업개발원 엮음, 1988, 『한국 노동운동의 이념』(서울 : 정암사)

한국산업사회연구회 편, 1986, 『산업사회연구』(서울 : 한울)

한기영 지음, 1989, 『한국사회성격 논의』(서울 : 대동)

한상진 지음, 1988, 『변혁의 주체는 누구인가』(서울 : 동아일보사)

허드슨 (G. F.)·리차드 로웬탈·로데릭 맥화쿼 지음/김유 옮김, 2004, 『중소분쟁—자료와 분석』(경기 : 인간과 사회)

호른 (아이히) 외 지음/이상훈·장은주·최경 옮김, 1990, 『역사적 유물론』(서울 : 동녘)

황장엽 지음, 1999a, 『나는 역사의 진실을 보았다』(서울 : 한울)

황장엽 지음, 1999b, 『개인의 생명보다 귀중한 민족의 생명』(서울 : 시대정신)

황장엽 지음, 2000, 『인간중심철학의 몇 가지 문제』(서울 : 시대정신)

황장엽 지음, 2001(I), 『인생관(맑스주의와 인간중심철학 I)』(서울 : 시대정신)

황장엽 지음, 2001(II), 『사회역사관(맑스주의와 인간중심철학 II)』(서울 : 시대정신)

황장엽 지음, 2001(III), 『세계관(맑스주의와 인간중심철학 III)』(서울 : 시대정신)

황장엽·김덕홍, 2001, 『황장엽 비록 공개—어둠의 편이 된 햇볕은 어둠을 밝힐 수 없다』(서울 : 월간조선사)

『원자료로 본 북한 1945~1988』『신동아』 1989년 1월호 부록(서울 : 동아일보사)

『현대북한연구』 제4권 1호(2001)(서울 : 경남대학교 북한대학원)

조선일보사, 1997, 『황장엽 비밀파일』(『월간조선』 1997년 4월호 별책부록)(서울 : 조선일보사)

| 국내 논문 |

강내희, 1997, "'계급중심주의'에 대한 질문들"『이론』1997년 여름호(통권17호)(서울 : 이론)

강문구, 1992a, "민주적 변혁운동의 지반의 심화, 확장을 위하여—김세균 교수의 '시민사회론' 비판에 대한 토론"『경제와 사회』1992년(제6권), 한국산업사회학회 편(서울 : 한국산업사회학회)

강문구, 1992b, "한국사회의 민주화, 사회변혁 그리고 피지배연합,"『사회비평』1992(제7권)(서울 : 나남)

강문구, 1993, "변혁지향 시민사회운동의 과제와 전망"『경제와 사회』1993(제17권), 한국산업사회학회 편(서울 : 한국산업사회학회)

강정인, 2008, "개혁적 민주정부 출범 이후(1998~) 한국의 보수주의 : 보수주의의 자기쇄신?"『사회과학연구』16집 2호, 서강대학교 사회과학연구소 편(서울 : 서강대학교 사회과학연구소)

고유환, 1991, "주체사상과 북한 사회주의 정치"『안보연구』제20호, 1991, 동국대학교 안보연구소 편(서울 : 동국대학교 안보연구소)

고유환, 1993, "김정일의 주체사상"『안보연구』제23호, 1993, 동국대학교 안보연구소 편(서울 : 동국대학교 안보연구소)

김갑철, 1984, "북한 통치이데올로기(주체사상)의 형성과 그 기능에 관한 연구"『북한 통치이데올로기 연구』연구보고서 84-01(성남 : 한국정신문화연구원)

김남식, 1990, "동구의 충격, '주체사상' 변할 것인가"『역사비평』1990년 가을호, 역사문제연구소 편(서울 : 역사비평사)

김동옥, 1986, "북한의 통치 이데올로기로서의 주체사상에 관한 연구"『교육논총』제2권 3호, 조선대학교 편(광주 : 조선대학교)

김성구, 1997, "마르크스주의의 재구성의 경계―마르크스주의의 자기정체성"『이론』1997년 여름호(통권17호)(서울 : 이론)

김성국, 1991, "안토니오 그람시의 헤게모니 이론"『사회비평』1991년(제5권)(서울 : 나남)

김성국, 1992, "한국 자본주의 발전과 시민사회의 성격"『한국의 정치변동과 시민사회』한국사회학회·한국정치학회 공동학술대회 발표논문집

김성기, 1992, "이병천교수의 포스트맑시즘 논의에 대하여"『사회평론』1992년 9·10월호(서울 : 사회평론사)

김성보, 2000, "북한의 주체사상·유일체제와 유교적 전통의 상호관계"『사학연구』제61권, 2000, 한국사학회 편(서울 : 한국사학회)

김세균, 1992a, "'시민사회론'의 이데올로기적 함의 비판"『이론』1992년 가을호(통권 2호)(서울 : 이론)

김세균, 1992b, "그람시를 넘어서 나아가야 한다"『경제와 사회』1992(제16권), 한국산업사회학회 편(서울 : 한국산업사회학회)

김세균, 1997, "오늘의 마르크스주의―재구성을 위한 하나의 시도"『이론』1997년 여름호(통권 17호)(서울 : 이론)

김수길, 1990, "사회민주주의 재평가와 민주적 대안"『사상문예운동』1990년 여름호(통권 4호)(서울 : 풀빛)

김수행, 1991, "마르크스주의란 무엇인가"『사회평론』1991년 7월호(서울 : 사회평론사)

김승철, 1997, "귀순자가 본 황장엽 망명사건―황장엽의 망명, 주체사상의 망명인가"『북한』1997년 4월호(통권304호)(서울 : 북한연구소)

김시완, 1989, "주체사상의 이론구조와 이데올로기적 기능분석(II)"『북한』통권 212호, 1989(서울 : 북한연구소)

김영수, 1994, "북한 통치이데올로기의 특성과 변화―주체사상의 체계화 과정을 중심으로"『사회과학논집』제4권 제1호, 1994, 울산대학교 사회과학연구소 편(울산 : 울산대학교)

김영수, 2001, "북한의 통치 이데올로기 변화"『현대북한연구』제4권 1호, 2001, 경남대학교 북한대학원 편(서울 : 경남대학교 북한대학원)

김영환, 1998, "강철 김영환의 북경서신, "북한의 수령론은 완전한 허구이자 거대한 사기극""『말』1998년 5월호(서울 : 민주언론운동연합)

김용기·박형준·이병천·이종오·정태인·최장집, 1992, "한국사회와 맑스주의"『동향과 전망』제17호(서울 : 한국사회과학연구소)

김용기, 1990, "변혁주체론과 민중사회학 논쟁"『80년대 한국사회 대논쟁집』(『월간 중앙』1990년 신년호 별책부록)(서울 : 중앙일보사)

참고문헌 • 675

김용삼, 1997, "'참다운 주체사상'은 주자학적 관념론의 변종" 『황장엽 비밀파일』(『월간 조선』 1997년 4월호 별책부록)(서울 : 조선일보사)

김재기, 1990, "철학, 철학사, 철학의 근본문제" 『경성대학교 논문집』 제11집 3권, 1990(부산 : 경성대학교)

김재현, 1990, "마르크스 - 레닌주의와 주체사상" 『북한의 정치이념 주체사상』, 1990, 양재인 외 지음(서울 : 경남대학교 극동문제연구소)

김재현, 1991, "소련 철학에서 '인간론'의 지평" 『시대와 철학』 제2호(1991) 한국철학사상연구회 편(서울 : 동녘)

김종옥, 1991, "공산주의와 주체사상—김일성 주체사상 중심" 『대구전문대학 교수논문집』 제12권, 1991, 대구전문대학 편(대구 : 대구전문대학)

김창호, 1991, "마르크스 역사철학에서 주체성 문제와 사회주의 인간론" 철학연구회 편, 『철학연구』 제29집(1991)(서울 : 철학연구회)

김형기, 1988, "반제반독점 민주변혁의 이론구조와 정책" 『사회와 사상』 제3호(1988)(서울 : 한길사)

김형기, 1992, "알티세를 다시 읽을 것이 아니라 변화된 현실을 다시 읽어야" 『사회평론』 1992년 8월호(제16권)(서울 : 사회평론사)

맥크라스 (콜린), 1990, "주체사상과 김일성주의" 『서구 마르크스주의자들이 본 북한』, 1990, 안드레아스 크라체크 외 지음/편집부 편역(서울 : 중원문화)

박노자, 2007, "주체사상 생명체론의 사상사적 계보" 『코키토』 제61권, 2007, 부산대학교 인문학연구소 편(부산 : 부산대학교 인문학연구소)

박상섭, 1984, "주체사상 비판연구에 관한 비판적 내용분석" 『북한 통치이데올로기 연구』 연구보고서 84-01(성남 : 한국정신문화연구원)

박성현, 1990, "무학 논쟁" 『80년대 한국사회 대논쟁집』(『월간 중앙』 1990년 신년호 별책부록)(서울 : 중앙일보사)

박승덕·김민웅 대담, 1991, "북한은 남한의 주체사상 논쟁을 이렇게 본다" 『사회평론』 1991년 7월호(서울 : 사회평론사)

박현채, 1985, "현대 한국사회의 성격과 발전단계에 관한 연구(1)" 『창작과 비평』 1985 복간 1호(서울 : 창작과 비평사)

박형준·이미숙, 1989, "'새로운 사고'의 세계인식과 변혁론" 『동향과 전망』 1989 겨울호(통권 6호)(서울 : 한국사회과학연구소)

박형준, 1991, "계급분석의 지위에 대한 재론" 『창작과 비평』 1991년 겨울호(통권 74호)(서울 : 창작과 비평사)

박호성, 1991a, "'사회민주주의'는 '현실적' 대안인가" 『역사비평』, 1991년 봄호(통권 12호)(서울 : 역사비

평사)

박호성, 1991b, "마르크스주의 레닌주의 스탈린주의"『사회평론』1991년 7월호(서울 : 사회평론사)

백욱인, 1993, "시민운동이냐, 민중운동(론)이냐—김세균, 강문구 토론에 대한 비평"『경제와 사회』
   1993(제17권), 한국산업사회학회(서울 : 한국산업사회학회)

백종천, 1984, "주체사상 비판연구의 동향 : 계량적 분석"『북한 통치이데올로기 연구』연구보고서
   84-01(성남 : 한국정신문화연구원)

손호철·이병천·김수길·조희연, 1990, "좌담 : 오늘의 사회주의와 맑스주의의 위기"『창작과 비평』
   1990년 여름호(통권 68호)(서울 : 창작과 비평사)

신일철, 1997, "황장엽의 망명과 주체사상—「월간조선」,『신동아』부록·논문을 읽고"『계간 사상』
   1997년 가을호(서울 : 사상)

안병용, 1990, "깃발논쟁"『80년대 한국사회 대논쟁집』(『월간 중앙』1990년 신년호 별책부록)(서울 : 중
   앙일보사)

안신호, 1990, "주체사상속의 인간관—심리학적 분석"『민족문제논총』제1집(1990), 부산대학교 민족문
   제연구소 편(부산 : 부산대학교 민족문제연구소)

안철홍, 1995, "<80년대 이론가들의 90년대 읽기 1> 12시간 심층 인터뷰 강철 김영환 10년 만에
   입열다/반미, 북한 그리고 90년대에 대한 나의 생각"『말』1995년 4월호(통권 106호)(서울 : 민주언론
   운동협의회)

양원태, 1991, "한국자본주의의 이론적·실증적 쟁점"『한국사회구성체논쟁 III』, 1991, 박현채·조희연
   편(서울 : 죽산)

엄한진, 2004, "우경화와 종교의 정치화 : 2003년 '친미반북집회'를 중심으로"『경제와 사회』제62권,
   한국산업사회학회 편(서울 : 한국산업사회학회)

유삼열, 1995, "주체사상과 모택동사상의 비교연구"『동북아연구논총』제1권 제1호, 1995, 관동대학교
   동북아평화연구소 편(강릉 : 관동대학교 동북아평화연구소)

유인렬, 1992, "맑스주의에 대한 역사적 평가의 관점을 철저히 견지하기를"『사회평론』1992년 9·10월호
   (서울 : 사회평론사)

유팔무, 1992, "속류 맑스주의에 대한 속류 비판과 이병천식 포스트주의의 딜레마"『사회평론』1992년
   9·10월호(서울 : 사회평론사)

윤소영, 1988, "식민지반봉건사회론과 신식민지국가독점자본주의론"『현실과 과학』제2호(서울 : 새길)

윤소영, 1992, "한국의 '맑스주의위기'와 한국사회성격논쟁"『사회평론』1992년 8월호(제16권)(서울 :
   사회평론사)

윤소영 외, 1992, "알튀세르를 다시 읽으며 '마르크스주의 위기'를 생각한다"『이론』1992년 여름호(창간

호)(서울 : 이론)

윤소영, 1994a, "노동자운동의 위기와 마르크스주의의 전화"『이론』1994년 봄호(통권8호)(서울 : 이론)

윤소영, 1994b, "'PD의 진실' 또는 어떤 아픈 사랑의 꿈에 대한 해석"『이론』1994년 여름호(통권 9호)(서울 : 이론)

이강석, 1995, "주체사상과 모택동사상의 비교"『안보연구』제20호, 1995, 동국대학교 안보연구소 편(서울 : 동국대학교 안보연구소)

이대근, 1985, "한국 자본주의의 성격에 관하여"『창작과 비평』1985 복간 1호(서울 : 창작과 비평사)

이민호, 1991, "식민지 반자본주의론과 한국사회변혁운동의 몇 가지 과제"『한국사회구성체논쟁 III』, 1991, 박현채·조희연 편(서울 : 죽산)

이병수, 1994, "주체사상의 보편화 및 체계화 과정에 대한 분석"『시대와 철학』제9호, 1994, 한국철학사상 연구회 편(서울 : 동녘)

이병창, 1994, "해방 이후 북한철학사—의식, 문화, 도덕, 심리에 관한 철학을 중심으로"『시대와 철학』제9호, 1994, 한국철학사상연구회(서울 : 동녘)

이병천, 1988, "신식민지국가독점자본주의론의 이론구조"『사회와 사상』1988년 10월호(서울 : 한길사)

이병천, 1991, "맑스 역사관의 재검토"『사회경제평론』제4호, 한국사회경제학회 편(서울 : 한울)

이병천, 1992, "포스트 맑스주의와 한국사회"『사회평론』1992년 9·10월호(서울 : 사회평론사)

이병호, 1989, "한국사회성격과 변혁이론에 대한 일고찰"『녹두서평 3』, 1989(서울 : 녹두)

이상훈, 1994, "북한의 서양철학"『시대와 철학』제9호, 1994, 한국철학사상연구회 편(서울 : 동녘)

이재현, 1992, "포스트 증후군에 관하여—소위 맑스주의 위기론을 중심으로"『경제와 사회』제14호(서울 : 한국산업사회학회)

이정로, 1989, "'PD'파의 오류와 'NDR론'의 복권"『한국사회구성체논쟁 III』, 1991, 박현채·조희연 편(서울 : 죽산)

이종석, 1989, "김일성의 '반종파투쟁'과 북한 권력구조의 형성"『역사비평』1989년 가을호(통권 8호)(서울 : 역사비평사)

이훈, 1994, "북한철학의 흐름"『시대와 철학』제9호, 1994, 한국철학사상연구회 편(서울 : 동녘)

임휘철, 1989, "정통이론의 결여와 수정주의의 과잉"『80년대 한국사회운동 논쟁』, 1989, 사회와 사상 편(서울 : 한길사)

전인영, 1983, "북한의 주체사상 : 마르크스 - 레닌주의의 변형"『사회과학과 정책연구』제5권 2호, 서울대학교 사회과학연구원 편(서울 : 서울대학교 사회과학연구원)

정민, 1990, "사회구성체 논쟁"『80년대 한국사회 대논쟁집』(『월간 중앙』1990년 신년호 별책부록)(서울 : 중앙일보사)

정성장, 1997, "스탈린체제와 김일성체제의 비교연구"『국제정치논총』제37집 2호, 1997, 한국국제정치
　　학회 편(서울 : 한국국제정치학회)

정성장, 1999, "주체사상의 이론적 체계와 성격"『북한연구학회보』제3권 제2호, 1999, 북한연구학회
　　편(서울 : 북한연구학회)

정성장, 2000, "주체사상의 기원과 형성 및 발전과정"『한국정치외교사논총』제21호 2권, 2000, 한국정치
　　외교사학회 편(서울 : 한국정치외교사학회)

정영순, 1997, "북한의 주체사상에 나타난 한국 전통철학에 관한 내용연구—자연관, 사회역사관,
　　도덕관을 중심으로"『성대사림』12 - 13권, 1997, 성균관대학교 사학과 편(서울 : 성균관대학교
　　사학과)

정태석, 1991, "'역사적 현상으로서의' 사회민주주의 정치와 계급정치"『경제와 사회』1991년(통권
　　11호), 한국산업사회학회 편(서울 : 한국산업사회학회)

정해구, 2006, "뉴라이트운동의 현실인식에 대한 비판적 검토"『역사비평』2006년 가을호(통권76호)(서
　　울 : 역사비평사)

정희영, 1990, "제국주의시대의 인민민주주의혁명론 고찰"『형설』제19집, 충남대학교 교지.

최성철, 1998, "북한의 통치이념에 관한 연구"『사회과학논총』제17집, 1998, 한양대학교 통일정책연구
　　소 편(서울 : 한양대학교 통일정책연구소)

최용섭, 1992, "주체사상과 맑스레닌주의와의 관계—통치이념으로서의 위상을 중심으로"『광주보건
　　전문대학 논문집』제 17집, 1992(광주 : 광주보건전문대학)

최영, 1975, "아시아적 근대화 발전론에서 본 '모택동사상'과 '주체사상'의 비교연구"『북한』통권
　　44호, 1975, 북한연구소 편(서울 : 북한연구소)

최종욱, 1989, "북한의 사회주의 건설과 주체사상의 이해"『철학연구』제25권 제1호, 철학연구회(서울 :
　　철학연구회)

최홍재, 2007, "뉴라이트는 反제, 反수령, 자유와 민주주의 원칙뿐/『역사비평』봄호의 '반일민족주의와
　　뉴라이트'에 대한 反論"『시대정신』2007년 여름호(서울 : 시대정신사)

하종문, 2007, "반일민족주의와 뉴라이트"『역사비평』2007년 봄호(통권 78호)(서울 : 역사비평사)

한홍구, 2004, "남한 주사파의 비극과 희극"『한겨레 21』2004년 11월 18일(535호)(서울 : 한겨레신문사)

홍건영, 1994, "주체사상 체계 확립 이후의 북한철학 — 철학적 원리와 사회역사적 원리를 중심으로"
　　『시대와 철학』제9호, 1994, 한국철학사상연구회 편(서울 : 동녘)

황태연, 1988, "'더 많은 사회주의'로서의 소련 페레스트로이카"『창작과 비평』1988년 가을호(통권
　　61호)(서울 : 창작과 비평사)

| 북한 단행본 및 논문 |

고정웅·이준항 집필, 1995, 『조선로동당의 반수정주의투쟁경험』(평양 : 사회과학출판사)

국토통일원 조사연구실, 1988(II), 『조선로동당대회자료집(제II집)』(서울 : 국토통일원)

국토통일원 조사연구실, 1988(IV), 『조선로동당대회자료집(제IV집)』(서울 : 국토통일원)

『근로자』 1969년 11호(평양 : 근로자사)

김일성, 1955, "관료주의를 퇴치할데 대하여" 『김일성저작집 9』, 1984(평양 : 조선로동당출판사)

김일성, 1955, "당원들 속에서 계급교양사업을 더욱 강화할데 대하여" 『김일성저작집 9』, 1984(평양 : 조
    선로동당출판사)

김일성, 1955, "사상사업에서 교조주의와 형식주의를 퇴치하고 주체를 확립할데 대하여" 『북한문헌연
    구 제3권』 2004, 서대숙 편(서울 : 경남대학교 극동문제연구소)

김일성, 1958, "공산주의 교양에 대하여" 『주체사상의 형성과정 1』, 1989(1), 백두연구소 편(서울 : 백두)

김일성, 1964, "조국통일 위업을 실현하기 위하여 혁명력량을 백방으로 강화하자" 『북한통일정책변천
    사 상』, 1989, 이한 엮음(청주 : 온누리)

김일성, 1965, "조선민주주의인민공화국의 사회주의건설과 남조선혁명에 대하여" 『북한문헌연구
    제4권』 2004(IV), 서대숙 편(서울 : 경남대학교 극동문제연구소)

김일성, 1967, "자본주의로부터 사회주의에로의 과도기와 프롤레타리아독재문제에 대하여" 『북한문
    헌연구 제3권』 2004(III), 서대숙 편(서울 : 경남대학교 극동문제연구소)

김일성, 1972, "우리당의 주체사상과 공화국정부의 몇가지 대내외정책에 대하여" 『김일성저작집
    27』, 1984(평양 : 조선로동당출판사)

김일성, 1986, "사회주의 완전승리를 위하여" 『주체사상의 형성과정 1』, 1989(1), 백두연구소 편(서울 :
    백두)

김정일, 1974, "주체철학의 리해에서 제기되는 몇가지 문제에 대하여" 『북한자료집 김정일 저작選』
    경남대학교 극동문제연구소 편(1991)

김정일, 1982, "주체사상에 대하여" 『김정일 주요 논문집』, 통일원 편(1993)(서울 : 통일원)

김정일, 1983, "맑스 - 레닌주의와 주체사상의 기치를 높이 들고 나아가자" 『북한자료집 김정일 저작選』
    경남대학교 극동문제연구소 편(1991)

김정일, 1986, "주체사상 교양에서 제기되는 몇가지 문제에 대하여" 『북한자료집 김정일 저작選』
    경남대학교 극동문제연구소 편(1991)

김정일, 1991, "인민대중중심의 우리식사회주의는 필승불패이다" 『김정일 주요 논문집』, 통일원
    편(1993)(서울 : 통일원)

김정일, 1992a, "사회주의 건설의 력사적 경험과 우리당의 총로선" 『김정일 주요 논문집』 통일원

편(1993)(서울 : 통일원)

김정일, 1992b, "혁명적 당건설의 근본문제에 대하여"『김정일 주요 논문집』통일원 편(1993)(서울 : 통
   일원)

김정일, 1997, 『주체철학은 독창적인 혁명철학이다』(평양 : 조선로동당출판사)

김정일, 2005,『주체사상은 인류의 진보적사상을 계승하고 발전시킨 사상이다』(평양 : 조선로동당출
   판사)

김진택 외, 1961, 『우리 나라의 맑스 - 레닌주의의 승리—조선로동당 제4차 대회 기념 론문집』(평양 : 조
   선로동당 출판사)

김창렬 저, 1988,『현대제국주의의 반동사상, 부르죠아인간철학의 반동적 본질』(평양 : 사회과학출판사)

김효, 1994, 『주체사회주의의 현시대적 의미』(평양 : 평양출판사)

리상준·전병식 편, 1962,『조선혁명 수행에서 김일성동지에 의한 맑스 - 레닌주의의 창조적 적용』(평
   양 : 과학원 출판사)

북한 사회과학원 철학연구소 지음(1985), 1988, 『북한 주체철학 - 철학사전』(서울 : 힘)

사회과학원 주체사상연구소 집필, 1975, 『주체사상에 기초한 사회혁명리론』(평양 : 사회과학출판사)

사회과학출판사 편, 1973, 『정치사전』(평양 : 사회과학출판사)

사회과학출판사 편, 1989, 『주체사상의 철학적 원리』(총서 01)(서울 : 백산서당)

사회과학출판사 편, 1989, 『주체사상의 사회역사원리』(총서 02)(서울 : 백산서당)

사회과학출판사 편, 1989, 『주체사상의 지도적 원리』(총서 03)(서울 : 백산서당)

사회과학출판사 편, 1989,『반제반봉건민주주의혁명과 사회주의혁명이론』(총서 04)(서울 : 백산서당)

사회과학출판사 편, 1989, 『영도체계』(총서 09)(서울 : 지평)

사회과학출판사 편, 1989, 『영도예술』(총서 10)(서울 : 지평)

조선로동당 편, 1961, 『우리 나라의 맑스 - 레닌주의의 승리』(평양 : 조선로동당출판사)

조선로동당 중앙위원회 당력사연구소 지음, 1989(1), 『조선로동당략사 1』(1979)(서울 : 돌베개)

조선로동당 중앙위원회 당력사연구소 지음, 1989(2), 『조선로동당략사 2』(1979)(서울 : 돌베개)

조선로동당 중앙위원회 당력사연구소 지음, 1991, 『조선로동당력사』(평양 : 조선로동당출판사)

철학연구소 집필, 1975,『남조선에 대한 미제의 사상적 침투의 반동적 본질』(평양 : 사회과학출판사)

허종호, 1975, 『주체사상에 기초한 남조선혁명과 조국통일리론』(평양 : 사회과학출판사)

| 외국어 문헌 |

市田良彦·福井和美 譯, 1999, 『ルイ·アルチュセール 哲學·政治著作集 I』(東京 : 藤原書店)

市田良彦·福井和美 譯, 1999, 『ルイ·アルチュセール 哲學·政治著作集 II』(東京 : 藤原書店)

岩崎允胤 著, 1980, 『辨證法と現代社會科學』(東京：未來社)

金哲央 著, 1992, 『主體哲學槪論』(東京：未來社)

朴庸坤, 1988, 『チュチェ思想の理論的基礎』(東京：未來社)

野田宣雄(外) 著, 1973, 『變貌する現代世界』(東京：講談社)

林誠宏, 1980, 『裏切られた革命―金日成主義批判序說』(東京：創世記)

Agger, Ben, 1979, *Western Marxism : An Introduction* (California : Goodyear Publishing Co. Inc.)

Althusser, Louis/Brewster, Ben(trans.), 1982, *For Marx* (London : Verso)

Althusser, Louis and Balibar, Etienne /Brewster, Ben(trans.), 1997, *Reading Capital* (London : Verso)

Anderson, Perry, 1983, *In the Tracks of Historical Materialism* (London : Verso)

Benton, Ted, 1984, *The Rise and Fall of Structural Marxism* (London : Macmillan)

Brown, Andrew/Fleetwood Steve and Roberts John Michael(eds.), 2002, *Critical Realism and Marxism* (London : Routledge)

Callinicos Alex, 1983, *Marxism and Philosophy* (Oxford : Oxford University Press)

Dallin, Alexander(ed.), 1963, *Diversity in International Communism* (NY : Columbia Univ. Press)

Engels, Frederick, 1880, "Socialism : From Utopian to Scientific" *MECW* 24.

Engels, Frederick, 1886, "Ludiwig Feuerbach and the End of Classical German Philosophy" *MECW* 26.

Franklin, Bruce(ed.), 1973, *The Essential Stalin---Major Theoretical Writings 1905~52* (London : Croom Helm LTD.)

Giddens, Anthony, 1981, *A Contemporary Critique of Historical Materialism* (L.A. : University of California Press)

Gouldner, Alvin, 1980, *The Two Marxisms---Contradictions and Anomalies in the Development of Theory* (New York : The Seabury Press)

Habermas, Jürgen/McCarthy Thomas(trans.), 1979, *Communication and the Evolution of Society* (Boston : Beacon Press)

Hudis, Peter & Anderson, Kevin B.(eds.), 2004, *The Rosa Luxemburg Reader* (N. Y. : Monthly Review Press)

Kolakowski, Leszek/Falla P. S.(trans.), 1978, *Main Currents of Marxism* I, II, III (Oxford : Oxford University Press)

Larrain. Jorge, 1986, *A Reconstruction of Historical Materialism* (London : Allen & Unwin)

Lenin. V. I., 1902, "The Development of Capitalism in Russia : The Process of the Formation of a Home Market for Large-Scale Industry" *LCW* 3.

Lenin. V. I., 1902, "What is to be done? : Burning Questions of Our Movement" *LCW* 5.

Lenin. V. I., 1905, "Two Tactics of Social-Democracy in the Democratic Revolution" *LCW* 9.

Lenin. V. I., 1908, "Materialism and Empirio Criticism : Critical Comments on a Reactionary Philosophy" *LCW* 14.

Lenin. V. I., 1914, "Karl Marx : A Brief Biographical Sketch with an Exposition of Marxism" *LCW* 21.

Lenin. V. I., 1915, "Under A False Flag" *LCW* 21.

Lenin. V. I., 1919, "The Third International and Its Place in History" *LCW* 29.

Leonhard, Wolfgang/Osers Ewald(ed.), 1974, *Three Faces of Marxism* (N.Y. : Holt, Rinehard and Winston)

Marx, Karl, 1843, "Contribution to the critique of Hegel's philosophy of Law" *MECW* 3.

Marx, Karl, 1844, "Economic and Philosophical Manuscripts of 1844" *MECW* 3.

Marx, Karl, 1845, "These on Feuerbach" *MECW* 5.

Marx, K. & Engels F., 1845, "Germany Ideology" *MECW* 5.

Marx, K. & Engels F., 1848, "Manifesto of Communist Party" *MECW* 6.

Marx, Karl, 1852, "The Eighteen Brumaire of Louis Bonaparte" *MECW* 11.

Marx, Karl, 1859, "A Contribution to the critique of political economy" *MECW* 29.

Marx, Karl, 1986, *Capital* I(Moscow : Progress Publishers)

McLellan, David, 1979, *Marxism After Marx* (London : Macmillan Press Ltd.)

McMurtry, J., 1978, *The Structure of Marx's World-View* (Princeton : Princeton University Press)

Mepham, John & Ruben, David-Hillel, 1979, *Issues in Marxist Philosophy* (N. J. : Humanities Press)

Riordan, Jim(trans.), 1976, *Right-Wing Revisionism Today* (Moscow : Progress Publishers)

Sartre, J. P./Barnes Huzel E.(trans.), 1968, *Search for A Method* (N. Y. : Vintage Books)

Sartre, J. P./Sheridan-Smith Alan(trans.), 1976, *Critique of Dialectical Reason* (London : Verso)

Schurmann, Franz, 1970, *Ideology and Organization in Communist China* 2nd Enlarged Edition (Berkery : University of California Press)

Sherman, Howard J., 1995, *Reinventing Marxism* (Baltimore : The Johns Hopkins University Press)

Sweezy, Paul M., 1962, *The Theory of Capitalist Development---Principles of Marxian Political Economy* (London : Dennis Dobson Limited)

Talbott, Strobe(trans. & ed.), 1970, *Khrushchev Remembers* (Toronto : Little, Brown & Company)

Thompson, E. P., 1978, *The Poverty of Theory & Other Essays* (N. Y. : Monthly Review Press)

Williams, Raymond, 1977, *Marxism and Literature* (Oxford : Oxford University Press)

Woddis, Jack, 1972, *New theories of revolution* (N. Y. : International Publishers)

Wood, E. M., 2003, *Empire of Capital* (London : Verso)

Wright, Erik Olin/Levine, Andrew & Sober, Elliott, 1992, *Reconstructing Marxism* (London : Verso)

인명 색인

가케하시 아키히데(梯明秀) 124

강내희 541 544 673

강동일 610 315 330 331 340 354 365 380 669

강문구 518 521~527 531 532 673 676

강정인 639~641 648 673

고르바초프(Gorbachev, M.) 226 227 233 268 283 284 489 658 660

고유환 585~587 673

고정웅 159~161 248~250 261 263~265 268 283 284 679

구해우 638 642

굴드너(Gouldner, Alvin) 38~41 47 56~59

그람시(Gramsci, Antonio) 62 94 95 104~109 111 125 127 141 148 343 346 350 518~522 525 526 529 531 532 653 661

그로프(Grop, R. O.) 122

기든스(Giddens, Anthony) 136 137 500

김갑철 556 557

김경환 473 629 631

김남식 589

김동옥 559

김동춘 22~24 236 302~304 489 660 661

김병식 560

김성구 541 543 544

김성국 518~521 525 526 528~533

김성보 602

김세균 517 518 520~527 531~534 541~545

김수길 498 500 513~516

김수행 25 304 306 307 508 509

김승철 605 606

김시완 578

김연철 607 608 614 625

김영수 446 447 589 590

김영환 409 467 473 628~638 641 642 644~648 663 664

김용삼 606 628

김일성 157 158 162 167 169 179 212 213 229 234 237 238 240~245 251 252 254~260 262~269 271~282 284~289 316 334 344 397 436 451 452 463 464 469 471 474~477 549 557~560 565 570 578~586 588~591 596~599 602 603 605~610 629~634 654 655 658 662 663

김장한 478 479 481

김장호 316 398 399 438 441

김재기 573~575

김재현 210 306 307 563 564 572 585

김정일 167 169~182 186~189 192~194 207 212 213 234 238 239 247 259~261 264

278 281 282 284~288 292~294 309 321
326 333 334 338 344 352 360 361 363
389~392 463~465 477 548~550 565 566
570 576 586 588~590 592 605 606 608
610 611~614 616 617 619 634 638 644
655~657 663
김정훈 518 526 528~530 533
김종옥 577
김종태 316 470 476
김질락 316 470
김창렬 155 156 378
김창봉 475
김창호 63 210 314 315 334 346~350 360
374 390 391 393~395
김철순 480
김태호 476 477
김현철 310 311 315 327 355 365~370 380
김형기 447 456 460 538
김효 262
다나카 요시하츠(田中吉六) 124
대처(Thatcher, Margaret Hilda) 20
데보린(Deborin, Abram Moiseevich) 35
드라길레프(Dragilev, M.) 223 225
라라인(Larrain, Jorge) 28 40 41 53 55 56 95
131 132 142 143
라브리올라(Labliola, A.) 87 106 350
라이트(Wright, E. O.) 24 142
라카토슈(Lakatos, Imre) 36 114 130 211
라클라우(Laclau, Ernest) 36 495 500 510 511
519
레닌(Lenin, V. I.) 35 50 57 71 73 80 87~94
99 108 119 126 127 139 141 147~150 152
153 157 159~162 166 184~186 204 214

215 217 219~225 227 229 230 232 249
256 289 291 298 300 312 313 338 339 353
355 357 358 360 362 373 374 383 395 445
447 463 491 493 501 510 515 537 653 655
657 660
레온하르트(Leonhard, Wolfgang) 58 118
루카치(Lukačs, G.) 35 38 56 62 94~100 103
104 107 109 111 125 127 128 141 148 155
306 307 343 345 346 350 377 378 575 653
661
루벤(Ruben, David-Hillel) 35
룩셈부르크(Luxemburg, Rosa) 57 66~71 76
98~100 125 129 141 146 210 653
리상준 157 254 266
리성준 566
리준항 159~161 248 250 261 263~265 268
283 284
리효순 254 255 269
림두성 254 266
림성굉 162 165
마르쿠제(Marcuse, H.) 71 72 75 110 154
마르크스(Marx, K. H.) 19~22 28~31 33 35
37~56 60~69 71~75 78 80 81 83 84 86~89
93 94 96~104 107~109 111~116 118 119
125~129 131~133 135 139 142~145 148
151 153~155 157 161 162 164 166 174
175 182 184 185 187 195~212 214 215
217~219 221 222 224 228 233 241 289
291 296 304 307 310~314 320 325 326
329 331 333 340 347~351 353 355 358
360~368 370 373~380 382 383 385~388
390 391~396 398 416 463 488 490 491
497~499 503~509 514 515 519 530 541

574 576 604 618 621 626 652 653 655~657
663 665~667

맥렐런(McLellan, David)   61~64 71 79 110
113

맥머트리(McMurtry, J.)   131

메를로-퐁티(Merleau-Ponty, Maurice)   61 79

메팜(Mepham, John)   35

모택동   241 343 596 600

무페(Mouffe, Chantal)   510 511 519

문영호   315

박금철   254 255 269

박노자   602 603

박상섭   557

박승덕   334 346 374 553 554 565 566 586

박영빈   240

박용곤   172 176

박창옥   240 266

박헌영   265

박현채   297 306 318 322 398~401 407 408
412~419 424~431 437~439 446~451
453~460 462 485 490 548 553

박형준   492~498 500~502 510

박호성   88 516

발리바르(Balibar, Etienne)   83 139 140 144
542 543

백욱인   522~527

백인우   311 312 315

백종천   557

베른슈타인(Bernstein, E.)   57 64~68 98~100
125 220 263 264

벤튼(Benton, Ted)   60 61 79 82

브레즈네프(Brežnev, Leonid Il'ič)   63 160 248
249 265 268 654

비코(Vico, G.)   390

사르트르(Sartre, J. P.)   28 35 60 61 79 86 113~116
132 143 146 153~155 211 212 290 331
350 626

샤프(Schaff, Adam)   116 118

서관모   400 401

서동만   277

서재진   162 165 588 589 593 594

셔만(Sherman, Howard J.)   24 137~139 144

소렐(Sorel, Georges-Eugene)   87

손호철   36 299 300 313 322 337~339 358
359 423 498 500 508 515 516 518 525~534

슈만(Schurmann, Franz)   158 194 236 559 666

스비타크(Svitak, Ivan)   119 120

스위지(Sweezy, Paul)   67~69

스캔런(Scanlan, James P.)   63 77 123 152

스탈린(Stalin, J.)   58 62 63 72~78 80 87 88
93 117 121 125~127 146 150 152 157
159~166 192 210 218 222~224 229 231
241~243 258 264~266 270 271 282 291
296 298 301 313 330 340 352 366 367 379
385 387 392~394 416 422 497 568 578
582 592~594 616 620 621 653~655 657
658 661 665

시바타 마사요시(柴田政議)   468

신상석   341 342 375~379

신일철   259 558~562 604 605 614~618 625
626 663

신지호   642 648

심재춘   631

안병직   415 642

안신호   576 577

알튀세르(Althusser, Louis)   37~39 41~44 60

61 79~87 116 121 125 129 131 139 140
143 144 146 147 150 153 154 210 221 290
535 538 539 541~544 653

양원태 459

양형섭 258 259 344 565 570 609

애거(Agger, Ben) 118 327

앤더슨(Anderson, Perry) 79 94 95 116 117

엄한진 639 640

엥겔스(Engels, F.) 19 28~31 35 37 41~44
46 48~56 61~63 65~68 71~73 75 78 80
83 84 89 93 96 97 101~104 116 125 127
132 143~145 151 153 154 157 161 162
164 166 175 183~187 195 197~199 200
202~204 208~212 214 215 218 219 222
289 291 296 300 310~314 325 331 332
340 350 353 361 363~367 370 373~380
382 383 385~388 391 392 394~396 491
506 541 576 604 624 655

오진혁 315 327

우드(Wood, E. M.) 20

우디스(Woddis, Jack) 436 479

윌리엄스(Williams, Raymond) 135~137 139

유삼열 596

유인렬 515

유초하 561 562

유팔무 507 510 518~520 526 528~530 533

윤건차 512 513 517 525 531 532 534 541

윤소영 417~420 423 424 456 460 461 535~540

윤해성 216 235 240 356 357

윤형식 25 303 304 307

이강석 596

이대근 306 400 401 407 412~416

이병수 569~571

이병창 568 569

이병천 423 424 456 460 498~510 512~515
520 591

이병호 432 434 435 438 440 454~456

이문규 316 470

이미숙 492~495

이산 347~351 359~362 389~396

이상민 438

이상훈 567 568

이수창 340~342 375 377 379

이와사키 조우다네(岩崎允胤) 124

이재현 502 503

이정길 343~347 381 383~389 463 464 577

이정로 457~459

이종률 297

이종석 240 244 247 252 254 257 286 464
578~586 597~600

이종오 404 409 467 500~502 510

이진경 216 235 240 308~310 312 313 315
320 333 334 337 339 356 357 370~374
460

이훈 565 566

임휘철 306

자이델(Seidel, Helmut) 122~124

장민호 645

장종엽 253

전병식 157 254 266

전인영 559

정민 400 401 416 419~421 424 428~432 436
439 440 450~456 459 460

정성장 591~593 608 618~621 625

정세연 331 336 337

정영순 601 602

정태석 515

정해구 639~641

조유식 473 629 631

조진경 316 321 340 355 469 472 478~483

조희연 318 322 399~401 404 405 407 408
  416 417 419 424 426~431 437~439
  446~451 453 454 456 459 460 462 485
  490 498 500 515 516 548 553

채만수 479 481

최성철 578

최영 595 596

최용섭 575 576

최종옥 166

최창익 266

최홍재 642 646 648

카우츠키(Kautsky, Karl) 64~70 76 125 146
  152 161 210 219 220

캘리니코스(Callinicos, Alex) 140 141

커리(Curry, Neil) 36

코르쉬(Korsch, Karl) 35 62 94~96 100~104
  107 109~111 125 127 141 148 653

코와코프스키(Kolakowski, Lezek) 61~63 66
  71 110 119 185

코지크(Kosik, Karel) 85 120 121 306

코징(Kosing, Alfred) 122

콘스탄티노프(Konstantinov, F. V.) 393~396

콜레티(Colletti, Lucio) 67

쿠노우(Cunow, Heinlich) 67

쿤(Kuhn, Thomas) 36 114 211

타케치 다테히도(武市建人) 124

톰슨(Thompson, E. P.) 29 58~60 79 81~83
  86 140 143 221

포이에르바하(Feuerbach, L.) 28 37 38 42~46
  48 53 55 73 78 80 81 102 118 182 183
  185 195 197~199 201~204 209 211 310
  320 325 328 332 334 366 367 376 378 386
  506 626 647 663 666

플레하노프(Plekhanov, G. V.) 35 46 106

하버마스(Habermas, J.) 110 130 132~135 153

하수도 560~562

하영옥 473 629 631

하종문 646

하태경 642

한기영 438 440~442

한상진 517

한홍구 636 637

허종호 397 398 433 452

헤겔(Hegel, G. W. F.) 20 23 39 43~49 54
  55 61 62 80 96~100 104 112~114 145 148
  155 201~204 306 307 330 347 383 391
  541 567 624 661

혼다 겐죠(本多謙三) 124

호르크하이머(Horkheimer, Max) 94 110 154

홍건영 571

홍진표 638 642~644 647 648

황장엽 33 176 179 182 194 211 242~246
  252 253 270~272 280 281 473 489 556
  589 604~629 635~637 641 644 647 657
  659 663

황태연 491 492 494 498

흐루시초프(Khrushchov, Nikita Sergeyevich)
  117 159~162 166 217 218 232 248 249
  263~265 268 283 654 658

사항 색인

강성대국론 237 287 289 290 588 594 663

강철서신 409 467 469 628 642 663

개량주의 424 437 499 500 517 521~524 527 529 530 532 534 562

개인숭배 (비판) 72 80 117 159~162 166 244 264 560 578 579 586 591 594 617 625

경제 결정론 50~53 64~71 74~76 78 79 82 83 87 96~98 103 104 106 109 113 115~119 121 124 140 143 144 146 148~150 152 220 291 296 336 368 378 385 387 392~396 508 509 653

경제정의실천시민연합(경실련) 517 534

계급모순 407~410 414 415 417 423 424 430 434 436 443 444 448 483 485 494 514 543 544

계급환원주의 519 520

계승성 19 21 25 31 33 127 128 152 153 156 167~173 177 181 183 188 193~195 203 205 206 210 211 228 270 281~283 290~292 300 301 308 309 313 320 321 324~326 328 329 333 335 337~340 344~349 351 352 360~363 371 372 382 394 395 463 488 554 571 573 575 576 581 611 612 614 620 629 634 651~653 655~657 660 661 665

고난의 행군 287 588 657

과학적 마르크스주의 39 40 56~59

과학주의 312~314 352

관료주의 164 273 275 276 548 550 551 594 600 625

교과서 포럼 639

교조주의 181 238 240~243 249 250 252 253 256 263 265 266 277 282 310 314 315 463 512 513 549 578 596 627 637 658

구국의 소리 방송 470 471

구조중심 (마르크스주의) 21 22 31 63 64 71 72 79 85~88 96 123 126 128~130 145~147 150~152 159 164~166 175 204 209~211 269 290 291 296 301 313 327 330 335 336 340 342 350 352 366~368 370 377~379 381 382 385 387 389 392~394 396 422 423 443 463 483 488 507 508 511 512 551 582 594 625 652~657 659 661 665 666

국가독점자본주의론 306 400 401 407 410 413 414 421 423 424 426 428 430 431 434 436 437 442~444 447 449 455~462 478 490 501 502 509 535 536 538 553

권력승계 277 287 555 563 578 586

급진민주주의론 516 517

깃발 - 반깃발(MC-MT) 논쟁 405 406

노동계급의 영도성 435 436 440 455 622

노동자해방투쟁동맹(노해동, CA[PP]파) 446

뉴라이트 운동 33 424 489 628 638~644 646 647 649 650 664

뉴라이트 싱크넷 639

뉴라이트 전국연합 639

대령연합회 639

대안의 사업체계 273 659

대약진운동 275 592 596

독점강화 종속심화론 423 424 460 502 509

독점강화 종속약화론 423 424 442 460 502 510 512

독창성 19 21 22 25 31~33 127 128 152 153 156 167~170 172~174 177~179 181 183 194 195 203~208 210 211 228 236 270 282 283 290~292 294 300 301 308~310 313 320 321 324~326 329 331 333 335 337~340 344~349 351~353 358~362 364 365 379 382 391 392 394~396 463 488 554 564 571 573 575 576 580 581 600 612 614 627 634 651~653 655~661 665

동구 사태 547 548 550 551 552

동독의 실천논쟁 123 259 345

레닌주의 58 61 71 72 75 87 88 157 168 212 222 223 227 229 231 233 258 309 324 353 501 510 592 616 662

마르크스 - 레닌주의의 일면성과 제한성 191 293 314 349

마르크스주의들 21 23 31 35 37 55 56 58 61~63 87 137 151 152 291 653

마르크스주의의 위기와 전화론 535

마르크스주의 재구성 58 112 119 124 130 136 147 149 150 535 540 541 543~546

마르크스주의 재구조화론 130~133 136 546

모순 20 33 38~41 47 54 56 65~67 69 82 83 87 109~112 116 140 146 149 196 198 209 210 216 218 219 221 222 225~227 229~231 235 236 337~339 356 357 361 372 377 379 398 399 407~412 414 ~417 422~424 427~436 439 440 443 444 448 453 454 479 483 485 489 493 494 500 502 508 510 511 514 533 535 537 538 542~544 558 559 562 583 587 594 652 667

모택동사상 242 253 257 572 582 595~601 654

목표문화 589 595

민족모순 407 409 410 416 417 422 432 436 439 443 444 448 483 485 486 494

민족민주혁명당 473 628 629 642 650 664

민족민주혁명론(NDR) 312 407 445

민족민중변혁론(NPR) 449

민족주의 216 219 220 238 255 286 302 356 357 462 537 554 562 564 589~592 619 620 630 633 634 636 642 644 646

민족통일·민주쟁취·민중해방 특별위원회(삼민특위) 408

민족해방론적 통일전선론 480 481

민족해방 민중민주주의론(NLPDR) 445

민족해방 정치조직론 471 472 478

민주개혁과 사회진보를 위한 협의회(민사협) 515

민주통일민중운동연합(민통련) 405

민중민주주의론(PDR) 536 538 539

민중사회론 523 527

민중통일전선론 471

반김반핵국민회의 639 640

반봉건성 318 409 416 418 424 426 428~432
    434 436 437 439 440 444 453 456 459

반미구국통일전선론 471

반미자주화와 반파쇼민주화투쟁위원회(자민
    투) 409 410 444

반미청년회 316 472 473 629

반수정주의 투쟁 159 248 250 251

반영론 119 136 185 186 188 292 373 378
    575

반제민족민주전선 316 473 629

반제반파쇼 민중민주주의 변혁론(AIAFPDR)
    448 449

반제반파쇼 민족민주투쟁위원회(민민투) 409

반제반파쇼(반독점) 민중통일전선론 471

반제직접투쟁론(AI) 409 422 432 433 443

반제청년동맹 213 238 316 471~473 482 629
    642 650

북한민주화 네트워크(북민넷) 638 642

북한민주화운동 638 641 648

분파성 32 312 380

붉은기 사상 237 288 588~590 594 607 663

비판적 마르크스주의 24 39 40 56~58 137
    486

사대주의 162 238 243 250 252 253 256 263
    265 266 277 282 310 588 596 658

사람(인간)중심철학 33 605 615 617 618 620
    622~628 635~637 641 644 647 657 663
    666

사상사업의 선행 272 273 550

사상의 창조적 적용 26 32 157 158 166 228
    229 234 237 240~242 244 246 247 252

253 256~258 268 ~270 276 279 282 295
    305 321 339 443 463 563 564 569 582 583
    591 600 655 657 659

사회민주주의적 대안 513

사회성격 논쟁 32 319 398 399 402 410 416~421
    430 438 443 444 487 533 546 662

사회적 운동의 고유한 합법칙성 174 365

사회적 존재 48~50 81 116 127 130 176
    192~194 197 206 207 209 294 310 329
    332 334 336 363 365 368 376 383 385 387
    388 566 576 603 618 623 633 666

사회정치적 생명체론 276 284 566 576
    585~588 601~604 617 625 667

사회주의 완전승리 280 284 287 568 569 587
    590

삼민혁명론 409 444

상대적 자율성 82 437 442 520 541 543 544

상대적 진리 184~186 338 339 373

새로운 철학의 근본문제 31 183 186 189 242
    247 259 292 295 300 326 328 331 335 339
    341 342 345~347 350 561 573 574 666

새로운 철학적 원리 174 183 293 295 300
    326 328 335 339 573

생산력주의 22 120 126~128 210 221 265
    267~269 274 275 367 428 442 488 551
    594 600 653~655 657 659

서구 마르크스주의 57 58 60 62 63 94 95
    109~111 127 148 149 153 163 218 259
    306 307 488 545

서울노동운동연합(서노련) 406 407 446 448

서울사회과학연구소 535

서울지역대학생대표자협의회(서대협) 425

선군정치 288 290 588 590 663

선행 노동계급의 혁명사상 204 205 655

세 가지 평화론 159~161 264

소련공산당 제20차 대회 159 578 591

소비에트 마르크스 - 레닌주의 157 165 166
  192 210 211 291 296 298 352 366 382 385
  422 423 443 654 655 657 661

소小수령(화) 477

수령절대주의 281 610 614 619~621 625

수정주의 57 64 66 68 128 144 159~162 166
  181 232 249 250 252~255 259 261 263~266
  284 306 313 330 333~335 341 342 352
  370 424 487 548 549 558 570 581 597 607
  609 619

순수 이데올로기 158 194 236 288 293 301
  559 564 589 595 654 655 663 666

스탈린주의 58 71 72 75 79 80 85 86 88 113
  115 116~121 123 124 127 129 162 165
  210 211 264 281 366 382 488 492 498 551
  554 555 558 572 582 588 591~595 608
  619~621 662

스탈린주의적 마르크스 - 레닌주의 22 117 162
  186 264 379 382 396 486 488~490 511
  561 591 594 600 625 627

시대규정 214~222 224~232 234~236 293 295
  353~359

시민사회론 33 517~534 539

식민지 반봉건사회론 312 316 401 402 410
  413 416 417 419~426 430~434 436~440
  442 443 447 450 453

식민지 반봉건 사회구성체론 419 424~428

식민지 반자본주의론 312 317 432 437~444

449 450 454 457 459 462 478 490

식민지성 318 428~433 437 440~443 453 454
  456 457 503 510 533 546

신보수주의 24 32 496 531 546 640

신식민지 국가독점자본주의론 400 401 410
  421 423 424 428 430 431 434 436 437
  442~444 447 449 455 457~462 478 490
  501 502 509 535 536 538 553

신자유주의 20 24 25 32 235 293 518 545
  546 638 640 642 646 647 651 660 664 668

실용주의적 경향 314 559

실재론적 존재론 36 107 153

실존주의적 마르크스주의 60 86 112 113 116
  117 125 129 132 146 149

실천 이데올로기 158 194 236 267 288 290
  292 293 295 296 559 589 654 666

심층 - 표층론 544

CNP 논쟁 399 400 406 407 409

애국적 전위대론 471

NL 주사파 447 448 552 553 642 648

NL 반주사파 554

역사적 유물론의 재구성 40 56 64 129 130
  132 142 143 150

영도방법 259 275 276 463 465 469 667

영도예술 323 464 466

영도체계 323 464~466 469 477 478

예속독점자본주의론 447 448

5·25 교시 609

우리식 사회주의 180 283 285~288 587 590
  613

유일사상체계 250 253 255~257 268 269 279
  295 345~347 579 583 584 586 604

유일영도체계 465

유적 본질 203 367~369

의식성 90 92 93 170 175 176 192 193 195
    200 207 294 329 335 355 364~367 372
    374 376 377 388 476 578 601 603 633 637
    666

2단계 변혁론 449

이론적 반인간주의 83 84 147

이론주의 314 315 335 352 424 458 461~463
    538 539

인간주의 35 38 43 46 53 58 80 81 83 85
    117 118 155 352 492 626

인간주의적 마르크스주의 35 58 79 80 85
    112 117~121 125 127~130 149 156 186
    291 326

인민공사 271 275

인민대중 89 147 168 179~181 190 191 206
    208 212 214~216 230 231 234~236 257
    271 274~ 276 285 286 288 289 292 293
    326 346 353~359 363 368~370 372 373
    377 379 384~387 390 399 463 465~467
    469 548~551 561 562 566 585 592 593
    596 600 610 613

인민민주주의 혁명(론) 317 445~447 451~453
    455 456 458 462 468 474 481 483

인민적 사업작풍 466 467 469

인민정권 234 285 287 549

인식론적 단절 37 42 44 81 86 139 221

인천지역민주노동자연맹(인노련) 406 407 446
    448 480 481

인천지역민주노동자연합 준비위원회 448

일심회 사건 645

1960년 모스크바 성명 225 227 229

자본주의의 필연적 붕괴론 57 132

자본주의 전반적 위기론 31 32 214 223
    226~233 235 236 293 355~357 493 511

자연주의 43 46 105 135 143 153 155 156

자유주의연대 639 642 643 645 648 664

자주성 170 172 175 176 192 193 207 208
    214~216 228 230 240 243 247~250 252
    286 294 329 330 334 335 355 359 364 365
    368 369 379 388 398 451 486 548 570 576
    578 585 601 603 611 633 637 666

전국대학생대표자협의회(전대협) 477 478 642

전국민주노동조합총연맹(민주노총) 534

전국민주학생연합(민학련) 404

전위정당 57 471 476 479~481

전이문화 589

전체주의 557 586 591 593 603 619 621

전향 33 57 424 473 489 614 617 628 631~633
    635~638 640 641 643 644 646 664 665

전향 386 주사파 628 630 634 638 640 641
    643~649 663 664

절대적 진리 84 185 186 338 339 373

정통주의 열병 24 26 302 304 489 660

제2인터내셔널 35 50 61 64 67 69 71 76 77
    86 87 96 97 100~104 126 128 140 141
    146 148 152 210 220 263 264 513 652 660

제2 천리마 대고조 247

제헌의회파(CA) 399 432 445 446 448 449
    650 662

조선로동당 중앙위원회 제4기 15차 전원회의
    254 255 257 261 269 270 279 295 565 570
    579 583 607

조선(우리)민족제일주의론 284 286 590

종파주의 250 266

주·객 변증법 123 378

주변부자본주의론 400 407 412 413 415 424 426 428 434 457 462

주의주의 38 75 128 165 216 217 235 356 357 361 372 374 393 395 396 422 444 484 555 558 559 563 585 601 619

주체사관 310 365 367~370 372~375 377~380 383~385 387~391 394 396 398 399 566

주체사상의 변용 가능성 237 288 289 296 572 588 589 591 594 595 662 666

주체사상의 사회역사적원리 106 300 318 363 365 372 383 384 390 399 465 581 587 602 667

주체사상의 수용 25 32 296 298 299 301 314 315 320 323 337 340 353 354 365 380 381 397 398 401 402 412 463 468 488 489 547 557 562 644

주체사상의 이론적 체계화 157 169 173 242 254~259 261 269 273 277~282 295 347 455 483 565 583~585 595 608 610 613 614 634 655 659 662 663

주체사상의 지도적 원칙 300

주체사상의 창시 31 214 215 235 236 238 239 247 248 258 269 270 279 291 301 637 658 666

주체사상의 철학적 원리 31 152 168 183 192 204 213 214 247 257 300 324 328 341 363 365 555 592 608 613 617 619 623 624 627

주체시대 31 32 194 212~217 228 230~236 258 292 293 295 300 301 349 353~359

361 365 451

주체중심적 마르크스주의 87 94 95 109 147 149 346

중민론적 개혁 517

중소분쟁 159 247 248 250 295 570 582 593

중층결정 82 83 136 542~544

참여연대 534

창조성 170 175 176 192 193 207 294 329 335 355 364 365 388 548 578 601 603 633 637 666

천리마 대고조 237

천리마운동 244~247 270 272 275 295 466 596 658 659

철학의 근본문제 31 183~190 206 242 247 259 260 289 292 293 295 305 312 326~328 330 332 335 336 339~342 345~351 360 372 381 385 561 563 569 573~575 666

청산리 정신(방법) 272 273 276 466 596 659

최종심급에서 경제의 결정 543

친북좌파 639 641 645 664

탈냉전 19 20 23 26 32 33 178 180 236 283 287 288 292~294 296 298 301 424 485 487~489 518 525 533 534 545 552 554 555 572 577 578 588 594~596 603 604 651 657 665 668

탈마르크스주의화 26 33

토대-상부구조론 541 543 544

통일전선론 471 479~481

통일혁명당 316 317 438 469~471 473~475 476 629

통일혁명당 목소리 방송 470 471

80년 광주민주화운동 24 403 408 485

페레스트로이카 124 178 226 227 268 283
   486~489 491~495 513 545
평화공존론 118 160 162 233 267 277 493
   494
포스트 마르크스주의 33 36 125 130 496 497
   501~503 505~517 531 533 535 539 543
푸른 사람들 638 642 646 664
품성론 409 468 469
프랑크푸르트학파 35 62 94 110~112 149
   153~155 290 306
한국기독교총연합회(한기총) 639
한국대학생총연합회(한총련) 477 478 642
한국민족민주전선 316 317 437 438 470~473
   476 482 629
한국사회구성체논쟁 32 398~400 402 410 443
   487

항일유격대식 사업방법 466 469
헌법제정 민중회의(CPC) 448 449
헤게모니론 496 501 518~520 524
헤겔 좌파 44 46 48 61 145
헤겔주의적 마르크스주의 38 141
혁명적 군중노선 32 246 251 259 262 269
   271 274 277 569 659
혁명적 의리와 동지애 284 606
현대사회민주주의 268 283 284 488 658
현대수정주의 32 159 160 166 178 248~250
   261~264 266~269 283 284 291 658
현실사회주의 위기 234
현지지도 247 272 273 276
형식주의 240 243 263 273 276 578 658
후계체제 32 264 277 281 282 607 616 636
   662